행정법 총론

유상현 · 설계경 공저

법률출판사

머 리 말

행정법이란 국가와 국민 간에 형성되는 행정상 법률관계를 분석하고 설명하는 학문체계라고 할 수 있다. 그런데 오늘날 행정은 여러 분야에 걸쳐 다양한 행위형식에 의하여 전개되고 있으므로, 행정법이론 역시 복잡다기하며 끊임없이 발전을 거듭하고 있다. 따라서 행정법의 전체적인 통일된 이론체계를 수립하기가 쉽지 않으며, 또한 행정법의 범위가 방대하여 행정법을 공부하는데 많은 어려움이 있다.

더욱이 그 동안 외국의 이론체계가 우리 행정현실의 타당성 여부도 검증되지 아니한 채 그대로 도입·적용되는 예도 더러 있었다. 본서는 이러한 문제점을 해결하고자 방대한 행정법을 간략하게 요약하여 누구나 쉽게 접근할 수 있도록 정리하였으며, 이는 앞으로도 본서의 변함없는 기본목표가 될 것이다.

본서의 집필은 다음과 같은 의도 내지 문제의식을 가지고 집필하였다.

첫째, 이해하기 쉬운 기본서가 되고자 하였다.

방대한 행정법의 이론을 추상적 논리로 전개하지 않고, 행정법을 처음 배우는 사람도 쉽게 이해할 수 있도록 생활 주변에서 누구나 한두 번쯤 겪었을 만한 사례를 예시하여, 어렵고 추상적인 이론을 쉽게 설명하였다.

둘째, 간결하고 정치한 이론서가 되고 하였다.

대다수의 교과서들이 외국의 이론을 너무 상세히 설명하다 보니 행정법의 분량이 방대하게 되어 있다. 그러나 본서는 외국의 불필요한 이론을 피하고, 우리 행정법이론의 정립에 필요한 내용에 관해서면 간략하게 소개함으로써 간결하고, 정치한 기본에 충실한 역할을 하도록 고려하였다.

셋째, 현실에 살아 있는 교과서가 되고자 하였다.

본서는 행정실무사례뿐만 아니라, 판례 및 헌법재판소 결정, 나아가 행정심판 재결례와 행정부 유권해석까지 적절하게 소개하여, 현실로 살아 있는 행정법 교과서가 되고자 하였다.

넷째, 최종 수험서가 되고자 하였다.

본서는 실정법과 학설·사례·판례를 유기적으로 결합시켜 독자 스스로가 이해하는 데 중점을 두었으며, 또한 양적으로 최소한의 필요한 분량으로 하였고, 질적으로는 최고수준의 이론을 전개하여 모든 수험생들에게 훌륭한 길잡이가 되도록 하였다. 이는 각종 고시 및 공무원을 준비하는 수험생뿐만 아니라, 로스쿨을 졸업하여 변호사 자격시험을 준비하는 수험생에게도 좋은 길잡이가 되도록 최선을 다 하였다.

끝으로 본서는 그동안 본인의 실무 및 교육경험과 이론 및 각종 고시학원에서 많은 경험을 가지고 있는 설계경교수와 함께 공저서로 출판하게 되어 흐뭇한 마음을 금할 길이 없다. 그리고 본 교과서를 편찬하게 도움을 주신 법률출판사 김용성 사장 이하 임직원 여러분께 심심한 감사를 드리는 바이다.

2012년 2월

천성산이 보이는 연구실에서

저 자

차 례

제1편 행정법 총칙

제2편 행정작용

제3편 행정법상 의무이행확보수단

제4편 행정구제

제1편

행정법 총칙

제1장

행 정

제1절 행정의 정의

Ⅰ. 행정의 성립

행정의 개념은 국가의 통치권력의 제한을 통하여 국민의 권리보장을 실현하기 위한 권력분립의 제도를 창출하는 과정에서 도출된 개념이기 때문에 그 성립은 권력분립과 직접적으로 관련되어 있다. 근대국가가 성립되기 이전인 15~16세기의 절대군주국가에서는 모든 국가권력이 절대군주 1인에게 집중되어 있었다. 그 당시의 군주는 스스로 입법권자·집행권자·사법권자가 되어 절대권력을 행사하였다. 절대군주는 대외관계에서 외국으로부터 독립을 유지하고 대내관계에서 지방의 봉건영주로부터 최고성을 확보하기 위하여 최측근 집단에 의하여 행정을 집행하였다. 이러한 행정은 행정의 집행이라는 관점에서 볼 때 행정의 관념의 단초가 될 수가 있겠지만, 군주가 가지는 무소불위의 전제적인 통치작용이었고 오직 군주 자신을 위한 사적인 사행정(私行政)을 의미하였기 때문에 오늘날의 행정의 개념과는 거리가 먼 것이었다.

오늘날의 행정개념은 권력분립을 제도화하였던 근대 입헌국가에 와서 비로소 성립되었다. 1789년의 프랑스 시민혁명을 전후로 하여 출현한 근대 입헌국가는 군주의 자의적이고 전제적인 통치제도를 타파하고 법에 구속적인 근대적 통치구조로서의 엄격한 권력분립제도를 채택하게 되었다. 시민적 자유와 권리의 보장을 위하여 국가의 모든 권력작용을 권력분립주의에 따라 입법권·행정권 및 사법권으로 분리하고 각각 고유한 업무영역에서만 그 권한을 행사하게 되었는데, 행정의 개념은 이 중에서 입법권과 사법권을 제외한 행정권이 존재하는 형태 및 행정권이 행사하는 행정작용에서 도출된 것이다. 행정은 전자에서처럼 외형적 또는 제도적 측면에서 그 개념을 찾으려는 형식적 의미의 행정과 후자에서처럼 그 작용의 내용적 또는 질적인 측면에서 그 개념을 찾으려는 실질적 의미의 행정으로 나누어진다.

Ⅱ. 실질적 의미의 행정

행정법은 권력분립의 원리가 지켜지고 이에 근거하여 성립된 행정을 그 대상으로 한다. 근대 입헌국가 이후로 성립된 오늘날의 대부분의 민주주의 국가에서는 권력분립의 원리에 따라 3권분립을 국가구성의 구조원리로서 헌법상에 채택하고 있다. 우리 헌법은 권력분립이라는 용어는 규정하지 않고 있지만 구체적으로 제40조 "입법권은 국회에 속한다", 제66조 4항 "행정권은 대통령을 수반으로 하는 정부에 속한다", 제101조 1항 "사법권은 법관으로 구성된 법원에 속한다" 등의 규정을 통하여 명백하게 권력분립의 원칙을 채택하고 있다. 이러한 명확한 규정에도 불구하고 행정의 실체를 한마디로 정의하는 것은 매우 어려운 일이다. 일찍이 포르스트호프(Forsthoff)는 "행정은 묘사할 수 있을 뿐 정의할 수 없다(nicht definieren, sondern nur beschreiben)"라고 말하여 그 정의의 어려움을 설파한 바 있다.[1] 행정법은 일반법전이 없고 행정법의 규율대상이 너무나 광범위하기 때문에 행정의 개념을 일반적으로 정의하는 것 또한 어려운 것이지만 그 실질적 의미를 정의하기 위한 다양한 시도가 있었다.[2]

실질적 의미의 행정은 행정을 그 내재적 성질을 기준으로 하여 입법·사법과 구별되는 행정의 독자적인 개념을 정의하려는 것을 말한다.

1. 소극설

소극설이란 모든 국가작용 중에서 단순 명료한 입법과 사법을 먼저 정의한 후 이를 공제한 나머지 모든 국가작용을 행정이라고 정의하는 학설로서, 흔히

---

1) Forsthoff, S.1.

2) 독일학자들은 행정의 개념을 실질적 의미의 행정, 형식적 의미의 행정 이외에도 조직적 의미의 행정(Verwaltung im Organisatorischen Sinne)까지도 포함하여 행정을 논하고 있는 것이 보통이지만(예컨대, Erichsen/Martens, S.2 ; Battis, S.1.), 조직적 의미의 행정은 『행정을 수행하는 행정기관』을 의미하는 것으로서 행정의 실체를 파악하는 데 별로 도움이 되지 못한다.

공제설(控除說)이라고도 한다.

옐리네크(Jellinek) 등에 의하여 주장된 이 학설에서는 입법은 국민의 권리·의무에 관한 일반적 규정을 정립하는 국가작용이고, 사법은 국민의 권리·의무에 관한 분쟁을 법에 의하여 판단하고 선언하는 국가작용인 데 반하여, 행정이란 이러한 입법과 사법의 작용을 제외한 나머지 국가작용 또는 특정한 공권력 주체의 특정한 행위를 말한다. 이 학설은 ① 권력분립론의 역사적 발전과정에 충실하면서 절대군주 1인에게 집중되었던 모든 국가권력으로부터 입법권과 행정권 및 사법권으로 분리·독립하였다는 점, ② 모든 국가작용의 전체적인 관계에서 행정을 정의하고 있다는 점에서 높이 평가되고 있다.

그러나 이 학설은 ① 입법과 사법을 공제하고 난 후의 집행권에는 행정뿐만 아니라 정부조직도 포함되어 있다는 것을 간과하고 있고, ② 입법과 사법의 정의가 명확하여야 하는데 그렇지 못하고, ③ 모든 국가작용은 반드시 권력분립의 도식으로 배열되는 것이 아니라 의회에 의한 통제를 받고 있으며, ④ 행정의 개념을 소극적·부정적으로 정의함으로써 행정의 정의라고 할 수 없다는 점에서 비판을 면치 못하고 있다.[3)]

2. 적극설

적극설은 입법·사법과 구별되는 행정의 개념을 소극적 공제의 방법에 의하지 않고 행정 그 자체의 행위양식을 통하여 적극적으로 정의하려는 것으로, 행정이 가지는 독자적인 성격을 기준으로 삼고 있다.

적극설에는 행정을 국가의 목적을 실현하는 것으로 보는 목적실현설과 그 결과실현의 모습에 따른 결과실현설로 나누어진다.

(1) 목적실현설

행정법의 아버지로 불리는 독일의 오토 마이어(Otto Mayer)는 행정을 "입법과 사법을 제외한 국가의 법질서 아래에서 국가목적을 실현하기 위하여 행하

3) Maurer, S. 3.

는 국가작용"이라 하였고,[4] 페터스(H. Peters)는 행정을 "개별적인 경우에 있어서의 국가목적의 실현"이라고 하였다.

목적실현설(目的實現說)은 행정을 실질적 의미에서 적극적으로 개념화하는 데 있어서는 기여한 점이 있다. 그러나 행정뿐만 아니라 입법과 사법도 궁극적으로는 국가목적 또는 국민의 이익을 실현하기 위한 작용이기 때문에 이것만으로 행정을 입법·사법과 구별할 수 있는 기준으로 삼을 수는 없다는 비판을 받고 있다.

(2) 결과실현설(양태설)

법선언 작용인 사법은 법아래서 이미 행하여진 개인 간의 행위에 대하여 적법인지 위법인지만을 가려 주는 매우 수동적인 작용이다. 이에 반하여, 행정은 법을 집행함으로써 현실적인 결과를 형성해 내는 능동적 작용(건축허가, 각종 영업허가 또는 운전면허를 발급해 주고, 도로·철도·공원을 건설·운영하는 작용 등)이라는 점에 착안하여 행정을 적극적으로 정의하려는 입장이다.

예컨대, "법률의 범위 안에서 법에 의거하여 행하여지는 장래에 대한 계속적인 형성활동"(포르스트호프)이라고 하거나, "법 아래서 법의 규제를 받으면서 현실적·구체적으로 국가목적의 적극적 실현을 위하여 행하여지는, 전체로서 통일성을 가지는 계속적인 형성적 국가활동"(田中二郎)이라고 한다. 사법과 행정이 구체적으로 행사되는 모습(양태)의 차이를 기준으로 구분하고 있다고 해서 양태설(樣態說)이라고도 한다. 이 설에 의하여 행정을 정의하는 경우에 있어서도 현대의 복잡·다양한 행정의 모든 내용을 다 포괄할 수 없다는 문제점이 있다.

3. 구별부인설(기관양태설)

이는 순수법학파인 켈젠·메르클 등의 견해로서, 입법·사법·행정 간에는

4) 오토 마이어를 국가목적 실현의 측면에서 국가목적설의 주창자로 보지만 입법과 사법을 제외한 국가목적이라는 점에서는 소극설의 주창자로 분류하기도 한다(Battis, S.2 ; Maurer, S3 ; 김남진, (Ⅰ) p.4.).

본질적인 차이가 없으므로 작용의 성질에 따른 구별은 불가능하다. 다만 그 담당기관의 양태(모습)에 따라 구별할 수밖에 없다고 한다.

즉, 모든 국가작용은 정도의 차이는 있지만 법정립(입법), 법선언(사법), 법집행(행정)의 성질을 함께 가지고 있기 때문에(예컨대, 입법작용은 헌법을 집행하는 집행작용의 성질도 함께 갖는다) 작용의 성질에 따른 구분은 불가능하며, 다만 입법은 합의체 국가기관에 의하고, 사법은 상호 병렬적 · 독립적인 국가기관에 의하며, 행정은 명령복종관계에 있는 기관에 의한 법집행 작용이라는 점에서만 구별된다고 한다. 이 견해는 입법 · 사법 · 행정이 절대적으로 구분되는 것이 아니라는 점을 밝힌 것은 평가할 만한 일이지만, 국가작용에는 성질상의 차이가 있기 때문에 이에 상응하여 이를 담당하는 기관의 모습에도 차이가 있게 된다는 점을 감안하면 본말이 뒤바뀐 것으로 생각된다.

4. 결어

3권분립론이 성립된 것도 입법 · 사법 · 행정의 3작용 간에는 상대적이나마 성질상의 차이가 있고 그 성질에 기인하는 효력의 차이가 엄연히 존재하고 있기 때문이라는 점을 감안한다면 결과실현설이 타당하다고 하겠다. 즉 입법은 법정립으로서 국민의 권리 · 의무 관계를 형성하거나 소멸하게 하며, 사법은 법선언으로서 국민의 권리를 구제하며, 행정은 법집행으로서 국민의 권리 · 의무를 형성하거나 명령 · 강제하는 것이다. 또한 다양한 분야에 걸쳐 행하여지는 복잡다기한 행정의 개념을 단 몇 마디로 정의하기란 불가능한 것임에도 불구하고 굳이 정의하는 이유는 우선 학문의 대상 영역을 분명히 하여 행정법학의 독자성을 확립하고, 나아가 행정법의 규범영역을 명백하게 하고자 하는 데 있는 것이다.

구체적으로는 사법에 대한 행정의 공익성이나 자율성 또는 자기책임성을 강조함으로써 법원의 판결과는 달리 행정에는 재량이 인정된다든지, 법원은 이미 이루어진 행정의 적법 여부만을 판단할 일이지 적극적으로 어떤 행위를 할 것을 명하는 판결(의무이행판결)은 행정의 자율성을 침해하여 권력분립에 반한다는 논리를 도출해 내기 위함이었다(이에 대하여는 행정의 자율성을 빙자하여 법률에 의한 행정의 원리를 부인하게 될 우려가 있다는 비판도 있다).

결과실현설에 입각하면서, 이를 좀더 보완하여 정의한다는 의미에서 행정이 갖는『개념징표』를 요약하면 다음과 같다.

(1) 공익 실현

행정은 공공의 이익, 즉 공동체 구성원 전체의 이익을 위하여 행사되어야 한다. 따라서 공익(公益)을 위하여 필요한 경우에는 개인에게 일정한 의무(납세·병역의무, 공공의 필요에 의한 토지수용에서의 토지소유자의 토지제공 및 수인의무 등)를 부과하게 된다. 이러한 의무를 그 상대방이 이행하지 않을 경우에는 행정청이 스스로 실력을 행사하여 강제적으로 그 의무를 이행시킬 수 있다. 이를 자력집행이라고 한다. 예컨대, 납세의무를 이행치 아니하는 경우에 체납처분 등을 통하여 강제적인 방법으로 세금을 징수하는 것 또는 무허가건축물을 시장·군수가 소속공무원인 철거반원을 동원하거나 인부를 고용하여 철거하는 것 등이 여기에 해당된다. 개인적·사적 이익을 위한 사법관계에서는 자력집행이 허용되지 않고 반드시 복잡한 소송절차를 거쳐야 하는 데 반해 행정은 공익의 실현을 위하여 행사되기 때문에 자력집행이 허용되는 것이다.

공익의 개념은 매우 추상적이며 시대에 따라 가변적인 것이지만, 기본적으로는 공동체 구성원 개개인의 개별적 이익의 존중에서부터 출발하는 것으로서 궁극적으로 구성원 전체의 이익을 실현하는 것이다. 그러므로 공익과 개인적 이익인 사익이 충돌하는 경우도 있을 수 있으며, 이때에는 공익과 사익을 합리적으로 비교·형량하여, 달성하고자 하는 공익이 현저하게 클 경우에는 사익을 희생시킬 수도 있다(예컨대, 도로를 내기 위하여 손실보상을 하고 사유지를 수용하는 경우 및 전염병 예방을 위하여 환자의 의사에 반하여 강제로 격리시키는 경우 등).

【판례】 : 재정목적(재정수입 증대)을 위한 사업을 공익사업으로 본다는 판례[5)]
(즉, 정부방침아래 교통부 장관이 토지수용법 제3조 소정의 문화시설에 해당하는 공익사업으로 인정하고 스스로 기업자가 되어 토지수용의 재산신청에 의하여 한 수용재결을 적법유효한 것이라고 한 사례)
위커힐관광, 서비스 제공사업을 한국전쟁에서 전사한 고 위커 장군을 추모하고 외국인을 대상으로 하여 교통부 소관사업으로 행하기로 하는 정부방침아래 교통부 장관이 토지수용법 제3조 제1항 제3호 소정의 문화시설에 해당하는 공익사업으로 인정하고 스스로 기업자가 되어 본건토지수용의 재결신청을 하여 중앙토지수용위원회의 재결을 얻어 보상금을 지급한 사실을 인정하였음은 정당하고, 사실관계가 이렇다면 본건 수용재결은 적법유효하다(대판 1971. 10. 22, 선고 71다1716).

(2) 능동적 · 미래지향적 사회형성과정

행정은 공동체 구성원 모두가 평온하고 행복한 생활을 할 수 있도록 하기 위하여, 미래를 향해 능동적으로 사회를 형성해 나아가는 작용이다(예, 운전 · 목욕탕 영업 · 건축행위를 할 수 있도록 해 주며, 구 시가지를 정비하고 신도시와 철도 · 도로 · 공원 등을 조성하는 행위 등).

이러한 점에서 원고의 소송제기에 응하여 과거에 이미 행하여진 행위에 대한 적법성 여부만을 수동적으로 판단하는 사법과는 판이하게 구분된다.

(3) 법의 기속

법치주의 내지는 법률에 의한 행정이라는 표현에서 보듯이 행정은 법아래서 법의 기속을 받으면서 행사되어야 하며, 그렇지 못할 경우에는 위법한 것으로서 무효 · 취소의 원인이 된다.

그러나 법은 천태만상의 사회현상을 완전무결하게 규율할 수는 없으므로 행

---

5) 그러나 학설은 위 토지수용의 목적이 된 자산증식이나 외화획득과 같은 국가재정 수입목적은 공공목적에 해당될 수 없이 위 토지수용은 부적법하다고 보았다(김남진, 고시연구 2003.1; 장태주(개), p.6; 홍정선(특), p.3 참조).

정의 내용과 방법에 관하여 행정권의 재량에 맡기는 경우도 있으며, 이러한 의미에서 행정에 있어서는 법의 기속으로부터 어느 정도 자유로운 영역도 허용된다고 하겠다.

(4) 다양한 행위형식

행정목적을 실현하기 위한 수단은 매우 다양하다. 행정의 영역이 확대됨에 따라 행정의 행위형식도 다양해지는 것은 필연적이다. 행정의 성립 초기에는 행정이란 행정청이 행하는 고전적 행정행위로서 권력적 행정행위를 의미하는 것이었지만, 오늘날은 행정입법 · 행정계획 · 공법상 계약 · 행정지도 · 행정조사 등이 많은 비중을 차지하고 있다.

행정입법과 행정계획을 제외하면 전체적으로 행정은 구체성 · 개별성을 갖는다고 볼 수 있으며, 이러한 점에서 일반적 · 추상적 법정립 작용인 입법과 구별된다고 하겠다.

Ⅲ. 형식적 의미의 행정

형식적 의미의 행정은 실질적 의미의 행정에서 탐구하는 행정의 실질적인 성격을 떠나서, 형식적으로 행정부에 속하는 국가기관에 의하여 이루어지는 모든 국가작용을 의미한다. 즉, 입법부가 행하는 모든 작용은 입법이며, 사법부가 행하는 모든 작용은 사법이며, 행정부가 행하는 모든 작용은 행정이라는 것이다. 이와 같이 국가기관이 분장하고 있는 권한을 기준으로 하여 행정부에 의하여 행하여지는 국가작용을 행정이라고 정의할 때, 이를 형식적 의미의 행정이라 한다.

원래 3권분립론에 의하면, 실질적 의미의 입법 · 사법 · 행정을 그대로 입법부 · 사법부 · 행정부에 귀속시키는 것이 원칙이라고 하겠다. 그러나 실제 국가운영에 있어서는 기술상 · 능률상의 이유로 다른 기관이 담당해야 할 사항까지 그 권한으로 하고 있는 경우도 있으므로 형식적 의미의 행정은 실질적 의미의 행정과 반드시 일치하지 않는 경우도 있게 된다.

예컨대, 행정부가 실질적으로는 입법에 속하는 사항(행정상 입법)이나 사법에 속하는 사항(행정쟁송)까지 담당하고 있는 것과 같다. 이러한 의미에서 학자들은 형식적 의미의 행정을 다시 ① 행정기관이 입법부의 고유한 권한인 법을 제정하는 행위에 해당하는 입법적 행위(행정상 입법), ② 순수한 집행행위(실질적 의미의 행정), ③ 행정기관이 행정심판에서처럼 법선언을 행하는 재결 또는 행정국가에서의 행정소송의 담당과 같은 사법적 행위(행정쟁송)로 구분하기도 한다. 행정법의 연구대상은 실질적 의미의 행정이 주류를 이루고 있지만, 행정상 입법이나 행정쟁송 등 형식적 의미의 행정도 포함된다.

제2절 행정의 분류

행정법이 대상으로 삼고 있는 행정은 공행정, 즉 넓은 의미에서 국가행정 또는 국가에 관한 행정만을 의미한다. 이러한 공행정을 의미하는 행정은 실로 복잡 다양하다. 행정은 궁극적으로 국가의 구조원리와 국가공동체의 질서원리에 관한 공통적인 척도를 정하고 있다는 점에서 일정한 분류가 가능하다. 누가 행정의 주도적 담당자가 될 것인가에 관한 것이 구조원리이고, 어떤 목적과 기능을 수행할 것인가가 질서원리이다. 일반적으로 행정의 분류라 하면 행정의 주체·목적·수단에 따른 분류방법을 말한다.[6] 이렇게 행정을 분류하는 것은 행정의 유형에 따라 적용되는 법규 및 법원칙에 일정한 특수성이 존재하고 있다는 점과 광범위한 행정을 체계화시킬 수 있다는 점에서 그 의의가 크다고 하겠다.

Ⅰ. 주체에 의한 분류

1. 국가행정

국가행정(國家行政)이란 국가가 행정의 주체가 되어 직접 행하는 행정을 말한다. 행정권은 원래 국가의 통치작용의 일부분이므로 국가행정이 권한행사의 측면에서 원칙적인 형태가 된다. 국가 행정은 재정경제, 통일, 외교통상 등의 고유한 사무를 담당하는 행정 각부에 의하여 전국적으로 행하는 행정을 말한다.

---

6) 행정을 주체·목적·수단으로 분류하는 방법 이외에도 법적 효과에 의한 분류(규제행정, 수익행정), 법적 기속에 의한 분류(기속적 행정·재량적 행정), 행정의 영역·대상에 의한 분류의 방법에 의하여 행정을 나누기도 한다(예컨대, 김남진(Ⅰ), pp.16-21. ; 김동희(Ⅰ), pp.15-21.).

2. 자치행정

자치행정(自治行政)이란 지방자치단체(특별시 · 광역시 · 도 · 특별자치도 및 시 · 군 · 구 등) 또는 이러한 지방자치단체 이외의 공공단체(예컨대, 공공조합처럼 독립된 법인격을 가지는 단체)가 자주적으로 행하는 행정을 말한다.

자치행정에는 국가로부터 분리된 권한을 주민이 스스로 행하는 주민자치와 독립된 법인격을 가진 기관에 의한 행정을 수행하는 단체자치의 형태가 있다. 우리나라의 자치행정은 단체자치의 형태를 취하고 있으며, 일정한 범위 내에서 고유한 행정권이 지방자치단체에 부여되고 있다(헌법 제117조 · 제118조).

3. 위임행정

위임행정(委任行政)이란 외교통상부의 사무에 해당하는 여권발급을 각 지방자치단체에 위임하여 처리하는 것처럼 지방자치단체의 관할구역 내에서 시행하는 국가행정사무를 당해 자치단체의 장에게 위임하여 그 사무를 처리케 하거나, 기타 국가 또는 공공단체가 그의 사무를 다른 공공단체나 사인에게 위임하여 처리하는 것을 말한다.

행정기관간의 위임행정을 기관위임이라 하고, 행정기관에 의한 사인에의 위임행정을 민간위탁이라 한다. 보통 사인은 행정주체가 아닌 그 상대방에 해당하는 행정객체의 지위에 서는 것이지만, 별정우체국장이 행하는 우편사업처럼 국가 또는 공공단체로부터 위임받은 특정 행정사무를 처리할 경우에는 그 범위 내에서 행정주체의 지위에 서게 된다.[7] 위임행정은 법령에 근거하여 행하여지는데, 이에 관한 법규로는 정부조직법(제6조)과 행정권한의위임및위탁에관한규정(제17조) 기타 각 개별법령 등이 있다.

---

7) 별정우체국이라 함은 사인이 지식경제부장관의 지정을 받아 자기의 부담으로 청사 등의 시설을 갖추고 국가로부터 위임받은 통신업무를 수행하는 우체국을 말한다. 따라서 이는 사인이 행하는 위임행정인 것이다. 우정사업운영에관한특별법 제17조에는 이러한 행정의 근거를 규정하고 있다.

Ⅱ. 목적에 의한 분류

행정은 행정주체의 내부적 규율을 목적으로 한 행정조직과 대외적 활동을 규율하기 위한 행정작용으로 분류된다.

1. 행정조직

행정조직(行政組織)이란 국가·공공단체 등의 행정주체가 어떤 행정작용을 하기 전에 먼저 행정주체를 조직하고 그 권한을 확정하며, 그 구성원인 공무원과 시설 등 인적·물적 자원을 취득·관리하는 행정을 말한다.

2. 행정작용

행정작용(行政作用)이란 행정주체가 행정객체인 사인에 대하여 행하는 모든 행정작용을 말한다. 행정작용은 전통적으로 슈타인(L. von Stein) 이래의 행정5분법에 따라 내무·재무·군사·외무·사법행정으로 다시 나누어지며, 그 중 내무행정이 행정의 중심으로 파악되어 왔다.

그러나 현대 복지국가에서는 국가의 이념이 19세기의 소극적 질서유지에서 적극적 복지증진으로 전환됨에 따라 이러한 내무행정 중심의 행정5분법은 더 이상 시대적 요청에 부합하지 못하게 되었다. 따라서 행정작용은 ① 경찰행정 등 사회공공의 안녕과 질서유지의 목적으로 행하는 질서행정, ② 국민의 복리를 적극적으로 향상하고 증진시키기 위한 목적의 복리행정(구체적으로는 급부행정·규제행정·공용부담행정)을 중심으로 설명되며, 이에 더하여 특수한 분야의 행정작용인 ③ 재무, ④ 군사, ⑤ 외무, ⑥ 사법행정으로 6분함이 타당하다고 생각된다.

Ⅲ. 수단에 의한 분류

행정은 그 수단의 강제성을 기준으로 권력작용·관리작용·국고작용으로 분류된다. 권력작용은 행정의 가장 일반적인 형태로서 자력집행을 위하여 강한 강제력을 그 수단으로 하며, 관리작용은 예외적으로 강제력을 동원한다. 국고작용은 행정기관이 재산의 주체로서 행하는 행정이기 때문에 민법 등 사법(私法)의 일반원칙에 따라야 하는 것이므로 자력집행이나 공법적 강제가 허용되지 않는다.

1. 권력작용

권력작용(權力作用)이란 행정주체가 행정의 객체에 해당하는 사인에 대한 우월적 지위에 근거하여 일방적으로 명령하고 강제하는 행정작용을 말한다.

전통적인 행정작용으로서 질서행정(경찰하명 등)·규제행정(환경규제 등)·공용부담행정(토지수용 등)·재무행정(조세부과 등) 및 군사행정(병역의무부과 등)이 이에 해당한다.

2. 관리작용

관리작용(管理作用)이란 행정주체가 공권력의 주체로서가 아니라 공기업(철도 등)·공물(도로·하천 등)의 경영·관리 주체로서 행하는 행정작용을 말한다.

이는 원칙적으로 공물 등을 이용하는 국민과는 대등한 지위에서 행하여지는 작용이므로 행정법이 아닌 민법 등 사법의 규율을 받는 것이지만, 행정목적 달성에 필요한 한도 내에서 예외적으로 특별한 공법적 규율을 받는다(예, 정당한 사유 없는 상수도공급거절의 금지 등).

3. 국고작용(사경제적 작용)

국고작용(國庫作用)이란 국가·지방자치단체 등 행정주체가 사법상의 재산권의 주체가 되어 행정에 필요한 물품의 구입계약(예컨대 조달청의 행정사무용품의 구입이나 정부청사건물의 건축을 위한 도급계약 등)이나 국유재산의 임대·매각행위 등과 같이 행정주체가 사인과 대등한 지위에서 법률관계를 형성하는 작용으로서, 사경제적(私經濟的) 작용이라고도 한다.

국고작용에 있어서의 국가와 사인간의 법률관계는 사인 상호간의 관계와 다를 바 없으므로 민법 등 사법의 적용을 받게 된다.

4. 관리작용과 국고작용의 구분의 상대성(비권력작용설)

행정을 그 수단의 강제성 또는 공권력성을 기준으로 하여 권력작용·관리작용·국고작용으로 분류하는 행정3분법이 지금까지의 통설(개괄적 구별설)이었다. 그 중 특히 관리작용과 국고작용의 차이는 극히 상대적·유동적인 것이다. 예컨대, 비록 국고작용에 속하는 것이라 할지라도 국유재산법·국가재정법 등에 의한 공법적 규율을 받는 부분도 있는 것이다.

따라서 오늘날 관리작용과 국고작용을 합하여 '비권력작용'(非權力作用)이라 일컬음으로써 권력작용과 비권력작용으로 이분함과 동시에, 비권력작용에 속하는 행정작용을 일률적으로 공법관계 또는 사법관계로 확정하지 아니하고 개개의 행정작용마다 구분하여 규정하는 견해도 있다. 예컨대, 국영철도의 법률관계를 모두 사법관계로 보지 아니하고 그 운송계약상의 법률관계는 사법관계로, 그 직원의 복무관계는 공법관계로 보는 것과 같다.

제3절 통치행위

Ⅰ. 개 설

통치행위(統治行爲)란 단순한 법집행작용을 넘어서는 고도의 정치행위 중에서 법원이 판결로서 위법·부당하다고 하더라도 그 집행이 곤란하기 때문에 사법적 통제가 배제되는 국가작용을 말한다. 이러한 통치행위는 입법도 사법도 아니며 또한 보통의 행정도 아니라는 의미에서 『제4의 국가작용』이라고 하기도 한다.

통치행위의 개념은 실정법상의 개념이 아니고 서양 각국의 판례에 의하여 형성되었다. 대체로 법치주의 내지는 법률에 의한 행정의 원리가 확립되고 따라서 행정의 적법성에 대한 법원의 사법심사가 일반적으로 인정되고 있는 오늘날의 제도하에서는 극히 예외적인 현상으로서, ① 국정의 기본방향을 제시하거나 국가의 이익에 직접 관계되는 고도의 정치성을 띠는 행위이기 때문에(정치성), ② 합법성 여부에 관한 법적 판단이 가능함에도 불구하고 법원의 사법심사의 대상으로 하기에는 적합하지 아니한 행위이기 때문에(사법심사 배제) 재판통제에서 제외되는 행위임을 그 특징으로 하고 있다.

통치행위의 관념은 프랑스·영국·미국 등에서, 정치적 성격을 가지는 일련의 행위에 대해서는 합법성보다는 합목적성을 우선하여 판단하는 것이 국가 전체적인 견지에서 국익에 도움이 된다는 관점하에 인정되어 온 것이다. 따라서 각국의 역사와 전통에 따라 그 내용이 달라지는 것이며, 또한 그 논거도 서로 다르다.

Ⅱ. 각국의 통치행위

1. 프랑스

일찍이 최고 행정재판소인 국참사원(Conseil d'Etat 꽁세유데따) 판례는 정치적 동기에서 행하여진 일체의 조치를 통치행위(acte de gouvernement)라고 하여 행정재판소의 통제를 받지 아니한다고 하여 초기에 있어서는 통치행위의 범위를 매우 넓게 정하고 있었다. 따라서 정치적 동기에 의한 행정권의 행위는 대부분 통치행위로 인정되었다. 그러나 그 후 그 범위를 점차 축소하여 현재는 ① 국제관계에서의 일정한 행위(조약체결, 외교, 군사, 전쟁선포 등), ② 의회관계에서의 행위(의회해산 등)로 한정하고 있다.

2. 독일

제2차대전 전까지는 행정소송의 대상을 법률이 명문으로 열거한 사항에만 한정하여 행정구제의 대상을 매우 좁게 정한 열기주의(列記主義)를 취하였으며, 이 때 고도의 정치성을 가진 문제는 열기사항에서 미리 제외시켰기 때문에 통치행위의 관념이 성립될 소지가 없었다. 그러나 제2차대전 이후 행정소송의 대상을 법률이 명문으로 열거하지 아니함으로써 행정구제의 방법을 넓게 정한 개괄주의(概括主義)를 택하였기 때문에 행정소송의 대상에서 제외되는 통치행위의 관념을 인정할 것인가에 관한 논쟁이 활발하게 진행되었다.

현재 통치행위의 관념을 부정하는 학자도 있으나(O. Bachof 등) 통설은 긍정하고 있다. 대체로 의회해산 · 연방수상선거 · 조약체결 등을 통치행위로 보고 있는 반면, 사면행위는 통치행위로서 과거에는 전적으로 사법심사가 부정되었지만 최근의 판례는 일정한 범위 안에서 사면행위에 대해서도 사법심사를 인정하고 있다. 따라서 사면행위는 통치행위에서 제외되고 있는 경향이다.

3. 영국

영국에서는 군주주권사상에 따라 일찍부터 『국왕은 소추되지 아니한다(the king is immune from suit)』는 원칙하에 국사행위(國事行爲, acts of state) 또는 국왕의 대권행위(大權行爲, prerogative power)라 하여, 국가승인 · 선전포고와 강화 · 조약체결 · 의회해산 · 수상임명 · 사면 등을 판례에 의하여 사법심사에서 제외하여 왔다. 또한 의회주권이 확립된 결과, 『의회는 그 특권에 관한 유일한 법관이다』라는 원칙이 고수되어 의원징계 · 의회소집 등도 사법심사에서 제외되어 왔다.

4. 미국

미국에서는 사법부 우위의 원칙이 엄격히 적용됨에도 불구하고, 판례에 의하여 헌법상 권력분립의 정신에 따라 일정한 행위는 정치문제(政治問題, political question)라 하여, 입법부와 행정부의 전권에 속하는 것으로 보아 사법심사에서 제외하고 있다. 판례에 의하면 전쟁의 개시 · 종료, 국가승인 · 조약체결 및 해석 등의 대외문제와, 어느 주가 공화정체인가 또는 합법적인 주정부인가 등의 대내문제가 정치문제로서 통치행위에 해당하는 것으로 보고 있다.

5. 일본

일본도 독일과 마찬가지로 행정소송의 대상에 관하여 제2차대전 전에는 열기주의를 택하였다가 제2차대전 후 개괄주의를 택함으로써 비로소 활발히 논의되기 시작하였다. 판례도 미 · 일 안보조약의 체결과 중의원 해산행위를 통치행위로 인정하였다. 학설은 긍정설과 부정설이 대립되어 있으나 긍정설이 우세하다.

Ⅲ. 통치행위에 관한 학설

1. 부정설

법치주의가 확립되고 헌법상 국민의 재판청구권이 일반적으로 인정되며 행정소송의 대상에 관하여 개괄주의를 채택하고 있는 현대법치국가에 있어서는 모든 국가작용은 그에 대한 법률적 판단이 가능한 한 사법심사에서 배제될 수 없다고 한다.[8)]

만일 통치행위의 개념을 인정한다면 이는 곧 우리 헌법이 인정하고 있는 명령·규칙·처분에 대한 법원의 위헌·위법심사권(헌법 제107조 제2항)을 부인하는 결과가 되며, 고도의 정치성이라는 이유만으로 정치의 무법상태를 허용하기 때문에 결국 법치주의가 희생되고야 만다는 것이다.

부정설은 완전한 법치주의의 실현이라는 이상론으로서는 타당하며 경청할 가치가 있는 것이라고 하겠다. 그러나 모든 정치문제를 법원이 개입하여 판단할 경우에 야기될 수 있는 현실적인 문제점을 간과하고 있다는 비판을 받고 있다.

2. 긍정설

통치행위의 관념을 인정할 경우에도 그 근거를 주로 법이론적 관점에서 구하는 권력분립설 및 재량행위설과, 법정책적 관점에서 구하는 사법부자제설이 대립되어 있다.

(1) 권력분립설(내재적 한계설)

헌법의 지도원리로서는 법치주의뿐만 아니라 권력분립·의회주의 등 여러 원리가 있는바, 통치행위는 권력분립(權力分立)의 원칙상 사법부의 관여가 허

8) 김철용, 우리헌법과 통치행위, 법정 1964. 5, p.54.

용되지 않는다는 견해이다. 즉, 동태적이며 비법률적인 정치적 문제는 민주정치의 관점에서 보건대 그 지위가 극히 독립되어 있고 국민에 대한 정치적 책임을 지지 아니하는 사법부가 관여하여 심사하기에는 부적합하고, 정부 또는 국회의 전권에 속하게 하여 국민으로부터 심판받도록 함이 바람직하다고 하며, 이것이 바로 사법권의 내재적 한계(內在的 限界)라고 한다.

권력분립설은 사법부자제설과 함께 미국의 통설·판례의 태도이다. 이 견해에 대하여는 ① 법원의 사법심사권을 부당하게 축소시킴으로써 기본권 보장에 역행하고 있으며, ② 권력분립도 궁극적으로는 국민의 기본권 보장에 그 존재의의가 있는데, 권력분립을 논거로 하여 사법심사에서 제외되는 통치행위의 개념을 인정하는 것은 권력분립제도 자체의 존재의의와 모순된다는 비판이 있다.

(2) 재량행위설

통치행위는 고도의 정치성을 띤 정치문제이고, 정치문제는 궁극적으로 그 타당성 또는 합목적성 여부의 문제만 발생하며 위법성의 문제는 발생하지 않는 행정부의 재량(裁量)에 속하는 행위이므로 사법심사의 대상에서 제외된다는 견해이다.

이 견해는 통치행위에 대한 판단의 속성에 착안한 이론으로서, 일면 경청할 가치가 있다고 하겠다. 그러나 재량행위(裁量行爲)는 당연히 사법심사의 대상에서 제외되는 것이 아니라 일단 사법심사의 대상으로 한 후에 재량권 일탈이나 남용이 있는 경우에는 위법한 것으로서 취소의 대상이 되는 것임에 반하여, 통치행위는 일단 통치행위로 인정되기만 하면 재량권을 일탈하거나 남용한 경우라 해도 이를 가리지 아니하고 처음부터 사법심사의 대상에서 제외되는 것이라는 점에서, 통치행위를 자유재량행위로 설명하려고 하는 것은 문제가 있다고 하겠다.

(3) 사법부자제설

이론상 통치행위에 대하여도 법률적 판단이 가능한 이상 사법심사의 대상이 된다고 할 것이지만, 그럼에도 불구하고 사법심사에서 제외하는 것은 더 큰 국가적 혼란을 방지하기 위하여 사법부가 스스로의 의사로 심사를 자제(自制)하는 결과라고 보며, 그렇게 함으로써 정치의 소용돌이에 휩쓸리지 않고 사법부의 독립을 지킬 수 있다는 것이다.

그러나 이 견해에 대하여는 사법심사권을 스스로 포기하는 것은 헌법정신에 위배되며, 이러한 심사포기행위는 그 자체가 바로 어느 일방의 정치적 입장을 지지하는 결과를 낳게 된다는 비판이 있다.

(4) 대권행위설

이는 영국법상의 대권행위불심사사상에 근거를 둔 것으로서, 통치행위는 국가행위대권에 근거한 행위라고 하여 사법심사에서 제외된다는 견해이다. 즉 "왕은 제소되지 아니한다"라는 원칙하에 국가승인, 선전포고, 조약체결 등을 국사행위 또는 대권행위라 하여 사법심사에서 제외시킨다는 것이다.

3. 결어

통치행위를 사법심사에서 제외하면 정치의 무법상태를 초래하게 되어 기본적 인권이 침해되고 독재화의 우려가 있다는 점에서 부정설의 입장도 경청할 가치가 있다고 하겠다. 그러나 우리 헌법은 법치주의와 기본권 보장을 기본원리로 하면서도 국민주권과 권력분립 등의 원리도 중요한 기본원리로 삼고 있기 때문에, 통치행위를 사법심사의 대상에서 제외시키는 것도 충분한 근거가 있다고 하겠다. 그런 의미에서 긍정설 중 권력분립설이 일견 가장 설득력 있는 것으로 보이기는 하지만, 사법부자제설도 그 자체가 법이론적인 것이 아니라 법정책적인 것이라는 결함에도 불구하고 적어도 통치행위의 실체를 가장 충실하게 설명해 주고 있는 견해라고 생각된다.

지금까지 각국의 통치행위에 관련된 법제도에는 변동이 없었음에도 불구하고 통치행위의 범위는 계속 축소되어 온 현상도 법정책적 견지에 입각하고 있는 사법부자제설(司法府自制說)의 타당성을 간접적으로 뒷받침해 주는 것이라고 하겠다.[9)]

Ⅳ. 우리나라에 있어서의 통치행위

1. 관련법규

우리 헌법 제64조 4항에는 "국회 의원의 자격심사・제명처분에 대해서는 법원에 제소할 수 없다"라고 규정하여 통치행위에 관한 근거규정을 두고 있다. 그러나 법원조직법 제2조 1항은 "법원은 헌법에 특별한 규정이 있는 경우를 제외한 일체의 법률상의 쟁송을 심판하고, 이 법과 다른 법률에 의하여 법원에 속하는 권한을 가진다"라고 하여 대체로 통치행위라는 근거만으로 심판을 거부할 수 없게 하고 있다.

2. 학설과 판례

오늘날 행정소송은 소송의 범위를 한정하지 않고 국민의 권리구제의 범위를 넓게 인정하고 있는 개괄주의(概括主義)를 채택하고 있기 때문에 모든 국가작용은 사법심사의 대상이 된다. 그러므로 사법심사의 대상에서 제외되는 통치행위의 관념은 인정될 수 없다고 보는 것이 부정설의 입장이다. 그러나 학설과 판례는 통치행위를 긍정하고 있다. 통치행위에 관하여서는 긍정설이 지배적인 학설이라 할 수 있다. 통치행위를 긍정하는 경우에도 권력분립설과 사법부자제설에 입각하여 통치행위의 관념을 인정하고 있다.

한편 우리 대법원의 판례도 권력분립설과 사법부자제설에 근거하여 통치행위를 긍정하고 있다. 대법원은 1964년 한・일 국교정상화를 반대하는 소위 6・3사태를 수습하기 위하여 행한 대통령의 비상계엄선포행위를 "고도의 정치적・군사적 성격을 지니고 있는 행위로서, 계엄선포의 당・부당을 판단할 권한 같은 것은 오로지 정치기관인 국회에만 있다"(대판 1964. 7. 21, 64초6)고 하여 권력분립설을 취하고 있으며, 1979년 10・26사태를 수습하기 위하여 선

---

9) 김동희(Ⅰ), p.11.

포한 비상계엄에 대하여, "사법기관인 법원이 계엄선포의 요건의 구비 여부나 선포의 당·부당을 심사하는 것은 사법권의 내재적인 본질적 한계를 넘어서는 것이 되어 적절한 바가 못된다"(대판 1979. 12. 7, 79초70)고 판시하여 사법부 자제설을 취하고 있기도 하다.

특히 헌법재판소는 대통령의 긴급재정경제명령에 대한 위헌확인을 구하는 헌법소원의 심판(헌재결 1996. 2. 29, 96헌마186)에서 통치행위에 관한 새로운 견해를 제시하고 있다. 헌법재판소는 이 결정에서 "대통령의 긴급재정경제명령은 국가긴급권의 일종으로서 고도의 정치적 결단에 의하여 발동되는 행위이고 그 결단을 존중하여야 할 필요성이 있는 행위라는 의미에서 이른바 통치행위에 속한다고 할 수 있으나, 통치행위를 포함하여 모든 국가작용은 국민의 기본권적 가치를 실현하기 위한 수단이라는 한계를 반드시 지켜야 하는 것이고, 헌법재판소는 헌법의 수호와 국민의 기본권 보장을 사명으로 하는 국가기관이므로 비록 고도의 정치적 결단에 의하여 행해지는 국가작용이라고 할지라도 그것이 국민의 기본권 침해와 직접 관련되는 경우에는 당연히 헌법재판소의 심판대상이 된다"라고 판시하여 대통령의 긴급재정·경제명령은 통치행위에 속하는 것이라 하더라도 헌법재판소의 심판대상에 포함된다고 보고 있다.[10)]

그러나 통치행위는 그 속성상 재판의 대상이 되지 않는다는 점을 감안하면 대통령의 긴급재정·경제명령은 통치행위임에도 불구하고 재판의 대상이 된다고 보는 것은 모순이다. 따라서 이 결정은 통치행위를 부정하는 부정설의 견해로 볼 수는 없는 것 같다.[11)] 그러나 종래의 학설이 대통령의 긴급재정·경제명령을 통치행위로 인정하여 온 것에 비하면 헌법재판소는 이 결정을 통하여 헌법수호와 기본권 보장의 가치가 통치행위를 제어할 수 있는 척도가 된다는 새로운 기준을 제시하고 있다는 점에서 높이 평가된다.

---

10) 따라서 이 결정은 통치행위에 관한 부정설로 보기도 한다. 김철용(Ⅰ), p.10.
11) 예컨대, 이를 재량행위로 보는 견해도 있다. 김유환, 헌법재판과 행정법의 발전, 공법연구 제27집 제1호(1998), p.89.

3. 통치행위의 범위

통치행위의 관념을 인정하는 경우에도 그 범위를 극히 제한하는 것이 현대국가의 일반적인 경향이다. 즉, 헌법상 국민의 재판청구권(헌법 제27조 제1항)이 보장되어 있고 모든 법률상의 쟁송에 대한 법원의 재판권(법원조직법 제2조 제1항)이 보장되어 있기 때문에, 법률적 판단이 가능하고 이를 통하여 국민의 권리·의무에 관한 구체적 분쟁의 해결이 가능한 경우에는 법원은 통치행위라는 이유로 심판을 거부할 수는 없다고 할 것이다.

이러한 관점에서 본다면, 우리 헌법상 대통령의 행위 중 ① 계엄선포(제77조), ② 긴급명령 및 긴급재정·경제처분이나 명령(제76조), ③ 외교(제73조), ④ 군사(제74조), ⑤ 사면(제79조), ⑥ 영전수여(제80조), ⑦ 국민투표회부(제72조), ⑧ 국무총리·국무위원 임면(제86조·제87조), ⑨ 법률안 거부권행사(제53조 제2항) 행위와, 국회의 행위 중 ⑩ 의사 및 의원자격심사행위(제64조) 등이 이에 해당한다고 하겠다.[12)]

4. 통치행위의 한계

통치행위도 헌법에 근거하여 행사되는 것인 만큼, 헌법상 국민주권 및 자유민주주의의 원칙과 기본권 침해의 한계에 관한 제원칙에 위배되어서는 아니되며, 또한 통치행위의 행사방법에 관한 법률이 있으면 그 법이 정하는 바에 따라서 행사되어야 함은 물론이다(예, 계엄법 등). 특히 통치행위의 이름으로 헌법상 보장된 기본권을 자의적으로 침해할 경우에는 위헌이라는 심판을 받게 되는 것이므로 기본권보장은 통치행위의 한계를 정하는 준거가 된다고 보겠다.

한편, 통치행위가 비록 사법심사로부터는 면제된다고 하더라도 국민에 의한 역사적 심판까지 면제받을 수는 없으며, 통치행위가 빈번하게 자행되는 극단의 경우에는 저항권의 문제가 발생될 수 있다는 점에 유의하여야 할 것이다.

---

12) 김남진(Ⅰ), p.13; 김도창(상), p.77; 이상규(하), p.71; 조연홍(상), p.47.

5. 국가배상

위법한 통치행위로 인해 사인이 손해를 입은 경우에 국가배상법의 적용대상이 되는가의 여부가 문제된다.

이에 관하여 "국가배상에 있어 위법성의 문제는 수권의 근거가 있는가라는 시각에서 검토되므로 국가의 배상책임을 인정하는 데에는 어려움이 없을 것 같다"라는 견해[13]도 있으나, 통치행위는 그 위법성 여부가 사법심사의 대상에서 제외되기 때문에 "국가배상을 인정하기 위하여는 통치행위의 위법성을 판단하여야 하므로 통치행위는 국가배상소송의 대상도 되지 않는다"고 보는 것이 타당하다.[14]

> **【판례】** : 정부와 국회의 이라크파병결정은 고도의 정치적 결단의 문제이므로 사법심사는 자제되어야 한다는 판결
> 이 사건 파견결정은 그 성격상 국방 및 외교에 관련된 고도의 정치적 결단을 요하는 문제로서, 헌법과 법률이 정한 절차를 지켜 이루어질 것임이 명백한 이 사건에 있어서는 대통령과 국회의 판단은 존중되어야 하고 우리 재판소가 사법적 기준만으로 이를 심판하는 것은 자제되어야 한다. 오랜 민주주의 전통을 가진 외국에서도 외교 및 국방에 관련된 것으로서 고도의 정치적 결단을 요하는 사안에 대하여는 줄곧 사법심사를 자제하고 있는 것도 바로 이러한 취지에서 나온 것이라 할 것이다. 이에 대하여는 설혹 사법적 심사의 회피로 자의적 결정이 방치될 수도 있다는 우려가 있을 수 있으나 그러한 대통령과 국회의 판단은 궁극적으로 선거를 통해 국민에 의한 평가와 심판을 받게 될 것이다(헌재 2003. 18. 18, 2003헌마255 · 256(병합)).

[1] 고도의 정치성을 띤 국가행위인 이른바 통치행위가 사법심사의 대상이 되는지 여부(적극)

[2] 남북정상회담의 개최과정에서 북한측에 사업권의 대가 명목으로 송금한

---

13) 김남진, 행정법(Ⅰ), p.15.
14) 같은 입장 : 박균성(상), p.34.

행위가 사법심사의 대상이 된다고 판단한 원심판결을 수긍한 사례

[1] 입헌적 법치주의국가의 기본원칙은 어떠한 국가행위나 국가작용도 헌법과 법률에 근거하여 그 테두리 안에서 합헌적·합법적으로 행하여질 것을 요구하며, 이러한 합헌성과 합법성의 판단은 본질적으로 사법의 권능에 속하는 것이고, 다만 국가행위 중에는 고도의 정치성을 띤 것이 있고, 그러한 고도의 정치행위에 대하여 정치적 책임을 지지 않는 법원이 정치의 합목적성이나 정당성을 도외시한 채 합법성의 심사를 감행함으로써 정책결정이 좌우되는 일은 결코 바람직한 일이 아니며, 법원이 정치문제에 개입되어 그 중립성과 독립성을 침해당할 위험성도 부인할 수 없으므로, 고도의 정치성을 띤 국가행위에 대하여는 이른바 통치행위라 하여 법원 스스로 사법심사권의 행사를 억제하여 그 심사대상에서 제외하는 영역이 있으나, 이와 같이 통치행위의 개념을 인정한다고 하더라도 과도한 사법심사의 자제가 기본권을 보장하고 법치주의 이념을 구현하여야 할 법원의 책무를 태만히 하거나 포기하는 것이 되지 않도록 그 인정을 지극히 신중하게 하여야 하며, 그 판단은 오로지 사법부만에 의하여 이루어져야 한다.

[2] 남북정상회담의 개최는 고도의 정치적 성격을 지니고 있는 행위라 할 것이므로 특별한 사정이 없는 한 그 당부를 심판하는 것은 사법권의 내재적·본질적 한계를 넘어서는 것이 되어 적절하지 못하지만, 남북정상회담의 개최과정에서 재정경제부장관에게 신고하지 아니하거나 통일부장관의 협력사업 승인을 얻지 아니한 채 북한측에 사업권의 대가 명목으로 송금한 행위 자체는 헌법상 법치국가의 원리와 법 앞에 평등원칙 등에 비추어 볼 때 사법심사의 대상이 된다고 판단한 원심판결을 수긍한 사례(대판 2004. 3. 26, 2003도7878).

제2장

행정법

제1절 행정법의 의의

행정법(administrative law)이란 행정을 담당하는 『행정주체의 조직, 행정의 집행과정에서의 행정작용 및 행정의 당사자인 국민의 권리구제에 관한 국내공법』을 말한다. 법전을 펼치면 헌법·민법·상법·민사소송법·형법·형사소송법·노동법·국제법 등으로 편제된 법 외에 나머지 법률은 거의 모두 행정법으로 분류되며, 이러한 사실만으로도 행정법이 얼마나 많은 분야에 걸쳐 국가의 행위와 국민들의 생활을 규율하고 있는가를 알 수 있다고 하겠다.

Ⅰ. 『행정주체의 조직·작용 및 구제』에 관한 법

행정법은 행정주체의 조직·권한·상호관계에 관한 법인 행정조직법(行政組織法)과 행정주체와 그 당사자인 사인간의 관계를 규율하는 법인 행정작용법(行政作用法), 그리고 행정작용으로 인한 권리침해로부터 국민의 행정기관에 대한 권리의 구제방법에 관한 법인 행정구제법(行政救濟法)으로 크게 구분할 수 있다. 그러나 헌법·민법에서처럼 그 법을 직접 지칭하고 있는 다른 법분야와는 달리 행정법은 아직 행정법이라고 지칭되는 단일 법전이 마련되어 있지 못하다. 행정법은 행정에 관한 개별 법률과 이를 구체적으로 집행하기 위한 하위법령들을 합하여 2002. 1. 1 현재 1,000여 개의 개별법률과 그 하위법령들을 합하여 총 3,600여 개의 개별 법령들로 이루어지고 있고 날로 증가하는 중에 있어 복잡하고 다양하기 이를 데 없다.

따라서 행정법학의 임무는 이러한 수많은 행정법규에 적용되는 공통의 지도원리를 탐구하고 나아가 개별적 법규에 의한 행정작용을 규명하는 데 있다고 할 수 있다. 그러나 수많은 행정법 중 비교적 일반법적 성격을 띠고 있는 법률을 예시하자면, 정부조직법·지방자치법·국가공무원법(조직법 분야), 경찰관직무집행법·국세징수법·토지수용법·행정대집행법(작용법 분야), 국가배상법 · 행정심판법 · 행정소송법(구제법 분야) 등이 있다.

Ⅱ. 행정에 관한 『공법』

공법(公法)이라 하면 국가공동체를 유지 · 존속하기 위하여 공권력의 주체와 그 상대방에 대한 명령 · 강제에 관한 법을 말한다. 행정법을 공법으로 보는 것은 국가와 국민의 관계에서 명령 · 강제라는 강행법으로 존재하기 때문이다. 국가 또는 지방자치단체가 행하는 공행정은 임의적인 성격의 사법으로는 실현될 수 없기 때문에 강행법인 공법의 적용을 받는다. 물론, 행정에 적용되는 법이라고 무조건 공법으로 볼 수는 없다. 행정에는 권력작용 · 관리작용 · 국고작용이 있으며, 국고작용에는 사법이 적용되고, 관리작용에도 원칙적으로는 사법이 적용되는 것이기 때문에 행정법은 행정에 적용되는 모든 법을 의미하는 것이 아니고 그 중에서도 사법을 제외한 공법만을 의미한다.

그러나 오늘날의 현대행정에 있어서는 행정주체가 공기업을 통한 가스 · 전기의 공급처럼 공공의 역무를 수행하는 경우에는 반드시 우월적 지위의 권력작용에 의하는 것이 아니라 비권력적인 사법형식(私法形式)으로 적용되는 경우도 있으며, 이러한 행정이 점차 증가하고 있다. 종래의 공법과 사법을 상대적으로 구분하였던 공 · 사법 이원론(公 · 私法 二元論)에 따르면, 이 경우 행정은 공법이 적용되는 것만을 의미하였다. 그러나 공법과 사법을 상대적으로 구별하려는 견해와 공 · 사법 일원론(公 · 私法 一元論)에 따르는 경우에는 사법형식의 행정활동도 행정법의 대상이 된다. 그러므로 행정법은 행정에 관한 공법뿐만 아니라 공공역무에 해당하는 경우의 행정에는 사법도 포함된다. 이를 행정사법(行政私法)이라 한다. 행정사법이란 그 법률관계는 사법에 의하여 발생하지만, 그 역무(국영철도의 여객 운송 등)는 공행정작용이기 때문에 일정한 공법원리의 적용을 받는 것을 말한다. 이 경우에 무게 중심이 사법에 있는 것이 아니라 (공)행정에 있으므로 이를 행정법학의 대상으로 삼게 되는 것이다.

Ⅲ. 행정에 관한『국내법』

행정을 규율하는 법에는 국내법뿐만 아니라 대한민국과 외국간에 체결된 국제조약이나 일반적으로 승인된 국제법규 등의 국제법도 있다. 이러한 국제법은 소위 국제법학의 연구대상이지 행정법의 연구대상은 아니다.

다만, 우리 헌법(제6조 제1항)은 "헌법에 의하여 체결·공포된 조약과 일반적으로 승인된 국제법규는 국내법과 같은 효력을 가진다"고 규정하고 있으므로 범죄인인도조약·2중과세방지협정·우호통상항해조약·국제노동조약·지적소유권에 관한 조약 등과 같이 국내행정과 관계가 있는 국제조약은 행정법의 일부를 구성하며, 그 한도 내에서 행정법학의 연구대상으로 된다고 할 것이다.

특히 세계무역기구(WTO)설립협정은 무역·지적소유권 등 여러 분야에서 각국의 국내 행정에 관한 기준을 설정하고 이에 맞추어 국내 행정법규를 제정하거나 개정하도록 강제하고 있는 형편이다. 따라서 이러한 국제조약의 해석과 적용에 있어 국내법과의 모순·저촉의 방지 및 실체적 적용 방법 등에 관한 체계적인 연구도 행정법학의 과제로 등장하고 있다.

제2절 법치주의

Ⅰ. 개 설

법치주의 또는『법률에 의한 행정의 원리』란 모든 행정작용은 사람에 의한『인의 지배』가 아니라 법률에 의한『법의 지배』하에 이루어져야 한다는 원리를 말한다. 역사적으로 볼 때 이러한 법치주의는 행정법 성립의 전제조건으로 작용하였을 뿐만 아니라 현대 행정법의 기본원리의 하나로서 매우 중요한 의미를 가지고 있다.

원래 법치주의는 근대입헌국가의 권력분립사상에 입각한 것으로서 국민의 자유와 권리가 행정권에 의하여 자의적으로 침해되는 것을 방지하고자 하는 데에 그 본질이 있으나, 제2차대전 전의 독일이나 일본과 같이 전체주의 사상이 지배하던 시절에는 법치주의가 형식적인 것으로 전락하기도 했다.

Ⅱ. 형식적 법치주의

형식적 법치주의(形式的 法治主義)란 의회가 제정한 법률에 의거하여 행정권이 발동되기만 하면 충분하며, 더 이상 그 법률의 목적이나 내용의 정당성 여부는 묻지 아니하는 것이다. 이는 나치 시대의 독일과 군국주의 시대의 일본을 풍미했던 사상이며 결국 국민의 인권보장은 형식적인 것에 그치게 되었다.

따라서 ① 법률의 이름으로 자유와 권리의 본질적인 침해가 자행되는 한편, ② 긴급명령 등 행정권에 광범위한 위임입법권을 인정함으로써 법치주의를 유명무실화하기도 하였으며, ③ 소위 특별권력관계론을 내세워 공무원의 복무의무와 같이 국가와 공무원간의 관계를 규율함에 있어서는 법치주의를 배제하고

전적으로 행정권의 자유로운 의사에 일임해 버리는 『법률로부터 자유로운 행정영역』을 구축하기도 하고, ④ 행정작용의 적법성 여부를 심판하는 행정소송도 사법부가 아닌 행정부 내에 설치된 행정재판소에서 행하도록 하면서, 행정소송의 대상사안도 법에 열거된 것으로 한정하여 그 열거된 이외의 영역에서 행정에 의한 국민의 권리침해가 발생하여도 행정소송의 방법으로 권리구제를 받을 수 없는 열기주의를 택함으로써 권익구제의 기회를 축소하기도 하였던 것이다.

Ⅲ. 실질적 법치주의

실질적 법치주의(實質的 法治主義)란 행정권의 발동이 형식적인 법률에 의하여 행하여지기만 하면 되는 데에 그치지 아니하고, 나아가 법률의 내용 그 자체가 국민의 자유와 권리를 부당하게 침해하는 것이어서는 아니 된다는 것으로서, 법치주의의 본래의 의미에 해당하는 것이다.

제2차 세계대전이 끝난 후에는 독일·일본까지 형식적 법치주의에서 실질적 법치주의로 전환함으로써 흔히 법치주의라 하면 실질적 법치주의를 의미한다. 법치주의는 오늘날 전세계 민주국가의 공통원리로서 작용하고 있으며, 구체적 내용으로서는 오토 마이어(O. Mayer)의 분류에 따라 ① 법률의 법규창조력, ② 법률우위의 원칙, ③ 법률유보의 원칙이 있다.

1. 법률의 법규창조력

일반적으로 『법규』(法規)라 함은 국민의 자유와 권리를 규율하기 위하여 의회가 제정한 법률을 말한다. 『법률의 법규창조력(法規創造力)』이라 함은 이러한 법규는 국민주권주의하에서는 국회가 제정한 법률에 의해서만 가능하다는 원칙을 말한다. 그러나 오늘날에 있어서는 의회가 제정한 법률뿐만 아니라 직접 행정기관의 입법에 의해서도 국민의 자유와 권리에 관한 규율인 법규가 만

들어지고 있다. 법률의 법규창조력의 원칙에 대한 예외로서는 다음의 것이 있다.

① 우선 헌법 자체가 인정한 예외로서 긴급명령, 긴급 재정·경제명령이 있으며, 이들은 국회가 아닌 행정부가 제정한 명령으로 법규를 창조할 수 있도록 허용된 것이다(예, 헌법 제76조 제1항에 근거하여 1993. 8. 12 공포된 금융실명거래및비밀보장에관한긴급재정경제명령).

② 과학기술의 발달로 엄청나게 발전한 현대사회의 모든 일들을 오로지 국회가 제정한 법률만으로 완벽하게 규율한다는 것은 불가능한 일이므로 국회가 제정하는 법률은 기본방향만을 정하고, 구체적·기술적인 사항은 행정부가 제정할 수 있도록 위임하는 위임명령이 허용되고 있다(헌법 제75조에 의한 대통령령 및 제95조에 의한 총리령·부령). 이 경우의 위임은 구체적·개별적 위임이어야 하며, 포괄적 위임 또는 백지위임은 법률의 법규창조력에 위배되는 것으로서 허용되지 아니한다.

2. 법률의 우위의 원칙

법률우위(法律優位)의 원칙이라 함은 모든 행정작용은 법률에 반하여 행사되어서는 아니 된다는 원칙을 말한다. 다시 말하자면 국회에서 제정하는 형식적 의미의 법률이 그 효력에 있어서는 모든 국가의 행정작용의 우위에 있다는 원칙을 말한다. 즉 행정기관이 행하는 행정작용의 법률종속성을 의미한다. 과거 전체주의시대의 독일·일본과 같은 형식적 법치국가에 있어서는 법률의 실질적 내용은 묻지 아니하고 오직 법률에 위배되지만 아니하면 무방하였으나, 오늘날 실질적 법치주의하에서는 법률의 내용 그 자체가 기본권 보장 등을 이념으로 하는 헌법정신에 합치되지 않으면 아니 된다는 의미에서 『합헌적 법률의 우위』의 원칙이라고 하기도 한다. 이는 우리 헌법(제111조)이 위헌법률심사제에 의하여 법률의 합헌성이 보장되도록 하고 있는 점에서도 입증되고 있다.

3. 법률유보의 원칙

법률유보(法律留保)의 원칙이란, 모든 행정작용은 법률의 수권에 의해서만 행하여져야 한다는 원칙을 말한다. 즉 행정작용이란 국민의 자유와 권리에 직접 제한을 가하거나 또는 급부를 제공함으로써 국민의 권리를 형성하는 등 직접 국민과의 관계에서 실행된다. 그러므로 모든 행정작용은 반드시 법률의 규정에 따라 행하여져야 한다는 것이다. 원래 법률유보의 원칙은 군주로 대표되는 행정과 의회로 대표되는 시민과의 타협의 소산이었던 19세기 독일 입헌군주제하에서 성립되었던 관계로, 법률로부터 자유로운 행정영역을 확보하려는 소위『행정유보(行政留保)』사상과 끊임없이 대립·변천하여 왔으나, 그 동안 각국의 헌법구조가 입헌군주제에서 의회주의에 바탕을 둔 민주제로 변천됨에 따라 법률유보의 범위가 점차 확대되어 왔다.

이에 따라 오랫동안 통설적 지위를 누려 온 침해유보설에 도전하여 사회유보설·권력행정유보설·전부유보설·중요사항유보설 등이 대두되었으며, 이들 중 아직 어느 것도 통설로서 정착되지 못하여 행정법학에서 가장 많은 논란의 대상이 되고 있는 분야이다.

(1) 침해유보설

침해유보설(侵害留保說)은 국민의 자유와 재산을 침해하는 것만을 법규라 하고, 이것만이 법이기 때문에 의회가 제정하여야 하며, 여타의 것은 법규가 아니므로 군주가 자유롭게 규율할 수 있다는 견해이다. 따라서 국민의 자유와 권리를 제한하거나 침해하는 행정작용 이외의 범위에서의 행정은 법률유보에 따르지 않고 독자적으로 활동할 수 있는 것으로 본다. 따라서 행정이 행하는 보조금 지급이나 공공시설의 설치 등은 법률의 근거가 없어도 행정권의 독자적 판단에 의하여 결정할 수 있다고 보는 것이다. 바이마르 헌법은 물론이며 본 기본법 이후에도 독일의 통설이었다.

(2) 사회유보설(급부행정유보설)

사회유보설(社會留保說)은 법률유보를 국민의 자유와 재산에 대한 침해뿐만 아니라 국민에게 권리를 형성하여 주거나 금전적 혜택을 주는 급부행정(給付行政) 전반(공기업, 공물, 사회보장, 자금지원 등)에 확대・적용하여야 한다는 견해이다. 이 견해는 오늘날 복지국가의 이념에 충실한 것으로서, 행정에 대한 국민의 방어적 권능으로서의 『행정에 대한 자유』에서 국가가 제공하는 각종의 급부의 실현이라는 『행정을 통한 자유』로 무게중심이 이동하고 있다는 데에 기인하고 있다. 다만, 급부행정의 범위가 애매하고 국가가 행정을 통하여 국민에게 급부를 제공하기 위해서는 법률의 규정에 따라야 하는데 현실적으로 입법부에 지나치게 과중한 법률제정의 부담을 지운다는 비판을 받고 있다.

(3) 권력행정유보설

권력행정유보설(權力行政留保說)은 침해적 행정이거나 수익적 행정이거나를 불문하고 모든 권력적 행정은 행정권의 일방적 강제에 의하여 국민의 권리・의무를 결정하게 되는 것이므로 권력적 행정작용은 반드시 법률의 근거가 있어야 한다는 견해이다. 이 견해는 복효적 행정행위를 설명하기가 좋고 민주적 통제의 원리에도 맞는다고 하겠으나, 기본적으로는 침해유보설의 틀을 벗어나지 못하였다는 비판을 받고 있다.

(4) 전부유보설

전부유보설(全部留保說)은 어떠한 행정작용도 행정권이 독자적으로 행할 수 있는 것은 없으며 오로지 법률의 근거가 필요하다는 견해로서, 오늘날의 국민주권주의하에서는 모든 행정권의 행사는 국민의 대표기관인 의회가 제정한 법률에 의거하여 행하여져야 한다는 견해이다. 따라서 법으로부터 자유로운 행정영역은 인정할 수 없게 된다. 그러나 이 이론은 현실적인 필요성과 가능성에 있어 문제가 있으며, 오늘날의 민주국가에 있어서는 국가의 모든 기능은 민주적 헌법에 근거를 두고 있고 행정부에게도 고유한 민주적 정당성과 책임영역이 있다는 점을 간과하고 있다는 비판을 받고 있다.

(5) 중요사항유보설(본질성설)

중요사항유보설(重要事項留保說)은 행정작용 중에서 국민과의 관계에 있어서 본질적인 사항에 대한 규율은 입법자가 스스로 결정해야 한다는 것으로서, 독일의 연방헌법재판소의 판례를 통하여 확립되었다. 비판의 여지가 없는 것은 아니지만, 현재 독일의 통설로 인정받고 있다. 이 견해는『자유와 재산에 대한 침해』라는 기존의 전통적인 도식에서 벗어나 이론적 기초를 완전히 새롭게 하여, 어떤 사안이 침해적인가의 여부가 문제가 아니라 그 사안의 중요성 내지는 본질성이 문제가 되며, 예컨대 핵에너지의 사적 사용문제나 사설방송의 도입과 구조문제도 결국 기본권의 침해 여부보다는 그러한『결정의 중요성』이라는 관점에서 판단하여, 그와 같은 종류의 결정은 국가에 있어서 주도적이며 창조적인 결정이므로 의회가 제정한 법률에 근거가 있어야 한다는 것이다.

이 견해에 의하면, 사안의 중요성 여부의 문제는 특별권력관계와 급부행정, 그리고 자치법규의 제정이나 국토개발계획 등에 있어서도 제기될 수 있으므로 이러한 분야에까지 법률유보가 확대되어야 한다고 주장하지만, 어떤 사안의 중요성 여부는 반드시 명확한 것은 아니라는 점에서 비판을 받고 있다.

우리 헌법재판소도 이러한 중요사항유보설의 입장을 취하고 있음은 주목할 만하다.

【판례】: 텔레비전송수신료의 금액에 대하여 국회가 스스로 결정하거나 결정에 관여함이 없이 한국방송공사로 하여금 결정하도록 한 한국방송공사법 제36조 제1항이 법률유보원칙에 위반된다는 판례
오늘날 법률유보원칙은 단순히 행정작용이 법률에 근거를 두기만 하면 충분한 것이 아니라, 국가공동체와 그 구성원에게 기본적이고도 중요한 의미를 갖는 영역, 특히 국민의 기본권 실현과 관련된 영역에 있어서는 국민의 대표자인 입법자가 그 본질적 사항에 대해서 스스로 결정하여야 한다는 요구까지 내포하고 있다(의회유보설). 그런데 텔레비전방송수신료는 대다수 국민의 재산권 보장의 측면이나 한국방송공사에게 보장된 방송자유의 측면에서 국민의 기본권 실현에 관련된 영역에 속하고, 수신료금액의 결정은 납부의무자의 범위 등과 함께 수신료에 관한 본질적인 중요한 사항이므로 국회가 스스로 행하여야 하는 사항에 속하는 것임에도 불구하고 한국방송공사법 제

36조 제1항에서 국회의 결정이나 관여를 배제한 채 한국방송공사로 하여금 수신료금액을 결정해서 문화관광부장관의 승인을 얻도록 한 것은 법률유보 원칙에 위반된다(헌재 1999. 5. 27, 98헌바70).

(6) 결어

과거 입헌군주제하에서 군주와 시민간의 타협의 소산이었던 침해유보설은 급부행정의 특성에 부응하지 못하는 것으로서 현대 자유민주주의 국가에서는 더 이상 고수될 여지가 없게 되었다. 현대 복지국가에 있어 행정의 주요기능이 소극적 질서유지행정에서 적극적 급부행정으로 이행함에 따라, 상·하수도, 전기·가스 공급, 생활보호, 의료보호 등 급부의 거부 내지는 부당한 배분은 기회적인 의미에서 국민의 재산을 침해하는 것으로 보지 않을 수 없다는 관점에서 사회유보설이 타당근거를 갖게 되었다.

다만, 현실 행정에서 보건대, 도로·하천·공원 건설 등과 같은 많은 종류의 급부행정이 법률의 근거 없이 행하여지고 있다. 따라서 이들 모두에까지 예산상의 근거 외에 법률의 근거까지 요구하면 오히려 급부행정의 위축을 초래하여 국민에게 불리하게 될 뿐이라는 현실론에도 귀를 기울일 만하다고 하겠다. 이러한 의미에서 기본적으로는 침해유보설에 입각하면서도, 수도공급·영세민 구호 등과 같이 급부가 국민의 일상생활에 필수 불가결한 것으로서 국민 일반의 정서에 비추어 윤리에 가까울 정도의 것이라고 인정될 경우, 또는 당해 사안의 본질에 비추어 국민적·국가적 중요사항에 해당된다고 볼 수 있는 것은 의회민주주의의 관점에서 법률의 근거를 요한다고 할 것이다.

그러나 비록 법률유보가 필요 없다고 판단되는 행정일지라도 그것이 바로 법으로부터의 자유를 의미하는 것은 아니며, 여전히 비례의 원칙·평등의 원칙·신뢰보호의 원칙 등 헌법과 행정법상의 일반법원칙에 따라야 할 것이고,[15] 그렇지 아니할 경우 위법한 행정행위로서 취소의 대상이 된다고 할 것이다.

---

15) 김동희(Ⅰ), p.38.

Ⅳ. 법치주의의 한계

오늘날 국민주권주의하에서는 대의제의 원리에 따라 국민의 대표로 구성된 의회가 직접 제정한 법률에 의하여 모든 행정작용을 빈틈없이 규율하는 것이 가장 이상적인 것이라 하겠다.

그러나 현대 복지국가는 행정을 통하여 국민의 인간다운 생활을 보장하고 나아가 모든 분야에 있어서 생활의 질을 향상시키는 것을 임무로 하고 있기 때문에, 행정의 행위양식이 ① 횡적으로는 매우 다양해졌으며, 이에 따라 새로이 등장한 행정계획 · 행정지도 · 행정조사 등의 분야는 엄격한 법률의 근거를 요하지 아니한다는 견해가 대두되고 있고, ② 종적으로는 매우 전문적 · 기술적인 것으로 되어 감에 따라 행정상 입법에의 위임범위가 점차 넓어지고, 행정행위에 있어서 불확정개념을 사용하는 등의 방식으로 구체적 상황에 따른 행정재량의 범위를 점차 확대하고 있으며, ③ 비록 잘못된 행정작용일지라도 그것을 신뢰하여 행동한 사람을 보호하여야 한다는 신뢰보호의 원칙이 행정법의 일반법원칙으로 확립됨에 따라 위법한 행정행위라도 취소가 금지되고, 또한 비록 위법한 행정행위일지라도 공공복리를 위하여 불가피할 경우에는 이를 취소하지 아니하는 사정판결을 할 수 있도록 함으로써 결국 합법성의 회복을 포기한 점 등은 종래의 엄격한 법치주의의 원리가 현대 복지국가의 원리에 양보하는 현상으로 설명될 수 있다(상세한 내용은 행정계획, 행정지도, 행정상 입법,[16] 재량행위, 행정법의 법원(신뢰보호), 행정행위의 취소 · 철회, 행정심판 · 행정소송 등의 각 분야에서 설명한다).

---

16) 행정상 입법과 행정계획이 법치주의의 한계를 구성한다는 의미에서 일본학자들은 법치주의의 보충 이라는 이름 아래 법치주의를 설명하는 자리에서 이들을 논하고 있어, 우리 학자들과는 대조를 이루고 있다. 原田尙彦, 行政法要論, pp.81~101.

제3절 행정법의 법원

Ⅰ. 개설

1. 의의

보통 법원(法源, source of law)이라 함은 법을 구체적으로 알려고 하는 경우의 인식수단, 즉 법의 존재형식을 의미한다. 행정법의 법원은 행정에 관하여 실제 적용되고 있는 법의 존재형식 또는 그 인식근거가 되고 있는 실정법으로서의 성문법원(成文法源)과, 성문법으로 규정되어 있지 않는 범위에서 적용되는 보충적 법원으로서의 불문법원(不文法源)으로 구분할 수 있다.

2. 성문법주의의 원칙과 불문법에 의한 보충

일반적으로 대륙법계 국가에서는 성문법주의(成文法主義)를, 영미법계 국가에서는 불문법주의(不文法主義)를 원칙으로 하고 있으나, 행정법에 있어서 만큼은 거의 모든 국가가 성문법주의를 원칙으로 하고 있다. 그 이유는 ① 국민의 자유와 재산을 침해하는 침해행정에 있어서는 특히 행정권 발동의 요건과 한계를 법으로 미리 명확히 해 두어야 행정에 대한 예측가능성과 법적 안정성이 보장되며, ② 급부행정에 있어서는 급부의 계속성을 보장할 필요가 있고, ③ 어떤 형태의 행정작용이건 간에 행정의 공정성을 확보하여야 하며, ④ 행정조직법에 있어서는 담당기관의 권한과 책임의 소재를 분명히 해 두어야 할 필요가 있고, ⑤ 행정구제법에 있어서는 구제의 절차를 명백히 함으로써 권리구제에 만전을 기할 필요가 있기 때문이다. 우리 헌법도 이러한 이론적 배경하에 성문법주의를 선언하고 있는바, 그 예로서는 ① 국민의 기본권에 관한 사항은 법률로 정하도록 하였으며(제12조~제37조), ② 공용수용·과세 등 중요한 행정작용을 법률로 정하도록 하고(제23조·제159조), ③ 행정각부·감사원 등 행정조직도 법률로 정하도록 하였으며(제96조·제100조), ④ 대통령령·총리령 · 부령 등의 위임입법을 인정하고 있는 것(제75조 · 제95조) 등을 열거할 수 있다.

그러나 행정의 규율대상은 복잡하기 이를 데 없음에 비하여, 이를 일일이 성문법을 제정하여 완벽하게 규율한다는 것은 법기술상으로나 인간능력의 한계 때문에 거의 불가능에 가까운 일이기 때문에 부득이 관습법 · 판례법 · 조리 등의 불문법으로 이를 보충할 수밖에 없게 된다.

한편 이미 제정된 성문법은 고정불변인 반면에 행정법의 규율대상은 끊임없이 변화하므로 현실에 맞게 성문법을 합리적으로 해석 · 적용하지 않으면 안 되며, 그러기 위하여 일정한 범위에 있어서는 조리(條理)가 작용하기도 한다.

그러나 행정법에 있어서의 불문법의 기능을 단순히 성문법의 불비를 보충해 주는 것으로만 보아서는 아니 된다. 그 이유는 아직 행정법의 일반법원칙을 성문화한 총칙적 법률이 제정되어 있지 않은 우리 현실에 있어서는 결국 이를 불문법의 일환인 조리에서 구하지 않을 수 없기 때문이다.

Ⅱ. 성문법원

1. 헌법

헌법(憲法)은 국가의 최고규범이므로 헌법에 직접 규정하고 있는 행정조직에 관한 규정(대통령 · 국무총리 · 행정각부 · 감사원 · 지방자치단체 등)과 행정작용에 관한 규정(기본권 보장과 그 한계 및 경제에 관한 규정 등) 및 행정구제에 관한 규정(국가배상 · 손실보상 · 사법부 등에 관한 규정)은 행정법의 법원 중 최고의 법원이 된다. 따라서 오늘날의 행정법은 독일연방헌법재판소장이었던 베르너가 1957년에 피력한 바와 같이 『구체화된 헌법으로서의 행정법』(Verwaltungsrecht als konkretisiertes Verfassungsrecht)의 역할에 충실할 수 있도록 우리 헌법의 기본원리를 잘 구현하는 것이어야 한다.

2. 법률

법치주의의 원리에 입각하여 모든 행정작용은 법률에 근거하여 발동되는 것이 원칙이다. 여기서 법률이라 함은 형식적 의미의 법률, 즉 국회가 헌법상의 절차에 따라 제정한 법률만을 의미한다.[17] 국회가 제정한 법률은 본래적 법원이기 때문에 이에 근거하여 성립되는 전래적 법원으로서의 법규명령과 자치법규보다 우위의 효력을 가진다. 따라서 법률에 저촉되는 법규명령 또는 자치법규는 무효가 된다. 다만, 우리 헌법이 인정한 긴급명령, 긴급 재정·경제명령은 법률이 아닌 법규명령에 해당되지만 그 효력은 법률과 같다(제76조 제1항·제2항).

행정법에 관련된 국회제정의 법률은 해마다 양적으로 늘어나는 추세에 있음에 반하여 아직 행정법 총칙에 해당하는 부분이 법제화되지 못하고 있다. 다만, 이를 위한 노력이 지속되어 1987. 7. 7에는 정부가 행정절차법안을 입법예고하기에 이르렀고, 드디어 1996년 12월에 행정절차에 관한 일반법으로서의 행정절차법을 제정하였다. 1998. 1. 1부터 시행되기 시작한 이 행정절차법에서는 제1장 총칙 외에 처분절차, 신고절차, 행정상 입법예고절차, 행정예고절차 및 행정지도절차 등을 규정하고 있다. 그러나 그 규율범위가 제한되어 있고 행정법의 다양한 기술성 때문에 아직 행정법의 일반법전으로 승화되지 못하고 있는 영역이 많이 있다.

법률이 양적으로 팽창함에 따라 법률 상호간의 모순·저촉의 문제도 심각하게 대두되고 있으며, 이를 해결하기 위한 방안으로서 ① 환경정책기본법·관광기본법 등 각종 기본법을 제정하여 분야별 법 제정·해석의 기준을 제시하고자 시도하고 있으나 이러한 기본법도 법률이므로 형식적 효력에 있어서는 통상의 법률과 같고, 다만 이것과 모순되는 후법의 제정이 사실상 제한될 뿐이

17) 국회가 직접 제정한 법률에는 그 지칭하는 명칭이 행정소송법, 국가배상법, 토지수용법, 정부조직법처럼 『법』으로 지칭되고 있는 경우와 공공기관의정보공개에관한법률, 정기간행물등록에관한법률처럼 『법률』로 지칭되는 경우가 있다. 『법』과 『법률』의 구별 실익은 없지만, 개념적으로 구별하자면 『법』으로 지칭되는 것은 그 규범내용이 특정되어 있는 것을 말하며, 『법률』로 지칭되는 것은 그 규범내용이 좀더 포괄적인 것을 말한다.

며, ② 법 상호간의 모순·저촉을 법해석으로 해결하기 위하여 상하 순위가 정하여져 있는 경우에는 상위법우선(上位法優先)의 원칙과, 신법과 구법의 관계에서의 구법에 대한 신법우선(新法優先)의 원칙 그리고 일반법에 대한 특별법우선의 원칙이 인정되고 있고, 신법우선의 원칙과 특별법우선의 원칙이 상호 충돌할 경우에는 특별법우선(特別法優先)의 원칙이 적용되도록 하고 있다.

3. 조약 및 국제법규

조약(條約)이란 조약·협정·협약 등 명칭 여하를 불문하고 국가와 국가 사이 또는 국가와 국제기구 사이의 법적 구속력 있는 문서에 의한 합의를 말한다. 국제법규(國際法規)란 우리나라가 당사국은 아니지만 국제사회에서 일반적으로 그 규범성이 승인된 조약(예, 우리나라가 UN에 가입하기 전에도 이미 UN헌장의 규범성을 승인하고 있었다)과 국제관습법(예, 조약이 체결되기 전부터 관습법으로 존재해 왔던 외교관의 특권과 면제, 전쟁 및 포로의 대우, 국내문제불간섭주의, 정치범 불인도의 원칙 등)을 말한다.

이들의 국내적 효력에 관하여는 우리 헌법(제6조)이 "헌법에 의하여 체결·공포된 조약과 일반적으로 승인된 국제법규는 국내법과 같은 효력을 가진다"고 규정하고 있으므로 별도로 국내법으로 이를 제정·수용하지 않더라도 당연히 행정법의 법원이 된다는 국제법·국내법 일원론(一元論)이 통설·판례의 입장이지만, 양자를 전혀 별개의 법체계로 보아, 국제법은 국내에 당연히 적용되는 것은 아니며 별도의 국내법 제정절차를 거쳐야 한다는 국제법·국내법 이원론(二元論)도 있다.

생각건대, 우리 헌법규정과 판례에 비추어 일원론이 타당하다고 하겠으며, 행정실무에 있어서는 조약을 체결하거나 그에 가입한 경우 이에 모순·저촉되는 국내법은 즉시 개정하여 법체계간의 모순·저촉 현상을 방지하는 데 노력하고 있다(예, WTO설립협정 가입에 따라 이에 상충되는 농업·공업·서비스업·지적소유권 등의 분야에 있어서의 국내법의 정비).

그러나 일원론도 다시 ① 국제법 우위설, ② 국내법 우위설, ③ 국제법·국내법 동위설로 나누어지는바, 결론적으로 말하면 동위설에 입각하여 조약이 규율하는 사안에 따라 중요한 것은 법률의, 그보다 경미한 것은 명령의 효력을 갖는다고 할 것이다. 이를 구분하는 기준으로는 우리 헌법이 입법사항에 관한 조약은 국회의 동의를 얻도록 한 것을 참고로 하여, 국회의 동의를 얻은 조약은 법률의, 그렇지 아니한 조약은 명령의 효력을 갖는다고 할 것이다(헌법 제60조).

국제법과 국내법의 충돌문제를 해결하기 위해서는 ① 국내법에서 명문으로 조약을 우선시킴으로써 실정법으로 해결하는 방법(예, 우편법 제11조 제1항 "우편에 관하여 조약에 다른 규정이 있는 경우에는 그 규정에 의한다")과 ② 국내법 상호간의 모순·저촉을 해결하는 법해석 원칙인 신법우선 및 특별법우선의 원칙을 적용하여 법해석으로 해결하는 방범이 있다.

【판례】: ① 조약이 특별법으로서 일반법인 국내법에 우선한다는 판례
국제항공운송에 관한 법률관계에 대하여는 일반법인 민법에 대한 특별법으로서 바르샤바 협약이 우선 적용된다(대판 1986. 7. 22, 82다카1372).
② 「남북 사이의 화해와 불가침 및 교류협력에 관한 합의서」는 조약 또는 이에 준하는 것이 아니라는 판례
합의서는 남북관계가 나라와 나라 사이의 관계가 아닌 통일을 지향하는 과정에서 잠정적으로 형성되는 특수관계임을 전제로, 조국의 평화적 통일을 이룩해야 할 공동의 정치적 책무를 지는 남북한 당국이 특수관계인 남북관계에 관하여 채택한 합의문서로서, 남북한 당국이 각기 정치적인 책임을 지고 상호간에 그 성의 있는 이행을 약속한 것이기는 하나 법적 구속력이 있는 것은 아니어서 이를 국가간의 조약 또는 이에 준하는 것으로 볼 수 없고, 따라서 국내법과 동일한 효력이 인정되는 것도 아니다(대판 1999. 7. 23, 98두14525).

4. 명령

명령이라 함은 행정권에 의하여 정립되는 법규의 성질을 가진 것으로서 국민에게 의무를 부과하거나 국민의 자유와 권리를 제한하는 것을 내용으로 하는 것을 말한다. 즉, 법규명령(法規命令)을 총칭하는 것으로서 국회가 제정하는 법률에 대응되는 개념이며 행정권의 발동을 의미하는 행정규칙에도 대응되는 개념이다.

명령은 법률의 위임 여부에 따라 상위법령에서 위임받은 사항을 정하는 위임명령과 상위법령을 집행하기 위한 집행명령으로 나누어지고 그 제정주체에 따라 대통령령·총리령·부령으로 구분되며, 이 외에도 중앙선거관리위원회규칙·대법원규칙 및 헌법재판소규칙이 있다. 이들은 모두 우리 헌법이 명시하고 있는 것이지만, 이 외에 감사원규칙도 법규명령으로 인정할 것인가에 관하여 적극설과 소극설의 대립이 있지만 헌법에서 정하고 있는 법형식은 예를 들어서 규정하는 예시적인 것이라고 보아야 하기 때문에 이를 법규명령으로 보아야 할 것이다.

행정규칙(行政規則)을 법규명령과 같이 행정법의 법원으로 인정할 것인가에 관하여도 역시 학설의 대립이 있지만 행정규칙의 내용에 해당하는 고시가 법령의 수권에 따라 법령을 보충하는 사항을 정하는 경우에는 법적 구속력을 가진다. 행정규칙은 일반적으로 대내적 구속력만 가지지만 평등의 원칙과 관련되는 경우에 한하여 재량준칙의 대외적 구속력이 인정되기도 한다.

오늘날 행정의 양적 확대와 질적 고도화로 인하여 행정의 내용이 전문·복잡·기술성을 더해 감에 따라 법률로는 중요사항만을 정하고, 세부적 사항은 명령에 위임하는 경우가 많아 법규명령의 중요성이 커지고 있다.

5. 자치법규

자치법규(自治法規)란 지방자치단체가 자치입법권에 의거하여 법령의 범위 안에서 제정하는 자치에 관한 법규를 말한다(헌법 제117조 제1항). 이에는 지방의회가 제정하는 조례(條例)와 지방자치단체의 집행기관이 제정하는 규칙(規則)이 있다. 지방지차단체의 집행기관에는 행정에 관한 일반사무의 집행기관과 교육·체육·과학에 관한 사무의 집행기관이 있다. 따라서 규칙에는 일반사무에 관한 일반규칙과 교육 등에 관한 교육규칙이 있다.

조례는 직접 헌법의 수권(제117조 제1항)에 근거하여 지방자치단체가 독자적으로 제정하는 것이므로 법률의 개별적 위임을 요하는 것은 아니다. 그러나 국가의 법령이나 광역자치단체의 조례·규칙에 위반되어서는 아니 되며, 주민의 권리제한·의무부과 또는 벌칙을 규정할 때에는 법률의 위임이 있어야 한다(지방자치법 제15조). 지방자치법은 조례의 실효성을 보장하기 위하여 상한을 정하여 일정한 범위 안에서 과태료를 정할 수 있는 일반적 위임을 하고 있다(지방자치법 제20조·제130조). 특히 조례 중에는 법률의 개별적 위임에 의하여 제정되는 일종의 위임입법도 있으며(예, 건축물의 높이를 조례로 규제할 수 있도록 위임한 건축법 제51조), 이러한 조례는 그 내용에 있어서는 법률의 내용을 보완하는 종속입법으로서 위임입법과 다를 바가 없다.

Ⅲ. 불문법원

1. 관습법

(1) 의의

일반적으로 관습법(慣習法)이란 "일반 국민 사이에 오랫동안 계속하여 같은 사실이 관행(慣行)으로 반복되고, 이에 대하여 법적으로 문서화되어 있지 않음에도 불구하고 이 관행은 준수되어야 한다는 국민 일반의 법적 확신을 얻음으로써 성립되는 법규범"을 말한다. 성문법주의를 원칙으로 하는 행정법 분야에서도 앞서 언급한 이유로 불문법으로서의 관습법이 존재할 여지가 있다.

(2) 인정여부

행정관습법의 인정여부에 관하여는 민사상의 관습법을 인정한 민법 제1조와 같은 규정이 없는 까닭에 견해가 대립되고 있다.

1) 소극설

행정은 법률적합성의 원칙이 엄격히 적용되기 때문에 관습법은 존재할 수 없다고 하거나, 반대로 행정은 법규가 없는 경우에도 독자적으로 활동할 수 있기 때문에 관습법이 필요 없다고 하면서, 다만 성문법이 관습법을 허용하는 명문규정을 두고 있는 경우에만 인정된다고 한다.

2) 적극설

현대행정은 복잡다기하고 변화무쌍하여 성문법이 미비한 분야가 있을 수 있으므로 관습법의 성립을 인정하여야 한다는 주장이다.

3) 결어

성문법을 아무리 제때에 잘 정립한다고 하더라도 변화의 속도가 엄청난 현대생활의 모든 분야에까지 성문법이 완비될 것을 기대하기는 어렵기 때문에 관습법의 성립을 부인할 수는 없다고 하겠다.

그러나 변화의 속도가 빠른 현대사회에서 과연 장기간에 걸친 관행의 형성이 용이할 것인지는 의문스러우며, 다만 행정의 영역에 있어서 법규공백의 문제가 발생하는 경우에 행정관습으로 해소할 수 있다는 측면에서는 의미가 있을지 모르지만 실제적 적용에 있어서 행정관습법의 예는 그리 많지 않다고 하겠다.

(3) 성립요건

관습법의 성립에는 관행과 법적 확신 이외에 또 다른 요건이 필요한가에 관하여 학설이 대립되어 있다.

1) 법적 확신설(법력내재설)

국민 일반의 법적 확신까지 얻은 관행은 그 자체로서 법력이 내재하며, 그 외에 국가에 의한 승인까지는 필요 없다는 견해이다.

2) 국가승인설

법의 본질을 국가의 명령으로 보는 법명령설에 기초한 제정법 우위의 사상에 입각하여, 관습법이 법으로서의 효력을 갖기 위하여서는 국가에 의한 명시적 또는 묵시적 승인이 있어야 한다는 견해이다.

3) 결어

관습법의 존재 가치는 국가의 성문법이 미처 제정되어 있지 못한 분야에서 찾을 수 있는 것이며, 관습법에 대하여 국가가 어떤 형태의 승인행위를 할 정도라면 법률경제나 법적 안정성·명확성의 견지에서 차라리 성문법을 제정하는 편이 나을 것이라는 점에서 법적 확신설이 타당하다고 본다.

국가승인설에서 말하는 승인은 승인이라기보다는 관습법의 적용 또는 집행으로 보아야 할 것이며, 법적 확신설에 의하면 관습법의 성립 여부가 불분명한 경우가 많을 것이라는 단점은 있으나 관습법의 존재는 결국 사회통념과 함께 최종적으로는 법원의 판단에 의하여 확인될 것이다.

【판례】: 법적 확신에 의하여 관습법이 성립한다는 판례

관습법이란 사회의 거듭된 관행으로 생성한 사회생활규범이 사회의 법적확신과 인식에 의하여 법적 규범으로 승인 강행되기에 이르는 것을 말하고, 사실인 관습은 사회의 관행에 의하여 발생한 사회생활규범인 점에서는 관습법과 같으나 다만 사실인 관습은 사회의 법적 확신이나 인식에 의하여 법적 규범으로서 승인될 정도에 이르지 않은 것을 말한다(대판 1983. 6. 14, 80다3231).

(4) 효력

관습법의 법원성을 인정하는 경우에도 그 효력에 관하여는 학설이 대립되어 있다.

1) 보충적 효력설[18)]

행정에 있어서는 성문법주의의 원칙이 적용되기 때문에 관습법은 성문법이 존재하지 않는 경우에만 보충적으로 효력을 갖는다는 견해이다.

2) 변경적 효력설[19)]

성문법이 존재하는 분야에서도 관습법이 성립될 수 있으며, 이 경우 관습법은 성문법을 변경 또는 개폐하는 효력을 가진다는 견해이다.

3) 결어

국가승인설의 입장에서는 보충적 효력을, 법적 확신설의 입장에서는 변경적 효력을 인정하는 것이 논리적이라 하겠으나, 법적 확신설을 취하는 경우에도 법치주의를 관철시키기 위하여 보충적 효력만을 인정하는 것이 반드시 논리적으로 모순이라고 볼 수는 없다고 할 것이므로 보충적 효력설에 찬동하며, 민법 제1조도 민사에 관하여 법률에 규정이 없으면 관습법에 의하고 관습법이 없으면 조리에 의한다고 하고 있고, 판례도 같은 입장(대판 1983. 6. 14, 80다3231 참조)에 있다.

(5) 종류

행정상의 관습법에는 행정선례법과 민중적 관습법이 있다.

1) 행정선례법

행정기관이 취급한 선례가 오랫동안 반복 시행됨으로써 국민들간에 그것에 대한 법적 확신이 생긴 경우를 말한다. 행정선례법(行政先例法)은 정부의 오랜

---

18) 김남진(Ⅰ), p.67; 김도창(상), p.155; 이상규(상), p.143.
19) 강문용(上), p.123.; 한태연(상), p.105.

관행이나 상급행정청의 훈령·예규·통첩·질의에 대한 회신 등에 의하여 형성되는 경우가 많으며, 특히 행정부 내에서 각 부처의 법령 질의에 대한 유권해석권을 갖는 법제처(민·형사소송·국가배상법 분야 등은 법무부)의 유권해석에 따라 행정기관이 이를 반복적으로 적용함으로써 성립될 경우도 있다.

한편, 국세기본법 제18조 제3항은 "세법의 해석 또는 국세행정의 관행이 일반적으로 납세자에게 받아들여진 후에는 그 해석 또는 관행에 의한 행위 또는 계산은 정당한 것으로 보며, 새로운 해석 또는 관행에 의하여 소급하여 과세되지 아니한다"고 규정함으로써 세무행정에 있어서의 행정선례법의 존재를 명시적으로 인정하고 있으며, 현행 행정절차법 제4조 제2항에도 "행정청은 법령등의 해석 또는 행정청의 관행이 일반적으로 국민들에게 받아들여진 때에는 공익 또는 제3자의 정당한 이익을 현저히 해할 우려가 있는 경우를 제외하고는 새로운 해석 또는 관행에 의하여 소급하여 불리하게 처리하여서는 아니된다"고 규정하여 이를 인정하고 있다.

【판례】 : ① 비과세의 관행을 행정선례법으로 인정한 판례
비과세의 사실상태가 장기간에 걸쳐 계속된 경우에, 그것이 그 사항에 대하여 과세의 대상으로 삼지 아니한다는 뜻의 과세관청의 묵시적인 의사표시로 볼 수 있는 경우에는 이를 국세행정의 관행이라고 인정할 수 있다(대판 1987. 2. 24, 87누771).
② 행정선례법의 존재를 인정한 판례
행정선례라 함은 행정기관에 있어서 실제로 처리한 사건이 선례로서 존중되어 법규로서의 효력을 가지게 된 것으로서, 재판례의 경우와 동일하게 처리되는 것이다(대판 1954. 6. 19, 4285행상20).

2) 민중적 관습법

공법분야에 있어서 민중 사이에 오랫동안 반복되어 온 관행이 존재하는 경우에 성립될 수 있는 것으로서, 주로 공물·공수(公水)의 사용 관계에 관하여 존재하는바, 입어권(入漁權)과 관습상의 유수사용권(관개용 수리권(水利權)·

유목권(流木權) · 음용 용수권(用水權) 등)이 그 예이다.

특히 수산업법 제40조는 동법에 의한 공동어업권이 설정되기 전부터 "특정 수면에서 계속적으로 어업활동을 해온 사실이 대다수 사람들에게 인정되는 자"에 대하여는 입어권을 인정하여야 한다는 명문규정을 둠으로써 민중적 관습법의 존재를 명시적으로 인정하고 있다.

【판례】 : ① 관행에 의한 입어권을 인정한 판례
종전부터 관행에 의하여 원피고들이 공동 어업을 하여 왔던 사실이 있으며, 이 관행에 의한 입어는 수산업법 제40조에 의하여 법률상 보호되는 이익으로서 공동어업권자에 대하여 주장하고 행사할 수 있을 뿐만 아니라, 이를 침해하는 제3자에 대하여는 그 배제를 청구할 수 있는 권리로 해석함이 적절하다(대판 1963. 2. 28, 62다882).

② 하천으로부터의 관습상의 관개용 수리권을 인정한 판례

•사실개요
원고 등이 그들의 소유농지에 관개수를 공급하기 위해 보(洑 : 흐르는 냇물을 가두어 두는 둑)를 설치하여 물을 이끌어 오고 있었는데, 피고 토지개량조합이 행정관청의 인가를 얻어 새로운 보를 설치하여 피고조합원 소유농지에 물을 인수하였기 때문에, 원고 등의 보는 쓸모 없게 되었다.

•판결요지
피고는 새로운 보의 설치에 관하여 행정관청의 인가가 있으므로 적법한 것이라고 주장하지만, 그러한 행정관청의 인가 유무는 본건 불법행위의 성립에 아무런 영향도 없는 것이다(대판 1967. 7. 6, 65다425).

2. 판례법

(1) 의의

행정소송사건에 대한 법원의 판결은 그 본질이 특정 사건(case)에 대하여 행정법규를 해석 · 적용하여 당해 사건의 적법성 여부를 판단하는 것만을 목적으로 한다. 그러나 그 판단 과정에서 일반적이며 추상적인 행정법규의 내용을 명

확히 하고 그 해석의 기준을 제시하기 때문에 관계 행정청과 국민은 이를 법으로 인식하게 되는바, 이를 판례법(判例法)이라 한다.

특히 아직 통칙적 법률이 제정되지 아니한 행정법 분야에 있어서는 행정법의 기본적 법이론의 형성에 있어 학설과 함께 판례가 기여하는 바가 매우 크다고 할 수 있다(예, 비례의 원칙에 의한 취소권의 제한 등). 그 외에도 판례는 관습법의 존재를 확인하는 기능도 담당하고 있다(예, 전술한 관습상의 유수사용권, 비과세에 관한 국세행정의 관행 등의 확인).

(2) 법원성의 인정 여부

1) 영미법계

영미법계 국가에서는 전통적으로 선례구속성의 원칙(doctrine of stare decisis)이 확립되어 판례법(case law)은 행정법의 법원으로서 매우 중요한 위치를 차지한다고 하겠으나, 최근 환경·사회복지·경제규제 등 각 분야에서 국가의 적극적 개입이 성문법을 통하여 행해지고 있기 때문에 상대적으로 판례법의 비중은 감소되고 있다고 할 수 있다.

2) 대륙법계

대륙법계는 성문법주의를 원칙으로 하고 최고법원도 자기 판례를 변경할 수 있으며, 상급법원의 판례는 하급법원을 법적으로 구속하는 힘은 없고 사실상의 구속력을 가질 뿐이므로 가끔 하급법원으로부터 도전을 받고 있어 판례법의 법원으로서의 지위는 약하다고 하겠다.

3) 우리나라

우리나라는 대륙법계 국가에 속하며, 법원조직법 제8조도 "상급법원의 재판에 있어서의 판단은 '당해 사건에 관하여' 하급심을 기속한다"고 하였기 때문에 상급법원의 판례의 구속력은 당해 소송사건에만 한정되며, 같은 성질의 다른 사건에 대하여까지 하급심을 법적으로 구속하지는 못한다.

따라서 법적 · 제도적으로는 판례의 법원성을 인정할 수 없다. 다만 현실적으로 보건대, 만일 하급법원이 같은 성질의 사건에서 대법원의 기존 판례와 상반되는 판결을 할 경우에는 상고에 의하여 결국 파기될 것이므로 판례는 사실상의 구속력을 갖게 된다고 할 수 있다. 또한 대법원은 자기 판례를 변경하고자 할 때에는 통상의 합의부가 아닌 전원합의부에서의 과반수 찬성에 의하도록 특별히 엄격하게 규정해 놓음으로써(법원조직법 제7조 제1항, 제66조 제1항), 판례의 법원성을 어느 정도 보장하는 제도적 장치를 마련해 놓고 있다.

이와 같이 형성된 판례는 법원뿐만 아니라 관계되는 행정관청도 사실상 구속되어 동일한 종류의 사안에 대하여는 법원의 판결내용과 동일한 행정처분을 내리는 것이 정상적이라 하겠으나(그렇지 아니한 경우에는 상대방이 행정소송을 제기하여 법원에 의하여 결국 파기될 것이므로), 행정현실을 보면 그렇지 아니한 경우도 가끔 있다.

3. 조 리(행정법의 일반법원칙)

(1) 의의

조리(條理)란 『사물의 본질적 법칙』 또는 『일반 사회의 정의감에 비추어 반드시 그렇게 되어야만 할 것이라고 인정되는 것』을 말한다. 이는 ① 법해석의 기본원리로서 작용할 뿐만 아니라, ② 성문법 · 관습법 · 판례법이 모두 없을 경우에 최후의 보충적 법원으로서 매우 중요한 의의를 가진다. 따라서 조리는 행정법관계의 영역 전반에 걸쳐 광범위하게 적용되는 일반법원칙(一般法原則)으로 기능하게 된다.

사법분야에서는 “민사에 관하여 법률에 규정이 없으면 관습법에 의하고 관습법이 없으면 조리에 의한다”(민법 제1조)고 하여 조리의 법원성을 명문으로 인정하고 있다. 그러나 행정법 분야에 있어서는 ① 아직 일반법원칙을 규범화한 통칙적 법률이 제정되어 있지 아니하며, ② 3,600여 개의 복잡다기한 실정행정법규 상호간의 모순 · 저촉이 많고, ③ 제정된 실정법도 시일이 경과함에 따라 예상치 못한 새로운 사태가 발생되거나 현실과 맞지 아니하는 상태가 초래되었음에도 불구하고 실정법이 그때그때 개정되지 못하는 경우가 많기 때문에 다른 어떤 법분야보다도 조리에 의존할 필요성이 많다고 하겠다.

(2) 성질

조리의 내용은 영구불변의 것이 아니라 시대와 사회에 따라 변화할 수 있는 것으로서, 종래부터 평등·비례·신의성실의 원칙이 인정되어 왔다. 최근에는 신뢰보호·과잉급부금지·부당결부금지의 원칙이 대두되고 있고, 그 외에 기득권존중·자의(恣意)의 금지·기대가능성의 원칙 등도 제시되고 있다.

이와 같은 여러 가지 조리의 성질에 관하여는 최근 이들의 유래가 각각 다르며 따라서 그 법적 성질 내지 효력도 일률적으로 말할 수 없다는 주장이 유력하게 대두되고 있는바, ① 평등·비례의 원칙은 헌법원칙(헌법 제11조 및 제37조), ② 신의성실의 원칙은 민법(제1조) 또는 법의 일반원칙, ③ 취소권 제한에 관한 원칙 등은 판례에 의하여 확인된 것이므로 판례법으로서의 성질을 갖는다고 하면서,[20] 이들 모든 원칙이 『과연 사물의 본질적 법칙』이라는 본래의 의미의 조리의 개념에 포함될 수 있을지에 관하여 의문을 표시하고, 관습법·판례법에 이은 제3의 불문법원을 통칭하는 개념으로서 조리라는 개념 대신에 『행정법의 일반원리』 또는 『행정법의 일반법원칙』이라는 개념이 바람직하다고 하는 학자들도 늘어나고 있다.[21]

(3) 평등의 원칙

1) 의의

평등(平等)의 원칙은 근대입헌주의 헌법의 가장 기본적인 원칙으로서, 『본질적으로 같은 것은 같게, 본질적으로 다른 것은 다르게』라는 의미에서 형식적 평등이 아닌 합리적 차별을 인정하는 실질적 평등을 의미한다고 하겠다. 우리 헌법도 직접 이를 명시하고 있다(평등권 및 균등교육·남녀고용평등·평등

---

20) 박윤흔(상), p.80.
21) 김동희(Ⅰ), p.52; 박윤흔(상), p.79; 석종현·송동수(상), p.49 등.

선거권 : 제11조 · 제21조 · 제32조 제4항 · 제67조 등).

2) 성질

법 앞에서의 평등이라고 할 때의 법은 행정법도 당연히 포함되는 것이므로 헌법 제11조의 규정은 행정에도 직접 적용된다고 보는 견해(성문법원리)[22]와, 헌법은 다만 평등원칙을 규정하고 있을 뿐, 행정법상 평등원칙의 내용을 이루는 공적 부담 내지는 공역무 앞의 평등에 대하여는 직접 규정하고 있지 않으므로 행정법에 있어서의 평등이라는 원리는 헌법 제11조의 기본이념으로부터 도출되는 불문법원리라고 보는 것이 타당하다는 견해[23]가 있다. 그러나 어느 경우든 평등원칙에 위반한 행위는 위헌 · 위법으로 보기 때문에 그 효력면에서는 차이가 없다.

【판례】 : 신설아파트 분양계약자에 대하여 학교용지분담금을 부과한 것은 헌법상 평등원칙에 위반한 것이므로 취소되어야 한다는 헌재결정
의무교육이 아닌 중등교육에 관한 교육재정과 관련하여 재정조달목적의 부담금을 징수할 수 있다고 하더라도 이는 일반적인 재정조달목적의 부담금이 갖추어야 할 요건을 동일하게 갖춘 경우에 한하여 허용될 수 있다. 그런데, 학교용지부담금은 특정한 공익사업이 아니라 일반적 공익사업이거나 일반적 공익사업으로서의 성격을 함께 가지고 있는 공익사업을 위한 재정확보수단이다. 그리고 학교용지확보 필요성에 있어서 주택건설촉진법(현행 주택법)상의 수분양자들의 구체적 사정을 거의 고려하지 않은 채 수분양자 모두를 일괄적으로 동일한 의무자집단에 포함시켜 동일한 학교용지부담금을 부과하는 것은 합리적 근거가 없는 차별에 해당하고, 의무자집단 전체의 입장에서 보더라도 일반 국민, 특히 다른 개발사업에 의한 수분양자집단과 사회적으로 구별되는 집단적 동질성을 갖추고 있다고 할 수 없다. 나아가 학교용지확보의 필요성은 신규 주택의 건설 · 공급의 경우에 생겨나는 것이고, 그 정도는 개발사업의 목적이나 절차에 관계없이 개발사업의 결과로 공급되는 신규 주택의 수에 비례하여 결정된다고 보아야 할

22) 홍정선(상), p.75.
23) 김동희(Ⅰ), p.56; 박윤흔(상), p.85.

> 것인데, 이 사건 법률조항은 학교용지부담금 부과대상 개발사업을 신규 주택의 공급 여부가 아닌 단순히 주택 공급의 근거 법률이 무엇이냐에 따라 정하고 있는바, 이는 합리성이 없는 기준에 의하여 자의적으로 제청신청인들을 불리하게 대우하고 있다고 할 것이다(헌재 2005. 3. 31, 2003헌가20 전원재판부).

3) 평등원칙에 근거한 행정의 자기구속의 원칙

행정의 자기구속(自己拘束)이라 함은 행정관청이 어떤 결정을 내림에 있어서 비록 재량이 인정되어 있다고 하더라도 같은 종류의 대상에 대하여는 이미 다른 사람에게 행한 것과 동일한 결정을 하도록 스스로 구속당하는 것을 말한다. 예컨대 급부행정에 있어서 무의탁 노인에게 생계비를 지급하는 경우에 동일한 조건의 경우라면 특정인에게는 지급하면서 다른 특정인에게 지급하지 않을 수 없다는 것이다.

행정의 자기구속의 이론적 근거로서는 신뢰보호의 원칙에서 구하는 견해도 있으나 평등원칙에서 구하는 편이 보다 직접적이라 하겠다. 행정의 자기구속의 원칙의 적용범위는 재량이 인정되는 모든 행정작용에 걸친다고 하겠다.

4) 행정규칙과 자기구속

행정관청이 인·허가업무를 할 때에 그 재량권행사의 준칙(재량준칙)을 법규명령이 아닌 훈령·예규 등의 행정규칙(行政規則)으로 정하는 사례가 아직도 많이 있다. 이 경우 종래의 전통적인 견해에 의하면, 행정규칙은 법규가 아니므로 행정조직 내부에서만 적용되는 결과, 국민에 대하여는 법적 구속력을 가지지 아니하며 따라서 행정처분이 이에 위반하더라도 위법은 아니라고 하였다.

그러나 행정관청이 재량준칙인 행정규칙을 정립하여 시행하는 이상 행정관청은 국민에 대하여 동등한 사안에 대하여는 당해 행정규칙이 정하는 바에 따라 동일한 처분을 하여야 할 자기구속을 당하게 되고, 상대방인 국민도 종전의 결정과 동일한 내용의 수익을 주장할 수 있게 됨으로써 이에 위반한 처분에 대하여는 위법을 이유로 취소를 구하는 행정쟁송을 제기할 수 있으며, 이러한 의미에서 평등원칙에 근거한 행정의 자기구속의 원리는 행정조직의 내부규범에 불과한 행정규칙을 국가와 국민간에도 적용되는 법규로 전환시키는 전환규범으로서의 역할을 한다고 볼 수 있다.

5) 한계

행정의 일반법원칙으로서의 평등의 원칙이라 하더라도 모든 경우에 적용되는 것은 아니다. 평등은 두 사람 이상의 상대방이 존재하는 경우에 규범적 적용의 근거가 되는 것이므로 그 비교의 대상이 없는 경우에는 개념 본질적으로 적용의 문제가 발생하지 아니한다. 또한 행정규칙의 적용에 따른 종전의 행정관행의 내용이 위법적인 경우에는 위법적 수익내용의 계속적인 평등적용을 요구할 수는 없다. 즉 위법(違法)의 평등적용은 인정되지 않는다.

(4) 비례의 원칙

1) 의의

비례(比例)의 원칙은 처음 경찰행정의 영역에서 인정되어 경찰권 발동에 대한 조리상의 한계로 작용해 왔다. 일반적으로는 행정작용에 있어서 행정목적(예, 공공의 안녕·질서) 달성에 필요한 수단(예, 경찰관의 총기사용)을 선택함에 있어서 목적과 수단간에는 합리적이라고 인정될 정도의 비례관계가 유지되어야 하며 그렇지 못한 경우는 위법한 것으로 보아야 한다는 원칙을 말한다. 이는 흔히 과잉금지의 원칙이라고도 하며, 그 개별적 내용으로서는 목적적합성의 원칙, 최소침해의 원칙 및 협의의 비례원칙이 포함된다. 우리 헌법재판소는 비례의 원칙의 내용적 요소로서 목적의 정당성, 수단의 상당성 내지 방법의 적절성, 침해의 최소성, 법익의 균형성을 들고 있다.[24)]

2) 내용

비례의 원칙의 구체적 내용은 다음과 같다.

---

24) 헌재결 1998. 2. 27, 97헌바79.

(가) 목적적합성의 원칙

행정작용을 하고자 할 때에는 이로 인하여 달성하고자 하는 목적에 적합하게끔 행사되어야 한다는 원칙이다. 따라서 이미 행하여진 행정작용이라도 그것이 당초의 목적에 적합하지 아니하게 된 때에는 이를 중지하고, 이미 행하여진 작용은 원상 회복되어야 한다.

(나) 최소침해의 원칙

자유와 권리를 침해하는 경우에도 최소한의 침해를 가져오는 수단을 선택하여야 한다는 원칙이다. 이는 행정상 경찰권의 발동에 있어서 최단 시간에 최소의 침해만으로 최적의 행정을 실현하여야 한다는 것으로서 행정법에서 등장한 이론이다. 법이론적으로 이와 같은 뜻으로 사용되는 과잉금지의 원칙이 있는데, 이는 국회가 입법과정에서 지켜야 하는 원칙이라는 측면에서 최소침해의 원칙과 구별된다.

(다) 협의의 비례원칙

위의 두 요건이 모두 다 충족되는 경우에도 당해 행정작용에 의한 사익 침해의 정도와 그로 인하여 달성하고자 하는 공익간에는 상당하다고 인정될 정도의 비례관계가 유지되어야 하며, 사소한 공익의 달성을 위한 중대한 사익의 침해는 허용되지 아니한다는 원칙이다.

3) 근거

비례원칙의 이론적 근거는 원래 정의 내지는 형평이라는 조리에서 찾을 수 있겠으나, 우리 헌법 제37조 제2항은 "국민의 모든 자유와 권리는 국가안전보장·질서유지 또는 공공복리를 위하여 법률로써 제한할 수 있으며, 제한하는 경우에도 자유와 권리의 본질적인 내용을 침해할 수 없다"라고 하여 명문으로 비례의 원칙을 천명하고 있으므로 이를 헌법상의 원칙으로 보아야 할 것이다.

【헌재결정】: 비례원칙 위반을 위헌으로 인정한 헌재결정
변호사법 제10조 제2항의 개업지 제한규정(판·검사 재직기간 15년 미만인 자는 개업직전 2년 이내의 근무지에서는 퇴직 후 3년 동안 개업할 수 없도록 한 규정)은 직업선택의 자유를 제한하는 것으로서 그 선택된 수단이 목적에 적합하지 아니할 뿐 아니라, 그 정도 또한 과잉하여 비례의 원칙이 정한 한계를 벗어난 것으로 헌법 제37조 제2항에 위반됨은 물론, 헌법 제11조 제1항(평등권)·제15조(직업선택의 자유)에 위반되어 위헌이다(헌재결 1989. 11. 20, 89헌가102).
※ 상기 변호사법 제10조 제2항은 위 헌법재판소의 위헌결정에 따라 1993. 3. 10 삭제되었다.

4) 적용범위

원래 비례의 원칙은 전형적인 침해행정인 경찰권의 발동한계론에서 출발하였으나, 오늘날은 모든 행정분야에까지 확대·적용되고 있으며, 그 대표적인 것을 예시하면 다음과 같다.

(가) 재량행위(裁量行爲)에 있어서 재량권 행사의 한계로 작용하며, 비례의 원칙을 넘어선 재량권 행사는 재량권 남용으로 위법이 된다.

(나) 행정강제(行政强制), 즉 행정상의 강제집행과 즉시강제 역시 행정목적 실현을 위한 실력행사로서 전형적인 침해행정이므로 실력행사의 정도와 방법의 선택에는 엄격한 비례의 원칙이 적용된다.

(다) 사정재결(事情裁決, 행정심판법 제33조 제1항) 및 사정판결(事情判決, 행정소송법 제28조 제1항)과 같이 원고의 청구가 이유가 있어 행정처분을 취소·변경하여야 함이 원칙임에도 불구하고, 취소·변경하는 것이 현저히 공공복리를 해할 경우에는 취소·변경하지 않는 대신에 원고에게 손해배상 등의 적절한 조치를 취하도록 하는 것도 비례원칙의 적용례가 된다(사소한 사익을 위하여 큰 공익을 해하는 것을 불허하는 예).

(라) 취소·철회권의 행사에 있어서도 비록 당해 행정행위가 위법하여 철회의 대상이 된다고 하더라도, 취소·철회하면 이미 성립된 법질서와 기득권을 현저히 침해하기 때문에 취소·철회하지 않으면 안될 정도의 중대한 공익상의 필요가 있는 경우에 한하여, 그리고 필요한 최소한의 범위 내에서만 취소·철회가 허용된다.

(마) 행정행위에 부관(附款)을 붙임에 있어서도 주된 행정행위의 목적과는 아무 관계가 없거나, 주된 행정행위의 본질적인 내용을 침해하는 정도의 제한이 되어서는 아니 된다는 의미에서 비례의 원칙이 적용된다.

(바) 행정계획(行政計劃) 중 국토이용계획·도시계획과 같은 구속적 계획에는 수많은 공익과 사익간의 충돌이 있기 마련이므로, 모든 관련 공익과 사익간에는 비례의 원칙이 적용되어야 한다.[25)]

(사) 급부행정과 같은 수익적 행정에 있어서도 비례의 원칙이 적용되어야 한다. 이 경우의 비례원칙은 과잉급부금지의 원칙을 의미하게 되는바, 급부는 급부목적에 적합한 상태에 있는 자에 대하여, 급부목적에 적합한 방법으로, 또한 필요한 최소한의 급부에 그쳐야 하며, 그렇지 아니한 급부는 상대적으로 납세자인 일반 공공의 이익을 침해하는 것으로 보게 된다.

(5) 신뢰보호의 원칙

1) 의의

행정기관의 어떤 명시적·묵시적 언동이 있고, 그 정당성 또는 존속성에 대한 개인의 보호가치 있는 신뢰가 있는 경우에는 그 신뢰를 보호해 주어야 한다는 원칙을 말한다.

이러한 신뢰보호(信賴保護)의 원칙은 독일에서는 20세기 초에 학설·판례로

---

25) 유해웅, 토지공법론(2000), p.49.

형성되었으며, 1976년의 행정절차법상 위법한 수익적 행정행위의 취소권의 제한(제48조), 철회의 제한(제49조), 행정법상의 확약(제38조) 등의 이론적 근거로 작용하고 있다. 특히 독일의 사회법 제45조 제2항에는 "급부수령자가 행정의 존속을 신뢰하였고 그 신뢰가 공적 이익을 고려한 형량하에서 보호가치가 있으면, 위법적으로 제공된 행정행위는 취소되지 않는다. 제공되어진 급부가 사용되어졌다면 그 신뢰는 법적으로 보호된다"라고 하여 신뢰보호의 원칙에 대한 적용을 명시하고 있다. 1996년에 제정된 우리 행정절차법도 제4조 제2항에서 "법령 등의 해석 또는 행정청의 관행이 일반적으로 국민들에게 받아들여진 때에는 공익 또는 제3자의 정당한 이익을 현저히 해할 우려가 있는 경우를 제외하고는, 새로운 해석 또는 관행에 의하여 소급하여 불리하게 처리하여서는 아니된다"고 하여 이를 명문화하고 있다.

한편, 영·미에서는 한번 한 말은 다시 뒤집을 수 없다는 금반언(禁反言, estoppel)의 법리의 형태로 신뢰보호의 원칙을 구현하고 있다. 이는 A가 종전에 한 주장을 B가 신뢰한 경우, A는 종전의 그의 주장과 모순되는 주장을 함으로써 B에게 손해를 끼쳐서는 아니 된다는 원칙을 말한다.

2) 근거

신뢰보호의 원칙의 이론적 근거로서는 종전의 신의칙설, 최근의 법적 안정성설이 있으며, 그 외에 사회국가원리설·기본권설 등이 있다.

(가) 신의칙설

사법에서 발달한 법의 일반원리인 신의성실(信義誠實)의 원칙 자체에 신뢰의 보호라는 의미도 내포되어 있다고 한다. 이 견해는 사법상의 신의칙(信義則)은 당사자간에 계약 등 구체적 관계가 있을 때에만 적용되는 것이기 때문에 행정처분·공법상 계약 등과 같이 당사자간에 구체적 관계가 존재하는 행정작용이 아닌 일반적 행정작용(행정규칙·행정계획 등)에 대하여는 신의칙을 적용하기 어렵다는 비판을 받고 있다.

(나) 법적 안정성설

우리 헌법원리의 하나인 법치주의의 원리는 법률 적합성의 원리와 법적 안정성의 원리로 구성되어 있는바, 신뢰보호의 원칙은 법률적합성을 희생하고 법적 안정성을 택한 결과 도출되는 원칙이라고 하며, 그러한 의미에서 일정한 한계를 가지는 원칙이라고 한다. 이 견해가 독일의 통설이다.

(다) 사회국가원리설

사회국가에 있어서의 국가권력은 형성적 급부를 통하여 사회의존적 계층의 인간다운 생존의 배려라는 목표에 봉사하여야 한다고 하면서, 사회적 약자의 지위의 향상과 사회적 안정 및 사회적 통합을 실현하려는 사회국가원리를 근거로 하는 견해이다. 즉 신뢰보호의 원칙은 국가라는 거대조직에 대한 약한 개인의 신뢰를 보호하여 사회국가원리를 실행한다는 점에서 사회국가원리가 그 근거가 되고 있다는 견해이다.

3) 요건

(가) 선행조치

행정기관의 선행조치가 있어야 하며, 이는 법령·행정규칙의 제정, 행정계획의 확정·수립, 행정처분, 행정법상의 확약, 행정지도, 질의에 대한 법령해석, 기타 소극적 언동(위법상태에 대한 장기간의 묵인·방치 등)을 포함한다.

(나) 보호가치

위 선행조치의 정당성 또는 존속성에 대한 상대방의 신뢰가 보호할 가치가 있는 것이어야 한다. 따라서 상대방의 부정행위(사기·강박·증수뢰·부정신고 등)에 의하여 행정작용이 행하여졌거나, 행정작용의 위법성을 알고 있었던 경우에는 보호의 가치가 없다. 우리 판례도 허위 신청서류에 기초하여 행하여진 영업허가처분은 비록 이에 근거하여 건물을 신축하는 등 상당한 재산을 투자하여 사업을 하고 있더라도 취소할 수 있다고 하며(대판 19983. 10 11, 83누389), 대다수의 실정법도 허위 기타 부정한 방법으로 인·허가를 받은 경우에는 비록 투자를 하는 등 사업에 착수했더라도 직권취소사유로 규정하고 있다(예, 허위 기타 부정한 방법으로 입시 또는 예능학원의 등록을 한 것이 판명된 경우에는 반드시 학원의 등록을 취소하여야 한다고 규정한 학원의설립·운영및과외교습에관한법률 제17조 제1항 제1호).

(다) 상대방의 조치

행정기관의 선행조치를 신뢰하여 상대방이 재산상의 투자·건축행위 등 영업의 개시 등에 필요한 일정한 조치를 한 경우에만 인정된다.

(라) 인과관계

행정기관의 선행조치와 상대방의 조치 사이에 인과관계(因果關係)가 성립하여야만 한다. 즉, 선행조치의 정당성과 존속성을 믿었기 때문에 일정한 조치를 한 경우이어야 한다.

(마) 판례

우리 대법원은 "행정상의 법률관계에 있어서 행정청의 행위에 대해 신뢰보호의 원칙이 적용되기 위하여서는, 첫째 행정청이 개인에 대해 신뢰의 대상이 되는 공적인 견해표명을 해야 하고, 둘째 행정청의 견해표명이 정당하다고 신뢰한 데 대해 그 귀책사유가 없어야 하며, 셋째 그 개인이 그 견해 표명을 신뢰하고 이에 따라 어떠한 행위를 하여야 하며, 넷째 행정청이 위 견해에 반하는 처분을 함으로써 그 견해표명을 신뢰한 개인의 이익이 침해되는 결과가 초래되어야 하며, 행정처분이 이러한 요건을 충족할 때에는 공익 또는 제3자의 정당한 이익을 현저히 해할 우려가 있는 경우가 아닌 한, 신뢰보호의 원칙에 반하는 행위로 위법하게 된다"(대판 1998. 6. 25, 98누6494)라고 판시하여 신뢰보호의 원칙에 대하여 분명한 견해를 제시하고 있다.

4) 한계

신뢰보호의 원칙이 행정의 법률적합성의 원칙과 충돌하는 경우에 어느 원칙이 우선할 것인가에 관하여는 견해가 대립된다.

(가) 법률적합성 우위설

행정작용이 객관적으로 위법함에도 불구하고 상대방의 신뢰보호를 위하여 그 존속을 인정함은 법치주의에 반한다고 한다.

(나) 양자동위설

신뢰보호의 근거를 법적 안정성에서 구하는 입장으로서, 법률적합성의 원칙과 법적 안정성의 원칙은 다같이 법치주의의 구성요소이므로 양자는 동위(同位)의 것이라고 한다.

(다) 이익형량설

위의 동위설에 입각하여 구체적으로 상대방의 신뢰보호를 어디까지 인정할 것인가는 적법상태의 실현에 의하여 달성되는 공익과 행정작용의 존속성에 대한 개인의 신뢰보호라는 사익을 구체적으로 비교형량하여 결정하여야 한다는 견해로서, 오늘날 독일의 통설·판례의 입장이다. 우리 판례가 취득세 부과행위, 운전면허 취소행위 등에 있어서는 상대방의 신뢰보호를 우선시킨 반면(대판 1988. 9. 13, 86누101 및 대판 1987. 9. 8, 87누373), 국가공무원법 제33조에 규정된 공무원 임용결격사유에 해당하는 자를 공무원으로 임명한 행위는 당연무효라고 함으로써 법률적합성을 우선시키고 있는 것(대판 1987. 4. 14, 86누459)도 이러한 이익형량설(利益衡量說)에 입각한 것으로 볼 수 있다.

5) 적용범위

(가) 위법한 수익적 행정행위의 취소의 제한

신뢰보호의 원칙이 적용되는 가장 보편적인 경우에 해당되는바, 위법한 행정행위라도 그것이 수익적 행정행위(인·허가처분, 의무의 면제, 보조금 지급 등)인 경우에는 상술한 신뢰보호의 요건에 해당하는 한 그 취소가 원칙적으로 제한된다. 취소의 법적 의미는 행정의 상대방이 야기한 위법사실에 근거하여 행정을 발동하여 행정행위가 없었던 것으로 하는 것을 말한다. 신뢰보호의 원칙이 적용된다는 것은 위법적 사실의 경우에도 취소가 제한된다는 것이다. 대법원은 "수익적 행정처분을 취소하거나 중지시키는 경우에는 이미 부여된 국민의 기득권을 침해하는 것이므로, 비록 취소 등의 사유가 있다 하더라도 그 취소권 등의 행사는 기득권의 침해를 정당화할 만한 중대한 공익상의 필요 또는 제3자의 이익보호의 필요가 있을 때에 한하여 상대방이 받는 불이익과 비교형량하여 결정하여야 하고, 그 처분으로 인하여 공익상의 필요보다 상대방이 받게 되는 불이익 등이 막대한 경우에는 재량권의 한계를 일탈하는 것으로서 그 자체가 위법임을 면치 못한다"고 판시하여 수익적 행위의 취소를 제한하고 있다(대판 1990. 10. 10, 89누6433).

(나) 적법한 수익적 행정행위의 철회의 제한

적법한 수익적 행정행위를 취소하는 것은 물론 불가능하며, 취소와 달리 장래에 향하여서만 행정행위의 효력을 소멸케 하는 데 그치는 철회의 경우라 할지라도 신뢰보호상 원칙적으로 불가능하다고 할 것이다. 다만 이익형량의 결과, 보다 중대한 공익의 달성, 상대방의 부담의무의 불이행 등의 예외적인 사정이 있는 경우에는 철회가 허용되며, 이 경우에도 상대방에게 귀책사유가 없는 한 철회로 인한 재산상의 손실을 보상하도록 하고 있다.

(다) 행정법상의 확약

행정기관이 상대방에 대하여 일정한 작위 또는 부작위(예, 위법 건축물의 불철거)를 할 것을 약속하는 의사표시를 한 경우 신뢰보호의 원칙에 따라 행정기관은 이에 구속된다는 법리이며, 독일 행정절차법 제38조는 서면에 의한 확약(確約)에 한하여 이를 인정하고 있지만, 우리 행정절차법에는 이에 대한 규정이 없다.

(라) 행정계획

도시계획 · 국토계획 등 행정계획(行政計劃)을 신뢰하고 매년 투자하였으나 당초 계획이 폐지·변경된 경우의 상대방의 신뢰보호의 문제로서, 계획보장청구권의 인정 여부와 관련하여 견해의 대립이 있다.

(마) 실권(失權)

행정기관이 행정행위의 위법상태를 장기간 묵인·방치함으로써 상대방이 당해 행위의 존속을 신뢰하게 된 경우에는 행정기관도 더 이상 그 위법성을 이유로 취소할 수 없다는 법리이며, 독일 행정절차법 제48조 제4항에는 행정기관이 위법사실을 안 때로부터 1년 또는 위법한 처분이 있는 날로부터 2년이 지나면 취소할 수 없도록 규정하고 있다. 우리 판례도 실권의 법리를 신의성실의 원칙에서 파생된 원칙으로 인정하고 있다(대판 1988. 4. 27, 87누915).

(바) 법령의 소급적용의 금지

법령의 소급적용은 신뢰보호의 원칙에 위배되므로 금지되지만, 예외적으로 국민에게 유리한 규정은 소급적용을 인정할 수 있다.

(사) 사실상의 공무원 이론

이미 신분을 상실한 공무원의 행위를 신뢰한 상대방을 보호하기 위하여 당해 행위를 무효가 아닌 유효한 것으로 인정하여야 할 경우가 있다.

(아) 취소소송에 있어서 행정처분이유의 추가·변경문제

통설과 판례는 취소소송 진행중에 처분행정청이 행정처분이유를 추가·변경할 수 있는가에 관하여, 당초의 처분이유와 『기본적 사실관계』에 동일성이 인정되는 범위안에서만 허용된다고 하며, 그 근거로서 들고 있는 것이 바로 신뢰보호의 원칙이다(이 문제와는 별개로, 사실관계는 변경하지 아니하고 단지 적용법조만을 추가·변경하는 것은 허용된다. 대판 2000. 3. 28, 99두10230).

(6) 부당결부금지의 원칙

행정작용을 함에 있어서는 그것과 실질적 관련이 없는 상대방의 반대급부를 행정작용의 조건으로 하여서는 아니 된다는 것을 말한다. 일반적으로 행정기관과 사인간의 공법상의 계약이나 권력행정으로서의 조세행정에서는 행정기관의 우월적 지위에 비하여 그 상대방인 국민은 열세적 지위에 있기 때문에 계약과 무관한 반대급부를 부과하거나, 부당한 결탁을 조건으로 세금감면을 행하는 경우에도 당사로서의 국민은 부득이 이를 수용하게 된다. 이는 주로 공권력상의 각종 수단을 매개로 하여 발생하기 때문이다. 부당결부금지(不當結付禁止)의 원칙은 행정기관의 자의(恣意)의 금지 및 법치주의의 원칙에서 도출되는 것으로서 헌법적 원칙이다. 따라서 이 원칙에 위반한 국가 등의 입법·행정 작용은 위헌·위법한 것이 된다.[26]

부당결부의 금지는 행정행위의 부관의 한계, 행정의사의 실효성 확보수단으로서의 공급거부의 편에서도 논해지고 있다.

판례도 오토바이를 음주운전하였다는 이유로 제1종 대형운전면허를 취소한 것은 부당결부로서 위법이라고 하였으며(대판 1992. 9. 22, 91누8289), 그 외에 국세를 미납하였다는 이유로 여권의 발급을 거부한다든지(종전의 여권법시행규칙상 국세완납증명을 첨부하여야만 여권발급신청을 할 수 있도록 하였으나 그 후 폐지된 바 있다), 인근 공원에 환경미화사업을 할 것을 조건으로 호텔 건축허가를 하는 것, 아파트 신축시에 진입도로가 있는데도 불구하고 아파트사업 지구 밖에 별도의 도로를 개설하여 시에 기부채납(기증)할 것을 조건으로 한 주택건설사업계획승인 등은 부당결부의 예로 볼 수 있다.

우리 대법원은 "시장이 주택사업계획승인을 하게 됨을 기화로 그 주택사업과는 아무런 관련이 없는 이 사건 토지를 기부채납하도록 하는 부관(附款)을 주택사업계획승인에 붙인 사실은 부당결부금지의 원칙에 위반되어 위법하다 하겠으나 그 부관의 하자가 중대하고 명백하여 당연무효라고는 볼 수 없다"라고 하여 이 원칙을 명백히 하고 있다(대판 1997. 3. 11, 96다49650).

부당결부금지의 원칙 위반을 위법으로 보면서도 그 부관에 중대하고 명백한 하자가 있는 경우에만 당연무효가 되는 것이기 때문에 원칙적으로 이러한 행정행위는 위법을 이유로 하여 최소의 대상이 된다.

---

26) 김동희(Ⅰ), p..58.

제4절 행정법의 효력범위

일반적으로 법의 효력이란 법규정이 그 의미와 내용대로 구체적으로 실현되는 힘을 말한다. 그런데 행정법은 어떠한 때에 어떠한 지역 및 어떠한 사람에게 그 효력이 미치는가 하는 문제를 명백히 하여야 할 필요가 있다. 즉, 여기서 말하는 행정법의 효력범위란 행정에 관한 개별 법률의 구체적 실현의 문제로서 시간적·지역적·대인적 효력의 3가지 관점에서 논하여지고 있다.

우리의 실정 행정법규의 수는 모두 3,600여 개나 되며 그 중 매년 약 40%에 해당하는 1,500여 개의 법령들이 개정되고 있는 추세에 있어, 빈번한 개정으로 인한 시간적 효력 문제 등이 특히 중요한 쟁점이 되고 있다.

Ⅰ. 시간적 효력

1. 발효시기

(1) 원칙

행정법규가 그 효력을 발생하기 위해서는 우선 공포(公布)가 있어야 한다. 일반법규들은 최고법인 헌법과는 달리 공포와 동시에 즉시효력을 발생시키지 아니하고 일반 국민들의 주지와 준비를 위하여 일정한 시일이 경과한 후에 발효(실정법상은 시행(施行)이라는 용어를 사용하고 있다)시키는 경우가 많다.

이에 관한 기본법인 법령등공포에관한법률(제13조)도 이러한 취지에 입각하여 "대통령령·총리령 및 부령은 시행일에 관하여 특별한 규정이 없으면 공포한 날로부터 20일을 경과함으로써 효력을 발생한다"고 규정하고 있으나, 과거 행정현실에 있어서는 시급하다는 이유로 공포일로부터 시행하도록 명문규정을 두었던 사례가 많았다. 그러나 최근에는 대통령령 등 부속법령의 마련을 위한 시간적 여유를 부여하고자 하는 등의 이유로 공포 후 3월 또는 6월이 경과한 후에 효력을 발생하게 하는 예가 많다.

(2) 공포일

한편 효력발생일 산정의 기준일이 되는 공포일은 언제로 볼 것인가에 관하여 법령등공포에관한법률 제12조는 당해 법령이 게재된 정부의 관보나 신문이 발행된 날로 규정하고 있는바, 『발행된 날』을 구체적으로 언제로 보는가에 관하여 ① 종전의 정부관례는 그 법령이 게재된 관보의 일부일(日附日, 관보에 찍힌 날짜)의 오전 0시로 보았으나(관보일부일자설, 官報日附日字說), 당일 새벽 0시에 국민들이 관보를 사 본다는 것은 물리적으로 불가능하므로 너무나 비현실적인 이론이며, 따라서 ② 발신주의의 입장에서 정부에서 외부로 향하여 관보의 발송절차를 완료한 때로 보는 설(발송절차완료시설)과, ③ 도달주의의 입장을 취하여 관보가 서울의 중앙보급소(정부간행물판매센터)에 도달하여 일반 국민들이 이를 구매할 수 있는 최초의 시점으로 보는 설(최초구독가능시설 또는 중앙보급소도달시설)이 있다. 법령이 게재된 관보의 발행일과 실제 중앙보급소에의 도달시점이 현실적으로 다를 수 있으며 이 경우 법령의 부지로 인한 국민의 권익침해를 방지하기 위해서는 최초구독가능시설이 타당하다고 할 것이며, 통설 · 판례의 입장도 이와 같다.

2. 소급적용금지의 원칙과 예외

(1) 원칙

법령이 공포 · 시행되기 전에 이미 종결된 사실에 대해서까지 그 법령이 소급 적용된다고 한다면(예, 운전면허시험과목이 바뀌었다고 해서 이미 면허를 받은 사람에게 다시 바뀐 과목을 시험치도록 하는 행위) 법률생활에 있어서의 안정성, 즉 법적 안정성이 크게 훼손되어 법치주의의 원리에 어긋나게 되므로 허용되지 아니하며, 우리 헌법(제13조)도 소급입법에 의한 처벌, 참정권 제한, 재산권 박탈을 금지하고 있다.

과거의 사실관계 또는 법률관계를 규율하는 목적의 소급입법의 종류에는 진정소급입법과 부진정소급입법이 있다. 진정소급효의 입법은 예컨대 도로교통법이 제정되기 이전에는 좌측통행금지규정을 위반하였지만 법 시행 이후에는 위반을 하지 않고 했는 경우처럼 이미 과거에 완성된 일회성의 사실·법률관계를 규율의 대상으로 삼는 것을 말하며, 부진정소급효의 입법은 택지소유상한에관한법률(1998. 9. 19 폐지되었음)이 시행되기 이전부터 상한을 넘는 토지를 소유하고 있었고 그 법률이 시행된 이후에도 상한을 넘는 토지를 가지고 있는 경우처럼 이미 과거에 시작하였으나 아직 끝나지 않고 현재도 진행과정에 있는 사실·법률관계를 규율대상으로 삼는 것을 말한다. 따라서 우리 헌법이 금지하고 있는 소급입법은 진정소급효를 가지는 입법만을 의미하는 것이기 때문에 부진정소급효의 입법은 원칙적으로 허용되는 것이다. 그러나 진정소급이라고 하더라도 ① 국민의 기득권을 침해하지 아니하고, ② 오히려 권리·이익을 부여하거나, 불이익 또는 고통을 제거하는 경우에는 소급적용도 법치주의의 취지에 비추어 허용된다고 하겠다.

【판례】: 소급과세금지의 원칙에 있어서 부진정소급입법을 인정한 판례
소급과세금지의 원칙은 조세법령의 제정 또는 개정이나 과세관청의 법령에 대한 해석 또는 처리지침 등의 변경이 있을 경우 그 효력발생 전에 종결한 과세요건 사실에 대하여 당해 법령 등을 적용할 수 없다는 것이지, 그 이전부터 계속되어 오던 사실이나 그 이후에 발생한 과세요건사실에 대하여 새로운 법령 등을 적용하는 것을 제한하는 것은 아니다(대판 1998. 12. 23, 97누6476).

(2) 경과조치

이론적으로는 위와 같이 부진정소급입법이 허용된다고 하더라도, 법령의 시행당시에 『진행중인 사실』에 대하여는 법적 안정성의 견지 또는 기득권 존중주의의 원칙에서 가급적이면 소급적용을 자제하는 것이 옳다고 하겠으며, 이 경우 의문의 소지가 있기 때문에 통상 부칙에 『경과조치』(經過措置)를 두어 입법적으로 이를 해결하고 있다.

【판례】 : 경과조치의 예

① 건축법(1991. 5. 31. 전문개정) 부칙 제3조(건축허가를 받은 건축물 등에 관한 경과조치) : 이 법 시행 전에 건축허가를 받았거나 건축허가를 신청한 것과 건축을 위한 신고를 한 것에 관하여는 종전의 규정에 의한다(⇒ 국민에게 불리한 것이므로 소급적용을 금지한 예).

② 건축법시행령(1993. 8. 9) 부칙 제2항(건축허가를 신청한 것에 대한 경과조치) : 이 영 시행당시 종전의 규정에 의하여 허가대상인 건축물이었으나 제11조의 개정규정에 의하여 신고대상으로 된 건축물의 건축허가를 신청한 것에 대하여는 건축신고를 한 것으로 본다(⇒유리한 것이므로 소급적용한 예).

3. 효력소멸시기

(1) 한시법의 경우

명문으로 법령의 유효기간을 한정한 경우를 한시법(限時法)이라고 하며, 예컨대 제주도개발특별법 부칙에서처럼 "이 법은 공포한 날부터 시행하여 2011년 12월 31일까지 효력을 가진다"라고 규정하고 있는 경우, 이러한 한시법은 그 유효기간이 경과하면 별도의 법령폐지행위가 없더라도 자동으로 효력이 소멸된다.

(2) 기타의 경우

보통의 법령은 ① 당해 법령을 폐지한다는 법령을 따로 제정하거나(예, 대한석유공사법폐지법률 등), 그와 동위 또는 상위의 다른 법령의 부칙 등에서 폐지한다는 규정을 둔 경우(예, 기업공개촉진법을 자본시장육성에관한법률의 개정법률 부칙 제2항에서 폐지한 것)(명시적 폐지), ② 근거법령인 상위법령이 폐지되거나, ③ 당해 법령과 모순·저촉되는 동위 또는 상위의 신법 또는 특별법을 제정한 경우(신법우선 또는 특별법우선의 원칙), ④ 법령의 제정목적이 완전히 달성되어 그 임무를 마친 경우(예, 소위 유신헌법의 제정을 위한 『대통령특별선언에따른헌법개정안의공고등에관한특례법』, 1972. 10. 20, 법률 제

2351호)에는 각각 법령의 효력이 소멸된다.

【판례】 : 근거법령인 상위법령의 폐지·개정에 따른 하위법령의 효력에 관한 판례

① 상위법령의 시행에 필요한 세부적 사항을 정한 이른바 집행명령(제2편 중 행정상 입법 참조)은 근거법령인 상위법령이 폐지되면 특별한 규정이 없는 이상 실효되는 것이나, 상위법령이 개정됨에 그친 경우에는 성질상 이와 모순·저촉되지 아니하는 한 개정된 상위법령의 시행을 위한 집행명령이 새로이 개정·발효될 때까지는 여전히 그 효력을 유지한다고 할 것이다. 따라서 자동차운수사업법이 개정되어 자동차대여사업(렌터카 사업)이 교통부장관의 면허제에서 등록제로 변경되었음에도 불구하고, 『자동차대여사업자가 사업구역 외의 지역에 영업소를 설치하고자 할 때에는 당해 영업소의 소재지를 관할하는 행정관청에 신고하여야 한다』는 동법 시행규칙(45의2)의 규정은 당연히 실효된 것이 아니고 별도로 개정될 때까지는 여전히 효력을 유지한다(대판 1988. 5. 19, 87구74).

② 식품위생법시행령(대통령령)이 개정되어 보존음료수제조업이 삭제된 경우에는 동법시행규칙(보건복지부령)상 보존음료수제조업의 시설기준에 관한 규정도 당연히 그 효력이 상실(실효)되었다고 보아야 할 것이므로, 보존음료수제조업의 시설기준에 관한 규정을 이와는 성질이 다른 광천음료수제조업의 시설기준으로 볼 수는 없다. 따라서 광천음료수제조업의 시설기준이 따로 마련될 때까지 이 건 광천음료수제조업 허가신청을 거부한 처분이 위법·부당하다고 볼 수는 없다(국무총리행정심판위원회재결 1991. 11. 18, 91-51).

Ⅱ. 지역적 효력

일반적으로 행정법령은 그것을 제정한 기관의 권한이 미치는 모든 지역에 대하여 효력을 가진다. 행정법령은 행정에 대한 고유한 사무를 가지는 행정 각부의 국가행정에 관한 법령을 의미하는 것이므로 전국적으로 효력이 미치는

것이 원칙이다. 그러나 ① 국제법상 치외법권(治外法權)을 가지는 외교공관 또는 외국 군대가 사용하는 시설·구역에는 국내법이 효력을 미치지 못하고, ② 법령 자체가 특정지역에만 적용할 것을 선언하고 있는 경우(예, 수도권정비계획법·제주도개발특별법)와, 반대로 ③ 본래의 관할지역을 넘어서 다른 지역에도 적용되는 경우(예, A지방자치단체의 상·하수도, 폐기물처리장 등 공공시설을 B지방자치단체의 동의를 얻어 그 구역에 설치한 경우, A자치단체의 상·하수도 등의 시설 설치·운영조례가 B자치단체의 구역에서도 그 효력이 미치는 것)는 예외이다.

Ⅲ. 대인적 효력

행정법령은 속지주의(屬地主義)에 의하여 그 영토 또는 관할구역 내에 있는 모든 내·외국인과 법인에 대하여도 효력이 미치는 것이 원칙이지만, ① 국제법상 치외법권이 인정되는 외국 원수·외국 사절·외국 군대구성원에 대하여는 적용되지 않으며(단, 외국 군대구성원에 대하여는 한·미 행정협정과 같은 특별한 조약으로 국내법의 적용을 일부만 배제하는 예도 있다), ② 일반 외국인에게는 행정법규가 적용됨이 당연하지만, 예컨대『외국인토지법』(제4조 제2항) 등과 같이 권리취득에 허가를 받도록 하는 등 특별한 제한을 가하는 경우도 있으며, ③ 국외에 있는 내국인에 대하여도 여권법·병역법 등이 적용되는 것과 같이, 당해 행정법규의 취지·목적으로 보아 국외에 있는 내국인의 행위도 규제할 것이 당연히 예상되는 경우에는 이들에 대하여도 효력이 미친다고 하겠다. 즉, 이는 지역적 기준으로 효력을 정하는 속지주의와는 달리 예외적으로 사람을 기준으로 그 효력을 정하기 때문에 속인주의(屬人主義)라 한다.

제5절 행정법의 기본원리

국가공동체를 유지·존속하기 위한 강제적인 당위규범으로서의 행정법은 국가작용을 행하는 행정주체와 그 상대방인 국민과의 관계에 관한 공법이다. 행정법은 실로 다양한 개별 법률들의 집합으로 구성되어 있기 때문에 이러한 법규범을 전체적으로 지배하는 이념적 지도원리 또는 기본원리를 정하여 통일성과 체계성을 유지할 필요가 있다. 행정법의 기본원리는 행정의 개별적 사항에 관한 구체화된 법규범의 준거가 되며, 나아가 행정법의 추상적 규정방식 때문에 야기되는 국가와 국가구성원인 국민간 또는 사회공동체의 공공의 이익과 기득권적 사익간의 갈등문제를 해결하는 데 있어서의 이념적 잣대가 된다. 행정법은 헌법의 원리들을 구체화하는 집행법이다. 따라서 행정법의 기본원리는 헌법의 지도이념인 자유민주주의와 헌법의 최고가치인 국민의 기본권보장을 실현하기 위한 실천원리에 근거하는 것이다. 우리 행정법의 기본원리로는 ① 민주행정주의, ② 실질적 법치국가주의, ③ 복리국가주의, ④ 지방분권주의, ⑤ 사법국가주의 등을 들 수 있다.

Ⅰ. 민주행정주의

1. 행정조직

행정조직에 나타난 민주주의적 요소를 살펴보면, ① 행정권의 수반인 대통령의 직선제, 국무총리 임명에 대한 국회의 동의제, 국무총리·국무위원에 대한 국회의 해임건의권 제도, ② 행정기관의 설치와 직무범위를 법률로 정하도록 한 행정조직법정주의, ③ 예외적이기는 하지만 합의제행정관청인 행정위원회제도의 채택, ④ 공무원은 국민 전체에 대한 봉사자이며 국민에 대하여 책임을 지도록 한 것 등을 들 수 있다.

2. 행정작용

일반적으로 공권력의 발동으로서의 행정작용은 명령 · 강제라는 일반적인 절차에 따라 행하여진다. 이 같은 행정절차에는 국민의 민주적인 행정참여의 보장과 행정의 공정성 · 투명성 및 신뢰성이 확보되어야만 민주행정이 실현될 수 있다. 우리나라도 1996년 12월 31일 드디어 이러한 목적을 실현하기 위한 『행정절차법』을 제정하였다. 행정절차법은 행정청이 행하는 구체적 사실에 관한 법집행으로서의 공권력의 행사 또는 그 거부와 이에 준하는 행정작용을 말하는 '처분'(제22조)전에 당사자 등에게 의견제출(제27조)의 기회를 제공하고, 공청회(제38조 · 제39조) 및 국민의 권리 · 의무에 밀접한 관련이 있는 입법안에 대한 입법예고(제41조) 등의 민주적인 제도를 두고 있다. 또한 1996년 12월 31일에 제정된 『공공기관의정보공개에관한법률』에 의하여 국민은 공공기관이 보유 · 관리하는 정보의 공개를 청구할 권리를 가지게 되어, 국정에 대한 국민의 참여와 국정운영의 투명성을 확보하도록 하고 있다.

Ⅱ. 실질적 법치국가주의

1. 기본권의 보장

헌법은 헌법상에 규정된 모든 국민의 자유권적 기본권과 생활권적 기본권을 빠짐없이 보장하고, 기본권은 예외적으로 국가안전보장 · 질서유지 또는 공공복리를 위하여 법률로써만 제한할 수 있으며, 제한하는 경우에도 기본권의 본질적 내용은 침해할 수 없도록 하고 있다(제37조 제2항). 행정의 집행이 이러한 헌법상의 제약을 넘어서 기본권을 침해하는 경우에는 다양한 방법에 의한 권리구제의 길이 열려 있다.

2. 법률에 의한 행정의 보장

① 법률의 법규창조력을 관철하고 있고(단, 긴급명령, 긴급재정·경제명령 및 처분은 예외), ② 합헌적 법률의 우위 원칙과, ③ 법률유보의 원칙을 인정하고 있으며, ④ 위임입법의 한계를 규정함으로써 법률에 의한 행정을 보장하고 있다.

3. 행정구제

기본권보장과 법률에 의한 행정의 원리에 따라 국가의 행정작용이 행하여지는 것이지만, 행정의 집행에 의한 국민의 권리침해가 발생되는 경우에 그 권리구제의 법적 방안이 마련되어 있지 않으면 실질적 법치주의가 실현되지 않는다. 예컨대, 군인에 의한 민간인 체포·구금의 경우처럼 국가의 위법한 행정작용에 의하여 발생한 국민의 손해를 보전하여 주는 국가배상제도와 국가가 도로·공원·항만 등의 건설을 위한 토지수용처럼 적법한 절차에 의하여 야기되는 손실에 대한 보전으로써 손실보상제도를 두고 있고, 행정심판법에 의한 행정심판기관에서의 국민의 권리구제제도인 행정심판제도 및 행정소송법에 의한 일반법원에서의 권리구제제도인 행정소송제도를 완비하여 행정작용으로 인한 국민의 권익침해를 구제함으로써 실질적 법치주의를 보장하고 있다.

Ⅲ. 복리국가주의

헌법은 인간다운 생활을 할 권리에 기초하여 여러 가지 사회적 기본권을 보장하고, 국가의 사회보장·사회복지 증진의무를 규정(제34조 제2항)함으로써 복리국가주의(福利國家主義)를 채택하고 있으며, 이를 실천하기 위하여 자유주의적 시장경제질서를 기본으로 하면서도, 적정한 소득의 분배와 경제의 민주화를 위하여 경제에 관하여 규제와 조정을 할 수 있도록 함으로써 사회적 시장경제질서로 이를 보충하고 있다(제119조). 오늘날 복지국가주의에 관한 행정의 요청이 커져 가고 있으며, 이를 뒷받침하기 위한 많은 법률들이 제정되고 있다. 『사회보장기본법』, 『노인복지법』, 『국민기초생활보장법』 등이 이에 관한 구체적인 법이다.

Ⅳ. 지방분권주의

헌법은 제117조 제1항에서 「지방자치단체는 주민의 복리에 관한 사무를 처리하고 재산을 관리하며, 법령의 범위 안에서 자치에 관한 규정을 제정할 수 있다」고 하여 지방분권주의를 채택하고 있다.

Ⅴ. 사법국가주의

우리 헌법은 대법원이 명령・규칙・처분의 위헌 또는 위법 여부에 대한 최종심사권을 갖는다고 규정하고 있다(제107조 제2항). 이는 사법부 아닌 행정권 내부에 행정재판소를 설치하여 행정소송사건을 관할하는 것을 금지하고 있으므로 대륙식 행정국가주의(行政國家主義)가 아닌 영・미식 사법국가주의(司法國家主義)를 취하고 있다. 즉, 프랑스에서처럼 행정사건을 행정권 내부의 행정재판소에서 관할하고 있는 행정국가주의가 아니라 행정사건도 일반법원에서 관할하고 있는 사법국가주의를 채택하고 있다.

Ⅵ. 결어

행정법의 기본원리를 실정행정법의 제정시에 반영함과 동시에, 구체적인 행정작용에 있어서도 이러한 원리가 구현되도록 이끌어 나가는 것이 우리 행정법의 과제라고 하겠다. 최근에는 국제화 · 개방화 · 지방화에 행정이 적극 대처하여야 한다는 새로운 과제를 안고 있으며, 이를 위하여 행정의 역할을 재정립하여 민간의 자율과 창의를 대폭 신장하고 경제행정을 비롯한 모든 분야에서 규제완화에 노력하여야 할 것이다(이러한 노력은 미국 · 일본 등 전 세계 선진국 행정의 공통된 현상이다).

제3장

행정상 법률관계

제1절 공법관계와 사법관계(공법과 사법의 구별)

Ⅰ. 개설

국가와 국민이라는 두 중심축을 본질적으로 다루는 법률관계는 원칙적으로 공법(公法)관계이고, 국민과 국민 상호간의 법률관계는 사법(私法)관계이다. 공법관계를 규정한 것이 공법이며, 사법관계를 규정한 것이 사법이다. 원래 공법과 사법을 구분하게 된 것은 절대주의국가에서 입헌군주정으로 이행하면서, 국가는 일반국민보다 우월한 지위에 있음을 보장하고자 하는 정치적 이데올로기의 산물이라고 할 수 있다. 즉, 공법관계는 이러한 관계를 전제로 권력관계, 관리관계, 국고관계로 전통적으로 분류되어 왔는데, 이와는 별도로 국가와 일반국민간의 일반적인 권력관계와 그 성질을 달리하는 특별권력관계가 존재한다.

그러나 오늘날 국민주권주의 하의 실질적 법치국가에 있어서는 국가와 국민의 지위는 대등한 것이기 때문에 공법과 사법의 구별을 부인하는 공·사법 일원론(一元論)이 대두되기에 이르렀다. 그럼에도 불구하고 우리 실정법은 공법과 사법의 구별을 인정하고 있는 것은 공법은 대부분 강제적인 집행력이 보장되는 강행법이고, 사법은 일반적으로 임의법이기 때문이다.

Ⅱ. 공법과 사법의 구별

1. 법이론적 구별

(1) 주체설(구주체설)

법률관계의 주체를 기준으로 하여 그 일방당사자가 국가 기타 행정주체인 경우에는 공법관계이고, 당사자가 모두 사인인 경우에는 사법관계라고 한다.

그러나 행정주체의 행위라도 사인의 지위에서 행하는 국고행위(國庫行爲 : 물품구입・도급계약・국유재산매각 등)인 경우에는 사법의 적용을 받으며, 공무수탁사인처럼 사인(私人)도 공권을 부여받으면 공법의 적용을 받는 것이기 때문에 행정주체라는 기준만으로 공법관계를 정하는 이 이론은 그 타당성이 없다는 비판에 직면하고 있다. 반대로 당사자가 모두 사인인 경우에도 선박의 선장이나 항공기의 기장 등에 의한 선박 또는 항공기 내에서의 경찰권의 행사는 공법관계로 파악되고 있기 때문에 문제점이 있다. 오늘날 이 설은 연혁적인 의미 이외에 어느 나라에서도 지배적인 이론이 되지 못하고 있다.

(2) 신주체설(귀속설)

이 설은 독일의 볼프(Wolff)에 의하여 주장된 학설로서 현재의 독일의 통설인 바, 이 견해는 국가 등 공권력의 담당자인 행정주체에게만 배타적으로 권리・의무를 귀속시키는 법은 공법이며, 모든 권리주체에게 공통적으로 권리・의무를 귀속시키는 법은 사법이라고 한다[27]. 즉, 공권력의 주체만을 규율하기 위한 법이 공법이고, 국가를 포함한 모든 주체를 규율하기 위한 법이 사법이 된다. 이 견해에 의하면 ① 행정주체가 사인과 동일한 지위에서 행하는 국고행위는 사법관계로, 반면에 ② 공권이 부여된 사인의 행위는 공법관계로 파악할 수 있는 장점이 있다.

(3) 권력설(종속설, 복종설)

이 설은 법률관계의 성질에 따라 당해 법률관계가 권력적 지배복종관계이면 공법관계로, 대등관계이면 사법관계로 보는 견해로서 과거 독일에서의 통설・판례의 입장이었다. 그러나 과거 경찰・조세 중심의 권력작용에서 본질적으로 대등관계로 간주되는 급부행정 중심의 비권력작용으로 국가의 중추적 기능이 이전됨에 따라 이 견해는 타당근거를 잃게 되었다. 그 외에 이 견해의 일반적 문제점으로서는 사법관계에서도 친자관계와 같은 지배복종관계가 있으며, 반

---

27) H. J. Wolff, A R 76(1950/1951), S.205ff.

대로 공법관계에서도 공법상 계약과 같은 대등관계가 있다는 점이 지적되고 있다.

(4) 이익설

공익의 실현에 봉사하는 법이 공법이며, 사익의 실현에 봉사하는 법이 사법이라고 한다. 이 견해는 행정이 공익의 실현작용이라는 점에서 타당성이 있다고 하겠으나, 공익과 사익의 구별이 명확한 것은 아니며 또한 많은 법령은 공익과 사익을 동시에 추구하고 있다는 점에서 비판을 받고 있다.

(5) 결어

위의 학설들은 모두 공법과 사법의 구별에 관한 부분적인 기준은 될 수 있겠으나 어느 한 학설만을 기준으로 구별하기는 어렵다고 하겠다. 학설이란 일반적으로 개념을 법적으로 명백히 하기 위한 이론으로서 기능하기 때문에 개별법률 전체가 공법 또는 사법으로 분명한 경우도 있겠지만 공법규정과 사법규정이 동시에 규정되어 있는 경우도 있다. 이러한 경우에 법규정이 공익성·강제성 및 국가 관련성을 동시에 충족한다면 공법관계가 되는 것이고, 이 중 한 가지 요소라도 흠결하고 있다면 사법관계일 가능성이 높다고 보아야 할 것이다. 결국 어떤 법률관계의 성질을 판정함에 있어서는 위의 학설을 모두 참고(복수기준)하여 합리적인 결정을 내려야 할 것이다.

2. 실정제도상의 구별

원래 공법과 사법의 구별은 선험적인 것은 아니며 입헌군주제 하에서 국가의 우월한 지위를 인정키 위한 현실 제도상의 구별이기 때문에 각국마다 사정이 다르다. 즉 영미에서는 원래 국가와 사인을 대등하게 취급하였기 때문에 공법 및 공법관계란 존재하지 않았으나, 금세기 들어 국가가 적극적으로 개입함으로써 사회복지·공해 등 현대적 사회경제문제를 해결하기 위하여 보통의 법과 구별되는 많은 공법을 제정하고 있고, 특히 민주적인 행정절차를 중심으로 한 행정법이 성립하고 있으며, 프랑스에서는 이익설에 근거한 공역무(public service)의 개념을 중심으로 공법 및 공법관계가 발달해 왔고, 독일에서는 과거 권력설을 기초로 한 공권력의 관념을 중심으로 공법 및 공법관계가 발달해 왔다.

Ⅲ. 우리 실정법상 공법과 사법의 구별

1. 구별의 필요성

(1) 재판관할과 재판절차의 결정기준

공법상의 법률관계에 관한 소송은 행정사건으로서, 엄격한 절차를 택하고 있는 민사소송과는 달리 여러 가지 특례를 규정한 행정소송법의 적용을 받도록 하고 있다. 따라서 분쟁의 대상인 법률관계가 공법관계인지 사법관계인지를 결정하지 않으면 안 된다. 또한 공법관계로 파악되는 경우에도 행정소송법에서 정하고 있는 항고소송이 되는지 당사자소송이 되는지를 구별하여야 한다. 공법관계 중에서도 행정처분의 효력을 다투고자 하는 경우에는 항고소송을 제기하여야 하고 공무원의 연금지급청구 등 법률관계를 소송물로 하는 경우에는 당사자소송에 의하여야 한다.

(2) 적용법규 및 법원리의 결정기준

공법관계에 적용되는 법규와 법원리는 사법관계의 그것과는 다른 특징(예, 공법상의 금전채권의 소멸시효는 5년이고, 공법상의 의무불이행에 대하여는 행정상의 대집행·강제징수 등 민사소송절차에 의하지 아니한 특별한 강제집행수단이 인정되어 있으며, 공법상의 법률관계에서 발생한 공권은 포기·양도·압류할 수 없다는 특징 등)이 있기 때문에 당해 법률관계가 공법관계인지 사법관계인지 구별할 필요가 있다.

2. 구별의 방법

(1) 명문의 규정이 있는 경우

실정법이 행정상 강제집행·행정벌, 행정상 손해배상·손실보상, 행정상 쟁송, 형법상 공무원에 관한 죄(수뢰죄 등)의 성립을 인정하는 명문의 규정을 두고 있는 경우에는 그 법에 의하여 발생된 법률관계를 공법관계로 보아야 할 것이다

(2) 명문의 규정이 없는 경우

실정법이 위와 같은 명문의 규정을 두고 있지 아니한 경우에는 부득이 공법과 사법의 구별 필요성에 비추어 위의 학설을 종합적으로 고려하여 공법관계 또는 사법관계를 결정하여야 한다. 예컨대, 조세관계와 같이 행정주체에게 우월한 지위를 인정하고 있는 경우에는 권력관계에 해당되므로 공법관계로 보아야 할 것이다.

(3) 판례

공법과 사법의 구별에 관한 우리의 판례는 관리행위라 하더라도 공공성이 있다는 것이 입증되는 경우에 공법관계로 보는 이익설의 입장에 서 있는 것(대판 1961. 10. 5, 4292행상6), 권력설의 입장에 서 있는 것(대판 1962. 2. 28, 4294민상898) 및 주체설의 입장에 서 있는 것(대판 1966. 4. 26, 66누27) 등으로 나누어져 있다. 이는 공법관계와 사법관계의 적용이 구체적 사안에 따라 다르게 나타나고 있다는 것을 반증하는 것이라 하겠다.

우리 대법원은 ① 잡종재산인 국유림대부행위를 국가가 사경제주체로서 상대방과 대등한 위치에서 행하는 사법상의 법률행위라는 점(대판 1993. 12. 21, 93누13735), 입찰보증금의 국고귀속조치는 민사소송의 대상이라는 점(대판 1983. 3. 7, 81누366), 창덕궁 안내원들의 근무관계는 사법상의 고용계약이라는 점(대판 1996. 1. 23, 95다5809), 조세과오납금환급청구권이 민사상의 부당이득반환청구라는 점(대판 1995. 4. 28, 94다55019), 환매권은 원소유자가

그 행사에 의하여 일방적으로 사법상의 매매를 성립시키는 사권(私權)이라는 점(대판 1992. 4. 24, 92다4673)에서 사법관계로 보고 있으며, ② 반면에 국유재산변상금부과처분은 관리청이 공권력을 가진 우월적 지위에서 행한 것으로서 행정소송의 대상이 되는 행정처분이라는 점(대판 1988. 2. 23, 87누1046), 도시재개발법상의 도시재개발조합과 재개발조합원간의 법률관계는 재개발조합이 특수한 존립목적을 부여받은 행정주체로서 국가의 감독하에 그 존립목적인 공공사무를 행하고 있는 범위 내에서는 공법상의 권리의무관계라는 점(대판 1996. 2. 15, 94다31235), 공무원연금관리공단의 급여결정은 국민의 권리에 직접 영향을 미치는 것이어서 행정처분에 해당하는 것으로서 행정소송의 대상이라는 점(대판 1996. 12. 6, 96누6417), 지방자치단체에 근무하는 청원경찰의 근무관계는 그 불법행위에 대하여 국가배상법이 적용된다는 점(대판 1993. 7. 23, 92다47564)에서 공법관계로 보고 있다.

Ⅳ. 우리 실정법상 공법과 사법의 관련

하나의 법률관계에 있어서도 다음의 예와 같이 공법과 사법이 함께 규율하는 경우도 있고, 또한 서로 밀접하게 영향을 주고받는 경우도 있다.

1) 공법과 사법이 함께 규율하는 경우

종래 공물·공기업에 관한 법은 모두 공법이라고 보는 경향이 있었으나, 예컨대 국영철도의 법률관계 중 그 직원의 복무관계는 공법관계로, 운송계약상의 법률관계는 사법관계로 보아야 하는 등, 구체적으로 나누어 검토하여야 한다.

2) 공법행위가 사법상 법률행위의 요소인 경우

주무부처장관의 비영리법인 설립인가, 토지거래허가, 각종 영업 양도·양수의 인가 등.

3) 공법행위가 사법적 효과를 발생하는 경우

토지수용의 경우에서처럼 토지의 수용관계는 공법행위이지만, 수용의 결과 토지소유권이 사인에게서 국가로 이전되는 효과가 발생하는 것 등.

4) 사법으로 규율되는 사항이 공법으로 보완되는 경우

토지에 대한 이해관계의 조정은 민법상의 상린관계만으로는 부족하므로 건축법 등의 공법으로 일조권의 확보를 위하여 건축물의 높이를 규제하는 것 등.

제2절 행정상 법률관계의 종류

행정상의 법률관계란 행정법의 적용을 받는 행정에 관한 법률관계를 총괄적으로 말하는 것이다. 좁은 의미로는 행정작용법적 관계를 의미하지만, 넓은 의미의 행정상 법률관계에는 행정작용법적 관계 외에 행정조직법적 관계도 포함한다. 행정작용법적 관계는 공법관계와 사법관계로 나누어지고 공법관계는 다시 권력관계와 관리관계로 나누어진다.

Ⅰ. 행정조직법적 관계

행정관청 상호간(상하·대등 관청간)의 관계나 국가와 지방자치단체간 또는 지방자치단체 상호간의 관계는 행정주체와 그 상대방인 국민간의 관계인 행정작용법적 관계와는 달리 행정조직법적 관계라 하여, 권리의무관계가 아닌 직무권한의 관계로 파악되기 때문에 이들 상호간의 분쟁은 특별한 규정(예, 지방의회의 의결에 대한 자치단체장의 대법원에의 출소권, 지방자치법 제172조 제3항)이 없는 한 법원에 출소할 수 없고 행정조직 내부에서 해결하게 된다.

Ⅱ. 행정작용법적 관계

행정주체와 사인간의 관계를 행정주체가 외부적으로 행정을 행한다는 점에서 행정작용법적 관계라 하며, 이에는 행정법의 적용을 받는 공법관계(권력관계·관리관계)와 사인 상호간의 관계와 같이 사법의 적용을 받는 사법관계(국고관계)가 있다.

1. 공법관계

(1) 권력관계(권력고권적 관계)

권력관계는 행정주체가 우월한 의사의 주체로서 상대방인 국민에 대하여 일방적으로 명령하고 강제하는 관계(예, 허가받은 영업자에 대한 각종 의무부과, 불법건축물의 강제철거 등)이기 때문에 대등한 당사자 사이의 이해조정을 목적으로 하는 사법관계와는 본질적으로 다르다. 따라서 원칙적으로 사법의 적용을 받지 않고, 행정주체의 행위에 공정력·확정력·강제력 등 법률상 우월한 효력이 인정되기 때문에 이를 본래적 공법관계라 한다. 이러한 권력관계(權力關係)에 있어서의 다툼은 권력행위 그 자체의 효력을 다투고자 할 때는 항고소송을, 그 권력행위에 따라 형성된 법률관계를 다투고자 할 때는 당사자소송을 제기하여야 한다.

(2) 관리관계(단순고권적 관계)

1) 의의

관리관계는 행정주체가 공물(도로·하천·공원·항만시설 등)을 관리하거나 공기업(철도·우편·상하수도·병원 등)을 경영하는 것과 같이 공권력의 주체로서가 아니고 재산(공물) 또는 사업(공기업)의 관리주체로서 국민에 대하는 관계를 말한다. 관리관계는 본질적으로는 사인 상호간의 관계와 같다고 하겠으나, 당해 사업의 공공성·윤리성·급부의 계속성 등으로 말미암아 공공복리를 위하여 필요한 한도 내에서 특별한 공법적 규율을 받게 됨에 불과하다고 하겠다. 따라서 이를 전래적 공법관계라 한다. 관리관계(管理關係)로 인정되어 특별한 공법적 규율을 받기 위해서는 법령에 명문의 규정이 있거나, 순수한 사경제적 활동과는 다른 공익성 또는 윤리성 등이 입증되어야 한다.

2) 적용법규

관리관계는 원칙적으로는 사법의 적용을 받고 그에 관한 소송 역시 보통의 민사소송으로 다루어지며, 공공복리의 달성에 필요한 한도 내에서 공법의 적용(예, 공물의 불융통성, 강제집행·시효취득의 제한, 공기업의 독점적 경영권 보장 및 공기업벌의 부과 등)을 받을 뿐이다.

【판례】: ① 사법관계로 보는 경우
전화가입계약은 전화가입희망자의 가입청약과 이에 대한 승낙에 의하여 성립하는 영조물이용의 계약관계로서 비록 그것이 공공통신역무의 제공이라는 이용관계의 특수성 때문에 그 이용조건 및 방법, 이용의 제한, 이용관계의 종료원인 등에 관하여 여러 가지 법적 규제가 있기는 하나 그 성질은 사법상의 계약관계에 불과하다고 할 것이므로, 피고가 전기통신법시행령 제59조에 의하여 원고와의 전화가입계약을 해지하였다 하여도 이는 사법상의 계약의 해지와 성질상 다를 바 없다 할 것이고 이를 행정처분으로 볼 수 없다(대판 1982. 12. 28, 82누441).
② 공법관계로 보는 경우
수도법에 의하여 지방자치단체인 수도사업자가 수돗물의 공급을 받는 자에 대하여 하는 수도료의 부과징수와 이에 따른 수도료의 납부관계는 공법상의 권리의무관계라 할 것이므로 이에 관한 소송은 행정소송절차에 의하여야 한다(대판 1977. 2. 22, 82누441).

2. 사법관계(국고관계)

(1) 의의

행정주체가 국민과의 관계에서 당사자가 되는 경우에도 우월한 의사의 주체로서가 아니라 사법상의 계약에 해당하는 국고(國庫)의 주체, 즉 사법상 재산권의 주체로서 국민에게 대하는 경우에는『같은 성질의 관계는 같은 성질의 법률로 규율되어야 한다』는 의미에서 사법(私法)이 적용되는 사법관계(국고관계)라고 본다. 예컨대 국가나 지방자치단체가 사인과 물품매매계약 또는 도로·공원·항만·교량의 건설도급계약을 체결하며, 국유재산을 대부·매각하고, 국채·지방채를 모집하거나, 수표를 발행하며, 주식회사의 주주가 되는 관계 등은 모두 사법관계이다.

(2) 적용법규

이러한 행정상의 사법관계는 사인 상호간의 관계와 같이 사법의 적용을 받고, 그에 관한 소송은 민사소송에 의한다. 이러한 국고관계에 있어서도 국가 또는 지방자치단체 등의 행정주체가 사법상 재산권의 주체로서 활동하는 것은 사익을 위한 것이 아니라 어디까지나 공익을 위하여 행위하는 것이다. 따라서 그 행위의 공공성을 확보하기 위하여 일정한 제한과 규제가 수반된다. 국가재정법 · 국유재산법 · 물품관리법 · 국가채권관리법 등에 의하여 계약의 방법 · 내용 · 상대방 등에 대한 특별한 제한을 가하는 경우가 여기에 해당된다. 이러한 특별한 공법적 규율을 가하는 법은 사법의 일종인 특별사법(特別私法)으로 보며, 그것이 사법행위로서의 본질에 변경을 가하는 것은 아니라고 하는 것이 통설 · 판례의 입장이다.

【판례】 : ① 국유재산 매각 또는 임대차계약은 사법관계라는 판례
국가 또는 행정권의 주체가 사인과 대등한 지위에서 하는 행위, 예컨대 국유재산의 불하 또는 임대차계약, 정부수요품의 매입, 공사의 청부계약 등은 국유재산법 등에 그에 대한 여러 가지 제한규정은 있을지라도 그 본질은 사법상의 법률행위이고 행정행위의 개념에 속하지 않는 것으로서 이에 관한 분쟁은 행정소송이 아닌 민사소송에 의한다(대판 1960. 1. 27, 60행상139).
② 국유임야 무상양여신청거부행위가 행정소송의 대상이 아니라는 판례
산림청장이 산림법이나 구 산림법 또는 구 산림령 등의 정하는 바에 따라 국유임야를 대부하거나 매각 또는 양여하는 행위는 사경제 주체로서 하는 사법상의 행위이고 행정청이 공권력을 행사하는 주체로서 행하는 행정처분이라고 볼 수 없으므로 산림청장의 국유임야 무상양여거부처분도 단순한 사법상의 행위일 뿐이며 따라서 위 거부처분은 행정소송의 대상이 되지 아니한다.(대판 1983. 9. 27, 83누292).

(3) 관리관계와의 구별문제(비권력관계의 문제)

오늘날의 유력한 견해는 공법관계중의 관리관계와 사법관계는 다같이 사법의 적용을 받고, 민사소송에 의하며 이들에 대한 공법적 규율은 외형의 차이에 불과하며 질적인 차이는 없다고 하면서 양자를 통합하여 이를 비권력관계(非權力關係)라 하여 권력관계와 대비하여 설명하고 있다.[28] 한편, 이러한 비권력행정에 적용되는 법을 『행정사법』(行政私法)이라고 하여, 사법이 공법규정 내지는 공법원리에 의하여 어떻게 수정되는가를 중점적으로 연구하고 있다. 예컨대, ① 헌법상의 기본권보장원리에 의한 제약(평등 · 비례의 원칙), ② 사법상 계약원리의 수정(공급강제, 급부의 계속성, 해약의 제한, 계약 내용의 법정화) 등이 그것이다.

3. 결어

협의의 행정상 법률관계를 의미하는 행정작용법적 관계는 행정주체와 그 상대방인 사인간에 관한 법적인 관계를 말한다. 이러한 행정작용법적 관계는 행정주체가 공법의 형식에 따라 행정목적을 실현하는 공법관계와 행정주체가 사법의 형식을 사용해서 행정목적을 추구하는 사법관계로 나누어진다. 이를 다시 분설하여 정리하면 다음과 같다.

① 행정작용법적 관계는 공법관계와 사법관계로 나누어진다.

② 공법관계는 행정주체의 우월적 지위에서 공권력을 통하여 명령 · 강제를 발동할 수 있는 권력관계와, 대등한 당사자간의 법률관계이지만 공익성과 윤리성 때문에 공법관계가 되는 관리관계로 나누어진다. 흔히 권력관계를 본래적 공법관계라 하고, 관리관계를 전래적 공법관계라 한다.

③ 특히 경찰행정과 조세행정이 권력관계의 대표적인 예에 해당된다.

④ 약간의 공법상 법률관계의 성질도 가지지만 근본적으로 사법의 형식에 따르는 행정을 사법관계 또는 국고관계라 하는데, 조달행정과 국유재산관리행정 등이 이에 속한다.

---

28) 김도창(상), p.211.

⑤ 국민의 복지증진을 위한 급부행정은 관리관계에 해당되는 것도 있고 사법관계에 해당되는 경우도 있다.

제3절 행정법관계의 당사자

행정법관계는 행정작용을 하는 자와 그 상대방, 즉 행정주체와 행정객체와의 관계이므로 행정법관계의 당사자는 행정주체와 행정객체를 말한다. 행정주체는 행정권의 담당자로서 행정권을 행사하고 그 법적 효과가 궁극적으로 귀속되는 자를 의미하고, 행정객체는 행정주체의 상대방으로서 행정권 발동의 대상이 되는 사인을 의미하는 것이지만 공공단체도 객체가 되는 경우가 있다.

Ⅰ. 행정주체

행정주체는 국가·공공단체 및 이들로부터 행정사무를 위임받은 사인(공무수탁사인)이 있다. 이러한 행정주체는 공법상 당사자소송의 당사자가 되며, 행정객체에 대하여 행정상 손실보상이나 행정상 손해배상의 책임을 지는 상대방이 된다.[29] 실제 행정권을 행사하는 것은 공무원이지만 이들의 행위의 법적 효과의 귀속주체, 즉 행정주체는 이들이 소속된 법인격을 가진 국가 또는 공공단체이다. 따라서 장관, 지방자치단체의 장 및 공공단체의 장은 곧바로 행정주체가 되는 것이 아니라 권한 행사의 대표자가 될 뿐이다. 그러나 행정소송의 원활한 수행을 위하여 이들이 행정소송의 피고가 되도록 하고 있는바, 이는 별개의 문제이다.

---

29) 다만 국가배상법 제2조는 행정주체 중에서 국가와 지방자치단체만을 동 법에 의한 국가배상책임의 주체로 규정하고 있기 때문에 그 밖의 행정주체의 경우에는 민법에 의한 배상책임의 주체로 규율하는 태도를 취하고 있다. 행정객체인 국민의 권리구제의 측면에서 본다면 국가배상법에서 배상책임에 관한 행정주체의 범위를 확대하여야 할 것으로 생각된다.

1. 국가

국가는 시원적 행정주체이다. 우리 헌법상 대통령은 행정수반이기 때문에 행정권은 대통령을 정점으로 하는 국가행정조직을 통하여 행사된다. 국가는 행정권을 국가행정조직을 통하여 직접 행사하거나(직접행정), 국가로부터 독립된 행정주체를 설립하여 그로 하여금 독립적으로 행정권을 행사하게 하거나(간접행정), 국가의 감독하에 일정한 범위 내의 행정권을 이들에게 위임하여 행사하게 하는 방법(위임행정)도 있다.

2. 공공단체

공공단체(公共團體)란 국가 밑에 국가로부터 그 존립목적이 부여된 공법상의 법인으로서 자기의 고유한 사무를 행하는 기관을 말한다. 공공단체에는 지방자치단체 · 공공조합 · 영조물법인 및 공법상 재단 등이 있다.

(1) 지방자치단체

지방자치단체(地方自治團體)란 일정지역과 그 주민으로 구성되어 그 지역 내에서 일정한 통치권을 행사하는 단체이다. 국가와 지방자치단체는 별개의 권리주체이지만, 지방자치단체의 자치권의 법적 성질에 관하여는 자치단체에 고유한 것이라는 설(고유권설)과 국가로부터 전래된 것이라는 설(전래설)이 대립되어 있다. 지방자치단체는 당연히 국가로부터 일정한 행정적 감독을 받는 것이기 때문에 전래설이 지배적인 견해이다.

지방자치단체의 내부구조는 집행기관과 의결기관으로 나누어져 있다. 집행기관이란 지방자치단체의 장과 하급행정기관을 의미하며, 읍 · 면 · 동장 및 그 보조기관 등으로 구성되어 있다. 지방자치단체의 의결기관으로서는 지방의회와 교육위원회가 있다. 한편, 지방자치단체의 장은 당해 지방자치단체의 대표로서의 지위에서 지방자치단체의 업무를 관장하지만, 다른 한편으로는 국가행정기관으로서의 지위에서 국가위임사무를 수행한다. 이를 지방자치단체의 장의 이중적 지위라 한다.

(2) 공공조합

공공조합(公共組合)이란 특정목적하에 일정한 자격을 갖춘 사람(조합원)의 결합으로 성립된 공법상의 사단법인이지만 반드시 일정한 지역을 그 존립기반으로 하는 것이 아니라는 점에서 지방자치단체와 구별된다. 공공조합으로는 도시재개발조합・토지구획정리조합・임업협동조합・상공회의소・대한교육연합회・건강보험조합 등을 들 수 있다. 이들이 행하는 토목사업・사회보험사업 등은 공익과 밀접한 관련이 있기 때문에 이들을 행정의 일부로 인정하고 각종 국가적 감독(위법한 처분의 취소명령, 보고서 제출 및 업무감사 등)을 받도록 함과 동시에, 환지처분권・토지수용권 및 경비의 강제징수 등 약간의 국가적 공권을 부여하고 있다.

(3) 영조물법인

영조물(營造物)이란 일정한 행정목적을 달성하기 위한 인적・물적 결합체를 말하며, 이에 대하여 공법상의 법인격을 부여한 경우 이를 영조물법인(營造物法人)이라 한다. 이러한 영조물법인을 설립・운영하는 이유는 국가가 직접 공행정을 수행하는 경우에 적용되는 인사・예산회계 등에 관한 공법상의 엄격한 제약에서 벗어나 사기업에 유사한 합리적・능률적인 경영을 보장하기 위한 것이다. 영조물법인에 적용되는 일반법으로서는 정부투자기관관리기본법과 지방자치단체에 속한 영조물법인에 대한 일반법으로 지방공기업법이 있으며, 현행법상 각종 공사나 특수은행이 이에 해당한다(예, 한국도로공사・한국토지공사・지하철공사・한국석유공사・한국은행・한국산업은행 등).

(4) 공법상의 재단

공법상의 재단(財團)은 행정주체가 출연한 재산을 관리하기 위하여 공법상의 근거에 의하여 설립된 재단법인으로서 국가의 감독하에 있는 공공단체이다. 공법상 재단은 재산결합체가 중심적 요소이기 때문에 그 인적 구성과 행정은 부수적인 것으로서 그 수혜자를 위한 것일 뿐이다. 따라서 공법상의 재단에는 공공조합처럼 인적 결합이 없고, 영조물법인처럼 일반적 이용자도 없으며, 다만 그 지원을 받는 수혜자만 있다.[30] 학술진흥법에 의하여 설립된 한국연구재단과, 한국사학진흥재단법에 의하여 설립된 한국사학진흥재단 등이 이에 해당한다.

3. 공권이 부여된 사인(공무수탁사인)

보통 사인(私人)은 행정객체의 지위에 서지만, ① 사인이 별정우체국의 지정을 받아 통신업무를 수행하는 경우(별정우체국설치법 제2조), ② 사인이 일정한 공공사업의 주체로서 국가로부터 토지수용권을 부여받아 토지수용을 하는 경우(제철·비료·석유화학·전자·조선사업자 등 토지보상법 제4조), ③ 사유 선박의 선장·해원 또는 항공기의 기장·승무원이 선박이나 항공기 내에서 발생한 범죄에 관하여 사법경찰관리의 직무를 수행하는 경우(사법경찰관리의직무를행할자와그직무범위에관한법률 제7조), ④ 사립대학의 총·학장이 교육법에 의하여 학위를 수여하는 경우, ⑤ 기타 관세감면대상의약품 여부의 확인권·석탄품질검사권·변리사등록업무·건축사자격시험관리업무 등을 관련 협회의 장에게 위탁한 경우 등과 같이 국가적 공권을 부여받은 사인은 그 부여받은 권한의 범위 안에서는 행정주체의 지위에 서게 되며, 이러한 예는 점차 많아지고 있다. 이들 공권이 부여된 사인의 처분 등에 대하여는 행정심판을 제기하거나 법원에 행정소송을 제기할 수 있다.

다만, 사인이 공행정사무를 수행하는 경우에도 행정기관의 보조인인 경우와 행정을 대행하는 경우에는 공무수탁사인이 아니다. 행정보조인이란 아르바이트로 행정서류의 정리나 우편물의 전달과 같은 업무를 수행하는 사인을 들 수 있다. 행정대행이란 차량등록의 대행, 자동차검사의 대행처럼 사인이 특정의 업무를 행정기관을 대신하여 행하는 것을 말한다. 행정보조인과 행정대행자는 그 공무수행의 법적 효과는 공무를 위탁한 행정주체에게 귀속되고 그 행정주

30) Maurer, p.581.

체가 책임을 진다는 점에서 동일성이 있다. 즉, 양자는 심부름의 수행에 불과하기 때문에 그 심부름을 명한 행정주체가 책임을 지는 관계이다. 그러나 행정보조인과 행정대행자의 차이는 행정보조인은 행정기관에 종속되어 있지만, 행정대행자는 담당 행정기관의 감독은 받지만 행정기관에 종속되어 있는 것은 아니다.

Ⅱ. 행정객체(행정의 상대방)

사인은 원칙적으로 행정객체(行政客體)의 지위에 서게 된다. 공공단체도 사인에 대하여는 행정주체의 지위에 서게 되지만, 반대로 국가나 다른 공공단체에 대하여는 행정객체의 지위에 서게 된다. 종래의 행정법관계에서 볼 때 사인은 행정작용의 상대방으로서 행정객체의 지위에만 있었으나, 오늘날은 행정절차법에 의한 청문 · 공청회를 통한 의견진술과 환경영향평가 등에서 주민대표로의 참여 등을 통하여 행정에 직접 참여하고 협력하는 지위도 누리게 되었다.

제4절 행정법관계의 특질

행정법관계도 권리·의무관계라는 점에서는 사인 상호간의 관계인 사법관계와 다를 바 없다. 그러나 공익실현이라는 행정목적 달성을 위하여 행정주체가 우월한 의사의 주체로서 국민에게 일방적으로 명령·강제하는 관계이기 때문에 행정주체에게 일정한 특권 내지 우월적 지위가 인정되고 있는 반면, 사법관계보다도 더 엄격한 법의 기속을 받도록 하고 있다. 한편 행정법관계에서 발생되는 사인의 권리, 즉 개인적 공권은 사권에 대하여 약간의 특수성을 가지며, 그 침해에 대한 구제수단도 특별한 방법에 의하게 된다.

행정법관계에서의 행정주체의 행위형식으로서 중심적 내용을 이루는 것이 바로 행정행위이기 때문에 『행정법관계의 특질』은 결국 『행정행위의 특질』 및 『행정행위의 효력』과 같은 의미를 가진다. 즉, 행정행위가 적법하게 성립요건과 효력발생요건을 갖추게 되면 그 행정행위의 내용에 따라 일정한 효력이 발생하게 된다. 즉 행정행위는 적법하게 성립할 경우에 공정력, 확정력, 강제력이 발생하는 것이다.

Ⅰ. 적법성

사법관계에 있어서는 당사자의 의사를 최대한으로 존중하는 사적 자치(私的自治)의 원칙이 적용되지만, 공법관계는 국민에게 일방적으로 명령·강제하는 관계인만큼 법치주의의 관점에서 행정의사의 발동요건·절차·형식 등에 있어 엄격한 법률에의 적합성이 요구된다(예, 각종 인·허가나 그 취소의 요건을 법령에 상세히 규정하고, 청문 등의 절차를 거치게 하며, 반드시 문서에 의하여 행하도록 하는 것 등).

Ⅱ. 공정력

1. 의의

공정력(公定力)이라 함은 행정행위가 법적 요건을 갖추지 못하여 하자가 있는 경우에도 그 하자가 중대하고 명백하여 무효라고 인정되는 경우를 제외하고는 일단 유효한 것으로 통용되고, 취소권한이 있는 기관이 이를 취소하기 전까지는 누구도 그 효력을 부인할 수 없는 힘을 말한다. 예컨대, 운전면허의 정지처분이 있으면 비록 하자가 있다고 판단되더라도 일단은 면허증을 반납하고 운전을 하지 말아야 하며, 그렇지 않고 계속 운전하면 운전면허취소를 당하게 되며, 조세부과처분이 있으면 당연무효가 아닌 한 하자가 있다 하더라도 권한 있는 기관에 의하여 취소되기 전까지는 상대방은 조세를 납부할 의무를 지게 되고 납부하지 않으면 체납처분을 당하게 된다. 그러므로 행정행위의 상대방이 조세과오납환급청구소송을 제기한 경우에 수소법원인 민사법원은 조세부과처분이 직권취소 또는 쟁송취소되기 전까지는 당해 처분이 유효하다는 것을 전제로 하여 판결하여야 하는 것이다.

사인간의 법률관계에서 다툼이 있으면 민사소송을 제기하여 법원의 판결이 확정될 때까지는 당사자는 그 법률행위의 효력을 인정할 필요가 없는 것과 대조를 이룬다.

2. 근거

(1) 이론적 근거

1) 판결유사설(자기확인설)

오토 마이어(O. Mayer) 이래 과거 독일 · 일본 · 우리나라의 통설이었으며, 행정기관의 행정행위는 법원의 판결과 유사한 것으로서 행정행위를 하였다는 것은 그 적법 요건도 갖추었음을 스스로 확인하였다는 것을 의미하며, 이 확인이 상대방과 제3자를 구속하는 것이라고 한다. 이 이론은 과거 외견적 입헌군주제하에서 국가의 의사에 우월한 힘을 부여하기 위한 정치적 이데올로기의 산물이라고 하겠다.

2) 행정정책설(절차법설)

공정력은 행정행위에 본래부터 내재하는 우월성 때문에 인정된 것이 아니라, 행정법관계의 법적 안정성과 계속성, 상대방과 제3자의 신뢰보호라는 정책적 이유로 인정된 것이며, 실정법적으로도 행정행위의 효력은 행정행위가 있고 나서 사후적인 행정쟁송(행정심판 · 행정소송)에 의하여만 다툴 수 있도록 한 절차법을 마련하고 있는 결과로 인정된 반사적 효과에 불과하다고 한다. 법치주의와 현대 국민주권주의하에서는 이 견해가 타당하다고 생각된다.

(2) 실정법적 근거

우리 실정법상 공정력을 명문으로 인정하고 있는 규정은 없다. 그러나 개별법령상에 공정력이 인정되는 간접적 근거로서는 ① 상술한 행정쟁송에 의한 취소제도(행정심판법 · 행정소송법), ② 행정쟁송이 제기된 경우에도 판결이 확정되기 전까지는 당해 행정행위의 집행이 원칙적으로 정지되지 아니하도록 한 점(집행부정지의 원칙 : 행정심판법 제18조 · 제21조, 행정소송법 제20조 · 제23조) 등을 들 수 있다.

3. 적용범위

(1) 비권력관계

우월한 의사의 힘의 존재를 처음부터 전제로 하지 아니하는 관리관계 및 국고관계에 있어서는 공정력이 인정될 여지가 없다.

(2) 행정행위의 무효 · 부존재

통상인이 판단하더라도 하자가 중대하고 명백하여 무효인 경우와 처음부터 행정행위라고 할 만한 실체조차 존재하지 아니한 경우(부존재)에는 일반의 신뢰보호의 가치가 없는 것이므로 공정력이 인정될 여지가 없다(통설[31]·판례의 입장). 다만, 무효의 경우에는 무효·취소의 구별의 상대화를 주장하면서 공정력이 인정되어야 한다는 주장도 있다.[32]

(3) 공정력과 입증책임의 문제

공정력을 근거로 하여 행정행위의 취소소송에 있어서는 위법임을 주장하는 원고(행정행위의 상대방)에게 위법성을 입증할 책임이 있다는 것이 종래의 통설이었으나, 오늘날은 공정력만을 이유로 입증책임의 소재를 결정할 수는 없다고 한다.

(4) 공정력과 선결문제

어떤 민·형사소송에 있어서 특정 행정행위의 위법성 여부가 먼저 결정되어야 재판을 할 수 있는 경우(선결문제가 된 경우)에, 이에 관하여 민·형사법원이 판단할 수 있는가에 관하여는 민·형사소송을 나누어 고찰하여야 할 것이다. 그러나 행정행위가 무효 또는 부존재인 경우에는 선결문제를 다루는 민·형사소송에서 당연히 그 효력을 부인할 수 있음은 물론이다.

1) 민사소송

(가) 행정행위의 효력 유무가 선결문제인 경우

원칙적으로 행정소송에 의하여 문제의 행정행위가 취소되기 전에는 민사소송에서 그 효력을 부인할 수 없다. 예컨대, 과세처분을 취소소송에 의하여 취소를 구하지 아니하고, 민사소송을 제기하여 이미 납부한 조세에 대한 부당이득반환을 청구하면서 과세처분의 효력을 부인할 수는 없다는 판례가 있다(대판 1973. 7. 10, 70다1439). 행정행위의 공정력의 효과와 행정행위에 대한 취소소송의 관할권의 배타적 성격으로 인하여 행정행위에 대한 민사법원의 심판권은 부인된다는 것이다.

---

31) 김남진(Ⅰ), p.303; 박윤흔(상), p.133; 서원우(하), p.442; 이상규(상), p.405.
32) 김철용, 무효선언을 구하는 항고소송과 소원전치주의, 고시연구 1978.7.

(나) 행정행위의 위법 여부가 선결문제인 경우

그러나 공정력은 절차적 효력에 불과한 것으로서 그 행위를 실질적으로 적법하게 하는 것은 아니므로, 행정행위의 효력을 부인하지 않는 한도에서 그 위법성 여부를 판단할 수 있다고 본다. 예를 들어 행정청의 계고처분으로 인하여 자신의 권익을 침해받은 자가 계고처분에 대한 취소판결을 받음이 없이 국가배상청구소송을 제기한 경우에는 실무상 국가배상청구소송은 민사소송으로 취급되므로 민사법원이 심리하게 된다. 이러한 경우에 별도의 행정소송으로 취소를 구하지 아니하고도 민사소송을 제기하여 불법건축물 철거 계고처분의 위법을 이유로 국가배상을 청구할 수 있다는 우리 대법원의 판례가 있다(대판 1972. 4. 28, 72다337).

2) 형사소송

예컨대, 영업허가가 취소되었음에도 계속 영업을 한 경우, 무허가영업죄의 성립 여부를 재판하는 형사소송에서 당해 영업허가 취소행위의 위법성을 심사할 수 있는가에 관하여는 행정행위의 공정력이 형사소송에도 미친다고 하여 심사할 수 없다는 부정설과, 국민의 권리구제를 목적으로 하는 행정소송제도와 범죄구성요건의 판단을 목적으로 하는 형사소송제도의 취지에 비추어 행정소송과는 별도로 위법성을 심사할 수 있다고 하는 긍정설이 대립되어 있으나, 판례는 긍정설의 입장을 취하고 있다(대판 1986.1.28,85도2489).

그러나 예컨대 형사소송에서는 당해 영업허가 취소행위를 적법한 것으로 보아 유죄판결을 하였으나, 그 후 행정소송에서 이를 위법한 것으로 보아 영업허가취소행위가 취소된 경우 국민은 억울하게 형사범으로 처벌받게 되는 문제가 발생할 소지가 있다.

Ⅲ. 확정력(존속력)

확정력(確定力)이라 함은 하자 있는 행정행위라 할지라도 일정 기간이 경과

함으로써, 또는 당해 행위의 성질상 더 이상 취소할 수 없게 되는 힘을 말하며, 이를 행정행위의 존속력이라고도 한다. 행정행위의 확정력은 형식적 확정력과 실질적 확정력으로 구분되며, 형식적 확정력을 불가쟁력(不可爭力)이라 하고 실질적 확정력을 불가변력(不可變力)이라 한다.

1. 불가쟁력(형식적 확정력)

(1) 의의

행정행위의 『상대방』에 대하여 발생하는 효력으로서, 하자있는 행정행위라도 일정한 기간 내(행정심판은 처분이 있음을 안 날로부터 90일 또는 처분이 있은 날로부터 180일 이내, 행정소송은 처분이 있음을 안 날 또는 행정심판의 재결서를 송달받은 날로부터 90일 또는 처분이 있은 날로부터 1년 이내)에 행정쟁송을 제기하여야 하며, 그 기간이 경과하거나 쟁송절차가 끝난 때에는 행정행위의 상대방은 더 이상 그 효력을 다툴 수 없게 하는 힘을 말한다. 불가쟁력(不可爭力)은 행정법관계의 신속한 안정, 즉 법적 안정성을 위하여 개인의 권리구제를 어느 시점까지만 인정하는 절차법적 제도라 할 수 있다.

행정행위의 형식적 확정력인 불가쟁력은 소송법상 확정판결에 대하여 발생하는 기판력(旣判力)과는 그 내용이 전혀 다른 것이다. 이는 행정행위와 확정판결의 차이에서 기인하는 바, 행정행위는 판결과 같이 독립된 제3의 기관이 내리는 판단이 아니며, 행정행위는 판결처럼 확고한 존속성을 가지는 것은 아니기 때문이다. 그러므로 이러한 불가쟁력은 그 처분으로 인하여 법률상 이익을 침해받은 자가 당해 처분이나 재결의 효력을 더 이상 다툴 수 없다는 의미일 뿐이며, 더 나아가 판결에 있어서와 같은 기판력이 인정되는 것은 아니기 때문에 처분의 기초가 된 사실관계나 법률적 판단이 확정되어버리고 당사자 또는 법원이 이에 기속되어 모순되는 주장이나 판단을 할 수 없게 되는 것은 아니다(대판 1994. 11. 8, 93누21927). 따라서 산업재해요양불승인처분의 불복기간의 경과로 인하여 확정되었다 하더라도 요양급여청구권이 없다는 내용의 법률관계까지 확정된 것은 아니며, 소멸시효에 걸리지 아니한 이상 다시 요양급여를 청구할 수 있고 그것이 거부된 경우 이는 새로운 거부처분으로서 이에 대한 취소소송을 제기할 수 있게 된다(대판 1993. 4. 13, 92누17181).

(2) 적용범위

위와 같은 불가쟁력의 취지에 비추어 ① 무효 또는 부존재인 행정행위에 대하여는 적용될 여지가 없으며(행정심판전치주의 및 제소기간의 적용배제, 행정소송법 제38조 제1항), ② 비록 불가쟁력이 발생된 행정행위라 할지라도 위법임이 인정된 때에는 이를 이유로 국가배상을 청구하거나, 행정기관이 스스로 위법임을 인정하여 직권으로 취소하는 것은 가능하다.

(3) 한계

행정법관계의 신속한 안정보다 더 우선하여야 할 정도로 상대방의 권리구제의 필요성이 인정될 경우까지 불가쟁력을 고집할 근거는 없다고 할 것이며(예컨대, 법원의 확정판결에 대하여 까지도 재심청구를 인정하고 있다). 이러한 의미에서 독일 행정절차법 제51조는 재심청구(再審請求)제도를 도입하여 ① 행정행위의 근거가 된 사실관계 또는 법적 관계가 사후에 상대에게 유리하게 변경되거나(판례가 유리하게 변경된 경우도 포함한다), ② 상대방에 유리한 새로운 증거가 발견되거나, ③ 민사소송법에 규정된 재심사유(증거서류의 위조 등, 민사소송법 제422조 참조)가 있는 경우에는 재심청구를 허용하고 있다.

우리나라의 행정절차법은 이와 같은 재심청구제도를 채택하지 않고 있어 독일에서처럼 재심청구권은 없지만, 재심청구 대신에 행정청에 대한 청원 또는 진정 등의 방법으로 행정청 스스로의 직권(職權)에 의한 재심사를 촉구하는 방법밖에 없다고 하겠다.

2. 불가변력(실질적 확정력)

(1) 의의

『행정주체』에 대하여 발생하는 효력으로서, 하자 있는 행정행위는 행정청의 입장에서는 취소·철회할 수 있음이 원칙이지만, 예외적으로 어떤 행정행위는 성질상 행정청도 하자를 이유로 스스로 취소·철회할 수 없게 하는 힘, 즉 불가변력(不可變力)을 발생하는 경우도 있다. 불가쟁력이 처분의 상대방이나 이해관계인에 대한 구속력이라면, 불가변력은 처분행정청 또는 상급행정청에 대한 구속력이다.

(2) 성질

불가변력은 불가쟁력과 같이 실정법상 인정된 제도가 아니라 학설·판례로 인정된 것이기 때문에 그 성질에 대하여는 ① 어떤 행정행위가 행하여진 과정 또는 절차가 소송에 유사한 것으로 보기 때문에 인정된다는 소송법적 확정력설(訴訟法的 確定力說)과, ② 법적 안정성의 견지에서 행정행위의 성질상 발생하는 효력이라고 하는 불가변력설(不可變力說) 등이 대립되어 있으나, 소송과 유사하지 아니한 행정행위에도 인정된다는 점에서 불가변력설이 타당하다고 하겠다.

(3) 불가변력이 발생되는 행정행위

① 일정한 쟁송절차를 거친 준법률행위적 행정행위인 『재결행위』(예, 행정심판의 재결, 토지수용위원회·국세심판소·소청심사위원회의 재결 등)는 그 자체가 소송에 유사한 절차를 거쳐 판정된 것이므로 상대방의 불복은 허용되지만, 행정청 자신에 대하여도 하자를 이유로 번복시킬 수 있도록 허용하는 것은 분쟁을 엄격한 절차에 따라 공정하게 심판하도록 한 제도 본래의 취지에 반하기 때문에 불가변력이 발생된다.

② 비록 쟁송절차는 거치지 않았지만 특정 사실 또는 법률관계에 관한 의문이나 다툼을 공적 권위로써 확인해 주는 준법률행위적 행정행위인 『확인행위』(예, 국가시험의 합격자 결정, 각종 선거의 당선인 결정, 발명특허 등)도 성질상 처분 행정청이 임의로 변경할 수 없다고 하여야 할 것이다.

(4) 불가변력에 위반한 행정행위의 효력

불가변력이 발생되는 행정행위임에도 불구하고 행정관청이 이를 취소·변경하는 새로운 처분을 내린 경우, 그 새 처분의 효과에 관하여는 중대하고 명백한 하자를 이유로 무효라는 견해도 있으나, 새로운 처분 역시 앞에서 본 공정력을 가진다고 할 것이므로 위법하기는 하지만 법정절차에 따라 취소·변경될 때까지는 일단 유효한 것으로 보아야 할 것이며, 판례도 같은 입장에 있다.

【판례】 : 불가변력에 위반한 경우에도 당연무효는 아니라는 판례
귀속재산처리법(39)에 의거한 귀속재산소청심의회의 재결은 쟁송의 절차를 통한 준재판이라 할 것이므로, 재심 기타 특별한 규정이 없는 한 재결청인 심의회 자신이 취소·변경한 것은 위법하다고 하겠으나, 그렇다고 하여 그 위법이 중대하고 명백하여 당연무효의 것이라고는 할 수 없다(대판 1965.4.22, 63누200).

(5) 불가쟁력과의 관계

양자는 서로 다른 취지에서 인정되어 온 별개의 제도이므로 서로 관련이 없다. 즉, 불가쟁력은 상대방에게만, 불가변력은 처분 행정청에게만 각각 적용되는 힘이기 때문에 비록 불가쟁력이 발생된 행정행위라 할지라도 불가변력이 인정되는 재결 등이 아닌 한 행정관청이 직권으로 취소하는 것이 가능함은 물론이며, 반대로 불가변력이 발생된 행정행위라 할지라도 처분 상대방은 불가쟁력이 발생하기 전까지는 행정소송 등을 제기하여 취소를 구할 수 있다.

Ⅳ. 강제력

강제력(强制力)이란 행정의사의 실효성을 확보하기 위하여 행정의사의 내용을 강제로 실현시키는 힘을 말한다. 이는 행정행위를 통하여 사인에게 명하여진 특정의무가 이행되지 않는 경우에 행정행위의 실효성을 확보하기 위한 가

장 강력한 효력이다. 그러므로 강제력은 행정행위를 통하여 의무부과가 수반되는 경찰처분이나 과세처분과 같은 하명행위에서 주로 문제가 되며, 사인에게 권리와 급부를 부여하는 형성적 행정행위에서는 문제되지 않는다. 강제력은 의무이행을 강제하여 사실상 의무가 이행되는 상태를 실현하는 자력집행력과 그 의무위반에 대하여 일정한 제재를 가하는 제재력(制裁力)이 있다.

1. 자력집행력

자력집행력(自力執行力)이란 납세의무자가 세금납부의무를 불이행하는 경우에 세무공무원이 압류·공매 등의 절차를 통하여 강제징수를 하거나, 위법한 무허가 건축물에 대하여 인부를 고용하여 혹은 공권력을 동원하여 강제 철거하거나, 전염병환자를 강제로 격리 수용하는 것처럼 국가 또는 공공단체가 그의 의사를 스스로의 힘에 의하여 강제하고 실현하는 것을 말한다. 사법관계에서는 상대방이 의무를 이행치 아니할 경우 스스로 이를 실현시킬 방법은 없고, 먼저 법원의 판결을 구하고 그 승소판결에 기하여 별도의 국가기관(집달관)에 의한 강제집행을 청구할 수 있음에 그치지만, 행정법관계에서는 이와 같이 행정관청이 직접 실력을 행사하여 의무를 이행시키는 힘을 가지고 있다. 자력집행력의 일반적인 근거법률로서는 행정대집행법과 국세징수법이 있다.

2. 제재력

행정법관계에서는 상대방이 행정의사를 위반한 경우 이에 대한 제재로서 행정형벌(징역·벌금 등) 또는 행정질서벌(과태료)을 과할 수 있다(예, 무면허운전행위에 대한 형벌부과 및 주민등록법상 전입신고의무 위반에 대한 과태료 부과 등). 이처럼 행정형벌은 형법상의 처벌내용이 부과되는 것이고, 행정질서벌은 과태료가 부과되는 것이라는 점에서 구별된다.

Ⅴ. 권리 · 의무의 특수성

사법관계에서의 권리 · 의무는 사익을 위하여 인정되는 것이지만, 행정법관계에서 국가가 개인에 대하여, 또는 개인이 국가에 대하여 가지는 권리는 순전히 사익을 위하여서만 인정되는 것이 아니고, 이것을 개인에게 부여하는 것이 동시에 공익의 실현을 위하여서도 필요하기 때문에 인정되는 것이다(공익성).

따라서 권리가 동시에 의무로서의 성격(예, 각종 선거권 등)을 띠고 있으며, 그 결과 사법관계에서와는 달리 공권 · 공의무의 이전 · 포기가 제한되는 등의 특수성이 인정된다.

Ⅵ. 권리구제의 특수성

사권이 침해된 경우에는 민법상 손해배상 및 민사소송에 의하지만, 공권이 침해된 경우에는 이와 다른 특별한 구제수단이 마련되어 있다. 그 주된 이유는 권리침해가 우월한 지위에 있는 공권력 주체에 의하여 행하여졌다는 점과 국민의 권리 구제와 함께 공익의 보장도 고려하여야 한다는 데 있다.[33]

1. 행정상 손해전보

행정상 손해전보는 공권력발동에 의한 행정작용에 의하여 야기된 행정객체의 손해를 전보하여 주는 제도를 말한다. 이는 다시 위법한 행정작용으로 인한 손해배상(損害賠償)과 적법한 행정작용으로 인한 손실보상(損失補償)으로 나누어진다. 『위법』한 행정작용으로 인한 손해배상에 관하여는 국가배상법이 민법상의 불법행위로 인한 손해배상제도와 다른 특별한 절차 · 요건 등을 규정하고 있으며, 『적법』한 행정작용(토지수용 · 징발 등)으로 인한 특별한 재산상의

33) 박균성(상), p.129.

희생에 대하여는 공익사업을위한토지등의취득및보상에관한법률 등 개별법에 의한 손실보상의 청구가 인정된다. 사법상으로는 『적법』한 재산권 침해라는 제도는 없으므로 손실보상제도는 행정법관계에만 있는 특유한 제도이다.

2. 행정상 쟁송

위법한 행정작용의 취소·변경을 구하는 모든 절차를 행정상 쟁송이라고 하며, 우리나라는 영·미식 사법국가(司法國家)주의를 채택하여 최종적으로는 행정소송(行政訴訟)의 형태로 일반법원의 관할로 하고 있으나, 사법관계에 적용되는 민사소송과는 다른 여러 가지 특성을 인정하고 있고(사정판결, 직권심리주의, 제소기간의 제한 등), 행정소송에 앞서 행정권에 대하여 먼저 시정을 요구하는 행정심판(行政審判)제도를 채택하고 있다. 또한 헌법은 공권력의 행사로 인하여 기본권이 침해된 경우에는 일반적인 행정상 쟁송제도의 보충적 구제제도로서 헌법소원을 인정하고 있다.

제5절 행정법관계의 내용

행정법관계도 사법관계와 마찬가지로 권리·의무관계로 구체화되며, 행정법관계에서 발생하는 권리·의무를 사법상의 권리·의무와 구별하여 공권·공의무라고 한다. 흔히 행정법관계의 내용이라 하면 이와 같은 공권과 공의무를 말한다. 공권·공의무는 그 귀속주체에 따라 국가적 공권·공의무와, 개인적 공권·공의무로 구분된다.

Ⅰ. 국가적 공권

국가적 공권(國家的 公權)이란 국가·공공단체·국가적 공권을 부여받은 사인(私人)이 우월한 의사의 주체로서 상대방인 개인에 대하여 가지는 권리이며, 이는 ① 목적 면에서 보아 경찰권·규제권·공용부담특권·과세권 등으로 나뉘어지고, ② 내용 면에서는 하명권(일정한 의무를 명하는 권리)·강제권(명한 의무를 이행치 아니할 경우 강제로 집행할 수 있는 권리)·형성권(법률관계를 발생·변경·소멸시킬 권리)·공법상의 물권적 지배권(공소유권·공법상의 담보물권 등)으로 구분된다. 이러한 국가적 공권은 행정주체가 사인에 대하여 가지는 권리라기보다는 그 사무의 범위를 정하는 권한의 성질을 가진다고 보아야 할 것이다.[34]

Ⅱ. 개인적 공권

1. 의의

개인적 공권(個人的 公權)이란 우월한 의사의 주체인 국가·공공단체 등에

34) 김철용(Ⅰ), p.88; 박균성(상), p.131.

대하여 상대방인 개인이 가지는 공법상의 권리로서 개인이 자기의 구체적인 이익을 위하여 행정주체에 대하여 일정한 작위 및 부작위를 요구할 수 있는 법적인 힘을 말한다. 전통적으로 자유권·수익권·참정권으로 대표되고 있으나, 최근 현대 복지국가에 있어서는 국가의 부작위에 의하여 실현되는 소극적 자유권이 아닌 적극적 생활권의 보장으로 국가기능이 전환됨에 따라, 사인은 개인적 공권에 근거하여 종래 행정의 단순한 객체의 지위에서 벗어나 행정권에 대하여 여러 가지 형태의 작위·부작위를 청구할 수 있는 권리주체로서의 지위로 격상되고 있다. 독일의 뷜러(Bühler)에 의하면 이와 같은 공권성립의 3요소로서 강행법규의 존재, 사적(私的) 이익의 보호, 청구권 등의 존재를 들고 있다.[35)]

2. 성립요건

(1) 강행법규의 존재

개인적 공권을 주장하기 위하여서는 행정주체에게 일정한 작위 또는 부작위 의무를 부과하는 강행법규(強行法規)가 존재하여야 한다. 여기서 말하는 강행법규란 형식적 의미의 법률뿐만 아니라, 법률의 위임에 의한 법규명령이 포함되는 것은 물론이고 행정청이 행하여야 하는 작위·부작위·급부·수인의무도 포함된다.

(2) 사익보호성

위와 같은 강행법규가 존재하는 경우에도 당해 법규의 취지가 오로지 공익의 실현에만 있지 아니하고 공익과 동시에 관계인의 사익(私益)도 보호하고자 하는 경우에 비로소 권리성이 인정되며, 그렇지 못한 경우에는 권리가 아닌 단순한 반사적 이익에 불과하게 된다. 당해 법규의 사익보호성 여부에 대한 판단은 결국 그 법규 전체의 목적·취지 등을 종합하여 판단할 수밖에 없으나, 최근의 판례 등은 보다 넓게 '법규'의 사익보호성을 인정하고 있다.

---

35) Bühler, Die subjektiven öffentlichen Rechte und ihr Schutz in der deutschen Verwaltungsrechtsprechung, 1914, S.9ff, 21.

이에 관하여는 최근『보호규범이론』이라고 하여 대다수의 학설과 판례는 ① 당해 행정행위의 직접적인 근거가 되는 법규를 기본으로 하되, ② 직접적인 근거법규가 아닌 관련법규의 취지 · 목적 등으로 보아 행정주체를 규제하는 이유가 순수한 공익이 아닌 개인의 직접적이고 구체적인 이익까지를 보호하려는 취지가 포함되어 있다고 해석되는 경우에는 '법규의 사익보호성'을 널리 인정하고 있으나, 다만 공익보호의 결과로 국민 일반으로서 누리는 추상적 · 평균적 · 일반적 이익에 불과한 경우에는 사익보호성을 부정하고 있는 경향이 있다(예, 주거지역 내의 연탄공장에 인접한 인근주민의 주거의 안녕이라는 이익. 대판 1975. 5. 13, 73누96 · 97 ; LPG가스충전소에 인접한 인근주민의 안전이라는 이익. 대판 1983. 7. 12, 83누59 ; 공설화장장 인근주민들의 보건상의 이익. 대판 1995. 9. 26, 94누14544 등을 모두 법규에 의하여 보호되는 사익으로 보아 주민들의 원고적격을 인정하였다).

이와 같이 우리 판례는『법규』의 개념을 당해 행정행위의『직접적인 근거법률』뿐만 아니라『관계법률』까지로 확대하여 권익보호에 기여하고 있으나, 아직『헌법상의 기본권조항 및 기본원리』까지를 포함하려는 일부 학설의 견해는 채택하고 있지 아니하다.

(3) 청구가능성의 문제

위 두 가지 요소 외에도 행정주체에게 부과된 작위 또는 부작위 의무를 구체적으로 소송을 통하여 관철시킬 수 있는 법률상의 힘이 인정되어야 비로소 권리로서의 완성된 모습을 갖출 수 있다고 하겠다. 이는 개인이 가지고 있는 구체적인 이익이 행정주체에 의하여 침해된 경우에 소송에 의하여 법적으로 구제받을 수 있는 길이 열려있지 않으면 그것을 하나의 권리로 볼 수 없기 때문이다. 그런데 우리 헌법 제27조는 국민의 재판청구권을 기본권의 하나로 보장하고 있고 행정소송법도 행정소송의 대상 사안을 특별히 제한하지 아니하는 개괄주의를 택하고 있으므로『청구가능성』(請求可能性)을 공권의 성립요소로 별도로 인정할 필요는 없다는 견해[36]가 다수설이다. 그러나 헌법상의 기본권

---

36) 김남진(Ⅰ), p.141 ; 김동희(Ⅰ), p..88 등.

중 생활권은 헌법규정 자체만으로는 국가에 대한 구체적 청구권으로 볼 수 없으며 이를 구체화하는 법률이 있어야만 청구할 수 있다는 점에서, 생활권에 있어서만은 청구가능성까지를 요건으로 하여야 한다는 견해[37]도 있다.

3. 종류

(1) 자유권

국가·공공단체 등 행정주체의 위법한 공권력 행사로 인한 권익침해를 저지할 수 있는 소극적 권리로서 헌법상 자유권적 기본권이 이에 해당한다. 자유권(自由權)의 침해에 대한 구제수단으로서는 취소소송 형태의 행정소송, 국가배상청구 등이 있다. 따라서 개인적 공권으로서의 자유권은 국가의 행정행위에 대한 소극적 권능제한규범이 된다.

(2) 수익권

수익권(受益權)이란 행정주체에 대하여 적극적으로 일정한 작위 또는 급부 등을『청구』할 수 있는 권리를 말한다. 우리 헌법상 생활권적 기본권과 청구권적 기본권이 이에 해당하지만 헌법규정 자체만으로 구체적인 청구권이 발생되는가에 관하여는 헌법이론상 논란이 있으며, 행정현실을 보면 이들 헌법상의 제권리를 구체적으로 실현하기 위하여 많은 법률을 제정하고 있다.

법률에 의하여 구체화된 수익권의 예로서는 ① 사회보장급부청구권(생활보호, 의료보호, 장애자·아동·노인·모자보호 등), ② 공물사용권(도로·하천·공원 사용권 등), ③ 공기업이용권(국립병원·국유철도 이용권 등), ④ 공법상의 금전청구권(공무원의 봉급·연금청구권, 과오납세액 반환청구권 등), ⑤ 행정쟁송(행정심판·행정소송)제기권과 함께 오늘날 ⑥ 적극적인 행정행위발급청구권도 주장되고 있다.

수익권이 침해된 경우 이에 대한 구제수단은 의무이행소송의 형태를 띠게 될 것이지만, 이는 우리 현행 소송법상 인정되지 아니하기 때문에 먼저 행정주

---

37) 변재옥, 반사적 이익·공권, 고시연구 1988. 6, p.66.

체에 대하여 작위나 급부를 청구한 후 이에 대한 거부처분이 있기를 기다려 거부처분에 대한 취소소송을 제기하거나, 거부처분조차 없이 이를 방치하고 있는 경우에는 부작위위법확인소송의 형태로 제기하는 수밖에 없다.

(3) 참정권(행정절차참가권)

전통적인 참정권(參政權)으로서 선거권·국민투표권과 함께 피선거권(공무담임권)이 있다. 한편, 최근에는 행정과정에 있어서의 민주적 원리가 강조된 결과 ① 행정입법 및 행정계획 결정에의 참가와 함께, ② 불이익처분 절차에의 참가(의견진술의 기회 부여 등)가 행정절차참가권의 이름 아래 인정되고 있다.

4. 특수성

개인에게 공권을 부여하는 것이 동시에 공익을 위하여도 필요하기 때문에 개인적 공권이 인정되는 것이므로(공익성), 사익을 목적으로 하는 사권과는 다른 특수성이 인정된다.

(1) 이전성의 제한

공익적 견지에서 인정되기 때문에 일신전속적 성격을 가진다. 따라서 양도·상속 등 이전성(移轉性)이 부인되고 그 결과 압류하거나 담보로 제공하는 것까지 금지되는 경우가 많다(예, 공무원 연금청구권·국가배상금청구권·생활보호청구권 등의 양도·압류·담보제공 금지).

그러나 공권 가운데 순수한 경제적 가치만을 내용으로 하는 것은 인가 또는 신고를 조건으로 하여 이전을 허용함이 보통이다(예, 하천토석채취권, 도로·공원 점용권, 자동차운수사업면허권 등).

(2) 포기성의 제한

공권은 공익의 실현을 위하여 인정되는 것이므로 본인이 포기의사를 표시한다고 하여 포기의 효과가 나타나는 것은 아니다(예, 선거권·행정쟁송제기권

·봉급청구권 등). 다만, 공권을 행사하지 아니한 결과 소멸시효의 완성 또는 제척기간의 경과로 더 이상 행사할 수 없게 되는 것은 별개의 문제이다(이를 공권의 불행사라고 한다).

(3) 비대체성

공권의 일신전속성으로 말미암아 타인에게 위임하거나 대리 행사하는 것을 금지하는 경우가 많다(예, 선거권의 행사 등).

(4) 구제수단의 특수성

공권이 침해된 경우에는『공법상의 권리관계에 관한 소송』으로서 일반 민사소송이 아닌 행정소송의 방법에 의하도록 하고 있다.

(5) 금전채권의 소멸시효

국가·지방자치단체의 모든 금전채권 또는 금전채무는 통상 10년의 소멸시효가 적용되는 사법상의 채권·채무와는 달리 5년의 단기소멸시효가 적용된다.

5. 특수성에 대한 비판론

최근 공권의 특수성을 부정하는 공·사권 구별부인론(區別否認論)이 공·사법 일원론의 입장에서 대두되고 있다. 이 견해에 의하면 선거권·쟁송제기권·자유권 등의 이전성이 제한된다는 것은 공권의 특수성이라기보다는 오히려 이들 권리는『국민』이라는 신분에 본질적으로 부수되어 있기 때문에 발생되는 결과라고 하며, 사권과 대비할 수 있는 것은 공무원 봉급청구권 같은 재산권의 성질을 가진 구체적 청구권으로서의 공권에 한한다고 할 것이고, 그것도 각 권리에 관한 개별법규상 인정된 것이지 공권의 일반적 특수성으로 설명할 수는 없는 것이라고 주장한다.

생각건대, 우리 실정법상 공법과 사법의 구별을 상대적이나마 인정하고 있다는 점을 감안하면 공권과 사권의 구별 자체는 인정하되, 공권의 특수성은 모든 공권이 아니라 재산권적 성격을 가지는 구체적 청구권인 공권에 한하여 인정할 수 있다고 할 것이고, 이 경우에도 개별법규에서 그 공권을 인정한 취지·목적에 비추어 합리적이라고 인정되는 범위 안에서만 특수성을 인정할 수 있다고 하겠다.

Ⅲ. 개인적 공권의 확장(행정법관계에서의 사인의 권리확장)

종래 소극적 질서유지만을 담당하던 외견적 입헌군주정과 달리 적극적 복지향상을 주된 국가기능으로 하는 현대 국민주권국가에서는 국민들이 종래의 소극적 지위에서 벗어나 주권자로서의 지위에 상응하는 새로운 법적 권리를 주장하기에 이르렀다.

우선 개인적 공권의 『실체』면에서 ① 종래 권리로 인정받지 못하고 반사적 이익의 이름으로 설명되던 것이 점차 권리로 편입되고, ② 적극적으로 자기 또는 제3자에 대하여 행정권의 발동을 청구하는 권리까지 인정되기에 이르렀다. 전자가 바로 반사적 이익의 공권화이며, 후자가 행정행위발급청구권이다. 공권의 실현 『절차』면에서는 ③ 행정절차에 참가할 권리와 함께, ④ 행정청에 특정처분을 구하는 행정개입을 청구할 권리, ⑤ 하자 없는 재량행사를 청구할 수 있는 권리까지 주장되고 있다. 즉, 행정절차에 참가할 권리인 행정절차참가권, 개인에게 행정청에 대하여 제3자에 대한 개입을 요구하는 권리인 행정개입청구권 및 개인이 행정청에 대하여 하자 없는 재량처분을 구하는 하자 없는 재량행사청구권 등이 있다.

1. 반사적 이익의 공권화

(1) 반사적 이익의 개념

반사적 이익(反射的 利益)이란 법이 공익의 보호증진을 위하여 강제적인 규율을 행하고 있거나 법에 의하여 집행된 행정의 반사적 효과로서 특정 또는 불특정 다수의 사인에게 발생하는 이익을 말한다. 일반적으로 권리란 자기자신의 직·간접적인 행위에 의하여 발생하는 데 반하여, 반사적 이익이란 행정청의 그린벨트지정 해제의 경우처럼 자기 자신에 의한 아무런 행위도 존재하지 않음에도 불구하고 그 지정 해제에 의하여 지가상승의 이익을 누리는 것을 말한다. 행정상의 강제법규에 의하여 행정청에 부과된 일정한 작위·부작위 의무는 관계인 사익의 보호가 목적이 아니라 오로지 공익의 실현에만 목적이 있기 때문에, 행정청에 대하여 일정한 의무를 부과한 결과 발생하는 이익은 반사적 이익에 해당하는 것이다.

(2) 반사적 이익의 개인적 공권화

과거 공권은 엄격히 자기의 행위에 의하여 발생하는 구체적인 법적 힘인 권리에만 한정하고 그 이외의 이익은 전부 반사적 이익으로 보았다. 그러나 실질적 국민주권주의와 사회적 법치국가의 강화에 따라 강행법규는 공익의 보호뿐만 아니라 개인의 이익도 함께 보호하고 있다는 점에서 반사적 이익이 개인적 공권으로 확대되고 있다. 개인이 받는 이익이 반사적 이익인지 또는 공권인지 여부의 판단은 기본적으로 당해 법규가 가지는 강행법규성과 사익보호성이라는 두 가지 성질에 따라 결정되는 문제이며, 그 사익보호성은 관계규정과 당해 법규 전체의 목적·취지에 비추어 합리적으로 판단하여야 한다. 우리나라의 대법원판례도 가급적이면 관계법규에는 공익보호와 동시에 개인의 이익보호도 포함되어 있는 것으로 해석하는 경향이 나타나고 있다. 즉 예전에는 반사적 이익으로 보았던 것을 관계법규가 공익과 동시에 개인적 이익도 보호하는 것으로 해석함으로서 그러한 이익이 법적으로 보호되는 이익 또는 공권으로서의 성격이 인정되는 경우가 행정법의 영역에서 점차 증대되고 있다. 이것이 바로 반사적 이익의 공권화이다.

우리 행정소송법 제12조는 "최소소송은 처분 등의 취소를 구할 법률상의 이익이 있는 자가 제기할 수 있다"라고 규정하고 있기 때문에 반드시 좁은 의미의 권리가 아니라 하더라도 법률상의 이익만 있으면 취소소송의 원고적격이 인정되기 때문에, 반사적 이익이 침해된 경우에도 처음부터 원고적격이 부인되는 것이 아니라 소송을 통하여 구제할 가치가 있다면 원고적격이 인정된다고 하겠다. 이러한 반사적 이익의 공권화(公權化)는 첫째 국가의 기능 확대, 둘째 헌법상 국민의 기본권 강화, 셋째 이에 따른 입법권에 의한 국민의 권익보호 강화, 넷째 법원의 해석을 통한 국민의 공권 강화 노력에 기인하는 것이기도 하지만, 강행법규에 의한 행정을 통하여 발생하는 이익은 비록 반사적 이익이라 하더라도 사법상의 행위에 의한 반사적 이익과는 달리 약한 이익이 아니라 공적으로 강하게 보호되는 이익이라는 성격을 가지기 때문이다.[38)]

(3) 구체적 사례

판례와 학설이 단순한 반사적 이익이 아닌 법적 이익으로 인정한 사항들을 구체적으로 살펴보면 다음과 같다.

1) 경찰허가에 의한 이익

종래의 통설은 허가와 특허를 구분하여, 허가는 어떤 권리를 설정해 주는 것이 아니고 본래 자연적 자유의 영역에 속하는 사항을 일반적으로 금지했다가, 특정 자격을 갖춘 자에게 금지를 해제하여 원래 갖고 있던 자유를 회복시켜 주는 것에 불과하며, 따라서 당해 영업을 허가제로 설정함으로써 (허가받지 못한 자에 비하여) 허가받은 자가 누리게 되는 이익은 권리가 아닌 단순한 반사적 이익에 불과하다고 보았다.

판례도 과거 공중목욕장 영업허가로 얻게 되는 이익은 반사적 이익에 불과하다고 보아 기존 허가영업자에게 인근 신규 영업허가의 취소를 청구할 권리를 인정하지 않았으나(대판 1963. 8. 22, 63누97), 그 후 약종상 영업허가에 있어서는 기존 허가영업자에 대하여 신규 약종상 영업허가의 취소를 청구할 권리를 인정함으로써 법적 이익으로 보았다(대판 1988. 6. 14, 87누873).

38) 김남진, 개인적 공권과 반사적 이익의 구별, 시사법률신문, 2003.1.14.

2) 공물사용자의 이익

도로·공원·하천 등 공물은 원래 일반 공중의 이익을 위하여 설치된 것이므로 공물의 허가사용 및 특허사용은 물론 자유사용(일반사용, 즉 단순한 도로의 통행, 공원의 산책 등)까지도 행정주체 또는 다른 개인이 위법하게 침해한 경우에는 그에 대한 구제를 청구할 수 있는 것이며, 따라서 그 이익은 법적 이익이라고 한다.[39]

3) 타인에 대한 규제로 얻는 제3자의 이익

도시계획법과 건축법에 의한 건축규제로 인하여 인근 주민이 받는 이익, 예컨대 주거지역 내에 연탄공장의 설립이 금지되고 건축물의 높이·건폐율 등이 규제됨으로써 받는 인근 주민의 이익도 단순한 반사적 이익이 아니라 법적으로 보호되는 이익이라고 함으로써, 위법한 연탄공장 설립허가에 대한 인근 주민의 취소소송을 인용한 판례가 있으며(대판 1975. 5. 13, 73누96·97), 동일한 취지로 주거지역 내에서의 위법한 자동차 LPG가스충전소 허가에 대한 인근 주민의 취소소송도 인용하였다(대판 1983. 7. 12, 83누59).

4) 공적 부조에 의한 이익

과거 행정주체에 의한 생활보호·의료보호 등의 공적 부조에 있어 사인은 단순히 반사적 이익을 가질 뿐이라고 하였으나, 오늘날은 이러한 이익도 개인의 이익을 위하여 강행법규에 따라 인정된 이상 헌법상의 생활권을 구체화하는 것으로서 법률에 의하여 보호되는 이익으로 보아야 할 것이다(예, 생활보호청구권 등).[40]

2. 행정행위발급청구권

(1) 의의

종래 사인은 행정작용이 있고 나서 이로 인한 권익의 침해가 있는 경우에 비

39) 김남진(Ⅱ), p.378 ; 김도창(하), p.461 ; 박윤흔(하), p.484; 이상규(하), p.460.
40) 박윤흔(상), p.160.

로소 행정행위의 취소 등 사후적 구제를 청구할 수 있었으나, 국민주권주의 하에서는 사인이 자기의 이익을 위해서 자기에 대하여 적법한 행정행위(인·허가, 특허 등)를 해 줄 것을 적극적으로 청구할 수 있는 권리, 즉 행정행위발급청구권(行政行爲發給請求權)까지를 인정받게 되었다.[41]

(2) 성립요건

행정행위발급청구권의 일반적 행사요건은 전술한 개인적 공권의 일반적 성립요건과 같다. 즉, ① 행정주체에게 일정한 작위·부작위 의무를 과하는 강행법규가 존재하고, ② 그 법규가 공익뿐만 아니라 사익까지도 보호하고자 하는 취지인 경우에는 행정행위의 발급을 청구할 수 있다.

종래의 전통적 견해에 의하면, ① 행정주체의 일정한 작위·부작위 의무의 존재에 관하여는 행정행위가 기속행위인 경우에는 인정되지만, 재량행위인 경우에는 부인되어 왔으나 오늘날은 재량행위라 할지라도 『재량권이 영(0)으로 수축』되는 예외적인 경우에는 인정되고 있으며, ② 법규의 사익보호성에 관하여는 당해 법규에 명문규정이 없더라도 법해석에 의하여 사익보호성을 인정하려는 경향이 있다.

우리 판례의 태도를 보면 행정행위의 발급을 구하는 소송에서 소송요건으로서 원고에게 행정행위의 발급을 요구할 『법규상 또는 조리상 신청권』이 있다고 인정되는 경우에 한하여 이러한 행정행위발급청구권을 인정하고 있다. 여기서 말하는 『법규』란 특정 행정행위에 관하여 직접 규율하고 있는 법규뿐만 아니라 기타의 관련법규까지를 포함하는 의미이며, 또한 『조리상 신청권』이란 법규에서 명문으로 인정하고 있지 아니하더라도 행정법의 일반법원리인 비례·평등·신뢰보호·신의성실·기대가능성·기득권존중의 원칙 등 사물의 본질적 법칙 또는 일반사회의 정의감에 비추어 행정행위의 발급을 신청할 수 있다고 인정되는 경우를 말한다.

41) 김도창(상), p.236 ; 박윤흔(상), p.161.; 이상규(상), p.201.

(3) 행사방법

이론적으로 행정행위발급청구권이 인정된다 하더라도 그것을 행사할 수 있는 법적 수단이 있어야 할 것인바, 우리 행정소송법은 독일 행정소송법이 인정하고 있는 의무이행소송을 인정하고 있지 않기 때문에 그 실천수단에 있어 완벽하다고는 할 수 없다(다만, 우리 행정심판법은 의무이행심판을 인정하고 있다).

따라서 현행 행정소송법상에서는 ① 행정행위 발급신청에 대한 행정청의 거부처분이 있는 경우 이 거부처분에 대하여 취소소송을 제기한 후 그 취소판결에 따른 행정청의 재처분의무(법 제30조 제2항)와 그에 대한 간접강제(재처분을 지체하면 행정청에게 손해배상을 명하는 것. 법 제34조)에 의하거나, ② 행정행위 발급신청에 대하여 아무런 처분 없이 방치하고 있는 경우 그것이 위법임을 확인해 달라는 부작위위법확인소송(법 제4조 제3항)의 형태로 구제받을 수밖에 없다고 하겠다.

【판례】: ① 조리상 행정행위에 대한 신청권을 부정한 예

원고의 청구는 담장 등 장애물을 철거하여 달라는 것인바, 도시계획법, 건축법, 도로법 등 관계법령상 주민에게 도로상 장애물의 철거를 신청할 수 있는 권리를 인정한 근거법규가 없을 뿐 아니라 조리상 이를 인정할 수도 없다(대판 1996. 1. 23, 96누1318).

② 조리상 행정행위에 대한 신청권을 인정한 예

교육부장관 스스로도 학교법인에 대하여 설립자변경과 관련하여 교원의 신분보장에 문제점이 있으니 이를 보완하도록 지시까지 하였다면, 대학의 설립자변경 과정에서 지방자치단체장과 교육부장관이 차지하는 지위 및 임무 등에 비추어 볼 때, 위 약정과 지시에 의하여 종전 사립대학 소속 교원들은 임용권자에 대하여 조리상 교육공무원으로의 임용을 신청할 권리가 있다(대판 1997. 10. 10, 96누4046).

3. 행정개입청구권

(1) 의의

행정개입청구권(行政介入請求權)은 사인(인근 주민·상품소비자 등)이 자기의 이익을 위하여 행정주체에 대하여 제3자(예, 공해배출기업·불량제품생산기업·위법건축물의 건축주 등)에 대한 규제를 할 것을 청구할 수 있는 권리를 말한다. 이는 사인이 행정청에 대하여 특정한 처분을 해 줄 것을 요구하는 권리이므로 행정청에게 규제, 감독 및 행정권발동이라는 처분의무가 있어야만 한다. 따라서 행정개입청구권은 기속행위의 경우에 인정되는 것이 원칙이지만, 재량행위의 경우에도 재량권이 영으로 수축되는 경우에는 행정청의 재량행위가 기속행위로 전환되는 것이므로 이러한 경우에도 발생된다. 행정개입청구권은 이처럼 구체적인 처분을 구할 수 있는 권리라는 점에서 실체적 권리이다. 행정행위발급청구권은 자기에 대한 행정작용을 청구하는 것임에 비하여, 행정개입청구권은 제3자에 대한 행정작용을 청구한다는 차이가 있으며, 최근 환경권·소비자권·안전권 및 건축법상의 인접권 등 새로운 권리의 실현수단으로 많이 논의되고 있다.

(2) 성립요건

전술한 행정행위발급청구권과 같이 ① 행정주체에게 일정한 작위·부작위의무를 과하는 강행법규의 존재와, ② 강행법규에 의해 사익보호성이 인정되어야만 행정개입청구권이 인정된다. 따라서 이러한 공권이 성립되기 위해서는 행정행위가 기속행위이어야 하며, 강행법규에 의거한 행정주체의 행위의무가 공익을 추구하기 위한 것일 뿐만 아니라 특정인의 사익도 보호하기 위한 규정으로 해석되어야 한다.

오늘날의 견해는『재량권의 영으로의 수축』이론과, 법해석에 의한 사익보호성의 인정으로 이 두 가지 요건의 충족을 인정하려는 경향이 있다. 즉 행정행위가 기속행위인 경우에는 행정청의 개입의무가 인정되는 것이지만, 재량행위가 되는 경우에는 그 재량행위가 재량권이 영으로 수축된 경우에만 인정되고, 그 개입의무는 사익보호성이 인정될 때 행정개입청구권이 성립되는 것이다.

(3) 행사방법

행정개입청구권의 행사방법 역시 행정행위발급청구권과 마찬가지로 의무이행소송이 인정되어야 실효성 있게 보장되겠지만, 우리 행정소송법상으로는 ① 행정개입청구에 대한 거부처분이 있는 경우에 거부처분에 대한 취소판결과 이에 따른 재처분의무 및 간접강제제도에 의하거나, ② 행정개입청구에 대하여 아무런 처분 없이 방치하고 있는 경우에 부작위위법확인소송의 방법에 의하는 수밖에 없다고 하겠다. 그러나 실제적 적용에 있어서는 경찰개입청구권에서처럼 경찰기관이 그 개입의무가 있음에도 불구하고 이를 해태하여 위해가 발생한 경우에는 행정소송은 소의 이익이 없기 때문에 실효성이 없고, 행정상 손해배상을 청구하여야 할 것이다.

【판례】: 경찰의 권한불행사에 대한 국가배상을 인정한 예
경찰관이 범죄의 예방 및 공공의 안녕과 질서유지를 위해 취하는 조치권한은 일반적으로 경찰관의 전문적인 판단에 기한 합리적인 재량에 위임되어 있기는 하지만, 구체적인 상황에서 그 불행사가 현저하게 불리하다고 인정되는 경우에는 이러한 권한의 불행하는 경찰관직무집행법상 국민의 보호의무에 위반하는 행위에 해당하여 국가는 이로 인해 피해를 입은 자에 대해 국가배상책임을 진다(대판, 1997. 8. 27, 96가합40313).

4. 행정절차참가권

오늘날의 국민주권주의하에서 사인의 지위는 전술한 공권의 실체적인 면에서뿐만 아니라 절차법적인 면에서 행정의사결정에 적극 참가할 수 있는 권리가 인정되기에 이르렀다.

행정절차란 행정청이 불이익처분을 하기 전에 상대방에게 의견진술의 기회

를 부여하는 청문절차와, 행정계획 및 행정입법 과정에서의 민주적 참여기회의 부여 등을 말하며, 원래 영·미에서 발달해 왔으나 1977년 독일에서 행정절차법이 제정된 이래 대륙법계 국가에서도 널리 인정되고 있다. 우리나라도 1996년 12월 31일에 제정되어 1998년 1월 1일부터 시행된 행정절차법에서 이와 같은 행정절차참가권(行政節次參加權)을 규정하고 있다.

5. 하자 없는 재량행사청구권

(1) 의의

종래 재량행위론은 반사적 이익론과 함께 가능한 한 개인적 공권의 인정범위를 축소하는 데 기여해 왔으나, 오늘날에는 재량권도 무한한 재량이 아니라 일정한 한계가 있다는 것을 전제로 하여, 재량의 적정한 행사를 청구할 수 있는 권리도 사인에게 인정되어야 한다는 견해가 우세하다. 즉, 법을 적용·집행하는 행정청에게 재량의 여지가 있는 경우에도 행정청은 하자 없는 재량행사에 대한 법적 의무를 진다고 한다. 그러므로 행정청은 재량행사를 하는 경우에도 재량권의 한계를 넘어서거나 법이 재량권을 부여한 목적에 위배되는 행위를 하여서는 아니 된다. 이 경우 개인은 행정청에 대하여 하자 없는 적법한 재량처분을 구하는 공권을 가지게 되는데 이것이 바로 하자없는 재량행사청구권(瑕疵 없는 裁量行使請求權) 또는 무하자재량행사청구권이다. 이는 단순히 위법한 행정처분을 배제하는 방어적 권리가 아니라, 행정청에 대하여 적법한 행정처분을 할 것을 구하는 적극적 공권이다.

하자 없는 재량행사청구권은 독일에서 1914년 뷜러에 의하여 제창된 이래 바호프(Bachof)가 발전시킨 이론[42]으로서, 재량행사에 있어서의 하자(구체적으로는 재량권 일탈·남용)만을 이유로 자기의 어떤 실체법적 권리의 침해가 없더라도『하자 없는 재량행사청구권』이라는 형식적인 권리를 침해한 것으로 보아 행정소송을 제기할 수 있다는 이론이다. 하자 없는 재량행사청구권을 인

42) Bachof, Die Verwaltungsrechtliche klage auf Vornahme einer Amtshandlung, 1951, S.67f.

정하게 되면 재량행위의 영역에서 사인이 행정청에 한 신청에 대하여 행정청이 거부하거나 부작위한 경우에 취소소송과 부작위위법확인소송을 제기할 때 대상적격이나 원고적격을 명백히 확정할 수 있다는 점에서 그 실익이 있다.

(2) 성립요건

하자 없는 재량행사청구권도 하나의 공권이므로 공권의 두 가지 성립요건에 해당하는 강행법규(强行法規)에 의한 법적 의무와 사익보호성(私益保護性)이 동시에 존재하여야 한다. 재량행위라 할지라도 행정청의 자기의사에 의하여 선택적이고 자의적인 처분이 허용되는 행위가 아니며 재량권의 한계를 준수해야 할 법적 의무가 있다. 다만, 기속행위에 있어서의 법적 의무는 법규상 명시된 특정처분을 행할 의무이지만, 재량행위에 있어서의 법적 의무는 그 처분을 함에 있어서 재량권의 한계를 준수할 의무에 그친다.

사익보호성이라 함은 재량처분을 허용하고 있는 관계법규의 목적·취지가 공익뿐만 아니라 상대방의 사익도 보호하고자 하는 경우에만 이러한 청구권이 인정된다는 것을 말한다.

(3) 행사방법

하자 없는 재량행사청구권은 종국처분의 형성과정에 있어서 재량권의 법적 한계를 준수하면서 어떠한 처분을 할 것을 요구할 수 있을 따름이라는 점에서 실체적 청구권과 구별되는 형식적 청구권이다. 따라서 하자 없는 재량행사청구권은 구체적으로 ① 행정청에 대한 청구(즉, 자신을 검사로 임용하여 줄 것을 행정청에 청구할 수는 없어도 적법한 응답을 요구할 청구권은 있다), ② 의무이행심판, ③ 거부처분에 대한 취소소송, ④ 부작위에 대한 부작위위법확인소송의 방법으로 실행할 수 있다.

【판례】: 검사임용거부처분취소소송에서 하자 없는 재량행사청구권을 인정한 판례
사법연수원 수료생에 대한 검사임용에 있어 임용권자는 임용여부에 관하여 어떠한 내용의 응답을 할 것인지는 자유재량에 속하므로 임용거부라는 응답이 부당하더라도 사법심사의 대상으로 삼을 수 없는 것이 원칙이나, 적어도 재량권 일탈·남용이 없는 적법한 응답을 할 의무가 있고 이에 응하여 임용신청자도 이를 요구할 권리가 있다고 할 것이며, 이러한 응답신청권에 기하여 재량권 남용의 위법한 거부처분에 대하여는 항고소송으로서 그 취소를 구할 수 있다(대판 1991. 2. 12, 90누5825).

(4) 비판

사인이 보호받아야 할 어떤 실체법상의 권리가 침해되지 않았는데도 불구하고 이러한 형식적 권리의 존재와 그 침해를 상정해 낸다는 것은 지나치게 형식논리에 입각한 것으로 생각된다. 또한 이러한 형식적 권리의 침해만으로 행정소송을 허용하는 것은 어떤 행정행위와 전혀 관계없는 제3자에게까지 행정소송의 원고적격을 부당하게 확대함으로써 행정소송을 민중소송화 할 우려가 있다고 하겠으며(예컨대, A시가 연탄공장설립을 허가한 주거지역의 주민뿐만 아니라 다른 도시에 거주하는 어떤 시민도 그 허가의 취소를 구할 수 있게 된다), 우리 행정소송법에도 그 근거가 없음은 물론, 독일에 있어서도 통설·판례는 여전히 실체적 권리침해가 있어야만 행정소송을 제기할 수 있다고 한다.

우리나라에서는 김남진·박윤흔 교수가 이를 인정하고 있고, 이상규·김동희 교수는 부인하고 있다.[43]

6. 재량권의 영(0)으로의 수축이론

행정권의 발동에 대하여 외견상 재량권이 부여된 것 같은 경우라 할지라도 주민의 생명·신체의 안전을 위하여 오직 하나의 행정처분을 행하는 것만이

43) 김남진(Ⅰ), p.114; 김동희(Ⅰ), p.96.; 박윤흔(상), p.168; 이상규(상), p.200.

적법한 재량권 행사라고 인정할 수 있는 경우(예, 주택가에 붕괴 위험이 있는 암벽이 있는 경우 그 제거 여부에 관하여는 행정관청이 재량권을 행사할 처지가 아니며, 오로지 제거하는 것만이 적법한 재량권 행사로 볼 수밖에 없다), 이러한 경우에 행정권의 발동을 의무화하기 위한 행정행위발급청구권 또는 행정개입청구권을 인정하기 위한 이론적 근거로서 『재량권의 영으로의 수축이론』이 대두되고 있다. 즉, 재량행위에 있어서 형식적 청구권으로 인식되고 있는 하자없는 재량행사청구권이 기속행위에 있어서와 같이 실체적 청구권으로 전환되게 하는 것이 바로 재량권의 영으로의 수축이론(裁量權의 零(0)으로의 收縮理論)이다.

이 이론은 우리 학자들 모두가 인정하고 있으며, 우리 판례는 이 이론에 근거하여 상기 붕괴 위험이 있는 암벽의 예에서 위법한 행정작용으로 인한 국가배상책임의 성립을 인정한 바 있으나, 이 이론에 근거하여 직접 행정행위발급청구권을 인정한 판례는 아직 없다.

【판례】 : 행정불개입이 위법임을 이유로 손해배상책임을 인정한 판례
지방자치단체 소유의 임야에 많은 주민들이 무허가로 주택을 짓고 살고 있어도 그에 대하여 관리행정을 실시해 온 지방자치단체는 이들 주택가 내에 돌출하여 위험이 예견되는 자연암벽이 있으면 복지행정의 집행자로서 이를 사전에 제거하여야 할 의무가 있으며, 그 의무를 해태한 부작위로 인하여 붕괴사고가 일어나서 주민들이 손해를 입으면 이를 배상할 책임이 있다(대판 1980. 2. 26, 79다2341).

Ⅳ. 공의무의 특수성

공의무(公義務)라 함은 공권에 대응하여 의무자의 의사에 가하여지는 공법상의 구속을 말하며, 국가적 공의무(공무원의 봉급청구권에 대한 국가의 봉급지급의무)와 개인적 공의무(납세·교육·국방의 의무 등)가 있으며, 그 내용에

따라 작위 · 부작위 · 급부 · 수인의무로 구분할 수 있다.

공의무의 특수성 중에서는 특히 개인적 공의무의 특수성이 논하여지고 있는바, ① 앞에서 설명한 개인적 공권의 특수성과 마찬가지로, 일신전속적 성질을 가진 공의무의 경우 타인에게 이전하거나 포기하는 것이 허용되지 아니하고(교육 · 국방의 의무 등), 다만 납세의무와 같이 순수한 경제적 가치만을 내용으로 하는 공의무인 경우에는 이전성이 인정되는 것이 보통이며(예, 납세의무를 상속인이 상속하는 경우 등), ② 그 불이행에 관하여는 강제징수 등 행정강제와 행정벌이 과하여진다.

제6절 행정법관계에 대한 사법규정의 적용

Ⅰ. 개설

오랜 전통을 가지고 발전해 온 사법분야와 달리 행정법은 역사도 짧고 일반법전화 되어 있는 통칙적 법률이 아직 없으며, 복잡하고 다양한 수많은 규율대상을 실정법으로 완벽하게 규율하는 것도 사실상 불가능하기 때문에 어떤 분야에 있어서는 구체적으로 이에 적용하여야 할 법규나 법원칙이 존재하지 아니하는 경우가 있을 수 있다.

이러한 경우에 행정법의 흠결을 사법규정(私法規定) 또는 사법원리(私法原理)를 적용하여 해결할 수 있을 것인가에 관한 문제가 대두되고 있으며(예, 국가 또는 지방자치단체가 과실로 사인의 토지에 대하여 도로점용료를 징수한 경우 민법상 부당이득에 관한 규정을 적용할 것인가), 이는 공·사법 이원론 체계를 유지해 온 대륙법계 국가에서 특히 문제가 되고 있다. 국가배상법 제8조에 "국가 또는 지방자치단체의 손해배상의 책임에 관하여는 이 법의 규정에 의한 것을 제외하고는 민법의 규정에 의한다. 다만, 민법 이외의 법률에 다른 규정이 있을 때에는 그 규정에 의한다"라고 명시하고 있는 경우처럼 그 근거규정이 있을 때에는 사법규정이 준용되므로 사법규정의 보충문제는 명료하게 해결된다. 다만, 법의 흠결에 대하여 명시적인 규정을 두지 않고 있는 경우와 공법규정 가운데 유사한 규정이 발견되지 않는 경우에 그 적용에 대한 다툼이 있다.

Ⅱ. 학설

1. 부정설

오토 마이어 등은 엄격한 공·사법 이원론의 입장에서 공법규정의 흠결을 사법규정으로 보충할 수 없다고 하는바, 이는 과거 외견적 입헌군주제하에서 국가의사에 우월성을 부여하기 위하여 사법에 대한 공법의 특수성을 지나치게 강조한 결과 주장된 이론이다. 이를 흔히 소극설이라 부르기도 한다. 그러나 현재 이 견해를 지지하는 사람은 없다.

2. 긍정설

오늘날은 공·사법의 공통·유사성을 인정하여 공법규정의 흠결을 사법규정 및 사법원리로 보충할 수 있다는 것이 통설이다. 이 설은 행정법관계에 사법규정이 적용되는 경우에도 직접 적용하는 견해와 유추적용만 인정하는 견해로 나누어진다.

(1) 직접적용설

사법규정은 일반법원리적 규정이 대부분이며(예, 신의성실·권리남용금지 등), 이러한 일반법원리는 공법분야에도 직접 적용되어야 한다는 이론이다.

그러나 공·사법을 구분하고 있는 우리 실정법 체계하에서는 사법에 대한 공법의 특수성을 부분적으로나마 인정하고 있기 때문에 공법의 특수성을 전혀 고려치 않는 이 이론은 받아들이기 어렵다고 하겠다.

(2) 유추적용설

사법규정의 적용을 인정하면서도 공법관계의 특수성을 고려하여 사법규정을 그대로 적용하지 않고 유추적용(사법규정 그대로가 아니고 이에 내포된 원리를 유추하여 적용)하여야 한다는 주장이다.

1) 일반적 유추적용설

공법은 공익, 사법은 사익이라는 목적상의 차이는 있지만 본질적으로는 정의·공평이라는 같은 지도원리에 의하여 지배되고 있다는 점에서 특별한 금지규정이 없는 한 사법규정이 일반적으로 공법관계에 유추적용되어야 한다는 견해이다.

2) 한정적 유추적용설

공법의 특수성을 좀더 강조하여 공법관계 중 재산관계에 대하여서만 또는 명문으로 사법규정의 적용을 인정하고 있는 경우에만 사법규정이 유추적용되어야 한다는 견해이다.

3. 법일원설(특별사법설)

공법과 사법의 구별을 부인하는 견해에 의하면 당연히 일반법인 사법이 적용된다고 주장한다. 그러나 이 견해는 공·사법의 구별을 인정하고 있는 우리 실정법 체계와 맞지 아니한다고 하겠다.

4. 결어

부정설과 법일원설(法一元說)은 각각 오늘날의 행정 현실 및 실정법 체계에 비추어 받아들이기 어려우며 따라서 긍정설이 타당하다고 하겠으나, 긍정설 중 어느 설을 취할지를 일률적으로 판단하기는 쉽지 않을 것으로 생각된다. 이 경우 고려할 사항은 ① 법규정이 흠결된 분야가 권력·관리·국고관계 중 어느 분야인지와, ② 적용하고자 하는 사법규정이 일반법원리적 성격의 것인지 그렇지 않은 것인지의 여부에 따라 구체적·개별적으로 판단하여야 할 것이다.

Ⅲ. 구체적 적용

1. 일반법원리적 규정

사법규정 중 ① 일반법원리적 규정(一般法原理的 規定)과 ② 법의 기술적인 약속(기간의 계산방법 등)에 관한 규정은 그것이 순수한 일반법의 색채를 띠고 있는 경우에는 직접 적용되고, 사법적 색채로 분장된 경우에는 사법적 색채만을 제거하고 본래의 일반법원리로 환원시켜 유추적용된다고 할 것이다. 일반법원리적 규정에 해당하는 것으로는 민법 중 신의성실 · 권리남용금지 · 자연인 · 법인 · 물건 · 의사표시 · 대리 · 부관 · 기간 · 시효 등 총칙규정과, 사무관리 · 부당이득 · 불법행위 등 채권법의 일부규정을 들 수 있다.[44)]

2. 기타의 사법규정

상기 일반법원리적 규정 이외의 사법규정은 흠결되고 있는 분야의 성질에 따라 나누어 고찰할 필요가 있다.

(1) 권력관계

행정주체의 의사에 우월한 지위가 인정되는 결과 대등한 당사자간의 자유로운 의사의 합치에 의하여 형성되는 사법관계와는 성질이 다르다. 따라서 일반법원리적 규정을 제외하고는 사법규정이 원칙적으로 적용되지 아니한다. 그러나 그 성질과 기능에 반하지 아니하는 한도 내에서는 사법규정이 유추적용될 수 있다고 할 것이다.[45)]

---

44) 김남진(Ⅰ), p.132; 김도창(상), p.252; 박윤흔(상), p.176.
45) 김도창(상), p.255; 박윤흔(상), p.201; 석종현 · 송동수(상), p.75.

(2) 관리관계

행정주체가 비권력적인 공물 또는 공기업의 관리·경영주체의 지위에서 국민에게 대하는 관리관계는 본질적으로 사법관계와 다름이 없기 때문에 명문의 규정이 있거나, 당해 법규 전체의 취지에 비추어 공익목적 달성에 필요한 한도 내에서만 공법적 규율을 받을 뿐이며, 그 외에는 일반적으로 사법규정이 적용되고 이에 관한 소송도 민사소송으로 다루어진다.

(3) 국고관계

행정주체가 국고, 즉 사법상 재산권의 주체로서 국민을 대하는 경우에는 사인 상호간의 관계와 같이 사법의 적용을 받고, 이에 관한 소송 역시 민사소송에 의한다고 하겠으나, 국가재정법·국유재산법·물품관리법·국가채권관리법 등에 의하여 계약의 내용·방법·상대방 등에 대한 제한을 가하는 수가 있다.

그러나 이러한 특별한 제한규정은 이를 사법의 일종인 특별사법(特別私法)으로 보기 때문에 사법상의 법률행위로서의 본질에 변경을 가하는 것은 아니다(예, 국유재산 임대차계약은 사법상의 법률행위라는 판례, 대판 1960. 1. 27, 60행상139).

제7절 특별권력관계

Ⅰ. 특별권력관계론

1. 의의

행정법관계(공법관계)는 그 수단에 따라 권력관계와 관리관계로 구분됨은 전술한 바와 같다. 권력관계는 다시 일반 행정목적을 달성하기 위하여 성립된 일반권력관계(一般權力關係)와 특정 행정목적을 달성하기 위하여 성립된 특별권력관계(特別權力關係)로 구분되어 진다.

일반권력관계는 행정주체와 행정객체인 일반국민 사이의 관계로서, 국가의 일반통치권에 기하여 모든 국민 또는 주민의 신분을 가지는 자에게 당연히 성립하는 관계임에 반하여, 군인・공무원 등과 같이 특별한 신분관계에 있는 경우에는 일반권력관계에서 통용되는 법치주의 또는 행정의 법률적합성의 원칙을 배제하면서 어느 일방이 그 상대방을 포괄적으로 지배하고 그 상대방은 이에 복종하는 관계가 된다. 이러한 특별권력관계론은 19세기 후반의 독일의 입헌군주정을 강화하기 위한 이론적 기초로서 성립되어 오토 마이어에 의하여 체계화되었다.[46] 특별권력관계는 국가와 공무원・군인・국립학교 학생 등과의 관계와 같이 ① 공무원으로의 임명행위 등 특별한 공법상 원인에 의하여 성립하고(성립원인), ② 특별한 행정목적의 수행을 위하여 필요한 한도 내에서(목적), ③ 포괄적 지배권에 의하여(권력적 기초) 일방이 타방을 지배하고 타방이 이에 복종함을 내용으로 하는 법률관계이다.

46) Mayer, Deutsches Verwaltungsrecht, Bd. 2. 1924, S.284.

2. 이론적 기초

특별권력관계론은 19세기 후반 독일의 외견적 입헌군주제하에서 절대주의적 군주와 계몽주의적 시민간의 타협의 산물로서 성립되어 오토 마이어에 의하여 개념화되었다. 국가와 일반시민의 관계는 일반권력관계로서 법치주의의 지배하에 두지만, 국가의 기관에 불과한 공무원은 국가의 일반공권력이 아닌 특별한 권력(특별권력)에 기초한 포괄적 지배를 받는 관계로서, 일반시민으로서 당연히 누릴 수 있는 기본권·법치주의 및 재판청구권이 배제된다고 함으로써『법률로부터 자유로운 포괄적 지배권』인 특별권력을 인정하기에 이르렀다.

이러한 역사적 배경을 가진 특별권력관계론은 행정규칙론 및 재량행위론과 결합하여, 군주로 대표되던 행정부에 대하여 엄격한 법치주의의 제약을 떠나『법률(또는 입법부)로부터 자유로운 행정영역』을 확보해 주기 위한 이론적 도구로서 기능하였다.

3. 성립과 소멸

(1) 성립

특별권력관계가 성립하기 위해서는 공법상 특별한 성립원인이 필요하다.

1) 법률의 규정에 의한 경우

현역입영대상자의 군입대, 전염병환자의 강제입원, 죄수의 수감, 일정한 자격자의 공공조합에의 강제가입(토지구획정리조합 등) 등 특정 사실이 발생되면 본인의 동의 없이 법률의 규정에 의하여 당연히 성립되는 관계이다.

2) 상대방의 동의에 의한 경우

상대방의 임의적 동의에 의한 경우(국공립학교 입학, 공무원 임명 등)와, 동의가 법률에 의하여 의무화되어 있는 의무적 동의에 의한 경우(의무교육 대상인 아동의 초등학교 취학 등)가 있다.

(2) 소멸

특별권력관계의 목적달성(사병의 전역, 학생의 졸업 등), 탈퇴(공무원의 사임 등), 특별권력주체에 의한 일방적인 배제(학생의 퇴학처분, 공무원의 파면처분 등)가 있다.

4. 종류

특별권력관계는 보통 다음의 네 가지로 분류된다.

(1) 공법상의 근무관계

국가 등 행정주체에 대하여 포괄적인 근무의무를 부담하는 윤리적 관계(공무원의 근무관계 등)이므로 민법상의 고용관계와는 구별된다.

(2) 공법상의 영조물이용관계

국영철도 · 시영버스 등과 같이 순수한 경제적 급부를 내용으로 하는 것은 일반 사법상의 관계임은 전술한 바와 같고, 여기서는 국공립학교 · 도서관의 이용관계 등과 같이 윤리적 성격을 갖는 것만을 의미한다.

(3) 공법상의 특별감독관계

국가적 목적을 위하여 설립된 공공단체(공공조합 및 영조물법인)와 국가사무를 위임받은 사인(별정우체국장 등)이 국가로부터 특별한 감독을 받는 관계를 말한다(예, 주무부장관의 시정명령권, 감사권, 경영실적평가권, 인사권 등). 종전에 특허기업(자동차운수 · 해상운송 · 전기 · 가스 · 수도 사업 등)도 국가로부터 특별감독관계에 있다고 보았으나, 오늘날은 이를 일반권력관계로 보고 있다.

(4) 공법상의 사단관계

임업협동조합 등 공공조합과 그 조합원과의 관계로서, 공공조합은 조합원에 대하여 비용부담의 강제 등 특별한 권력을 가진다.

5. 특별권력의 내용

특별권력은 상술한 특별권력관계의 종류에 따라 ① 직무상 권력(공법상 근무관계), ② 영조물권력, ③ 감독권력, ④ 사단권력으로 구분되며, 이를 내용적으로 보면 명령권과 징계권으로 구분된다.

(1) 명령권

상대방에 대하여 포괄적인 명령권을 가지며, 그 발동형식은 ① 개별적·구체적 처분에 의하거나(예, 시정명령·징계처분 등), ② 일반적·추상적 규정인 행정규칙에 의할 수 있다(예, 장관의 훈령·예규, 영조물규칙, 공공조합규약 등). 어느 것이든 당해 특별권력관계의 상대방에게만 효력이 미치며, 일반 국민에게는 미치지 않는다는 점에서 일반권력관계에 기초한 행정행위나 법규명령과 구별된다.

(2) 징계권

특별권력관계의 내부질서를 문란케 한 자에 대하여 내부질서 유지를 목적으로 징계벌을 과할 수 있다(예, 공무원의 징계, 학생의 정학, 도서관 이용중지 및 퇴거조치 등). 전통적 견해에 의하면 징계는 법령의 근거 없이 특별권력 내부의 규율을 정한 행정규칙에 의하여서도 할 수 있다고 보았으나, 최근 상대방의 기본적 지위와 관련된 경우에는 법령에 근거가 있어야 한다는 주장이 유력하며, 특히 당해 특별권력관계가 상대방의 임의적 동의에 의하여 성립한 경우에는 아무리 무겁다 하더라도 당해 특별권력관계에서 배제하는 데 그쳐야 할 것이다.

Ⅱ. 특별권력관계론의 재검토

법치주의를 부정하는 특별권력관계론은 제2차대전 이후 독일 · 일본에서 법치주의 및 민주주의의 견지에서 『비판의 십자포화』를 받았으며, 이러한 비판론은 특별권력관계 수정론과 부정론으로 대별될 수 있다.

1. 수정론

(1) 제한적 특별권력관계론

기본권의 무제한적인 제한은 부정하면서도 『본』 기본법(독일의 헌법)이 직접 공무원관계, 교도소 수용관계, 학교교육 및 방위근무관계를 규정하고 있는 것은 바로 특별권력의 존재를 인정하였기 때문이라는 점에 근거하여, 각 특별권력관계의 행정목적을 달성하기 위하여 일정한 범위 안에서만 법치주의의 완화를 인정하고 있다. 즉, ① 기본권 제한은 법률에 의하여야 하며, ② 법률유보의 원칙도 지켜져야 하지만, 본질적인 사항을 제외하고는 특별권력주체에게 상당한 자유영역을 부여할 수 있고, ③ 사법심사도 허용되지만, 공직 등 특별한 기능의 수행을 보장한다는 의미에서 일정한 범위 내에서만 허용되어야 한다고 주장한다.

(2) 내부 · 외부관계 구분론

특별권력관계의 내부관계에 그치지 아니한 외부관계의 존재를 인정하고, 이러한 외부관계에 관한 사항은 법치주의가 적용되어야 한다는 주장이다.

특별권력관계를 기본관계와 경영수행관계로 구분하여, 기본관계에서의 행위는 법치주의의 적용을 받아야 한다는 울레(C. H. Ule) 교수의 주장이 이에 속하며, 그는 구성원의 『법적 지위의 본질적인 것』에 관한 사항이 기본관계에 해당된다고 하면서 그 예로서, ① 공무원의 임명 · 파견 · 전직(단순한 보직변경 · 승진 등이 아닌), ② 군인의 입대 · 전역, ③ 학생의 입학허가 · 퇴학 · 정학,

④ 수형자의 형의 집행 등을 들고 있다. 또한 경영수행관계로는 ① 공무원에 대한 직무명령·교육훈련·기타 인사관리, ② 군인의 훈련·처우, ③ 학생에 대한 강의·교과과정 편성, ④ 수형자에 대한 교도소 내의 일상활동 등을 들고 있다.[47)]

2. 부정론

(1) 전면적·형식적 부정론

오늘날 자유민주주의 체제하에서는 헌법상 의회중심주의·법치주의 및 기본권존중주의에 근거하여 공권력의 발동은 모두 법률에 근거하여야 하며, 법률로부터 자유로운 특별권력이란 개념 자체를 인정할 수 없다고 한다.

(2) 개별적·실질적 부정론

특별권력관계의 존재 자체를 부정하지는 아니하지만, 종래 특별권력관계로 보았던 관계를 구체적·개별적으로 재검토하여 특별권력관계의 범주에서 축출하고 이를 ① 일반권력관계(권력적 색채가 짙은 공무원·군인·수형자·강제입원환자 등)와, ② 계약관계(권력적 색채가 비교적 적은 학생의 재학관계 등)로 환원시키는 이론이다. 이 경우 공무원 근무관계까지 사기업의 근무관계와 같은 사법상의 근로계약관계로 보는 견해도 있다.

3. 결어

오늘날의 기본권존중주의·법치주의·의회중심주의 헌법이론하에서는 아무리 국가의 특별한 포괄적 지배권에 복종하는 관계라 할지라도 법률에 의하지 아니하고 기본권 제한을 무제한 허용하는 종래의 특별권력관계론은 문제가 있다고 하겠다. 따라서 수정론 중 비교적 명확한 기준을 제시하고 있는 내부·외부관계 구분론의 견해에 따르고자 한다.

---

47) Ule, Das besondere Gewaltverhältnis, VVDStRL 15, 1957, S. 153ff, 161f.

Ⅲ. 특별권력관계와 법치주의

특별권력관계와 법치주의의 적용문제는 법률의 유보, 기본권 제한 및 사법심사라는 세 가지 측면에서 논의되고 있다.

1. 법률의 유보

종래의 특별권력관계론에 의하면, 특별권력관계에 있어서는 법률의 근거 없이도 그 구성원에 대하여 포괄적인 명령·강제권을 가진다고 하였다. 그러나 오늘날은 원칙적으로 법률에 근거가 있어야 하며, 다만 특별한 목적과 기능 수행에 필요한 한도 내에서 법치주의가 상대적으로 완화될 수 있다고 하여야 할 것이다.

따라서 기본관계에 관한 사항을 제외하고는 특별권력에 대하여 일반적·포괄적 수권이 허용된다고 보아야 한다. 또한 우리 국가공무원법이 공무원의 임명·해임·징계·복무 등 기본적 사항을 직접 법률로 규정하고, 구체적인 근무내용 등은 행정 내부적인 행정규칙으로 정하도록 한 것도 이러한 입장에 서 있는 것이라고 볼 수 있다.

2. 기본권 제한

종래의 특별권력관계론에 의하면, 법률에 근거가 없는 경우에도 당해 특별권력관계의 목적 달성에 필요한 범위 안에서 기본권 제한이 가능하다고 하였다. 그러나 오늘날은 원칙적으로 법률에 근거를 두어야 한다는 것이 통설이다. 그 실정법상의 예로서는 ① 헌법상의 공무원의 정치적 중립(구체적으로는 정치활동의 금지)규정과 노동3권의 제한규정, ② 법률에 의한 것으로서 수형자의 서신의 검열(행형법 제18조의2), 사병의 병영 내 거주의무(병역법 제18조) 등이 있다.

다만, 예컨대 교육목적의 달성을 위한 국공립학교 학생의 정치활동 금지나 기숙사생활 강제 등과 같이 법률의 근거 없이 기본권을 제한하는 경우도 있으나, 이는 특별권력관계가 아니고 헌법상 기본권의 내재적 한계라고 하는 견해가 있다.[48]

3. 사법심사

다수설은 특별권력관계에서의 행정주체의 행위로 인하여 권익이 침해된 경우, 소익(권리보호의 이익)이 인정되는 한 사법심사를 통하여 구제받을 수 있다고 한다. 이 경우 당해 행위는 대체로 교육·교정 등의 목적수행상 행정주체에게 넓은 재량을 부여한 재량행위일 경우가 많기 때문에 재량행위는 재량권의 일탈·남용이 있을 경우에만 사법심사를 받게 된다는 한계는 있다고 할 것이다(예, 공무원 및 국립학교 학생에 대한 징계행위).

그러나 특별권력관계를 내부관계(경영수행관계)와 외부관계(기본관계)로 구분하여, 내부관계에서의 행위(예, 학생의 정학처분, 사병의 영창처분, 수형자에 대한 독방 수용 등)는 사법심사의 대상이 되지 못하지만, 외부관계에서의 행위(예, 지방의회의원의 제명, 공무원의 파면, 학생의 제적처분, 조합원의 제명 등)는 사법심사의 대상이 된다는 유력한 학설도 있다.[49] 우리 판례는 특별권력관계에서의 행위는 전면적으로 행정소송의 대상이 된다고 한다.

【판례】 : ① 구청장에 의한 동장 면직처분은 행정소송의 대상이 된다는 판례
동장과 구청장과의 관계는 이른바 행정법상의 특별권력관계에 해당되며, 이러한 특별권력관계에 있어서도 구청장의 위법한 직권면직처분으로 말미암아 권리를 침해당한 자는 행정소송법 제1조의 규정에 따라 그 취소를 구할 수 있다. 또한 행정청의 자유재량에 속하는 처분이라 하더라도 그 재량의 범위를 일탈하였을 때에는 행정소송의 대상이 된다(대판 1982. 7. 27, 80누86).

48) 박윤흔(상), p.190.
49) 박윤흔(상), p.190.

② 학생에 대한 징계처분은 사법심사의 대상에서 제외되는 것이 아니라는 판례

학생에 대한 징계권의 발동이나 징계의 양정이 징계권자의 교육적 재량에 맡겨져 있다 할지라도 법원이 심리한 결과 그 징계처분에 위법사유가 있다고 판단되는 경우에는 이를 취소할 수 있는 것이고, 징계처분이 교육적 재량행위라는 이유만으로 사법심사의 대상에서 당연히 제외되는 것은 아니다(대판 1991. 11. 22, 91누2144).

제4장

행정법상의 법률요건과 법률사실

제1절 개설

Ⅰ. 행정법상의 법률요건과 법률사실

행정상 법률관계를 발생·변경 또는 소멸시키는 효과(이를 법률효과라고 한다)를 발생시키는 원인이 되는 사실을 총칭하여 행정법상의 『법률요건』(法律要件)이라 하며, 행정법상의 법률요건을 구성하는 개개의 사실을 행정법상의 『법률사실』(法律事實)이라고 한다.

행정법상의 법률요건은 1개의 법률사실(예, 상계 등)로 이루어지는 수도 있고, 여러 개의 법률사실(예, 음식점 영업허가에 있어서의 신청행위와 허가행위, 공법상 계약에 있어서의 청약과 승낙행위 등)로 이루어지는 경우도 있다. 행정법상의 법률요건과 법률사실이라는 개념은 민법상의 법률요건과 법률사실에서 도입된 개념이다.

Ⅱ. 행정법상의 법률사실의 종류

행정법상의 법률사실은 민법에서와 같이 사람의 정신작용을 요소로 하는 『용태』와 그렇지 아니한 『사건』으로 나누어진다.

1. 행정법상의 사건

사람의 정신작용을 요소로 하지 아니하는 행정법상의 『사건』(事件)에는 ① 사람의 생사(사망함으로써 운전면허가 실효되는 것 또는 의사면허가 실효되는 것 등), 시간의 경과(허가의 유효기간 만료로 허가의 효력이 소멸되는 것), 일정한 연령에의 도달(20세가 되어 선거권을 취득하는 것) 등과 같은 순수한 자연적 사건과, ② 물건의 점유·소유(토지의 소유로 재산세 납부의무를 지는 것), 일정지역에의 거주(주민등록의무와 주민세 납부의무를 지는 것) 등 사실행위가 있으며, 모두 일정한 외부적·객관적 사실의 존재 자체만으로 일정한 법률효과를 발생한다. 이들 중 가장 빈번하게 행정법상 법률요건으로 등장하는 기간·시효·주소에 관하여는 제2절에서 설명한다.

2. 행정법상의 용태

사람의 정신작용을 요소로 하는 법률사실로서, 외부적 용태(外部的 容態)와 내부적 용태(內部的 容態)로 구분된다.

(1) 외부적 용태

외부에 표시된 정신작용에 의하여 일정한 행정법상의 법률효과를 발생시키는 것으로서, 공법행위가 그 중심을 이루고 있다. 공법행위에는 사인(私人)의 공법행위(허가 신청, 행정소송의 제기 등)도 있지만, 그 대부분은 행정주체의 공법행위로서 행정입법·행정계획·행정지도·행정계약·행정행위 등이 있다.

(2) 내부적 용태

외부에 표시되지 아니한 내부적 정신상태만으로 행정법상의 법률효과를 발생시키는 것을 말한다(예, 선의·악의·고의·과실 등).

제2절 행정법상의 사건

Ⅰ. 기간

1. 개설

기간이란 한 시점에서 다른 시점까지의 시간적 간격을 말한다. 기간의 계산방법은 매우 중요한 문제이지만 행정법에는 이에 관한 일반규정은 없고, 이는 일종의 법기술적인 약속이므로 사법관계와 달리할 합리적인 이유가 없기 때문에 민법총칙(제156조 내지 제161조)의 기간계산 방법에 관한 규정이 일반적으로 적용된다(이러한 의미에서 이는 공법의 흠결에 적용되는 일반법원리적 규정이라고 할 수 있다). 다만 개별 행정법에 특별한 규정을 둔 경우에만 그 규정에 의한다고 하겠다.

2. 기간의 기산점

기간을 시·분·초로 정한 경우에는 즉시로부터 기산하며, 일·주·월·년으로 정한 경우에는 초일불산입(初日不算入)의 원칙이 적용된다. 다만, 연령계산과 같이 기간이 오전 0시부터 시작되는 때에는 초일도 산입한다(민법 제157조 단서, 제158조).

행정법에서 기간계산이 특히 문제가 되는 것은 법령의 시행일에 관한 것인바, 예컨대 『공포 후 30일이 경과한 날부터 시행한다』고 한 경우 공포일의 다음날부터 기산하여(초일불산입의 원칙) 30일째가 되는 날의 다음날부터 시행하게 된다(예, 6월 10일 공포의 경우 7월 11일부터 시행된다). 판례도 또한 같은 입장을 취하고 있다(대판 1971. 5. 31, 71다787).

그러나 특히 초일산입의 특별규정을 두고 있는 경우에는 그에 따라야 할 것이며, 그 예로서는 임시회 집회공고기간(3일)의 계산 등 국회법에 의한 각종

기간의 계산에 있어서는 초일을 산입한다고 규정한 국회법(제165조) 등을 들 수 있다.

【판례】 : 기간계산에 초일불산입의 원칙을 적용한 판례
기간의 계산에 관하여는 경찰공무원징계령에 특별한 규정이 없으므로 보충적으로 그 계산방법을 규정하고 있는 민법 제155조, 157조의 규정에 따라 징계사유가 발생한 초일은 기간계산에 산입하지 않아야 한다(대판 1972. 12. 12, 72누149).

3. 기간의 만료점

기간의 만료점에 관하여 기간을 일・주・월・년으로 정한 경우에는 그 기간의 말일이 종료됨으로써 기간이 만료되지만, 그 말일이 공휴일인 때에는 그 다음날에 만료된다(민법 제159조・제161조). 기간을 주・월・년으로 정한 때에는 역에 의하여 계산하되, 주・월・년의 처음부터 기산하지 아니하는 때에는 최후의 주・월・년에서 그 기산일에 해당하는 날의 전일에 만료하고, 월 또는 년으로 정한 경우에 최종의 월에 해당일이 없는 때에는 그 월의 말일로 만료한다(민법 제160조).

4. 기간의 역산

행정법 중 예컨대『몇 일 전까지』라고 하여 역산(逆算)을 규정하고 있는 경우가 있으며 이때에도 역시 초일불산입의 원칙이 적용된다. 즉『3일 전까지』라고 하는 경우 당일은 초일이므로 빼고, 그 전날부터 계산하여 3일이 되는 날의 이전을 말한다(즉, 중간에 3일의 기간이 있어야 하므로, 예컨대 1월 10일의 3일 전까지 제출하여야 할 경우 10일은 초일불산입에 의하여 계산하지 않고 9일, 8일, 7일의 이전인 6일 자정까지 제출하여야 한다).

Ⅱ. 시효

1. 개설

일정한 사실상태가 오랫동안 지속되어 온 경우, 그것이 진실한 법률관계에 합치되는가의 여부를 묻지 아니하고 그 사실상태 그대로를 존중하여 이를 진실한 법률관계로 간주하는 제도를 시효(時效)제도라고 하며, 이에는 취득시효와 소멸시효가 있다.

원래 시효제도는 장기간 계속된 사실상태를 존중하여 법적 안정성을 기하기 위하여 사법에서 발달된 일반법원리적 성격의 제도이며, 공법 분야에서는 이에 관한 통칙적 규정이 없기 때문에 그 흠결을 사법으로 보완할 필요가 있다.

2. 금전채권의 소멸시효

(1) 원칙

국가의 금전채권 또는 금전채무의 소멸시효(消滅時效)는 국가재정법 제96조에서 『다른 법률에 특별한 규정이 없는 한』 5년으로 규정하고 있다(지방자치단체의 경우도 지방재정법 제69조가 동일하게 규정하고 있으며, 민법(제162조)상 채권의 소멸시효는 원칙적으로 10년임에 유의).

여기서 『다른 법률에 특별한 규정이 없는 한』이라는 뜻은 국가재정법 이외의 모든 법률(민법·상법 등의 사법까지도 포함)에서 5년보다 짧게 규정하고 있지 않는 한 5년의 시효로 소멸된다는 뜻이다.

따라서 국회의원의 세비청구권은 성질상 민법상의 급료채권이므로 민법(제163조)에 의하여 3년간의 단기소멸시효가 적용되며(대판 1966. 9. 20, 65다2506), 공무원의 봉급청구권도 이와 같다(국방부의 질의에 대한 1986. 11. 11 법제처 유권해석).

(2) 예외

다른 법률에 특별한 규정을 둔 예로서는, ① 공무원연금법(제81조)에 의한 단기급여청구권(1년), ② 관세법(제25조)에 의한 관세징수권(원칙 2년, 예외 5년) 등이 있다.

(3) 적용범위

상기 국가재정법 제96조는『금전의 급부를 목적으로 하는 국가의 권리와 국가에 대한 권리』라고 규정하고 있으므로 반드시 공법상의 금전채권뿐만 아니라, 국가와 국민간에 발생한 사법상의 금전채권에 대하여도 적용된다고 하겠으며(예, 도로공사대금 청구권, 물품대금 청구권 등), 판례도 같은 입장에 있다(대판 1966. 9. 20, 65다2506).

(4) 시효의 중단 · 정지

역시 다른 법률에 특별한 규정이 없는 한 민법의 규정을 준용한다(국가재정법 제96조 · 지방재정법 제70조 · 국세기본법 제27조 제2항). 특별한 규정으로서는 국가 · 지방자치단체가 행하는 조세 등의『납입의 고지』에 시효중단의 효력을 인정하는 것을 들 수 있다(국가재정법 제96조 · 지방재정법 제71조 · 국세기본법 제28조 · 지방세법 제50조 · 관세법 제26조 등).

『납입의 고지』는 반드시 서면에 의한 것을 말하며 구술에 의한 것은 시효중단의 효력이 없으나(국세징수법 제23조), 납입의 고지에 의한 국세징수권자의 권리행사로 인하여 이미 발생한 시효중단의 효력은 그 부과처분이 비록 행정쟁송 등에 의하여 취소되더라도 소멸되는 것은 아니라는 판례가 있다(대판 1988. 2. 23, 85누820 등).

(5) 시효의 효력

민법상으로는 소멸시효의 효력은 권리 그 자체를 소멸시키는 것이 아니고 다만 상대방에 대하여 항변권을 발생시킬 뿐이며, 이 항변권은 상대방이 얼마든지 포기할 수 있는 것이라는 상대적 소멸설도 있으나, 공법상의 금전채권에 있어서는 법률관계의 일률적 확정의 견지에서 권리가 절대적으로 소멸한다는 절대적 소멸설[50]을 취하는 것이 타당하다고 하겠다. 따라서 소멸시효의 완성 후에 행한 부과처분에 따라 납세한 경우에는 항상 민법상의 부당이득을 구성하므로 납세자는 과오납금반환청구권을 행사하게 된다.

3. 공물의 취득시효

(1) 의의

민법에 의하면 사물의 경우 원칙적으로 부동산은 20년, 동산은 10년간 소유의 의사로 평온·공연하게 점유를 계속하면 소유권을 취득하지만(민법 제245조 제1항·제246조), 도로나 하천의 부지 같은 공물(公物)에 대하여도 이러한 시효취득(時效取得)을 인정할 수 있을 것인가에 관하여는 학설이 대립되고 있다.

(2) 학설

1) 부정설

공물에 대한 사인의 사실상의 지배관계는 양적으로 아무리 오래 지속되더라도 정당화될 수 없다고 하며, 판례도 『공물은 공용폐지가 없는 한 시효취득의 목적이 될 수 없다』고 한다(대판 1974. 2. 12, 73나557 등).

2) 긍정설

사법상 소유권의 객체가 될 수 없는 공물(공유수면 또는 하천부지)이 아닌 한 시효취득의 대상이 될 수 있으며, 시효취득된 후에도 공적 목적에 사용되어야 한다는 공법상의 제한은 그대로 받는다는 제한적 긍정설과, 공물의 취득시효가 문제될 정도이면 당해 공물이 공적 목적에 오랫동안 제공되지 않고 있어서 공물에 대한 묵시적인 공용폐지가 있었다고 보아 완전한 시효취득을 인정

---

50) 김도창(상), p.279 ; 김동희(Ⅰ), p.119.

하는 완전긍정설이 있다.

(3) 결어

생각건대, 묵시적 공용폐지도 공용폐지의 일종이므로 결국 공물은 공용폐지가 있기 전까지는 시효취득의 대상이 될 수 없다는 부정설 및 판례의 입장이 타당하다고 하겠다.

【판례】 : 공물은 시효취득대상이 아니라는 판례
행정재산은 공용폐지가 되지 아니한 상태로는 사법상의 거래의 대상이 될 수 없으므로, 시효취득의 대상이 되지 않는다(대판 1993. 7. 17, 92다49973).

4. 제척기간

제척기간(除斥期間)이란 행정법상으로 보장되는 일정한 권리에 대하여 법률이 정하고 있는 권리의 존속기간을 말한다. 예컨대, 취소소송은 처분등이 있음을 안 날로부터 90일 이내에 제기하여야 한다고 정하고 있는 행정소송의 제소기간(행정소송법 제20조), 행정심판의 청구는 처분등이 있음을 안 날로부터 90일 이내에 제기하여야 한다고 정하고 있는 행정심판청구기간(행정심판법 제18조) 및 토지수용법상의 사업인정고시후 1년 이내에 재결신청을 하지 아니하면 사업인정이 실효된다는 규정(제17조) 등을 말한다. 제척기간은 일정한 기간 내에 권리를 행사하지 않음으로서 그 권리가 소멸된다는 점에서 소멸시효제도와 같으나, 제척기간은 법률관계의 신속한 확정이라는 행정상의 편의를 목적으로 하기 때문에 그 중단사유가 인정되지 않는다.

Ⅲ. 주소 · 거소

1. 개설

지방자치단체의 주민이 되거나, 주민세 납세의무지, 인감신고의 장소, 납세고지서 등 행정서류송달의 장소를 확정하기 위하여 주소가 가지는 공법상의 의의는 적지 아니하다고 할 수 있다.

2. 주소

민법에 의하면 『생활의 근거되는 곳』이 주소(住所)가 되며(제18조 제1항), 행정법관계에 있어서의 주소는 주민등록법이 통칙적 규정을 마련하여 『다른 법률에 특별한 규정이 없는 한 이 법에 의한 주민등록지를 공법관계에 있어서의 주소로 한다』(동법 제17조의7 제1항)고 일률적으로 확정하였다. 법인의 공법상 주소에 관하여는 통칙적 규정이 없으므로 민법이 적용된다(제36조).

주민등록법상의 주민등록은 ① 30일 이상 거주할 목적으로, ② 일정한 곳에 주소나 거소를 가지는 경우에 하는 것이며, 이중으로 주민등록을 하는 것은 허용치 아니하는바(동법 제6조 · 제10조 제2항), 공법상의 주소는 1개소에 한정된다. 이 점에서는 『주소는 동시에 두 곳 이상 있을 수 있다』고 하여 복수주의를 택하고 있는 사법의 원칙과는 반대가 되고 있다(민법 제18조 제2항).

다만, 다른 법률이 공법관계에 있어서의 주소에 관하여 특별한 규정을 둔 경우에는 그 법률관계에 관한 한 그곳이 주소가 되므로 일반적인 주민등록지와 함께 복수의 주소를 가지게 된다.

3. 거소

거소(居所)란 생활과의 밀착의 정도가 주소보다 낮은 곳을 말한다(민법 제19

조~제21조).

행정법관계에 있어서 주소가 없거나 불분명한 경우에는 거소에 대하여 일정한 법률효과를 부여하는 경우가 있으며(예, 국내에 1년 이상 거소를 둔 자에게 소득세를 부과하는 것 등. 소득세법 제1조 제1항), 이 경우 거소에 관하여 특별한 규정이 없으면 상기 민법의 규정이 준용된다고 하겠다.

제3절 행정법상의 사무관리 · 부당이득

Ⅰ. 사무관리

1. 의의

사무관리(事務管理)란 민법상의 제도로서, 법률상의 의무 없이 타인을 위하여 그의 사무(일)를 대신 관리하는 것을 말한다. 사무관리가 성립하기 위해서는 ① 타인의 사무관리(보존 · 개량 · 처분행위 등)를 하고, ② 타인을 위하여 관리한다는 의사가 필요하며, ③ 관리자에게는 관리에 대한 강제적인 의무가 없고, ④ 관리행위로 인하여 본인에게 불이익하거나 본인의 의사에 반하지 않아야 한다.

행정법 분야에 있어서도 ① 국가에 의한 사인의 사무관리의 예로서, 국가의 특별감독하에 있는 사업에 대한 강제관리(예, 재단에 문제가 있는 사립학교의 강제관리 등)와 재해시의 구호나 행려병자의 보호와 같은 보호관리가 있으며, ② 반대로 교통 · 통신의 두절 기타 비상재난시에 국가가 하여야 할 사무(예, 조난자 구호, 시설의 응급복구조치 등)를 사인이 대신 관리하는 경우도 있다.

한편, 행정법상의 사무관리는 이를 행할 의무(공무원의 복무의무 등)에 의거한 것이므로 사무관리로 볼 수 없다는 견해도 있으나(옐리네크), 그 의무는 국가에 대한 것이지 피관리자인 사인에 대한 것은 아니기 때문에 사무관리로 볼 수 있다고 할 것이다.

2. 적용법규

행정법상의 사무관리에 관한 통칙적 규정은 없으므로 수난구호법(제21조 · 제23조)상 시장 · 군수의 피구조자 보호의무 및 피구조자의 구호비용납부의무 등과 같은 특별한 규정이 없는 한 사무관리에 관한 일반법원리적 규정이라 할 수 있는 민법(제734조~제740조)의 규정을 준용하여야 할 것이며, 그 주된 것으로서는 사무관리자의 본인에 대한 사무개시의 통지의무 및 지출비용의 상환청구권 등이 될 것이다.

Ⅱ. 부당이득

1. 의의

부당이득(不當利得)이란 정당한 법률상의 원인 없이 타인의 재산 또는 노무로 인하여 이득을 얻고, 이로 인하여 타인에게 손해를 가한 자에 대하여 형평의 견지에서 그 이득의 반환의무를 과하는 제도이다(민법 제741조~제749조).

원래 부당이득은 사법상의 제도이지만, 행정법 분야에서도 ① 행정주체의 부당이득으로서 세금·공물 사용료 등의 과다징수, 착오에 의한 사유지의 도로 편입 등이 있을 수 있고, ② 반대로 사인의 부당이득으로서는 공무원의 봉급·연금 과다수령, 국유지의 무단사용 등이 있을 수 있다.

이러한 여러 유형의 부당이득을 총괄적으로 규율하는 통칙적 규정은 없으며 각 개별법률에서 개별적으로 규정하고 있을 뿐이다(예, 국세기본법 제51조~제54조, 관세법 제24조·제25조, 지방세법 제45조~제47조, 공무원연금법 제81조 제2항, 우편법 제25조 등).

사법에서 발달한 부당이득의 법리는 형평의 관점에서 인정되는 일반법원리에 해당하는 것이므로, 공법에 규정이 없는 경우(공법의 흠결)에 사법으로 이를 보완하는 것이 형평의 관점에서 필요하다고 하겠다.

2. 유형

(1) 행정주체의 부당이득

공권력 발동인 행정행위에 기인한 경우에 ① 처음부터 무효인 경우에는 당연히 행정주체의 부당이득이 성립되지만, ② 취소사유인 흠이 있는 경우에는 공정력으로 말미암아 당해 행정행위가 취소된 후에야 비로소 정당한 법률상의 원인 없는 부당이득이 성립하게 된다. 따라서 취소사유인 흠이 있는 경우에 당해 행정행위에 대한 제소기간이 경과하여 불가쟁력이 발생한 후에는 부당이득반환청구(不當利得返還請求)의 길이 없다고 하겠다.

부당이득의 반환범위도 문제가 될 것인바, 민법은 선의(善意)의 이득인 경우는 경감하고 악의(惡意)의 이득인 경우는 가중한다고 규정하고 있다. 그러나 행정주체에 의한 부당이득의 경우는 선의・악의를 불문하고 항상 이득의 전액을 반환하도록 하고 있다(위 각 개별법률 참조).

이 경우 받은 이익에 이자를 붙여서 반환하여야 할 것인가에 관하여는, 과오납세액에는 이자를 붙이도록 하고 있지만(국세기본법 제52조), 이러한 규정이 없는 경우에는 논쟁의 소지가 있다.

한편, 무효인 행정행위에 의거하여 부과된 채무(예, 조세 등)를 상대방이 이미 이행한 경우, 행정주체는 상대방이 채무가 없음을 알고서도 스스로 이행한 것임을 이유로 민법 제742조에 의한 비채변제(非債辨濟)에 해당하여 반환해줄 의무가 없다고 주장할 수 있을지 문제가 된다. 그러나 상대방은 비록 채무가 없다고 믿었을 경우라도 현실적으로 과세관청의 공권력 앞에서는 일단 납부하지 않을 도리가 없는 형편에 있으므로 비채변제를 주장할 수 없다고 할 것이다.

(2) 사인의 부당이득

사인(私人)의 부당이득도 행정행위에 기인한 경우에는 ① 그것이 처음부터 무효인 경우에는 당연히, ② 취소사유가 있음에 그치는 경우에는 취소된 후에 법률상 정당한 원인 없는 부당이득이 성립하게 된다.

이 경우 수익적 행정행위의 취소는 상대방에게 귀책사유(부정한 방법으로 허가를 얻어낸 경우 등)가 없는 한 원칙적으로 불가능하므로 부당이득반환청구는 어렵게 된다.

부당이득의 반환범위는 행정주체의 부당이득과 마찬가지로 이익의 전액을 반환하여야 할 것이며(이자는 논쟁의 소지가 있다), 민법상의 비채변제임을 주장하여 반환의무를 면할 수도 없다고 할 것이다.

행정주체가 부당이득반환청구권을 행사할 경우 행정행위의 형태로 행사하고 그 불이행에 대하여는 행정상 강제징수를 인정하는 예가 있는바(보조금의예산및관리에관한법률 제33조), 이러한 경우 상대방은 항고소송으로 이를 다툴 수밖에 없으나, 그러한 특별한 규정이 없는 한 공법상의 당사자소송(후술)에 의하여야 할 것이다.

3. 부당이득반환청구권의 성질

부당이득반환청구권의 성질에 관하여는 사권설과 공권설이 대립되어 있다.

(1) 사권설[51)]

행정행위에 의한 부당이득인 경우에도 그것이 처음부터 무효이거나 또는 하자를 이유로 취소된 후에 성립하므로 이때는 이미 공법상이든 사법상이든 간에 아무런 법률상 원인이 없는 상태이며, 또한 부당이득반환청구권 자체가 원래 형평의 이념에서 확립된 사권(私權)이므로 이에 관한 소송도 민사소송에 의하여야 한다고 하며, 우리 판례도 같은 입장이다.

【판례】 : ① 조세부과처분이 당연무효임을 전제로 하여 이미 납부한 세금의 반환을 청구하는 것은 민사상의 부당이득반환청구로서 민사소송절차에 따라야 한다(대판 1995. 4. 19, 95다55019).
② 개발부담금 부과처분이 취소된 이상 그 후의 부당이득으로서의 과오납금 반환에 관한 법률관계는 단순한 민사관계에 불과한 것이고, 행정소송절차에 따라야 하는 관계로 볼 수 없다(대판 1995. 12. 22, 94다51235).

51) 이상규(상), p.242.

(2) 공권설[52)]

공법상의 원인에 의하여 잘못 발생된 결과를 시정하기 위하여 인정된 권리는 공법상 원인 유무의 탐구와 밀접한 관련이 있으므로 공권(公權)이며, 이에 관한 소송도 『공법상의 법률관계에 관한 소송』인 공법상의 당사자소송(행정소송법 제3조)에 의하여야 한다는 견해이다.

(3) 결어

생각건대, ① 공권설에 따라 행정소송법상의 당사자소송에 의하더라도 그 소송절차의 대부분은 민사소송 절차가 준용되기 때문에 민사소송과의 차이가 거의 없으며, ② 소송실무상으로도 민사소송으로 다루어지고 있다는 점에서 논쟁의 실익이 거의 없다는 주장도 있다. 그러나 공·사법의 구별을 전제로 하고 있는 우리 실정법 체계하에서, 특히 행정소송법 제3조 제2호가 항고소송 아닌 대등한 당사자간의 소송형태로서 『행정청의 처분 등을 원인으로 하는 법률관계에 관한 소송, 그 밖에 공법상의 법률관계에 관한 소송』을 당사자소송이라 하여 제도적으로 인정하고 있는 이상, 부당이득반환청구권은 공권이며 따라서 이에 관한 소송도 민사소송 아닌 행정소송으로 보는 것이 타당하다고 생각된다.

4. 성립요건

(1) 재산적 이익의 이동

공법상의 부당이득이 성립하기 위한 첫째 요건은 법률관계의 한 당사자에 이익이 발생하고 동시에 다른 한 당사자에게 손실이 발생하는 재산적 이익의 이동관계가 존재하여야 한다. 이익과 손실 사이에 인과관계가 있어야 하는 것이므로 하나의 동일한 사실관계에 의하여 한편에는 이익이, 다른 한편에는 손실이 직접적으로 발생하는 경우이어야 한다.

---

52) 김도창(상), p.288; 박윤흔(상), p.231.

(2) 법률상의 원인없는 이익의 발생

공법상의 부당이득이 성립하기 위한 두 번째 요건은 재산적 이익의 이동이 법률상의 원인 없는 것이어야 한다. 여기서 법률상의 원인이라 함은 재산상의 이익을 정당하게 보유할 수 있는 권원을 의미한다. 공법상의 부당이득은 행정행위에 의한 경우와 사실행위에 의한 경우가 있는데, 행정행위에 의하여 부당이득이 발생되기 위하여서는 그 행정행위가 실효되거나 직권 또는 쟁송에 의하여 취소되어야 한다. 왜냐하면 위법한 행정행위도 공정력이 있으므로 권한 있는 기관에 의하여 취소될 때까지는 유효한 것으로 취급되기 때문이다.

5. 부당이득반환청구권의 소멸시효

행정법상 부당이득반환청구권의 소멸시효는 각 법률에 특별한 규정(예, 관세법 제25조 제3항, 2년)이 없는 한, 국가에 대한 금전채권·채무의 일반적 소멸시효기간인 5년의 시효에 걸린다고 할 것이다(국가재정법 제96조·지방재정법 제69조).

6. 상계

상계(相計)란 채권자와 채무자 두 사람 간에 서로 대립하는 채권·채무를 가질 경우에 각각 변제하는 것이 아니라 그 채권과 채무의 대등액을 소멸하게 하는 일방적 의사표시이다. 따라서 이미 과오납한 국세의 반환청구권을 상대방이 납부하여야 할 다른 국세에 충당(상계)하거나, 보조금의 반환명령을 받고도 반환하지 아니한 경우 상대방에게 아직 교부되지 아니한 동종의 보조금과 상계하는 것과 같이 법령에서 명문의 규정을 둔 경우(국세기본법 제51조·지방세법 제45조·보조금의예산및관리에관한법률 제32조)에는 당연히 상계할 수 있다.

그러나 명문의 규정이 없는 경우에는 ① 일반적으로 상계가 허용되지 아니한다는 견해와 ② 행정주체는 상계할 수 있으나, 상대방인 개인은 상계권을 행사할 수 없다는 견해 등이 있다(이 경우에도 전혀 성질이 다른 채무와 상계하는 것은 부당결부금지의 원칙에 반하므로 허용되지 아니한다).

제4절 공법행위

Ⅰ. 개설

공법행위라 함은 사법행위에 반대되는 말로서 공법적 법률효과의 형성(발생·변경·소멸)을 목적으로 하는 모든 행위를 말하며, 행정주체에 의한 것과 사인에 의한 것으로 크게 구분할 수 있다. 행정주체에 의한 공법행위로서는 행정입법·행정계획·행정행위·행정벌과 같이 우월한 의사의 주체로서 행하는 권력행위와 공법상 계약·공법상 합동행위·행정지도 등과 같이 대등한 당사자로서 행하는 비권력행위가 있는바, 이들 각각의 행위형식은 행정법이론의 골격을 이루는 것으로서 다음 편에서 많은 지면을 할애하여 설명하고자 하며, 여기에서는 사인의 공법행위에 관하여만 논하고자 한다.

Ⅱ. 사인의 공법행위

1. 의의

사인의 공법행위(私人의 公法行爲)란 공법적 효과의 발생을 목적으로 하는 모든 사인의 행위를 말한다. 과거 외견적 입헌군주제하에서는 사인은 단순한 행정객체로서만 취급되어 왔으나, 오늘날 국민주권주의하에서는 사인의 지위가 현저히 향상되어 적극적으로 행정에 관여하고 유도해 나가는 입장에 있으며, 이에 따라 행정절차참가권, 행정정보공개청구권 등 새로운 개인적 공권이 인정되고 있다.

2. 종류

사인의 공법행위도 매우 다양하므로 여러 각도에서 분류할 수 있겠으나, 그 중 강학상 의미 있는 것만 들어보면 다음과 같다.

(1) 지위에 따른 분류

① 투표행위와 같이 국가 등 행정주체의 지위에서 행하는 행위와 ② 각종 인·허가 신청 등과 같이 행정객체의 지위에서 어떤 이익을 받을 목적으로 행하는 행위가 있다.

(2) 성질에 따른 분류

① 일방적 의사표시로 구성되는 단독행위(예, 인·허가 신청, 행정소송 제기)와 ② 당사자간의 의사표시의 합치로 이루어지는 쌍방적 행위가 있다. 쌍방적 행위는 다시 당사자간의 반대방향의 의사표시의 합치로 이루어지는 공법상 계약(토지수용에 관한 협의 등)과 당사자간의 동일방향의 의사표시의 합치로 이루어지는 공법상 합동행위(토지구획정리조합·도시재개발조합 등 공공조합 설립행위)로 나누어진다.

(3) 효과에 따른 분류

1) 자족적 공법행위

건축신고·투표행위·혼인신고·출생신고·주민등록신고 등과 같이 일정한 의사표시나 단순한 사실의 통지 그 자체만으로 일정한 법률효과를 발생하는 공법행위를 말한다. 이는 흔히 행위 그 자체만으로 법률효과를 완결시키는 것이므로 자기완결적 공법행위(自己完結的 公法行爲)라 한다.

따라서 건축신고에 대하여는 행정관청의 수리행위를 기다릴 필요 없이 적법한 신고서가 행정관청에 도달한 때에 그 효력이 발생하므로 건축행위를 할 수 있다고 하며, 나아가 행정관청이 신고를 반려하거나 신고수리를 거부하더라도 이를 무시하고 건축행위를 할 수 있는 것이므로 신고반려 또는 신고수리거부행위는 신고인의 권리의무에 아무런 변동 또는 지장을 초래하지 아니한다는 의미에서 소위 행정행위성(처분성)이 부정되고, 따라서 행정소송을 제기하더라도 각하된다. 이러한 자족적 공법행위로서의 신고에 대하여는 행정절차중의 신고부분에서 상세히 다루고 있어 여기서는 이 정도에서 그치고자 한다.

【판례】: 자족적 공법행위로서의 신고에 대한 판례

① 건축법상 신고사항에 관하여는 건축을 하고자 하는 자가 적법한 요건을 갖춘 신고만 하면 건축을 할 수 있고 행정청의 수리처분 등 별단의 조치를 기다릴 필요가 없다고 할 것이므로 행정청이 신고수리처분을 철회하였다고 하여 신고에 따른 건축행위가 건축법에 위반된 것으로 될 수 없으니 이를 이유로 공사의 중지를 명할 수 없다(대판 1990. 6. 12, 90누2468)

② 행정청에 대한 신고는 일정한 법률사실 또는 법률관계에 관하여 관계행정청에 일방적으로 통고를 하는 것을 뜻하는 것으로서 법에 별도의 규정이 있거나 다른 특별한 사정이 없는 한 행정청에 대한 통고로서 그치는 것이고, 그에 대한 행정청의 반사적 결정을 기다릴 필요가 없는 것이므로, 체육시설의설치이용에관한법률 제18조에 의한 변경신고서는 그 신고자체가 위법하거나 그 신고에 무효사유가 없는 한, 이것이 도지사에게 제출되어 접수된 때에 신고가 있었다고 볼 것이고, 도지사의 수리행위가 있어야만 신고가 있었다고 볼 것은 아니다(대판 1993. 7. 6, 93마635).

2) 행정요건적 공법행위

행정요건적 공법행위란 그 자체로서 법률효과를 완성하지 못하고 법률효과를 발생시키기 위한 하나의 요건에 불과한 공법행위를 말한다. 이에는 신청(인·허가 신청, 국가고시 응시원서 제출, 입학원서 제출, 행정심판 또는 행정소송 제기 등)과 동의·승낙(토지수용에 관한 협의, 공무원 임명에 대한 동의, 도시재개발사업인가 신청을 위한 토지소유자의 동의 등)이 있다.

3. 특징

우선 ① 행정행위에 대한 특징으로서는 우월한 의사의 주체로서 행하는 공권력행사가 아니므로 공정력 등 행정행위에 한하여 주어지는 효력이 인정되지 않으며, ② 사인의 사법행위에 대한 특징으로서는 다 같이 비권력적 행위임에는 본질적 차이가 없으나, 공법적 효과의 발생을 목적으로 하며, 법적 안정성과 법률관계의 명확성의 요청이 특히 강하기 때문에 법률효과의 발생을 당사자간의 사적 자치에 맡기는 사법행위와는 달리 행위의 형식과 효과면에서 획일적인 정형화가 요구되고 있다(예, 인 · 허가 신청시 판단자료로서 반드시 법정 서류를 첨부하도록 하고, 각종 신고 · 신청서식을 법령으로 규정하는 것 등).

4. 적용법규

사인의 공법행위를 규율하는 통칙적 규정은 없으며, 각 개별법령에서 단편적으로 규정하고 있을 뿐이다. 따라서 이러한 규정이 없는 경우 민법상의 법률행위에 관한 규정(제103조~제154조)이 준용될 것인가에 관한 문제가 제기된다.

(1) 의사능력 · 행위능력

의사능력이 없는 자의 행위는 민법의 원칙대로 무효라고 하겠다. 그러나 행위능력이 없는 자(미성년자 · 금치산자 · 한정치산자)의 행위는 문제가 되며, 우편법(제9조) 및 공중전기통신법(제9조)과 같이 행위능력 있는 자의 행위로 간주하는 명문의 규정을 둔 예도 있으나, 그렇지 아니한 경우에는 일반적으로 공법행위 중 재산관계행위에 있어서는 민법을 준용하여 취소할 수 있다고 할 것이다.

(2) 의사의 흠결과 하자 있는 의사표시

의사의 흠결(허위표시 · 심리유보 · 착오) 또는 하자 있는 의사표시(사기 · 강박)인 경우 그 행위의 효력에 대하여는 특별한 규정이 없는 한 민법의 규정(제107조~제110조)이 원칙적으로 준용된다고 하겠다. 다만, 판례는 전역지원의 의사표시가 진의 아닌 의사표시라 하더라도 그 무효에 관한 법리를 선언한 민법 제107조 제1항 단서의 규정은 그 성질상 사인의 공법행위에는 적용되지 않는다 할 것이므로 그 표시된 대로 유효한 것으로 보고 있다(대판 1994. 1. 11, 93누10057).

(3) 대리

행위의 성질상 일신전속적인 것은 대리(代理)를 허용할 수 없겠으나(예, 투표행위 · 공무원사직원 제출 · 귀화허가 신청 등), 그 외의 행위는 명문으로 특별히 금지되어 있지 않는 한 타인에 의한 대리가 허용된다고 하겠다(예, 음식점영업허가 신청 · 여권발급 신청 등 대부분의 행위).

(4) 부관

행정법관계의 명확성의 필요 때문에 원칙적으로 조건, 기한 및 부담과 같은 부관(附款)을 붙이는 것은 허용되지 아니한다.

(5) 철회 · 보정

사인의 공법행위는 그에 근거하여 일정한 법적 효과가 발생되기 전까지는 철회(撤回)하거나 보정(보완)할 수 있다(예, 퇴직명령서가 교부되기 전까지 공무원사직원을 철회하는 것). 그러나 철회 · 보정이 명문으로 제한되거나(예, 사실심의 변론종결 후의 소장의 정정, 행정소송법 제21조 제1항), 행위의 성질상 불가능한 경우(투표행위 등)도 있다고 하겠다.

【판례】: ① 공무원의 사직의사표시의 철회 또는 취소가 허용되는 시한(의원면직처분시)
공무원이 한 사직 의사표시의 철회나 취소는 그에 터잡은 의원면직처분이 있을 때까지 할 수 있는 것이고, 일단 면직처분이 있고 난 이후에는 철회나 취소할 여지가 없다(대판 2001. 8. 24, 99두9971).

② 사인의 공법상 행위의 철회의 자유성 인정여부와 철회의 시기
사인의 공법상 행위는 명문으로 금지되거나 성질상 불가능한 경우가 아니한 그에 의거한 행정행위가 행하여질 때까지는 자유로이 철회나 보정이 가능하다고 보아야 할 것이다(대판 2001. 6. 15, 99두5566).

(6) 효력발생시기

민법(제111조)에서와 같이 도달주의(到達主義)에 의한다고 하겠으나, 예외적으로 행위자를 보호하기 위하여 발신주의를 취하는 경우도 있고(예, 과세표준신고서는 납세자가 우체국에서 발송한 날에 신고된 것으로 본다는 국세기본법 제5조의2의 규정), 체신관서의 공증을 조건으로 하여 기간 후의 도달을 기간 내의 도달로 간주하는 경우도 있다.

5. 효과

적법한 사인의 공법행위에 대하여 관계 행정기관은 처리의무를 진다.

(1) 행정기관의 수리 · 처리의무

적법한 사인의 공법행위에 대하여 행정기관은 이를 수리하여 처리할 의무를 지게 된다. 이 경우 처리기한이 법령에 명시된 경우에 명시된 기간 내에 처리하지 않으면 사인은 부작위위법확인소송으로 처리를 촉구할 수 있겠으나, 이를 거부처분으로 보아 거부처분취소소송을 제기할 수는 없다.

(2) 신고의 심사범위

주민등록신고 · 이미용업 등 각종 영업의 신고 · 건축신고 등 신고에 대하여는 법정 요건의 구비 여부에 관한 형식적 심사만 할 수 있으며, 법정 요건을 갖춘 경우에는 당연히 수리하여야 하지만, 신고된 내용이 사실과 부합되지 아니함이 명백할 때에는 수리를 거부할 수 있다고 할 것이다(예, 선거철을 맞이

하여 단칸집에 120세대가 주민등록전입신고를 하는 경우 등).

(3) 하자의 보완

신청행위에 하자가 있는 경우 곧바로 거부처분을 내릴 것이 아니라 하자가 보완될 수 있는 성질의 것인 경우에는 보완할 기회를 부여한 후에 처리방향을 결정하여야 할 것이다(대판 1985. 4. 19, 84누378).

(4) 수정인가의 문제

신청이 인가신청인 경우 신청내용의 일부를 수정하여 인가(修正認可)할 수 있는가에 관하여는 가·부 양설의 대립이 있다. 그러나 원래 인가는 사인이 원하는 법적 행위의 효력을 완성시켜 주는 행위에 불과하다는 의미에서 법률에 특별한 규정이 없는 한 불가능하다고 하겠다(후술하는 행정행위 중 인가에서 설명).

6. 사인의 공법행위의 하자와 행정행위와의 관계

사인의 공법행위에 하자(흠)가 있는 경우, 이에 근거하여 행하여진 행정행위의 효력은 어떻게 될 것인가의 문제이다.

(1) 행정행위의 전제조건인 경우

사인의 공법행위가 어떤 행정행위를 하기 위하여 필요한 전제조건인 경우에 사인의 공법행위가 무효이거나 적법하게 철회되면 이에 기하여 행하여진 행정행위도 무효가 된다고 하겠다. 그러나 단순히 취소할 수 있는 하자에 불과할 경우(예, 착오 등)에는 그에 따라 행하여진 행정행위는 원칙적으로 유효하다고 하겠다.

(2) 행정행위의 단순한 동기에 그치는 경우

사인의 공법행위가 행정행위를 하기 위한 단순한 동기(動機)에 불과한 경우에는 이들 양자는 서로 필요적 관계에 있지 아니하므로 행정행위의 효력에 아무런 영향을 미치지 아니한다.

Ⅲ. 사인의 공법행위로서의 신고

1. 신고의 의의

사인의 공법행위로서의 신고라 함은 사인이 공법적 효과의 발생을 목적으로 행정기관에게 일정한 사항에 대하여 알려야 할 의무가 있는 경우에 그것을 알리는 행위로서 행정청에 의한 실질적 심사가 요구되지 아니하는 행위를 말한다.[53)]

사인의 공법행위로서의 신고에는 자족적 공법행위로서의 신고와 행정요건적 공법행위로서의 신고가 있다. 한편, 단순한 사실로서의 신고는 사인의 공법행위로서의 신고에 해당하지 아니한다.

또한 식품위생법 제26조 제1항, 제3항에 의하여 영업양도에 따른 지위승계 신고를 수리하는 허가관청의 행위는 단순히 양도·양수인 사이에 이미 발생한 사법상의 사업양도의 법률효과에 의하여 양수인이 그 영업을 승계하였다는 사실의 신고를 접수하는 행위에 그치는 것이 아니라, 실질에 있어서 양도자의 사업허가를 취소함과 아울러 양수자에게 적법하게 사업을 할 수 있는 권리를 설정하여 주는 행위로서 사업허가자의 변경이라는 법률효과를 발생시키는 행위라고 할 것이다(대판 2001. 2. 9, 2000도2050). 이와 같이 식품위생법상 영업자 지위승계신고는 사인의 공법행위로서의 신고와 달리 취급하여야 한다. 즉 허가영업의 양도의 경우에 양수인이 하는 신고는 성질상 새로운 허가신청의 일종으로 보아야 한다.[54)]

---

53) 박균성(강), p.120 이하; 유지태·박종수(신), p.125; 홍정선(특), p.109 이하.
54) 홍정선(특), p.110.

2. 신고의 종류

1) 자족적 공법행위로서의 신고

이것은 법령 등에서 사인이 행정청에 대하여 일정한 사항을 통지하고 도달함으로써 공법적 효과가 발생하는 신고를 말한다(예, 테니스장업신고, 혼인신고 등). 수리를 요하지 아니하는 신고라고도 한다.

이러한 신고는 자족적 공법행위이므로 일방당사자의 의사표시만으로 법률효과를 발생하게 된다. 따라서 신고는 행정주체에 대한 사인의 일방적 통고로서 그것이 행정청에 제출되어 접수된 때에 관계법이 정하는 법적 효과가 발생하며, 행정청의 별도의 수리행위가 필요한 것은 아니다.[55] 이때에 행정청의 수리행위는 접수 후의 행정청 내부절차로서의 성격만을 가질 뿐이므로 독자적인 의미를 갖지 못하게 된다. 따라서 당사자의 신고행위가 형식적 요건을 갖추었음에도 불구하고 행정청이 접수를 거부한 때에도, 이는 법적 의미를 갖지 아니하고 다만 단순한 사실행위에 불과하므로 당사자는 이러한 접수거부행위를 다툴 수 없다.[56]

행정절차법 제40조상의 신고는 이 유형에 해당한다. 동법 제40조 제1항은 "법령 등에서 행정청에 대하여 일정한 사항을 통지함으로써 의무가 끝나는 신고를 규정하고 있는 경우 신고를 관장하는 행정청은 신고에 필요한 구비서류와 접수기관 기타 법령 등에 의한 신고에 필요한 사항을 게시하거나 이에 대한 편람을 비치하여 누구나 열람할 수 있도록 하여야 한다"고 규정하고, 제2항은 "신고가 일정한 요건을 갖춘 경우에는 신고서가 접수기관에 도달된 때에 신고의 의무가 이행된 것으로 본다"고 규정하고 있다.

2) 행정요건적 공법행위로서의 신고

이것은 법령 등에서 행정청에 대하여 일정한 사항을 통지하고 행정청이 이를 수리함으로써 법적 효과가 발생하는 신고를 말한다(예, 수산업법 제44조의 어업신고). 수리를 요하는 신고로 불리기도 한다.

---

55) 석종현 · 송동수(상), p.132 이하 참조.
56) 류지태 · 박종수(신), p.126 이하 참조.

신고의 요건을 갖춘 신고가 있었다 하더라도 수리되지 않으면 신고가 되지 않은 것이 된다. 따라서 수리를 요하는 신고의 경우에 수리거부는 거부처분에 해당하며, 위법한 거부처분은 항고소송의 대상이 될 수 있다. 수리를 요하는 신고는 허가와 매우 유사하다.[57]

57) 박균성(강), p.120 이하 참조.

제2편

행정작용

제1장

행정상 입법

제1절 개설

Ⅰ. 의의

행정상 입법(行政上 立法)이라 함은 "행정기관이 법조문의 형식으로 일반적·추상적인 규범을 정립하는 행정작용"을 말한다. 즉 행정상 입법이란 행정권에 의한 입법으로서 불특정 다수인에 대하여 효력을 가지는 규범을 정립하는 것이다.

넓은 의미에서 행정상 입법(또는 행정입법)에는 국가행정권에 의한 입법과 지방자치단체에 의한 자치입법(조례와 규칙)이 포함되지만, 자치입법은 지방자치 편에서 별도로 논하고 있으므로 여기서는 국가행정권에 의한 입법만 설명하고자 한다.

행정상 입법에는 대외적 효력을 가지는 법규의 성질을 가지는 법규명령과 그렇지 아니한 행정 내부의 업무처리지침으로 정립되어 대내적 효력만 가지는 행정규칙이 포함된다. 법규명령은 다시 법령의 집행을 위하여 필요한 구체적·기술적 사항을 규율하기 위하여 발하는 집행명령과 법률 또는 상위명령에 의하여 위임된 사항에 관하여 발하는 명령으로서 위임의 범위 안에서 국민의 권리·의무에 관한 사항을 구체적으로 정하는 위임명령으로 나누어 진다.

Ⅱ. 필요성

현대 법치주의 또는 법률에 의한 행정의 원리에 의하면 국민의 권리·의무에 관한 사항은 국민의 대표기관인 국회에 의하여 제정된 법률에 의하여서만 규율되는 것이 원칙이라고 하겠다.

그럼에도 불구하고 현대 복지국가에서는 행정의 기능이 질적·양적으로 확대됨에 따라 종전의 소극적 경찰국가에서 얼마 안 되는 소수의 실정법으로 사회의 모든 현상을 규율하던 때와는 달리 법규범의 정립업무를 행정부에 점점 더 많이 위임할 수밖에 없게 되었으며, 그 이유로서는 ① 현대행정의 고도의 전문·기술성 때문에 정치성을 특징으로 하는 국회는 제도의 근본 방향을 정립하고, 보다 전문·기술적인 문제는 전문·기술관료로 조직된 행정부에 위임하는 것이 보다 합리적이며, ② 변화무쌍한 천차만별의 대상에 대하여 구체적이고도 타당성 있는 방대한 양의 규범을 정립할 필요가 있는 반면에, 국회의 심의에는 엄청난 시간과 절차가 소요되어 급속한 사회변화에 적응하기 어렵다는 점에서 국회의 부담경감을 위하여 도움을 주기도 한다.

Ⅲ. 문제점

행정상 입법의 증가추세가 필연적인 것이라고는 하더라도 법률을 지나치게 골격·입법화하고 백지위임식으로 행정입법에 수권해 버리는 것은 법치주의를 무너뜨리고 국민의 대표기관인 국회에 의한 통제를 벗어나 행정부의 전횡을 초래할 우려가 크기 때문에 위임입법의 한계에 관한 적절한 규범을 정립하여 행정입법의 남용을 억제하여야 할 것이다.

제2절 법규명령

Ⅰ. 의의 및 성질

법규명령(法規命令)은 행정기관이 정립하는 일반적·추상적 규범 중에서 법규의 성질을 가진 것을 말한다. 『법규』(法規)라 함은 국민과 행정권을 모두 구속하며(양면적 구속성), 재판규범이 되는 법규범을 총칭하는 개념으로서, 행정권만을 구속하며(일면적 구속성) 재판규범이 되지 못하는 행정규칙(行政規則)과 대비되는 개념이다.

법규명령은 법률의 법규창조력의 원칙과 법률유보의 원칙이 적용된다. 따라서 법규명령에 위반한 행정권의 행위는 위법으로서 무효 또는 취소사유가 되며, 이로 인하여 권익이 침해된 국민은 행정쟁송으로 그 무효확인·취소를 구하거나 손해배상청구소송을 제기할 수 있다. 반면 법규가 아닌 행정규칙에 위반한 행위는 그러하지 아니하다.

Ⅱ. 종류

법규명령은 여러 가지 기준에 따라 분류할 수 있으나, 행정상 입법의 특성상 반드시 상위법령상의 수권에 근거하여야 하고 그 발동권한의 소재가 분명하여야 한다. 따라서 법규명령은 일반적으로 수권의 범위·근거와 법형식에 의한 분류가 가능하다.

1. 수권의 범위 · 근거에 의한 분류

(1) 비상명령

비상상태의 수습을 위하여 행정부가 헌법에 근거하여 발하는 헌법적 효력을 가지는 명령을 말한다(프랑스 헌법상의 비상조치, 우리의 과거 소위 유신헌법상의 대통령긴급조치 등).

(2) 법률대위명령

헌법에 근거하여 발하는 법률적 효력을 가지는 명령을 말한다(현행 헌법상 대통령의 긴급명령, 긴급재정 · 경제명령, 헌법 제76조 제1항 · 제2항). 법률대위명령(法律代位命令)은 헌법에 직접 근거하여 발하여지는 독립명령이기 때문에 법률의 위임 없이도 가능하다. 다만, 이러한 법률대위명령은 지체없이 국회의 승인을 얻어야 하며, 그 승인을 얻지 못한 때에는 그 때부터 효력을 상실한다.

(3) 법률종속명령

법률보다 하위의 효력을 가지는 명령으로서, 이론상 위임명령과 집행명령으로 구분되지만(헌법 제75조 · 제95조 · 제114조), 실정법의 제정 관행을 보면 양자가 하나의 법규명령에 함께 규정되고 있다.

1) 위임명령

법률이 특정사항에 대하여 구체적으로 범위를 정하여 위임한 사항을 규정하는 명령(委任命令)으로서 대통령령과, 법률 또는 대통령령의 위임에 의한 총리령 · 부령을 말한다.

2) 집행명령

상위법령에 의한 구체적인 위임 없이 상위 법령의 단순한 집행을 위한 세부적 절차·방법 등에 관한 사항을 규정하는 명령이다. 행정부는 법률 집행의 권한과 의무를 가진다는 점에서 집행명령(執行命令)은 법률의 위임 없이도 제정할 수 있는 반면에, 국민의 권리·의무에 관한 사항은 창설할 수 없다.

2. 법형식에 의한 분류

(1) 대통령 긴급명령, 긴급재정·경제명령(헌법 제76조 제1항 및 제2항)

① 대통령은 내우·외환·천재·지변 또는 중대한 재정·경제상의 위기에 있어서 국가의 안전보장 또는 공공의 안녕질서를 유지하기 위하여 긴급한 조치가 필요하고 국회의 소집을 기다릴 여유가 없을 때에 한하여 최소한으로 필요한 재정·경제상의 처분을 하거나 이에 관하여 법률의 효력을 가지는 명령을 발할 수 있다.

② 대통령은 국가의 안위에 관계되는 중대한 교전상태에 있어서 국가를 보위하기 위하여 긴급한 조치가 필요하고 국회의 집회가 불가능한 때에 한하여 법률의 효력을 가지는 명령을 발할 수 있다.

(2) 대통령령

도로교통법시행령과 같이 통상 『시행령』이라는 명칭을 사용하며, 내용적으로는 상술한 위임명령과 집행명령을 포함하고 있다(헌법 제75조). 대통령령(大統領令)의 일반적인 제명은 근거법이 되는 모법의 시행에 관한 전반적인 사항을 정하는 경우에는 "○○법(법률)시행령"으로 칭하며, 모법의 일부규정의 시행에 필요한 개별적 사항을 정하거나, 대통령의 권한범위 안의 사항을 정할 경우에는 "○○규정", "○○령"으로 칭하되, 다만, 조직법규중 행정기관의 조직·직무범위에 관한 사항을 정하는 직제의 경우에는 "○○직제"로 통상 표현한다.[58)]

58) 법제처, 법령입안심사기준, 1996, p.188.

(3) 총리령 · 부령

국무총리 또는 행정각부의 장은 소관사무에 관하여 법률이나 대통령령의 위임 또는 직권으로 총리령(總理令) 또는 부령(部令)을 발할 수 있으며(헌법 제95조), 병역법시행규칙과 같이 통상 『시행규칙』이란 명칭을 붙인다. 총리령 · 부령의 제명은 일반적으로 "○○법(법률)시행규칙" 또는 "○○규칙"으로 칭한다.

그런데 총리령이 부령보다 효력상 우위에 있는가에 관하여는, 총리령은 국무총리의 업무인 행정 각부에 대한 통할사무에 관하여 발하는 것이므로 우위에 있다는 견해와,[59] 헌법(제95조)상 효력의 차이에 관한 명문의 규정이 없고 총리령은 행정 각부의 장과 동일한 지위에서 국무총리 직속기관의 사무에 관하여만 발하여지고 있으므로 동위의 효력을 가진다는 견해가 있다.[60] 생각건대, 국무총리의 소관사무 중 헌법(제86조 제2조)상 행정 각부를 통할하는 지위에서 발하는 총리령은 부령보다 우위의 효과를 가지며(실제로 이에 해당되는 총리령은 많지 않다. 비상대비자원관리법시행규칙 등), 특정 국무총리 직속기관(법제처 · 보훈처 등)의 업무에 관하여 발하는 총리령(법제업무운영규정시행규칙 · 행정심판법시행규칙 등)은 부령과 동위의 효력을 가진다고 하여야 할 것이다.

(4) 중앙선거관리위원회규칙

중앙선거관리위원회가 헌법(제114조 제6항)에 의거하여 법령의 범위 안에서 발하는 선거관리 · 국민투표관리 · 정당사무 등에 관한 규칙으로서, 내용적으로 위임명령과 집행명령을 포함하고 있다.

(5) 감사원규칙

헌법이 아니라 감사원법(제52조)에 근거하여 정립되는 감사원규칙도 행정입법으로 볼 것인가에 관하여는 행정입법은 국회입법원칙에 대한 예외를 이루는

---

59) 강구철(I), p.256; 김남진(I), p.163; 김도창(상), p.312; 홍정선(상), p.205.
60) 박윤흔(상), p.220; 이상규(상), p.294.

것이므로 헌법에 명문으로 열거된 것에 한하여 인정된다는 입장에서 이를 후술하는 행정규칙의 일종으로 보는 견해[61]도 있으나, 헌법의 규정은 예시적인 것이며 그 외의 행정입법형식을 금지하는 뜻은 아니라는 점에서 이를 법규명령의 일종으로 인정[62]하여야 할 것으로 생각되며, 인정하더라도 국회가 제정한 법률의 위임 범위 내에서 또는 법률의 집행을 위하여 필요한 한도 내에서만 제정되는 것이므로 특별히 문제될 이유는 없다고 생각된다(법규명령설이 통설).

Ⅲ. 근거

법규명령을 발하기 위해서는 헌법 · 법률 또는 상위법령의 근거가 있어야 한다. 구체적으로 보면 긴급명령이나 긴급재정 · 경제명령은 헌법이 정하는 요건이 충족되어야만 정할 수 있다, 반면 위임명령은 법률이나 상위명령의 구체적 범위를 정한 위임이 있어야만 정할 수 있다. 다만, 집행명령은 법률 또는 상위명령의 단순한 집행을 위한 절차 · 방법 등을 정하는 것이므로 위임 없이도 발할 수 있다.

Ⅳ. 한계

1. 대통령긴급명령과 긴급재정 · 경제명령

우리 헌법 제76조 제1항에 규정된 대통령긴급명령과 동조 제2항에 규정된 대통령긴급재정 · 경제명령은 『법률의 효력을 가지는 명령』이라 하여 국회가 제정한 법률과 동일한 효력을 가지게 하고 있다. 그러나 이러한 긴급명령과 긴

61) 김도창(상), p.311; 석종현 · 송동수(상), p.146.
62) 김남진(Ⅰ), p.164; 박윤흔(상), p.220; 이상규(상), p.294.

급재정·경제명령은 주로 시간상의 긴급을 요하는 경우에 발하는 것이지, 통상의 절차가 가능할 경우에는 발하는 것이 아니기 때문에 일반적인 행정상의 입법이 아니라 할 것이다. 또한 종국적으로 국회의 승인을 얻지 못한 때에는 그 때부터 효력을 상실하게 되는 것이다.

2. 위임명령

위임명령의 한계에 관하여는 다음 사항이 거론되고 있다.

(1) 일반적 한계

헌법(제75조)은『법률에서 구체적으로 범위를 정하여 위임받은 사항』에 한하여서만 위임명령을 발할 수 있다고 규정하고 있다. 따라서 국민의 권리·의무에 관한 기본적인 사항은 모두 법률에서 직접 규정하여야 하며(법률유보의 원칙), 다만 그 세부적인 법률 보충적인 사항에 한하여 위임할 수 있고 위임할 경우에도 법률유보의 원칙이 훼손되지 아니하도록 법률에서 위임의 범위를 구체적으로 정하여 위임하여야 한다. 따라서 위임은 개별적이며 구체적인 위임이어야 하며, 반대로 일반적 또는 포괄적 위임이나 백지위임은 헌법의 위임범위를 벗어난 것으로서 위헌이며 무효의 판결을 받게 된다.

무엇이 개별적·구체적 위임인가에 관하여는, 위임입법으로 규정할 대상을 명백히 한정하고(대상의 한정성), 이를 규정함에 있어서 수임기관이 고려하여야 할 기준·목표 등을 명확히 제시하여야 한다(기준의 명확성). 수임기관이 고려하여야 할 목표·기준은 수권 법률의 전체의 취지·목적 등의 해석에 의하여 명확하게 밝혀질 수 있으면 된다고 하는 판례가 있다(대판 1971. 1. 26, 69도1094).

독일 기본법(제80조 제1조)에서도『수권의 내용·목적·범위를 법률에서 규정하여야 한다』고 하여 소위 명확성(Bestimmtheit)의 원칙을 고수하고 있다.

(2) 대상의 한정성과 기준의 명확성의 정도

모든 행정분야에 있어 천편일률적인 기준을 요구할 수는 없으며, ① 우선 규제대상의 성격에 따라 기본권 침해영역에서는 급부행정영역보다 더 강하게 요구되며, ② 매우 다양한 사실관계를 규율하거나 사실관계가 수시로 변화할 것이 예상되는 때에는 그 반대라고 하여야 한다.

【판례】 : ① 위임의 구체성 · 명확성의 정도에 관한 판례
교육법(제8조의2)은 『중학교 의무교육의 범위는 대통령령으로 정한다』고만 규정하여 의무교육의 범위를 구체적으로 한정하지 않고 있어 헌법 제75조에 대한 위헌이 아닌가 하는 의문이 생기지만, 이러한 위임의 구체성 · 명확성의 요구 정도는 규제대상의 종류와 성격에 따라 달라진다. 막대한 재정지출을 수반하는 무상교육의 수익적 성격과 규율대상의 복잡다양성을 고려하면, 위임의 명확성의 요구 정도를 완화하여 해석할 수 있는 것이며, 따라서 포괄적 위임금지를 규정한 헌법 제75조에 위반하지 아니한다(헌재결 1991. 2. 11, 90헌가27).

② 수익적 행정분야에는 완화된 기준이 적용된다는 판례
공공용지의취득및손실보상에관한특례법(공특법 재4조 제5항)은 보상대상인 손실의 종류를 열거하고 그 평가방법 및 기준 등을 건설부령으로 정하도록 위임하였는바, 위 조항은 보상의 대상이 되는 손실의 종류를 제한적으로 한정한 것이 아니라 예시적인 것에 불과하며 여기에 열거되지 아니한 손실에 대하여도 건설부령으로 정할 수 있다고 보아야 한다. 따라서 위 조항에 이농비만 있을 뿐 실농보상에 관하여는 명문으로 규정이 없다 하더라도, 토지수용으로 영농을 계속할 수 없게 된 농민이 입은 영농피해에 대하여 그 보상액 산정방법과 기준을 정한 공특법시행규칙의 관련조문은 공특법의 위 조항에 터잡은 것으로 유효하고, 모법의 위임이 없는 무효의 규정이라 할 수 없다(대판 1994. 1. 28, 93누17218).

③ 모법의 위임범위를 벗어나 무효인 부령이라는 판례
부가가치세법(제17조 제3항)은 세액공제의 대상이 될 재화의 종류를 정하면서 그 세액 산출의 계산방법만을 동법시행령에 위임하고 있고, 이에 의거한

동법시행령(제62조 제1항)은 의제매입세액 계산의 기준이 되는 농작물 등의 가액에 곱할 율만을 재무부령에서 정하도록 재위임하고 있을 뿐인데도, 동법시행규칙(제19조 제2항)은 모법에서 정하고 있는 세액공제 대상 재화에서 다시 일정한 재화를 제외한다고 규정하고 있으므로, 이는 모법의 위임범위를 벗어난 근거 없는 것으로서 무효의 규정이라 할 것이다(대판 1985. 3. 26, 84누384).

(3) 헌법상의 입법사항에 대한 위임문제

우리 헌법은 죄형법정주의(제12조), 조세법률주의(제59조)와 함께 국적취득요건(제2조 제1항), 재산권의 수용 및 보상(제23조 제3항), 행정 각부의 설치(제96조), 지방자치단체의 종류(제117조 제2항) 등을 법률로 정하도록 하고 있으며, 이를 헌법상의 입법사항(立法事項)이라 하여 이에 대해서는 국회만이 전권을 행사하게 하고 있다. 이러한 국회전속적 입법사항에 관하여는 위임이 허용되지 아니한다는 견해[63)]와 일정한 범위 내에서 위임할 수 있다는 견해[64)]가 있으나, 이들 헌법상의 개별조항이 위임입법의 일반적 기준 및 한계를 정한 헌법 제75조의 적용을 배제하는 취지로는 해석되지 아니하므로 위임이 허용된다고 보아야 할 것이다.

현행법상 위임의 예로서는 ① 관세법(제16조)상 할당관세를 법률이 정한 기본세율의 40% 범위 내에서 대통령령으로 가감할 수 있도록 위임한 것, ② 손실보상액의 구체적인 산정방법 · 기준 등을 위임한 것, ③ 특별지방자치단체의 종류와 설치를 대통령령에 위임한 것(지방자치법 제2조 제4항) 등을 들 수 있다.

(4) 벌칙의 위임문제

죄형법정주의와 관련하여 전형적인 기본권 침해에 해당하기 때문에 가장 신중하게 다루어져야 할 분야이다. 이에 관하여는 처벌의 대상인 범죄의 구성요

63) 석종현 · 송동수(상), p.153; 이상규(상), p.298.
64) 김남진(Ⅰ), p.173; 김동희(Ⅰ), p.142; 박윤흔(상), p.227.

건과 형량으로 구분하여 고찰하여야 할 것인바, ① 구성요건(構成要件)의 포괄적 위임은 허용되지 아니하며, 최소한 법률에서 처벌대상인 행위가 어떠한 것이라고 예측할 수 있을 정도로 구체적으로 정하여야 하며, ② 형량(刑量)에 관하여는 형벌의 종류와 상한은 법률로 정하여야 한다.

【판례】: ① 범죄의 구성요건을 포괄 위임하여 위헌이라는 판례
복표발행·현상기타사행행위단속법(법률 제762호 1961 .11. 1) 제9조가『각령(제2공화국 의원내각제하의 법령, 오늘날의 대통령령에 해당함)의 규정에 위반한 행위』를 처벌토록 한 것은 형벌만을 규정하고 범죄의 구성요건의 설정을 완전히 백지위임한 것이나 다름없으므로 헌법 제12조 제1항에 위배된다(헌재결 1991. 7. 8, 91헌가4).
② 죄형법정주의에 위배되지 아니하는 위임이라는 판례
양곡관리법 제17조 제1항은, 농수산부장관은 양곡의 수급조정과 유통질서의 확립을 위하여 특히 필요하다고 인정할 때에는 양곡매매업자에 대하여 기간과 지역을 정하여 대통령령이 정하는 바에 따라 매매대상자의 제한, 판매가격의 최고한도, 거래 포장규격의 제한 등에 관한 명령을 할 수 있도록 규정하고, 동법 제23조는 위 규정에 의한 농수산부장관의 명령에 위반한 자는 10년 이하의 징역, 3천만 원 이하의 벌금에 처하도록 한 경우에 이들 조항은 모두 죄가 되는 행위와 이에 대한 형벌은 법률로 정하여야 한다는 헌법 제12조의 죄형법정주의에 반한다고 할 수 없다(대판 1982. 11. 23, 82도2352).

(5) 재위임의 문제

법률에서 대통령령으로 정하도록 위임하였음에도 불구하고 다시 부령으로 위임할 수 있는가에 관하여, 종전에는 이를 수권법률을 개정하는 결과가 된다고 하여 완전히 부정하는 견해도 있었다. 그러나 오늘날은 전면적 재위임은 허용되지 않지만 위임받은 사항에 관하여 기본적인 골격을 정한 다음 다시 세부적인 사항을 하위명령에 위임하는 것은 허용된다고 본다.[65] 또한 헌법(제95조)이 법률 또는『대통령령의 위임』으로 총리령·부령을 발할 수 있다는 표현

65) 김도창(상), p.315; 김남진(Ⅰ), p.174; 박윤흔(상), p.229; 이상규(상), p.298.

도 바로 재위임(再委任)을 허용하는 취지로 해석하고 있다.

현실적으로도 대통령령이 부령에 재위임하고 있는 예가 많이 있다(예, 식품위생법 제31조는 "식품접객영업자 및 '대통령령이 정하는 영업자'는 위생관리·질서유지·국민보건위생의 증진을 위하여 보건복지부령으로 정하는 준수사항을 지켜야 한다"고 규정하였고, 이에 의거한 동법시행령 제17조의2는 준수사항의 적용대상영업자를 『식품운반업, 식품보존업, 포장용기류제조업 중 '보건복지부령이 정하는 영업'』이라고 규정함으로써 범위를 정하여 부령에 재위임 하였다).

【판례】: 특정사항의 범위를 정한 재위임은 허용된다는 결정

재위임에 의한 부령의 경우에도 위임에 대한 대통령령에 가해지는 헌법상의 제한이 당연히 적용되므로 법률에서 위임받은 사항을 전혀 규정하지 아니하고 그대로 재위임하는 것은 허용되지 않으며 위임받은 사항에 관하여 대강을 정하고 그 중의 특정사항을 범위를 정하여 하위법령에 다시 위임하는 경우에만 재위임이 허용된다(헌재결 1996. 2. 29, 94헌마213).

3. 집행명령

집행명령은 위임명령과 달리 상위명령의 성실한 집행을 위한 절차·방법 등에 관한 사항만을 정할 수 있으며 국민의 권리·의무에 직접 또는 간접적으로 관계되는 사항을 정하여서는 아니 된다(왜냐하면 이는 위임명령의 영역에 속하는 사항이기 때문이다). 그러나 현실적으로 양자의 차이는 상대적이며 애매한 경우가 많기 때문에 행정현실에 있어서 상위명령의 위임 없이 위임명령에 해당하는 사항을 집행명령으로 규정하는 사례가 더러 있다.

Ⅴ. 성립 및 발효요건

1. 성립요건

다음의 성립요건을 모두 갖추지 못한 법규명령은 하자를 띠게 되며, 그것이 중대하고 명백한 것이면 무효가 된다.

(1) 주체

대통령·국무총리·소관부처 장관 등 정당한 권한을 가진 기관이 제정하여야 한다. 어선의 안전한 조업을 위하여 행정안전·국방·농림수산식품·국토해양부의 4개 부처 공동부령으로 제정한『선박안전조업규칙』과 같이 제정권자가 2개 부처 이상인 경우도 있으며, 이를 개정할 때에는 이들 부처의 협의에 의하여 각 부령을 동시에 개정하여야 한다.

(2) 내용

헌법·법률·대통령령 등 상위명령의 위임이 있어야 하고, 또한 그 위임의 범위를 벗어나서는 안 되며, 상위명령의 어떠한 조항에도 저촉되지 아니하는 내용이어야 한다. 또한 그 내용이 객관적으로 인식할 수 있을 정도로 명확하여야 하며, 평균인의 능력으로 실현 가능한 것이어야 한다.

(3) 절차

행정관청 내부의 절차로는 주무부처의 성안 → 관계부처의 협의가 필요한 경우 협의 → 법제처 심사(정부조직법 제27조 제1항) → 국무의회 의결(법률·대통령령의 경우) → 국회 심의·의결(법률의 경우) → 공포의 절차를 거쳐야 한다.

대외적인 절차로서는 국민의 권리·의무 또는 일상생활과 밀접한 관련이 있는 법규명령은 반드시 사전에 20일 이상 입법예고하고 국민과 이해관계인으로부터 의견을 제출받아 반영하도록 하고 있으며, 필요한 경우 공청회까지 개최할 수 있도록 하고 있다(행정절차법 제41조~제45조).

(4) 형식

법조문의 형식으로 하여야 한다.

(5) 공포

법규명령을 대외적으로 표시하는 것을 공포라 한다. 공포는 정부가 발행하는 관보에 게재하는 것을 말하며, 법규명령의 공포일은 그 법규명령이 게재된 관보가 현실적으로 발행된 날을 말한다(법령등공포에관한법률 제11조 제1항·제12조).

2. 발효요건

적법하게 성립된 법규명령은 시행됨으로써 그 효력이 발생한다. 시행일은 국민의 주지기간·행정관청의 사전준비기간 등을 고려하여 당해 법규명령의 부칙에서 『공포 후 3월이 경과한 날부터 시행한다』 등으로 규정함이 대부분이며, 특별히 시행일을 규정하지 아니한 경우에는 공포한 날로부터 20일이 경과함으로써 효력이 발생한다(법령등공포에관한법률 제13조).

Ⅵ. 소멸

법규명령의 소멸은 그 시점을 기준으로 장래에 향하여 효력을 상실하는 것을 말하는데, 일반법률과 마찬가지로 폐지되거나 종기가 도래하는 경우에는 실효가 됨으로서 소멸하게 된다. 폐지란 행정권의 직접적이고 명시적인 의사표시에 의하여 법규명령의 효력을 장래에 향하여 소멸시키는 것을 말한다. 실효는 종기의 도래나 해제조건의 성취에 의하는 경우도 있지만, 상위법우선의 원칙과 신법우선의 원칙에 의하여 그 내용이 상위법과 신법에 저촉되는 경우에 효력의 상실로 인하여 소멸되는 것도 포함된다.

Ⅶ. 법규명령에 대한 통제

1. 정치적 통제

1) 국회에 의한 통제로서는 법률로 위임할 경우에 위임의 범위를 명확히 한정하는 방법 외에, 행정입법의 성립·발효에 국회의 동의와 승인을 요하게 하는 방법이 있다. 영국과 같이 법령의 국회제출절차(laying process)에 의하여 의회의 사전 또는 사후 동의를 받게 하는 방법도 있다. 그러나 우리는 다만 대통령의 긴급명령과 긴급재정·경제명령에 대하여 국회의 사후승인을 얻게 하는 직접적 통제 이외에는 실질적 통제제도가 없다.

2) 국민에 의한 통제로서는 행정절차법상의 입법예고제에 의하여 20일 이상 사전에 공고하여 국민의 의견을 제출받고 필요하면 공청회까지 거치도록 하고 있다(행정절차법 제41조~제45조).

미국 행정절차법은 법령제정절차(rule making process)라 하여 엄격한 청문절차 등을 거치도록 하고 있다.

2. 행정적 통제

행정부 내에 특별한 심사기구를 두어 그 심사를 받도록 하고 있는바, 우리의 법제처, 일본의 내각법제국, 프랑스의 국참사원(Conseil d'Etat), 미국의 관리예산처(Office of Management and Budget: OMB) 등이 그것이다.

한편, 상급관청은 일반적인 지휘·감독권에 근거하여 훈령 등으로 하급관청이 발령하는 법규명령의 기준·방향 등을 지시할 수도 있으며, 공포된 후에는 개정 · 폐지를 명하거나 그와 모순되는 상위명령을 제정하여 실효시켜 버리는 방법 등에 의하여 통제할 수 있다.

3. 사법적 통제

(1) 법원에 의한 통제

나라에 따라 차이가 있으나, 우리는 법규명령에 대한 추상적 규범통제는 허용되지 아니하고, 구체적인 사건의 재판에 있어 법규명령의 위헌 · 위법성 여부가 재판의 전제가 될 경우에만 그 사건의 판결을 위한 선결문제로서 위헌 · 위법성 여부를 심사할 수 있다(구체적 규범통제, 具體的 規範統制). 그러나 법규명령 자체만으로도 국민의 권리 · 의무를 직접 발생 · 변경 · 소멸시키는 소위 『처분법령』(處分法令)인 경우에는 구체적 사건성이 없더라도 그 처분법령 자체가 행정소송의 대상이 된다) . 또한 법원이 위법이라고 판단한 법규명령은 오직 당해 사건에 한하여만 적용이 거부될 뿐이며, 위법인 법규명령 자체가 실효되어 버리는 것은 아니며, 위헌 · 위법한 법규명령에 기하여 행하여진 행정행위는 중대 · 명백설에 입각하여 판단할 때 그 하자가 중대한 것이기는 하지만 행정청에게는 법령심사권이 없기 때문에 명백한 하자라고 볼 수는 없으므로 당연무효로 볼 수는 없고 취소사유에 해당한다고 보아야 할 것이다(판례도 대체로 그러하다).

【판례】 : 지방분교의 폐지에 관한 지방자치단체의 조례에 대하여 행정처분성을 인정한 판례
조례가 집행행위의 개입없이도 그 자체로서 직접 국민의 구체적인 권리 · 의무나 법적 이익에 영향을 미치는 등의 법률상 효과를 발생하는 경우에는 그 조례는 항고소송의 대상이 되는 행정처분에 해당한다(대판 1996. 9. 20, 95누7994).

(2) 헌법재판소에 의한 통제

우리 헌법은 명령(법규명령), 규칙(행정규칙)에 대한 위헌 · 위법 심사권은 법원에(제107조 제2항), 법률의 위헌심사권은 헌법재판소에 부여하고 있다(제107조 제1항).

그런데 헌법재판소도 "공권력의 행사 또는 불행사로 인하여 헌법상 보장된 기본권을 침해받은 자는 헌법소원심판을 청구할 수 있다"는 헌법재판소법(제68조 제1항)에 근거하여 명령 · 규칙의 위헌성 여부를 심사할 수 있는가에 관하여는, ① 헌법 제107조 제2항은 재판의 전제가 된 경우에 한하여 법원의 심사권을 인정한 것이고, 명령 · 규칙의 제정행위도 공권력의 행사행위이므로 그것이 국민의 기본권을 침해한 경우에 그에 대한 헌법소원을 인정하는 것은 헌법 제107조 제2항에 위배되는 것은 아니라는 적극설[66]과, ② 헌법(제107조 제1항 및 제2항) 규정은 법률과 명령 · 규칙의 심사권을 엄격히 분리하여, 전자는 헌법재판소에, 후자는 법원에 각각 배타적으로 부여한 것으로 해석되므로, 헌법재판소는 명령 · 규칙에 대한 위헌심판권을 가질 수 없다는 소극설[67]이 대립되어 있으나, 우리 헌법재판소는 법무사자격시험을 실시하지 않을 수 있도록 규정한 법무사법시행규칙(대법원규칙)이 모법인 법무사법에 반하고 헌법상의 평등권과 직업선택의 자유를 침해하여 위헌이라는 헌법소원심판에 대하여 적극설의 입장에서 위헌이라고 결정한 바 있다(헌재결 1990. 10. 15, 89헌마178).

Ⅷ. 행정입법부작위와 권리구제

행정입법부작위에 의하여 국민의 권익이 침해된 경우에 국민은 어떠한 법적 구제를 받을 수 있는가가 문제된다.

---

66) 김남진(Ⅰ), p.181; 김동희(Ⅰ), pp.144-151; 박윤흔(상), p.238; 석종현 · 송동수(상), pp.161~162.
67) 이상규(상), p.321.

1. 행정입법부작위와 부작위위법확인소송

행정입법부작위에 대한 부작위위법확인소송을 인정할 수 있을 것인가가 문제된다. 행정소송법 제36조의 부작위위법확인소송은 신청한 처분의 부작위를 다투는 소송일 뿐, 행정입법의 부작위를 다투는 소송은 아니다. 따라서 현행 행정소송법상 행정입법의 부작위를 행정소송으로 다툴 수는 없다.[68] 판례도 부작위위법확인소송은 처분에 대한 부작위를 다투는 소송이므로 추상적인 법령에 관한 제정의 여부 등은 그 자체로서 국민의 구체적인 권리·의무에 직접적인 변동을 초래하는 것이 아니기 때문에 불가능하다는 입장이다(대판 1992. 5. 8, 91누11261 참조).

2. 행정입법부작위에 대한 헌법소원

행정입법부작위에 대한 헌법소원을 인정할 것인가가 문제된다. 이에 대해 헌법재판소는 "행정입법부작위는 항고소송의 대상이 되지 않는다는 것이 대법원의 입장이므로 보충성원칙의 예외로서 헌법소원의 대상이 된다"고 판시하고 있다(헌재 1998. 7. 16헌마246). 헌법재판소는 행정권의 시행령제정의무를 헌법적 의무로 본다. 시행명령을 제정할 법적 의무가 있는 경우에 명령제정의 거부나 입법부작위도 '공권력의 행사나 불행사'이므로 당연히 헌법소원의 대상이 된다(헌결 2004. 2. 26, 2001헌마718).

3. 행정입법부작위와 국가배상

행정입법부작위로 인하여 손해가 발생한 경우에 공무원의 고의·과실이 인정되는 경우에는 국가배상청구가 가능하다.[69]

---

68) 홍정선(특), p.134 참조.
69) 같은 입장 : 박균성(강), p.156.

제3절 행정규칙

Ⅰ. 의의

전통적 견해에 의하면 행정규칙(行政規則)이란 “행정조직 내부 또는 특별권력관계 내부의 조직과 활동을 규율하기 위하여 제정되는 일반적 · 추상적 규정”으로서, 훈령 · 예규 · 지시 등의 형식으로 제정되는 행정기관 내부규범을 말한다. 법규명령과 달리 일반 국민의 권리 · 의무를 규율하는 것이 아니므로 소위 『법규』가 아니라는 점, 즉 국민에 대한 법적 구속력은 없고 오직 행정조직 내부에서만 효력을 가진다는 점에 특징이 있다(일면적 구속성).

따라서 행정규칙에 위반하여 행한 행정행위도 위법은 아니며 그 효력에는 아무 지장이 없으나, 다만 이를 행한 공무원만이 행정조직 내부에서 징계책임을 질뿐이라고 한다.

Ⅱ. 성립배경 및 기능

원래 행정규칙이론은 독일의 입헌군주제하의 특별권력관계론을 기초로 하여 재량행위론과 함께 『법률(즉 의회)로부터 자유로운 영역』을 형성함으로써 군주의 독자적 영역을 고수하기 위한 의회와 군주의 타협의 산물이었다. 위의 3가지 이론은 그 후 국민주권주의하의 실질적 법치주의의 이념과는 본질적으로 거리가 있어 축소와 수정을 거듭해 오기는 했으나, 지금까지의 통설과 판례는 아직 이를 모두 인정하고 있다.

오늘날 행정규칙은 이러한 한계점을 내포하면서도 소수의 법규명령만으로는 커버할 수 없는 대량 · 반복적인 행정행위(조세부과 · 복지 · 노동 · 건설 등)의 통일적인 기준을 마련하여 『재량권행사의 준칙』으로 기능함으로써 헌법상의 평등권을 구현하는 적극적인 기능을 수행하고 있는 반면, 행정이라는 울타리 안에 둘러싸여 국민들에게 공개되지 아니하는 재량준칙을 비밀리에 제정·적용함으로써 또 다른 권력남용의 요인으로 작용하게 될 우려도 있다.

국민은 내부적 효력만 가지는 행정규칙에 따르지 아니한 행정행위에 대하여 위법성을 이유로는 제소할 수 없지만, 행정규칙에 따르지 아니한 행정처분에 대하여 평등의 원칙에 위반됨을 이유로는 제소할 수 있기 때문에 재량권행사의 준칙이라는 측면에서 행정규칙의 중요성이 인정된다.

Ⅲ. 종류

1. 형식에 따른 분류

『사무관리규정』(대통령령)에 의하면 행정규칙은 훈령·지시·예규·일일명령 등의 형식으로 구분된다. 이들은 상급기관이 하급기관의 근무에 관한 사항을 계속적으로 규율하기 위하여 발하는 일종의 근무규칙이다.

(1) 훈령

상급기관이 하급기관에 대하여 장기간에 걸쳐서 그 권한의 행사를 일반적으로 지시하기 위하여 발하는 명령이다. 훈령(訓令)은 관보에 공시하는 것이 보통인데 공시하지 않는 내훈(內訓)도 있다. 훈령은 법규명령처럼 법규의 성질을 가지지 않는 행정명령이기 때문에 훈령의 발령은 반드시 명문의 법적 근거를 필요로 하는 것은 아니다. 훈령은 하급행정기관에 대하여 발령되지만 하급행정청이 훈령에 위반하여 행정행위를 하였다는 사실만으로 당해 행정행위가 위법하게 되는 것은 아니다.

(2) 지시

지시란 상급기관이 직권 또는 하급기관의 문의에 의하여 개별적·구체적으로 발하는 명령을 말한다.

(3) 예규

예규(例規)란 행정사무의 통일을 기하기 위하여 반복적 행정사무의 기준을 제시하는 명령을 말한다.

(4) 일일명령

일일명령이란 출장 · 당직 · 휴가 등 일일업무에 관한 명령을 말한다.

2. 내용에 따른 분류

(1) 조직규칙

행정조직 내부의 조직 · 권한배분 · 업무처리절차 등에 관한 규칙을 말한다. 우리의 경우 헌법상에 행정조직법정주의(行政組織法定主義)를 택하고 있어 조직규칙이 기능할 수 있는 범위가 한정적이다.

(2) 행위지도규칙

행정기관의 대외적 활동의 지침을 정한 규칙.

1) 해석규칙

오늘날 많은 법규가 불확정개념을 사용하고 있기 때문에 그 개념을 명확하게 해석해 줌으로써 하급 집행기관 간에 통일적인 법적용을 기하기 위하여 마련한 규칙. 즉, 행정내부에 있어서 규범해석을 통일하여 국민에 대한 관계에서 법적 평등취급을 보장하고 법률의 집행을 정형화하는 기능을 수행하는 것이다.[70)]

70) 김향기, 행정규칙의 유형과 외부효과, 월간고시, 1994.3, p.70.

2) 재량준칙

하급기관의 재량권행사의 기준을 정한 규칙(예, 식품위생법 · 자동차운수사업법 등에 의한 법규위반자에 대하여 위반사안의 경중에 따라 사업허가 취소 · 정지 등의 구체적 기준을 정한 것). 우리 헌법재판소는 행정규칙인 재량준칙(裁量準則)의 경우는 평등의 원칙과 신뢰보호의 원칙이 적용되기 때문에 대외적 구속력을 가진다고 판시하고 있다(후술 헌법재판소결정 참조).

3) 간소화지침

대량 · 반복적 행정처분의 획일적 기준을 정한 규칙(예, 조세 · 사용료 · 수수료 등 각종 부과금의 반복적인 부과 · 징수업무의 처리지침을 정한 것).

3. 특별권력관계의 종류에 따른 분류

(1) 근무규칙

공법상의 근무관계를 규율하는 규칙(예, 공무원당직근무규칙).

(2) 영조물규칙

공법상의 영조물 이용관계를 규율하는 규칙(예, 국립도서관이용규칙). 그러나 오늘날에 있어서는 영조물이용관계를 특별권력관계로 보는 이론이 퇴조하고 있다.

(3) 감독규칙

공법상의 특별감독관계를 규율하는 규칙(예, 별정우체국 감독규칙).

(4) 사원규칙

공법상의 사단관계를 규율하는 규칙(예, 산림조합정관).

Ⅳ. 법규명령 형식의 행정규칙과 행정규칙 형식의 법규명령

1. 법규명령 형식의 행정규칙

정부공문서규정·공무원근무규정 등은 법규명령인 대통령령으로 제정된 것이지만 그 내용은 전형적인 행정규칙에 해당되는바, 이 경우에 위 대통령령의 성질을 법규명령으로 볼 것인지 아니면 행정규칙으로 볼 것인지에 대하여 견해가 대립되어 있다.

(1) 법규명령설

이러한 행정규칙은 법규명령으로 전환되어 국민과 법원을 구속하는 양면적 효과를 가진다는 견해이며, 현재의 다수설이다.[71]

(2) 행정규칙설

비록 형식이 법규명령이라 할지라도 내용이 행정규칙의 성질을 가진 것이면 행정규칙으로 보아야 하며, 따라서 국민과 법원을 구속할 수는 없다는 견해이다.[72]

(3) 결어

생각건대, 행정조직 내부에서만 적용되어야 할 사항과 외부적으로 효력을 가져야 할 사항 간의 구별기준은 매우 애매하며, 아무리 행정조직 내부에서만 효력을 가진다고 하더라도 직·간접적으로 국민에게 영향을 미치게 됨은 부인할 수 없다고 하겠다.

따라서 법규명령의 형식을 갖추고 있는 이상 비록 행정조직 내부에만 효력이 미칠 것을 예정한 것이라도 이는 법규명령으로 보아야 하며, 따라서 이에

---

71) 김도창(상), p.325; 김동희(Ⅰ), p.157; 박윤흔(상), p.244; 이상규(상), p.310.
72) 김남진(Ⅰ), p.187; 석종현·송동수(상), pp.175~180.

위반한 행정처분에 대하여는 위법을 이유로 취소할 수 있다고 하여야 할 것이다. 판례도 대통령령인 『정부공문서규정』(현재의 사무관리규정)에 위반하여 국민의 문서열람·복사신청을 거부한 행정청의 조치는 위법하다고 하였다.

【판례】: 정부공문서규정에 위반한 행위를 위법으로 본 판례
정부공문서규정(종전의 것) 제36조 제2항의 규정은 행정기관으로 하여금 일반국민의 문서열람 및 복사신청에 대하여 기밀 등의 특별한 사유가 없는 한 이에 응하도록 하고 있으므로 그 신청을 거부한 것은 위법하다(대판 1989. 10. 24, 88누9312).

2. 재량권행사의 준칙인 법규명령

우리 판례는 ① 운전면허취소·정지 처분의 구체적 기준을 정한 내무부령인 도로교통법시행규칙 제53조 및 별표 16(대판 1990. 10. 16, 90누4297)과, ② 음식점영업 등의 허가취소·정지처분의 구체적 기준을 정한 보건복지부령인 식품위생법시행규칙 제53조 및 별표 15(대판 1994.3.8, 93누21958; 대판 1993.6.29, 93누5635), ③ 이·미용업 등의 허가취소·정지처분의 구체적 기준을 정한 보건복지부령인 공중위생법시행규칙 제41조 및 별표7(대판 1990.5.22, 90누1571), ④ 자동차운수사업자의 허가취소·정지처분의 구체적 기준을 정한 교통부령인 자동차운수사업법제31조등의규정에의한사업면허의취소등에관한규칙(대판 1990.10.12, 90누3546), ⑤ 건축사사무소의 등록취소 등의 기준을 정한 건설부령인 건축사법시행규칙 제28조의 규정(대판 1993.10.8, 93누15069), ⑥ 당구장 등 풍속영업의 허가취소·정지처분의 구체적 기준을 정한 풍속영업의규제에관한법률시행규칙 제8조 제1항 및 별표3(대판 1994.4.12, 94누651)과, ⑦ 총리령인 공무원징계양정등에관한규칙(대판 1992.4.14, 91누9954) 등 일련의 법규명령인 부령·총리령에 대하여 한결같이 이는 『행정조직 내부의 사무처리준칙을 정한 것에 불과하므로 관계 행정기관

과 직원을 기속함에 그치고, 대외적으로 국민이나 법원을 기속하는 효력은 없다』고 하여 행정규칙설의 입장을 취하고 있다.

그러나 이들 부령·총리령은 각종 법령위반행위를 유형별로 세분하여 경중에 따라 경고, 15일·30일·60일 등의 영업정지, 최종적으로 허가·면허 등의 취소처분을 하도록 규정한 것으로서, 『법령위반 행위에 대하여는 허가를 취소 또는 정지할 수 있다』는 극히 추상적인 법률의 규범을 보다 구체화하여 재량권 행사의 준칙을 정한 것으로 볼 수 있고, 그 내용도 본질적으로 국민의 권리·의무에 관한 사항을 정한 것이라 할 것이므로 법규명령에 속하는 것이다. 따라서 처음부터 당연히 법규명령에 해당하는 내용이 법규명령의 형식으로 제정된 것으로서 지극히 당연한 법규명령임에도 불구하고 그 대외적 효력을 부인하는 것은 이해하기 어렵다.

3. 행정규칙 형식의 법규명령

법령이 특정 행정청에게 그 법령의 구체적인 사항을 정할 수 있는 권한을 부여하면서 그 권한행사의 절차나 방법을 특정하지 아니한 관계로 수임행정청이 행정규칙의 형식으로 그 법령의 내용을 구체적으로 정하는 경우가 있다. 즉, 내용상으로는 법규명령에 해당하는 것을 행정규칙의 형식으로 제정한 경우에 그 성질을 무엇으로 볼 것인가에 관하여는, ① 이는 법규를 보충하는 것으로서 대외적인 효력을 가지는 법규명령의 일종이라고 하는 견해[73]와, ② 헌법이 규정하고 있는 법규명령의 형식은 한정적으로 열거된 것이므로 총리령·부령의 형식이 아닌 훈령·예규 등의 형식을 취하는 이상 행정규칙이라는 견해,[74] ③ 실질적 의미의 법규명령을 행정규칙으로 발하는 것은 위법·무효가 된다는 견해[75] 등이 있다.

판례는 ① 소득세법시행령이 양도소득세액 산출에 있어서 부동산투기억제를 위하여 기준시가가 아닌 실지거래가액에 의하여 부동산 양도차액을 결정할 수

73) 김동희(Ⅰ), p.157; 박윤흔(상), p.249; 이상규(상), p.295.
74) 김도창, 훈령과 부령의 효력. 법률신문 1988. 10 .29.
75) 강구철(Ⅰ), p.280.

있는 경우를 "국세청장이 정한다"고 위임한 바에 근거하여 발령된 국세청장훈령인 『재산제세조사사무처리규정』은 법규명령을 보충하는 기능을 가지면서 그와 결합하여 대외적인 구속력이 있는 법규명령으로서의 효력을 가진다고 하였으며(대판 1992.1.21, 91누5334), ② 주류도매업면허신청서의 구비서류는 "국세청장이 정한다"는 주세법시행령(제14조)의 위임에 근거하여 구비서류를 정한 국세청장훈령인 『주류도매면허제도개선업무처리지침』(대판 1994.3.8, 92누1728)과, ③ 보건복지부장관이 공익상 허가를 제한할 필요가 있는 영업은 허가할 수 없다는 식품위생법(제23조의3)에 근거하여 "생수는 허가제한영업으로 규정하면서 전량수출 또는 주한 외국인에게 판매할 때에만 허가할 수 있다"는 규정을 둔 보건복지부장관고시인 『식품제조영업허가기준』에 대하여도 각각 위 ①과 동일한 판결을 내린 바 있다(대판 1994.3.8, 92누1728. 그러나 이 고시는 헌법상 직업활동의 자유, 국민의 먹을 물 선택이라는 행복추구권을 침해하여 무효라고 하였다).

생각건대, 국민의 권리·의무는 법률의 위임에 의거하여 법규명령이라는 엄격한 절차와 형식에 따라 규율하도록 하고 있는 우리 헌법상의 법치주의 정신에 입각한다면 이를 행정규칙에 위임한다는 자체가 위험한 발상이며, 설사 위임했더라도 행정규칙이 바로 법규명령으로 변한다는 것은 이해하기 어렵다고 생각되므로 이는 어디까지나 행정규칙으로 보아야 할 것이다(입법론적으로 보면 이들은 모두 상술한 재량권 행사의 준칙인 법규명령과 같이 법규명령으로 제정되어야만 할 성질의 것이다).

따라서 이러한 행정규칙은 법규명령이 아니므로 이에 위반한 행정행위를 자동적으로 위법이라고 주장할 수는 없고, 다만 그것이 행정청에 의하여 계속적·반복적으로 집행될 경우 행정관습법의 일종인 행정선례법임을 주장하거나, 또는 이에 위반한 행정행위를 다른 신청인과 평등하게 취급하지 아니한 데 대한 평등원칙 위반 등을 이유로 위법임을 주장하여 그 취소를 청구할 수 있을 뿐이라고 하겠다.

판례의 주류도 국세청장훈령인 『국세징수법기본통칙』을 "과세관청 내부에 있어서 세법해석 및 집행의 기준을 시달한 행정규칙에 불과하고, 법원이나 국민을 기속하는 효력이 있는 법규가 아니라고 할 것이며……이 규정이 오랫동안 시행되어 왔다는 사정만으로 그 규정의 법규적 효력을 인정할 수도 없는 법리이다"고 하여, 상술한 소득세법시행령의 위임에 근거하여 제정된 국세청장훈령인 『재산제세조사사무처리규정』과는 상반되는 판결을 내린 바 있다.

Ⅴ. 성질 및 효력

행정규칙이 과연 법규로서의 성질과 효력을 가지는가에 관하여 종래의 전통적 견해는 이를 부인하였으나, 오늘날에는 일정한 유형의 행정규칙에 대하여는 준법규적 성질을 인정하고 있다.

1. 비법규성설

종래의 통설과 판례의 견해에 의하면 행정규칙은 ① 특별권력에 기초하여(권력적 기초), ② 특별권력관계 내부에서의 조직과 작용만을 규율하기 위하여 발령되는 것이므로 국민과 법원을 구속하는 법적 효력은 없고 오직 수명기관과 수명자에 대하여만 효력을 발생하므로(일면적 구속성, 一面的 拘束性), ③ 수명기관이 행정규칙에 위반한 행정행위를 한 경우에도 국민에 대한 효력에는 아무 영향이 없으며, 다만 위반행위를 한 공무원이 행정조직 내부에서의 책임인 징계책임만을 질 뿐이며(위반시의 효과), ④ 행정조직 내부가 아닌 외부에 대하여 공포할 필요도 없으며(대외적 공포의 불필요), ⑤ 발령권자 자신은 이에 구속되지 않고 이와 모순되는 개별적·구체적 명령을 발함으로써 종전에 발한 일반적·추상적 행정규칙을 개정할 수도 있기 때문에 특별권력관계 내부에서의 개별적·구체적 명령과의 효력의 차이는 없다(개별적·구체적 명령과의 동위성)고 한다.

2. 법규성설

오늘날의 이론은 수명자가 공무원법상의 복종의무에 기하여 행정규칙에 구속되는 결과, 적어도 사실상으로는 국민에 대하여 외부적 효력을 발휘하게 되는 현상에 착안하여, 행정규칙이 갖는 이러한 사실상의 효력을 두고 일정한 행정규칙에 대하여 준법규성을 인정하고 있는 경향이 있으며, 구체적으로 보면 두 가지의 견해로 나뉘고 있다.

(1) 간접적인 법규적 효력설

행정규칙 중에서도 조직규칙 같은 순수한 대내적 규칙 이외의 해석규칙(解釋規則)과 재량준칙(裁量準則)은 처음부터 일반 국민에게 적용될 것이 예정되어 있으며, 이들 행정규칙은 계속적·반복적으로 적용됨으로써 행정선례법(行政先例法)이 되거나, 특별한 이유 없이 어느 특정 국민에 대하여만 이를 적용치 않는 경우에 헌법상의 평등 또는 신뢰보호(信賴保護)의 원칙에 위반되어 결국 위법하게 된다고 하며, 오늘날 독일의 다수설과 연방행정법원의 판례의 입장이다.

(2) 직접적인 법규적 효력설

입법권은 의회에만 있는 것이 아니고 행정권에도 일정 한도 내에서 고유한 입법권이 있다는 이원적 법이론에 근거하여 행정권도 부여된 재량권행사의 범위 내에서 법률이나 법규명령의 위임 없이 직접 대외적 효력을 가지는 법규를 제정할 수 있다는 견해이다[76](Ossenbühl). 따라서 이러한 행정규칙은 국민과 법원을 구속하는 대외적 효력을 가진다고 한다.

독일연방행정법원이 1985. 12. 19 빌(Wyhl)판결[77]에서 방사능노출에 대한

---

76) Ossenbühl, Zur Au*β*enwirkung von Verwaltungsvorschriften in Verwaltungsgericht zwischen Freiheit, Teilhabe und Bindung, 1998, S.448f.

77) 이 빌판결(BerwGE 72, 300, 320f)에서 독일연방행정법원은 원자력법 제7조에 대한 법규명령인 방사선보호령 제45조와 관련한 행정규칙은 장래 연방내무부장관이 적용해야 할 배출공기나 지표수를 통한 방사성물질과 관련된 방사선노출의 일반적 산출기준에 관한 지침을 발한 것으로서, 그 기준은 단순한 규범해석 행정규칙이 아니라, 규범

일반적 산정기준을 정한 연방내무성의 지침(행정규칙)을 『규범구체화 행정규칙』(規範具體化 行政規則)이라 하여 직접적인 대외적 효력을 인정한 바 있으나, 이에 관하여는 독일에서도 찬·반의 논란이 있다.

(3) 결어

생각건대, 직접적인 대외적 효력을 인정한다는 것은 우리 헌법상의 권력분립 및 법률유보의 원칙에 반하며, 현실적으로도 법률 등의 위임 없이 재량권행사의 이름으로 민주적인 심사·공포절차 없이 비공개리에 또한 그 자신은 아무런 구속도 받지 아니하는 행정규칙을 발령하도록 허용하는 것은 행정권남용의 우려가 있으므로 부당하다고 생각된다. 따라서 평등원칙 등을 매개로 하여 간접적으로만 대외적 효력을 갖는다는 간접적인 법규적 효력설이 타당하다고 하겠다.

3. 판례의 견해

우리판례는 원칙적으로는 법규성을 부정하는 한편, 예외적으로만 법규성을 인정하고 있다.

(1) 법규성을 부정한 판례

대부분의 판례는 원칙적으로 행정규칙의 법규성을 부정하고 있다.

【판례】: 행정규칙의 법규성을 부정한 판례

① 국세청장 훈령인 『국세징수법기본통칙』은 과세관청 내부에 있어서 세법의 해석기준 및 집행기준을 시달한 행정규칙에 불과하고 법원이나 국민을 기속하는 효력이 있는 법규가 아니라고 할 것이며…이 규정이 오랫동안 시행되어 왔다는 사정만으로 그 규정의 법규적 효력을 인정할 수도 없는 법리이다(대판 1992. 12. 22, 92누7580).

에 의하여 정하여진 범위 내에서 법원에도 구속력을 가진다고 하여 규범구체화 행정규칙을 개념화하였다. 이러한 규범구체화 행정규칙은 법령의 수권 없이 제정됨에도 불구하고 규범으로서 법적 구속력을 가지게 된다는 점에서 의미는 있다.

② 『자동차운수사업법 제31조 등에 관한 처분 요령(교통부장관훈령)』은 자동차운수사업 법령 위반자에 대한 사업면허 취소·정지 등의 행정처분 기준을 정한 훈시적인 규정에 지나지 아니하는 것으로서, 관계 행정청의 재량권을 기속하는 것이라고 할 수 없음은 물론, 법원을 기속하는 성질의 것도 아니다(대판 1983. 9. 13, 82누285).
③ 행정정보공개 운영지침(국무총리훈령)은 공개대상에서 제외하는 정보의 범위를 조정하고 있으나, 국민의 자유와 권리는 법률로써만 제한할 수 있으므로, 이는 법률에 의하지 아니하고 국민의 기본권을 제한하는 것이 되어 대외적 구속력은 없다(대판 1999. 6. 21, 97누5114).

대법원은 이에 그치지 아니하고 나아가 이들과 같은 내용을 규정한 부령인 법규명령조차 행정기관 내부의 사무처리준칙에 불과하므로 국민이나 법원을 기속하는 효력은 없고 이에 위반하여도 위법이 아니며, 반대로 이에 적합하다고 하여 바로 적법한 것은 아니라고까지 하여 문제가 되고 있음은 『재량권 행사의 준칙인 법규명령』에서 이미 설명한 바와 같다.

바로 위의 ②에 예시한 판례는 1983년도의 것인바, 그 후 정부는 그 판례의 취지에 따르기 위하여, 그리고 상술한 행정규칙의 법규명령화 방침에 따라 동 훈령을 폐지하고 이를 법규명령인 교통부령으로 격상하여 제정하였음에도 불구하고 그 교통부령에 대하여조차 같은 판결을 내렸다(판례 참조).

【판례】 : 법규명령인 교통부령의 법규성을 부정한 판례
① 교통부령인 『자동차 운수사업법 제31조 등의 규정에 의한 사업면허의취소등에관한규칙』은 성격상 행정청 내의 사무처리의 기준과 절차에 관한 준칙의 성질을 가진 것에 불과할 뿐, 대외적으로 국민이나 법원을 기속할 수 없는 것이므로 자동차운송사업 면허의 취소처분이 위 규칙에 적합하다 하여 바로 적법한 처분이라고 할 것은 아니다(대판 1990. 10. 12, 90누3546).
② 상기 교통부령(5①)이 자동차운송사업 면허취소처분을 하고자 할 때에는 상대방에게 진술 또는 변명의 기회를 부여하도록 규정하고 있으나, 증거가 확실한 경우에는 굳이 진술 또는 변명의 기회를 줄 필요가 없으며, 또한 위 교통부령의 성질은 면허취소처분에 관한 사무처리기준과 절차 등 행정청 내

부의 사무처리준칙에 불과하여 면허취소처분이 이에 위반되더라도 위법의 문제는 생기지 아니한다(대판 1987. 2. 10, 84누350).

결론적으로 말하자면 행정규칙은 독자적으로는 법규성이 부인되므로 행정규칙에 따른 행정행위의 위법성을 이유로 그 대외적 효력을 주장할 수 없지만, 재량준칙인 행정규칙의 경우에는 평등 또는 신뢰보호의 원칙을 매개로 하여 간접적인 법규적 효력을 가지기 때문에 대외적 효력을 주장할 수 있으며, 최근 이 이론을 뒷받침하는 헌법재판소의 결정을 소개한다.

【판례】 : 재량준칙인 행정규칙의 간접적인 법규적 효력을 인정한 결정
재량권행사의 준칙인 행정규칙이 그 정한 바에 따라 되풀이 시행되어 행정관행이 이룩되게 되면, 평등의 원칙이나 신뢰보호의 원칙에 따라 행정기관이 그 상대방에 대한 관계에서 그 규칙에 따라야 할 자기구속을 당하게 되는 경우에는 구속력을 가지게 된다(헌재결 1990. 9. 3, 90헌마13).

(2) 법규성을 긍정한 판례

부동산양도차액결정에 관한 국세청장훈령인『재산제세조사사무처리규정』에 대하여 법규명령으로서의 효력을 인정한 바 있다. 그러나 이 판례는 이미 설명한 바와 같이 대통령령인 소득세법시행령이라는 법규명령의 구체적·개별적 위임이 있었고 이에 근거하여 제정된 것이기 때문에 실질적으로는 법규명령에 해당하는 것이며, 따라서 법규명령의 효력이지 본래의 의미의 행정규칙의 효력에 대한 판결이라고 볼 수는 없다.

따라서 우리 판례도 본래의 의미의 행정규칙에 대하여는 직접적인 법규적 효력을 부정하고 있는 것이라고 하겠다(심지어 재량권행사의 준칙인 법규명령에 대하여까지 법규적 효력을 부인하고 있는 형편임은 앞에서 설명한 바 있다).

Ⅵ. 근거와 한계

1. 근거

행정규칙은 법령에서 인정된 재량의 범위 내에서 제정하는 것이므로 법령의 개별적·구체적 위임 없이도 제정할 수 있다.

2. 한계

행정규칙은 ① 법령 및 상급행정기관의 행정규칙에 위반하지 않아야 하며, ② 당해 행정목적의 달성을 위하여 필요한 한도 내에서만 발령되어야 하고, ③ 국민의 권리·의무에 관한 사항을 규율할 수 없다.

Ⅶ. 성립 및 발효요건

1. 성립요건

법규명령과 같은 성립요건을 갖추어야 하지만, 성격상 다른 점도 있다.

(1) 주체

행정규칙은 권한이 있는 행정기관이 재량권, 포괄적 감독권 및 관리권을 가지는 경우에 그 범위 내에서 발한다.

(2) 내용

법령 또는 상급행정기관의 행정규칙에 위반한 내용이어서는 아니 되며, 또한 내용이 불명확하거나 실현 불가능한 것이어서도 아니 된다.

(3) 절차

법규명령과 달리 특별한 절차는 없으며, 대외적인 표시행위인 공포도 필요없다(『훈령은 적당한 방법으로 표시 또는 통보하면 되는 것이지, 이를 공포하거나 고시하지 아니하였다는 이유만으로 그 효력을 부인할 수 없다』 대판 1990.5.22, 90누639).

그러나 재량준칙인 행정규칙과 같이 사실상 국민에 대하여 효력이 미치는 행정규칙에 관하여는 그 적법·타당성의 확보가 법규명령 못지않게 긴요하다는 데에 착안하여 정부는 대통령령인 『법제업무운영규정』으로 모든 중앙행정기관의 훈령·예규 등은 제정 후 반드시 연 2회씩 실시하는 법제처의 사후심사를 받도록 하였으며, 법제처는 심사 후 위법한 내용 또는 법령으로 정하여야 할 내용은 이를 시정하도록 통보하고, 각 부처에서는 이에 응하도록 하였다.

한편, 공포도 필요 없음이 원칙이지만, 고시와 훈령만은 대통령령인 관보규정(제3조 제8항 및 제9항)에 의거하여 관보에 게재하도록 함으로써 대외적으로 표시하고 있다.

2. 발효요건

적절하다고 인정되는 방법으로 수명기관에 도달한 때로부터 효력을 발생한다. 시행일을 당해 훈령에서 별도로 명시하고 있는 경우에는 이에 의함은 물론이다.

3. 소멸

법규명령과 마찬가지로 폐지 또는 실효됨으로써 효력이 소멸된다.

제2장

행정행위

제1절 행정행위의 개념 및 특질

Ⅰ. 행정행위의 개념

1. 행정행위의 개념 정립의 실익

행정에 관한 행위형태의 일종으로서의 행정행위(行政行爲)의 개념은 종래 행정에 의한 사인의 권리를 제한하거나 의무를 명하는 침익적 행정에 대한 체계적 정립을 위하여 행정법상에 발전되어 왔다. 그러나 오늘날에 있어서는 생존배려적 급부행정에 관한 행정행위의 요구가 증대하면서 행정행위의 개념정립이 중요한 과제가 되었다.

우리 행정규제기본법시행령 제2조 제1항 제4호에서는 행정규제의 범위를 규정하면서 “기타 국민의 권리를 제한하거나 의무를 부과하는 행정행위에 관한 사항”이라 하여 실정법상에 행정행위의 용어가 등장하지만 행정행위는 본래 실정법상의 용어가 아니고, 실정법에서 허가·특허·인가·면허·재결·지정 등 여러 가지 용어로 사용되고 있는 다양한 것들을 하나로 묶어서 설명하는 학문상 용어이다.

이러한 다양한 실정법상의 제도를 통일된 학문상의 개념으로 정립하는 이유는 행정행위의 개념이 실정법과는 전혀 무관한 추상적 개념이 아닌 경험적·목적적 개념으로서 다음과 같은 실익을 얻을 수 있기 때문이다.[78)]

1) 행정쟁송의 대상 확정

공·사법의 구분 없이 국가든 국민이든 모두 보통법(common law)의 적용을 받고, 그 법적 분쟁도 일반 법원에서 재판하는 영미법계 국가에서는 『행정에

---

78) 물론 독일에 있어서는 행정행위에 대한 기능적 측면으로 실질적 규율기능, 행정절차법적 기능, 행정행위에 관한 제목을 정하는 기능 및 소송법적 기능으로 세분화하여 개념 접근을 시도하고 있는 경우도 있다. Battis, S.75.

만 특유한 법』이 인정되지 않았고, 따라서 특별히 행정행위라는 개념을 인정할 필요가 없었다.

그러나 대륙법계 국가에서는 공·사법의 구분을 전제로 국가의 모든 행정 중 공권력적 작용(행정행위)은 일반 법원이 아닌 특별한 행정재판소의 관할로 하기 때문에 재판관할을 확정하기 위하여 행정행위의 개념을 정립할 필요가 있게 되었으며, 우리 실정법 구조상으로도 행정행위로 인한 권익침해를 구제받기 위하여는 행정심판법과 행정소송법에 의한 쟁송절차에 의하도록 하고 있으므로 행정행위의 개념을 명확히 할 필요가 있다.

행정쟁송(行政爭訟)의 대상이 되는 행정행위를 확정하기 위해서는 행정소송법상의 『처분』의 개념을 확정하는 것이 매우 중요하다. 즉 어떤 행정행위가 처분성이 있으면 행정소송의 대상이 되지만 처분성이 없으면 그 대상에서 제외된다. 판례에 의하면 항고소송의 대상이 되는 처분개념에 대하여 "항고소송의 대상이 되는 행정처분이라 함은 행정청의 공법상의 행위로서 특정사항에 대하여 법규에 의한 권리의 설정 또는 의무의 부담을 명하거나 기타 법률상 효과를 발생하게 하는 등 국민의 구체적인 권리의무에 변동을 초래하는 행위를 말하는 것"(대판 1995. 11. 21, 95누9099)이라 판시하고 있다. 따라서 행정행위는 곧 처분성을 가지는 것을 말한다.

2) 사법행위와의 구별

행정행위는 행정주체의 우월한 의사의 힘에 의하여 국민의 권리·의무에 일방적인 변동을 초래하는 것이기 때문에 대등한 당사자간의 의사의 합치에 의하여 성립되는 공법상계약·사실행위 등 여타의 행정작용 또는 사법상의 법률행위(私法行爲)와 달리 공정력·확정력·강제력과 같은 특수한 효력이 인정된다. 또한 내심의 의사와 표현의 불일치가 항상 문제가 되는 사법행위와는 달리, 행정행위에 있어서는 그 의사결정과정에 있어서의 착오·허위표시 등 공무원 개인의 의사의 흠결·하자 등이 그대로 행정행위의 효력에 영향을 미친다고 하기는 어렵다. 그 구제제도에 관하여서도 행정행위에 대해서는 손해전보제도·행정쟁송제도를 둠으로써 사법상의 구제제도에 대하여 특수성이 인정되고 있다. 따라서 사법행위에 대비되는 특수성을 탐구하기 위하여서도 행정행위의 개념을 인정할 필요가 있다.

2. 행정행위의 개념

여러 가지 유형의 행정작용 중 다른 작용과 구분되어 학문상으로 정립된 행정행위의 개념은 관점에 따라 매우 넓게 또는 좁게 정의될 수 있다.

(1) 최광의

최광의의 행정행위 개념은 『행정기관이 행하는 모든 행위』라는 의미로 사용되며, 이에는 사실행위·법률행위 및 통치행위까지 포함되기 때문에 하나의 통일된 특성을 지닌 단일 개념으로 취급하기는 어렵다.

(2) 광의

광의의 행정행위란 『행정기관에 의한 공법행위』를 말하며 이에는 최광의의 개념에서 사실행위, 행정기관이 사경제의 주체로서 행하는 사법행위는 제외되지만, 행정입법·협의의 행정행위·통치행위가 포함되는 개념이기 때문에 역시 동질성을 찾기는 어렵다고 하겠다.

(3) 협의

협의의 행정행위는 『행정기관이 법 아래서 구체적 사실에 관한 법집행으로서 행하는 공법행위』를 말한다. 따라서 광의의 개념에서 다시 행정입법과 통치행위가 제외되어 상당히 동질적인 요소를 갖추었다고 하겠으나, 같은 행정행위라 할지라도 행정주체의 우월한 의사의 힘이 인정되는 권력행위와 그렇지 아니한 비권력행위(공법상 계약·합동행위 등) 간에는 법적 성질과 실정법상의 취급을 달리하고 있다는 점에서 여전히 넓은 개념이라고 할 수 있다.

(4) 최협의

최협의의 행정행위는 『행정기관이 법 아래서 구체적 사실에 관한 법집행으로서 행하는 권력적 단독행위인 공법행위』를 말한다. 따라서 협의의 행정행위에서 다시 비권력행위인 공법상 계약·합동행위가 제외되어 순수한 공권력 발동행위로서의 단독행위만을 의미하게 되며, 현재의 통설적 견해이다. 최협의의 행정행위는 구 행정소송법상의 처분(處分)의 개념과 같은 의미로 해석되기도 하였지만, 현행 행정소송법은 처분을 "행정청이 행하는 구체적 사실에 관한 법집행으로서 공권력의 행사 또는 그 거부와 그 밖에 이에 준하는 행정작용"이라고 정의하고 있다(제2조 제1항). 이 정의에 의하면 처분은 최협의의 행정행위 이외에도 "이에 준하는 행정작용"까지 포함하고 있기 때문에 처분과 최협의의 행정행위와는 그 개념이 일치하지 않는다.[79]

3. 행정행위 개념의 징표

(1) 행정기관의 행위

행정행위는 행정기관의 행위이다. 여기서 행정기관이란 국가·지방자치단체의 행정기관뿐만 아니라, 공공조합·영조물법인 등 공법인은 물론, 국가로부터 공권력을 부여받은 사인도 포함된다. 그러나 입법부의 입법행위, 사법부의 재판행위는 포함되지 않음은 물론이다.

(2) 구체적 사실을 규율하는 행위

오토 마이어에 의하면 행정행위는 국가가 개별적 사안에서 국민에 대하여 법을 직접 적용하는 행정청에 속하는 고권적 행위라고 정의하고 있다.[80] 즉, 행정행위는 구체적 사실을 직접 규율하는 행위이다(예, 신청인에게 건축허가를 내주는 행위). 따라서 일반적·추상적인 법규범을 정립하는 행정입법이나 조례·규칙 제정행위는 제외된다. 그러나 구체적 사실을 규율하는 것인 한, 불

79) 김남진(Ⅰ), p.208 ; 김도창(상), p.361 ; 김동희(Ⅰ), p..238 ; 박윤흔(상), p.295.
80) Mayer, S.93.

특정 다수인을 상대방으로 하는 『일반처분』(一般處分, 예, 위험한 도로의 통행금지, 입산금지, 교통표지판, 자동장치에 의한 교통신호 등)도 행정행위에 속한다. 주차금지구역의 지정처럼 그 직접적 대상은 물건이지만 그를 통하여 사람에게도 법적 효과를 발생시키는 『물적 행정행위』(物的 行政行爲)도 일반처분의 일종으로서 행정행위로 본다.

(3) 외부에 대하여 직접적인 법적 효과를 발생하는 행위

① 행정행위는 우선 행정의 외부, 즉 국민에 대한 행위이므로 행정기관의 내부적 행위(상급기관의 명령・승인 등)는 행정행위가 아니다. 한편, 특별권력관계에 있어서의 행위도 원칙적으로는 행정행위가 아니지만(예, 상관의 직무상 명령), 외부관계에서의 행위(공무원의 임명・파면, 학생의 입・퇴학 등)에 대하여는 행정행위의 성격을 인정하여 행정쟁송의 대상으로 보는 것이 현재의 통설・판례의 입장이다. 대법원은 "농지개량조합과 그 직원 간의 관계는 사법상의 근로계약관계가 아닌 공법상의 특별권력관계이고, 그 조합의 직원에 대한 징계처분의 취소를 구하는 소송은 행정소송사항에 속한다"라고 하여 외부관계에서의 행위에 대하여 법적 효과를 인정하고 있다(대판 1995. 6. 9, 94누10870).

② 행정행위는 국민의 권리・의무를 직접 발생・변경・소멸시키는 효과를 가져오는 행위이어야 한다. 따라서 법적 효과를 발생시키지 아니하는 단순한 조사・보고(예, 보호대상 영세민인지를 조사하여 보고하는 행위) 또는 각종 공사의 시행 등과 같은 소위 사실행위는 행정행위가 아니다. 다만, 사실행위라 할지라도 그 집행을 수인하여야 할 법적 의무를 내포하고 있다고 인정되는 경우(예, 전염병환자의 강제격리 등)에는 행정행위로 볼 수 있으며, 오늘날 급부행정의 중요성이 커짐에 따라 특정 위치에의 육교설치 등 공공사업 시행행위의 행정행위성 여부도 문제가 되고 있다.

③ 통설・판례에 의하면, 고도의 국가적 이익에 관계되거나 정치적 성격을 띠는 소위 통치행위는 행정소송의 대상이 되는 행정행위에서 제외된다고 한다.

(4) 권력적 단독행위

행정행위는 행정기관이 우월한 의사의 주체로서 국민에게 일방적으로 명령·강제하는 행위이기 때문에, 대등한 당사자의 지위에서 행하는 사경제적 작용(국유재산 매각, 대부 등 국고작용)과 공법상 계약·합동행위 등 비권력적 행위는 행정행위가 아니다. 그러나 일방적·권력적 행위인 한, 그 행위의 성립에 상대방의 신청·동의(인·허가 신청, 공무원임명동의 등)가 전제되어 있더라도 행정행위의 성격을 상실하지 아니한다.

4. 소위 형식적 행정행위의 개념

이상에서 논한 전통적 행정행위론은 공정력·확정력·강제력 등 특별한 효력을 인정받는 일단의 행위의 실체를 파악하려는 실체법상의 개념이었다. 그러나 오늘날 행정지도·행정계획 등 새로운 형태의 행정작용이 계속 출현하여 행정작용의 형식이 매우 다양해짐에 따라 이들 새로운 행정작용이 비록 전통적 이론에 의한 실체법상 행정행위의 개념적 징표를 완전히 갖추지 못하였음에도 불구하고, 이들을 행정쟁송법상 취소소송의 대상으로 인정함으로써 권리침해를 구제하기 위하여 『형식적 행정행위』(形式的 行政行爲)라는 개념을 창설하였다. 예컨대 행정입법·행정계획·행정지도·행정조사, 사회보장적 급부의 결정, 공공시설의 설치행위(쓰레기 매립장·육교 설치) 등 구체적 사실규율성, 법적 효과성 또는 권력성을 띠지 아니한 행정작용도 쟁송법적으로는 적어도 행정행위라고 주장하면서 이를 『형식적 행정행위』라고 부르고 있다.[81)]

생각건대, 이러한 형식적 행정행위의 개념이 국민의 권익구제의 기회를 확대할 것이라는 점을 부인할 수는 없지만, 실체법상 발전해 온 행정행위의 개념을 넓히는 방법보다는 오히려 행정작용의 형식의 다양화를 그대로 인정하면서 행정행위가 아닌 행정작용도 행정쟁송의 대상에 포함시키는 방법이 국민의 권익구제에 오히려 유리하다고 하겠다.[82)] 특히 1985년에 개정된 우리 행정소송

81) 김도창(상), p.360.
82) 김남진, 제3차효 직무집행과 권리구제, 고시연구 1987.3, p.76.

법(제2조 제1항)에서 이미 취소소송의 대상인 행정처분의 개념을 『구체적 사실에 관한 법집행으로서의 공권력의 행사 또는 그 거부와 그 밖에 이에 준하는 행정작용』이라고 정의하여 행정행위 아닌 행정작용에 대하여도 폭넓은 권리구제의 길을 열어 놓은 이상, 공정력 · 확정력 · 강제력 등 특유한 효력이 인정되고 있는 행정행위의 개념에 혼동만 초래할 뿐인 형식적 행정행위의 개념을 별도로 인정할 실익은 없다고 생각된다.[83)]

Ⅱ. 행정행위의 특질

행정행위는 행정주체가 우월한 의사의 주체로서 상대방인 국민에 대하여 일방적으로 명령 · 강제하는 권력적 단독행위이기 때문에 행정주체의 다른 행정작용 및 사법상의 법률행위가 갖지 아니하는 특수성이 인정되는바, ① 적법성, ② 공정력, ③ 확정력, ④ 강제력, ⑤ 권리구제수단의 특수성이 바로 그것이다. 적법성(適法性)이란 행정행위가 대등당사자 간의 자유로운 의사의 합치를 요소로 하는 사법상의 법률행위와 구별되는 권력적 단독행위를 의미하기 때문에 그 명령 · 강제의 발동에 있어서는 반드시 법적 근거에 의하여 행하여져야 하고, 그 내용에 있어서도 법률에 적합하여야 하는 것을 말한다. 행정행위의 공정력(公定力)은 행정기관이 행한 행정행위는 종국적으로 취소되기 전까지는 유효한 효력을 가지게 되는 것을 말한다. 이에 대하여 대법원은 "행정행위는 공정력의 효력이 있어 설혹 행정행위에 하자가 있는 경우에도 그 하자가 중대하고 명백하여 당연무효로 보아야 할 사유가 있는 경우 외에는 그 행정행위가 행정소송이나 다른 행정행위에 의하여 적절히 취소될 때까지는 단순히 취소할 수 있는 사유가 있는 것만으로는 누구나가 그 효력을 부인할 수 없다"라고 판시하여 공정력에 대하여 구체적이고 분명한 견해를 제시하고 있다(대판 1991. 4. 23, 90누8756).

확정력(確定力)이란 행정행위가 성립되면 계속하여 존속하게 된다는 불가변

83) 동지 김남진(Ⅰ), p.209 ; 석종현 · 송동수(상), p.194; 이상규(상), p.330.

력과 불가쟁력을 말하며, 강제력(强制力)이란 자력집행력과 제재력을 행사하여 행정행위를 강제로 실현하는 것을 말하며, 권리구제수단(權利救濟手段)의 특수성은 행정행위로 인하여 권리를 침해받은 자는 행정심판법과 행정소송법이 정한 특수한 쟁송제도와 공법상 손해배상 및 손실보상이라는 특수한 손해전보제도에 따라 권리구제를 받을 수 있는 것을 말한다. 이러한 행정행위의 특질은 공행정행위는 사법행위와는 달리 반드시 법률에 근거하여 성립되며, 그 집행에 있어서는 강제적으로라도 실현된다는 점에서 연유하는 것이다.

제2절 행정행위의 종류

행정행위는 허가·인가·특허·면허·승인·지정·인정·시험·검사·검정·확인·증명 등 다양하게 사용되고 있는 실정법상의 용어들을 하나로 묶어서 부르는 강학상의 용어이다. 따라서 형식적 용어의 호칭에 따라 분류하는 것도 가능하지만, 이를 주체·구성요소·효과·대상 및 법에의 기속 정도 등 여러 가지 실질적 관점에서 분류할 수 있다. 또한 이들 여러 분류방법을 통하여 행정행위의 의미와 내용을 보다 깊게 이해할 수 있을 뿐만 아니라, 행정법의 핵심내용으로서의 행정행위를 체계화할 수 있게 된다.

Ⅰ. 법률행위적 행정행위·준법률행위적 행정행위

행정행위의 구성요소가 사람의 『의사표시』이고 따라서 그 법적 효과도 표의자가 바라는 대로 부여되는 것이 법률행위적 행정행위(하명·허가·인가·특허 등)이며, 반면 행정행위의 구성요소가 의사표시가 아닌 정신작용(판단·인식·관념의 표시)이고 따라서 그 법적 효과도 표의자의 의사 여하와 관계없이 직접 법규에 규정된 대로 부여되는 것이 준법률행위적 행정행위(확인·공증·통지·수리 등)이다. 양자의 구별은 민법상 법률행위이론에서 유래한 것으로서, 다시 말하자면 법률행위적 행정행위는 행정청이 표시한 의사의 내용대로 법적 효과가 생기는 것인데 반하여, 준법률행위적 행정행위는 행정청의 의사 여하를 불문하고 법이 직접 규정한 일정한 효과가 발생하는 것이다. 그 구별 실익은 전자는 의사표시를 요소로 하므로 행정주체가 스스로 그 법적 효과를 일부 제약하는 『부관』(附款)을 붙여서 행정행위를 할 수 있지만(예, 한약업사 면허를 하면서 특정지역에서만 영업을 할 수 있다는 부관), 후자는 그렇지 못하다는 점이다(국가고시합격자 결정, 부동산등기, 특허출원 공고, 혼인신고 수리에는 어떤 조건을 붙일 수 없고, 당해 행정행위가 있으면 법이 직접 일정한

효과를 부여하고 있다).[84]

법률행위적 행정행위는 다시 개인이 원래부터 갖고 있던 자연적 자유를 제한하거나 이를 해제하는 명령적 행위(하명 · 허가 · 면제)와, 개인이 원래부터 가지고 있지 않은 특별한 권리, 능력 및 법적 지위를 부여하는 형성적 행위(특허 · 인가 · 대리)로 구분되고, 준법률행위적 행정행위는 확인 · 공증 · 통지 · 수리로 나누어지는데, 이들은 행정행위의 가장 본질적이며 중요한 구분에 해당한다.

Ⅱ. 수익적 행위 · 부담적 행위 · 복효적 행위

1. 개념

행정행위는 일반적으로 국가와 국민이라는 두 당사자에 관한 것이었지만, 오늘날에 있어서의 행정은 이러한 양자관계에서 제3자가 개입되는 3각 관계의 구조를 띠는 경우가 등장하게 되었다. 수익적 행위와 부담적 행위가 2각 관계의 구조라면 복효적 행정행위는 바로 3각 관계의 구조적 특징을 가진다. 행정행위가 상대방에게 권리 · 이익을 새로이 부여하거나 이미 부과된 의무를 면제하는 등 유리한 효과를 발생하는 행정행위를 『수익적(授益的) 행정행위』라 한다. 허가 · 특허 · 인가와 하명의 취소 등이 바로 수익적 행정행위이다. 그 반대로 상대방에게 의무를 부과하거나 이미 부여된 권리 · 이익을 박탈하는 등 불리한 효과를 발생하는 것을 『부담적(負擔的) 행정행위』라 한다. 부담적 행정행위로는 하명, 조세부과처분, 입영명령, 영업정지, 각종 허가의 취소처분 등이 있다.

한편, 행정행위의 직접 상대방에게는 유리한 효과를 발생하지만 제3자에게는 불이익을 초래하거나(예, 연탄공장설립허가로 인근주민은 불이익), 그 반대

84) 다만, 준법률행위적 행정행위에도 종기나 기한 같은 부관은 붙일 수 있다는 견해도 있다. 김남진(Ⅰ), p.281.

인 경우(예, 공해배출업소에 조업정지명령을 하면 인근주민은 이익)를 『복효적(複效的) 행정행위』라 한다(이중효과적 행정행위라고도 한다). 그러나 하나의 행정행위가 양면성을 가질 수도 있기 때문에(예, 대지 일부의 도로편입을 조건으로 한 건축허가), 수익적 행위와 부담적 행위의 구별은 절대적인 것이 아니고 상대적인 것임에 유의하여야 한다.

2. 수익적 행위와 부담적 행위의 구별 실익

(1) 법률유보의 적용 여부

종래의 통설인 침해유보설에 의하면 부담적 행정행위에만 법률유보(法律留保)가 엄격히 적용되며, 수익적 행정행위는 법률의 근거 없이도 할 수 있다고 한다. 그러나 급부행정의 비중이 커진 오늘날의 복지국가에서는 사회유보설·권력행정유보설, 나아가 전부유보설까지 대두되어 수익적 행정행위도 법률유보의 원칙이 적용되어야 한다고 주장하고 있다. 그러나 수익적 행정행위는 그 성질상 부담적 행정행위보다는 더 낮은 강도의 법률유보의 원칙이 적용된다고 하겠다.

(2) 상대방의 신청·동의 여부

수익적 행정행위는 보통 상대방의 수익의 의사표시, 즉 신청이나 동의에 의하여 행하여지는 이른바 쌍방적 행정행위이지만, 조세부과나 입영명령처럼 부담적 행정행위는 보통 신청·동의 없이 행정주체의 직권으로 행하여지는 일방적 행정행위이다.

(3) 재량성 여부

과거의 통설인 효과재량설에 의하면 수익적 행정행위는 재량행위로, 부담적 행정행위는 기속행위로 보았다. 그러나 오늘날은 행정행위의 효과가 수익적인가 또는 부담적인가의 기준만으로는 기속행위와 재량행위를 구별하기는 어렵다고 한다. 예컨대, 건축허가·영업허가는 형식적으로는 수익적 행정행위이나, 헌법상의 기본권과 관련하여 볼 때, 관계법상의 요건을 충족하면 당연히 당해 행위를 하여야 하는 경우로서 기속행위로 해석된다.[85] 이러한 행정행위의 형태는 대학설립 인가에서 보는 것처럼 준칙주의를 채택하고 있는 경우에 빈번하게 일어난다.

(4) 부관

일반적으로 수익적 행정행위에는 부관(附款)을 붙일 수 있지만, 부담적 행정행위에는 붙일 수 없다는 주장이 있으나, 반드시 그러한 것은 아니다(예, 영업허가를 취소하면서 1년간은 계속하게 한다는 기한을 붙일 수 있다).

(5) 취소 · 철회의 제한

수익적 행정행위의 취소 · 철회는 상대방의 기득권을 현저하게 침해하는 것이므로, 기득권 보호를 위하여서는 침해되는 사익보다 더 큰 공익을 보호할 필요성이 인정되어야만 할 수 있다는 강한 제약을 받는 데 비하여(비례의 원칙), 부담적 행정행위의 취소 · 철회는 그 반대이므로 이러한 제한은 없다고 하겠다. 우리 대법원은 "행정처분에 하자가 있음을 이유로 처분청이 이를 취소하는 경우에도 그 처분이 국민에게 권리나 이익을 부여하는 이른바 수익적 행정행위인 때에는 그 처분을 취소하여야 할 공익상의 필요가 그 취소로 인하여 당사자가 입게 될 기득권과 신뢰보호 및 법률생활안정의 침해 등 불이익을 정당화할 만큼 강한 경우에 한하여 취소할 수 있다"라고 하여 수익적 행정행위에 대하여 취소를 엄격하게 제한하고 있다(대판 1991. 4. 12, 90누9260).

(6) 절차적 보호

침익적 행정행위는 상대방의 권리 · 이익을 침해하는 것이라는 점에서 부당한 침해를 예방하기 위하여 사전에 일정한 절차를 거칠 것이 요청되고 있으나(예, 음식점 영업허가를 취소하기 전에 반드시 상대방에게 유리한 의견진술의 기회를 부여하여야 한다), 수익적 행정행위에는 이러한 필요성이 거의 인정되

---

85) 김동희(Ⅰ), p.246.

지 아니한다. 다만, 그 처분의 영향이 광범위하여 널리 당사자 등의 의견을 수렴할 필요가 있다고 행정청이 인정하는 경우에는 공청회를 개최하여야 한다(행정절차법 제22조 제2항).

(7) 의무이행의 확보

부담적 행정행위는 상대방에게 일정한 의무가 부과되므로 그 불이행에 대하여 행정상 강제집행이나 행정벌을 과함으로써 의무의 이행을 강제할 필요가 있지만, 수익적 행정행위에는 이러한 문제가 발생하지 아니한다.

(8) 권리구제수단

부담적 행정행위는 일반적으로 행정쟁송 중 취소소송의 형태로 이를 다툴 수 있다. 수익적 행정행위는 그 거부처분 또는 방치(부작위)가 문제가 되므로 거부처분취소소송·부작위위법확인소송의 형태가 되며, 나아가 독일에서와 같은 적극적인 의무이행소송의 인정 여부도 검토할 필요가 있다. 복효적 행정행위에 대하여는 제3자가 수익자인 경우 그 제3자의 행정개입청구권이 논의되고 있다.

Ⅲ. 기속행위·재량행위

기속행위와 재량행위는 행정기관이 법에 구속되는 정도에 따른 분류로서 모든 행정행위는 법률에 적합하게 행하여져야 하지만, 법에 기속되는 정도에는 차이가 있다고 한다. 즉 일정한 요건에 해당하면 일정한 행정행위를 할 것을 법이 명하고 있는 경우에 법률효과의 선택과 결정에 있어서 행정청이 자유영역을 가지지 못하는 것을 『기속행위』라 하며, 어떤 행정행위의 요건·내용을 판단함에 있어 법이 행정주체에 대하여 일정한 범위 내에서 행정청에게 특정효과의 선택·결정의 재량을 인정하고 있는 경우 이러한 재량에 따른 행정청의 행위를 『재량행위』라고 한다. 재량행위는 다시 기속재량과 자유재량으로 구분되기도 하지만 엄밀한 의미에서 보면, 행정행위에는 자유재량행위가 존재하지 않는다고 본다. 왜냐하면 비록 재량행위이라 하더라도 재량권의 일탈·남용이 있게 되면 재량하자로서 위법한 처분이 되고, 이에 대해서는 행정소송이 가능하기 때문이다.

Ⅳ. 대인적 행위·대물적 행위·혼합적 행위

1. 개념

행정행위를 함에 있어서 무엇을 판단의 대상으로 하는가에 따라서 ① 국가고시합격자 결정, 자동차운전면허, 인간문화재 지정 등과 같이 순전히 『사람』의 학식·기술·경험과 같은 주관적 사정을 판단대상으로 하는 행위를 대인적 행정행위라 하고, ② 오직 『물건』의 객관적 사정에 착안하여 행하는 행위를 대물적 행정행위라 하며(예, 건물준공검사, 자동차검사증 교부, 자연공원 지정 등), ③ 인적·물적 요소를 모두 고려하여 행정행위의 여부를 판단하는 경우를 혼합적 행정행위라 한다(예, 총포제조영업 등은 사업주의 자질과 함께 일정한 시설을 갖출 것을 요구하고 있다).

그 법적 효과면에서 본다면 대인적 행정행위는 일신전속적인 것이므로 제3자에 승계되지 않는다(예, 의사면허, 운전면허). 이에 반하여 대물적 행정행위의 효과는 원칙적으로 이를 승계한 승계인에게도 미친다. 다만, 그 승계에 대해 행정청에 신고하도록 하는 것이 보통이다. 대물적 행정행위 중에서 건물준공검사, 자동차검사와 같이 수익적 행정행위의 경우에는 그 효과가 승계되어도 문제가 없지만, 위법건축물의 철거명령처럼 부담적 행정행위의 경우에는 제3자에게 손해를 입히게 되므로 그 승계가 문제되기도 한다. 그러나 객관적인 위법상태에 대한 행정처분인 한, 그 효과가 승계된다고 보는 것이 타당하다고 하겠다.

2. 구별 실익

대인적 행정행위는 순전히 상대방의 일신상의 사정만을 고려하여 행한 것이기 때문에 그 효과는 일신전속적(一身專屬的)이며 따라서 타인에게 이전(移轉)될 수 없으나, 대물적 행정행위는 타인에게 이전할 수 있으며, 혼합적 행정행위의 경우에도 일정한 인적 자질을 갖춘 사람에게 이전하는 한 허용될 수 있다. 대물적·혼합적 행정행위를 이전함에 있어서는 행정기관의 인가를 받게 하거나 신고하게 함이 보통이다(실정법에서는 보통 『영업의 양도·양수의 인가(신고)』 등으로 표현하고 있다).

Ⅴ. 쌍방적 행정행위·독립적 행정행위

1. 개념

행정행위는 권력적 단독행위이기 때문에 행정주체의 일방적 행위만으로 성립되지만, 그 행위를 하기 위한 전제로서 상대방의 신청·동의 같은 협력이 필요 없는 경우를 독립적 행정행위(獨立的 行政行爲)라 하며(예, 법규 위반자에 대한 영업허가의 취소·정지, 조세부과, 공무원 징계, 의무불이행자에 대한 시정명령 등 보통 부담적 행정행위), 상대방의 협력이 필요한 경우를 쌍방적 행정행위(雙方的 行政行爲)라 한다(상대방의 협력을 요하는 행정행위라고도 한다). 예를 들면, 특허·인가·허가 및 공무원 임명 등 수익적 행정행위에 그 예가 많다.

2. 구별 실익

독립적 행위와 달리 쌍방적 행위에 있어서는 상대방의 의사에 반하여 행정행위를 할 필요는 없기 때문에 신청·동의 없이 행한 쌍방적 행정행위는 무효가 된다.

3. 공법상 계약과의 구별

행정행위는 비록 상대방의 협력이 필요하더라도 그것은 행정행위의 전제조건이 될 뿐이며 행정행위 자체는 어디까지나 단독행위임에 반하여, 공법상 계약(公法上 契約)은 대등한 당사자 사이의 의사의 완전한 합치에 의하여 성립되는 계약의 일종이라는 점에서 본질적인 차이가 있다. 따라서 쌍방적 행정행위에 있어 상대방의 신청·동의가 처음부터 없었던 경우에는 무효가 되겠지만, 상대방의 의사의 내용에 반하는 정도에 그치는 행정행위는 원칙적으로 유효하게 성립한다(즉, 신청범위를 초과하거나 미달되는 행정행위를 할 수도 있다). 그러나 구체적으로 공법상 계약과의 구별이 애매할 때가 있으며, 예컨대 공무원임명행위나 대한민국 국민으로의 귀화허가 같은 것을 통설·판례는 쌍방적 행정행위로 보지만, 소수설은 공법상 계약으로 본다.

Ⅵ. 수령을 요하는 행정행위와 수령을 요하지 아니하는 행정행위

보통 행정행위는 상대방에게 수령(도달)되어야만 효력을 발생한다(도달주의의 원칙). 그러나 상대방이 불특정 다수인이거나 주소·거소가 불명한 경우에는 고시·공고의 방법(예, 관보에 어떤 영업의 인·허가 기준 또는 영업자에 대한 지도·감독 규정을 고시하거나, 특정제품의 KS표시 허가 또는 취소사실을 공고하거나, 공사입찰을 공고하는 경우)으로 대신하여 상대방이 수령한 것으로 간주하고 있다. 대통령령인『사무관리규정』(제8조 제2항)도 공문서의 도달주의의 원칙을 규정하면서 다만, 고시·공고 등 일정한 사항을 일반에게 알리는 내용은 법령이나 당해 고시·공고에 특별한 규정이 없는 한 고시 또는 공고 후 5일이 경과한 날부터 효력을 발생한다고 규정하고 있다(행정실무에서는 대체로 관보 등에 고시·공고한 날에 발효한다는 규정을 두고 있는 예가 많이 있다).

Ⅶ. 요식행위 · 불요식행위

행정행위는 일반적으로 특별한 형식을 요구하지 아니하는 불요식행위(不要式行爲)라고 할 수 있지만, 개별 법령이 일정한 사항을 기재한 문서에 서명·날인할 것을 요구하는 경우에는 요식행위(要式行爲)라 할 것이며, 이 경우 필요한 요식을 결하게 되면 『형식의 하자』 문제가 발생한다. 일반적으로 요식행위는 권리·의무의 관계를 명확하게 할 필요가 강한 부담적 행정행위에 있어 문제가 된다.

우리 대법원은 "면허관청이 운전면허정지처분을 하면서 별지서식의 통지서에 의하여 면허정지사실을 통지하지 아니하거나, 처분집행예정일 7일 전까지 이를 발송하지 아니한 경우에는 특별한 사정이 없는 한 관계법령이 요구하는 절차·형식을 갖추지 아니한 조치로서 그 효력이 없다고 할 것이고, 이와 같은 법리는 면허관청이 임의로 출석한 상대방의 편의를 위하여 구두로 면허정지사실을 알렸다 하더라도 마찬가지라 할 것이다."라고 하여 부담적 행정행위에서 법령이 요구하는 요식행위에 의하지 않는 경우 그 하자가 중대하고 명백하여 무효가 됨을 선언하고 있다(대판 1996. 6. 14, 95누17823).

대개의 법령은 사인의 행정행위의 경우 인·허가 신청서의 서식을 시행규칙 등 하위법령에서 정하고 있으며, 행정절차법(제24조)은 행정행위는 특별한 규정이 없는 한 원칙적으로 문서에 의한다는 것과 처분문서의 행정실명제에 대해서는 규정하고 있으나, 행정관청의 행정행위의 형식은 규정하지 아니하고 있다(다만, 행정심판재결서, 대집행영장, 납세의 고지, 강제징수절차상 독촉 등과 같이 개별법률이 일정한 형식을 규정하고 있는 경우도 있다).

Ⅷ. 적극적 행정행위 · 소극적 행정행위

적극적 행정행위란 하명 · 허가 · 특허 · 인가와 이들에 대한 취소처분 등과 같이 현재의 법률관계에 변동을 초래하는 행위를 말하며, 소극적 행정행위란 허가 · 특허 등의 신청에 대한 거부처분 또는 법정기간 내에 아무런 처분을 하지 아니하는 부작위와 같이 현재의 법률관계에 변동을 가져오지 아니하게 하는 내용의 행위를 말한다.

소극적 행위에 해당하는 거부처분은 반드시 명시적 경우에 한정되지 않고, 법규상의 요건을 충족하지 않는 허가신청의 반려처럼 당해 사안에 비추어 행정청의 거부의사가 확실시 되는 것도 포함한다. 그러나 상대방의 신청에 대하여 이를 방치하는 것은 행정청의 거부처분이 아니라 부작위이다. 행위라는 측면에서는 양자가 다 소극적 행위가 되지만 법률의 효과라는 측면에서는 거부처분은 부작위와 비교하여 적극적인 성격도 가지고 있다고 보아야 할 것이다. 다만, 법률관계에 새로운 변동을 가져오지 않는 것이기 때문에 양자를 소극적 행위라 하는 것이다.

이러한 구분은 과거의 통설 · 판례가 행정쟁송의 대상은 행정기관의 적극적 행정행위에 한정된다고 하였기 때문에 필요하다고 보았다. 그러나 오늘날 거부처분은 취소심판 및 취소소송의 대상이 되고, 부작위는 의무이행심판 및 부작위위법확인소송의 대상이 되고 있으므로 이러한 구분은 실익이 없다고 하겠다.

제3절 복효적 행정행위

Ⅰ. 의의

1. 개념

복효적 행정행위(複效的 行政行爲)란 하나의 행정행위에 의하여 그 직접 상대방은 이익을 받지만 다른 사람은 불이익을 받게 되는 경우, 또는 그 반대의 경우로서 고전적 행정행위의 구조적 특징인 2각 관계가 아니라 행정청, 상대방 및 제3자로 구성되는 3각 관계의 행정행위를 말한다.[86] 예컨대, 연탄공장·주유소 설립허가를 받은 자는 이익이지만 인근 주민 또는 기존영업자는 불이익이 되며, 반대로 공해배출업소에 조업중지명령을 내리면 당해 업소는 불이익이지만 인근 주민은 이익이 되는 경우이다.

2. 인정 실익

종래 행정행위는 행정주체와 그 직접 상대방과의 관계만이 법적 고찰의 대상이었으며, 제3자는 비록 그 규제로 인하여 이익을 얻게 되더라도 이는 법적으로 보호받을 수 있는 이익이 아닌 단순한 반사적 이익에 불과하여 취소소송을 제기할 수 없다고 하였다. 그러나 최근 제3자 또는 인근주민이 받는 이익도 법적으로 보호받을 수 있는 이익으로 보아 취소소송의 원고적격을 인정하기에 이르렀으며, 이를 뒷받침할 수 있는 이론적 근거로서 작용하는 것이 바로 복효

86) 복효적 행정행위의 개념 속에 행정행위의 상대방에 대하여 이익과 불이익을 동시에 부여하는 행정행위(예, 금전납부의 조건을 붙인 허가처분 등)도 포함하는 견해가 있으나, 복효적 행정행위가 본질적으로 3각 관계에 관한 것이므로 이해가 대립되는 복수인에 대한 경우가 아닌, 이와 같은 동일인에 대한 경우를 복효적 행정행위에 포함시키는 것은 적절치 못하다고 하겠다. 학자에 따라서는 동일인에 대한 경우를 "이중효적 행정행위(二重效的 行政行爲)"라고 하기도 한다.

적 행정행위론이다.

Ⅱ. 복효적 행정행위에 대한 제3자의 권리구제

1. 제3자가 불이익자인 경우의 구제수단

(1) 취소소송의 원고적격

복효적 행정행위에 의하여 제3자(기존영업자)가 불이익을 입게 되는 경우, 종전의 판례는 공중목욕장영업허가·석탄가공업허가·양곡가공업허가 등과 같이 법령에 의한 규제의 결과로 제3자가 받는 이익은 단순한 반사적 이익에 불과하므로 영업허가의 취소를 구할 수 없다고 하였으나, 오늘날의 판례는 자동차운수사업면허·선박운항사업면허·자동차정류장 설치허가 등에 있어서의 기존영업자와, 주거지역 내의 연탄공장건축허가·자동차LPG 충전소 설치허가 등에 있어서의 인근주민에 대하여 법률상 보호받을 이익이 있다는 이유로 원고적격(原告適格)을 인정하고 있다.[87]

제3자는 그의 피침해이익이 '법적으로 보호되는 이익'인 경우에 한하여 취소소송을 제기할 수 있다. 불이익이 발생하더라도 그것이 반사적 이익인 경우에는 문제가 되지 않기 때문이다. 그러므로 그 피침해이익이 반사적 이익인지 법적으로 보호되는 이익인지를 판단하는 것은 매우 중요하다. 행정청에 당해 처분의무를 부과한 관계법의 취지가 공익뿐만 아니라 이에 관계되는 제3자의 이익까지도 보호하고자 하는 취지인지를 종합적으로 판단하여 '법적으로 보호되는 이익'을 판단하여야 한다. 오늘날 건축권과 환경권의 분야에서의 인근주민 또는 경쟁관계에 있는 기존업자에 대하여 원고적격이 인정되는 범위가 점차

87) 독일과 일본에서는 이러한 경우 외에도 환경소송·소비자소송등의 분애에서 제3자의 원고적격을 널리 인정한 판례가 많다. 우리 대법원도 "행정처분의 직접 상대방이 아닌 제3자라도 당해 처분의 근거법률에 의하여 직접 보호되는 구제적인 이익이 있는 경우에는 당해 처분의 취소 등을 구할 원고적격이 있으나 간접적이거나 사실상 경제적인 이해관계를 가지는 데 불과한 경우에는 원고적격이 없다"라고 판시하여 구체적 이익이 있는 경우에 원고적격을 인정하고 있다(대판 1999. 7. 23, 97누1006).

증대되고 있다.

【판례】: ① 환경영향평가대상지역안의 주민에게 원고적격을 인정한 판례
당해 국립공원 용화집단시설지구 개발사업으로 인하여 직접적이고 중대한 환경피해를 입으리라고 예상되는 환경영향평가 대상지역 안의 주민은 환경영향평가 대상사업에 관한 변경승인 및 허가처분의 취소를 구할 원고적격이 있다(대판 1998. 4. 24, 97누3286).
② 한의사의 영업상 이익은 사실상의 이익에 불과하기 때문에 원고적격을 부정한 판례
한의사면허는 경찰금지를 해제하는 명령적 행위인 강학상허가에 해당하고, 한약조제시험을 통하여 약사에게 한약조제권을 인정함으로써 한의사인 원고의 영업상 이익이 감소되었다고 하더라도 이러한 이익은 사실상의 이익에 불과하며 약사법이나 의료법 등의 법률에 의하여 보호되는 이익이라고 볼 수 없음으로, 한의사가 한약조제시험을 통하여 한약조제권을 인정받은 약사에 대한 합격처분의 무효확인을 구하는 이 사건 소는 원고적격이 없는 자가 제기한 소로서 부적법하다(대판 1998. 3. 10, 97누4289).

(2) 가구제

한편, 제3자가 불이익을 받기 전에 미리 예방수단으로서 가구제(假救濟)를 청구할 수도 있다고 하겠으며, 우리 행정소송법 제23조도 (연탄공장건축)허가 등으로 회복하기 어려운 손해를 예방하기 위하여 긴급한 필요가 있다고 인정할 때에는 법원에 그 행정행위의 집행정지를 신청할 수 있다고 규정하고 있다.

반대로, 행정행위의 직접 상대방이 제3자의 이러한 집행정지신청에 대항하는 방법으로서는, ① (건축)허가취소소송을 제기한 경우 피고인 행정관청 측에 소송참가인으로 소송에 참가하여 그 행정행위의 적법성을 주장하는 방법(행정소송법 제16조)과, ② 법원의 집행정지결정이 있을 경우 그 결정의 취소를 청구하는 방법이 있다.

2. 제3자가 이익자인 경우의 행정개입청구권

(1) 의의

공해배출기업, 불량품제조기업, 무너질 위험이 있는 불법건축물의 건축주 등에 대하여 법령에 규정된 규제권한(조업중단 · 시정명령 · 철거명령 · 행정벌 부과 등)을 발동해 줄 것을 제3자가 청구할 수 있을 것인가가 문제된다. 이는 1960년 독일 연방행정법원이 띠톱판결(Bands gen Urteil)에서 주거지역에 있는 석탄공장에서 사용하는 띠톱에 의해 발생하는 먼지 · 소음으로 인하여 피해를 받던 이웃 주민의 행정청에 대한 금지처분요구에 대하여 『중대한 방해 · 위험이 존재하는 경우 행정청의 불개입결정은 그것만으로도 재량권의 남용이 된다』고 하여 행정불개입의 위법을 이유로 국가배상책임을 인정한 데서부터 비롯되었다.

우리 대법원도 "경찰관에게 재량에 의한 직무수행권을 부여한 것처럼 되어 있으나, 경찰관에게 그러한 권한을 부여한 취지와 목적에 비추어 볼 때 구체적인 사정에 따라 경찰관이 그 권한을 행사해 필요한 조치를 취하지 않는 것이 현저하게 불합리하다고 인정되는 경우에는 그러한 권한의 불행사는 직무상의 의무를 위반한 것이 되어 위법하다"라고 판시하고 있다(대판 1998. 8. 25, 98다16890).

(2) 성립요건

행정개입청구권의 성립요건으로서는 ① 제3자가 받는 이익이 단순한 반사적 이익이 아니라 법적으로 보호되는 이익이어야 하는바, 그러기 위해서는 법령상의 규제가 단순히 공익을 보호하기 위한 것일 뿐만 아니라 개인의 사익도 함께 보호하기 위한 것이라고 인정되어야 하며, ② 행정관청에게 규제권한을 행사할 의무가 존재하여야 한다. 즉, 규제권한을 행사할 것인가에 대하여 재량이 인정되는 경우라 할지라도 규제권을 행사하지 아니하면 개인의 생명 · 신체에 절박한 위험이 초래될 우려가 있는 경우에는 『재량권이 영으로 수축』되어 규제권한을 발동할 의무가 존재한다고 볼 수 있다.

(3) 행사방법

이러한 행정개입청구권은 독일과 같이 의무이행소송이 인정될 때 비로소 완벽하게 보장된다고 하겠으나, 독일에서도 사안의 긴급성 등을 이유로 사후적 구제제도인 의무이행소송의 형태로 행사되지는 못하고 있고, 다만 행정불개입의 위법을 이유로 하는 국가배상청구소송의 형태로 행사되고 있다.

우리나라에서는 행정관청에 대하여 규제권한의 발동을 먼저 청구하고 이에 대하여 아무런 회답이 없는 경우에 부작위위법확인소송을 제기하거나, 개입거부의 회답을 받고 거부처분 취소소송을 제기하는 수밖에 없다.

Ⅲ. 복효적 행정행위에 대한 제3자의 절차적 보호

1. 제3자에 대한 행정행위의 통지

제3자가 취소소송·집행정지신청 또는 행정개입청구권을 행사하려고 하더라도 우선 그러한 행정행위가 행하여진다는 사실 자체를 알아야만 가능할 것이므로 독일 행정절차법(제43조 제1항)은『행정행위는 그 상대방과 이해관계인에게 각각 통지된 시점부터 효력을 발생한다』는 명문규정을 두고 있다.

우리의 경우 행정절차법(제21조)은 "행정처분을 할 때에는 문서로써 이를 당사자 등에게 통지하여야 한다"라고 규정하고 있으나, 동법상『당사자 등』이란 "처분의 상대방과 행정청이 직권 또는 신청에 의하여 행정절차에 참여하게 한 이해관계인"(제2조)이라고 규정하고 있기 때문에, 이해관계인이 사전에 행정처분이 있을 것을 예견하고 그 처분절차에의 참여를 신청하기를 기대하기도 거의 불가능할 뿐만 아니라, 행정청이 직권에 의하여 참여하게 해주기를 기대하는 것도 어려운 현실이고 보면 동법의 규정은 실효성이 의문시 된다고 하겠다.

2. 제3자의 쟁송제기기간 문제

행정심판법상 행정심판은 행정처분이 있음을 안 날로부터 90일 이내, 또는 행정처분이 있은 날로부터 180일 이내에 제기하여야 하며, 법원에 대한 행정소송은 행정처분이 있음을 안 날로부터 90일 이내 또는 행정처분이 있은 날로부터 1년 이내에 제기하거나 행정심판의 재결서를 송달받은 날로부터 90일 이내에 제기하도록 되어 있다. 그러나 행정행위는 원칙적으로 그 상대방에게 도달됨으로써 효력을 발생하기 때문에 행정청의 처분의 직접 상대방에게는 이를 통지하도록 되어 있지만, 제3자에게는 통지하도록 하는 규정이 없으므로 제3자는 행정처분의 존재를 알 수 없게 된다.

따라서 제3자의 행정심판 또는 행정소송제기기간은『처분이 있은 날로부터 180일 또는 1년 이내』가 기준이 될 수밖에 없겠으나, 이 기간이 경과하더라도 그 기간 내에 제기가 가능하였다는 특별한 사정이 없는 한 행정심판법(제18조 제3항 단서) 및 행정소송법(제20조 제2항 단서) 상의『정당한 사유가 있는 경우』로 보아 행정심판 또는 행정소송을 제기할 수 있다고 하여야 할 것이다. 이 경우 무한정 인정할 수는 없는 것이므로 신의성실의 원칙에 비추어 제3자가 어떠한 경로를 통하였든지 간에 그 처분이 있었음을 알았을 경우에는 그 때로부터 90일이 경과하기 전까지만 제기할 수 있다고 하여야 할 것이다.[88)]

3. 제3자의 행정절차참가

행정처분으로 인하여 제3자가 불이익을 받는 경우를 미리 예방하는 방법으로서 독일 행정절차법(제28조・제29조)은 행정처분을 행하기 전에 이해관계인에게 의견진술, 즉 청문의 기회를 부여하고 관련 기록의 열람권을 인정하고 있다.

우리 행정절차법은 행정처분에 대한 직접 당사자의 행정절차에의 참여를 주된 목적으로 하고 있기 때문에 당초 행정절차법안에 규정되어 있었던 '이해관

88) 박윤흔(상), p.318.

계인'에 대한 사전통지 · 의견제출 및 청문신청권 등과 같은 제3자의 행정절차 참가의 장치를 규정하지 않고 있다. 다만, 행정절차법(제27조)에는 당사자 등은 처분 전에 그 처분의 관할행정청에 서면 · 컴퓨터통신 또는 구술로 의견제출을 할 수 있다고 규정하여 이해관계인의 행정절차에의 참가를 인정하고는 있으나, 당사자 아닌 이해관계인이 어떻게 사전에 행정처분이 있을 것을 예견하고 이러한 행위를 할 수 있을 것인지 의문스럽다.

Ⅳ. 복효적 행정행위의 철회 및 직권취소

행정행위에 취소 · 철회의 원인이 있는 경우 행정관청은 자유로이 취소 · 철회할 수 있음이 원칙이지만, 수익적 행정행위의 취소는 상대방의 기득권보호의 견지에서 강한 제약을 받는다. 여기에 복효적 행정행위의 취소 · 철회의 경우에는 행정행위의 직접 상대방뿐만 아니라 제3자의 이익까지도 보호하여야 하므로 재량권행사가 더욱 복잡하게 된다.

1. 철회

(1) 행정행위의 존속이 제3자에게 불이익이 되는 경우

법규위반 공해공장 또는 건축물 등이 인근 주민에게 많은 피해를 줄 경우 ① 당해 규제법규가 제3자의 이익의 보호도 함께 목적으로 하고 있으며, ② 그 피해의 정도가 당해 행정행위를 장래에 향하여 소멸케 하지 않으면 안될 정도의 중대한 것으로서의 철회 이외의 다른 방법이 없다고 인정될 경우에는 철회가 인정될 수 있다. 예컨대, 연탄공장의 허가를 받은 지역이 오랜 시일이 경과함에 따라 주거지역 또는 녹지지역으로 변경됨으로 인하여 연탄공장의 존재가 인근주민의 건강을 위협하는 경우에 그 허가를 철회하는 것을 들 수 있다.

(2) 행정행위의 존속이 제3자에게 이익이 되는 경우

법규를 위반한 인·허가영업자라 할지라도 그 인·허가를 철회하면 당해 사업을 이용하는 제3자인 일반국민의 법적 이익이 침해되는 경우 제3자인 일반국민의 이익보호를 위하여 그 철회가 제한되는 경우가 있다.

우선 ① 음식점, 이미용업 등과 같이 같은 업종의 영업자가 많이 있기 때문에 철회하더라도 이용자에게 아무런 불편이 없게 되는 경우 특정 사업의 철회·정지는 별 문제가 없겠으나, 이 경우에도 이미 계약된 역무는 계속 제공할 수 있도록 배려하는 예가 있다(예, 건설업면허 취소시 면허취소 전에 체결한 도급계약에 의한 건설공사는 계속 시공할 수 있도록 하는 것). 그러나 ② 버스영업 등과 같이 동종 사업자가 극히 적어서 이용자인 일반국민에게 큰 불편을 초래하게 될 경우에는 당해 영업의 철회·정지는 공익을 위하여 제한되는 대신에, 법규위반 영업자가 영업을 계속함으로써 얻는 경제적 이익을 과징금의 형태로 환수하도록 함으로써 영업자의 행정법상 의무이행을 담보하고 있다. 현행법상 자동차운수사업, 해상운송사업, 주차장업, 석유·가스사업 등에 그 예가 있으며, 점차 확대되는 경향에 있다.

2. 직권취소

위법한 복효적 행정행위(예, 공해 공장에 대한 위법한 조업정지명령)를 상대방의 쟁송제기에 의하지 아니하고 행정관청의 자발적인 직권(職權)에 의하여 취소하고자 할 경우에는 불가쟁력의 발생 여부를 기준으로 하여 ① 불가쟁력이 발생하기 전에는 불이익을 받는 자(직접 상대방)를 구제하기 위하여 비교적 자유로이 직권취소가 인정되어야 하겠지만, ② 불가쟁력이 발생한 후에는 당해 행정행위로 인하여 이익을 받는 자(제3자)의 신뢰보호를 위하여 직권취소가 제한을 받는다고 하여야 할 것이다.

제4절 기속행위와 재량행위

Ⅰ. 개념

1. 법치주의와 재량행위

행정행위의 발동요건과 효과는 법적으로 엄격히 정하는 것이 법치주의의 당연한 요청이라고 하겠다. 이에 따라 실정법규의 내용도 ① 행정행위의 요건을 정한 요건규정(예, 보건복지부장관은 공익상 또는 선량한 풍속을 유지하기 위하여 필요하다고 인정하는 때에는…. 식품법 제30조)과, ② 이러한 요건에 해당되는 때에는 일정한 내용의 행정행위를 한다는 효과규정(예, 식품접객영업자의 영업시간 및 영업행위에 대한 제한을 할 수 있다. 식품법 제30조)으로 구성되어 있다.

그런데 법치주의를 엄격히 고수하기 위하여서는 법령을 적용하는 행정관청이 법령을 마음대로 해석할 여지가 없을 정도로 행정행위의 요건과 효과를 일의적이고 명확하게 규정하여야 하겠다. 그러나 ① 짧은 추상적 법규규정으로 천차만별의 구체적 대상들을 일일이 규율하기란 불가능하며(법기술상의 한계), ② 변화무쌍한 현실로 말미암아 법 제정시에는 도저히 예측하지 못한 새로운 사태가 발생할 수도 있기 때문에(법제정자의 능력의 한계), 법령은 어느 정도까지만 구체적으로 규정하고 그 이상의 사항은 구체적 사정에 맞추어 가장 합당한 처분을 할 수 있도록 행정관청에 대하여 독자적 재량권을 부여하는 것이 공익달성에 보다 합리적이라 할 수 있다. 따라서 재량행위의 이론 및 그 한계 문제가 법치주의와 관련하여 논하여지고 있는 것이다.

2. 기속행위와 재량행위

법령이 어떤 경우에 어떤 내용의 행정행위를 할 것인가에 대하여 의문의 여지없이 명확하게 규정함으로써 이를 기계적으로 적용하기만 하면 되는 경우를 기속행위(羈束行爲)라 하고, 반대로 행정관청의 독자적 판단권을 인정하고 있는 경우 이를 재량행위(裁量行爲)라 한다. 즉, 재량행위는 관계법령상 행정청에 당해 행위를 할 것인가의 여부(결정재량) 또는 법적으로 허용되는 다수의 행위 중에서 어떤 행위를 선택적으로 할 것인가(선택재량)에 대하여 독자적으로 판단할 수 있는 재량권을 행사하는 행위를 말한다. 양자의 구별기준에 관하여는 학설이 대립되어 있다.

3. 소위 기속재량과 자유재량

(1) 의의

종래의 학설은 재량행위를 다시 기속재량(법규재량)과 자유재량(공익재량)으로 구분하여 설명하였다. 기속재량이란 『무엇이 법인가를 판단함에 있어서의 재량』이기 때문에 법규재량이라고도 한다. 기속재량은 법규정이 행정기관의 자유로운 판단을 허용하는 것 같지만 실제로는 법의 취지는 이미 일의적으로 확정되어 있고 행정관청은 다만 구체적인 사례에 있어 법의 취지·목적이 무엇인가를 판단할 재량 밖에는 없는 경우를 말하므로, 『무엇이 법인가』를 잘못 판단한 행위는 기속행위의 기속위반과 마찬가지로 위법행위가 되고 따라서 법원의 심사대상이 된다.

자유재량이란 무엇이 법인가를 탐구하여야 하는 것이 아니라 『무엇이 공익에 더 적합한가를 판단하는 재량』이므로 이를 공익재량 혹은 편의재량이라고도 하다. 그 재량을 그르친 경우에는 단지 판단의 당·부당의 문제가 발생할 뿐 위법의 문제는 발생치 아니하며 따라서 법원의 심사대상이 되지 아니한다고 한다.

(2) 구별론에 대한 비판

기속재량·자유재량 구분론은 초기의 재량행위론 시절에 재량행위라 하여 무조건 사법심사의 대상에서 배제하는 것을 시정하고, 재량행위 중 기속재량

위반 행위는 사법심사의 대상에 포함시킴으로써 재판을 통한 국민의 권리구제의 기회를 넓혀 주려는 배려에서 주장되었던 것이다. 그러나 오늘날에는 ① 자유재량행위도 무한정의 재량이 아니며, 그 일탈·남용의 경우에는 위법으로 보아 사법심사의 대상으로 하고 있으므로 이와 같은 배려는 불필요하게 되었으며, ② 기속재량행위를 위와 같이 정의하는 이상 그것은 사실상 기속행위와 다를 바 없기 때문에 굳이 양자를 구별할 필요성이 없게 되었다.[89]

우리 대법원도 "재량권의 남용이나 재량권의 일탈의 경우에는 그 재량권이 기속재량이거나 자유재량이거나를 막론하고 사법심사의 대상이 된다"라고 판시하고 있다(대판 1984. 1. 31, 83누451).

Ⅱ. 기속행위와 재량행위의 구별실익

1. 사법심사의 범위

오스트리아·미국 등과 같이 실정법이 명문으로 재량행위를 행정소송의 대상에서 제외하고 있는 예도 있다. 그러나 이러한 규정이 없는 우리나라의 경우에도 ① 행정소송법(제27조)이 "행정청의 재량에 속하는 처분(재량행위)이라도 재량권의 한계를 넘거나 그 남용이 있는 때에는 법원은 이를 취소할 수 있다"고 규정한 것은 반대해석으로 재량행위는 재량권 일탈·남용이 없는 한 적법한 것이므로 사법심사의 대상이 되지 아니한다는 것을 의미하며, ② 행정부 내에서 행하는 행정심판의 심사범위는 위법뿐만 아니라 부당한 행정행위도 포함되는 데 반하여(즉 기속행위와 재량행위가 포함된다) 사법부가 행하는 행정소송의 심사범위는 오직 위법한 행정행위(즉, 기속행위만)에 국한되기 때문에 기속행위와 재량행위를 명백히 구분할 필요가 있다.

---

89) 동지 : 김남진(Ⅰ), p.227 ; 김동희(Ⅰ), p.274 ; 석종현·송동수(상), p.210 ; 박윤흔 교수는 양자 구별의 상대화를 주장하면서도 구별이 전혀 의미 없는 것은 아니라고 한다. 박윤흔(상), p.341.

2. 부관과의 관계

통설 · 판례에 의하면 행정행위의 종류 · 내용의 선택에 재량이 부여된 재량행위에 대하여는 논리 필연적으로 당해 행정행위의 효과를 일부 제한하는 등의 부관(附款)을 붙일 수 있다. 하지만 기속행위에 대하여는 관계법령상의 요건이 충족되면 당연히 어떠한 행위를 하여야 할 법적 기속을 받기 때문에 행정관청이 이를 붙일 수 있는 재량이 없다고 한다(단, 법령에서 특별히 권한을 부여한 경우에는 붙일 수 있다).

그러나 기속행위인 경우에도 상대방이 행정행위의 요건을 일부 미비한 경우 그 요건을 갖출 것을 조건으로 하여 행정행위를 하는 것이 도리어 상대방에게 유리한 때에는 이를 금지할 이유가 없으므로(예, 경미한 요건을 갖추지 못한 건축허가신청 등) 양자를 구별할 필요성은 그만큼 적어졌다. 다만 기속행위에 붙일 수 있는 부관의 범위가 제한적이라는 점에서 구별의 실익은 여전히 존재한다고 하겠다.[90)]

【판례】 : 자동차운송알선사업 등록처분은 기속행위이므로 부관을 붙일 수 없다는 판례
자동차운송을 중개 · 대리 · 주선하는 『자동차운송알선사업』을 경영하고자 하는 자는 교통부장관의 등록(학문상 허가의 일종)을 받아야 하며, 그 등록기준은 자동차운수사업법 및 동법시행규칙에 상세히 규정하고 있는바 등록신청인의 시설 등이 이들 규정상의 등록기준에 적합할 때에는 당연히 등록을 받아 주어야 할 의무가 있다고 할 것이므로 기속행위에 해당하며, 기속행위에 대하여는 법령상 특별한 근거가 없는 한 부관을 붙일 수 없고 부관을 붙였다 하더라도 이는 무효라 할 것이다. 따라서 등록관청이 자동차운송알선사업의 등록을 함에 있어서 붙인 『청주시내에 화물 터미널이 설립될 경우에는 사업소를 화물터미널 내로 이전하여야 한다』는 부관은 무효이다(대판 1993. 7. 27, 92누13998).

90) 박윤흔(상), p.335.

3. 상대방의 권리

건축허가, 자동차운전면허 등과 같은 기속행위의 경우 행정관청은 그 행정행위를 하여야 할 법적 의무를 지기 때문에 상대방에게는 이를 해 줄 것을 요구할 수 있는 권리가 발생하며 불응시 행정소송으로 이를 청구할 권리가 있다. 그러나 재량행위의 경우에는 상대방에게 이러한 청구권이 없으며, 다만 예외적으로 재량권이 영으로 수축된 경우에만 행정행위발급청구권과 같은 청구권이 발생한다고 하겠다.

4. 불가변력 발생 여부의 문제

기속행위는 그 요건과 내용이 법규에 엄격히 기속되므로 법규가 존속되는 한 처분행정청이 이를 함부로 취소할 수 없는 불가변력이 발생하지만, 재량행위는 취소가 가능하다는 견해가 있다.[91] 그러나 재량행위라 하여 취소가 자유로운 것은 아니며 특히 수익적 행위의 취소는 비례원칙 및 신뢰보호의 원칙 등에 의하여 조리상 강한 제약을 받고 있다는 점을 감안한다면 불가변력의 발생 여부를 결정하기 위하여 양자를 구분할 실익은 적다고 하겠다.

Ⅲ. 기속행위와 재량행위의 구별기준

1. 학설

(1) 요건재량설

요건재량설(要件裁量說)은 기속행위를 법문에 규정된 행정행위의 요건에 따라 구별하려는 견해이다. 따라서 행정행위에 관한 행정법규가 구체적이고 명확하게 그 요건을 규정하고 있으면 기속행위가 된다는 것이다. 이 이론에 의하

91) 윤세창, 자유재량행위론, 고시계 1964.5, p.164.

면 행정행위의 요건에 대하여 법령이 ① 아무런 제한규정을 두지 아니하거나(공백규정), ② 행정의 최종목적인 『공익』(公益)만을 요건으로 규정한 경우(예, "보건복지부장관은 공익상 필요하다고 인정할 때에는 …"이라는 표현)에는 재량행위라고 하며, 공익보다 좀더 구체화된 중간목적의 달성을 요건으로 규정한 경우에는 재량행위가 아니라 기속행위가 된다는 것이다(예, 보건복지부장관은 "선량한 풍속의 유지"를 위하여… 등).

판례도 요건재량설의 입장에 따라 ① 의사국가시험과 5급공무원 공개 경쟁채용시험의 채점행위[92](대판 1964. 6. 30, 63누194), ② 중·고등학교 교과용도서의 검증행위는 모두 재량행위라고 하였다(대판 1992. 5. 12, 91누1813).

법령 중 많은 내용이 요건재량을 인정하고 있고 판례도 이를 인정하고 있으나, ① 효과재량(예, 『필요한 처분을 할 수 있다』 또는 『영업행위에 대한 제한을 할 수 있다』)을 전적으로 부인한 점은 옳지 못하며, ② 최종목적(즉, 공익)과 중간목적은 상대적인 차이밖에 없기 때문에 기속행위와 재량행위의 구별기준이 명확하지 못하다는 단점이 있다.

(2) 효과재량설

행정행위의 요건판단에 있어서는 재량이 인정될 수 없으며, 다만 『행정행위를 하느냐, 않느냐? 또는 하더라도 어떤 행정행위를 선택할 것이냐?』에 관한 재량, 즉 효과재량(效果裁量)만이 인정된다는 전제하에, ① 수익적 행정행위 또는 국민의 권익과 아무 관련이 없는 행위는 법령이 특히 기속하는 규정을 두지 않는 한 원칙적으로 재량행위이지만, ② 부담적 행정행위와 확인행위 등 준법률행위적 행정행위는 어떠한 경우에도 재량행위가 아닌 기속행위라고 한다.

우리 판례도 ① 개인택시사업면허는 권리·이익을 부여하는 행위이므로 재량행위이지만(대판 1993. 10. 12, 93누4243), 반대로 ② 이미 행한 허가처분을 취소·철회함으로써 불이익을 줄 경우에 행정청이 가지는 재량은 기속재량

92) 단, 객관식시험의 채점행위는 제외(시·도가 공인중개사 객관식시험문제를 잘못 출제하여 특정문제에 정답이 없음에도 불구하고 정답이 있는 것으로 채점한 것은 잘못이고 그 문제에 대하여는 모두 정답으로 처리하여야 하며, 그렇게 처리할 경우 합격선인 평균 83.75점이 되는 원고의 공인중개사시험 불합격 처분을 취소한 판례가 있다(서울고법 1994. 12. 15, 94구12069, 법률신문 1995.2.9).

이라고 함으로써(대판 1963. 8. 31, 63누111) 효과재량설에 입각하고 있다. 이 견해는 요건재량을 일체 부정한 위에 효과재량 중 부담적 행정행위를 기속행위라고 함으로써, 재량행위의 범위를 축소하고 사법심사의 범위를 확대하여 국민의 권리구제의 기회를 확대한 공적은 인정되지만, ① 오늘날 수익적 행정행위도 기속행위로 편입되는 경향이 많아지고 있고(최근 많은 판례가 건축허가·광천음료수제조업허가 등의 수익적 행정행위를 기속행위로 보고 있다), ② 반대로 부담적 행정행위에도 재량이 인정되는 예가 있으며(허가취소·영업정지·과징금 중 어느 것을 선택할 것인가의 재량), ③ 요건재량을 전적으로 부인하는 것도 타당치 못하다는 점에서 비판을 받고 있다.

(3) 판단여지설

판단여지설(判斷餘地說)은 법률이 정한 요건규정이 추상적·불확정적 개념으로 사용되고 있는 경우 행정청에 이러한 요건의 적용·해석에 관한 판단의 여지가 인정되는가 하는 점에서 출발한다. 이러한 판단여지는 행위요건의 판단에 관해서만 인정되는 것이기 때문에 요건재량설을 보충하여 주는 이론으로서, 행정청에 의한 고도의 전문적·기술적 판단이나 정책적 판단이 요구되는 일정한 행정작용에 있어서는 행정청의 판단을 존중하여야 한다는 이론이다(예, 각종 시험 합격결정, 학생·공무원의 성적평가, 예술·문화·환경분야의 전문가적인 판단 등). 따라서 판단여지설은 행위효과의 관점에서는 직접 재량행위와 기속행위의 구별에 관한 이론이 될 수 없다. 그러나 판단여지를 재량과 유사개념으로 본다면 판단여지설의 존재는 무의미하여 질 것이다. 따라서 판단여지를 행정행위의 요건의 판단에 관한 재량이라 보아야 할 것이다.

【판례】: 판단여지를 인정한 판례

지가공시및토지등의평가에관한법률시행령 제18조 제1·2항이 감정평가사시험의 합격기준으로 절대평가제 방식을 원칙으로 하되, 행정청이 감정평가사의 수급상 필요하다고 인정할 때에는 상대평가제 방식으로 할 수 있다고 규정하고 있으므로, 감정평가사시험을 실시함에 있어 어떤 합격기준을 선택할 것인가는 시험실시기관인 행정청의 고유한 정책적인 판단에 맡겨진 것으로서 자유재량에 속한다(대판 1996. 9. 20, 96누6882).

(4) 결어

이미 설명한 바와 같이 우리 실정법과 판례는 행정행위의 요건 인정과 효과선택, 양자에 관하여 모두 재량을 인정하고 있기 때문에 요건재량설과 효과재량설은 모두 어느 정도의 타당성을 갖는다고 하겠다. 그러나 양설 모두 위와 같은 문제점이 있어 완벽한 이론으로 인정받기는 어렵다고 하겠다. 따라서 기속행위와 재량행위의 구별은 ① 당해 법령의 표현방식(…를 할 수 있다, …를 하여야 한다 등), ② 당해 행위의 성질(수익적인가, 부담적인가), ③ 헌법상 기본권과의 관계(제한되는 기본권이 자유권인가, 생활권인가) 등을 종합적으로 검토하여 구체적 · 개별적으로 판단할 수밖에 없다고 하겠다.[93]

【판례】: 판단여지를 인정한 판례

기속행위 내지 기속재량행위와 재량행위 내지 자유재량행위의 구분 및 그 각각에 대한 사법심사 방식

행정행위가 그 재량성의 유무 및 범위와 관련하여 이른바 기속행위 내지 기속재량행위와 재량행위 내지 자유재량행위로 구분된다고 할 때, 그 구분은 당해 행위의 근거가 된 법규의 체재·형식과 그 문언, 당해 행위가 속하는 행정 분야의 주된 목적과 특성, 당해 행위 자체의 개별적 성질과 유형 등을 모두 고려하여 판단하여야 하고, 이렇게 구분되는 양자에 대한 사법심사는, 전자의 경우 그 법규에 대한 원칙적인 기속성으로 인하여 법원이 사실인정과 관련 법규의 해석·적용을 통하여 일정한 결론을 도출한 후 그 결론에 비추어 행정청이 한 판단의 적법 여부를 독자의 입장에서 판정하는 방식에 의하게 되나, 후자의 경우 행정청의 재량에 기한 공익판단의 여지를 감안하여 법원은 독자의 결론을 도출함이 없이 당해 행위에 재량권의 일탈·남용이 있는지 여부만을 심사하게 되고, 이러한 재량권의 일탈·남용 여부에 대한 심사는 사

93) 김남진(Ⅰ), p.241 ; 김동희(Ⅰ), p.268 이하; 박윤흔(상), p.362.

실오인, 비례·평등의 원칙 위배, 당해 행위의 목적 위반이나 동기의 부정 유무 등을 그 판단 대상으로 한다(대판 2001. 2. 9. 98두17593).

2. 구체적 구별기준

(1) 요건규정

1) 공백규정이거나 『공익』 목적만을 규정한 경우

행정행위의 요건에 관하여 아무런 규정을 두지 아니한 공백규정 또는 행정의 최종목적인 공익 달성만을 요건으로 한 경우 당해 행위는 재량행위이다.

2) 불확정개념

법령이 『선량한 풍속의 유지』를 위하여, 『도시 경관의 유지』를 위하여, 『정당한 사유가 없는 한』 등의 불확정개념(不確定概念)을 사용한 경우에는 행정관청에게 독자적 판단의 여지가 인정된다는 점에서 이를 재량행위의 일종으로 볼 수 있을 것인가?

이에 관하여 제2차대전 후 독일에서 대두된 『판단여지설』(判斷餘地說)에 의하면 이러한 불확정개념을 둘로 나누어 ① 통상인의 일반적인 경험법칙에 따라서 객관적 판단이 가능한 경험개념(經驗概念)은 판단의 여지가 없으며 사법심사의 대상이 되는 반면(예, 치안상 위해, 정당한 사유, 적당한 장소, 야간 등과 같은 개념), ② 가치판단의 객관적 기준이 존재하지 아니하는 가치개념(價値概念)은 판단여지가 있으며 사법심사의 대상에서 제외된다고 한다(예, 국가고시 시험성적평가, 공무원의 근무성적평정, 행정정책의 결정, 독립규제위원회가 행한 가치평가적 결정 등).

판단여지설은 경험개념(經驗概念)을 일종의 법개념으로 보아 판단여지를 배제함으로써 사법심사의 범위를 넓혔다는 공적이 있으나 ① 경험개념과 가치개념(價値概念)의 구분이 분명하지 않다는 문제점이 있으며, ② 오늘날의 독일에

서도 판단여지를 재량과 구분하지 아니하는 견해가 유력하다고 한다.[94)]

생각건대, 불확정개념의 해석·적용에 있어서는 판단여지설의 주장을 참작하여 원칙적으로는 사법심사가 가능하며, 가치개념과 같은 극히 예외적인 경우에만 재량이 인정된다고 하여야 할 것이다.

(2) 효과규정

효과규정이 재량행위인가의 판단은 당해 법령의 표현방식, 행위의 성질, 기본권과의 관계 등을 고려하여 구체적·개별적으로 판단하여야 할 것이다.

1) 법령의 표현방식

먼저 요건규정과 관련하여서는 비록 법령이 건축허가, 운전면허, 음식점·숙박업 영업허가 등을『할 수 있다』고 규정함으로써 허가를 하든 안하든 마치 재량을 인정하고 있는 듯이 표현하고 있더라도, 허가요건이 구비되면 당연히 허가하여야 한다는 의미에서 기속행위로 보아야 한다. 원래 이들 행위는 헌법상 영업의 자유에 따라 당연히 할 수 있는 자연적 자유에 속하는 것임에도 불구하고 경찰·보건위생 등의 행정목적 달성을 위하여 일정한 제한을 가한 것에 불과하기 때문이다.

또한 효과규정과 관련하여서는 식품위생법(제58조) 등과 같이 "영업허가를 취소하거나 6월 이내의 영업 정지를 명할 수 있다"고 규정하여 2개 이상의 행정행위 중에서 선택권을 부여하고 있는 경우에 어느 행위를 선택할 것인가는 재량행위에 속함은 물론이다.

> **【판례】**: 효과규정이 재량행위라는 판례
> 자동차운수사업 면허조건 등에 위반한 사업자에 대하여 행정청이 행정제재수단으로서 사업정지를 명할 것인지, 과징금을 부과할 것이지, 과징금을 부과키로 하였다면 그 금액은 얼마로 할 것인지 등에 관하여 재량권이 부여되어 있다고 할 것이다(대판 1993. 7. 27, 93누1007).

---

94) Maurer, S.135.f.

2) 수익적 행위·부담적 행위에 따른 구분

이미 설명한 바와 같이 수익적 행정행위를 모두 재량행위로 보는 것은 타당치 않으며(예, 건축·음식점·숙박영업 허가 등), 반대로 부담적 행정행위에도 재량이 인정될 수 있으므로(예, 상술한 영업허가의 취소·정지·과징금 부과 중 어느 것을 선택할 것인가 등), 수익적이냐 부담적이냐에 따른 일률적인 구분은 어렵다고 하겠다. 따라서 어느 행정행위가 기속행위인지 재량행위라고 할지라도 기속재량행위인지 또는 자유재량에 속하는 것인지의 여부는 일률적으로 규정할 수 없는 것이고, 당해 처분의 근거가 된 규정의 형식이나 체제 또는 문언에 따라 개별적으로 판단하여야 한다(대판 1997. 12. 26, 97누15418).

【판례】 : ① 수익적 행정행위는 재량행위라는 판례

주택건설촉진법 제33조에 의한 주택건설사업계획의 승인은 상대방에게 권리나 이익을 부여하는 효과를 수반하는 이른바 수익적 행정처분으로서 법령에 행정처분의 요건에 관하여 일의적으로 규정되어 있지 아니한 이상 행정청의 재량행위에 속한다고 할 것이다(대판 1996. 10. 11, 95누9020).

② 채광계획인가는 기속재량행위라는 판례

광업권의 행사를 보장하면서 광산개발에 따른 자연경관의 훼손, 상수원의 수질오염 등 공익침해를 방지하기 위한 목적에서 광물채굴에 앞서 채광계획인가를 받도록 한 제도의 취지와 공익을 실현하여야 하는 행정의 합목적성에 비추어 볼 때, 채광계획이 중대한 공익에 배치된다고 할 때에는 인가를 거부할 수 있다고 보아야 하고, 채광계획을 불인가하는 경우에는 정당한 사유가 제시되어야 하며 자의적으로 불인가를 하여서는 아니될 것이므로 채광계획인가는 기속재량행위에 속하는 것으로 보아야 한다(대판 1993. 5. 3, 92누19477).

3) 확인적 행위

일정한 사실관계 또는 법률관계의 존부에 관하여 판단하는 확인적 행위는 성격상 기속행위로 보아야 할 경우가 많을 것이다(예, 도로구역 결정, 발명특허권 부여, 선거의 당선인 결정, 소득세 부과를 위한 소득금액 결정 등).

Ⅳ. 재량권의 한계

1. 의의

법령이 정한 요건에 기속되는 기속행위에 있어서의 법령위반은 위법한 행정행위가 되는 것으로서 사법심사의 대상이 됨은 물론이지만, 재량행위라 할지라도 부여된 재량권을 적절히 행사하지 못한 경우에는『재량권의 일탈·남용』이 되어 단순한 부당이 아닌 위법으로 간주되어 법원에 의하여 취소 대상이 되기 때문에 재량권 행사에는 일정한 한계가 있다고 할 수 있다.

재량권의 일탈·남용의 이론은 우리 판례에 의하여 형성된 개념이지만, 행정소송법(제27조)도 이를 명문으로 인정하고 있음은 이미 언급한 바와 같다.

2. 재량권의 일탈·남용

(1) 의의

재량권의 일탈(逸脫)이라 함은 재량권의 외적 한계를 벗어난 것을 말하며(예, 요건 사실이 전혀 없는데도 있다고 인정하여 행정행위를 한 경우), 남용(濫用)이라 함은 재량권의 내재적 목적에 반하는 것을 말한다(예, 재량을 인정한 본래의 목적이 아닌 다른 목적을 위하여 행사하는 것).

양자의 이론상 구분은 가능하지만 실제상 구분은 어려우며 판례에서도 두 개념을 구분하지 않고 사용하는 예도 많이 있어, 이하에서는 이를 구분하지 아니하고 판례 등에서 나타난 구체적인 사례를 중심으로 설명하고자 한다.

(2) 요건사실의 오인

① 행정행위의 요건사실이 전혀 존재하지 않음에도 불구하고 행한 행정행위, 또는 ② 요건사실의 인정에 전혀 합리성을 결한 경우는 재량권의 일탈에 해당된다. 예컨대, 도저히 품위손상행위로 볼 수 없는 행위에 대하여 징계처분

을 하거나, 전근명령을 받고 임지로 여행 중에 심한 풍랑을 만나 병원에 입원한 공무원에 대하여 직무태만으로 면직처분을 한 것(대판 1969. 7. 22, 69누38).

(3) 목적위반과 동기의 부정

재량을 부여한 내재적 목적에 위반하여 재량권을 행사하거나, 부정한 동기(動機) 또는 자의적(恣意的)·보복적 목적으로 재량권을 행사하는 것은 재량권의 남용이 된다(예, 담당공무원의 친척이 경영하는 유흥주점을 위하여 그와 경쟁관계에 있는 특정 유흥주점만 집중단속하여 영업정지처분을 하거나, 소방관이 화재의 예방·진압을 위하여 타인의 집에 출입하는 것이 아니고 범죄의 예방을 위하여 출입한 경우).

(4) 평등원칙 위반

재량이 인정되는 경우라 할지라도 평등원칙은 헌법상의 원칙이므로 이에 위반하면 위법한 것이 된다. 평등원칙 위반은 주로 영업허가나 그 취소·정지 등 행정행위의 구체적인 기준을 법규가 아닌 훈령·예규 등의 행정규칙에서 규정하고 있는 경우, 즉 행정관청이 소위 재량준칙을 정립하여 재량행사의 기준을 스스로 정한 후 동등한 사안에 대하여 다른 취급을 한 경우에 발생하게 된다(이처럼 행정관청이 스스로의 의지에 구속되는 것을 『행정의 자기구속의 원리』라고 한다).

【판례】: 평등원칙 위반을 위법으로 본 판례 및 결정례

① 당직근무 중 심심풀이로 돈을 걸지 않고 점수따기 화투놀이를 한 것이 징계사유에 해당되기는 하지만, 함께 화투놀이한 3명은 가벼운 견책에 처했음에도 불구하고 파면처분을 한 것은 공평의 원칙상 그 재량의 범위를 벗어난 위법한 것이다(대판 1972. 12. 26, 72누194).

② 경찰관이 범죄의 피해를 신고하러 온 청구인을 뚜렷한 혐의도 없이 오히려 경범죄처벌법 위반자로 몰아 즉결심판을 청구하고 보호유치의 명목으로 감금하는 과정에서 상처를 입힌 것이 사실이라면, 당해 경찰관이 초범이고,

이미 경고의 징계처분을 받았으며 상해의 정도가 경미하다는 등의 사유만으로 기소를 유예한 검사의 처분은 기소재량권의 내재적 한계를 넘어 헌법상 보장된 청구인의 평등권과 재판절차 진술권을 침해한 자의적 처분이다(헌재결 1996. 3. 8, 95헌마208).

(5) 비례원칙 위반

재량이 인정된 경우에도 재량권 행사에 있어 헌법상 원칙의 하나인 비례원칙에 위반된 경우에는 위법한 것이 된다. 구체적으로 ① 상대방의 비행에 대하여 너무 심한 징계를 과한 경우와, ② 위반행위로 인한 공익 침해의 정도와 이에 대한 제재적 행정처분으로 상대방이 입게 될 불이익을 비교·교량하여 적절한 비례관계(형평)가 유지되지 아니한 경우에는 위법이 된다(대판 2000. 4. 7, 98누1179).

【판례】 : ① 비례원칙 위반을 위법으로 본 판례
유흥장에 미성년자를 단 1회 출입시켜 술을 제공하여 식품위생법을 위반한 데 대한 제재로서 가장 중한 영업취소로 응징한 것은 책임에 대한 응보의 균형을 잃은 것으로서 행정행위의 재량을 심히 넘은 처분이다(대판 1997. 9. 13, 77누15).
② 비례원칙에 위반되지 아니한다는 판례
목욕탕이라는 상호로 영업허가를 받았음에도 불구하고 사우나탕이란 간판을 표시하여 적발된 후 간판을 바꾸라는 개선명령에 불응하고 3개월이나 영업을 계속하다가 다시 적발된 경우 공중위생법규에 따라 15일간의 영업정지처분을 한 것은 재량권을 남용하였다고 보기 어렵다(대판 1993. 6. 29, 92누19149).

(6) 재량권의 불행사 또는 해태

① 행정관청에 재량권이 허용된 재량행위임에도 불구하고 이를 처음부터 기속행위로 판단하여 구체적 사안을 전혀 검토해 보지도 않고 거부처분을 해 버

리거나(재량권의 불행사), ② 재량행위에 있어서도 구체적 사정을 충분히 검토하지 아니하고 거부처분을 한 것이 명백히 인정될 경우(재량권행사의 해태 또는 태만)에는 위법한 것으로 사법심사의 대상이 된다고 할 것이다.

(7) 재량권의 0으로의 수축

1) 의의

행정관청에게 재량권이 인정된 경우라 할지라도 개인의 생명·신체에 절박한 위해가 초래될 우려가 있는 경우에는 특정 권한의 발동만이 유일하게 적법한 재량권 행사로 인정되기 때문에 재량권은 0으로 수축되며, 따라서 상대방은 행정행위발급청구권을 가지게 된다는 이론이다. 이 이론은 원래 독일 연방행정법원이 『중대한 위험이 존재하는 경우 행정청의 불개입 결정은 그것만으로도 재량권의 남용이 된다』고 하여 행정불개입의 위법을 이유로 국가배상책임을 인정한 데서 비롯되었다.

2) 적용

아직 의무이행소송이 인정되지 아니하는 우리 소송제도하에서는 먼저 행정권한의 발동을 청구하고 이에 아무 응답이 없을 경우 부작위위법확인소송을 제기하거나, 발동거부의 회답을 받은 후 거부처분 취소소송을 제기하는 수밖에 없다고 하겠다.

우리 판례는 "긴급구호권한과 같은 경찰관의 조치권한은 일반적으로 경찰관의 전문적 판단에 기한 합리적 재량에 위임되어 있는 것이나, 그렇다고 하더라도 구체적 상황하에서 경찰관에게 이러한 조치권한을 부여한 취지와 목적에 비추어 볼 때 그 불행사가 현저하게 불합리하다고 인정되는 경우에는, 이러한 불행사는 법령에 위반하는 행위에 해당하게 되어, 국가배상법의 다른 요건이 충족되는 한, 국가는 이로 인하여 피해를 입은 자에 대하여 국가배상책임을 지게 된다"라고 판시하여(대판 1998. 8. 25, 98다16980) 재량권의 0으로의 수축이론에 입각하여 행정권을 발동할 의무를 인정하고 있다.

Ⅴ. 재량행위에 대한 통제

현대행정의 전문성·기술성이 더해감에 따라 특히 복지행정 분야에 행정재량이 점차 확대되어 법치주의의 원칙과 마찰을 초래하고 있기 때문에 재량행위에 대한 여러 가지 효과적인 통제수단이 모색되고 있다.

1. 입법적 통제

국회는 법률을 제정함에 있어 불확정개념의 사용을 자제하고 가능한 한 구체적인 개념으로 행정행위의 요건 및 효과를 규정하여야 할 것이다. 재량행위에 관한 원천적 통제가 되는 입법적 통제가 국민의 이익과 권리구제라는 측면에서 가장 확실한 방법이다. 그러나 행정이 전문화·고도화되고 있고, 장래 발생가능한 모든 경우를 예상하여 구체적으로 일일이 입법을 한다는 것은 거의 불가능하기 때문에 그 한계가 있다. 국회는 입법 이외에도 국정감사·조사, 질문, 국무총리·국무위원해임건의 등에 의해 재량행위를 통제할 수도 있다.

2. 행정적 통제

상급관청이 하급관청에 대한 재량권 행사의 적정 여부에 대한 감독권(감사원의 감사권도 포함) 행사와 함께, 행정심판제도는 재량권 행사의 당·부당을 통제하는 최종 수단이 된다. 즉, 법원에 의한 행정소송에 있어서는 재량권 일탈·남용만을 위법으로 보아 취소할 수 있을 뿐이지만, 행정심판에 있어서는 재량권의 범위 내에서 재량이 행사된 경우라 할지라도 그것이 공익에 적합하게 행사되었는지의 여부까지 판단하여 그렇지 못하다고 인정될 경우에는 소위 『부당(不當)』이라고 하여 취소할 수 있도록 행정심판법이 명문으로 규정하고 있다(동법 제1조·제4조). 따라서 행정상의 법률관계에 관하여 분쟁이 발생하는 경우에 법원이 아닌 행정기관이 이에 관하여 심리하고 판정하는 행정심판제도는 위법한 재량권행사뿐만 아니라 특히 부당한 재량권행사에 대하여 유용한 통제수단이 된다.

최근에는 행정절차참가권에 의하여 재량권 행사과정에 이해관계인의 참여를 보장함으로써 적정한 재량권 행사를 유도하고 있다(예, 허가취소 등 불이익 처분 시 반드시 청문의 기회를 부여하는 것 등). 행정절차참가에 의한 통제는 국민주권주의와 민주주의원리에 합치하는 방법으로서 처분의 상대방 및 이해관계인이 행정절차에 참여함으로써 행정의 공정성과 투명성의 확보가 가능하기 때문에 재량의 여지가 통제되는 것으로서, 이른바 국민에 의한 통제가 된다.

3. 사법적 통제

(1) 의의

재량행위라 할지라도 그 한계를 위반한 경우에는 재량권 일탈·남용으로서 위법이 되며 법원에 의하여 취소되게 되므로 사법적 통제는 가장 강력한 통제수단이 된다.

따라서 법원은 재량행위에 대하여는 당·부당의 문제가 생길 뿐 위법의 문제는 생기지 않는다 하여 본안심리 전에 각하할 것이 아니라, 항상 그 일탈·남용여부를 심사하기 위하여 본안심리를 하여야만 하며 실제로도 그렇게 하고 있다.

(2) 입증책임

사법심사에 있어서 재량권의 한계를 벗어나서 위법하다는 점은 그 행정처분의 효력을 다투는 원고가 이를 주장·입증하여야 하며, 그 처분청이 재량권 행사가 정당한 것이었다는 점까지 주장·입증할 필요는 없다는 판례가 있다(대판 1987. 12. 8, 87누861).

제5절 행정행위의 내용

행정행위는 그 구성요소와 법률효과의 발생원인을 표준으로 법률행위적 행정행위와 준법률행위적 행정행위로 구분됨은 이미 설명한 바와 같다. 그 중 법률행위적 행정행위는 상대방에 대한 법률효과의 내용에 따라 다시 ① 특정한 의무를 부과하거나 이미 부과된 의무를 해제하는 명령적 행위와, ② 권리·능력을 부여하거나 변경하는 형성적 행위로 구분된다.

제1항 명령적 행위

명령적 행위(命令的 行爲)는 행정청이 그 상대방인 국민에게 일정한 의무를 부과하거나 이미 과하여진 의무를 해제하는 행정행위를 말한다. 명령적 행정행위에는 하명·허가 및 면제가 있는데 이들은 모두 개인의 자연적 자유를 제한하거나 그 제한을 해제하는 행위로서 그 위반에 대해서는 강제집행이나 행정벌이 가하여지는 것이 일반적이다. 이러한 의미에서 권리를 발생·변경·소멸시켜 주거나 타인을 위하여 그 행위의 효력을 보충·완성시켜 주는 행위인 형성적 행위와 근본적인 차이가 있다.

명령적 행정행위는 다시 ① 의무를 명하는 행위인 하명과 ② 의무를 해제하는 허가·면제로 구분된다. ③ 의무를 해제하는 경우에도 부작위의무를 해제하는 것이 허가이며, 작위·급부·수인(受忍)의무를 해제하는 것이 면제이다.

Ⅰ. 하 명

1. 의의

하명(下命, Befehl)이란 명령을 하달하는 것으로서 상대방에게 적극적인 작위(위법건축물 철거 · 공해방지시설 개선명령 등), 소극적인 부작위(위험도로 통행금지 · 음식점영업정지 · 운전면허정지 처분), 일정한 내용의 급부(조세 · 도로점용료 · 수도사용료 부과처분), 또는 행정청의 의무부과에 대한 단순한 수인(건강진단 · 예방 접종 · 강제격리 처분)의 의무를 명하는 행위이다.

보통 작위 · 급부 · 수인을 명하는 것을 명령(Gebot)이라 하고, 부작위를 명하는 행위를 금지(Verbot)라고 하기도 한다. 금지에는 어떠한 경우에도 이를 해제하지 못하는 절대적 금지(미성년자에게 술 · 담배를 팔지 못하게 하는 것 등)와 일정한 자격요건을 갖춘 자에게는 금지를 해제하여 적법하게 행위를 할 수 있도록 허가할 수 있는 상대적 금지(음식점영업허가 · 건축허가 등)가 있다.

2. 성질

하명은 개인의 자연적 자유를 제한하는 것이므로 ① 반드시 법령에 근거가 있어야 하고 법규가 정한 요건이 갖추어져 있을 때에만 행할 수 있으며, ② 부담적 행정행위이므로 원칙적으로 행정관청에 재량을 허용하지 아니하는 기속행위라 하겠다.

3. 형식

① 법령에서 직접 명령을 규정하는 법규하명(法規下命-음주운전금지 · 횡단보도 서행의무 등)과 ② 법령에 근거한 구체적인 행정행위의 형식으로 행하는 하명처분(下命處分)이 있으나,[95] 행정행위에서 말하는 하명은 하명처분만을 의미한다고 하겠다. 하명처분에는 다시 불특정 다수인에 대한 일반처분(一般處分, 위험도로의 통행금지 등)과 특정 상대방에 대한 처분(음식점 영업정지 등)으로 구분된다.

---

95) 법규하명과 하명처분은 그 권한의 소재 · 형식 · 효과 · 강제수단 · 쟁송형태 등에 차이가 있으며, 보통 하명이라 함은 행정청의 행정행위의 형식에 의한 하명처분만을 의미한다.

4. 종류

① 부과하는 의무의 내용에 따라 작위・부작위・급부・수인하명으로 구분할 수 있으며, ② 각 행정 분야에 따라 경찰하명, 복리행정상의 하명, 재정하명, 군정하명으로 나눌 수 있다. 이는 다시 상대방이 특정인인가 또는 불특정인인가에 따라 개별하명・일반하명(예, 예방접종, 야간통행금지)으로 나누어진다.

5. 대상

하명의 대상인 행위는 ① 통행금지나 교통장애물 제거 등과 같은 사실행위일 수도 있고, ② 총포거래금지나 불공정거래금지 등과 같은 법률행위일 수도 있다.

6. 효과

하명의 내용에 따라 일정한 행위를 하거나 하지 말아야 할 공법상 의무를 지게 된다. 하명의 효과는 그 수명자에게만 미치는 것이지만, 대물적 하명의 효과는 그 대상인 물건의 소유권을 승계한 자에게도 미친다(예, 위법건축물 철거명령, 목욕탕시설 개수명령 등).

7. 하명위반의 효과

하명에 의하여 명하여진 의무를 이행하지 아니하면 행정상 강제집행에 의하여 강제하거나 행정벌이 과하여진다. 예컨대, 무허가 건축물의 철거명령(작위하명)을 이행하지 않은 자에 대해서는 행정상의 강제집행이 이루어지고, 청소년에게 술과 담배를 팔지 말아야 하는 의무(부작위하명)를 위반한 자에게 행정벌이 가해진다.

다만, 국토의계획및이용에관한법상의 토지거래허가제처럼 특정한 지역 내에서 허가받지 않고 토지거래를 하여서는 아니 된다는 하명 위반에 대한 처벌만으로는 하명의 행정목적을 달성할 수 없는 때에는 행정벌과 함께 하명위반행위(무허가토지거래행위) 그 자체를 무효로 규정하는 경우도 있다. 그러나 원칙적으로 명령 · 금지에 위반한 행위가 법률행위인 경우에 처벌은 받지만 그 행위가 당연히 무효로 되는 것은 아니다(예, 불법무기 거래행위도 처벌은 받지만 거래 자체는 유효하다).

8. 하자 있는 하명에 대한 구제

하명은 행정청의 일방적인 지배권에 의한 강제적 행정행위이기 때문에 위법 · 부당한 하명으로 권리 · 이익이 침해된 자는 행정쟁송으로 그 취소 · 변경을 구하고, 손해가 있으면 행정상 손해배상청구소송을 제기할 수 있다.

Ⅱ. 허가

1. 의의

허가(許可, Erlaubnis)는 일반적 금지(부작위의무)에 의하여 제한되었던 자연적 자유를 특정 자격요건을 갖춘 자에게 회복하여 적법하게 일정한 행위를 할 수 있도록 하는 처분을 말한다. 허가는 법령에 의하여 행하는 기속행위이다.

허가는 절대적 금지가 아닌 상대적 금지에 대하여만 가능하므로 절대적 금지를 예외적으로 승인해 주는 예외적 승인(예, 치료 · 연구목적의 마약사용허가, 카지노사업의 영업허가, '총포 · 도금 · 화약류등단속법'에 의한 총포 등의 소지허가 등)과는 구별된다. 허가는 학문상의 용어이며, 실정법상으로는 허가 외에도 인가(은행업 · 보험업 · 신용금고업) · 면허(자동차운전 · 의사 · 약사) · 등록(사설학원) · 지정(담배소매인 지정) · 승인(전기용품 형식승인) 등의 여러 가지 용어로 사용되고 있어 혼동을 초래하고 있다.

2. 성질

(1) 명령적 행위(특허와의 구별)

종래의 통설·판례에 의하면 허가는 원래의 자연적 자유에 속하던 것을 특정인에 한하여 회복시켜 주는 것에 불과한 명령적 행위이므로 권리를 설정하는 형성적 행위인 특허와 구별된다.

허가로 인하여 자유가 회복됨으로써 받는 이익(예, 공중목욕장 영업허가를 받은 자가 적법하게 영업행위를 함으로써 얻는 영업상의 이득)은 권리로서의 이익이 아닌 단순한 반사적 이익에 불과하므로 만약 허가관청이 제3자에 대하여 새로운 허가를 함으로써 기존 허가영업자가 영업상의 불이익을 받더라도 법원에 그 새로운 영업허가의 취소를 구할 수 없다.

【판례】: ① 공중목욕장업 허가는 명령적 행위이며, 허가로 얻는 이익은 반사적 이익이라는 판례

공중목욕장업법에 의한 공중목욕장업 허가는 권리를 설정하는 행위가 아니고 금지의 해제에 불과하며, 그 허가의 효과는 본래의 영업의 자유의 회복을 가져오는 것이다. 따라서 기존 목욕장 인근에 새로운 목욕장을 허가함으로써 기존 목욕장의 수입이 사실상 감소된 경우에도 이는 단순한 반사적 이익의 침해에 불과하므로 새로운 목욕장 허가처분의 취소를 청구할 소의 이익이 없다(대판 1963. 8. 22, 63누97).

② 한의사면허는 허가이며, 이로 얻는 이익은 사실상 이익에 불과하다는 판례

한의사면허는 경찰금지를 해제하는 명령적 행위(강학상 허가)에 해당하고, 한약조제시험을 통하여 약사에게 한약조제권을 인정함으로써 한의사인 원고들의 영업상 이익이 감소되었다 하더라도 이러한 이익은 사실상의 이익에 불과하고 약사법이나 의료법 등의 법률에 의하여 보호되는 이익이라고 볼 수 없다(대판 1998. 3. 10, 97누4289).

그러나 최근 허가는 단순한 자유의 회복 이상으로 일정한 행위를 할 수 있는 권리(자유권적 권리)를 부여하는 것이라는 의미에서 특허와 같이 형성적 행위로 보는 견해가 있는가 하면(오늘날의 독일에서는 행정행위를 명령행위 · 형성행위 · 확인행위로 나누고, 허가를 형성행위에 포함시키고 있다),[96] 반대로 헌법상 직업선택의 자유와 영업의 자유를 최대한 보장하려는 입장에서 오늘날 공기업의 특허(특허는 원래 공기업특허에서부터 인정되었다)는 보통의 허가와 다를 바 없다는 견해도 있는 등 '허가의 특허화'와 '특허의 허가화'가 진행되고 있어 양자의 구별은 점차 상대화되어 가고 있다고 한다.[97] 실정법적으로도 허가 · 특허 · 인가의 용어가 학문상의 그것과 일치하지 아니하는 경우가 많으며 실제로 두 가지 성질을 함께 가지고 있는 예도 있다. 예컨대, 도시가스사업법에 의한 가스사업허가와 석유사업법에 의한 석유정제업 허가는 독점적 경영권을 설정하고 있으므로 특허에 해당되지만, 허가받지 아니하고 사업을 영위하는 자는 징역 · 벌금에 처한다는 점에서 허가의 성질도 함께 가지고 있다.

(2) 기속행위(예외적으로 재량행위)

통설 · 판례에 의하면 허가는 자연적 자유를 회복시켜 주는 것으로서, 허가요건에 해당함에도 불구하고 허가하지 않는 것은 불필요하게 개인의 자연적 자유를 더 묶어 두는 것이므로 위법하다고 하여야 할 것이다. 따라서 허가요건에 해당하면 반드시 허가하여야 한다는 의미에서 기속행위라고 한다.

그러나 예외적으로 허가가 재량행위인 경우도 있다. 예컨대, 효과규정이 아닌 요건규정에서 불확정개념을 사용하고 있는 경우(예, 도시경관, 공중보건위생, 공공의 질서유지에 지장을 주지 아니하는 경우 등)에는 그 요건판단에 있어 행정관청의 판단 여지가 인정될 경우는 있을 것이다.[98] 허가가 기속행위이기 때문에 특허와 달리 먼저 허가요건을 갖추어 신청하는 자가 있으면 허가하여야 한다는 의미에서 선원주의(先願主義)[99]가 적용된다(특허는 재량행위이므

---

96) Maurer, S.202, 205.

97) 박윤흔(상), p.357 ; 석종현 · 송동수(상), p.237.

98) 김남진(Ⅰ), p.259 ; 석종현 · 송동수(상), p.228.

99) 선원주의란 특허법상 동일발명을 2인 이상의 자가 개별적으로 완성한 때에는 특허출원시를 기준으로 하여 가장 먼저 특허를 신청한 자에게 특허를 부여하는 주의로서 행

로 여러 신청자 중 가장 적합한 자를 선택할 재량이 인정된다).

【판례】 : ① 허가는 수익적 행정행위임에도 불구하고 기본권의 최대한 보장이라는 견지에서 허가요건에 해당하면 반드시 허가하여야 하는 기속행위라는 판례

㉠ 건축허가 : 건축허가신청이 법정요건에 합치하는 경우에는 특별한 사정이 없는 한 이를 허가하여야 하며, 공익상 필요가 없음에도 불구하고 요건을 갖춘 자에 대한 허가를 건축법 · 도시계획법 등 관계법규에서 정한 제한사유 이외의 사유를 들어 거부할 수는 없다(대판 1992. 12. 11, 92누3038).

㉡ 대중음식점 영업허가 : 식품위생법상의 대중음식점 영업허가는 그 성질상 일반적 금지에 대한 해제에 불과하므로 허가권자는 허가신청이 법에서 정한 요건을 구비한 때에는 반드시 허가하여야 하며, 관계 법규에서 정하는 사유 이외의 사유를 들어 허가신청을 거부할 수는 없다(대판 1993. 5. 27, 93누2216).

② 토지형질 변경허가는 재량행위라는 판례

형질변경허가가 신청된 당해 토지의 합리적인 이용이나 도시계획사업에 지장이 될 우려가 있는지 여부와 공익상 또는 이해관계인의 보호를 위하여 부관을 붙일 필요의 유무나 그 내용 등을 판단함에 있어서 행정청의 재량의 여지가 있으므로 그에 관한 판단 기준을 정하는 것 역시 행정청의 재량에 속하는 것이다(대판 1999. 2. 23, 98두17845).

3. 형식

하명은 법령에서 직접 행하는 법규하명도 있지만(음주운전금지 등), 허가는 상대적 금지를 특정한 경우에만 해제해 주는 것이므로 성질상 행정행위의 방식에 의하여야 한다. 그러나 허가의 상대방은 특정인임이 원칙이지만(예, 운전면허, 음식점 영업허가 등) 불특정 다수인일 수도 있다(예, 위험한 도로에 대

정법상에 허가의 출원이 2인 이상이 경합하는 경우에는 먼저 출원한 것부터 심사하여 그 신청이 법정요건을 갖춘 경우에는 먼저 허가하여야 하는 것을 말한다. 허가는 기속행위이기 때문에 이러한 선원주의가 적용되는 것이다.

한 통행금지의 해제, 야간통행금지의 해제 등).

4. 종류

① 대인적 허가(의사면허 · 약사면허 · 운전면허 등), 대물적 허가(건축허가 · 음식점영업허가 · 차량검사 등), 혼합적 허가(전당포영업 · 총포화약류제조업 허가 등)가 있으며, 대인적 허가는 일신전속적인 것이기 때문에 제3자에게 이전될 수 없다. 그러나 대물적 허가는 허가여부의 판단 근거가 물적인 것이기 때문에 이전성이 인정되며, 혼합적 허가는 그 판단기준에 인적 요소도 포함되므로 원칙적으로 이전성이 제한되지만 인적 요소와 물적 요소가 모두 법령상의 기준에 합당할 경우 이전성이 허용되기도 한다.

② 허가는 행정분야에 따라 경찰허가 · 복리행정상의 허가 · 재정허가 · 군정허가 등으로도 분류된다.

5. 대상

보통은 사실행위(음식점영업 · 자동차운전 · 건축행위 등)이지만, 법률행위일 경우도 있다(총포거래 등).

6. 신청

허가는 상대방의 신청에 의하여 행하여지는 것이 원칙이지만, 특허 · 인가와 달리 신청 없이도 행할 수 있으며(예, 위험한 도로에 대한 통행금지의 해제 등), 신청내용과 다른 내용의 허가도 유효하게 성립된다. 허가가 신청에 의하여 행하여지는 경우에는 신청과 다른 허가도 원칙적으로 유효하게 성립될 수 있다는 것이 통설이다.[100]

---

100) 그러나 이러한 허가를 하자의 이론에 따라 무효 또는 취소할 수 있는 행위가 된다는 견해도 있다. 박균성(상), p.306.

【판례】 : (건축허가의) 신청과 다른 내용의 허가도 유효하다는 판례
건축물의 개축허가 신청에 대하여 행정청이 착오로 대수선 및 용도변경허가를 하였다 하더라도 취소 등 적법한 조치 없이는 그 효력을 부인할 수 없음은 물론, 이를 다른 처분, 즉 개축허가로 볼 수도 없다(대판 1985. 11. 26, 85누382).

7. 효과

허가의 효과는 자연적 자유의 회복에 그치므로 이로 인하여 받는 이익은 권리로서의 이익이 아닌 반사적 이익에 불과하다. 목욕장영업허가에 대한 위 판례 외에도, 이웃 여관이 건물의 4·5층까지 숙박업에 사용하고자 숙박업구조변경허가를 받은 경우에, 인근 다른 여관들이 이로 인하여 받게 될 불이익은 사실상의 것에 불과하며 이것만으로는 숙박업구조변경허가처분의 무효확인 또는 취소를 구할 소익이 없다고 판시하였다(대판 1990. 8. 14, 89누7900).

그러나 최근 허가와 특허의 구별이 상대화되어 감에 따라 판례도 주류제조면허를 허가로 보면서도 그 재산적 가치를 인정하고 이를 법률상 이익으로 보는 경향이 있다. 즉, 비록 허가라 하더라도 관계법령의 취지가 공익뿐만 아니라 개인의 이익까지도 함께 보호하고자 하는 것인 때에는 단순한 반사적 이익이 아니라 법적으로 보호되는 이익이라고 하여야 할 것이며, 이 경우의 허가는 특허의 성질을 함께 가지고 있는 것으로 보아야 할 것이다[101].

【판례】 : 주류제조면허는 반사적 이익이 아닌 법률로 보호되는 이익이라는 판례(법인세 부과시 순자산가액평가에 주류제조면허를 포함시켜야 한다는 취지)
주류제조면허는 국가의 수입확보를 위하여 설정된 재정허가의 일종이지만, 일단 이 면허를 얻은 자의 이익은 단순한 사실상의 반사적 이익에만 그치는 것이 아니라 주세법의 규정에 따라 보호되는 이익이고, 주세법상 주류제조

101) 김동희(Ⅰ), p.285.

면허의 양도가 인정되지 않고 있으나, 국세청훈령으로 보충면허제도를 두어 기존면허업자가 그 면허를 자진취소함과 동시에 그에 대체하여 동일제조장에 동일면허종목을 신청하는 경우에는 그 면허를 부여함으로써 당사자간의 면허의 양도를 간접적으로 허용하고 있으며, 주류제조의 신규면허는 주세당국의 억제정책으로 사실상 그 취득이 거의 불가능하여 위와 같은 보충면허를 받는 방법으로 면허권의 양도가 이루어지고 있는 이상, 위 면허권이 가지는 재산적 가치는 현실적으로 부인할 수 없는 것이므로 주류제조회사의 순자산가액을 평가함에 있어서 주류제조면허를 포함시키지 아니한 것은 잘못이다(대판 1989. 12. 22, 89누46).

한편, 허가는 특정 법령상의 금지를 해제하여 주는 효과밖에 없으므로 다른 목적으로 제정된 다른 법령에 의한 금지까지를 해제하는 것은 아니다(예, 공무원은 음식점영업허가를 받더라도 국가공무원법상의 영리활동 금지의무까지 해제되는 것은 아니다).

근래 행정기능이 전문·다양화되어 인·허가 등 국민의 자연적 자유를 제한하는 법령이 급격히 증가하여 예컨대 공장·빌딩·백화점·골프장 등을 짓는데 필요한 수십 종의 인·허가를 받기 위하여 수백 종의 구비서류를 갖추느라 몇 달 내지 몇 년이나 걸리는 실정에 있어, 기업의 생산활동에 지장을 초래하고 국가경쟁력 저하의 본질적 요인이 되고 있다. 따라서 정부는 규제완화 내지 탈규제의 차원에서 각종 인·허가 제도를 과감하게 축소하는 법제 개혁을 단행하고 있다.

이와 관련하여 1997년에는 『행정규제기본법』이 제정되어 모든 행정규제는 법률에 근거하여야 하고(규제법정주의), 규제는 필요한 최소한의 범위 내에서만 설정되어야 하며, 인·허가 등의 객관적·구체적 기준을 미리 공표하고, 규제의 신설·강화시에는 사전에 규제영향분석과 자체심사를 하도록 의무화하고 있다

또한 인·허가 등의 요건은 법률에서 직접 정하거나 법률의 구체적·개별적인 위임에 의한 법규명령으로만 정할 수 있으며, 법률의 구체적·개별적 위임없이 제정된 대통령령으로, 예컨대 『지역별 교습수요에 적합할 것』이라는 새

로운 사설학원의 인가요건을 정한 것은 사설학원 설립의 자유를 법률의 근거 없이 부당하게 제한하는 것으로 모법에 위반되어 무효가 된다는 판례가 있다(대판 1994. 2. 8, 93누8276).

한편, 각종 법령에서 허가의 요건으로 『거리제한규정』을 두고 있는 예가 있을 수 있으나, 이러한 거리제한규정(예, 주유소설치허가·공중목욕장영업허가에 있어 기존영업자와 일정한 거리 이상 떨어진 경우에만 허가할 수 있다는 규정)은 그것이 근거법률로부터 적법한 위임을 받은 하위법령으로 제정되어 있는 경우에 그 위임받은 범위 안에서 제정되었고, 또한 근거법률의 취지로 보아 당해 허가영업이 공익뿐만 아니라 기존영업자의 사익도 함께 보호하려는 취지라고 해석될 경우에만 기존영업자의 이익을 단순한 반사적 이익이 아니라 '법률상 이익'으로 보아 이를 유효한 것으로 평가할 수 있을 것이다(공중목욕장영업허가에 있어서의 거리제한은 위법이지만(대판 1960. 9. 30, 4292행상20), 주유소의 난립방지를 위한 거리제한은 적법하다는 판례(대판 1974. 11. 26, 74누110)가 있다).

8. 허가받지 아니하고 행한 행위의 효과

허가를 받아야만 적법하게 할 수 있는 행위를 허가받지 아니하고 행한 경우에는 행정상 강제집행이나 처벌(행정벌)의 대상은 되지만, 원칙적으로 당해 무허가행위의 사법상 효력까지 부인되는 것은 아니다.

9. 허가의 갱신

허가에 유효기간이 설정되어 있는 경우에 유효기간이 만료되어 갱신허가를 신청하는 경우 허가관청은 반드시 허가해 주어야만 하는 것은 아니며, 새로운 허가와 마찬가지로 허가요건에의 적합 여부를 심사하여 허가 여부를 결정하여야 한다.

갱신허가는 형식적으로는 새로운 허가행위이지만 실질적으로는 기존 허가의 효력의 동일성을 유지함으로써 장래에 향하여 종전의 지위를 계속 유지시키는 효과를 가지는 것이다. 따라서 갱신 전의 법령위반사실까지 불문에 붙이는 것이 아니며, 갱신허가를 한 후에도 갱신 전의 법령위반사실을 근거로 갱신허가를 취소할 수 있다.

【판례】: ① 갱신허가시 허가요건에의 적합 여부를 새로이 판단하여야 한다는 판례
사행행위등규제및처벌특례법에 의한 투전기영업허가를 받은 자가 유효기간이 지나서 다시 영업허가를 신청한 경우 이는 단순히 그 유효기간을 연장하여 주는 것이라기보다는 종전의 허가와는 별도의 새로운 영업허가를 내용으로 하는 행정처분이라 할 것이므로 동법의 규정에 의하여 허가요건의 적합 여부를 새로이 판단하여 그 허가 여부를 결정하여야 할 것이다(대판 1993. 2. 10, 92두72).
② 갱신허가 전의 법위반사실을 근거로 허가를 취소할 수 있다는 판례
유료직업소개사업의 갱신허가는 종전의 지위를 계속 유지시키는 효과를 갖는 것에 불과하고 갱신 전의 법위반사실을 불문에 붙이는 효과를 발생하는 것은 아니므로 갱신허가가 있은 후에도 갱신 전의 법위반사실을 근거로 하여 갱신허가를 취소할 수 있다(대판 1982. 7. 27, 81누174).

10. 허가의 양도

대물적 허가나 혼합적 허가는 상속·양도의 대상이 될 수 있으며, 이 경우 대부분의 실정법은 인가 또는 승인을 받거나 신고하도록 함으로써 법률관계의 명확성을 기하도록 하고 있다(예, 음식점영업 또는 건설업의 양도·양수는 신고하도록 하고 있다).

실제로 대부분의 영업허가는 사법상 양도의 대상이 되고 있으며, 이 경우 행정관청에 대한 신고 또는 인가행위는 그 양도·양수 계약의 효력발생요건이 되지만, 신고하거나 인가를 받기 전이라도 당해 양도·양수 계약의 사법상 효력은 유효하다고 하여야 한다.

【판례】 : 행정관청의 인가를 받을 것을 전제로 한 건설업면허 양도·양수 계약의 사법상 효력에 관한 판례
행정관청의 인가를 받을 것을 전제로 하는 건설업면허 양도·양수 계약은 이미 유효하게 성립한 것이다. 따라서 양도·양수 계약 당사자의 어느 일방에게 귀책사유가 있는 채무불이행이 있을 경우에는 이를 이유로 계약을 해제할 수 있다(대판 1994. 3. 11, 93다55418).

허가의 양도로 인하여 양수인은 양도인의 지위를 포괄적으로 승계하는 효과가 있으므로 양도인에게 허가를 취소할 위법사유가 있다면 이를 이유로 양수인에게 허가취소 등 제재조치를 할 수 있다는 판례가 있다(그렇지 아니할 경우 위법행위를 한 영업자가 이에 대한 허가취소 등의 제재조치를 면하기 위하여 서둘러 양도·양수함으로써 양도·양수제도를 악용하는 사례가 있기 때문이다).

그러나 식품위생법(제61조) 등과 같이 허가취소·영업정지 등의 행정처분이 이미 행하여진 경우에는 그 행정처분의 효과는 그 처분기간이 만료된 날로부터 1년간 양수인에게 승계되며, 처분절차가 진행 중인 경우도 양수인에게 효력이 미치도록 제한하면서, 양수인이 그 제재처분의 존재나 양도인의 법령위반 사실을 알지 못하였음을 증명하는 때에는 양수인에게 효력이 미치지 아니하는 것으로 하여 선의의 양수인을 보호하는 규정을 두고 있는 경우도 있다.

【판례】 : 주유소영업허가는 대물적 허가이며, 양도인의 위법사실은 양수인에게 승계된다는 판례
주유소영업허가는 소위 대물적 허가로서 양도가 가능하며, 이 경우 양수인은 양도인의 지위를 승계하게 되므로 만약 양도인에게 허가를 취소할 위법사유가 있다면 허가관청은 이를 이유로 양수인에게 허가를 취소할 수 있다(대판 1986. 7. 22, 86누203).

Ⅲ. 면제

허가는 소극적인 부작위의무를 해제해 주는 것이지만, 면제(免除, Erlassung)는 적극적인 작위·급부·수인 의무를 해제하는 것을 말하며(예, 군입대의무면제·조세면제·예방접종의무면제 등), 의무를 해제해 준다는 점에서 허가와 성질이 같다. 따라서 면제의 성질·종류·효과 등은 허가에서 설명한 것과 같다.

제2항 형성적 행위

형성적 행위(形成的 行爲)란 행정청이 그 상대방인 국민의 특정한 권리, 권리능력, 행위능력 또는 포괄적인 법률관계 및 기타 법률상의 힘을 발생·변경·소멸시키는 행위를 말한다. 형성적 행위는 이해관계인 및 제3자에게 대항할 수 있는 법률상의 새로운 이익이나 권리를 부여하거나 또는 이를 변경·박탈하는 것을 목적으로 하는 점에서 국민의 자연적 자유의 제한과 해제를 목적으로 하는 명령적 행위와 구별된다. 즉 형성적 행위는 특정한 권리나 법률관계를 새로이 창설한다는 점에서 명령적 행위와 구별된다. 형성적 행위는 상대방을 표준으로 하여 ① 직접 상대방을 위한 행위(설권(設權)·변경·탈권(奪權)행위로 나누어지며, 그 중 설권행위를 특별히 특허라고 한다)와 ② 타자를 위한 행위(제3자의 행위를 보충하여 그 효력을 완성시켜 주거나(인가), 제3자를 대리하여 행하는 행위(대리))로 나누어진다.

Ⅰ. 특허(광의)

1. 의의

특허(特許)란 특정 상대방을 위하여 새로운 권리・능력 또는 포괄적 법률관계를 설정하는 행위를 말하며, 이 중 권리를 설정하는 행위를 협의의 특허라고 한다. 특정인에게 재산상의 이익을 향유할 수 있는 『권리』(權利) 설정행위의 예로서는 광업허가, 어업면허, 자동차・해상・항만・항공 등 각종 운수사업면허, 보세구역설치경영특허, 특허기업특허, 토지수용권설정, 공유수면매립면허, 공물사용권특허, 교과서의 국정・검정・인정행위 등이 있으며, 특정인에게 그 행위를 할 수 있게 하는 『능력』(能力) 설정행위로서는 공법인설립행위가 있고, 두 가지 이상의 법적 관계의 합성에 의하여 성립하는 『포괄적 법률관계』(包括的 法律關係) 설정행위로서는 공무원임명・귀화허가 등이 있다.

권리・능력 및 포괄적 법률관계를 설정하는 행위를 설권행위, 즉 광의의 특허라고 하는 데 비하여, 이미 설정된 그것들을 변경시키는 행위를 변경행위(예, 광구변경, 공무원 전보)라 하고, 그것들을 소멸시키는 행위를 탈권행위(예, 어업면허의 취소)라 한다.

2. 성질

특허는 명령적 행위인 허가와 달리 본래의 자연적 자유를 회복시켜 주는 것이 아니고 법률상의 새로운 권리를 부여하는 형성적 행위이므로, 전형적인 수익적 행정행위이며 재량행위이고 쌍방적 행정행위이다. 따라서 이로 인한 이익도 단순한 반사적 이익이 아닌 권리로서의 이익이다. 그러나 최근 허가와 특허의 구별은 점차 상대화되어 가는 경향이 있음은 이미 설명한 바와 같다.

【판례】: 자동차운수사업면허, 교과서의 국정·검정행위는 형성적 행위이며 재량행위라는 판례
① 자동차운수사업법에 의한 자동차운수사업면허는 특정인에게 권리를 설정하여 주는 행위로서 재량행위이다(대판 1993. 5. 27, 92누19033).
② 교과서에 관한 국정 또는 검·인정 제도의 법적 성질은 인간의 자연적 자유의 제한에 대한 해제인 허가가 아니라, 어떠한 책에 대하여 교과서라는 특수한 지위를 부여하는 가치 창설적인 형성적 행위로서 특허의 성질을 갖는다고 할 것이므로 국가는 그에 대하여 재량권을 갖는다(헌재결 1992. 11. 28, 89헌마88).

한편, 종래 특허를 사인의 출원이라는 의사표시와 행정청의 특허행위라는 의사표시에 대등한 가치를 부여하여 공법상 계약의 일종으로 보는 견해도 있었으나, 양자의 의사표시에 대등한 가치를 부여하기는 어려우며, 역시 상대방의 신청을 요하는 쌍방적 행정행위로 보는 것이 일반적인 견해이다.[102]

3. 형식

특허는 허가와 달리 언제나 특정인에게만 할 수 있으며, 따라서 특허처분이라는 구체적인 행정행위의 형식으로 행하여지는 것이 원칙이지만, 예외적으로 법규에 의하여 직접 행하여지는 경우도 있다(예, 한국도로공사법·대한주택공사법·한국토지공사법 등에 의하여 공법인을 직접 설립하고 각종 사업수행권을 부여하는 것).

4. 출원(신청)

특허는 허가와 달리 상대방의 출원(出願)을 필요요건(효력요건)으로 하므로 출원이 없거나 출원내용에 반하는 특허는 완전한 효력을 발생할 수 없다. 다만, 특허처분이 아닌 직접 법규에 의한 특허의 경우에는 성질상 출원이 필요없다.

102) 김도창(상), p.407 ; 박윤흔(상), p.362 ; 석종현·송동수(상), p..245.

5. 효과

특허는 상대방에게 권리·능력·포괄적 법률관계를 설정하는 효과를 가지며, 이로 인하여 설정되는 권리는 공권인 경우도 있지만 사권(私權)인 경우도 있다(예, 광업권·어업권 등). 어떤 경우든 특허로 부여된 권리를 행정주체가 침해하면 행정상 쟁송과 국가배상으로, 사인이 침해하면 사법상 손해배상으로 구제받을 수 있다.

대인적 특허의 효과는 이전될 수 없으나(예, 공무원·귀화자의 지위 등), 대물적 또는 혼합적 특허의 효과는 행정관청에의 신고·인가 등에 의하여 이전될 수 있다(예, 광업권·어업권·운수사업면허의 양도·양수 등).

【판례】 : 기존어업권을 침해하는 새로운 어업면허는 무효라는 판례
다른 조합이나 다른 어촌계의 업무 구역 내에는 기존어업권자의 동의가 있는 경우 등이 아니면 중복하여 어업면허를 할 수 없으며, 이에 위반하여 어업면허를 하였다면 그 면허처분은 당연 무효이다(대판 1978. 4. 25, 78누42).

6. 특허받지 아니하고 행한 행위의 효과

허가의 경우와 같이 행정상 강제집행이나 행정벌의 대상이 될 뿐이지만, 예외적으로 당해 행위의 효력까지를 무효로 보아야 할 경우도 있다(예, 공무원 임명을 받지 아니한 자의 행정행위 등).

7. 특허의 갱신·양도

허가에서 설명한 바와 같다. 다만, 특허가 재량행위이듯이 특허의 갱신도 재량행위인 점이 다를 뿐이다.

【판례】 : 보세구역 설치경영의 특허 및 그 갱신은 재량행위라는 판례
관계법 제78조의 규정에 의한 보세구역의 설치경영특허는 보세구역의 설치경영에 관한 권리를 설정하는 특허에 해당하는 것으로서 행정관청의 자유재량에 속하는 것이며, 특허기간의 만료로 인한 특허의 갱신은 실질적으로 권리의 설정과 같으므로 특허의 갱신여부도 자유재량에 속한다(대판 1989. 5. 9, 88누4188).

8. 허가와 특허의 구별

오늘날 허가와 특허의 구별이 점차 상대화되어 가고 있고, 실정법상으로도 서로 혼동하여 사용되는 경우가 있으나, 양자의 상대적인 차이점을 정리하면 다음과 같다.

(1) 공통점

양자는 모두 ① 수익적 행정행위, ② 상대방의 출원, ③ 일정한 경제적 이익의 발생, ④ 부관의 가능, ⑤ 행정관청의 특별한 감독, ⑥ 허가 또는 특허 없이 행한 경우의 행정상 강제집행, 행정벌 부과 등의 공통점이 있다.

(2) 차이점

1) 명령적 행위 · 형성적 행위

허가는 자연적 자유를 회복시키는 명령적 행위이지만, 특허는 권리를 설정하는 형성적 행위이다.

2) 기속행위 · 재량행위

허가는 원칙적으로 기속행위이지만, 특허는 원칙적으로 재량행위이다.

3) 구체적 행정행위 여부

허가는 항상 개별적 · 구체적 허가처분의 형식에 의하지만, 특허는 예외적으로 법규에서 직접 행할 수도 있다.

4) 출원 요부

허가는 예외적으로 상대방의 출원 없이도 행하여질 수 있으나(일반처분 등), 특허는 항상 출원이 있어야 한다(단, 법규가 직접 행하는 경우는 예외).

5) 규제목적 · 대상사업

허가는 명령적 행위라는 특성상 소극적인 질서유지를 규제목적으로 하고 있으므로 음식점 · 숙박영업 · 이미용업 등 개인적 사업인 데 반하여, 특허는 공공복리를 위하여 국가의 적극적인 관여를 필요로 하는 물 · 가스 · 전기 · 운송사업 등 공익사업이다.

6) 효과

허가로 받는 이익은 단순한 반사적 이익에 그치므로 그 침해에 대한 구제를 신청할 수 없으나(예, 기존 숙박영업자는 영업이익의 감소를 이유로 인근의 숙박업 신규허가의 취소를 청구할 수 없다), 특허로 받는 이익은 권리로서의 이익이므로 행정관청도 이를 침해할 수 없다(예, 광업권 · 어업권 등을 침해하면 일종의 공용수용에 해당하며, 손실보상을 하여야 한다).

또한, 허가의 효과는 공법상 의무의 해제이므로 항상 공법적인 데 비하여, 특허의 효과는 사법적인 것일 때도 있다(예, 어업권 · 광업권 등 사권의 설정).

7) 감독 · 보호

허가를 받은 자에 대한 감독은 공공의 질서유지를 위한 소극적 · 최소한의 감독에 그치며 특별한 보호는 없는 것이 원칙이지만, 특허를 받은 자에 대한 감독은 공공복리의 달성을 위한 적극적인 것이며 당해 사업목적 달성을 위하여 일정한 보호와 특권이 부여될 경우도 있다(예, 특허기업에 대한 각종 보조금 및 토지수용권 부여, 특허기업과 유사한 명칭 사용행위의 금지 등).

Ⅱ. 인가

1. 의의

인가(認可)라 함은 제3자의 법률행위에 동의를 부여하여 그 행위의 법적 효력을 완성하여 주는 행위로서 보충행위라고도 한다. 원래 사인간의 법률행위는 행정주체의 동의나 간섭 없이도 완전히 효력을 발생하는 것이 원칙이지만, 예외적으로 공익에 중대한 영향을 미치는 행위는 행정주체가 후견적 입장에서 관여하도록 하는 경우가 있으며, 현행법상 인가의 예로서는 비영리법인 설립허가 및 정관변경인가, 공공조합 설립인가, 특허기업의 운임·요금 인가, 사립학교법인 이사취임승인, 지방채기채승인, 허가나 특허의 양도·양수의 인가, 외국인 토지취득허가, 토지거래허가구역 내에서의 토지거래허가 등이 있다. 인가는 학문상의 개념이기 때문에 실정법상에서는 이처럼 허가·승인·인가 등의 용어로 사용되고 있다.

【판례】: 실정법상 허가라는 용어를 학문상의 인가라고 판시한 경우

① 민법상 재단법인 정관변경허가 : 민법 제45조와 제46조에서 말하는 재단법인의 정관 변경 '허가'는 법률상의 표현이 허가로 되어 있기는 하나, 그 성질에 있어 법률행위의 효력을 보충하여 주는 것이지 일반적 금지를 해제하는 것이 아니므로, 그 법적 성격은 인가라고 보아야 한다(대판 1996. 5. 16, 95누4810).

② 국토이용관리법상 토지거래허가 : 국토이용관리법 제21조의3 제1항 소정의 허가가 규제지역 내의 모든 국민에게 전반적으로 토지거래의 자유를 금지하고 일정한 요건을 갖춘 경우에만 금지를 해제하여 계약체결의 자유를 회복시켜 주는 성질의 것이라고 보는 것은 위 법의 입법취지를 넘어선 지나친 해석이라고 할 것이고, 규제지역 내에서도 토지거래의 자유가 인정되나 다만, 위 허가를 허가 전의 유동적 무효 상태에 있는 법률행위의 효력을 완성시켜주는 인가적 성질을 띤 것이라고 보는 것이 타당하다(대판 1991. 12. 24, 90다12243).

2. 성질

인가는 법률행위의 효력발생요건이므로 인가받아야 할 행위를 인가받지 아니하고 행한 무인가행위는 원칙적으로 무효가 되며, 이 점에서 허가와 구별된다.

우리 대법원은 국토이용관리법상의 토지거래허가의 법적 성질을 인가로 보면서도, 허가를 받기 전의 토지거래는 확정적으로 무효가 되는 것이 아니라 거래허가를 받게 되면 유효한 상태가 되는 유동적 무효이고 그 인가가 거부된 경우에 확정적 무효가 되는 것이라 보고 있다(대판 1991. 12. 24, 90다12243). 즉, 인가가 무효를 유보시키고 있는 경우도 성립된다는 것이다.

【판례】: 인가받지 아니하고 행한 행위의 효과
무역거래법18①(현, 대외무역법20②)은 효력규정이므로 이에 위반하여 상공부장관의 승인(학문상의 인가에 해당한다) 없이 행한 외화획득용 수입원료·기재의 양도·양수행위는 무효이다(대판 1974. 3. 26, 73다721).

그러나 건설업면허 양도·양수의 예와 같이 통상 당사자 간에 양도·양수계약을 먼저 하고 나서 행정관청에 양도·양수의 인가를 신청하는바, 이 경우 인가가 있기 전까지는 면허의 이전이라는 법적 효과가 발생되지 않는다는 것뿐이지, 당사자간의 양도계약이라는 채권계약의 사법상 효력까지 부인되는 것은 아니다(허가의 양도에서 예시한 건설업면허 양도·양수 계약의 사법상 효력에 관한 판례 참조. 대판 1994. 3. 11, 93다55418).

3. 형식

인가는 성질상 항상 개별적 행정행위인 인가처분의 형식으로만 행하여진다.

4. 대상

인가의 대상은 그 성질상 반드시 법률행위에 국한되며, 사실행위는 제외된다는 점에서 허가와 구별된다. 인가 대상인 법률행위의 종류에는 공법상 행위(예, 불량주택재개발조합 설립인가)도 있고 사법상 행위(특허기업의 양도·양수 인가, 민법상 재단법인정관변경허가 등)도 있다. 인가는 법률행위만을 대상으로 하기 때문에 그 효과는 당해 법률행위에 대한 직접 관계인에 한하여 발생하고 타인에게 이전되지 않음이 원칙이다.

5. 신청과 수정인가

인가는 성질상 보충성의 성격을 가지는 것이므로 항상 상대방의 신청에 의하여서만 행하여질 수 있으며, 이 점에서 허가와 구분된다.

또한, 당사자가 발생시키기를 원하는 법률효과와 다른 내용으로 수정(修正)하여 인가할 수 있는가에 관하여는 보충성의 원칙과 사적 자치의 원칙을 존중하여 법령에 특별한 근거가 없는 한 부정되어야 할 것이며, 이 점에서도 허가와 구별된다.

6. 기본행위의 하자와 인가의 관계

인가는 타자의 법률행위의 효력을 보충하여 완성시켜 주는 보충적 행위에 불과하므로, 그 타자의 법률행위(이를 행정관청의 인가행위에 대하여 기본행위 또는 기본적 법률행위라 한다) 자체가 불성립 또는 무효이거나 취소원인이 있어 취소된 경우에는 아무리 인가를 받았더라도 기본행위의 하자가 치유되는 것은 아니며, 나아가 그 전제조건의 결여로 말미암아 인가 자체까지 무효로 된다. 인가는 기본행위의 적법·유효한 성립을 전제로 하기 때문이다.

또한, 기본행위에 하자가 있으면 기본행위의 취소·무효 확인을 구할 수 있을 뿐이며, 이에 대한 인가행위를 대상으로 취소·무효 확인을 구할 수는 없다고 할 것이다.

【판례】 : ① 기본행위의 하자와 인가와의 관계

㉠ 도시재개발법(41)에 근거하여 주택개량재개발조합이 작성한 주택개량사업관리처분계획에 대한 행정청의 인가처분은 동 계획에 대한 법률상의 효력을 완성시켜 주는 보충행위로서, 그 기본이 되는 동 계획에 하자가 있을 때에는 그에 대한 인가가 있었다 하더라도 기본행위인 동 계획이 유효한 것으로 될 수 없다(대판 1994. 10. 14, 93누22753).

㉡ 하천공사권의 양도·양수에 관한 인가는 기본행위인 양도·양수계약을 보충하여 그 법률상의 효력을 완성시키는 보충행위이므로 기본행위가 무효일 때에는 그 보충행위인 인가처분도 별도의 취소조치를 기다릴 필요 없이 당연히 무효이다(대판 1980. 5. 27, 79누196).

㉢ 사립학교법 제17조 4항에 의한 감독청의 이사회소집승인처분은 이사장이 아닌 이사에게 이사회 소집권한을 부여하여 이사회결의의 전제가 되는 이사회소집의 법률상 효력을 완성시켜 주는 보충적 행정행위로서 성질상 기본행위인 이사회소집행위가 법정요건을 충족하지 못하여 무효인 경우에는 그에 대한 승인이 있다 하더라도 이사회 소집이 유효한 것으로 될 수 없을 뿐만 아니라 기본행위를 떠나 승인처분 자체만으로는 법률상 아무런 효력도 없다(대판 1993. 4. 23, 92누15482).

② 기본행위의 하자를 이유로 인가행위의 취소 또는 무효확인을 구할 수 없다는 판례

㉠ 주택개량사업관리처분계획이 적법·유효하고 보충행위인 인가처분 자체에만 하자가 있다면 그 인가처분의 무효나 취소를 주장할 수 있지만, 인가처분에는 하자가 없고 기본행위에만 하자가 있는 경우에는 그 기본행위의 하자를 다투는 것은 별론으로 하고, 기본행위의 무효를 내세워 바로 그에 대한 행정청의 인가처분의 취소 또는 무효확인을 구할 법률상의 이익은 없다(대판 1994. 10. 14, 93누22753).

㉡ 기본행위인 주택재건축조합설립에 하자가 있는 경우에는 민사쟁송으로 따로 그 기본행위의 취소 또는 무효확인 등을 구하는 것은 별론으로 하고 기본행위의 불성립 또는 무효를 내세워 바로 그에 대한 감독청의 인가처분의 취소 또는 무효확인을 소구할 법률상의 이익이 있다고 할 수 없다(대판 2000. 9. 5, 99두1584).

7. 인가행위의 하자

기본행위는 유효하게 성립하였지만 행정관청의 인가행위에 무효 또는 취소 원인인 하자가 있는 경우에는 그 인가행위만이 무효가 되거나 취소할 수 있게 된다. 이러한 경우 기본행위의 효력에는 아무런 영향을 미칠 수 없으므로 당해 기본행위는 결국 인가가 없는 무인가행위로 존재하게 되며, 필요한 경우 다시 요건을 구비하여 인가신청을 할 수 있음은 물론이다.

8. 허가와의 구별

(1) 명령적 행위와 형성적 행위

허가는 자연적 자유를 회복시켜 주는 명령적 행위이지만, 인가는 타자의 행위의 법률적 효력을 완성시켜 주는 형성적 행위이다.

(2) 위반시의 효과

허가받아야 할 행위를 허가받지 아니하고 행할 경우 강제집행·행정벌의 대상은 되지만, 당해 행위의 효력에는 아무런 영향을 미치지 못함이 원칙이다. 그러나 인가받아야 할 행위를 인가받지 아니하고 행한 경우에는 당해 행위의 효력 자체가 부인될 뿐 강제집행이나 처벌의 대상은 되지 아니한다.

(3) 대상

허가는 사실행위 또는 법률행위를 대상으로 하지만, 인가는 성질상 항상 법률행위만을 대상으로 한다.

(4) 신청

허가는 상대방의 신청 없이 행하여지는 경우도 있지만, 인가는 항상 신청에 의하여 행하여진다.

(5) 실정법상의 예

실정법상 허가와 인가는 학문상의 그것과 반드시 일치하지 않는 경우도 있다(예, 민법상의 법인설립 『허가』는 학문상 인가에 해당한다). 한편, 국토의계획및이용에관한법률상의 토지거래계약허가와 같이 도지사의 허가를 받아야 매매계약의 법적 효과가 완성된다는 의미에서 인가에 해당되지만, 허가 없이 매매계약을 체결한 자는 2년 이하의 징역 등의 행정벌을 과함으로써 자연적 자유에 대한 금지 및 해제를 규정하였다는 의미에서 허가의 성질을 함께 가지는 예도 있다.

9. 특허와의 구별

(1) 공통점

양자는 모두 ① 수익적 행정행위 및 ② 형성적 행위이고, ③ 상대방의 출원이 있어야 하며, 신청내용과 다른 특허나 인가(수정인가)는 불가능하고, ④ 구체적인 행정행위(행정처분)의 형식을 취한다는 공통점이 있다.

(2) 차이점

1) 내용

특허는 직접 상대방을 위하여 권리·능력을 설정하여 주는 설권행위이지만, 인가는 당사자 사이의 법률행위의 효력을 완성시켜 주는 일종의 보충행위이다.

2) 효과

특허는 제3자에 대하여 주장할 수 있는 법적 권리를 설정해 주는 것이지만, 인가는 당사자 사이의 법률행위의 보충에 그치며 새로운 권리를 설정해 주는 것은 아니다.

3) 이전가능성

특허의 효과는 일신전속적인 대인적 특허가 아닌 한 이전(移轉)될 수 있으나, 인가는 기본행위인 특정 법률행위를 대상으로 행하여지는 것이므로 성질상 이전될 수 없다.

4) 기본행위와의 관계 문제

특허는 기본행위와의 관계가 문제될 수 없으나, 인가는 보충행위이기 때문에 항상 기본행위의 적법한 존재를 전제로 하며 기본행위가 부존재·무효·취소되면 인가까지 효력을 상실하게 된다.

Ⅲ. 대리

공법상 행위로서의 대리(代理)라 함은 제3자가 행하여야 할 행위를 행정주체가 대신하여 행하고 그 행위의 효과는 본인에게 귀속하게 하는 것을 말한다. 일반적으로 공법상의 행위로서의 대리는 본인의 의사에 의한 대리(임의대리)가 아니라 법률의 규정에 의한 법정대리이다.

대리는 그 목적에 따라 ① 감독적인 목적(감독관청이 행하는 공법인의 정관작성·임원임면·법인설립 등기신청), ② 당사자간의 협의 불성립시의 조정적 목적(토지수용의 재결 등), ③ 타인보호의 목적(연고 없는 사망자의 유품관리), ④ 국가 자신의 행정목적 달성(세금체납자에 대한 압류재산의 공매행위)로 구분될 수 있다.

제3항 준법률행위적 행정행위

준법률행위적 행정행위(準法律行爲的 行政行爲)라 함은 개별적으로 국민의 권리와 의무에 구체적이고 직접적으로 영향을 미치는 행정행위라는 점에서 행정행위이지만, 법률행위적 행정행위와 달리 행정행위의 구성요소가 의사표시가 아닌 어떤 정신작용(판단 · 인식 · 관념의 표시)이며, 따라서 그 법적 효과도 의사표시에 나타난 행정관청의 의사대로 부여되는 것이 아니라 '직접 법령에 규정된 대로' 부여되는 행정행위를 말한다.

이러한 준법률행위적 행정행위는 보통 ① 확인행위, ② 공증행위, ③ 통지행위, ④ 수리행위로 구분된다.

Ⅰ. 확인

1. 의의

확인(確認)이란 특정 사실관계 또는 법률관계의 존재여부나 그 정당성 여부에 관하여 행정관청이 공적 권위로써 확인하는 '판단의 표시행위'이다. 즉, 확인이란 특허와 같이 새로운 법률관계를 설정하는 것이 아니고, 기존의 사실 또는 법률관계를 유권적으로 확정하는 것을 말한다. 실정법적으로는 재결(행정심판의 재결) · 결정(도로구역 · 당선인 · 시험합격자의 결정) · 특허(발명특허) 등의 용어로 사용되고 있다.

2. 성질

(1) 준법률행위적 행정행위

특허로 대표되는 형성적 행정행위는 행정관청의 의사표시대로 새로운 법률효과가 발생되는 법률행위적 행정행위임에 반하여, 확인은 이미 존재하는 사실 또는 법률관계를 공적 권위로써 판단해 주는 준법률행위적 행정행위이며, 이로 인하여 특허권과 같은 일종의 권리 형성적 효과가 부여되는 경우도 있으나 그 법적 효과는 직접 법률이 부여하는 것이지 당해 확인행위 자체의 효과는 아니다(예, 『발명특허』도 어떤 발명행위가 최초의 창작에 해당된다는 공적인 확인행위이며, 이로 인한 법적 효과-특허권은 20년 간 보호된다는 법적 효과-는 특허법에 의하여 직접 발생되는 것이다).

(2) 법선언적 행위 · 기속행위

확인행위는 일정한 사실 · 법률관계의 존재여부 또는 정당성여부를 확인하고 선언하는 법선언적 행위로서 사법행위와 유사한 면이 있으며, 일정한 사실 · 법률관계가 존재 · 부존재 또는 정당 · 부당하다고 판단되는 이상 확인행위를 하지 않을 수 없다는 의미에서 기속행위에 해당한다.[103]

3. 종류

① 조직법상의 확인 : 국가시험합격자 · 선거당선인 결정 등
② 급부행정상의 확인 : 도로 · 하천구역 결정, 발명특허 등
③ 재정법상의 확인 : 소득세부과를 위한 소득금액의 결정 등
④ 군정법상의 확인 : 군사시설보호구역의 지정 등
⑤ 쟁송법상의 확인 : 이의신청 · 행정심판에 대한 재결 등

4. 형식

항상 구체적 처분의 형식으로 행하여지며, 법령에 의한 일반적 확인은 성립될 수 없고 구체적 사안에 따른 개별적 확인만 인정된다. 또한 확인행위는 법률관계의 명확성을 기하기 위하여 일정한 형식이 요구되는 경우가 많다(예, 행정심판의 재결서).

5. 효과

공통적인 효과로서 모든 확인행위는 공적 권한을 가진 판단작용이므로 처분

---

103) 김남진(Ⅰ), p.268 ; 김동희(Ⅰ), p.292 ; 박윤흔(상), p.354 ; 석종현 · 송동수(상), p.255.

행정관청이 임의로 변경할 수 없는 불가변력이 발생하며, 그 외에도 각 개별법령에 규정된 대로의 효과를 발생하게 된다. 예컨대, 발명특허처럼 형성적 효과가 부여되는 경우도 있으나, 그것은 법률의 규정에 의한 것이지 확인행위 그 자체에 의한 것은 아니다.

Ⅱ. 공증

1. 의의

공증(公證)이란 행정청이 그 상대방인 사인에게 특정 사실 또는 법률관계의 존부를 공적으로 증명함으로써 공적인 증거력을 부여하는 행정행위이다. 공증은 다만 어떠한 사실 또는 관계가 진실한 것으로 인식하여 그것을 공적으로 증명하는 '인식의 표시'이므로 진실이 아닐 수도 있다. 그러므로 공증은 반증에 의하여 효력을 상실할 수도 있다는 점에서 주의가 요구된다.

2. 성질

공증은 의사표시를 내용으로 하지 아니하는 준법률행위적 행정행위이며, 요건에 해당하면 확인하지 않을 수 없으므로 기속행위라는 점에서는 확인과 같지만, 확인은 판단의 표시임에 반하여 공증은 인식의 표시라는 점이 다르다.[104)]

3. 종류

공증의 종류 또는 형식으로서는 다음과 같은 것이 있다.

104) 학자에 따라서는 확인은 사실·법률관계에 대한 다툼이나 의문이 있는 경우에 행하는 것이며, 공증은 다툼이나 의문이 없이 행하는 것이라는 차이점을 지적하고 있으나, 쟁송법상의 확인 이외의 확인은 다툼이나 의문 없이도 행하는 것이다.

① 등기 · 등록 : 부동산등기 · 외국인등록 · 차량등록 · 주민등록 등

② 등재 : 토지대장 · 선거인명부 · 광업원부에의 등재 등

③ 회의록 · 의사록에의 기재 : 공법인이사회 회의록, 국회속기록 기재 등

④ 증명서 발급 : 국가시험합격증 · 납세완납증명서 교부 등

⑤ 인 · 허가증 발급 : 각종 인가 · 허가 · 특허 · 등록 · 신고필증 · 여권의 발급 등

⑥ 검인 · 증인의 압날 : 농산물 · 전기제품 등에 대한 각종 검사 결과 합격품임을 표시하는 것 등

【판례】 : 자격증 발급행위는 공증행위라는 판례
도지사의 의료유사업자 자격증갱신발급행위는 특정한 사실 또는 법률관계의 존부를 공적으로 증명하는 소위 공증행위에 속한다(76누297, 1977. 5. 24 대판).

4. 효과

공증의 기본적 효과로는 반대의 증거가 있을 때까지는 일단 진정한 것으로 추정되는 『공적 증거력』을 들 수 있으며, 그 외에 각 개별법령이 정하는 바에 따라서 ① 권리행사의 요건(선거인명부 등재), ② 권리의 발생 · 변경 요건(부동산 등기 · 광업원부에의 등록 등)이 되기도 한다.

한편, 우리 판례는 토지대장 · 건축물관리대장 · 지적도 · 임야도 · 임야대장 · 자동차운전면허대장 등 각종 공부에의 등재행위 또는 등록행위에 대하여는 행정사무집행의 편의와 사실증명의 자료로 삼기 위한 것일 뿐, 상대방의 토지 · 건물 · 임야 등에 관한 실체상의 권리관계에 어떤 변동을 초래하는 것은 아니라는 이유로 처분성(處分性)을 부인하고 행정소송의 대상에서 제외하고 있다.

그러나 헌법재판소는 위법한 지목변경행위를 시정하여 달라는 지목변경신청서를 반려한 구청장의 처분은 공권력의 행사인 거부처분에 해당되고, 또한 토

지소유자인 청구인이 누리게 될 재산권이 침해당하였다고 함으로써 행정청의 지목변경행위에 처분성을 인정하고 있어 주목을 받고 있다.

【판례】: ① 지적공부에의 등재행위에 대하여 처분성을 부정한 판례
멸실된 지적공부를 복구하거나 지적공부에 기재된 일정한 사항을 변경하는 행위는 행정사무집행의 편의와 사실증명의 자료로 삼기 위한 것으로 이로 인하여 당해 토지에 대한 실체상의 권리관계에 어떤 변동을 가져오는 것이 아니고, 특단의 사정이 없는 한 토지의 소재, 지번, 지목 및 경계가 지적공부의 기재에 의하여 확정된다 하여 토지 소유권의 범위가 지적공부의 기재만에 의하여 증명되는 것도 아니므로, 소관청이 지적공부의 복구신청을 거부하거나 그 등재사항에 대한 변경신청을 거부한 것을 가리켜 항고소송의 대상이 되는 행정처분이라고 할 수 없다(대판 1991. 12. 14, 91누8357).
② 지적공부상 지목변경행위에 대하여 처분성을 인정한 헌재결정례
지적법상 지적공부의 등록내용중 지목은 토지소유자의 실체적 권리관계에 밀접히 관련되어 있고 재산권에 영향을 미치므로 정당한 지목을 등록함으로써 토지소유자가 누리게 될 이익은 헌법 제23조에 따라 보장해 주어야 할 재산권이다. 따라서 토지의 현황이 대지에서 밭으로 변경된 바 없음에도 불구하고 구청장이 지목을 대지에서 전(田)으로 변경한 조치는 지적법상의 요건을 갖추지 못한 위법한 것이다(헌재결 1999. 6. 24, 97헌마315).

Ⅲ. 통지

1. 의의

통지(通知)란 행정청의 의사 또는 특정한 사실 등을 특정인 또는 불특정 다수인에 대하여 알리는 행위를 말한다. 여기서 말하는 통지는 그 자체가 일정한 법률효과를 발생시키는 독립한 행정행위이므로, 이미 성립된 행정행위의 단순한 효력발생요건으로서의 '행정행위의 통지'와는 구별된다.

2. 종류

통지는 ① 어떤 사실을 통지하는 '관념의 통지'인 경우(특허출원 공고, 귀화허가의 고시, 토지수용의 사업인정 고시 등)도 있고, ② 행정관청의 '의사의 통지'인 경우도 있다(대집행의 계고, 납세의 독촉 등).

3. 성질 및 효과

통지는 일정한 관념의 표시인 준법률행위적 행정행위이므로 행정관청의 의사표시에 따라 법적 효과가 부여되는 것이 아니고 법령에 규정된 대로의 법적 효과가 발생된다(예, 특허출원의 공고로 특허심사의 절차가 개시되는 효과).

행정대집행법상 대집행의 계고, 대집행영장에 의한 통지 또는 국세징수법상 납세의 독촉에 대하여는 (준법률행위적)행정행위로서의 처분성(處分性)을 인정하여 행정소송의 대상으로 할 수 있으나(대집행의 계고 및 영장에 의한 통지에 관하여는 대판 1996. 2. 9, 95누12507 참조), 공무원법상의 당연퇴직은 결격사유가 있을 때 법률상 당연히 퇴직하는 것이므로 당연퇴직의 통지행위는 당연퇴직되었음을 알려주는 이른바 '관념의 통지'에 불과하고 새로운 처분성을 가지는 것은 아니라는 이유로 행정소송의 대상이 아니라고 한다.

【판례】 : 당연퇴직의 통보는 관념의 통지로서 행정처분이 아니라는 판례
국가공무원법 제69조에 의하면 공무원이 제33조 각호의 1에 해당할 때에는 당연히 퇴직한다고 규정하고 있으므로, 국가공무원법상 당연퇴직은 결격사유가 있을 때 법률상 당연히 퇴직하는 것이지, 공무원관계를 소멸시키기 위한 별도의 행정처분을 요하는 것이 아니며, 당연퇴직의 인사발령은 법률상 당연히 발생하는 퇴직사유를 공적으로 확인하여 알려주는 이른바 관념의 통지에 불과하고 공무원의 신분을 상실시키는 새로운 형성적 행위가 아니므로 행정소송의 대상이 되는 독립한 행정처분이라 할 수 없다(대판 1995. 11. 14, 95누2036).

4. 『행정행위의 통지』와의 구별

준법률행위적 행정행위로서의 『통지』는 그 자체로서 하나의 독립된 행정행위이며 법령에 규정된 독립적인 법적 효과가 부여되는 행위임에 반하여, 『행정행위의 통지』는 일반적인 행정행위가 있은 후 그 효력발생을 위하여 상대방에게 알려 주는 행위로서 행정행위의 단순한 효력발생요건에 불과하며 독립적인 법적 효과가 부여되지 아니한다는 점에서 구별된다(예, 행정심판재결서의 송달행위, 음식점 · 숙박업 영업허가증의 발송행위).

Ⅳ. 수리

1. 의의 및 성질

수리(受理)란 각종 인 · 허가 신청서, 국가시험원서, 혼인신고서, 행정심판청구서 등이 형식적 요건을 갖추었다고 인정된 경우에 이를 유효한 행정행위로서 받아들이는 것을 말한다. 수리는 단순한 사실에 불과한 도달이나 사실행위인 접수와는 달리 이를 유효한 것으로 받아들이는 행정관청의 수동적 의사표시로서, '관념의 표시'인 준법률행위적 행정행위이다.

2. 효과

수리는 ① 사법상의 효과가 발생하거나(혼인신고의 수리), ② 공법상의 효과가 발생하거나(국가시험원서의 수리), ③ 행정관청에 사안의 심리 · 재결 의무가 발생하거나(행정심판청구서의 수리), ④ 공무원관계의 소멸(공무원의 사직원의 수리) 등 법령에 규정된 대로의 법적 효과가 발생한다.

3. 보정과 수리거부

수리의 요건을 결한 행위에 대하여는 행정관청은 보정을 명하게 되며, 소정기간 내에 보정되지 아니하면 수리를 거부하게 된다. 수리거부(受理拒否)행위는 소극적 행정행위로서 거부처분에 해당하므로 수리를 요하는 신고의 수리거부행위는 거부처분취소심판 및 부작위위법확인소송의 대상이 된다. 행정절차법에 따를 경우 신고서의 기재사항의 하자 및 구비서류의 미비 등의 이유로 신고인에게 보완을 요구하였는데에도 기간 내에 보완을 하지 아니한 때에는 그 이유를 명시하여 되돌려 보내야 한다(제40조)라고 하여 이 경우에는 수리를 하지 않아도 된다.

제6절 행정행위의 부관

Ⅰ. 개념

1. 의의

행정행위의 부관(附款)이란 "① 행정행위의 효과를 특별히 제한하거나, ② 특별한 의무를 부과하거나, ③ 부족한 요건을 보충하도록 하기 위하여, 주된 행정행위에 부가하여 붙이는 종(從)된 규율"을 말한다.[105]

2. 기능

(1) 장점

1) 행정행위의 신축성 부여

행정행위의 부관은 특히 영업 및 건설관계법의 허가와 관련하여 중요한 역할을 하여 왔지만 오늘날에 있어서 환경관계법에서도 적용되고 있다. 따라서 건축의 인·허가, 특허 등 각종 행정행위를 신청한 상대방이 대부분의 요건은 갖추었으나 일부 요건만을 미비한 경우 이를 거부함이 원칙이겠지만, 일부 요건을 일정기간 내에 갖출 것을 조건으로 하여 행정행위를 해 주는 것이 상대방에게 유리한 경우에 부관의 존재가치가 인정된다(예, 건물까지의 진입도로만 없는 건축허가신청에 대하여 이를 갖출 것을 조건으로 한 건축허가).

---

105) 최근의 통설에 따른 정의이다. 김남진(Ⅰ), p.272 ; 김성수(Ⅰ), p.229 ; 박윤흔(상), p.378 ; 석종현·송동수(상), p.288. 한편, 종전의 통설은 부관을 『행정행위의 효과를 제한하기 위하여 주된 의사표시에 붙여진 종된 의사표시』라고 하였으나, 이는 ① 행정행위의 효과를 제한하는 것이 아닌 부관도 있으며, ② 『종된 의사표시』라는 관념을 강조하여 준법률행위적 행정행위에는 부관을 붙일 수 없다고 주장하고 있으나, 준법률행위적 행정행위에도 효과의 제한이 아닌 특별한 의무부과나 요건보충을 위한 부관은 붙일 수 있다는 점에서 비판을 받고 있다.

2) 경제성 도모

위와 같은 경우 일단 거부처분을 하고 요건을 갖춘 후 재신청·재심사하는 복잡한 절차를 다시 거쳐야 할 필요가 없고, 상대방도 사업시기를 훨씬 앞당길 수 있는 등 많은 사회·경제적 이익이 도모된다.

3) 공익 및 제3자 보호

보조금교부시 공익사업을 위한 일정한 의무를 부과하거나, 공해산업·건축·환경·보건·위생 분야의 사업자로 하여금 인근주민의 권익침해 방지와 미풍양속·도시 및 자연경관·환경보호 등의 공익을 달성하게 하기 위하여 부관이 효과적으로 활용될 수 있다.

4) 재정의 확보

도로·하천·공원 점용허가, 골재채취허가 등 수익적 행정행위는 상대방에게 상당한 경제적 이익을 부여하므로 행정관청은 그 반대급부로서 상대방에게 점용료·사용료 등의 부담을 지움으로써 재정에 도움을 받을 수 있다.

(2) 단점

부관은 행정행위에 신축성을 부여하는 것이 상대방은 물론 행정관청에게도 이익이 되기 때문에 인정되는 것이지만 한편, 부관이 남용되어 상대방에게 불이익이 초래될 우려도 있다. 특히, 수익적 행정행위를 하면서 장래 상황의 변화가 있으면 그 효력을 소멸시키고자 하는 해제조건·해제기한(종기)·철회권의 유보 등의 소위 해제부관은 상대방에게 불이익을 줄 수 있으며, 점용료·사용료 등의 부담을 과하는 것 역시 상대방의 권익을 침해하는 부작용이 발생하게 된다.

3. 법정부관과의 구별

행정행위의 효과의 제한이 직접 법령에 규정된 경우 이를 법정부관(法定附

款)이라 하여 여기서 말하는 행정행위에 부가되는 부관과는 구별하고 있다(예컨대, 광업권의 존속기간을 25년으로 한 광업법(제14조), 자동차검사증의 유효기간을 2년으로 정한 자동차관리법시행규칙(제103조), 한약업사의 영업구역을 면단위 지역으로 한정한 약사법시행규칙(제42조) 등). 행정행위의 부관은 행정청 스스로의 개별적인 의사결정에 의하여 붙여지는 것이므로 이와 같이 효과의 제한이 확정적으로 규율되어 있는 법정부관과는 다르다.

Ⅱ. 종류

부관은 그 내용에 따라 ① 조건, ② 기한, ③ 부담, ④ 철회권의 유보, ⑤ 법률효과의 일부배제, ⑥ 부관의 변경권의 유보 등으로 구분된다.

1. 조건

조건이란 행정행위의 효력의 발생 또는 소멸을『장래 발생 여부가 불확실한 어떤 사실의 성취 여부』에 의존하게 하는 것을 말한다. 따라서 조건이 되는 장래의 어떤 사실의 성취여부가 미정인 동안은 행정행위의 효력이 불안정한 상태에 놓이게 된다.

조건에는 ① 조건이 성취되면 비로소 행정행위의 효력이 발생하는 정지조건(停止條件, 예, 공해방지시설의 설치를 조건으로 한 연탄공장 설립허가, 진입도로의 완공을 조건으로 한 주유소 설치허가 등)과, ② 조건이 성취되면 이미 발생하였던 행정행위의 효력이 소멸하는 해제조건(解除條件, 예, 6개월 이내에 공사에 착수하지 아니하면 효력을 상실한다는 공유수면매립면허, 일정기간 내에 시설을 완공하지 아니하면 실효된다는 의약품제조업 허가 · 학교설립인가 등)이 있다.

정지조건과 해제조건의 구별은 경우에 따라서 분명치 않은 경우가 있을 수 있는바, 이러한 경우는 가능한 한 상대편에 유리한 입장에서 수익적 행정행위인 경우에는 우선 발효되게 하는 해제조건으로, 부담적 행정행위인 경우에는 그 반대인 정지조건으로 해석해 주는 것이 옳다고 생각되며, 이러한 의문을 해소하기 위하여 실정법은, 예컨대 일정기간 내에 시설을 갖춘다는 조건으로 의약품제조업허가를 할 수 있다고 한 후(이것만으로는 정지조건인지 해제조건인지 불분명하다), 그 기간 내에 시설을 갖추지 아니하면 그 허가를 취소할 수 있다는 명문규정을 둠으로써 해제조건임을 명백히 하고 있는 예가 많다(약사법 제27조).

행정법관계를 오랫동안 불안정한 상태에 두는 것은 옳지 않기 때문에 조건부 행정행위는 남용할 바는 못된다고 하겠으며, 따라서 법령이 조건으로 표현한 경우에도 실질적으로는 다음에 설명하는 부담으로 보아야 할 경우도 있다.

2. 기한

행정행위의 효력의 발생 또는 소멸을 장래에 발생할 것이 확실한 어떤 사실의 성취여부에 의존하게 하는 것으로서, 『발생할 것이 확실한 어떤 사실』에 의존하게 한다는 점에서 발생여부가 불확실한 어떤 사실에 의존케 하는 조건과 구별된다. 기한은 ① 어떤 사실의 발생에 의하여 비로소 행정행위의 효력이 발생하는 시기(始期, 예, 2003. 1. 1부로 허가한다)와, 어떤 사실의 발생에 의하여 기존의 행정행위의 효력이 소멸하는 종기(終期, 예, 2005. 12. 31까지 허가한다, 또는 7년의 유효기간을 붙인 자동차운전면허)가 있으며, ② 발생할 것이 확실함은 물론 발생할 시기까지도 확실한 확정기한(2003. 7. 1 등)과, 발생할 것은 확실하지만 그 시기는 확실치 않은 불확정기한(신청인이 사망할 때까지 등)으로 나누어진다.

3. 부담

(1) 의의

부담(負擔)이란 주된 행정행위에 부가하여 상대방에게 작위·부작위·급부 또는 수인 의무를 부과하는 부관으로서 특히 허가·특허 등 수익적 행정행위에 많이 부과되고 있다. 그 예로서는 자동차운수사업·예식장영업자에게 요금신고의무 등 각종의무부과, 도로·하천점용허가시 점용료·사용료 납부의무, 유흥음식점 영업허가시 심야영업금지의무, 임야를 택지로 변경허가하면서 도로·공원 용지를 기부할 의무, 카지노업허가시 총매출액 중 일정비율을 관광진흥개발기금으로 납부할 의무, 건축물 건축시 교통유발부담금·과밀부담금 납부의무, 부동산중개업·유료직업소개사업자의 손해배상보증금 예치의무 등이 있는바, 수익적 행정행위의 상대방이 얻는 이익과 공공복리와의 조절적 입장에서 행하여지는 것으로서 점차 그 예가 많아지고 있다. 이와 같은 부담은 다른 부관과 달리 그 자체로서 행정행위가 되기 때문에 원칙적으로 부담만이 독립하여 항고소송이 되는 것이다.

(2) 조건과의 구별

부담에 해당하는 것을 실정법상 조건으로 표현하는 경우가 많이 있으나, 조건과는 달리 부담이 붙여져도 행정행위의 효력은 완전히 발생하며(정지조건과의 차이점), 부담을 이행치 않더라도 행정행위의 효력이 당연히 소멸되는 것도 아니므로(해제조건과의 차이점) 조건과는 구별되어야 한다. 즉 부담부 행정행위는 부담의 이행을 필요로 함이 없이 즉시 효력을 발생하기 때문에 처음부터 효력이 발생하지 않는 정지조건부 행정행위와는 달리 처음부터 효력을 발생하게 되는 것이다. 그러나 실제상으로는 부담과 조건의 구별이 명확한 것은 아니다. 예컨대, 노래방영업을 허가하면서 소음방지시설의 설치를 조건으로 붙인 경우에 그것이 부담이라면 즉시 노래방영업을 할 수 있지만, 당해 부관이 정지조건이라면 소음방지시설을 설치한 후에야 비로소 영업을 할 수 있게 된다.

실정법상 양자의 구별이 명확치 않을 경우에는 가능한 한 상대편에게 유리하게 하고 행정법관계의 불확실성을 축소한다는 의미에서 부담으로 해석함이 타당하다고 하겠다.

(3) 부담만을 대상으로 한 행정쟁송

통설·판례에 의하면 부담은 다른 부관과는 달리 본체인 행정행위와 어느 정도 독립성을 가지는 행정행위이며, 그 상대방에게 적극적인 작위의무, 소극적 부작위의무 및 수인·급부의무를 명하는 것으로서 명령적 행위 중 하명에 해당한다. 따라서 부담 그 자체로서 독립하여 항고소송의 대상인 처분성이 인정된다. 그러므로 부담에만 고유한 흠이 있으면 본체인 행정행위와 따로 떼어서 그 취소, 무효·부존재 확인 등 행정쟁송을 제기할 수 있다.

(4) 부담의 불이행의 효과

6월 이내에 공사에 착수하지 아니하면 공유수면매립면허의 효력이 소멸하도록 한 해제조건의 경우에는 그 조건이 성취되면 당해 행정행위의 효력이 별도의 취소처분 없이도 당연히 소멸되지만, 부담을 이행치 아니한 경우에는 그 효력이 당연히 소멸하는 것은 아니기 때문에 법령 또는 당해 행정행위의 부관에 근거하여 본체인 행정행위의 철회라는 구체적 처분이 있어야 소멸된다.

또한, 부담의 불이행에 대하여는 행정상 강제집행이나 행정벌을 과할 수 있다.

(5) 행정행위의 하자가 부담에 미치는 영향

부담은 본체인 행정행위가 적법하게 존재하는 경우에만 존재할 수 있다고 할 것이므로, 본체인 행정행위가 무효·부존재이거나 취소되어 버린 경우에는 부담도 당연히 효력을 상실한다고 할 것이다.

4. 철회권의 유보

(1) 의의

철회권의 유보란 주된 행정행위에 부가하여, 특정 사유가 발생한 경우에는 행정행위를 철회할 수 있는 권한을 유보하는 부관이다. 즉, 철회권유보를 통하여 상대방에게 철회의 가능성을 미리 알려 주고, 공익목적의 실현과 장래의 상황변화에 대비하게 하는 것이다. 이러한 철회권 유보의 부관은 행정청이 어떠한 행정행위를 하면서 처분의 상대방에 대한 지속적인 의무이행확보가 필요한 경우 및 공공의 이익이 사적 이익보다 더 중요시되는 경우에 부과되는 것이며, 또한 처분상대방에게 사후에 철회의 가능성이 있음을 시사하여 주어, 보호가치가 있는 신뢰가 성립되지 않게 하는데에도 그 의의가 있다.[106)]

(2) 철회권의 행사요건

철회권 유보의 부관을 붙이는 경우, 구체적 사유를 한정하지 아니하고 단지 『행정관청이 필요하다고 인정할 때에는 언제든지 철회할 수 있다』는 무제한적인 철회권의 유보는 상대방의 법적 안정성과 예측가능성을 해치므로 인정되지 아니한다.

또한 구체적 사유를 정한 경우 이에 해당한다고 하더라도 다시 행정행위의 철회에 관한 일반적 요건(철회로 입는 상대방의 불이익보다 더 큰 공익상의 필요가 존재할 것)이 충족되지 않으면 아니 된다.

【판례】: 철회권이 유보되어 있더라도 공익상의 필요가 있어야 철회할 수 있다는 판례
해무청장이 『침몰선박을 3개월 내에 완전 해체하여 인양하지 못하거나 해무청장의 지시에 위반한 때에는 침몰선박의 해제·인양 허가를 취소한다』고 철회권의 유보를 하였더라도, 침몰 장소의 악조건과 해무청장의 작업중지명령 때문에 기한 내에 해체·인양치 못하였음에도 불구하고 동 허가를 철회한 것은 철회할 공익상의 필요 없이 철회권을 행사하여 철회권을 남용한 것이다(대판 1962. 2. 2, 4293행상42).

철회권이 유보된 경우 그 상대방은 장래 당해 행위가 철회될 수 있음을 미리 예견하고 있다는 점에서 신뢰보호의 원칙에 기한 철회권의 제한원리가 적용되지 아니하며 또한 철회로 인한 손실보상도 청구할 수 없게 된다는 견해도 있을 수 있으나, 이 경우에도 행정법의 일반법원칙에 해당하는 비례 및 신뢰보호의

106) 류지태·박종수(신), p.244.

원칙과 헌법이 인정하고 있는 손실보상청구권은 포기될 수 없는 원칙이라고 생각된다.

5. 법률효과의 일부배제

법률효과의 일부배제란 주된 행정행위에 부가하여 법령이 '일반적으로' 당해 행위에 부여하고 있는 효과의 일부의 발생을 특별히 배제한다는 의사표시이다(예, 택시영업허가를 하면서 격일제 운행을, 또는 개인택시영업허가를 하면서 3부제 운행을 조건으로 하는 것).

법률효과의 일부배제는 법령이 인정한 일반적인 효과를 특별히 제한하는 것이므로 법령에 특별한 근거가 있어야 붙일 수 있다(예, 여객자동차운수사업법에 의한 상기 격일제·3부제 운행조건). 그러나 법률효과의 일부배제를 행정행위와는 별도의 부관이 아니라 행정행위의 내용 그 자체(즉, 격일제 택시영업허가 등)라고 하는 견해도 있다.[107)]

6. 부관의 변경권의 유보

행정행위에 붙인 부관을 장래에 추가 또는 변경할 권한을 미리 유보하는 부관을 말한다(예, 도로법 제74조 제1항 : 법령 또는 도로관리청의 명령에 위반한 자는 도로점용허가의 취소, 『조건의 변경』, 공사의 중지 등의 처분을 할 수 있다). 독일 행정절차법(제36조 제2항)은 『부담의 추가·변경·보충권의 유보』만을 부관의 한 종류로 규정하고 있고 우리 학자들도 대부분 이를 그대로 수용하고 있으나, 이론적으로 주된 행정행위의 존재 자체까지 소멸시킬 수 있는 철회권도 유보를 허용하고 있는 것을 감안한다면 부담뿐만 아니라 조건·기한·철회권의 유보·법률효과의 일부배제 등 모든 부관에 대하여 변경권의 유보를 인정하지 못할 바 없다고 생각된다(상기 도로법의 규정은 이를 인정하고 있는 실정법상의 예가 될 것이다).

---

107) 서원우, 행정행위의 부관론에 대한 재검토, 고시계 1985.11. p.50. 독일행정절차법36②도 법률효과의 일부배제를 부관의 종류에서 열거하지 않고 있다.

다만, 인정하더라도 부관의 변경권의 행사는 본체인 행정행위의 부분적인 취소·변경을 초래하게 되므로, 행정행위의 취소·철회권의 행사와 마찬가지로 취소·철회하지 않으면 안될 공익상의 필요가 있어야 한다는 비례원칙에 의한 제한을 받는다고 할 것이다.

우리 판례도 허가·특허의 『기한』이 당해 사업의 성질상 부당하게 짧을 때에는 이를 종기인 기한으로 볼 것이 아니라, 당해 기한이 만료되면 다시 당해 허가·특허의 기한(부관)을 변경할 수 있는 권한을 유보한다는 뜻으로 해석하여야 한다고 함으로써 이를 인정하고 있다.

Ⅲ. 한계

1. 부관을 붙일 수 있는 행정행위

(1) 법률행위적 행정행위와 준법률행위적 행정행위

종전의 통설은 부관을 "행정행위의 효과를 제한하기 위하여 주된 의사표시에 붙여진 종된 의사표시"라고 함으로써, 의사표시를 요소로 하지 아니하는 준법률행위적 행정행위에는 붙일 수 없다고 하였다. 그러나 최근의 통설은 행정행위의 효과를 특별히 제한하기 위한 부관은 성격상 의사표시를 요소로 하는 법률행위적 행정행위에만 허용되겠지만, 특별한 의무를 부과하는 부관(부담)이나 부족한 요건을 추후에 보완하도록 하기 위하여 부과하는 부관(조건)은 준법률행위적 행정행위에도 붙일 수 있다고 한다.

생각건대, 『확인』행위와 함께 『공증』행위도 기한은 붙일 수 있으며, 반대로 광의의 특허인 귀화허가·공무원임명행위와 같은 포괄적 법률관계설정행위는 법률행위적 행정행위임에도 불구하고 조건·기한·철회권유보 등의 부관을 붙일 수 없다는 점을 감안한다면, 부관의 허용가능성은 『의사표시』 여부에 따라 일률적으로 정할 것이 아니고 당해 행정행위의 성질에 따라 구체적·개별적으로 검토되어야 한다고 생각된다.

(2) 기속행위와 재량행위

종전의 통설·판례에 의하면 부관은『법률효과를 특별히 제한』하기 위한 것이므로 행정관청에게 당해 행정행위 자체까지 거부할 자유가 인정되고 있는 재량행위에만 붙일 수 있다고 하였으나,[108] 최근의 통설에 의하면 상대방이 아직 갖추지 못한 행정행위의 요건을 갖출 것을 조건으로 하는 부관은 도리어 상대편에게 이익이 되는 것이므로 기속행위에도 붙일 수 있다고 한다.

많은 실정법도 음식점·숙박업 영업허가 등과 같은 전형적 기속행위에 대하여 이와 같은 의미의 조건을 붙일 수 있음을 명시하고 있다. 예컨대, 음식점영업허가를 하면서 위생시설의 완비라는 부관을 붙이는 경우와 같이 요건보완을 조건으로 하는 경우에는 기속행위에도 부관을 붙일 수 있게 된다. 이렇게 하는 것이 행정의 불필요한 반복으로 인한 사회경제적 손실을 방지하여 주기 때문이다.

한편, 재량행위에 대하여는 원칙적으로 부관이 허용된다고 하겠으나, 귀화허가와 같이 그 성질상 인정되지 아니하는 경우도 있을 수 있다(예, 귀화허가를 하면서 일정기간 동안 거주지에 관하여 조건을 붙이는 것 등).

2. 사후부관의 가능성

(1) 부정설

사후부관(事後附款)은 행정행위를 발하고 난 후에 다시 부관을 붙이는 것을 말한다. 부관은 본체인 행정행위에 부수된 종된 것이므로 독립성을 인정할 수 없고 따라서 사후에 부관만을 따로 붙일 수는 없다는 견해이다.

---

108) 판례도 감독관청이 사립학교이사회의 소집승인(학문상 인가)을 하면서 소집일시·장소까지 지정한 것은 기속행위에 붙인 부관으로서 무효라고 한 반면에(대판 1988. 4. 27, 87누1106), 농수산물유통및가격안정에관한법률에 의한 도매시장의 지정 도매인 지정처분은 재량행위에 속하는 행정처분이라 할 것이므로 법규에 특별한 규정이 없더라도 그 처분에 조건, 기한, 부담, 철회권의 유보 등의 부관을 붙일 수 있다고 하였다(대판 1990. 10. 16, 90누2253).

(2) 제한적 긍정설

부관의 성질상 원칙적으로는 불가능하지만 예외적으로 ① 법규나 당해 행정행위에서 사후부관의 가능성이 유보되어 있거나 상대방이 이에 동의한 경우와, ② 부관 중 특히 『부담』만은 어느 정도 독립성이 있는 것이므로 사후부관이 가능하다고 한다.

> **【판례】** : 사후부관을 긍정한 판례
> 행정처분에 이미 부담이 부가되어 있는 상태에서 그 의무의 범위 또는 내용 등을 변경하는 부관의 사후변경은, 법률에 명문규정이 있거나 그 변경이 미리 유보되어 있는 경우 또는 상대방의 동의가 있는 경우에 한하여 허용되는 것이 원칙이지만, 사정변경으로 인하여 당초에 부담을 부가한 목적을 달성할 수 없게 된 경우에도 그 목적달성에 필요한 범위 내에서 예외적으로 허용된다(대판 1997. 5. 30, 97누2627).

(3) 결어

사후부관은 이미 설명한 부관의 변경권의 행사와 마찬가지로 본체인 행정행위의 부분적인 취소·변경을 의미하는 것이므로, 비례원칙 등 행정행위의 취소·철회권의 행사에 관한 조리상의 제약하에 인정될 수 있다고 하겠다.[109)]

3. 부관의 한계(자유성)

(1) 법령상의 한계

부관이 허용되는 경우에도 어느 정도까지 자유스럽게 붙일 수 있는가에 관한 문제가 부관의 한계이다. 법령이 부관의 내용에 관하여 일정한 한계를 정하고 있는 경우 이를 일탈할 수 없음은 물론이다. 그러나 우리 실정법은『공공복

---

109) 판례는 "수익적 행정행위에 있어서는 법령에 특별한 근거규정이 없다고 하더라도 그 부관으로서의 부담을 붙일 수 있으나, 그러한 부담은 비례의 원칙, 부당결부금지의 원칙에 위반되지 않아야만 적법하다고 할 것이다"라고 판시하고 있다(대판 1997. 3. 1, 96다49650).

리(또는 미풍양속 · 질서유지)를 위하여 필요한 영업시간, 기타 영업내용에 대한 조건을 붙일 수 있다』는 등의 추상적인 표현에 그치는 경우가 많아 법령상의 한계를 논할 의미가 의심스러울 정도이다.

(2) 목적상의 한계

부관은 당해 법령이 추구하는 목적 범위 내에서만 붙일 수 있다. 따라서 여권발급에 국세완납을 조건으로 하는 것과 같은 『부당결부』(不當結付)는 허용될 수 없다.

(3) 비례 · 평등 원칙상의 한계

부관 역시 행정법의 일반법원칙에 해당하는 비례 · 평등 원칙을 위배하여서는 아니 된다고 할 것이므로, 부관을 붙이지 않으면 안 될 공익상의 필요성이 부관으로 인하여 상대방이 받게 되는 불이익보다 큰 경우에 한하여, 또한 평등하게 붙여야 한다.

따라서 필요한 정도를 넘어서 상대방에게 너무 가혹한 부관을 붙여서는 아니 된다는 의미에서, 예컨대 ① 『기간』을 너무 단기로 한다든지(선박계류시설의 설치를 위한 공유수면점용허가를 1년으로만 하여 매년 갱신케 하는 것 등), ② 『부담』이 행정행위로 얻는 이익에 비하여 과중할 경우에는 문제가 있다고 하겠다(예, 임야 · 전 · 답 등을 주택지로 토지형질변경허가를 하면서 그 면적의 25% 이상의 도로용지 및 10% 이상의 공원 등 공공용지를 무상으로 시에 기증하게 하는 것).

【판례】 : ① 가혹한 부관은 무효라는 판례

수산업법 제15조에 의하여 어업면허 또는 허가에 대하여 붙이는 조건은 그 성질상 면허 또는 허가어업의 본질적 효력을 해하지 아니하는 정도의 것이어야 하므로 기선선망어업허가를 하면서 부속선을 사용할 수 없도록 한 부관은 무효이다(대판 1990. 4. 27, 89누6808).

② 부당하게 짧은 기한을 합리적으로 변경하여 해석한 판례

해무청장이 침몰선박의 해체 · 인양허가시에 붙인 『3개월 이내에 침몰선박을

완전해체 · 인양하지 않으면 침몰선박 해체 · 인양허가를 취소한다』는 부관은 사업의 성질상 부당하게 짧은 기한으로서, 그 기한이 도래하면 허가의 효력이 당연히 소멸한다는 취지가 아니라 그 기한이 도래하면 허가조건(부관)의 개정을 고려하겠다는 뜻으로 해석하여야 한다(대판 1962. 2. 2, 4293행상42).

Ⅳ. 위법한 부관과 행정행위의 효력

부관에 하자가 있는 경우는 행정행위의 하자에 관한 일반이론과 마찬가지로 중대하고 명백한 경우에는 무효, 그렇지 않은 경우에는 취소할 수 있다고 할 것이다.

그런데 부관이 무효이거나 취소될 경우 본체인 행정행위에 어떤 영향을 미칠 것인가에 관하여는 ① 그 부관만이 효력을 상실하고 본체인 행정행위에는 아무 영향을 미치지 아니한다는 객관설(客觀說), ② 행정행위 전체를 무효로 한다는 설, ③ 원칙적으로 당해 부관만이 효력을 상실하는 것이지만, 예외적으로 그 부관이 없었더라면 행정관청이 당해 행정행위 자체를 하지 않았을 것이라고 인정되는 경우에는 행정행위 전체까지 무효가 된다는 주관설(主觀說)이 대립되어 있다.

생각건대, 부관은 주된 행정행위에 부가된 종된 것이기는 하지만 경우에 따라서는 행정행위의 본질적 요소라고까지 인정될 경우가 있을 수 있으며(예, 단순한 부담이 아니고, 행정행위의 중요한 요건의 보완을 조건으로 한 허가 · 특허 등), 이 경우에는 행정관청의 의사를 존중한다는 의미에서 주관설이 타당하다고 하겠다.

【판례】 : 행정행위의 본질적 요소인 부관의 하자의 효과는 행정행위 전체에 미친다는 판례

① 지방자치단체의 공유재산인 행정재산의 사용·수익허가에 있어 그 『허가기간』은 행정행위의 본질적 요소에 해당한다고 볼 것이어서, 부관인 허가기간에 위법사유가 있다면 이로써 행정재산의 사용·수익허가 전부가 위법하게 된다(대판 2001. 6. 15, 99두509).
② 도로점용허가의 『점용기간』은 행정행위의 본질적인 요소에 해당하기 때문에 부관인 점용기간에 위법사유가 있다면 이로써 도로점용허가행위 전부가 위법하게 된다(대판 1985. 7. 9, 84누604).

Ⅴ. 위법한 부관과 행정쟁송

1. 독립쟁송 가능성 문제

부관에만 하자가 있는 경우 상대방의 입장에서 본체인 행정행위로 부여된 권익 또는 지위는 그대로 유지하면서, 하자 있는 부관만 따로 떼어서 행정쟁송의 대상으로 할 수 있는가에 관하여 통설[110]·판례는 『부담』만은 본체인 행정행위와 어느 정도 독립성이 인정되므로 허용된다고 한다. 부담은 그 자체적인 규율로서 행정행위의 성격을 가지는 것으로서 행정행위에 추가되어 상대방에게 일정한 작위·부작위·급부·수인의 의무를 부과하는 고유한 내용을 가지는 행정행위이기 때문이다.

【판례】: 부관의 독립쟁송 가능성에 관한 판례
① 행정행위의 부관은 부담인 경우를 제외하고는 독립하여 행정소송의 대상이 될 수 없는바(1991. 12. 13, 90누8503, 1993. 10. 8, 93누2032 등 참조), 지방자치단체의 공유재산의 관리청이 행한 행정재산의 사용·수익허가에서 정한 사용·수익허가의 기간은 허가의 효력을 제한하기 위한 행정행위의 부관으로서 이에 대하여는 독립하여 행정소송을 제기할 수 없고 따라서 이는

110) 김도창(상), p.395 ; 이상규(상), p.391.

부적법한 소로서 각하를 면할 수 없다(대판 2001. 6. 15, 99두509).
② 어업면허의 유효기간을 1년으로 정한 부관은 독립하여 행정소송의 대상이 될 수 없으므로 면허유효기간만의 취소를 구할 수 없다(대판1986. 8. 19, 86누202).
③ 행정행위의 부관 중에서 부담은 다른 부관과는 달리 행정행위의 불가분적 요소가 아니고 그 존속이 본체인 행정행위의 존재를 전제로 하는 것일 뿐이므로 부담 그 자체만을 행정쟁송의 대상으로 할 수 있다(대판 1992. 1. 21, 91누1264).

그러나 최근의 유력한 학설은 부관의 독립쟁송가능성과 독립취소가능성을 구분하여, 독립취소의 가능 여부를 떠나 일단 독립쟁송제기의 가능성만은 모든 부관에 대하여 인정되어야 한다고 주장하며,[111] 독일에서도 행정절차법 제정 이후 이와 같은 견해가 대두되고 있다.[112]

2. 독립취소 가능성 문제

부관만 독립하여 쟁송을 제기할 수 있다고 하더라도 과연 부관만을 취소할 수 있는가는 별개의 문제이다. 이에 관하여는 부관의 종류와는 관계없이 일반적으로 재량행위에 붙여진 부관만의 취소를 구하는 것은 결국 행정관청에 대하여 부관을 삭제하고 본체인 행정행위만을 할 것을 강요하는 것이 되므로 재량행위의 성질에 반하여 불가능하며, 따라서 기속행위에 붙여진 부관만의 취소는 가능하다는 견해가 있다.[113] 기속행위의 경우 상대방의 신청이 법률요건을 충족시키는 경우에는, 신청인은 관계법이 정하는 대로의 수익적 행정행위의 발급청구권이 있기 때문에 분리하여 취소할 수 있다고 한다.[114] 그러나 독립쟁송가능성에서와 마찬가지 논리로 본체인 행정행위로 인한 권익·지위는

111) 김남진, 부관의 취소소송, 고시연구 1986.4, p.157 ; 박윤흔(상), p.392.
112) Fehn, Die isolierter Auflagernanfechtung, DOV 1998. S.2025 ; Stadi, Rechtsschutz gegen Nebenbestimmung eines begün stigerden Verwaltungsaktes, DVBI 1991. S.6135.
113) 박윤흔(상), p.391.
114) 정하중, 부관에 대한 행정소송, 저스티스 제34권 2호, 2001.4, p.8.

그대로 유지하게 하면서 부관만을 취소하는 것이 상대방에게 이익이 있다고 인정되는 한 기속·재량 여부나 부관의 종류 여하를 막론하고 인정함이 타당하다고 생각된다.

다만, 부관의 내용이 본체인 행정행위의 본질적 요소라고까지 인정되는 경우(예, 도로점용허가에 있어서의 점용기간에 관한 판례)에는 행정청이 부관 없이는 주된 행정행위를 발하지 않았을 것이라고 판단되기 때문에 하자 있는 부관만을 취소한다는 것은 무의미하며, 따라서 본체인 행정행위 전체를 취소하여야 할 것이다. 즉, 부관부 행정행위 전체를 대상으로 항고소송을 제기하여야 할 것이다. 예를 들어 대단위 아파트신축공사에 있어서 도로점용허가기간을 지나치게 짧은 1월로 한 경우에 그 상대방은 "1월의 기한이 붙은 도로점용허가를 취소한다"라는 취지의 판결을 구하는 취소소송을 제기할 수 있다. 이러한 소송에서 취소판결이 확정되면 판결의 기속력에 따라 행정청은 동일한 처분을 할 수 없으므로, 행정청은 적정하고 합당한 기한이 붙은 도로점용허가처분을 다시 하여야 한다.

제7절 행정행위의 성립과 효력

행정행위가 완전한 효력을 발생하기 위하여서는 성립요건과 발효요건을 모두 갖추어야 한다. 행정행위의 성립·발효 요건에 관한 일반법은 아직 없으며, 주로 판례와 학설에 의하여 이론이 정립되어 왔다.

행정행위의 성립이란 행정행위의 존재를 도출하는 과정으로 그 성립요건이란 행정행위를 전혀 행정행위로서의 존재를 가지지 못하는 상태를 의미하는『행정행위의 부존재』로부터 구별하기 위한 기준을 정하는 것이다. 행정행위의 성립은 그 요건으로서 다시 내부적 요건과 외부적 요건으로 나누어진다. 행정행위의 효력이란 이러한 성립요건을 적법하게 갖춘 행정행위가 법적 효과를 발생시키고 당사자를 직접 구속하는 힘을 가지는 것을 말한다. 즉, 행정행위가 구속력, 공정력, 확정력 및 강제력을 가지는 것을 말한다.

Ⅰ. 행정행위의 성립요건

1. 내부적 성립요건

행정행위의 내부적 성립요건이란 "문서는 당해 문서에 대한 결재가 있음으로 성립한다"라는 규정에서처럼[115] 행정기관에 의하여 행정의사가 내부적으로 결정되는 것을 말한다. 행정행위는 처분 당시에 시행중인 현행 법령에 의하여야 하기 때문에 행정행위의 주체·내용·절차·형식이 모두 적법하고 공익에 적합(타당)하여야 한다.

(1) 주체에 관한 요건

① 정당한 권한을 가진 자가, ② 권한의 범위 안에서, ③ 정상적인 의사에

115) 사무관리규정 제8조 제1항 : 여기에서 결재는 전자이미지서명 또는 전자서명에 의한 결재를 포함한다.

기하여 행한 행위이어야 한다.

(2) 내용에 관한 요건

① 법률상·사실상으로 실현가능하고 객관적으로 명확하여야 하며, ② 적법하고 공익에 적합(타당)하여야 한다.

(3) 절차에 관한 요건

① 쌍방적 행정행위에 있어서 상대방의 협력(신청·동의), ② 행정행위의 사전적 절차(사전통지와 의견진술), ③ 신중·공정을 기하기 위한 행정조직 내부에서의 협의·심의·의결 등이 요구되는 경우 이에 따라야 하며, 그 위반의 효과는 당해 절차의 중요도에 따라 다르다.

> **【판례】**: 절차상의 위법은 취소사유에 해당하는 판례
> 행정청이 영업허가취소 등의 처분을 하려면 반드시 사전에 청문절차를 걸쳐야 하고, 설사 구 식품위생법 제26조 1항 소정의 사유가 분명히 존재하는 경우라 할지라도 당해 영업자가 청문을 포기한 경우가 아닌 한 청문절차를 거치지 않고 한 영업소폐쇄명령은 위법하며 취소사유에 해당한다(대판 1983. 6. 14, 83누14).

(4) 형식에 관한 요건

① 법령에 특별한 형식을 규정하고 있지 않은 한 문서로 하여야 한다. 이 경우 문서에는 그 처분행정청 및 담당자의 소속·성명과 전화번호를 기재하여야 한다(행정절차법 제24조). 행정행위의 존재와 내용의 명확성을 기하여 법률관계를 명백히 하고 다툼의 여지를 줄이기 위하여서는 원칙적으로 문서에 의하는 것이 합리적이기 때문이다. ② 문서의 내용으로는 법령에 특별한 규정이 없는 한 상대방의 주소·성명 및 행정행위의 내용·일자를 기재하고 관인을 날인하며, 처분이유의 명시가 요구될 때에는 처분이유까지 기재하여야 한다. 그 이유는 행정청의 자기확인에 의한 스스로에 의한 통제가 가능하며, 이를 통한

정당한 결정은 개인의 권리보호에 기여할 수 있으며, 따라서 그 당사자인 국민은 행정처분을 적극적으로 수용하게 되고 그 행정처분에 대한 외부기관에 의한 통제가 용이하게 되기 때문이다.

2. 외부적 성립요건

행정행위에 대한 기관장의 결재가 있고 이에 따라 영업허가서 등 공문서가 작성되었다 할지라도, 아직 내부적으로만 성립하였을 뿐 행정행위로서 완전히 성립하였다고는 볼 수 없으며, 외부에 대한 표시행위, 즉 문서의 발송행위가 있어야만 비로소 완전히 성립한다.

따라서 행정행위가 외부에 표시된 경우에는 행정행위로서 일단 완전하게 성립한 것이므로 비록 상대방에게 도달되어 발효되기 전이라 할지라도 행정기관은 이를 이유 없이 취소·변경할 수 없게 된다.[116]

Ⅱ. 행정행위의 발효요건

1. 도달주의의 원칙

행정행위가 성립요건을 모두 갖추었더라도 다른 법령에 특별한 규정이 없는 한 상대방에게 도달하여야만 효력을 발생한다(도달주의(到達主義), 사무관리규정 제8조 제2항).

예컨대, 적성검사미필을 이유로 운전면허를 취소하고자 하는 경우에 운전면허취소통지서에 상대방의 주소를 잘못 기재하여 취소통지서가 반송되어 상대방이 이를 수령하지 못한 때에는 운전면허 취소행위의 효력이 발생되지 아니한다(국무총리행정심판위원회 재결 1990. 6. 13, 국행심90-158).

문서에 의한 행정행위는 보통 우편·인편·모사전송에 의하며, 문서에 의하

116) 김동희(Ⅰ), p.311.; 박윤흔(상), p.400.

지 아니하는 행정행위는 구술통지·표지판 게시 등의 방법에 의한다. 우편에 의한 송달의 경우 종전에는 보통우편에 의하더라도 상당한 기간 내에 도달된 것으로 추정하는 판례가 있었으나, 오늘날에는 반대로 도달된 것으로 추정할 수 없다고 판시하고 있으므로 상대방에게 도달되었음을 입증하기 위하여서는 등기우편 등의 방법에 의하여야 할 것이다.

【판례】: ① 통상우편의 도달추정을 부정한 판례
통상우편으로 발송된 재심사청구기간 결정통지서가 반송되지 않았다는 사실만 가지고 발송일로부터 일정한 기간 내에 원고에게 배달되었다고 추정할 수는 없다(대판 1977. 2. 22, 76누265).
② 등기우편의 도달추정을 인정한 판례
등기우편으로 발송된 경우에 반송되거나 기타 특별한 사정이 없는 한 그 무렵 수취인에게 배달되었다고 볼 수 있다(대판 1998. 12. 13, 97누8977).

행정행위의 효력발생요건으로서의 도달이란 상대방이 현실적으로 그 내용을 알아야 한다는 것은 아니며, 『알 수 있는 상태』에 놓여짐으로써 충분하다고 하겠다(판례 참조).

【판례】: 도달의 의미에 관한 판례
행정처분의 효력발생요건으로서의 도달이란 상대방이 그 내용을 현실적으로 알아야 할 필요까지는 없고, 다만 알 수 있는 상태에 놓여짐으로써 충분하다. 따라서 원고의 처가 원고의 주소지에서 원고에 대한 파면처분통지서를 수령하였다면 그 처가 이를 교도소에 수감중인 원고에게 전달치 아니하고 폐기해 버렸더라도 원고의 처가 위 통지서를 수령한 때에 원고가 그 내용을 알 수 있는 상태에 있었다고 볼 수 있다(89누4963, 1989. 9. 26 대판).

2. 고시·공고의 방법

행정행위의 상대방이 불특정 다수인이거나(특정지역에의 통행금지 등) 상대방의 주소 및 거소가 불분명한 경우(도로개설을 위하여 무연고 묘지의 이장이 필요한 경우 등)에는 통상적인 통지방법이 불가능하므로, 고시 또는 공고(관보·공보에의 게재, 시·군 게시판 등 적절한 장소에의 게시)의 방법에 의하고 특별한 규정이 없는 한 고시·공고 후 5일(운전면허취소통지 등은 경찰서 게시판 공고 후 10일)이 경과되면 도달한 것으로 보아 그 때부터 효력을 발생한다(사무관리규정 제8조 제2항). 귀화허가도 관보에의 고시를 발효요건으로 하고 있다(국적법 제11조).

Ⅲ. 행정행위의 효력

행정행위가 성립·발효 요건을 갖추지 못하면 『하자 있는 행정행위』라 하여 그 하자의 경중에 따라 행정행위의 부존재·무효 또는 취소사유가 되며, 이는 다음 절 이하에서 상세히 고찰하기로 한다.

그러나 성립·발효 요건을 모두 갖춘 경우에 어떤 효력을 발생할 것인가에 관하여는, 당해 행정행위의 고유한 내용에 따른 개별적 효력(예, 운전·건축·음식점영업·자동차운수사업의 허용 등)을 발생하는 외에, 공통적인 효력으로서 사법관계에서는 인정되지 아니하는 공권력행사행위인 행정행위에만 특유한 다음의 효력이 인정된다. 이는 바로 『행정법관계의 특질』 또는 『행정행위의 특질』과도 같은 개념으로서 상세한 내용은 행정법관계의 특질에서 이미 설명하였다.

1. 구속력

행정행위가 성립·발효요건을 갖춘 경우에는 그 내용에 따라 상대방과 행정관청을 구속하는 힘을 가진다. 따라서 하명·허가·면제 등의 명령적 행위는 상대방에 대하여 작위·부작위·급부·수인의 의무를 발생시키거나 해제하는 효과를 가지며, 특허·인가·대리 등의 형성적 행위는 상대방에게 권리·능력 등을 형성하는 효과를 가진다. 행정법은 강제적인 지배복종관계에 관한 공법이므로 구속력(拘束力)은 모든 행정행위에서 당연히 인정되는 실체법상의 권리이다. 행정행위의 발동은 일방적이지만 그 구속력은 쌍방적이기 때문에 처분청인 행정청도 행정행위에 구속된다.

2. 공정력

공정력(公定力)이란 행정행위는 비록 하자가 있더라도 당연 무효인 경우를 제외하고는 취소되기 전까지는 일응 유효한 것으로 통용되는 힘을 가지는 것을 말한다. 따라서 행정행위의 하자가 중대·명백한 경우에는 무효가 되므로 공정력이 인정되지 않는다. 오늘날에는 공정력 중에서 그 상대방인 국민에 대한 통용력만을 공정력이라 하고 다른 국가기관에 대한 통용력은 구성요건적 효력(構成要件的 效力)이라고 하여 이를 공정력과 구별하는 견해가 있다.[117] 그러나 국가기관도 국민과의 관계에서 평등의 원칙에 지배당하고 있기 때문에 공정력이 통용되는 힘은 같을 수밖에 없어 그 성질상의 차이는 없으며 따라서 굳이 양자를 구별할 필요는 없다.

3. 확정력(존속력)

행정행위에 비록 취소원인인 하자가 있더라도 ① 쟁송기간이 경과하면 상대방으로서는 더 이상 그 효력을 다툴 수 없는 효과(불가쟁력, 不可爭力)를 발생하거나, ② 일정한 쟁송절차를 거친 행위 기타의 확인행위는 그 성질상 처분행정청이라 할지라도 취소·변경할 수 없는 효과(불가변력, 不可變力)를 발생하게 된다. 그러나 취소권을 가진 행정청이 불가쟁력이 발생한 행정행위를 직권으로 취소·철회하는 것은 가능하며, 실질적인 확정력을 가지는 불가변적인 행정행위라도 그 상대방 또는 이해관계인은 쟁송제기기간 내에 행정쟁송을 제기하여 당해 행정행위의 효력을 다툴 수 있다고 할 것이다.

117) 김남진(Ⅰ), p.301; 박윤흔(상), p.403; 석종현·송동수(상), p.268; 홍정선(상), p.368.

4. 강제력

행정행위에 부과된 의무를 상대방이 이행하지 않는 경우에 행정행위의 내용을 강제로 실현시킬 수 있는 자력집행력(自力執行力)과 제재력(制裁力)이 인정된다. 자력집행력과 제재력은 반드시 이에 관한 법률의 근거가 있어야 하는데, 행정대집행법과 국세징수법에 의하여 강제집행수단을 강구하는 것이 바로 자력집행력의 예이고, 행정형벌, 행정질서벌 등의 행정벌이 바로 법률상에 규정된 제재력의 예이다.

제8절 행정행위의 하자(흠)

Ⅰ. 개설

1. 하자의 의의

행정행위가 법이 정한 성립·발효요건을 모두 갖추고(적법하고), 행정청이 공익에 적합한 재량을 행사한 경우(타당한 경우)에는 완전히 효력을 발생하지만, 그렇지 못한 경우에는 위법 또는 부당한 것으로 평가되어 소위 하자(瑕疵) 있는 행정행위라 한다. 하자는 그 종류·정도·내용에 따라 심한 경우 행정행위가 부존재 또는 무효가 되거나 취소의 대상이 된다.

행정행위의 하자를 탐구하는 하자론은 말하자면 행정법에 있어서의 병리학에 해당하는 것으로서[118] 중요한 연구과제가 되고 있으나, 이에 관한 일반법 규정은 없으며 주로 학설과 판례에 의하여 발전되고 있다.

2. 하자의 유형

(1) 위법과 부당

행정행위의 하자를 내용면에서 구분한 것이다. 위법(違法)인 경우에는 부존재·무효·취소의 원인이 되기 때문에 이러한 행정행위는 행정청의 직권과 행정심판에 의하여 이를 확인할 수도 있지만, 법원에 의하여서도 확인할 수 있다. 행정행위의 위법여부는 행정행위가 외부에 표시된 시점을 기준으로 정하여야 한다.

재량행위에 있어 재량권의 적절한 행사를 그르친 부당(不當)인 경우에는 단지 행정청에 의한 취소의 대상이 될 수 있을 뿐이다. 행정청이 부당하게 재량

118) 김동희(Ⅰ), p.325.

행위를 한 경우에 그 행위는 적법하지만 타당성을 결여한 것이기 때문에 행정소송을 통해서는 취소될 수 없고 직권취소 또는 행정심판의 대상이 될 뿐이다(단, 재량권 일탈·남용의 경우는 위법으로 인정되고 따라서 법원도 취소할 수 있게 된다). 하자는 원칙적으로 위법성이 있다는 것을 의미하기 때문에 여기서 부당한 재량행위가 취소원인으로서의 하자에 해당하는 것은 일종의 예외적인 현상이라고 볼 수 있다.

(2) 부존재·무효·취소

하자를 효과면에서 구분하면 하자의 종류·정도·내용에 따라 부존재의 원인인 하자, 무효의 원인인 하자 및 취소의 원인인 하자로 각각 구분할 수 있다. 그러나 명백한 오기·오산과 같은 경미한 표현상의 하자는 행정청이 언제든지 정정할 수 있기 때문에 무효·취소의 원인이 되지 못하고 행정행위의 효력에 아무런 영향을 미치지 아니한다(행정처분의 정정, 행정절차법 제25조).

Ⅱ. 행정행위의 부존재

1. 의의

무효인 행정행위는 일단 외관상 행정행위가 존재하고는 있으나 하자로 인하여 아무런 효과를 발생치 못하고 있는 것임에 반하여, 행정행위의 부존재(不存在)란 행정행위가 성립요건 중 중요한 요소를 결여함으로써 외관상으로도 행정행위라고 할 만한 것이 존재하지 않는 것을 말한다.

2. 유형

광의의 부존재에는 ① 행정행위의 개념에는 해당하더라도 아직 내부적 의사결정단계에 있어 행정행위가 성립조차 되지 않은 경우 또는 이미 취소·철회

·해제 조건의 성취 등으로 행정행위가 실효되어 버린 경우와 같이 사실상의 부존재와, ② 처음부터 행정행위(소송법상의 '처분')의 개념에 해당되지 아니하는 주의·권고·행정지도 및 사인의 공무원 사칭행위 등 소위 비행정행위(非行政行爲)의 2종류가 있다는 견해도 있으나, 이러한 비행정행위까지를 굳이 행정행위의 부존재라는 개념에 포함시켜 논할 이유는 없다고 본다.[119] 왜냐하면 우리 행정소송법도 '무효등확인소송'의 개념을 행정청의 '처분 등'의 효력 유무 또는 존재여부를 확인하는 소송이라고 정의하고 있는바, 이는 바로 존재여부를 확인해 달라는 부존재확인소송도 결국 '처분 등'의 존재여부를 확인해 달라는 것이어야 한다는 점을 명시하고 있는 것으로 해석할 수 밖에 없기 때문에 그러하다(행정소송법 제4조, 행정심판법 제4조).

3. 무효와의 구별

(1) 부정설

무효(無效)와 부존재는 법률효과를 전혀 발생치 아니한다는 점에서는 차이가 없으므로 굳이 양자를 구별하여 취급할 이유가 없다고 한다.[120]

(2) 긍정설

무효인 경우와는 달리 부존재의 경우는 행정쟁송의 대상인 목적물(행정행위) 자체가 존재하지 않기 때문에 그 취소를 구하는 쟁송이 제기될 경우 사건의 본안을 심리하기도 전에 쟁송을 거부하는 각하를 할 수밖에 없다는 점에서 무효와의 구별실익이 있다고 한다(다수설).[121] 아울러 무효인 행정행위는 전환이 인정되지만 부존재인 행정행위는 전환이 인정되지 않는다는 점에서도 구별이 필요하다.

---

119) 박윤흔(상), p.427.
120) 석종현·송동수(상), p.310; 이상규(Ⅰ), p.421.
121) 김도창(Ⅰ), p.342 ; 박윤흔(상), p.408.; 서원우(상), p.465.

(3) 결어

우리 행정소송법과 행정쟁송법은 입법적으로 이 문제를 해결하여 무효확인쟁송과 부존재확인쟁송을 함께 묶어서 '무효등확인쟁송'이라 하여 항고쟁송의 한 형태로 인정하고 있으므로 양자가 다 같이 쟁송의 대상이 된다는 점에서는 구별의 실익이 없어졌다. 또한 구체적인 적용 법조항 역시 양자에게 공통되고 있어 그다지 큰 구별 실익은 없다고 하겠으나, 위의 긍정설에서 제시한 이유 때문에 여전히 양자를 구분하여야 할 것으로 생각된다.

Ⅲ. 행정행위의 무효와 취소의 구별

1. 무효와 취소의 의의

(1) 무효인 행정행위

외관상 행정행위로 존재함에도 불구하고 중대하고 명백한 하자로 인하여 취소를 기다릴 필요 없이 처음부터 아무런 법적 효과를 발생하지 아니하는 것을 말한다. 따라서 어떠한 국가기관이나 사인도 이에 구속당하지 아니하고 자유로이 무효임을 주장할 수 있다.

(2) 취소할 수 있는 행정행위

행정행위에 무효원인이 아닌 하자가 있지만 취소(取消)할 권한이 있는 행정관청이나 법원에 의하여 취소되기 전까지는 국가기관이나 사인 등 누구도 그 효력을 부인할 수 없으며(공정력), 취소가 있어야 비로소 그 효력을 상실하게 되는 것을 말한다.

2. 구별실익

(1) 선결문제와의 관계

무효인 행정행위는 공정력(公定力)이 없기 때문에 누구든지 무효임을 주장할 수 있고 따라서 민사소송이나 형사소송에서 특정 행정행위의 유·뮤효 여부가 당해 소송의 선결문제가 된 경우에 민사법원 또는 형사법원은 당해 행정행위가 무효임을 판단할 수 있다.

그러나 위법한 조세부과처분처럼 단순히 취소할 수 있는 행정행위에 그칠 경우에는 공정력이 발생하기 때문에 먼저 행정소송에서 취소소송을 제기하여 취소를 받은 후에 비로소 부당이득반환청구소송, 조세과오납금환급소송 등의 민사소송에서 그 효력을 부인할 수 있다(단, 소송실무상 민사소송으로 다루어지고 있는 국가배상사건에 있어서는 예외라는 판례가 있다. 건축물철거계고처분의 위법을 이유로 한 국가배상청구사건. 대판 1972. 4. 28, 72다337).

형사소송에 있어서도 같은 이유로 먼저 취소사유에 해당하는 행정행위에 대하여 행정소송에서 취소판결을 받아야 형사소송에서 그 효력을 부인할 수 있게 된다(예컨대, 자동차운전면허취소처분을 받은 자가 계속 운전을 하여 무면허운전으로 형사처벌을 받은 경우에는 먼저 행정소송을 제기하여 운전면허취소처분에 대한 취소판결을 받아야 계류중인 형사소송에서 무면허운전이 아니며 따라서 무죄라는 판결을 받을 수 있게 된다).

(2) 행정쟁송의 형식

무효인 행정행위는 무효선언을 구하는 의미에서의 취소소송의 형태와 함께 무효확인소송도 인정되지만, 취소할 수 있는 행정행위는 항상 취소소송만 인정된다. 다만, 무효확인소송이 제기되었으나 심리결과 취소할 수 있는 행정행위에 불과한 경우에 법원은 무효의 주장에는 취소도 포함된 것으로 보고 취소판결을 내릴 수 있다고 보는 것이 판례의 입장이다. 다만, 이 경우에는 제소기간과 개별법률이 예외적으로 거치도록 규정하고 있는 행정심판전치주의 등 취소소송의 소송요건을 갖추어야 한다(대판 1987. 6. 9, 87누219). 그러므로 행정행위의 당사자인 국민은 취소소송제기기간 내에 무효확인소송을 제기하거나 취소소송을 제기하는 것이 유용한 방법이 된다고 하겠다.

(3) 행정쟁송의 제기요건

취소쟁송은 ① 제소기간이 적용되고 ② 개별법률에서 행정심판전치주의를 규정하고 있는 예외적인 경우에 한하여 행정심판전치주의(行政審判前置主義)도 적용되지만, 무효확인쟁송은 이러한 제한이 없다. 그러나 위에서 살펴본 무효선언을 구하는 의미에서의 취소소송의 제소기간에 관하여는 견해가 대립되어 있으며, 판례는 적용된다고 한다.

그러나 무효확인소송에 있어서는 취소소송에서는 요구되지 아니하는 요건, 즉 ① 무효확인을 구할 법률상 이익(확인의 이익)이 있어야 할 것과, ② 무효임을 원용하여 민사상 손해배상청구소송 등의 다른 소송으로 구제받을 길이 없을 경우에만 '보충적'으로 제소할 수 있다는 것이 우리 판례의 입장이다(대판 1992. 7. 28, 92누4352, 1991. 6. 28, 90누9346 등. 무효 등 확인소송 참조).

(4) 사정재결 · 사정판결

취소사유에 해당되어 취소함이 마땅함에도 불구하고 취소하면 공공복리에 반하게 되므로 특별히 취소하지 아니한다는 사정재결(事情裁決)과 사정판결(事情判決)은 취소할 수 있는 행위에만 인정되며, 무효인 행정행위는 절대적으로 무효라는 점에서 인정될 수 없다.

(5) 하자의 승계

선행행위에 무효원인인 하자가 있는 경우에는 성질상 후행행위에도 그 하자가 승계되지만, 취소사유가 있음에 그치는 경우에는 선행행위와 후행행위가 결합하여 1개의 효과를 완성하는 경우에만 승계된다.

(6) 하자의 치유 · 전환

하자 있는 행정행위의 치유는 취소할 수 있는 행위에 대하여 인정되며, 반대로 전환은 무효인 행정행위에 대하여만 인정된다. 다만, 무효 · 취소의 구별의 상대화라는 관점에서 무효와 같이 하자가 심한 경우에도 전환이 인정된다면 그보다 경미한 하자인 취소의 경우에도 행정행위의 전환이 인정되어야 한다는 견해도 있다.[122)]

(7) 입증책임

취소소송에 있어서 취소사유의 존재 등에 관한 입증책임은 원고와 피고간에 민사소송법상의 입증책임분배의 원칙이 적용됨에 반하여, 무효 등 확인소송에 있어서 무효사유에 관하여는 누구나 쉽게 입증할 수 있다는 등의 이유로 원고에게 입증책임이 있다는 것이 우리 판례의 입장이다(대판 1992. 3. 10, 91누6030. 무효등 확인소송 참조).

3. 구별에 관한 학설

(1) 논리적 견해

켈젠 · 메르클 등의 순수법학파는 순수논리적 입장에서 법률요건을 결한 행정행위는 원칙적으로 모두 무효라고 한다. 그러나 이 견해는 법치주의적 요청에는 충실하지만 행정행위를 성립시키는 여러 가지의 법률요건 간에는 그 중요성에 있어서 경중이 있다는 사실을 무시하고 있다.

(2) 관념론적 견해

능력법규 · 강행법규 또는 중요법규에 위반한 행정행위는 무효이고, 명령법규 · 임의법규 또는 중요치 않은 법규에 위반한 행위는 취소할 수 있다고 하고 있으나, 이들 법규 간의 구별이 명확한 것은 아니라는 문제점이 있다.

---

122) 김남진(Ⅰ), p.339 ; 홍정선(상), p.403.

(3) 목적론적 견해

행정행위는 우월한 의사의 발동이므로 원칙적으로 취소할 수 있음에 그친다는 견해(O. Mayer)와, 반대로 행정법규의 강행성·공익성을 이유로 원칙적으로 무효라는 견해(R. Herrnritt 등)가 있다.

(4) 기능론적 견해(중대·명백설)

행정쟁송제도의 취지·목적에 비추어, 하자가 전문적인 국가기관이 아닌 사인도 인정할 수 있을 정도로 중대하고 명백한 경우에는 무효, 전문적인 국가기관이 신중한 절차를 거쳐 판단해야 할 정도의 것이면 취소할 수 있는 것이라 한다.

4. 구별기준

(1) 중대설

이 설은 당해 행정행위의 성립에 필요한 여러 요건 중 중요한 요건에 하자가 있는 경우에 무효인 행정행위로 보는 것을 말한다. 중대설(重大說)은 명백한 흠은 요구되지 않고 중대한 흠만 있으면 무효가 되기 때문에 무효사유를 넓게 인정하여 상대방인 국민의 권리를 넓게 인정하여 강한 권리 구제에 기여하는 것이지만, 무효사유를 너무 넓게 인정하기 때문에 수익적 행정행위와 복효적 행정행위에 있어서는 오히려 상대방과 이해관계인에게 불이익을 가져다주며, 행정의 법적 안정성이나 제3자의 신뢰보호가 상대적으로 많이 희생된다는 단점이 있다.

(2) 중대·명백설

행정행위의 하자가 내부적 요건에 있어서 중대하여야 하고, 외부적으로는 하자가 정상적인 통상인이 보아도 명백하게 인식될 정도로 외관상 일견하여 명백한 것이어야 한다(외관상 일견명백설, 外觀上 一見明白說). 예컨대 공무원법상 임용결격사유에 해당하는 자(금치산자·파산자 및 파면된 후 5년 미경과

자 등)에 대한 공무원임용행위, 수사기관의 강압에 의하여 작성된 확인서·자술서·각서 등을 과세자료로 한 과세처분(대판 1992. 3. 31, 91다32053), 국가시험에 불합격한 의대졸업생에 대한 의사면허, 대상목적물을 특정하지 아니한 국유재산임대처분(대판 1961. 3. 13, 4292행상92), 18세 미만자에 대한 운전면허, 세금을 완납한 사람에 대한 체납처분, 판매되지 아니한 물품에 대한 물품세부과(대판 1966. 12. 20, 65다43), 재결서에 의하지 아니한 행정심판재결 등이 이에 해당한다. 이러한 사례는 모두 중대하고도 명백한 하자에 해당된다고 하겠다.

결국, 무엇이 중대하고도 명백한 하자인가에 관하여는 당해 법규의 목적·의미·기능 등을 참작하여 행정쟁송제도의 취지·목적에 비추어 합리적으로 판단하여야 할 것이다(같은 취지: 대판 1993. 12. 7, 93누11432).

(3) 조사의무설

이 설은 행정행위가 무효로 되는 것은 원칙적으로 그 하자가 중대하고 명백한 경우에 한정된다는 중대명백설을 취하면서도, 명백성의 기준을 완화하여 무효사유를 넓히려는 견해이다. 이는 일본에서 주장된 학설로서, 공무원이 그 직무의 성실한 수행으로서 당연히 요구되는 정도의 조사에 의하여 판명될 수 있는 사실관계로 비추어 보면 당해 처분의 위법성이 명백하게 인정되는 경우에도 하자의 명백성의 요건이 충족되어 무효라고 한다. 그러나 우리 판례는 무효의 판단에 있어서 이러한 기준을 적용한 적이 없다.

(4) 명백성 보충요건설

원칙적으로 중대한 하자만 있으면 무효라고 하면서, 예외적으로 제3자의 이익을 보호해야 할 경우에만 명백성이 보충적으로 요구된다는 견해이다. 즉, 제3자의 이익이 관련된 경우에는 제3자의 입장에서 보아 중대하고도 명백한 하자인 경우에만 무효가 된다는 견해이다. 우리 판례는 아직 이 이론을 적용한 적이 없으나, 무효인 조례에 근거하여 행한 건설영업정지처분을 취소사유라고 한 전원합의체의 다수의견에 대하여 소수의견이 이 이론을 적용하여 건설업영업정지처분을 무효라고 주장한 바 있다(대판 1995. 7. 11, 94누4615).

【판례】: ① 무효인 조례에 근거하여 행한 건설업영업정지처분이 중대명백설에 근거하여 무효라는 다수의견
건설공사를 일괄하도급하여 구청장으로부터 4개월간의 영업정지처분을 받은 경우에, 건설업법 제50조 제2항 제3호·제22조상의 영업정지처분권한은 건설부장관으로부터 시·도지사에 대한 위임조항만 있을 뿐 구청장에게 재위임할 수 있는 근거규정이 없고, 행정권한의위임및위탁에관한규정 제4조에 의하여 재위임한다고 하더라도 이는 기관위임사무이므로 규칙으로 위임하여야 함에도 불구하고 서울시장이 조례로 구청장에게 위임하였다면 이 조례는 무효이며 결과적으로 이에 기한처분은 적법한 위임없이 권한없는 자에 의하여 행하여진 것과 마찬가지가 되어 그 하자가 중대하나, 조례와 규칙은 조례가 상위규범이고 또한 헌법 제107조 제2항의 '규칙'에는 지방자치단체의 조례와 규칙이 모두 포함되는 등 이른바 규칙의 개념이 경우에 따라 상이하게 해석되는 점 등에 비추어 보면 위임과정의 하자가 객관적으로 명백한 것으로 볼 수 없으므로 이로 인한 하자는 결국 당연무효사유는 아니라고 봄이 상당하다(대판 1996. 7. 11, 94누4615 전원합의체).
② 위 사건에서 명백성보충요건설에 근거하여 취소사유라는 소수의견
구청장의 건설업영업정지처분은 소극적으로 허가된 행위를 할 수 없도록 금지 내지 정지함에 그치고 있어 그 처분의 존재를 신뢰하는 제3자의 보호나 행정법질서에 대한 공공의 신뢰를 고려할 필요가 크지 않다는 점, 위임에 관한 조례가 무효이어서 결국 처분청에게 권한이 없다는 것은 극히 중대한 하자에 해당하는 것으로 보아야 한다는 점, 지방자치의 전면적인 실시에 따라 앞으로 이와 같은 성격의 하자가 늘어날 것이 예상되므로 법원의 태도를 엄정하게 유지함으로써 행정의 법적합성과 국민의 권리구제를 도모할 필요성도 적지 아니하다는 점 등을 고려할 때, 위 영업정지처분은 그 처분의 성질이나 하자의 중대성에 비추어 그 하자가 외관상 명백하지 않더라도 당연무효라고 보아야 한다(위 판례의 소수의견).

5. 하자의 효과의 개별화이론

통설인 중대·명백설에 따르되, 하자의 성질·경중 등에만 의존하여 무효 아니면 취소라는 기계적인 결론에 이를 것이 아니라, 중대·명백설을 기준으로 하면서도 상대방의 신뢰보호, 법적 안정성 또는 공익에의 지장의 정도 등 무효·취소가 초래할 결과까지를 함께 고려하여 구체적 상황에 합당한 탄력적인 결론을 내릴 것을 강조하는, 소위 하자의 효과의 개별화이론(제에즈·힙펠 등)이 유력하게 대두되고 있으며, 그 구체적 적용으로서는 ① 하자 있는 행정행위의 치유와 전환, ② 사실상의 공무원이론과 표현대리이론, ③ 사정판결 등을 들 수 있다.

Ⅳ. 하자의 승계

1. 의의

조세체납처분에 있어서의 독촉·압류·매각·충당행위와, 행정대집행에 있어서의 계고, 대집행영장에 의한 통지, 대집행실행, 비용징수 등과 같이 일련의 선행행위와 후행행위가 있는 경우에 선행행위가 이미 제소기간이 경과되어 불가쟁력이 발생하는 등의 사유로 인하여 그 위법을 더 이상 다툴 수 없는 경우에, 그 후행행위가 적법함에도 불구하고 선행행위의 위법을 이유로 후행행위도 위법임을 주장할 수 있다고 한다면 국민의 권리구제의 폭이 확대될 수 있다는 점에서 선행행위의 하자의 승계(承繼) 여부가 논의되고 있다.

이러한 문제가 논의되기 위해서는 ① 선행행위와 후행행위가 모두 항고소송의 대상이 되는 처분이어야 하며, ② 선행행위에 불가쟁력이 발생하여야 하며, ③ 후행행위 자체에는 고유한 하자가 없어야 하며(왜냐하면 이 경우에는 후행행위 자체를 다툴 수 있으므로 하자의 승계를 논할 실익이 없기 때문이다), ④ 선행행위에는 무효사유가 아닌 취소사유에 해당하는 하자가 존재하여야 한다.

그 이유는 선행행위가 무효인 경우에는 불가쟁력이 발생하지 아니하기 때문에 당연히 후행행위에 그 하자가 승계되기 때문이다(조세부과처분이 중대하고 명백한 하자가 있어 무효인 경우에는 그 부과처분의 집행을 위한 체납처분도 무효이다(대판 1988. 6. 28, 87누1009)). 이러한 하자의 승계문제를 선행행위의 후행행위에 대한 구속력(규준력)이론으로 설명하는 견해도 있다.[123)]

2. 승계 여부

(1) 하자가 승계되는 경우

행정법관계의 법적 안정성을 저해할 우려가 있기 때문에 하자의 승계는 원칙적으로 인정되지 않아야 하겠지만, 선행행위와 후행행위가 서로 결합하여 1개의 법률효과를 완성하는 경우에는 승계된다고 한다. 판례는 ① 허위서류에 기한 의사시험 응시자격인정행위와 의사면허처분(대판 1975. 12. 9, 75누123), ② 선행 독촉처분과 후행 가산금징수처분(대판 1986. 10. 28, 86누147), ③ 안경사시험 합격처분의 하자와 안경사면허처분(대판 1993. 2. 9, 92누4567), ④ 행정대집행에 있어서의 일련의 절차에 관하여 하자의 승계를 인정하고 있다.

(2) 하자가 승계되지 않는 경우

선행행위와 후행행위가 서로 독립하여 별개의 효과의 발생을 목적으로 하고 있는 경우에는 승계되지 않는다고 한다. 판례는 ① 선행의 조세부과처분과 후행의 체납처분(대판 1987. 9. 22, 87누383), ② 도시재개발시의 사업시행인가와 사업시행을 위한 후행 토지수용재결처분, ③ 선행 직위해제처분을 받은 자에 대한 후행 직권면직 처분(대판 1984. 9. 11, 84누191), ④ 선행 건물철거명령과 후행의 대집행계고처분 등 행정대집행행위(대판 1998. 9. 8, 97누20502 ; 대판 1982. 7. 27, 81누293) 등에 있어서 하자의 승계를 부인하고 있다.

---

123) 김남진(Ⅰ), p.341.

(3) 하자가 예외적으로 승계되는 경우

선행행위와 후행행위가 서로 독립하여 별개의 효과를 발생하는 경우에는 승계되지 않는 것이 원칙이다. 그러나 최근 선행행위와 후행행위가 별개의 법률효과를 목적으로 하더라도 대법원은 이에 대한 예외를 인정하여, 쟁송기간이 도과한 개별공시지가 결정의 위법을 이유로 그에 기초하여 부과된 양도소득세 부과처분의 취소를 구한 사건에서 행정청의 후행처분의 위법을 주장할 수 없도록 하는 것이 관계인에게 수인(受忍)의 한도를 넘어서는 불이익을 강요하게 될 경우에는 수인한도의 법리상 예외적으로 하자의 승계를 인정한 바 있다.

【판례】: ① 하자의 승계를 인정한 판례

대집행의 계고, 대집행영장에 의한 통지, 대집행의 실행, 대집행비용의 납부명령 등은 대집행이라는 동일한 행정목적을 달성하기 위한 단계적인 일련의 연속적 절차로서 서로 결합하여 하나의 법률효과를 발생시키는 것이므로, 대집행이 완료되어 그 계고처분의 취소를 구할 법률상 이익이 없게 된 경우에 후행 처분인 대집행비용 납부명령 자체에는 아무런 하자가 없더라도 대집행비용 납부명령의 취소를 구하는 소송에서 선행처분인 계고처분의 위법을 이유로 대집행비용 납부명령도 위법이라는 주장을 할 수 있다(대판 1993. 11. 9, 93누14271).

② 하자의 승계를 부정한 판례

－도시재개발법에 의한 재개발사업의 시행인가라는 선행처분의 쟁송기간이 지난 후에 그 사업의 수행을 위하여 행하는 토지수용의 재결단계에 있어서는, 동 재개발사업시행인가처분이 당연무효라고 인정되지 아니하는 한, 동 인가처분의 위법을 이유로 토지수용재결처분의 취소를 구할 수 없다(대판 1993. 3. 9, 92누16287).

－건물철거명령이 당연무효가 아닌 이상 행정심판이나 소송을 제기하여 그 위법함을 소구하는 절차를 거치지 아니하였다면 위 선행행위인 건물철거명령은 적법한 것으로 확정되었다고 할 것이므로 후행행위인 대집행계고처분에서는 그 건물이 무허가건물이 아닌 적법한 건축물이라는 주장이나 그러한 사실인정을 하지 못한다(대판 1998. 9. 8, 97누20502).

③ 수인한도를 넘는다는 이유로 하자의 승계를 예외적으로 인정한 판례

개별공시지가결정은 이를 기초로 한 과세처분과는 별개의 독립된 처분으로

서 서로 독립하여 별개의 법률효과를 목적으로 하는 것이나, 개별공시지가는 개별적으로 고지하는 것이 아니어서 토지소유자 등이 그 내용을 알고 있었다고 하기도 곤란하고, 더욱이 장차 어떠한 과세처분 등 구체적 불이익이 현실적으로 나타날 때에 비로소 권리구제의 길을 찾는 것이 우리 국민의 권리의식임을 감안하여 볼 때, 과세처분 등 후행 행정처분에서 개별공시지가의 위법을 주장할 수 없도록 하는 것은 수인한도를 넘는 불이익을 강요하는 것으로서 국민의 재판을 받을 권리를 보장한 헌법의 이념에도 부합하는 것이 아니라고 할 것이므로 후행 과세처분의 취소를 구하는 행정소송에서도 선행처분인 개별공시지가 결정의 위법을 독립된 위법사유로 주장할 수 있다(대판 1994. 1. 25, 93누8542).

3. 하자의 승계에 관한 구속력이론의 검토

(1) 구속력이론의 내용

하자의 승계에 관한 전통적 논의와 달리 이 문제를 불가쟁력이 발생한 선행행위의 후행행위에 대한 구속력(拘束力)의 문제로 파악하는 견해가 있음은 앞서 언급한 바와 같다. 이 견해는 선행행위에 불가쟁력이 발생하면 ① 선·후의 양 행정행위가 동일한 목적을 추구하고(대물적 한계), ② 그 수범자가 동일하며(대인적 한계), ③ 선행행위의 사실상태 및 법적 상태가 동일성을 유지하고(시간적 한계), 추가적으로 ④ 예측가능성과 수인가능성이 있으면 선행행위가 후행행위를 구속하기 때문에 후행행위의 효력을 다툴 수 없다는 견해이다.

(2) 비판

이 견해는 ① 충분한 논거도 제시하지 아니한 채 판결의 기판력에 관한 이론을 행정행위의 불가쟁력논의에 응용하여 이론을 전개하고 있으며, ② 선·후행 행정행위가 동일한 목적을 추구할 경우에는 구속력 때문에 오히려 후행행위의 효력을 다툴 수 없다고 하여 앞에서 예시한 많은 경우에 하자의 승계를 부인함으로써 오히려 국민의 권리구제의 폭이 통설보다 좁아질 우려가 있다고 생각되며, ③ 결국 이 문제를 해결하기 위하여 예측가능성과 수인가능성이 없으면 구속력이 미치지 않는다고 함으로써 권리구제의 폭을 좁히지 않으려고 하고 있으나, 이는 근본적인 해결책은 되지 못하며, ④ 예측가능성과 수인가능성의 개념은 법치주의하에서 국민의 권익보호를 위한 일반적 법원리로서, 굳이 구속력이론에 특유한 논거가 될 수 없다는 비판을 받고 있다.

Ⅴ. 하자 있는 행정행위의 치유와 전환

1. 개설

하자 있는 행정행위는 그 하자의 정도에 따라 무효로 되거나 취소할 수 있는 것이 원칙이다. 그러나 하자의 효과를 이렇게 정형화·고정화시키는 것보다는 상대방의 신뢰와 법적 안정성을 보호하기 위하여 경우에 따라서 무효인 행위를 유효한 다른 행위로 전환되었다고 인정하거나, 또는 취소할 수 있는 행위의 하자가 치유되어 버렸다고 인정하는 것이 공익과 사익의 조화에 도움이 된다는 이론이 하자의 효과의 개별화이론의 일환으로 발전되어 왔다.

치유와 전환의 이론은 사법상 무효행위의 전환(민법 제138조) 및 취소할 수 있는 행위의 추인(민법 제143조~제145조)과 같은 맥락의 이론으로서, 독일 행정절차법(제45조)은 명문의 규정을 두고 있으나, 우리는 이와 같은 규정이 없어 사법상의 이론을 유추하여 학설과 판례로 인정하고 있다.

2. 치유

(1) 의의

하자의 치유(治癒)라 함은 ① 행정행위가 성립 당시에는 하자가 있었으나 사후에 그 하자가 보완되었거나, ② 공무원 자격을 상실한 자가 행한 수익적 행정행위를 신뢰보호의 차원에서 유효하게 인정하는 경우(이른바 사실살 공무원

이론)와, ③ 다른 사유가 있어 더 이상 취소할 필요가 없게 된 경우에는 하자가 치유된 것으로 보아 유효한 행정행위로 취급하는 것을 말한다.[124)]

(2) 인정근거

법치주의를 엄격히 고수하는 입장에서는 하자 있는 행정행위는 일단 취소하여야 하며, 상대방이 다시 필요한 요건을 완전히 갖춘 후에 처음부터 다시 필요한 절차를 거쳐 행정행위를 하여야 한다고 주장하겠으나, 그렇게 하는 경우 불필요하게 복잡한 행정절차를 처음부터 다시 반복하여야 하는 번거로움이 있고 상대방의 이익이나 법적 안정성도 침해하는 결과를 초래하기 때문에, 공익과 사익 모두에 유리하다고 인정될 경우에는 일정한 요건하에 하자의 치유를 인정하고 있다.

(3) 요건

1) 요건의 사후 보완

주체에 관한 요건(대리권 없는 행위에 대한 사후 추인), 내용에 관한 요건(인·허가·특허요건의 사후 충족, 계고시에는 명시하지 않은 철거 대상물을 대집행영장에서 명시한 경우), 절차에 관한 요건(신청서의 사후 제출·사후 보완, 타 기관의 필요적 협력의 사후 이행, 행정심판 등 필요적 행정절차의 사후 이행), 형식에 관한 요건(필요한 처분서의 사후 작성·보완) 등을 사후 상당한 기간 내에 보완하고 또한 상대방에게도 특별한 손해가 발생하지 아니할 경우에는 하자가 치유된 것으로 볼 수 있다.

2) 취소할 필요가 없게 된 경우

예컨대, 인·허가 취소의 전 단계 행정절차로 행한 청문절차에서 사전통지기간이 부족했으나 상대방이 출석하여 충분한 의견진술을 한 경우, 합의제행정관청의 회의소집절차에 하자가 있었으나 위원이 출석·의결하고 추후 아무

---

124) 이 외에도 장기간의 방치, 공공복리상의 필요 등을 치유사유로 드는 견해도 있으나, 이들은 치유사유라기보다는 후술하는 취소권의 제한으로 보는 것이 타당할 것이다.

도 이의를 제기하지 아니한 경우에는 비록 요건의 사후보완 행위는 없었지만 하자가 치유되어 더 이상 당해 행정행위의 효과를 다툴 수 없게 되었다고 보아야 할 것이다.

(4) 한계

중대하고 명백한 하자는 치유될 수 없다고 하여야 한다. 즉 중대하고 명백한 하자가 있어서 무효인 행정행위는 처음부터 아무런 효력을 발생할 수 없는 것이므로 성질상 하자의 치유를 인정할 여지가 없으며, 다만 본래의 행정행위가 아닌 전혀 다른 행정행위로 전환되어 효력을 발생하는 무효행위의 전환은 가능하다고 하겠다.

【판례】 : 하자의 치유에 관한 판례

① 일반적 기준에 관한 판례

하자 있는 행정행위의 치유나 전환은 행정행위의 성질이나 법치주의의 관점에서 볼 때 원칙적으로 허용될 수 없는 것이지만, 행정행위의 무용한 반복을 피하고 당사자의 법적 안정성을 도모하기 위하여, 또한 이를 허용하더라도 국민의 권익을 침해하지 아니하는 범위 안에서 인정할 수 있다(대판 1998. 10. 27, 98두4535).

② 하자의 치유를 인정한 판례

조세를 체납한 법인이 상업등기부에는 대표자명의변경등기를 하였으나 법인세법(제60조 제3항)에 따른 대표자변경신고를 하지 아니하였기 때문에 세무서장이 체납처분을 위한 재산공매의 통지를 종전의 대표자 명의로 한 경우에 있어서, 동 법인이 공매절차의 진행중에 공매연기신청을 하였으며, 이에 응하여 세무서장이 공매기일을 연기한 후 다시 적법한 공매의 공고를 하고 당해 법인에게 공매의 통지를 한 후 공매처분을 하였다면 위 공매통지의 하자는 치유되었다고 할 것이다(대판 1971. 2. 23, 70누161).

③ 무효인 행정행위는 치유될 수 없다는 판례

징계처분이 중대하고 명백한 하자 때문에 당연무효라면 비록 상대방이 이를 용인하였더라도 그 하자가 치유되는 것은 아니다(대판 1989. 12. 12, 88누8869).

④ 하자가 재심과정에 보완된 경우에는 치유된다는 판례

징계처분에 대한 재심절차는 원래의 징계절차와 함께 전부가 하나의 징계처분 절차를 이루는 것으로서 그 절차의 정당성을 징계과정 전부에 관하여 판단하여야 할 것이므로, 원래의 징계과정에 절차위반의 하자가 있더라도 재심과정에서 보완되었다면 그 절차위반의 하자는 치유된다(대판 1999. 3. 26, 98두4672).

3. 전환

(1) 의의

하자 있는 행정행위의 전환(轉換)이라 함은 중대하고 명백한 하자로 인하여 A라는 행정행위로서는 당연무효이지만 B라는 행정행위로서는 완전한 요건을 갖추고 있다고 인정되는 경우에, 이를 B라는 다른 행정행위로 보아 유효한 것으로 취급하는 것을 말한다.

예컨대, 이미 사망한 자에게 행한 토지수용위원회의 재결처분을 그 상속인에 대한 처분으로 전환하는 것을 말한다(대판 1971. 9. 14, 68구539).

치유는 취소할 수 있는 위법한 행정행위를 '본래의 행정행위로서' 유효한 것으로 인정하는 것임에 반하여, 전환은 무효인 행정행위를 '다른 행정행위로서' 유효한 것으로 인정하는 것이라는 점에서 구별된다.[125) 『하자의 전환』과 『처분사유의 추가·변경』은 원래의 행정행위에 새로운 변경을 가한다는 점에서는 구별이 되지 않지만, 전환은 하나의 행정행위에서 다른 행정행위 간에 처분의 동일성이 없지만, 처분사유의 추가·변경은 원래의 행정행위에 처분사유를 추가 내지 변경하는 것으로서 처분의 동일성이 존재한다는 점에서 구별된다.

(2) 인정근거

법치주의의 원칙을 엄격히 고수하는 입장에서는 무효인 행위를 다른 행위로 전환하는 것을 인정할 수 없겠으나, 전환하더라도 관계되는 공익과 사익에 아

125) 취소할 수 있는 행위에 대하여도 전환을 인정하는 견해도 있다. 김남진(Ⅰ), p.339.

무런 불이익을 주지 아니하는 한편, 상대방의 법적 안정성도 보호하고 행정주체의 입장에서도 불필요한 처분절차를 반복하지 아니하게 될 경우에는 행정경제를 도모할 수 있다는 점에서 인정할 실익이 있다고 하겠다.

다만, 이를 무제한적으로 인정하는 경우, 예컨대 A라는 징계사유나 영업 인·허가 취소사유로 징계 또는 인·허가 취소처분을 한 후 쟁송단계에서 처분청이 불리하게 되면 종종 B라는 다른 사유에 의한 징계 또는 취소처분으로 전환되었다고 주장하는 것까지 인정하게 될 우려가 있기 때문에, 특히 부담적 행정행위의 전환을 인정하는 것은 신중을 요한다고 하겠다.

예컨대, 공무원에 대한 징계면직처분에 대한 쟁송에서 행정행위의 하자가 인정되어 그 처분이 취소되어야 할 운명에 처한 경우에 행정청이 직권면직처분으로의 전환을 주장하거나, 불법영업을 이유로 한 택시기사에 대한 면허정지처분에 대하여 그 하자가 인정되어 그 처분이 취소되어야 할 경우에 행정청이 면허미갱신을 이유로 한 면허정지처분으로의 전환을 주장하는 경우가 이러한 예에 해당한다. 법일반론적으로 볼 때, 이는 별개의 행정처분이 되는 것이지 행정행위의 전환으로 취급되기는 곤란하다고 할 것이다.

(3) 요건

하자있는 행정행위가 나중에 유효한 행정행위로 전환되기 위해서는 여러 가지 전제 요건을 충족시켜야 하는데 독일의 마우러(Maurer)의 논거를 들면 다음과 같다. ① 새로운 행정행위가 원래의 행정행위 안에 포함되어 있어야 하고, ② 양자가 동일한 목적을 향하고 있으며, ③ 새로운 행정행위는 형식적·실질적으로 적법하게 고려되고, ④ 행정청이 본래의 행정행위의 위법성을 인지하였다면 새로운 행정행위를 하였을 것이며, ⑤ 새로운 행정행위의 법적 효과는 당사자에 더 불리하지 않으며, ⑥ 원래 행정행위는 취소될 수 있으며, ⑦ 당사자의 의견이 반영되었을 경우에 하자 있는 행정행위의 전환이 인정된다는 것이다.[126)]

이러한 요건이 성립되면 하자의 전환으로 인하여 생긴 새로운 행정행위는

---

126) Maurer, S.258.

종전의 행정행위 발령 당시로 소급하여 효력을 발생한다. 하자의 전환은 새로운 행정행위로서의 성질을 가지는 것이므로, 이에 대해서는 행정소송으로 다툴 수 있다.

제9절 행정행위의 무효

Ⅰ. 의의

행정행위의 무효(無效)란 "외관상으로는 행정행위가 존재하지만, 중대하고 명백한 하자로 인하여 처음부터 당연히 아무런 효력을 발생하지 못하는 것"을 말한다. 따라서 무효는 ① 행정행위의 외관은 존재한다는 점에서 아무런 외관조차 존재하지 아니하는 행정행위의 부존재와 구별되며, ② 처음부터 아무런 효력을 갖지 않는다는 점에서, 취소할 권한이 있는 기관에 의하여 취소될 때까지는 일단 효력을 갖는 '취소할 수 있는 행정행위'와 구별된다.

Ⅱ. 무효원인

하자의 내용은 천차만별이므로 중대・명백설에 따라 일률적으로 무효원인인 하자를 정형화하기란 쉬운 일이 아니라고 하겠으나, 그 동안 학설과 판례가 인정한 무효원인을 행정행위의 성립요건인 주체・내용・절차・형식으로 나누어 설명하고자 한다.[127)]

1. 주체에 관한 하자

(1) 정당한 권한이 없는 행정기관의 행위

1) 공무원이 아닌 자의 행위

적법하게 임명되지 아니한 자(결격사유자가 임명된 경우 등) 또는 행위시에

127) 독일행정절차법(44)은 중대하고 명백한 하자로 인하여 무효인 행정행위를 유형화하고 있다(처분청의 불명, 문서로만 할 수 있는 행위에 있어서의 형식 결여, 무권한 행위, 사실상의 불능, 범죄를 내용으로 하는 행위, 선량한 풍속위반행위 등).

이미 신분을 상실한 자(퇴직하거나 징계로 면직된 자 등)의 행위는 원칙적으로 무효이다.

그러나 임명행위의 적법성, 퇴직 여부 등은 행정행위의 상대방으로서는 알 수 없을 것이므로, 선의의 상대방의 신뢰보호와 법적 안정성을 위하여 『사실상의 공무원』 이론에 따라 무효가 아님은 물론 취소도 할 수 없도록 하여 완전히 유효한 것으로 취급할 경우도 있다.

2) 대리권 없는 자의 행위

이 경우에도 원칙적으로는 무효라 하겠다. 예를 들어 체납취득세에 대한 압류처분권한은 도지사로부터 시장에게 위임된 것이고 압류처분권한을 내부위임 받은데 불과한 자가 시장명의가 아닌 자신의 명의로 한 압류처분은 권한 없는 자에 의한 것으로서 당연 무효가 된다(대판 1993. 5. 27, 93누6621). 그러나 민법상의 표현대리의 법리에 따라 상대방이 정당한 대리권을 가진 공무원의 행위라고 믿을 만한 상당한 이유가 있는 경우에는 이를 유효한 것으로 보아야 할 것이다. 판례는 수납기관이 아닌 자의 양곡대금수납행위(대판 1963. 12. 5, 63다519), 세금징수관 보조원의 수납행위(대판 1969. 5. 13, 69다356)에서 이러한 표현대리를 인정한 바 있다.

3) 적법하게 구성되지 아니한 합의제 행정기관의 행위

법령이 요구하는 적법한 소집절차의 결여, 결격자의 참여, 의사정족수와 의결정족수의 미달 등은 원칙적으로 무효라고 하겠다. 판례도 징계위원회의 위원 중 제척사유에 해당하는 위원이 징계의결에 참여하여 행한 징계의결은 무효라고 한 바 있다(대판 1994. 10. 7, 93누21214).

다만, 일단 의결되어 행정행위로 외부에 표시되어 버린 경우에는 상대방의 신뢰보호와 법적 안정성을 위하여 유효한 것으로 보아야 할 경우도 있을 수 있다.

4) 타 기관의 필요적 협력을 결한 행위

법령이 국민의 권익보호 또는 행정의 타당성을 기하기 위하여 다른 기관의 의결(지방채 발행시 지방의회의 의결 등)·승인(도시계획에 대한 국토해양부장관의 승인 등) 등을 반드시 거치도록 하고 있는 경우에 이들 필요적 협력을 결한 행위는 원칙적으로 무효라고 하겠다. 다만, ① 자문기관의 자문을 거치도록 한 경우에 이를 결한 행위는 자문이 이해관계인의 권익보호를 위하여 인정된 경우에만 무효원인이 될 뿐이고, 단순히 행위의 신중과 내용의 타당성 도모만을 위하여 인정된 경우에는 효력에 아무런 영향을 미치지 아니한다고 할 것이며, ② 비록 필요적 협력을 결한 행위라도 일단 외부에 표시된 경우에는 역시 상대방의 신뢰보호와 법적 안정성을 위하여 유효한 것으로 보아야 할 경우도 있을 수 있다.

5) 행정기관의 권한 외의 행위

행정기관의 권한에는 사항적·지역적·대인적 한계가 있는바, 이 한계를 넘어서 행사된 행위는 원칙적으로 무효라고 하여야 할 것이다(예, 경찰서장이 행한 재산압류, B도 소재 대지·건물에 대한 A직할시장의 건축허가와 음식점 영업허가, 교원에 대한 도지사의 징계처분 등). 다만, 권한배분이 행정행위의 상대방에게는 명백하지 않은 경우가 있을 수 있으며, 이때에는 신뢰보호와 법적 안정성의 견지에서 유효한 것으로 보아야 할 경우도 있을 수 있다.

【판례】: ① 동장이 행한 유기장영업허가는 무효라는 판례

유기장업법(지금의 공중위생법)에 의한 유기장(당구장)영업허가는 시장이 하게 되어 있으므로, 허가권이 없는 동장으로부터 받은 영업허가는 당연 무효이다(대판 1991. 10. 11, 91누3338).

② 권한 없는 자에 의한 도시계획결정은 무효라는 판례

후행 도시계획의 결정을 하는 행정청이 선행 도시계획의 결정·변경 등에 관한 권한을 가지고 있지 아니한 경우에 선행 도시계획과 서로 양립할 수 없는 내용이 포함된 후행 도시계획결정을 하는 것은 아무런 권한 없이 선행 도시계획결정을 폐지하고, 양립할 수 없는 새로운 내용이 포함된 후행 도시계

획결정을 하는 것으로서, 선행 도시계획결정의 폐지 부분은 권한 없는 자에 의하여 행해진 것으로서 무효이다(대판 2000. 9. 8, 99두11257).

6) 증표를 제시하지 아니하고 행한 행위

조세체납처분을 위한 재산압류행위 등의 행정강제는 특히 국민의 권익침해의 우려가 크므로 정당한 권한이 있는 공무원임을 표시하는 증표를 제시한 후에 행하도록 규정되어 있으며, 이러한 증표 제시의무에 위반한 행위는 국민의 권익보호와 절차의 정당성보호의 취지에서 무효라고 보아야 할 것이다.[128)]

(2) 행정기관의 의사에 결함이 있는 행위

1) 의사능력 없는 자의 행위

공무원의 심신상실의 상태 중의 행정행위나 또는 저항할 수 없을 정도의 강제에 의한 행위는 무효라 할 것이다.

2) 행위능력 없는 자의 행위

금치산자 또는 한정치산자는 공무원이 될 수 없는 결격사유에 해당되므로(국가공무원법 제33조), 임명행위 자체도 무효이며 따라서 이들의 행위도 무효라고 하겠으나, 이미 설명한 바와 같이 『사실상의 공무원』 이론에 따라 유효한 것으로 취급될 경우도 있다. 다만, 미성년자는 공무원임용시험시행규칙 제3조에 의거, 18세 이상이면 응시자격이 있고 따라서 공무원이 될 수 있으므로 그 행위의 효력에 아무 영향이 없다고 하겠다.

3) 착오로 인한 행위

민법에서와 같이 취소할 수 있다는 의사설도 있으나, 통설 · 판례는 착오가 있었다는 자체만으로는 무효 또는 취소원인으로 인정하지 아니하고 표시된 대

---

128) 박윤흔(상), p.426.

로 효력을 발생한다고 한다(표시설; 다만, 단순한 표현의 잘못, 계산과정의 실수 등 명백한 표현상의 하자는 정정하여 원래의 진의에 따라 효력이 발생된다).

【판례】: 착오를 이유로 행정행위의 효력을 부인할 수 없다는 판례
건축법에 의하여 개축허가신청을 하였음에도 불구하고 행정청의 착오로 대수선 및 용도변경허가를 하였다고 하더라도, 동 허가의 취소처분이 없는 한 그 효력을 부인할 수 없음은 물론, 이를 개축허가로 간주할 수도 없다(85누 1985. 11. 26 대판).

그러나 착오의 결과로 행하여진 행정행위의 『내용 자체』가 실현 불가능하거나 위법하게 된 때에는 그 내용의 불능 또는 위법을 이유로 무효가 되거나 취소할 수 있음은 물론이다.

4) 상대방의 사기·강박·증뢰에 의한 행위

인·허가 신청시에 허위의 서류를 제출하거나, 담당공무원을 협박하거나, 뇌물을 주어 인·허가 등을 받은 경우에는 그 결과로 행한 행정행위의 내용에 아무런 하자가 없더라도 상대방을 보호할 아무런 가치가 없으므로 독립된 취소사유로 보는 것이 통설이다.

대부분의 실정법도 『사위 기타 부정한 방법으로 허가받은 자』는 취소의 대상이 됨을 명문으로 규정하고 있다(식품위생법·부동산중개업법·건축법·여객자동차운수사업법 등).

2. 내용에 관한 하자

행정행위는 그 내용이 명확하고 또한 실현 가능한 것이어야 하며, 그렇지 못한 경우에는 원칙적으로 무효가 된다. 그러나 내용이 단순히 위법하거나 부당(재량권을 잘못 행사하여 공익에 위반한 행위)에 그친 경우에는 취소할 수 있을 뿐이다.

(1) 내용이 불명확한 행위

행정행위의 내용이 사회통념상 인식할 수 없을 정도로 불명확한 경우에는 무효라고 하여야 할 것이다(예, 철거대상건축물, 압류대상인 재산, 임대대상인 국유재산을 구체적으로 특정하지 아니한 계고·압류·임대처분). 그러나 사후에 내용을 명백히 한 경우에는 하자의 치유의 이론에 따라 유효한 것으로 보아야 할 경우도 있다.

(2) 내용이 실현 불가능한 행위

1) 사실상의 불가능

지나간 시점을 기한으로 출석을 명하는 행위 등과 같이 물리적으로 불가능하거나, 실현 가능하더라도 상식을 넘어 과다한 비용을 요하는 행위는 무효이다.

2) 법률상의 불가능

법 이론상으로 절대 불가능하거나, 법이 금지한 결과 객관적으로 실현이 명백히 불가능한 경우는 무효이다. 예컨대, 상대방인 『인에 관한 불능』(죽은 사람에 대한 약사면허, 여자에 대한 입영명령, 조합원이 아닌 자에 대한 토지개량조합의 조합비 부과 등), 행위의 『목적물에 관한 불능』(존재하지 아니하는 목적물의 징발처분, 사유지를 대상으로 한 국유재산 매각처분, 체납처분 시 법률상 압류가 금지된 물건 또는 제3자 소유물건의 압류 등. 판례 참조), 행위의 목적인 『법률관계에 관한 불능』(판매되지 아니한 물품에 대한 부가가치세 부과, 법률상 인정되지 아니하는 광물에 대한 광업허가 등)이 있다.

【판례】: ① 제3자의 물건에 대한 압류처분은 무효라는 판례
조세체납자가 아닌 제3자의 소유물건을 압류하고 공매하더라도 이는 법률상 실현 불가능한 것이므로 당연 무효이다(대판 1993. 4. 27, 92누12117).
② 위헌인 법률에 근거한 행정처분은 당연무효가 아니라는 판례

일반적으로 법률이 헌법에 위반된다는 사정이 헌법재판소의 위헌결정이 있기 전에는 객관적으로 명백한 것이라고 할 수는 없으므로 헌법재판소의 위헌결정 전에 행정처분의 근거되는 당해 법률이 헌법에 위반된다는 사유는 특별한 사정이 없는 한 그 행정처분의 취소소송의 전제가 될 수 있을 뿐 당연무효사유는 아니라고 봄이 상당하다(대판 2001. 2. 27, 2000다55737).

(3) 미풍양속 위반행위

선량한 풍속 기타 사회질서에 위반되는 사항을 내용으로 한 행위(도박영업·매춘영업의 허가 등)에 대하여는 민법 및 독일 행정절차법(제44조 제2항)과 같이 무효라고 하는 견해도 있으나, 통설은 취소 원인으로 본다.[129)]

3. 절차에 관한 하자

토지수용·체납처분·음식점영업허가취소처분 등과 같이 행정행위를 하기 위하여 법률이 일련의 필요적 절차를 거칠 것을 요구하고 있는 경우에 이 절차 중 어느 하나를 결하거나 하자가 있으면 절차에 관한 하자가 되며, 통설에 의하면 그 효과로서는 ① 대립하는 당사자 간의 이해조정이나 이해관계인의 권익보호를 위하여 인정된 절차인 경우에는 무효가 되지만, ② 단순히 행정의 신중성과 내용의 타당성 도모만을 위하여 인정된 경우에는 취소원인이 될 뿐이라고 한다. 통설과 판례가 인정하는 무효원인이 되는 하자는 다음과 같다.

(1) 법률상 필요한 상대방의 신청 또는 동의 없이 행한 행위

상대방의 신청 없이 행한 자동차운수사업면허, 광업·어업 허가, 귀화허가와, 동의 없이 행한 공무원임명 등의 행위는 원칙적으로 무효이다.[130)]

---

129) 김남진(Ⅰ), p.334 ; 김도창(상), p.438 ; 박윤흔(상), p.429 ; 석종현·송동수(상), p.320.

130) 그러나 권력적 단독행위라는 행정행위의 속성상 무효가 아니라 취소할 수 있는 것으로 보는 견해도 있다.

(2) 필요한 공고·열람 및 통지 없이 행한 행위

수용할 토지의 토지세목을 공고·통지하지 않은 토지수용행위, 독촉절차 없이 행한 조세체납처분, 철거예정임을 계고하지 않은 불법건축물 강제철거, 특허출원의 공고 없이 행한 발명특허처분, 열람절차 없이 행한 선거인명부확정 등과 같은 행위는 원칙적으로 무효이다.

다만, 그 절차에 단순한 하자가 있음에 불과한 경우에는 무효라 할 수 없고 경우에 따라 취소의 대상이 될 수 있을 뿐이며, 경미한 하자는 이해관계인의 권익을 침해하지 아니하는 한 사후 보완 등에 의한 하자의 치유를 인정하여야 할 것이다.

판례는 공고 및 통지절차 없이 한 토지구획정리사업은 무효라고 한 예가 있으나(대판 1973. 1. 19, 71나1901), 종합소득세 등을 납부하지 않는 자에 대하여 독촉절차 없이 압류처분을 한 경우 이는 취소사유에 불과하다고 판시한 예(대판 1987. 3. 27, 87누383) 등에 비추어 볼 때, 이러한 행위를 취소사유로 보는 경향이 있다.

(3) 필요한 이해관계인의 참여 또는 협의 없이 행한 행위

토지소유자와의 협의를 하지 아니하고 바로 토지수용의 재결을 한 경우, 조세체납처분시의 재산압류나 불법건축물 강제철거시 소유자의 참여 없이 행한 경우 등 이해관계인의 권익보호를 위하여 인정된 참여 또는 협의를 결한 행위는 원칙적으로 무효이다.

(4) 필요한 청문 또는 의견진술의 기회를 주지 아니한 행위

수익적 행정행위의 취소·철회·정지는 각 개별 법률에서 반드시 상대방에게 미리 통지하여 청문 또는 의견진술의 기회를 부여하도록 하고 있는바, 이에 위반하여 행한 행정행위는 원칙적으로 무효이다. 그러나 판례는 건축법 또는 약사법상의 청문기회를 부여하지 아니하고 행한 건축허가취소 및 약종상허가 취소처분은 취소사유에 해당할 뿐이며 당연무효는 아니라고 한다(대판1990. 1. 25, 89누5607 ; 대판 1986. 8. 19, 86누115).

【판례】 : 청문절차 없이 행한 음식점영업의 폐쇄명령은 위법하여 취소사유에 해당한다는 판례

허가영업에 대한 취소처분 또는 신고영업에 대한 폐쇄명령을 하기 위하여서는 식품위생법에 의거하여 반드시 사전에 청문절차를 거쳐야 하므로 상대방이 청문을 포기한 경우가 아닌 한 청문절차를 거치지 아니하고 행한 영업소 폐쇄명령은 위법하여 취소사유에 해당한다(대판1983. 6. 14, 83누14).

4. 형식에 관한 하자

일반이론인 중대·명백설에 따라 중대하고 명백한 하자는 무효, 그렇지 아니한 하자는 취소의 원인이 되며, 특히 경미한 하자는 아무런 영향을 미치지 아니한다.

(1) 필요한 문서에 의하지 아니한 행위

재결서에 의하지 아니한 행정심판의 재결, 독촉장에 의하지 아니한 납세의 독촉 등과 같이 법령이 문서에 의할 것을 요구한 경우에 구술로 행하면 무효이다. 행정절차법(제24조)도 행정처분은 신속을 요하거나 경미한 사안 이외에는 문서로써 하도록 명문화하고 있다.

(2) 처분청의 표시와 날인이 없는 행위

문서에 의하는 경우 특별한 예외사유(사무관리규정 제21조)가 없는 한 처분청의 표시와 관인의 날인이 있어야 하는바, 이를 결한 행위는 무효이다.

(3) 이유 기타 필요적 기재사항이 누락된 행위

법령이 문서에 의하되, 처분이유·집행책임자 등 필요적 기재사항을 규정하고 있는 경우에 이를 누락한 행위는 원칙적으로 무효라고 할 것이다(이유를 붙이지 아니한 행정심판재결서, 집행책임자의 표시가 없는 대집행영장 등).

한편, 행정절차법(제23조)에 의하면 행정처분에는 반드시 그 근거와 이유를 제시하도록 함으로써 이유부기(理由附記)를 하도록 규정하고 있으므로 신청인의 내용을 모두 그대로 인정하는 처분이 아닌 처분에 있어 이유를 기재하지 아니한 경우에는 원칙적으로 무효라 하겠다(독일 행정절차법(제39조 제1항)은 수익적이건 부담적이건 간에 모든 행정처분에는 이유를 붙이도록 규정하고 있다).

그러나 우리 판례는 납세고지서에 과세연도·세목·세액·산출근거·납부기한·납부장소 중 어느 하나의 기재가 누락된 경우에는 위법하지만 당연무효는 아니며 취소의 대상이라고 한다(대판 1984. 5. 9, 84누116 ; 대판 1985. 12. 10, 84누243 ; 대판 1989. 11. 10, 88누7996).

【판례】 : 납세고지서의 필요적 기재사항을 결한 과세처분은 취소할 수 있을 뿐이라는 판례
국세징수법 제9조 제1항에서 『세무서장이 국세를 징수하고자 할 때에는 납세자에게 그 국세의 과세연도, 세목, 세액 및 산출근거, 납부기한과 납부장소를 명시한 고지서를 발부하여야 한다』는 규정은 단순히 세무행정상의 편의를 위한 훈시규정이 아니라, 조세행정에 있어 자의를 배제하고 신중하고 합리적인 처분을 행함으로써 공정을 기함과 동시에, 납세의무자에게 부과처분의 내용을 상세히 알려 불복 여부의 결정과 불복신청에 편의를 제공하려는 데서 나온 강행규정이므로, 납세고지서에 그와 같은 기재가 누락되면 그 과세처분 자체가 위법한 처분이 되어 취소의 대상이 된다(대판 1984. 5. 9, 84누116).

Ⅲ. 무효의 효과

무효인 행정행위는 행정관청이나 법원의 무효라는 의사표시를 기다릴 필요없이 행정행위 성립당시인 처음부터 당연히 아무런 효력을 발생하지 아니한

다. 무효인 행정행위는 이처럼 처음부터 효력이 발생하지 않으므로 원래 무효인 행정행위에 후속하는 행정행위도 당연 무효가 된다. 따라서 누구든지 또한 언제든지 무효임을 주장할 수 있다.

그러므로 하자가 있지만 공정력으로 말미암아 권한있는 행정청이나 법원에 의하여 취소될 때까지는 일단 효력을 가지되 취소된 후에야 비로소 처음부터 소급하여 효력을 상실하는 『취소』와 구별되며, 또한 행정행위 자체에는 아무런 하자가 없이 유효하게 성립하였으나 사후에 발생한 새로운 사정으로 말미암아 장래에 향하여 그 효력을 상실시키는 『철회』와도 구별된다.

무효인 행정행위의 하자는 치유될 수 없으나, 그것이 적법한 다른 행정행위로서의 요건을 갖춘 경우에는 그 다른 행정행위로의 전환이 인정될 수 있다.

【판례】: 선행행위가 당연무효이면 후행행위도 당연무효라는 판례

적법한 건축물에 대한 철거명령은 그 하자가 중대하고 명백하여 당연무효라고 할 것이고, 그 후행행위인 건축물철거 대집행계고처분 역시 당연무효라고 할 것이다(대판 1999.4.27, 97누6780).

Ⅳ. 무효를 주장하는 방법

무효인 행정행위는 행정청이나 법원의 특별한 의사표시를 기다릴 것 없이 처음부터 아무런 효력을 발생하지 아니하는 것이지만, 행정행위로서의 외형은 존재하기 때문에 행정청이나 제3자가 유효하다고 주장할 우려가 있다. 따라서 상대방의 입장에서는 적극적으로 무효임을 공적으로 확인받음으로써 불안한 상태를 해소할 필요가 있으며, 이를 위하여 현행 제도상 다음의 세 가지 방법이 인정되고 있다.

1. 무효확인쟁송

행정행위가 무효임을 확인하는 무효확인심판을 행정청의 상급감독청에 제기할 수 있다. 이 경우 취소심판과는 달리 심판청구기간의 제한이 없으며 언제든지 제기할 수 있다(행정심판법 제18조 제7항). 한편, 직접 법원에 무효확인소송을 제기할 수 있는바, 이는 종전에 판례에 의하여서만 인정되어 오다가 1984년에 개정된 행정소송법이 항고소송의 하나로서 명문으로 인정하였으며, 무효확인의 성격상 행정심판전치주의와 제소기간의 제한을 받지 아니한다(행정소송법 제38조 제1항).

2. 무효선언을 구하는 의미의 취소소송

행정행위가 처음부터 무효라는 주장을 취소소송의 형태로 법원에 제기하는 방법이다. 이는 일단 유효한 행정행위의 효력을 상실케 해 달라는 본래의 취소소송과는 성격상 차이가 있지만 종전부터 판례에 의하여 인정되어 왔던 소송형태이다.

이 경우에도 취소소송의 형식을 취하는 한 행정심판전치주의와 제소기간의 적용을 받아야 하는가에 관하여 종전의 판례는 양분되어 있었으나, 1976년에 우리 대법원은 적용을 받는다고 하였다.

【판례】: 무효선언을 구하는 의미의 취소소송에 대하여도 행정심판전치주의가 적용된다는 판례
행정처분의 당연무효를 선언하는 의미에서의 취소를 구하는 소송도 그것이 외견상 존재하는 행정처분에 권한있는 기관에 의한 취소를 구하고 있는 점에서 하나의 항고소송인 이상, 행정소송법상의 행정심판전치절차 등 행정소송법상 특유의 제소요건의 충족이 필요하며, 필요하지 않다고 한 종전의 판결(대판 1975. 4. 22, 73누215 ; 대판 1974. 5. 28, 74누96 등)은 이를 폐기한다(대판 전원합의부 1976. 2. 24, 73누128).

3. 민 · 형사소송에서 선결문제로 무효임을 주장하는 방법

무효는 취소와 달리 행정관청이나 법원의 선언을 기다릴 필요 없이 누구든지 언제 어디서나 무효임을 주장할 수 있다고 할 것이므로 직접 당해 행정행위의 무효확인소송 또는 취소소송에 의하지 아니하고, 『무효인 행정행위로 생긴 결과의 시정』을 구하는 소송을 제기하여 그 소송에서 선결문제로 되어 있는 행정행위의 무효임을 주장할 수도 있다고 하겠다.

예컨대, 민사소송의 형태로는 ① 무효인 과세처분에 따라 이미 세금을 납부한 자가 국가에 대하여 부당이득반환청구소송을 제기하거나, ② 무효인 토지수용으로 소유권을 침해당한 자가 국가를 상대로 토지소유권 확인청구소송 및 원상회복청구소송을 제기하거나, ③ 무효인 제3자에 대한 어업면허로 손해를 입은 기존 면허어업권자가 국가배상청구소송을 제기하거나, ④ 무효인 징계처분으로 파면된 자가 국가를 상대로 공무원보수지급청구소송을 제기하는 경우를 들 수 있으며, 형사소송의 형태로는 공무집행방해죄로 기소된 자가 그 공무집행이 무효임을 주장하여 무죄임을 주장하는 경우가 바로 이에 해당된다.

우리 행정소송법(제11조)은 민사소송의 선결문제로 된 경우에 이를 명문으로 인정하고 있으나, 형사소송의 선결문제로 된 경우에도 무효의 성질에 비추어 당연히 무효임을 주장할 수 있다고 하겠다.

【판례】 : 민사소송에서 선결문제인 행정행위의 무효임을 주장할 수 있다는 판례

원고가 당연무효인 처분에 대하여 불복의 절차를 밟지 아니하고 오랫동안 방치하였다 하더라도 그 권리를 포기하였다고는 볼 수 없을 것이며, 또한 당연무효의 행정처분에 대하여는 행정소송으로 이를 다투지 아니하더라도 그 무효임을 전제로 한 민사소송을 제기할 수 있는 것이다(대판 1964. 6. 2, 63다941).

제10절 행정행위의 취소

Ⅰ. 의의

1. 개념

행정행위의 취소(取消)란 그 성립에 있어서『무효원인인 하자 이외의 하자가 있지만 공정력으로 말미암아 일단 유효한 것으로 취급되는 행정행위에 대하여, 그 성립상의 하자를 이유로 하여 취소할 권한이 있는 행정청이나 법원이 처음부터 소급하여 그 효력을 소멸시키는 별개의 행정행위』를 말한다. 이러한 의미의 취소에는 직권취소와 쟁송취소가 있다.

2. 무효 및 철회와의 구별

무효와 철회도 궁극적으로 행정행위를 소멸케 한다는 점에서 취소로 호칭하기도 하나, 취소는 일단 유효하게 존속되고 있는 행정행위의 효력을 소멸시키는 행위인 점에서 처음부터 아무런 효력이 발생되지 않고 있는 무효와 구별된다.

또한 취소가 행정행위의 성립당시부터 하자가 있음을 이유로 하여 처음부터 행정행위의 효력은 상실케 하는 소급효가 있다는 점에서, 처음에는 아무런 하자 없이 성립한 행정행위에 대하여 그 효력을 더 이상 장래에 향하여 존속시킬 수 없는 새로운 사유가 발생하여 장래에 향하여 그 효력을 소멸시키는 철회(撤回)와도 구별된다.

Ⅱ. 종류

1. 행정청에 의한 취소와 법원에 의한 취소

취소할 수 있는 권한을 가진 기관에 따른 분류이다. 취소는 행정청과 법원만이 할 수 있다. 행정청은 행정청이 스스로의 직권 또는 상대방의 쟁송제기에 의하여 취소할 수 있는 반면, 법원은 항상 쟁송에 의하여서만 취소할 수 있기 때문에 쟁송취소만 가능하다.

2. 수익적 행위의 취소와 부담적 행위의 취소

수익적 행위를 취소하여 달라는 청구는 수익자인 상대방이 할 까닭이 없으므로 주로 행정청의 직권취소의 방법에 의할 것이나, 다만 복효적 행정행위에 있어서는 권익이 침해된 제3자(연탄공장의 인근주민, 기존노선버스사업자 등)에 의한 쟁송취소도 있을 수 있다.

부담적 행위의 취소는 주로 상대방이 청구할 것이므로 쟁송취소의 방법에 의하겠지만, 행정청도 스스로의 잘못을 발견하고 법률에 의한 행정을 구현한다는 의미에서 직권취소를 하는 경우도 많다.

3. 형식적 의미의 취소와 실질적 의미의 취소

하자 있는 행정행위의 효력을 직접 소멸시키는 행정행위가 형식적 의미의 취소이며 이것이 본래의 의미의 취소에 해당하는 것이지만, 하자 있는 행정행위와 내용적으로 양립될 수 없는 새로운 행정행위를 함으로써 실질적으로 기존의 하자 있는 행정행위의 효력을 소멸시키는 것을 실질적 의미의 취소라고 하며 우리 실정법과 행정실무에서는 이를 『변경』이라고 표현하는 경우가 많다(예, 소득세를 300만원에서 200만원으로, 10층의 건축허가를 6층의 건축허가로, 자동차운전면허취소를 3개월 간의 면허정지로 각각 변경하는 것).

4. 쟁송취소와 직권취소

(1) 개념

쟁송취소와 직권취소는 둘 다 성립상 하자가 있는 행정행위의 효력을 소급하여 상실시킨다는 점에서 공통점이 있지만, 양자는 여러 가지 점에서 차이가 있다. 쟁송취소(爭訟取消)란 행정행위로 인하여 권익을 침해당한 자가 제기한 행정심판 또는 행정소송에 의거하여 행정청 또는 법원이 취소하는 것을 말하며, 직권취소(職權取消)란 쟁송제기 없이 취소권을 가진 행정청이 자발적으로 취소하는 것을 말한다.

(2) 차이점

1) 목적

쟁송취소는 침해당한 국민의 권익구제에 목적이 있고, 직권취소는 행정의 적법·타당성의 회복이라는 행정목적 실현에 비중을 두고 있다.

2) 대상

쟁송취소는 주로 부담적 행위가 대상이 되는 한편, 직권취소는 주로 수익적 행위가 대상이 되겠지만 부담적 행위가 대상이 될 수도 있다. 불가변력이 발생한 행정행위에 대해서는 국민과 행정청을 동시에 구속하는 효력이 발생하기 때문에 쟁송취소만 가능하다.

3) 취소권의 제한

쟁송취소는 주로 부담적 행위로 인하여 침해된 권익구제에 목적이 있는 것이므로 취소사유가 있으면 원칙적으로 취소하여야 한다(다만, 위법하게 수용한 토지 위에 공항·항만·발전소가 이미 설치된 경우 등과 같이, 위법하지만 공공복리를 고려하여 부득이 취소하지 않고 대신 적절한 보상 등을 하게 하는 사정재결 · 사정판결은 예외이다).

그러나 직권취소는 주로 수익적 행위로 인하여 상대방이 이익을 얻고 있음에도 불구하고 그 하자를 이유로 이를 박탈하는 것이므로, 취소로 인하여 상대방이 받을 불이익과 취소함으로써 얻고자 하는 공공의 이익을 엄격히 비교하여 후자가 크다고 인정될 경우에만 취소할 수 있다는 소위 비례원칙(比例原則)에 의한 조리상의 제한을 받는다.

4) 행사기간

쟁송취소는 법률관계의 신속한 안정을 위하여 설정된 쟁송제기기간의 제한을 받으며 그 기간이 지나면 더 이상 다툴 수 없게 되는 데 반하여, 직권취소에는 이러한 기간상의 제한이 없고 다만 상대방의 신뢰보호를 위하여 장기간 취소하지 않고 방치하면 취소권이 상실된다는 실권(失權)의 법리에 의한 제한이 있을 뿐이다.

5) 절차

쟁송취소는 당사자간의 절차의 공정성이 관건이므로 행정심판법 · 행정소송법이 정한 엄격한 절차에 따라 행하여지지만, 직권취소는 원칙적으로 이러한 제한은 없으나 최근 각 개별 법률에서 상대방에게 변명의 기회를 제공하기 위하여 반드시 의견제출과 청문의 절차를 거칠 것을 요구하고 있으며, 행정절차법 제27조 이하에서도 이를 의무화하고 있다.

6) 효력

쟁송취소는 권리구제라는 제도의 취지상 원칙적으로 처음부터 효력을 상실하는 소급효(遡及效)를 가지지만, 직권취소는 사기 · 강박 등 상대방에게 책임이 있는 경우 외에는 상대방의 신뢰보호와 관련하여 소급효가 제한되는 경우도 있다. 직권취소는 대체로 부담적 행정행위에 있어서는 소급적이나, 수익적 행정행위는 소급적으로 적용되지 않고 장래효만 가진다고 보아야 할 것이다.

7) 적극적 변경 가능성

취소의 내용으로서 문제의 행정행위의 전부 또는 일부를 취소하는 외에 음식점 영업허가취소를 영업정지 1개월로 변경하는 등 소위 적극적 변경까지 할 수 있는가에 관하여서는, 쟁송취소의 경우 행정심판은 상급행정기관이 행하는 것이므로 행정의 자율적 통제라는 의미에서 가능하지만, 법원이 행하는 행정소송에서는 3권분립의 원칙상 불가능하다고 하겠다. 한편, 직권취소의 경우에는 행정의 적법·타당성을 확보하기 위하여 가능하다고 하겠다.

Ⅲ. 취소권자

1. 쟁송취소

재결청은 보통 직근상급감독청에 소속된 행정심판위원회가 되지만, 예외적으로 제3의 기관이 될 수도 있다(예, 국세심판원, 공무원소청심사위원회). 그리고 행정소송의 단계에서는 제1심으로서 서울지역의 경우는 행정법원이 따로 설치되어 있지만 그 이외의 지역에서는 지방법원의 행정부가 담당한다.

2. 직권취소

당해 행정행위를 행한 처분청이 취소권을 가짐은 물론이다. 그러나 처분청의 감독청도 취소권이 있는가에 관하여는, ① 보통 상급감독청이 행정심판의 취소권을 가지고 있다는 것은 일반적으로 감독청이 취소권이 있음을 전제로 하는 것이며, 감독권의 성질상으로도 당연히 취소권이 있다는 적극설[131]과, ② 감독청이라 할지라도 하급행정청의 권한을 직접 대집행할 수 없는 것이므로 명문의 규정(예, 각부 장관의 처분에 대한 대통령과 국무총리의 취소권에 관한 정부조직법 제10조 제2항·제15조 제2항)이 없는 한 불가능하며, 다만 취소할

131) 김도창(상), p.451 ; 김동희(Ⅰ), p.347; 이상규(상), p.450.

것을 명령하는 취소명령권이 있을 뿐이라는 소극설[132]이 있는바, 적극설이 타당하다고 본다. 감독청의 재결권과 정부조직법상의 규정 등은 일반적으로 감독청은 취소권이 있다는 것을 전제로 하여 인정된 제도라고 보아야 할 것이며, 이들을 법률이 인정하고 있는 특별한 예외적인 제도로 볼 수는 없기 때문이다.

Ⅳ. 취소권의 근거

하자 있는 행정행위를 취소하기 위하여서는 당해 행정행위의 요건·효과 등을 규율하는 규정 이외에 별도로 취소권을 설정하는 명문의 규정이 필요한가에 관하여는 학설이 대립되고 있다.

1. 쟁송취소

법률에 의한 행정의 원리에 의하면 위법한 행정행위는 취소되어 마땅하므로 명문의 규정으로 취소권이 별도로 설정되어야 하는 것은 아니며, 다만 행사절차만을 규정한 행정심판법과 행정소송법에 따라서 행사하기만 하면 된다.

2. 직권취소

직권취소는 주로 수익적 행정행위를 대상으로 한다는 점을 감안하여 상대방의 권익을 침해하기 위하여는 법률의 명시적인 수권이 필요하다는 침해유보설의 입장에서 별도의 명문의 근거를 요한다는 필요설[133]도 있으나, 다수설은 쟁송취소와 마찬가지로『행정의 적법성 및 타당성의 회복』이라는 취소제도 그 자체의 취지가 바로 취소권의 근거가 되므로 별도의 명문의 수권이 없더라도 행정행위의 요건을 정한 법령의 규정 그 자체를 근거로 하여 취소할 수 있다고

132) 김남진(Ⅰ), p.352; 류지태·박종수(신), p.225.; 박윤흔(상), p.441; 석종현·송동수(상), p.336.
133) 김철용, 행정행위의 취소, 고시계 1977.5, p.21.

하며, 판례도 이러한 입장에 서 있다.

생각건대, 국민의 권익보호라는 측면에서 필요설도 경청할 만한 것이라 하겠으나, 필요설이 의도하는 바는 취소권의 제한에 관한 법리로 충분히 달성된다고 할 것이며, 실정법상으로 보더라도 많은 법률들은 명문의 규정을 두고 있지만 그렇지 않은 법률도 있다는 사실은 명문의 규정이 없더라도 취소권이 있다는 것을 당연한 전제로 하고 있음을 의미하므로 불요설[134]에 찬동하고자 한다.

【판례】 : 취소권은 별도의 법적 근거가 필요 없다는 판례

행정행위를 한 처분청은 그 행위에 하자가 있는 경우에는 별도의 법적 근거가 없더라도 스스로 이를 취소할 수 있다. 다만, 수익적 행정행위일 때에는 취소하여야 할 공익상의 필요와 취소로 인하여 당사자가 입을 기득권·신뢰보호·법적 안정의 침해 등의 불이익을 비교 형량한 후 공익상의 필요가 당사자의 불이익을 정당화할 수 있을 만큼 강한 경우에 한하여 취소할 수 있다(대판 1986. 2. 25, 85누664).

Ⅴ. 취소사유

무효원인이 되는 중대하고 명백한 하자가 아닌 하자, 즉 단순한 위법 또는 부당이 취소원인이 된다. 일반적인 취소사유로는 ① 상대방의 사기·강박·증뢰 등의 부정수단, ② 미풍양속 위반, ③ 중요한 절차 또는 형식이 아닌 단순한 절차 또는 형식에의 위반, ④ 조리위반(비례·평등·신뢰보호·부당결부금지의 원칙 등), ⑤ 재량행위에 있어서의 재량권 일탈·남용, ⑥ 행정행위의 요건의 판단에 있어서 사실관계의 오인 또는 법령해석의 잘못이라는 하자가 있고, 그것이 중대하기는 하지만 외관상 명백하지는 아니한 경우(행정실무에서 제일 많은 비중을 차지한다), ⑦ 부당, 즉 재량의 범위 내에서 권한을 행사하

134) 김동희(Ⅰ), p.347 ; 박윤흔(상), p.441 ; 석종현·송동수(상), p.336 .

였기 때문에 위법은 아니지만, 재량권을 잘못 행사하여 공익에 위배되는 경우(이 경우에는 행정청만이 취소할 수 있다) 등을 들 수 있다.

【판례】: 행정행위의 요건인 사실관계의 인정의 잘못 또는 법령해석의 착오가 『중대한 하자』에 해당되어 취소원인이 된다는 판례
① 과세처분에 사실관계를 오인한 하자가 있는 경우에 그 하자가 중대하다고 하더라도 외형상 객관적으로 명백하지 않다면 취소할 수 있음에 불과하며 당연무효라고 볼 수 없다(대판 1987. 12. 8, 87누837).
※ 징계처분에 있어 사실관계를 오인한 하자에 대하여도 같은 판례(대판 1990. 11. 27, 90누5580).
② 부산직할시장의 행정지시에 의하여 토지의 사용이 금지된 경우에도 토지초과이득세법(8③)에 의한 과세대상인 유휴토지에서 제외된다고 해석하여야 함에도 불구하고 토초세를 부과한 것은 법령해석을 잘못한 중대한 하자가 있다고 하더라도, 이러한 하자가 외관상 명백한 것이라고는 볼 수 없으므로 당연무효의 처분이라고 볼 수는 없다(대판 1993. 12. 24, 93다36875).

Ⅵ. 취소권의 제한

1. 쟁송취소

쟁송취소는 주로 부담적 행정행위가 대상이 되기 때문에 상대방의 신뢰 또는 기득권보호 등을 이유로 한 취소권의 제한이론이 작용할 여지가 없다고 하겠다. 다만, 행정심판법 제33조 및 행정소송법 제28조가 당해 행정행위가 위법하더라도 취소하는 것이 『현저히 공공복리에 적합하지 아니하다고 인정하는 때』에는 취소하지 않는 대신에 손해배상 등의 적절한 구제를 명하도록 하는 사정재결 또는 사정판결을 인정하고 있는 것이 유일한 취소권의 제한사유가 될 것이다.

2. 직권취소

(1) 비례원칙에 의한 제한

직권취소는 주로 수익적 행정행위가 대상이 되기 때문에 항상 상대방의 기득권이 침해되는 결과를 초래한다. 종래의 엄격한 법치주의 또는 법률에 의한 행정의 원리에 충실하자면 위법한 행정행위는 취소됨이 마땅하므로 취소자유의 원칙이 적용되어 왔다. 그러나 1950년대 후반부터 독일의 학설·판례가 행정의 법률적합성을 확보함으로써 달성하고자 하는 공익 못지않게 사익인 상대방의 법적 안정성과 신뢰보호의 원리를 중시하여 공익이 사익보다 훨씬 크다고 인정될 경우에만 취소가 허용된다고 함으로써 비례원칙에 의한 취소권의 제한이론이 널리 인정되게 되었다. 결국 독일 행정절차법(제48조·제50조·제51조·제52조)에서도 행정청은 행정행위를 취소할 수 있다는 사실을 안 날로부터 1년이 경과한 후에는 취소할 수 없다고 하여 이를 채택하고 있다(그러나 이러한 통설적 견해는 결국 법치주의를 포기하는 것이라는 포르스트호프 교수 등의 비판도 있다).

우리 판례는 수익적 행정행위는 비록 취소사유가 있더라도 상대방의 기득권과 신뢰 및 법률생활의 안정의 침해를 정당화할 만한 중대한 공익상의 필요 또는 제3자 이익보호의 필요가 있는 때에 한하여 취소할 수 있으며, 반대로 공익상의 필요보다 상대방이 받게 되는 불이익 등이 막대한 경우에는 재량권의 한계를 일탈한 것으로서 그 취소 자체가 위법한 것이 된다고 함으로써 비례원칙에 의한 취소권의 제한을 인정하고 있다.

【판례】: ① 옥외광고물설치허가 요건에 위배한 설치허가를 사후에 취소한 것이 비례원칙에 위반되어 위법이라는 판례

옥외광고물등관리법상의 광고물설치허가요건인 광고물의 규격·표시방법에 위반한 광고물임에도 불구하고 일단 설치허가를 한 후에 허가의 위법을 이유로 취소한 사건에 있어, 허가·면허·인가·특허 등 수익적 행정처분을 취소·중지시키는 경우에는 취소 등의 사유가 있더라도 상대방의 기득권 침해를 정당화할 만한 중대한 공익 또는 제3자의 이익 보호의 필요가 있는 때

에 한하며, 공익상의 필요보다 상대방이 받게 되는 불이익이 막대한 경우에는 재량권의 한계를 일탈한 것으로서 위법을 면치 못한다고 판시하였다(대판 1993. 5. 27, 93누2803).

② 식품영업허가취소가 비례원칙에 위반되지 아니한다는 판례

•사실개요

식품위생법(22①)에 의하면 유흥음식점영업소의 소재지를 변경하고자 할 때에는 변경허가를 받도록 되어 있음에도 불구하고, 2층 건물의 1층에 있던 영업소를 (건물의 멸실로 인하여) 새로이 신축한 건물의 지하층으로 옮긴 후에 이를 제3자에게 양도해 버렸다.

•판결요지

허가 없이 영업소를 이전하여 영업하는 행위 또는 무단으로 건축물의 용도를 변경하여 영업하는 행위를 방지하여야 할 공익상의 필요가, 양도인의 유흥음식점 영업허가를 적법한 것으로 믿고 이를 양수하여 영업자지위승계신고를 마친 양수인의 신뢰이익이나 취소처분으로 인하여 양수인이 입게 될 불이익보다 훨씬 큰 경우에 해당하므로 영업허가취소처분에 재량권 일탈의 위법이 없다(대판 1994. 10. 11, 93누22678).

(2) 실권의 법리

행정관청에 취소권이 인정된 경우에도 행정행위의 위법상태를 장기간 방치함으로써 상대편이 당해 행위의 존속을 신뢰하게 된 경우에도 신뢰보호의 원칙상 실권(失權)의 법리에 따라 더 이상 취소할 수 없다고 하여야 할 것이다. 1987년에 입법예고 되었던 행정절차법안(제31조 제2항)은 위법한 수익적 처분이 있음을 안 날로부터 1년, 처분이 있은 날로부터 2년이 경과하면 취소할 수 없다고 규정하여 실권의 법리를 채택하고 있었지만 현행 행정절차법에는 이 규정이 삭제되었다.

실권 또는 실효의 법리는 법의 일반원리인 신의성실의 원칙에 바탕을 둔 파생원칙이므로, 공법관계 가운데 관리관계는 물론이고 권력관계에도 적용되어야 한다고 하겠으나, 그것은 본래 권리행사의 기회가 있음에도 불구하고 권리자가 장기간에 걸쳐 그 권리를 행사하지 아니하였기 때문에 의무자인 상대방

이 이미 그 권리를 행사하지 아니할 것으로 믿을 만한 정당한 사유가 있게 되거나 행사하지 아니할 것으로 추인한 경우에 새삼스럽게 그 권리를 행사하는 것이 신의성실의 원칙에 반하는 결과가 될 때 그 권리행사를 허용하지 아니하는 것을 의미한다(대판 1988. 4. 27, 87누915).

(3) 불가변력이 있는 행정행위

행정심판에 대한 재결 및 국가시험의 합격자결정 등과 같은 준법률행위적 행정행위인 확인(確認)행위는 불가변력이 발생하기 때문에 상대방의 쟁송제기에 의하지 아니하는 한 직권으로 취소할 수는 없다.

(4) 포괄적 법률관계 설정행위

귀화허가 · 공무원임명행위 등은 이로 인하여 수많은 법률관계가 새로이 형성 · 발전되므로 법적 안정성의 견지에서 자유로이 취소할 수 없다.

(5) 사인의 법률행위의 효력을 완성시켜 주는 행위

인가(認可)와 같이 사법상의 법률행위의 효력을 완성시켜 주는 행위는 이로 인하여 수많은 법률관계가 형성 · 발전되므로 역시 법적 안정성의 견지에서 취소가 제한된다.

(6) 복효적 행정행위

복효적 행정행위를 취소함에 있어서는, 취소함으로써 제3자가 받게 될 이익 또는 불이익도 함께 고려하여 취소 여부를 결정하여야 할 것이다.

Ⅶ. 취소의 절차

1. 쟁송취소

쟁송취소의 절차는 행정심판법과 행정소송법에 상세히 규정된 절차에 따라야 하며, 행정법 교과서 중 행정구제 편의 대부분이 이에 관한 설명에 해당된다.

2. 직권취소

직권취소에 관한 일반적인 절차적 규정은 없으나, 각 개별법률에서 청문절차 등에 의하여 의견진술의 기회를 부여하도록 규정함으로써 상대방의 권익보호를 도모하고 있다. 한편, 행정절차법(제22조 제3조)은 모든 부담적 행위를 할 경우에는 사전에 서면 또는 구술에 의한 의견제출의 기회부여를 의무화하고 있으며, 다른 법령에서 청문을 실시하도록 규정하고 있거나 행정청이 필요하다고 인정하는 경우에는 청문 또는 공청회까지 실시하도록 하고 있다(제22조 제1항 · 제2항).

Ⅷ. 취소의 효과

1. 쟁송취소

쟁송취소는 성격상 부담적 행정행위가 대상이 되며, 공익과 사익간의 이익형량의 필요성이 인정되지 않기 때문에 원칙적으로 당해 행정행위가 있었던 때에 소급하여 효력이 발생된다. 따라서 처음부터 아무런 행정행위가 없었던 것과 같은 상태로 되게 하는 효과를 가진다.

2. 직권취소

종래의 통설은 쟁송취소와 마찬가지로 소급효를 가진다고 하였으나, 최근의 다수설은 하자의 효과의 개별화이론에 입각하여 구체적인 관계이익을 비교·교량하여 소급효 여부를 결정하여야 한다고 한다. 이 견해에 따르면 ① 취소의 원인이 상대방의 사기 등 귀책사유로 인한 경우 이외에는 신뢰보호의 필요상 장래에 향하여만 효력을 발생한다고 할 것이며, ② 기타 당해 행정행위의 효과가 일시적인가 계속적인가, 이미 완결된 결과까지도 제거하지 않으면 취소의 효과를 달성할 수 없는 것인가, 또는 취소의 시기가 행정행위가 있은 직후인가 상당기간 경과 후인가 등을 종합적으로 판단하여 소급효 인정 여부를 결정하여야 할 것이다.

한편, 수익적 행정행위의 취소로 상대방이 재산상의 손실을 입은 경우에는 상대방이 당해 행정행위의 존속을 신뢰하였으며 또한 귀책사유가 없는 한 그로 인한 손실을 보상하여야 할 것이다.

【판례】: 행정처분이 취소되면 소급효과가 발생한다는 판례
행정처분이 취소되면 그 소급효에 의하여 처음부터 그 처분이 없었던 것과 같은 효과가 발생하게 되는바, 행정청이 의료법인의 이사에 대한 이사취임 승인취소처분(제1처분)을 직권으로 취소(제2처분)한 경우에는 그로 인하여 이사가 소급하여 이사로서의 지위를 회복하게 되고, 그 결과 제1처분과 제2처분 사이에 법원에 의하여 선임결정된 임시이사들의 지위는 법원의 해임결정이 없더라도 당연히 소멸한다(대판 1997. 1. 21, 96누3401).

Ⅸ. 취소의 취소

1. 의의

음식점영업허가 · 건축허가 등이 취소되면 허가가 없는 상태로 되는데, 여기서 취소처분 자체도 하나의 행정행위이므로 하자가 있는 경우 하자에 관한 일반론에 따라 그 취소처분을 취소하면 원래의 행정행위가 자동으로 되살아난다고 할 것인가의 문제가 제기된다.

2. 쟁송취소

행정심판 또는 행정소송으로 행정행위가 취소되면 불가변력이 발생하므로 그 취소처분의 하자를 이유로 다시 취소하지 못한다.

3. 직권취소

(1) 취소에 무효원인이 있을 때

취소행위에 중대하고 명백한 하자가 있을 경우에는 당해 취소행위 자체가 당연무효가 되고 처음부터 취소하지 않았던 것과 같은 효과가 발생된다. 이 경우 쟁송에 의하건 직권에 의하건 간에 무효선언으로서의 취소 또는 무효확인이 모두 가능하다고 하겠다.

(2) 취소에 취소원인이 있을 때

1) 부정설[135]

과거 취소처분은 행정행위의 효력을 확정적으로 상실시키는 것이므로 취소

135) 한태연 · 정희채, 행정법학(상), p.216.

처분의 취소로 처음의 행정행위의 효력을 소생시킬 수는 없으며, 소생시키기 위하여서는 처음의 행정행위와 동일한 내용의 새로운 행정행위를 하는 수밖에 없다고 한다.

2) 긍정설[136)]

최근의 통설은 취소도 하나의 행정행위이므로 하자가 있는 경우 일반이론에 따라 이를 취소할 수 있으며, 취소에 의하여 별도의 행정행위를 하지 아니하고도 원래의 행정행위의 효력이 부활된다고 한다(대판 1995. 3. 10, 94누7027 참조).

3) 결어

긍정설이 복잡한 재처분절차를 다시 거치지 않아도 된다는 경제적 이유에서 타당하다고 생각되며, 실제 행정쟁송에 있어서도 취소처분의 취소를 구하는 예가 많이 있고 행정실무상으로도 인정되고 있다(대판 1997. 1. 21, 96누3401 참조).

136) 김남진(Ⅰ) p.358; 김도창(상) p.500; 박윤흔(상) p.447; 이상규(상) p.402.

제11절 행정행위의 철회

Ⅰ. 개설

1. 의의

행정행위의 철회(撤回)라 함은 "성립 당시에는 아무런 하자 없이 완전히 유효하게 성립한 행정행위에 대하여, 사후에 발생한 새로운 사정으로 말미암아 더 이상 그 효력을 존속시킬 수 없게 된 경우에, 장래에 향하여 그 효력을 상실시키는 별개의 독립된 행정행위"를 말한다. 철회는 침해적 행정행위에 대해서는 원칙적으로 가능하지만 수익적 행정행위와 복효적 행정행위에 있어서는 상대방과 제3자의 이익에 대한 침해적 효과가 발생하기 때문에 신뢰보호의 원칙과 비례의 원칙에 의한 제한을 받는다.

2. 취소와의 구별

(1) 공통점

양자는 ① 다같이 유효하게 성립된 행정행위의 효력을 상실시키는 점, ② 별개의 독립된 행정행위라는 점, ③ 실정법상의 용어로서는 종종 취소라는 용어로 혼용되고 있다는 점에서 공통점을 가진다.

(2) 차이점

양자는 ① 권한에 있어서 취소는 처분청·감독청 및 법원이 할 수 있지만, 철회는 사후에 발생된 새로운 사정으로 말미암아 더 이상 원처분의 효력을 존속시킬 수 없다고 판단되는 경우에 행하는 것이므로 성질상 새로운 처분을 하는 것과 같기 때문에 처분청만이 할 수 있고, ② 원인에 있어서 취소는 행정행위에 처음부터 존재하였던 하자를 원인으로 하는 것이지만, 철회는 일단 하자

없이 성립한 행정행위에 대하여 사후에 발생한 새로운 사유를 원인으로 하는 것이며, ③ 효과에 있어서 취소는 처음부터 소급하여 효력을 상실케 하는 소급효가 있는 반면, 철회는 사후에 발생된 새로운 사실을 이유로 하는 것이므로 당연히 그 때부터 장래에 향하여서만 행정행위의 효력이 상실된다는 차이점이 있다.

그러나 최근 ① 직권취소에 있어서도 감독청은 취소권이 없다는 견해도 있으며, ② 원인에 있어서 시원적인 것과 후발적인 것의 구분은 상대적이며 입법정책여하에 따라 법으로 규정하기 나름이라는 점, ③ 취소의 효과도 개별화 이론에 따라 소급효 여부를 결정하여야 한다는 점 등을 들어 양자의 구별의 상대화를 주장하는 견해도 대두되고 있으나,[137] 처음부터 존재하였던 하자와 사정변경, 상대방의 유책행위, 공익상의 필요 등 후발적 사유는 분명히 구분할 가치가 있으며, 처음부터 내재된 하자가 아닌 후발적 원인 특히 상대편에게 귀책사유가 없는 원인까지를 철회원인으로 하는 관계로 상대방의 신뢰보호를 더욱 고려하여야 한다는 점 등을 감안하면 양자의 구별은 여전히 필요하다고 하겠다.

Ⅱ. 철회권자

철회는 후발적 사유에 기인하여 새로운 처분을 하는 것과 같기 때문에 처분청(處分廳)만이 할 수 있다. 감독청은 하급기관의 권한을 대집행할 수는 없기 때문에 감독권에 의거하여 철회하라고 명할 수는 있으나, 직접 철회하는 것은 불가능하다.

137) 박윤흔(상), p.450 ; 석종현 · 송동수(상), p.343.

Ⅲ. 철회사유

1. 상대방의 유책행위에 대한 제재

(1) 의의

대부분의 법령에는『이 법 또는 이 법에 의한 명령(법규명령을 의미함)이나 이에 의거한 처분(사용료 등의 납부를 명하는 처분, 법규위반에 대한 시정명령 등을 의미함)에 위반한 때에는 ○○허가 · 면허 · 등록 등의 정지 또는 취소(철회를 의미함)를 할 수 있다』는 규정을 두고 있다. 이들은 예컨대 유흥음식점영업자의 퇴폐영업 · 위생불량, 각종 운수업자의 잦은 사고발생 · 결항행위 · 정비불량행위, 부동산중개업자의 법정중개수수료 초과수령행위, 의사의 진료거부행위, 자동차운전면허소지자의 도로교통법규위반행위 등 법령이 정하는 상대방의 유책행위(有責行爲)로 말미암아 더 이상 당해 인 · 허가 등의 행정행위의 효력을 지속하는 것이 공공복리 또는 질서유지에 중대한 위해를 초래할 우려가 있음을 이유로 장래에 향하여 그 효력을 소멸케 하는 것을 말한다(『정지』란 1월간의 영업정지 등과 같이, 일정한 기간을 정하여 그 효력을 일시 정지시키는 것으로서 보통 철회와 함께 규정되어 그보다 약간 경미한 유책행위에 대하여 과하는 것이다).

(2) 기능

행정행위의 철회는 상대방을 강제하여 행정법상의 각종 의무(작위 · 부작위 · 급부 · 수인 의무)의 이행을 확보하는 수단으로서의 기능을 하므로 거의 모든 행정법규에서 도입하고 있으나, ① 한편으로는 국가가 국민의 생업을 잃게 한다는 윤리적 차원에서의 한계와, 반대로 버스운수사업 · 가스사업 등의 허가취소와 같이 이용자인 일반국민의 일상생활에 당장 큰 지장을 초래케 한다는 데 따른 집행상의 한계가 있으며, ② 철회 · 정지의 기준이『법 또는 명령 위반』등으로 너무나 포괄적 · 추상적으로만 규정되어 재량권이 너무 광범위하게 부여되어 있기 때문에 국민의 권익침해의 우려가 많다는 점 등이 지적되고 있다.

(3) 개선방향

상술한 문제점 ①과 관련하여서는 다수 국민에의 불편방지라는 더 큰 공익을 위하여 철회·정지 처분에 갈음하여 과징금을 과하도록 하고 있으며(각종 운수사업법·주차장법 등),[138] ②와 관련하여서는 국무총리훈령(1984. 5. 14 훈령 제196호)을 발하여 각 부처는 법령(또는 부득이한 경우 훈령·예규 등 행정규칙)으로 상대방의 유책의 정도에 비례하여 경고·정지·철회 등으로 명문화하되, 정상을 참작할 특별한 사유가 있는 경우에는 가중 또는 경감할 수 있도록 하고, 절차에 있어서는 반드시 사전에 본인의 의견진술의 기회를 부여하도록 하였는바, 오늘날 대부분의 법령(대통령령이나 부령)에서 이를 명문화하여 잘 집행하고 있으며, 현행 행정절차법(제27조)도 이를 명시하고 있다.

2. 사정변경

사정변경(事情變更)이란 행정행위의 성립에 있어 그 기초가 된 사정이 그 후 사실관계나 근거법령의 변경으로 당사자가 예견할 수 없는 중대한 사정변경이 있게 되어, 현재 변경된 사실관계와 법령 아래에서 전에 행한 행정행위가 행하여진다면 당연히 위법이 되는 경우를 말한다. 따라서 당초의 행정행위의 기초가 된 사실관계나 근거법령에 따른 행정행위에 대한 철회가능성이 문제된다. 예컨대, 주점영업허가를 한 후에 그 인근에 학교가 세워진 경우 또는 주택가에 호텔신축허가를 한 후에 주민들의 반대에 봉착한 경우처럼 그 성립 당시에는

---

138) 과징금이란 행정청이 일정한 행정법상의 의무를 위반한 자에게 부과하는 금전적 제재조치이다. 예컨대 버스운수사업자에게 매연가스의 배출을 이유로 운행정지조치를 취하는 것이 마땅하지만 버스 이용자의 이익을 고려하여 운행정지 대신 금전적 제재를 가하는 것으로서 형벌과는 다르다. 과징금은 행정법상의 의무이행확보수단으로서의 행정 제재적 요소와 부당한 이익에 대한 환수적 요소를 함께 가진다. 따라서 과징금부과처분에는 청문절차가 필요하다. 과징금은 공익적 견지에서 필요한 제도이다. 행정법상 과징금은 복효적 행정행위에 있어서 제3자의 이익 및 공익을 위한 철회의 제한의 법리로 기능한다. 우리 대법원 판례는 과징금부과처분이 법이 정한 한도액을 초과하여 위법할 경우 법원은 그 전부를 취소할 수밖에 없다고 한다.

문제되지 않던 것이 그 후의 변경된 법적·사실적 관계에 의하여 철회하게 되는 경우이다. 이러한 사정변경에 의한 수익적 행정행위의 철회는 그 상대방의 귀책사유에 기인한 것이 아니므로 손실보상의 문제가 발생한다. 우리 대법원도 "처분청이 처분 후에 원래의 처분을 그대로 존속시킬 필요가 없게 된 사정변경이 생겼거나 중대한 공익상의 필요가 발생한 경우에는 별도의 법적 근거가 없어도 별개의 행정행위로 이를 철회·변경할 수 있다"라고 판시하여 사정변경을 철회의 근거로 삼고 있다(대판 1997. 9. 12, 96누6219).

(1) 사실관계의 변경

생활보호대상자가 생활형편이 나아지거나, 운전면허자나 총포소지허가자가 심신상실 또는 마약중독자가 되어 버린 경우, 도로나 공원에 공사가 필요하여 그 점용허가를 더 이상 유지할 수 없게 된 경우 등은 철회할 수 있으나, 공무원임명행위·귀화허가행위와 같이 포괄적 법률관계 설정행위는 성질상 철회가 제한된다.

특히 인·허가 등을 받을 당시에는 법령상의 요건에 합당하였으나 그 후에 인·허가 등의 요건규정(자본금·시설규모·종업원의 수 등)에 미달하게 되었다고 해서 바로 철회할 수 있는 것은 아니다.

인·허가 등을 신규로 발급할 경우와 이미 인·허가를 받아 적법하게 영업하고 있는 경우를 동일시 할 수는 없으며, 적어도 행정지도나 시설개선명령 등에 의하여 스스로 보정할 기회를 부여한 후에 이에 불응할 경우에 한하여 철회할 수 있고(예, 식품위생법 제57조 등), 나아가 다른 철회의 경우와 마찬가지로 후술하는 신뢰보호의 원칙과 비례원칙에 의하여도 철회권의 행사가 제한된다고 하겠다.

(2) 근거법령의 변경

행정행위의 요건이 행위 당시의 요건보다 더 까다로운 요건으로 변경되었다 하더라도 법령은 소급효가 없으므로 이를 이유로 철회할 수 없다. 그러나 법령의 개정시에는 부칙에서 기존의 행정행위의 효력에 대하여는 영향을 미치지 아니한다는 뜻의 명문의 규정을 두어 의문을 해소하는 것이 바람직하며, 이를 경과조치(經過措置)라고 한다.

3. 철회권의 유보

행정행위에는 가끔 『일정한 사유가 발생하면 철회할 수 있다』는 내용의 부관을 붙이는 경우가 있으며, 이 때에는 그 사유가 발생하면 철회권을 행사할 수 있다. 그러나 이 경우에도 상대방의 신뢰보호와 법적 안정성 등의 견지에서 철회권의 행사에는 일정한 제한이 있다.

4. 더 큰 공익상의 필요

도로·하천·공유수면·공원 등의 점용허가, 어업·광업·산림개간·초지조성 등의 허가를 한 후에, 댐·폐기물처리장·임해공업단지·원자력발전소의 건설 등 보다 큰 공익을 위하여 불가피하게 허가 등을 철회하지 않을 수 없는 경우가 있다. 이러한 경우는 상대방의 유책행위가 없음에도 불구하고 이를 철회하는 것이므로 일종의 권리의 수용으로 보아 손실보상을 하여야 한다(예, 도로법(제75조·제79조)은 공공의 이익이 될 사업을 위하여 특히 필요한 경우에는 도로점용허가를 철회할 수 있으나, 그 손실을 보상하도록 의무화하고 있다).

Ⅳ. 철회권의 근거

철회원인이 있으면 법률상 철회근거규정 없이도 철회할 수 있다는 견해(철회자유설)와, 법률상의 철회근거규정이 있어야 한다는 견해(철회부자유설)가 대립되어 있다.

1. 철회자유설(근거불요설)

철회권의 유보, 상대방의 귀책사유, 사정변경 등을 이유로 한 철회는 상대방의 신뢰보호의 가치가 없으며, 더 큰 공익을 위한 경우는 신뢰보호에는 문제가 있지만 손실보상으로 보전된다는 점 등을 이유로, 철회사유에 해당하면 법률상 철회권을 인정하는 명문의 규정이 없더라도 철회할 수 있다는 견해로서, 종전의 통설[139]·판례의 견해이다.

【판례】: 철회자유설에 입각한 판례
유류판매업면허를 함에 있어서 조건부면허를 한 것은 행정행위의 부관 중 철회권의 유보에 해당하며, 철회는 법령에 규정이 없더라도 의무위반이 있는 경우, 사전변경이 있는 경우, 철회권이 유보된 경우, 또는 중대한 공익상의 필요가 발생한 경우 등에는 당해 행정행위를 한 행정청이 그 행정처분을 철회할 수 있다(대판 1984. 11. 13, 84누269).

2. 철회부자유설(근거필요설)

취소는 행정행위의 성립 당시의 흠을 이유로 한 행정의 적법성회복이라는 취소제도 그 자체의 취지상 별도의 법률의 근거가 필요 없지만, 철회는 공익상의 필요 등 처음부터 행정행위에 내재되지 아니하였던 다른 사유로 그 효력을 소멸케 하는 하나의 새로운 행정행위인 만큼 법적 안정성의 견지에서 법률상 명문의 근거가 필요하다는 견해이다.[140] 이를 흔히 근거필요설 또는 적극설이라고도 한다.

139) 김도창(상), p.504 ; 김동희(Ⅰ), p.355.; 박윤흔(상), p.454.
140) 김남진(Ⅰ), p.361.; 이상규(상), p.459.

3. 결어

철회의 자유성의 문제는 결국 행정의 공익적합성과 사정변경에 따른 임기응변성을 중시하느냐 아니면 상대방의 신뢰보호와 법적 안정성을 중시하느냐에 관한 선택의 문제로 귀결된다. 그러나 기본권 보호라는 법치주의의 관점에서 우선 침해적 행정행위의 철회에는 별도의 법적 근거가 필요 없다고 하더라도, 수익적 행정행위의 철회에는 원칙적으로 법적 근거가 필요하다고 생각된다.

특히 상대방의 유책행위라 하더라도 예측가능성을 보장한 후에 철회하여야 하며, 『더 큰 공익상의 필요』가 있으면 손실보상을 위해서라도 법적 근거를 필요로 한다. 그러나 사정변경 또는 철회권의 유보의 경우까지 법률에 근거를 둔다는 것은 실제로 불가능할 뿐만 아니라 구체적 사정에 따른 행정의 합목적성 달성을 외면하는 결과가 초래될 것이므로, 이 경우에는 일단 법률의 근거라는 구속으로부터는 자유롭게 해 주되 부관의 일반적 한계에 관한 제한이론(철회권의 유보의 경우)과, 철회권이 인정되더라도 모든 사유의 철회에 공통적으로 적용되는 철회권의 제한에 관한 법리로써 법적 안정성의 침해 등의 문제점을 해소하는 것이 타당하다고 생각된다.

Ⅴ. 철회권의 제한

1. 비례원칙에 의한 제한

철회권이 법률에 의하여 명문으로 인정되어 있든 그렇지 않든 간에 실제로 철회권을 행사함에 있어서는 취소권의 제한에서와 같이 수익적 행정행위를 철회함으로써 달성하고자 하는 공익상의 필요와 철회로 인하여 상대방이 받는 불이익을 비교하여 전자가 후자보다 월등한 경우에만 철회할 수 있다(단, 부담적 행정행위에 관하여는 철회를 통하여 불이익을 제거하는 것으로서 이러한 제한이 적용되지 아니한다).

2. 기타의 제한

위 일반적 제한 외에도 다음의 경우에는 행위의 성질상 철회권이 제한된다고 보아야 한다.

(1) 포괄적 법률관계 설정행위

귀화하거나 공무원으로 임명되면 이를 기초로 하여 수많은 법률관계가 형성되므로 귀화허가 또는 공무원임명행위 등 포괄적 법률관계설정행위에 대한 철회권 행사는 제한된다고 할 것이다.

(2) 불가변력이 있는 행위

행정심판에 대한 재결 기타 확인행위는 불가변력이 있어 철회가 제한된다.

(3) 복효적 행정행위

이 경우에는 공익과 상대방의 불이익뿐만 아니라 철회로 인하여 제3자가 받는 불이익까지 함께 고려하여야 하는 제한을 받는다.

(4) 실권의 법리

철회의 원인이 있더라도 장기간 이를 방치하면 상대방의 신뢰보호상 실권(失權)의 법리에 의하여 더 이상 철회할 수 없다고 하여야 한다.

【판례】: ① 비례원칙에 의한 철회권의 제한에 관한 판례
개인택시 운송사업자가 질병 때문에 부득이 2번째의 대리운전을 한 것을 이유로 첫 번째의 운행정지처분에 이어 운송사업면허취소처분을 한 것은 공익상의 필요보다 그 가족의 유일한 생계수단의 박탈로 원고가 입게 될 불이익이 너무 커서 재량권의 한계를 일탈한 것이다(대판 1990. 11. 23, 90누5416).
② 신뢰보호의 원칙에 의한 철회권의 제한에 관한 판례
운전면허 취소사유에 해당하는 음주운전을 적발한 경찰관의 소속 경찰서장

이 사무착오로 위반자에게 운전면허정지처분을 한 상태에서 다시 위반자의 주소지 관할 지방경찰청장이 위반자에게 운전면허취소처분을 한 것은 선행처분에 대한 당사자의 신뢰 및 법적 안정성을 크게 저해하는 것이 되어 허용될 수 없다(대판, 2000. 2. 25, 99두10520).

③ 3년 간 철회권을 행사하지 아니함은 실권의 법리에 해당한다는 판례

운전면허정지기간 중에 운전을 하여 면허취소(철회에 해당) 사유에 해당하더라도 3년이나 지난 후에 면허를 취소한 것은 원고가 별다른 행정조치가 없을 것이라고 믿는 신뢰의 이익과 법적 안정성을 빼앗는 것이 되어 가혹하다 할 것이고, 취소하여야 할 공익상의 목적만으로는 원고가 입게 될 불이익에 견줄 바 못된다(대판 1987. 9. 8, 87누373).

④ 1년 10개월 간 철회권을 행사하지 않았더라도 철회할 수 있다는 판례

택시운송사업자가 중대한 교통사고로 많은 사상자를 발생케 하면 자동차운수사업법(31①⑸)에 의거 운송사업면허가 취소될 가능성을 예상할 수 있었을 터이니, 1년 10개월 동안 별다른 행정조치가 없었다고 신뢰의 이익을 주장할 수는 없으며 또한 재량권의 범위를 일탈한 것으로 보기는 어렵다(대판 1989. 6. 27, 83누6283).

Ⅵ. 철회의 절차

철회의 절차에 관한 통칙적 규정은 아직 없으며, 각 개별법률에서 상대방에게 의견진술의 기회를 부여하고 있을 뿐이다(도로법 제74조, 하천법 제68조 등). 행정절차법(제22조)은 취소에서와 마찬가지로 서면 또는 구술에 의한 의견제출의 기회부여를 의무화하고 있으며, 다른 법령에서 청문을 실시하도록 규정하고 있거나 행정청이 필요하다고 인정하는 경우에는 청문 또는 공청회까지 실시하도록 하고 있다.

Ⅶ. 철회의 효과

1. 장래에 향하여 효력상실

철회된 때로부터 장래에 향하여 행정행위의 효력이 상실되는 것을 원칙으로 하지만, 부수적 효과로서 원상회복·개수명령 등이 있을 수 있다. 오늘날 철회에 대해서도 소급효를 인정하려는 견해도 있지만,[141] 철회는 위법성에 기인하는 것이 아니고 공공의 이익 등과 관련되어 발생하는 것이기 때문에 그 효력면에서 소급효와 친하지 않는 관계에 있다고 할 것이다.

2. 손실보상의 문제

상대방의 유책행위에 의하지 아니하고 수익적 행정행위가 철회된 경우에는 상대방이 행정행위의 존속을 신뢰함으로써 받은 재산상의 손실에 대하여 손실보상(損失補償)을 하여야 한다.

공익사업을토지등의취득및보상에관한법률에서는 토지수용의 대상인 공공사업(댐·폐기물처리장·공업단지 건설 등)의 시행을 위하여 당해 토지수용지구 안에서 이미 행하여진 각종 인·허가·특허·등록·신고 등의 행정행위를 철회하게 되는 경우에는 손실보상을 하도록 규정하고 있다(예, 각종 영업의 폐지시 2년 또는 3년 분에 해당하는 영업순이익을 보상).

이들 법에 의한 보상제도 및 보상기준은 모든 공익사업 수행의 경우뿐만 아니라 사정변경 기타의 다른 철회원인으로 인한 철회의 경우에도 준용할 수 있다고 하겠다.

---

141) 김동희(Ⅰ), p.359.

Ⅷ. 철회의 취소(하자있는 철회의 효력)

행정행위의 철회 그 자체에 하자가 있는 경우, ① 철회행위의 하자가 중대하고 명백한 것이면 당연히 무효이고(따라서 철회가 없는 상태이므로 당초 행정행위의 효력이 당연히 지속된다), 이 경우 무효선언으로서의 철회의 취소를 구하거나 철회의 무효확인을 구할 수도 있다고 하겠으며, ② 철회행위의 하자가 단순히 취소할 수 있는 하자에 불과한 경우에는 철회를 취소하더라도 이미 소멸된 행정행위의 효과를 부활시킬 수 없다는 견해도 있으나,[142] 철회행위도 일종의 행정행위인 만큼 취소의 취소와 마찬가지로 행정행위의 하자에 관한 일반이론에 따라 취소할 수 있으며, 이 경우 당초의 행정행위의 효과는 소급하여 부활된다고 하겠다.[143]

---

142) 윤세창(상), p.206.
143) 김도창(상), p.332; 김동희(Ⅰ), p.360; 박윤흔(상), p.459; 이상규(상), p.463.

제12절 행정행위의 실효

Ⅰ. 의의

행정행위의 실효(失效)라 함은『아무런 하자 없이 성립·발효한 행정행위가 그 목적의 달성 등 사후에 발생한 일정한 사유로 말미암아 그 효력이 소멸되는 것』을 말한다. 예컨대, 기한이 정하여져 있는 행정행위에 종기가 도래한 경우처럼 별개의 행정행위에 의하지 않고 기간이라는 객관적인 사실의 발생으로 당연히 행정행위의 효력이 소멸되는 것을 말한다.

Ⅱ. 무효·부존재 및 취소·철회와의 구별

1. 무효와의 구별

행정행위의 무효(無效)는 그 성립상의 중대하고 명백한 하자로 인하여 행정행위가 처음부터 아무런 효과를 발생하지 못하는 것이지만, 실효는 아무런 하자 없이 성립·발효하였으나 사후에 생긴 사유로 인하여 그 때부터 장래에 향하여 그 효력이 소멸되는 것이다.

2. 부존재와의 구별

행정행위의 부존재(不存在)는 처음부터 행정행위라고 할 만한 외관조차 갖추지 못함으로써 행정행위가 있었다고 조차 할 수 없는 것을 말하지만, 실효는 완전하게 성립·발효하였다가 행정행위의 원래 기능을 유지하고 난 후에 발생한 사유로 인하여 효력이 상실되는 것이다.

3. 취소와의 구별

행정행위의 취소(取消)는 그 성립상의 하자(중대하고 명백하지 아니한)로 인하여 처음부터 소급하여 효력을 소멸케 하는 별도의 행정행위이지만, 실효는 성립상의 하자가 아닌 사후에 발생한 사유로 인하여 별도의 행정행위 없이 장래에 향하여 효력이 상실되는 것이다.

4. 철회와의 구별

행정행위의 철회(撤回)와 실효는 행정행위의 성립 후에 발생한 새로운 사유를 원인으로 하여 장래에 향하여 효력이 소멸된다는 점에서는 공통되지만, 실효는 철회와 달리 별도의 행정행위 없이 당연히 효력이 상실된다는 점에서 구별된다.

Ⅲ. 실효사유

행정행위의 실효사유는 ① 행정행위의 목적물의 소멸(예, 징발대상 · 철거대상 건축물이 화재로 소실되어 버린 경우), ② 상대방의 사망(예, 운전면허 · 의사면허 · 총포소지허가 등 대인적 행정행위의 경우), ③ 행정행위의 목적달성(예, 1개월간의 영업정지 · 자격정지 · 면허정지처분 기간이 모두 경과되어 버린 경우, 납세고지서대로 조세를 납부한 경우 등), ④ 행정행위의 부관인 해제조건의 성취 또는 종기의 도래(예, 언제까지 영업시설을 갖추어 영업개시를 하지 않으면 영업허가의 효력이 상실된다는 조건이 성취되거나, 5년간 영업허가를 한 경우 그 종기가 도래한 때) 등을 들 수 있다.

Ⅳ. 실효의 효과

행정행위에 실효사유가 발생하면 별도의 행정행위에 의하지 아니하고 당연히 그 때로부터 장래에 향하여 효력이 소멸된다. 취소・철회와 달리 별도의 행정행위를 요하지 아니한다는 점에 특징이 있다.

【판례】 : 허가받은 영업을 폐업한 경우 실효된다는 판례
유기장의 영업허가는 신청에 의한 처분이 분명한바, 신청에 의한 허가처분은 허가를 받은 자가 영업을 폐업할 경우에는 당연히 소멸되는 것이므로, 이와 같은 경우 행정청의 허가취소처분은 실효되었음을 확인하는 것에 지나지 아니한다. 따라서 원고로서는 이 사건 취소처분의 취소를 구할 소익이 없다(대판 1990. 7. 13, 90누2284).

Ⅴ. 실효의 주장

행정행위가 실효되었음은 누구나 자유로이 주장할 수 있다. 그러나 해제조건의 성취 여부, 목적달성 여부 등에 관하여 의문이 있거나 행정청과 상대방 간에 견해가 다를 수도 있겠으며, 이러한 경우 상대방은 불안한 법적 지위에 놓이게 되므로 이를 해소하기 위하여 행정심판으로서 무효등확인심판의 일종인 실효확인심판을 제기하거나 법원에 무효등확인소송의 일종인 실효확인소송(失效確認訴訟)을 제기할 수 있다.

제3장

기타의 행정작용

제1절 행정법상의 확약
제2절 행정계획
제3절 공법상 계약 및 합동행위
제4절 행정상의 사실행위
제5절 행정지도
제6절 행정절차
제7절 행정정보공개와 개인정보보호

제1절 행정법상의 확약(확언)

Ⅰ. 개설

1. 의의

“행정관청이 국민에 대하여 장래 일정한 작위 또는 부작위를 약속하는 자기 구속적인 의사표시”를 확언(確言)이라고 하며, 그 중 행정행위를 대상으로 하는 자기 구속적 의사표시를 특히 확약(確約)이라고 한다.

확언은 독일의 학설・판례에 의해 발전된 이론이지만, 우리나라에서도 각종 인・허가 신청에 대하여 행하는 내인가・내허가,[144] 일정기간 내에는 불법건축물을 철거하지 않겠다는 약속, 재개발구역 내 전세입주자들에게 아파트 입주권을 주겠다는 약속, 기타 각종 지역개발사업의 약속 등의 형태로 폭넓게 행하여지고 있음에도 불구하고 그 허용성・한계・요건・효과・취소 및 권리구제 가능성 등에 관한 실정법상의 규제가 미비하여 아직은 학설에 의존하고 있는 실정이다.

행정의 실제에 있어서 확약은 행정청과 그 상대방인 국민 간에 민주적 의사소통의 길을 열어주고 행정에 대한 예측가능성과 신뢰를 보장하게 하는 순기능을 수행하게 된다. 행정상의 확약은 대외적 효력을 가지기 때문에 매우 중요한 의미를 가지게 된다. 여기서는 확언과 확약 중에서 행정행위의 자기 구속적인 확약에 대해서만 고찰하고자 한다.

144) 내인가・내허가 중에는 예비결정 또는 부분허가에 속하는 것이 많다고 하는 견해도 있다. 김남진(기), p.293.

2. 다른 행위와의 구별

(1) 사실행위

확약은 본 행정행위를 행할 것을 약속하는 의사표시로서 일정한 법적 효과를 발생하는 법적 행위이므로 특정인에게 일정한 지도·권고·조언 등을 하는 행정작용인 행정지도와 같은 사실행위(事實行爲)와 구별된다.

(2) 공법상 계약

확약은 일방적 의사표시임에 반하여 공법상 계약은 복수의 당사자 사이의 반대방향의 의사의 합치에 의하여 성립되는 쌍방적 의사표시이다.

(3) 내부행위

확약은 국민에 대한 의사표시이므로 단순한 행정조직 내의 행정 내부의 행위와는 구별된다.

(4) 교시

확약은 일정한 구속력을 가지는 데 반하여, 상대방에게 단순히 어떤 사실관계나 법률관계에 관한 정보를 제공하는 사실행위에 불과한 교시(教示, Auskunft)는 아무런 법적 구속력이 없다(예, 법령해석질의에 대한 응답 등). 따라서 상대방은 교시내용에 따른 행위를 할 것을 요구할 권리는 없으나, 교시에 따른 결과 재산상의 손해를 입은 경우에 손해배상은 청구할 수 있다고 하겠다.

(5) 부분 인·허가

부분 인·허가란 전체 행정행위의 가분적인 일부분에 대하여 행하는 인·허가를 말한다. 예컨대, 다세대건축허가신청에 있어서 그 전체에 대한 허가는 보다 구체적인 검토가 필요한 것으로 판단되는 경우에 일단 가분적인 일부세대에 대하여 건축허가를 하는 것을 말한다. 부분 인·허가 역시 전체 행정행위의 일부분이 되기는 하지만 그 자체 하나의 독립된 행정행위라 할 수 있다.

(6) 예비결정

예비결정(豫備決定)이란 예컨대, 원자력발전소・폐기물처리업 등과 같이 장기간에 걸친 준비와 공사가 필요하고 막대한 재정적 지출이 소요되는 사업에 있어, 필요한 모든 인적・물적 시설과 설비를 갖춘 후에 허가를 신청하였다가 대상 부지와 위치와 사업계획 등이 부적절하다는 이유로 불허가 될 경우에 상대방이 받는 불이익이 막대하다고 판단될 경우에, 최종허가 전에 미리 그 부지와 사업계획 등의 적법성 여부에 대한 결정을 하여 줌으로써 상대방의 불측의 피해를 예방하려는 의도에서 도입하고 있는 제도이다(예, 발전용 원자로 건설을 위한 부지의 사전승인제도, 폐기물처리업허가전의 사업계획에 대한 적합여부 통보 등). 확약은 장래의 행정행위에 대한 약속인 데 비하여, 예비결정은 그 자체가 하나의 완결적인 행정행위로서의 성격을 가지고 있으며, 따라서 독립된 행정처분으로 보아 취소쟁송의 대상으로 할 수 있다.

【판례】: 폐기물관리법에 의한 폐기물처리사업계획의 부적정통보행위는 행정처분이라는 판례
폐기물처리업 허가를 받기 전에 먼저 사업계획서를 제출하여 이에 대한 적정통보를 받아야 하므로 결국 그 부적정통보는 허가신청 자체를 제한하는 등 개인의 권리 내지 법률상 이익을 개별적이고 구체적으로 규제하고 있어 행정처분에 해당한다(대판 1998. 4. 28, 97누21086).

(7) 가행정행위

가행정행위(假行政行爲)란 독일의 학설・판례에 의하여 인정된 개념으로서, "확정적 행정행위가 있기 전까지 잠정적으로 행하여지는 행정행위"를 말한다(예, 부가가치세・법인세・소득세 등의 확정 전에 상대편의 신고에 따라 잠정적으로 세액을 결정하거나, 물품의 수입시에 일단 잠정적으로 관세율을 적용하였다가 후일에 세율을 확정짓는 것 등).

가행정행위는 급부행정의 영역에서도 가급부결정의 형태로 상대방으로 하여금 확정결정시까지 일정한 급부를 수령할 수 있도록 하는 역할을 하고 있으며, 상대방은 가급부결정에 따른 일정한 법적 지위가 보장되어 있다고 볼 수 있다.

이러한 가행정행위도 행정행위로서의 성질을 가지는 것이므로 비록 잠정적이기는 하지만 행정행위로서의 효과는 완전히 발생하며, 후일에 본 행정행위가 있게 되면 이에 대체되어 자동으로 그 효력을 상실하게 된다는 점에서 확약과 구별된다.

Ⅱ. 법적 성질

확약이 행정행위의 성질을 가진다고 볼 것인가에 관하여는 부정설과 긍정설이 대립되어 있다. 부정설은 확약은 장래 일정한 방향의 규율을 그 내용으로 하지만, 확약단계에서 아직 종국적인 규율성이 결여되어 있다는 점에서 확약에 대한 행정행위의 성질을 부정하고 있다. 그러나 확약은 행정기관에 대하여 장래의 일정한 작위·부작위 의무를 부과하는 법적 효과를 발생시킨다는 점에서 법적 규율성을 가지고 있으며 그 한도에서는 행정행위의 성질을 갖는다고 하겠다.[145] 그러나 확약이 갖는 법적 효과란 장래의 일정한 작위·부작위에 대한 의무라는 점에서 통상의 행정행위가 갖는 법적 효과와는 성질상 차이가 있다.

우리 판례는 확약에 공정력이나 불가쟁력과 같은 행정행위에 특유한 효력이 인정되지 않는다고 하면서 행정행위로서의 성격을 부인하고 있다.

【판례】: 확약이 행정처분은 아니라는 판례

어업권면허를 하기 전에 행하는 면허우선순위 결정행위는 우선권자로 결정된 자의 신청이 있으면 어업권면허를 하겠다는 것을 약속하는 행위로서 확

145) 김도창(상), p.429; 박윤흔(상), p.394; 석종현·송동수(상), p.353; 이상규(상), p.393.

약에 불과하고 행정처분은 아니므로, 공정력이나 불가쟁력과 같은 효력이 인정되지 아니한다(대판 1995. 1. 20, 94누6529).

Ⅲ. 허용성 및 한계

1. 허용성

확약을 허용하는 법령상 명문의 규정이 없는 경우에도 확약이 허용될 수 있을 것인가에 관하여 견해가 대립되어 있다.

(1) 부정설

명문의 규정이 없는 경우 확약은 허용될 수 없다는 견해로서, 일본 및 과거 독일의 판례의 태도이다.

(2) 긍정설

1) 신뢰보호설

신뢰보호의 원칙상 확약이 인정되며 또 그 법적 효과도 여기서 도출된다는 견해이다.

2) 본처분권 포함설

법령이 행정기관에 대하여 본처분(本處分)을 할 수 있는 권한을 부여한 경우에는 그 예비적 권한행사인 확약의 권한도 당연히 포함되어 있으므로 별도의 법령상 근거를 요하지 않는다는 견해이다.[146)]

---

146) 김남진(Ⅰ), p.371; 박윤흔(상), p.395; 석종현·송동수(상), p.352; 이상규(상), p.394.

(3) 결어

생각건대, 확약은 본처분권(本處分權)의 일부를 이룬다고 볼 수 있으므로 긍정설 중 본처분권 포함설이 타당하다고 생각된다. 신뢰보호설은 확약이 행하여진 후 그 법적 효과발생의 논거에 대한 설명이며, 확약 그 자체의 허용성에 대한 설명으로는 보기 어렵다고 하겠다.

2. 한계

(1) 기속행위에 대한 확약

재량행위에 대하여 확약이 가능하다는 데에는 이견이 없다. 그러나 기속행위에 관하여는 행정청은 본처분을 할 의무가 있으므로 확약을 하는 것은 의미가 없다고 하여 부정하는 견해가 있으나, 실제로 기속행위와 재량행위의 한계는 명확치 아니하며 기속행위의 확약에 의하여서도 상대방의 이익보호의 가능성이 있다고 할 것이므로 긍정하는 것이 타당하다고 하겠다[147].

(2) 본처분 요건완성 후의 확약

인·허가 등 본처분의 요건을 모두 갖춘 후에도 확약을 할 수 있는가에 관하여는 ① 이를 부정하고 바로 본처분을 하여야 한다는 견해[148]와, ② 재량행위인 경우에는 재량권 행사의 방향을 스스로 미리 구속하는 의미의 확약이 가능하고, 기속행위인 경우에도 처분의 시기에 관하여는 재량권이 있다는 이유로 이를 긍정하는 견해[149]가 대립되어 있으나, 국민의 권익을 조기에 확정할 수 있는 상태에 있음에도 불구하고 굳이 불확정상태에 두는 것은 법적 안정성을 해치는 것이므로 부정하여야 할 것이다.

---

147) 김남진(Ⅰ), p.372; 김동희(Ⅰ), p.215; 박윤흔(상), p.396; 석종현·송동수(상), p.354; 이상규(상), p.394.

148) 박윤흔(상), p.396.

149) 김동희(Ⅰ), p.234.

Ⅳ. 요건

확약이 일반적인 효력을 가지기 위해서는 행정행위의 경우와 마찬가지로 주체·내용·절차·형식의 성립요건을 갖추어야 한다. 첫째 확약의 내용이 되는 본 행정처분행위를 할 수 있는 정당한 권한을 가지는 행정주체가 그 권한의 범위 안에서 행하고, 둘째 법령에 합치하고 실현 가능한 내용을 가져야 하며, 셋째 절차면에서 상대방에 대한 청문이나 다른 행정청의 승인이나 동의 등의 절차가 요구되는 경우에 이를 거쳐야 하고, 넷째 그 형식면에서는 법령이나 일반원칙이 정하는 서면이나 구술에 의하는 등의 요건을 갖추어야만 한다.

Ⅴ. 효과

1. 본처분 이행의무

행정청은 확약의 내용인 본처분을 하여야 할 자기구속적인 의무를 지게 되며, 만약 확약의 내용에 반하는 어떠한 처분을 하거나, 약속한 본 처분을 거부하거나 부작위하는 경우에는 신뢰보호의 원칙에 위반하여 위법하다는 주장을 할 수 있다(실제로 구 건축법(제7조·제8조) 등은 건축이 허용되는지의 여부에 대한 사전결정 신청에 대하여 시장·군수가 사전결정을 한 경우에는 이에 따라 본처분인 건축허가를 하도록 명시한 바 있으나, 이 사전결정제도는 1995. 1. 5 폐지되었다).

【판례】: 확약의 내용에 반하는 처분은 신뢰보호의 원칙에 반한다는 판례

국세청장이 원고와 동종의 훈련교육용역의 제공이 부가가치세 면세사업인 사업경영상담업에 해당한다는 견해를 명시적으로 표명하였다가, 원고가 폐

업한 후에 위 용역의 제공이 면세사업인 경영상담업에 해당되지 않는다고 하면서 부가가치세 부과처분을 한 것은 신뢰보호의 원칙에 위배된다(대판 1994. 3. 22, 93누22517).

행정청이 본처분의 신청을 받고도 이를 이행치 아니할 경우에 상대방이 제기하는 행정쟁송의 형태는 본처분에 대한 의무이행심판과, 본처분의 거부처분이나 부작위에 대한 취소소송 또는 부작위위법확인소송의 형태가 될 것이며, 확약에 반하는 내용의 다른 어떤 처분을 한 경우에는 취소쟁송의 형태가 될 것이다.

2. 확약과 사정변경

행정청은 불가항력 등의 사유로 확약을 이행할 수 없을 정도로 사실상태 또는 법률상태가 변경된 경우에는 그 확약에 기속되지 아니한다고 보아 사정변경에 의한 실효(失效)를 인정할 수 있다. 따라서 확약의 구속력은 일반적인 행정행위의 구속력보다 약하며 불안정적이라 할 수 있다. 독일행정절차법(제38조 제3조)도 확약의 전제가 되었던 사실 및 법적 여건이 변경된 경우 행정청이 이러한 사실을 알았더라면 확약을 하지 않았으리라고 인정될 경우에는 더 이상 확약에 구속되지 아니한다고 규정하고 있고, 우리 판례도 같은 견해이다.

【판례】 : 사정변경에 따른 확약의 실효를 인정한 판례
행정청이 상대방에게 장차 어떤 처분을 하겠다고 확약하였더라도 그 후 사실적 · 법률적 상태가 변경되었다면 확약은 행정청의 별다른 의사표시를 기다리지 않고 실효된다(대판 1996. 8. 20, 95누10877).

3. 확약의 하자

(1) 확약의 무효

확약이 행하여지면 확약을 행한 행정청은 확약을 이행하여야 하는 자기구속

력을 받게 되지만, 확약이 주체·내용·절차·형식에 관한 요건에 중대하고 명백한 하자가 있는 경우 그 확약은 무효가 된다.

(2) 확약의 취소

확약에 단순한 하자가 있는 경우에는 행정행위의 취소에 관한 일반이론에 따라 취소할 수 있음은 물론이며, 특히 상대방의 신뢰보호의 관점에서 취소권의 제한에 관한 법리가 적용된다. 확약도 일반 행정행위의 철회사유와 같은 사유가 발생하면 철회할 수 있음은 물론이다.

Ⅵ. 확약과 권리구제

1. 행정쟁송

행정청이 확약의 내용인 본처분을 이행하지 아니하는 경우 상대방은 의무이행심판과 부작위위법확인소송을 제기하여 본처분의 이행을 청구할 수 있다.

2. 손해전보

행정청의 확약 내용의 불이행 또는 확약 자체의 위법한 취소로 인하여 상대방에게 손해가 발생한 경우에는 공무원의 고의·과실에 의한 불법행위로 인한 손해배상(損害賠償)을 청구할 수 있다.

한편, 행정청이 사정변경 또는 보다 큰 공익상의 요구 등 상대방의 책임이 아닌 다른 사유로 확약을 적법하게 철회한 경우에는 상대방이 입은 재산상의 손실에 대하여 손실보상(損失補償)을 하여야 한다.

제2절 행정계획

Ⅰ. 개설

1. 의의

행정계획(行政計劃)이란 "행정주체가 장래 도달하고자 하는 목표를 설정하고 이를 위하여 필요한 수단들을 조정하고 통합하는 작용(계획행정 planning), 또는 이러한 작용의 결과 마련된 활동기준(행정계획 plan)"을 말한다.[150)]

행정계획이 행정법과 관련되는 분야는 우선 계획과정에서는 이해관계인의 이익을 위한 절차적 참여문제, 그리고 그 결과로 설정된 행정계획 분야에서는 국민에 대한 구속력과 구제수단을 중심으로 한 법적 성질문제에 관하여서이다.

2. 기능[151)]

(1) 목표설정

행정계획의 본질적 기능으로서, 목표 자체의 정당성과 합리성뿐만 아니라 설정과정에서의 절차적 참여도 요구된다. 한편, 설정된 목표라도 사정변경에 응하여 수정하여야 할 경우가 있으며, 이 경우에는 상대방의 신뢰보호가 문제된다.

---

150) 우리 대법원도 "행정계획이란 행정에 관한 전문적·기술적 판단을 기초로 하여 도시의 건설·정비·개량 등과 같은 특정한 행정목표를 달성하기 위하여 서로 관련되는 행정수단을 종합·조정함으로써 장래의 일정한 시점에 있어서 일정한 질서를 형성하기 위한 활동기준으로 설정된 것이다"라고 하고 있다(대판 1996. 11. 22, 96누8567).

151) 행정계획의 기능을 정치적 계획과 마찬가지로 1) 정보기능, 2) 조정기능, 3) 통합기능, 4) 촉진기능, 5) 통제기능, 지도기능으로 분류하는 견해도 있다. 홍정선, 행정계획의 개념과 기능, 고시연구 1992.5, p.55.

(2) 수단의 종합

현대행정은 매우 전문화·세분화되어 있으므로 경제·사회·국토개발계획 등과 같이 여러 분야의 행정이 종합되어야만 달성될 수 있는 계획은 관련부처간의 모든 행정수단을 종합·조정하는 기능을 수행하게 되며, 따라서 행정청 상호간의 수단과 이해의 조정 문제가 제기되고 있다.

(3) 행정과 국민의 매개

행정계획은 행정규칙과 달리 행정 내부에서만 효력이 있는 것이 아니라 국민의 장래의 활동에 대한 지침으로 작용될 것이 예상되고 있으며, 따라서 그 구속력과 행정지도·자금지원 등의 문제가 제기된다.

Ⅱ. 종류

1. 종합계획과 부문별 계획

전자는 국토종합계획·장기경제계획·장기사회계획 등을 말하고, 후자는 도시계획·교육계획·환경계획·산림계획 등과 같은 것을 말한다.

2. 장기·중기·연도별 계획

종래 『정부의기획및심사분석에관한규정』(대통령령)에 의하면 장기계획은 6년 이상, 중기계획은 2년 이상 5년 이하의 계획을 말하였다. 그러나 정부의기획및 심사분석에관한규정은 폐지되었다. 오늘날에 있어서 일반적 기준으로서 그 기간에 따라 장기계획은 20년, 중기계획은 10, 단기계획은 5년을 계획기간으로 하는 것을 말하며, 연도별 계획은 당해연도 1년을 계획기간으로 하는 것을 말한다.

3. 지역계획과 비지역계획

지역적 · 공간적 의미를 가지는 계획을 지역계획이라고 하며(국토계획 · 도시계획 등), 그렇지 아니한 것을 비지역계획이라고 한다(인구 · 노동 · 보건계획 등).

4. 상위계획과 하위계획

국토건설종합계획과 도시계획의 관계 등과 같이 다른 계획의 기준이 되는가의 여부에 따른 구분이다.

5. 구속적 계획과 비구속적 계획

법적 구속력의 유무에 따른 구분이며, 행정법에서는 가장 중요한 의미를 갖고 있다. 구속적 계획(拘束的 計劃)이란 대외적 효력을 가지는 것으로서 구체적 집행을 전제로 하고 있는 도시관리계획, 수도권정비계획, 환지계획 등이 있으며, 비구속적 계획은 대내적 효력만 가지는 것으로서 행정에 대한 지침적 기능을 가지는 국토종합계획 · 광역도시계획 · 도시기본계획 · 교육진흥계획 등이 있다. 비구속적 행정계획은 행정기관의 구상에 불과한 것이므로 법적 구속력을 갖지 않고 항고소송의 대상이 되지 않는다.

Ⅲ. 수립절차

1. 법적 근거

(1) 행정조직법적 근거

모든 행정계획의 수립을 위하여서는 먼저 행정조직법적으로 그 권한이 부여되어야만 가능하다(예, 정부조직법과 각 부처의 직제 등).

(2) 행정작용법적 근거

구속적 계획은 국민의 권리·의무에 직접 영향을 미치는 것이므로 당연히 국토의계획및이용에관한법률 등과 같은 법적 근거를 요한다. 그러나 비구속적 계획은 단순히 행정 내부의 지침적 기능밖에 없으므로 원칙적으로 법적 근거가 없이도 가능하다고 하겠다.

2. 수립절차

(1) 의의

행정계획의 정당성과 합리성을 보장하기 위하여서는 각종 전문지식의 활용, 관련 행정청 및 이해관계인의 이해의 조정, 민주적 통제 등 여러 가지 요소를 고려하여야 할 것이다. 현재 행정계획의 수립절차에 관한 일반적 규정은 없고 각 개별법에서 단편적으로 규정하고 있다. 다만, 국민생활에 큰 영향을 주거나 다수 당사자의 이해가 상충되거나, 일반국민에게 불편과 부담을 주거나, 기타 널리 국민의 의견수렴이 필요하거나, 행정행위를 행하는데 있어서 정당성의 확보가 필요한 행정계획은 원칙적으로 행정예고절차를 거쳐 수립·시행·변경하도록 각 해당 개별법률에서 규정하고 있다. 이들을 종합하면 대체로 다음과 같은 절차를 거치도록 되어 있다.

(2) 전문기구의 조사·심의

거의 모든 행정계획은 그 전문성·기술성을 고려하여 특별한 심의위원회의 조사·심의를 거치도록 하고 있다(예, 국토정책위원회, 수도권정비위원회, 중앙도시계획위원회, 시·도도시계획위원회, 시·군·구도시계획위원회 등).

(3) 관계행정청 간의 조정

정부전체 차원에서 통일적이고 체계적인 계획의 수립과 원활한 집행을 위하여 관계행정청 또는 지방자치단체와 협의를 거치도록 하는 경우가 많으며(예, 국토해양부장관의 국토이용계획·수도권정비계획 수립시 관계부처장관 또는 지방자치단체의 장과 협의를 거치도록 한 것), 행정절차법도 이를 의무화하고 있다(제18조).

(4) 이해관계인의 참여

국민의 권리·의무를 직접 규율하는 구속적 계획의 수립에는 반드시 이해관계인의 참여가 요청된다. 현행 법률 중에는 도시계획·토지구획정리사업계획·도시재개발사업계획 등의 수립에 주민 등 이해관계인의 참여를 위하여 ① 계획내용을 일정기간 공고한 후, ② 이에 대한 의견을 제출하게 하거나 필요시 청문 또는 공청회까지 개최하도록 하고 있다. 한편 행정절차법도 많은 국민의 이해가 상충되는 사항 등에 관하여는 행정예고제를 실시하고 국민에게 의견제출의 기회를 부여하고 공청회까지 개최할 수 있도록 하고 있다(동법 제5장 행정예고(行政豫告)).

(5) 공고

구속적 계획은 불특정 다수의 일반 국민에게 영향을 미치는 것이므로 통상 이를 관보 등에 고시 또는 공고함으로써 그 효력이 발생되도록 하고 있으며, 국토의계획및이용에관한법률(제31조)도 도시관리계획결정은 고시가 있은 날부터 5일 후에 그 효력이 발생한다고 규정하고 있다.

【판례】: 고시하지 아니한 처분(결정)은 효력이 없다는 판례
구 도시계획법 제7조가 도시계획결정 등 처분의 고시를 도시계획구역·도시계획결정 등의 효력발생요건으로 규정하였다고 볼 것이어서 건설부장관이 기안·결재 등의 과정을 거쳐 정당하게 도시계획결정 등의 처분을 하였다고 하더라도 이를 관보에 게재하여 고시하지 아니한 이상 대외적으로 아무런 효력을 발생하지 아니한다(대판 1985. 12. 10, 85누186).

(6) 변경 · 폐지

확정된 행정계획을 변경할 때에는 처음부터 새로운 행정계획확정절차를 거쳐야 하며, 폐지할 때에도 역시 공고하여야 한다.

(7) 실효

행정계획이 확정 · 공고된 후 당해 계획이 일정기간 이내에 실시되지 아니한 때에는 그 기간이 만료된 날의 다음날에 행정계획의 효력이 상실된다. 예컨대 도시관리계획결정의 고시일부터 2년이 되는 날까지 지형도면의 고시가 없는 경우 그 다음날부터 도시관리계획결정의 효력은 상실되며, 한편 도로 · 공원 · 주차장 등의 도시계획시설결정의 고시일부터 20년이 경과할 때까지 당해 사업이 시행되지 아니할 경우에도 그 다음날에 도시계획시설결정의 효력이 상실된다(국토의계획및이용에관한법률 제33조 · 제48조). 도시계획 등 구속적 행정계획을 수립한 후 수십 년간 예산부족 등을 이유로 집행하지 않음으로써 그 기간 동안 건축제한 · 토지형질변경제한 등 각종 토지이용행위가 제한됨으로 말미암아 토지소유자 등이 많은 피해를 입고 있는 실정을 감안하여 입법화된 획기적인 조항이라 하겠다.

3. 수립절차의 하자

도시계획법이 규정하고 있는 시장 · 군수의 계획입안절차, 기초조사절차 또는 주민의 의견청취절차에 하자가 있는 경우에는 비록 도시계획의 내용이 재량권의 범위 내이고 변경될 가능성이 없다고 하더라도 이는 위법하며 따라서 취소의 대상이 된다(대판 1990. 1. 23, 87누947).

Ⅳ. 법적 효력 및 성질

1. 법적 효력

(1) 비구속적 계획

과학기술진흥종합계획 · 농어촌개발계획 등과 같이 행정주체의 행정에 대한 지침에 불과한 것은 일반 국민에 대한 법적 구속력이 없다. 다만, 이러한 계획이 행정행위를 함에 있어서 재량준칙이 되어 평등원칙 등을 통하여 국민에 대하여 간접적으로 구속력을 갖게 될 수는 있다고 하겠다.

(2) 구속적 계획

구속적 계획은 ① 국민에 대하여 직접 일정한 법적 효과를 발생하거나(예, 도시관리계획상의 도시(주거 · 상업 · 공업 · 녹지지역으로 다시 세분됨) · 관리(보전 · 생산 · 계획관리지역으로 다시 세분됨) · 농림 · 자연환경보전지역이라는 4개의 용도지역별로 각각 일정한 건축행위, 토지이용 행위가 금지되며, 경관 · 미관 · 고도 · 방화 · 방재 · 보존 · 시설보호 · 취락 · 개발진흥 · 특정용도제한지구 등의 용도지구 안에서도 마찬가지이다), ② 행정기관 또는 다른 행정계획을 구속하는 법적 효과(예, 국토기본법상의 국토종합계획은 도종합계획, 기타의 지역계획을 구속)를 발생한다.

※ 행정계획의 집중효

가. 의의

예컨대, 택지개발촉진법 제11조 제1항은 "택지개발사업시행자가 제9조(택지개발사업실시계획의 승인 등)의 규정에 의한 실시계획의 승인을 얻은 때에는 다음 각호의 결정 · 인가 · 협의 · 동의 · 면허 · 승인 · 처분·해제·명령 또는 지정(이하 '인·허가 등'이라 한다)을 받은 것으로 보며, 국토해양부장관이 실시계획의 승인을 고시한 때에는 관계법률에 의한 인·허가 등의 고시 또는 공고가 있은 것으로 본다"고 규정함으로써 각 개별법률에 의한 토지형질변경허가·도로하천점용허가 등 수십개의 인·허가를 관계행정청으로부터 일일이 받지 않아도 되도록 하고 있다.

이와 같이 하나의 행정계획이 확정되면 다른 법령에 의해 받게 되어 있는 승인 또는 허가 등을 대체시키는 효과를 **집중효**(또는 **대체효**)라고 말한다.

나. 효과

여기에서 인·허가를 받은 것으로 의제된다는 의미가 ① 대체행정청이 관할권만 계획확정기관에 이전되어 계획확정기관은 대체행정청이 준수해야 하는 절차적 요건과 실체적 요건을 모두 준수해야 한다는 것(관할집중설)인지, 아니면, ② 계획확정기관은 계획확정에 관한 절차적 규정만 준수하면 될 것이지 불필요하게 의제되는 인·허가 등의 절차규정을 따를 필요는 없으나 실체법상의 요건규정에는 전면적으로 구속된다는 것인지에 대해 견해가 대립된다(절차집중설).[152]

생각건대 집중효제도의 기능 내지 취지에 비추어 절차집중설이 타당하다. 우리판례도 절차집중설의 입장을 취하고 있다(대판 1992. 11. 10, 92누1162 참조).

2. 법적 성질

구속적 계획 중 특히 국민에 대하여 직접 효력을 발생하는 행정계획의 법적 성질에 관하여는 주로 행정쟁송의 대상이 되는가의 문제와 관련하여 견해가 대립되어 있다. 왜냐하면 입법행위는 원칙적으로 항고소송의 대상이 되지 않

152) 장태주(개), p.395 이하; 홍정선(특), p.162 이하.

고, 행정행위 등 처분만이 그 대상이 되기 때문에 행정계획이 이 같은 처분이 되는지를 정하는 것은 매우 중요한 문제가 되기 때문이다.

(1) 입법행위설

예컨대, 『도시계획결정은 일반적 · 추상적인 도시계획의 결정으로서, 특정 개인에게 어떤 직접적이며 구체적인 권리 · 의무관계가 발생한다고 볼 수는 없다』는 견해이다(서울 고판 1980. 1. 29, 79누416). 행정계획은 입법행위에 해당하는 것이기 때문에 행정쟁송의 대상이 될 수 없다고 한다. 그러나 이 설은 ① 행정계획이 법규명령의 형식을 취하지 않으며, ② 법규명령의 제정절차와는 다르게 제정되고 있다는 점에서 비판을 받고 있다.

(2) 행정행위설

우리 대법원은 위 서울고법의 원심판결에 대하여 『고시된 도시계획결정에 의하여 토지 · 건물 소유자의 토지형질변경 · 건축행위 등 권리행사가 제한을 받게 되므로 특정 개인의 권리 내지 법률상 이익을 구체적으로 규제하는 효과를 가져오게 하는 행정청의 처분』이라고 하여 행정쟁송의 대상이 된다고 한다(대판 1982. 3. 9, 80누105 ; 같은 취지 대판 1988. 5. 24, 87누388).

(3) 복수성질설

행정계획 중에는 법규명령적인 것도 있고 행정행위적인 것도 있을 수 있다고 하며, 여기서의 행정행위란 구체적 · 개별적 성질을 가지는 통상의 행정행위가 아니라 일반처분(一般處分) 또는 물적 행정행위(物的 行政行爲)를 의미한다고 한다.[153]

(4) 독자성설

포르스트호프에 의하면 행정계획은 입법행위도 행정행위도 아니지만, 독자적인 법적 성질을 가지는 이물(異物, aliud)로서 구속력을 가진다는 점에서는

---

153) 김남진(Ⅰ), p.381.

행정행위에 준하여 행정쟁송의 대상이 된다고 한다.[154)]

(5) 결어

종래의 통설인 입법행위설에 의하면 행정계획만으로는 국민의 권리 · 의무에 구체적인 변동을 초래하지 않기 때문에 행정쟁송의 대상이 될 수 없다고 한다.

그러나 예컨대, 도시계획결정만 보더라도 ① 토지의 형질변경행위는 시장 · 군수의 허가를 받아야 하며, 특히 일정한 행위는 허가가 절대적으로 금지되는 효과가 있으며, ② 공업지역에서는 주택의 신축이 금지되는 등 주거 · 상업 · 공업 등의 각 용도 지역별로 허용되는 건축물의 종류와 그 건폐율 · 용적률 · 높이 등의 제한이 가해지는 법적 효과가 부여되기 때문에, 건축법 등 법령의 규정과 결합하여 직접 국민의 권익에 구체적인 변동을 초래하므로 행정쟁송의 대상인 구체적 · 개별적 처분성이 인정된다고 하겠다.

대법원 판례도 행정쟁송의 대상으로 인정하고 있고, 국무총리행정심판위원회도 공장이 가동 중인 행정심판청구인의 토지를 토지구획정리사업계획을 일부 변경하여 동 사업지구에서 제외하여 달라는 행정심판에 대하여, 동 계획이 당해 토지의 위치 · 지목 · 면적 · 이용상황 등 제반 여건을 제대로 고려하지 아니한 부당한 처분이라 하여 이를 인용한 바 있다(국행심 재결 1980. 12. 10, 86-244).

그러나 행정계획은 광범위한 계획재량을 인정받고 있어서 그 위법성의 인정에 한계가 있기 때문에, 재량권행사의 부당성 여부도 심판의 대상으로 하고있는 행정심판에서가 아닌 행정소송단계에서 구제받기에는 어려움이 있고, 또한 위법성이 인정되더라도 이에 의거한 대규모 공사가 이미 상당한 정도로 진행되고 있는 경우에 특정인만을 위한 취소는 공익에 중대한 지장을 초래하므로 부득이 사정판결(事情判決)을 할 수밖에 없다는 한계가 있으므로, 특히 사전적 · 절차적인 참여의 보장에 많은 비중을 둘 필요가 있다.

---

154) Forsthof, S.199f.

Ⅴ. 계획재량

1. 의의

행정청이 행정계획을 수립함에 있어서는 관련요소의 복잡성과 미래예측의 곤란성 때문에 일반적인 재량행위보다 더욱 광범위한 판단여지 또는 형성의 자유가 인정되는바, 이를 특히 계획재량(計劃裁量)이라고 한다. 계획재량의 개념은 일반 행정법규의 집행과 관련하여 행정기관의 재량행위와 구별하기 위하여 사용하는 도구개념이었지만,[155] 대법원 판례는 "도시계획법 등 관계법령에는 추상적인 행정목표와 절차만 규정되어 있을 뿐 행정계획의 내용에 대해서는 별다른 규정을 두고 있지 아니하므로 행정주체는 구체적인 행정계획을 입안·결정함에 있어서 비교적 광범위한 형성의 자유를 가진다"라고 하여 계획재량의 개념을 수용하고 있다(대판 2000. 3. 23, 98두2768).

2. 사법심사와 이익형량의 원칙(형량명령)

계획재량은 행정계획의 수립과 관련하여 계획 관청이 가지게 되는 전문적·기술적 판단을 기초로 하는 재량 또는 형성의 자유이기는 하지만 계획의 수립으로 인하여 구체적으로 국민의 권리와 이익을 구속하게 된다. 현행 행정소송법은 위법한 처분 등을 행정소송의 대상으로 삼고 있는데, 계획재량에 의한 행정계획이 대외적으로 처분성을 가지고 그 처분이 위법성을 띠고 있다면 사법심사가 가능하게 된다. 이 경우에는 행정소송으로 행정계획에 대한 취소를 구할 수 있다.

따라서 행정계획에 있어서 계획은 폭넓은 재량이 인정되지만 일정한 한계를 지니게 된다. 즉, 행정계획에 있어서도 법이 정한 절차와 형식을 준수하여야 할 뿐만 아니라 ① 그 계획에서 설정되는 목표는 근거법에 합치되는 것이어야

155) 석종현, 계획법상의 공간규제절차, 고시연구 1981.7, p.101.

하고, ② 구체적으로 당해 법률이 정한 계획기준 또는 행정청이 정하여 공표한 계획기준에 따라야 하고, ③ 관계된 여러 이익들을 정당하게 고려하고 형량해야 하는 이익형량(利益衡量)의 원칙을 준수하여야 한다. 여기서 이익형량의 원칙이라 함은 관련되는 모든 공·사익의 조사와 그 평가 및 비교형량이라는 3단계에 걸쳐 행하여 지며, 예컨대, ① 이익형량을 전혀 하지 아니하거나, ② 반드시 고려되어야 할 특정 이익이 이익형량에서 누락되거나, ③ 이익형량을 하기는 하였으나 그것이 비례의 원칙에 어긋나는 경우에는 이익형량에 하자가 있게 되고, 따라서 재량권 일탈·남용으로 인한 위법으로 간주되어 그 행정계획은 취소쟁송에 의하여 취소될 수 있다(판례 참조).

【판례】 : 이익형량에 하자가 있는 계획재량은 위법한 처분이라는 판례

행정주체가 택지개발예정지구 지정 처분과 같은 행정계획을 입안·결정하는 데에는 비록 광범위한 계획재량을 갖고 있지만 행정계획에 관련된 자들의 이익을 공익과 사익 사이에서는 물론, 공익 상호간과 사익 상호간에도 정당하게 비교·교량하여야 하고 그 비교·교량은 비례의 원칙에 적합하도록 하여야 하는 것이므로, 만약 이익형량을 전혀 하지 아니하였거나 이익형량의 고려대상에 포함시켜야 할 중요한 사항을 누락한 경우 또는 이익형량을 하기는 하였으나 그것이 비례의 원칙에 어긋나게 된 경우에는 그 행정계획은 재량권을 일탈·남용한 위법한 처분이다(대판 1997. 9. 26, 96누10096).

Ⅵ. 계획보장청구권(행정계획과 신뢰보호)

1. 개설

행정계획은 그 성격상 다른 어떤 행정작용보다도 미래지향적 행정작용이므로 계획이 확정된 이후에도 사정변경 등에 기한 탄력적인 변경가능성이 요구되는 반면에, 이의 존속을 신뢰하여 많은 경제적 투자를 한 상대방의 신뢰보호

가 강하게 요청되고 있는 분야이다(예, 상업지구에 토지를 매입하여 상가를 짓고 있는데 주거지역으로 변경되면 막대한 손실이 초래된다). 따라서 계획변경 가능성과 신뢰보호라는 상충되는 요청 사이의 적절한 조화가 절실하다고 하겠으며, 이에 제기된 이론이 바로 계획보장청구권(計劃保障請求權)이론이다.[156] 따라서 이를 행정계획분야에 있어서의 신뢰보호의 원칙의 적용례라 할 수 있다.

계획보장청구권이란 단일한 내용의 청구권이 아니라, 계획의 존속·이행을 청구하고, 그렇지 못할 경우에는 경과조치와 손해전보를 청구할 수 있는 청구권 등을 포괄하는 개념이다. 따라서 계획보장청구권은 계획존속청구권, 계획이행청구권, 계획변경청구권, 경과조치청구권 및 손해전보의 청구권을 포함하고 있다.

2. 근거 및 성격

(1) 근거

계획보장청구권의 이론적 근거에 관하여는 ① 법치국가원리에 의한 법적 안정성을 구한다는 법적 안정성설, ② 행정계획의 존속을 신뢰한 자의 신뢰를 보호하여야 한다는 신뢰보호설, ③ 헌법상 보호받아야 하는 재산권의 일종이라는 재산권설, ④ 계획을 전제로 하는 계약불가능의 법리에 따르는 계약법리설 등이 있다.

(2) 성격

① 행정청의 채무불이행으로 인한 손해배상청구권설, ② 행정청의 고의·과실에 의한 불법행위로 인한 손해배상청구권설, ③ 행정계획의 변경·폐지 자체는 적법한 것으로 보되, 이로 인한 침해는 특별한 희생에 해당되므로 수용유사침해로 인한 손실보상청구권이라는 견해 등이 있다.

---

156) 따라서 계획보장의 법리는 계획의 변경·폐지 또는 불이행과 관련하여 계획주체와 계획의 수범자 간의 위험의 분배에 관한 것이라고 한다. Maurer, S.415.

3. 내용

(1) 계획존속청구권

행정계획의 변경 또는 폐지에 대항하여 그 존속을 주장하는 권리인 계획존속청구권(計劃存續請求權)은 행정계획의 가변성·공공복리성에 비추어 일반적으로는 인정될 수 없다고 하겠다. 그러나 계획이 법률 또는 행정행위의 형식으로 행하여진 경우에는 인정하여야 할 것이라는 견해도 있다.[157] 즉, 행정계획이 법률의 형식으로 정립된 경우에도 ① 계획법규가 과거에 이미 종결된 사실에 적용되는 진정소급효를 갖는 계획변경은 당연히 허용되지 않지만, ② 과거나 현재의 사실이나 법률관계에 적용되어 장래에 까지도 법적 지위를 침해하게 되는 부진정소급효를 갖는 계획변경의 경우에는 당해 계획의 존속에 대한 이해관계인의 신뢰보호(예, 토지의 매입과 건축행위의 개시 등)가 계획변경에 의하여 달성하고자 하는 공익보다 큰 경우에는 계획변경에 대한 계획존속청구권이 인정된다고 하겠다.

한편, 행정계획이 행정행위의 형식으로 행하여진 경우에의 계획변경에 관하여는 행정행위의 철회의 제한에 관한 일반원칙이 적용된다고 하겠고, 따라서 이 역시 상대방의 신뢰보호가 계획변경의 제한원리로 작용하게 된다.

(2) 계획이행청구권

행정계획에 반하는 행정행위 기타의 행정작용의 금지를 청구하는 『계획준수청구권』과, 계획내용대로의 성실한 집행을 청구하는 계획이행청구권(計劃履行請求權)은 일반적으로는 인정되기 어렵지만, 법령상 계획의 성실한 집행의무가 명시되어 있고, 그 법령의 취지가 상대방의 이익도 보호하려는 취지임이 인정되는 경우에는 이들 청구권을 인정하여야 할 것이다.[158]

157) 김동희(Ⅰ), p.194; 박윤흔(상), p.287.
158) 김동희(Ⅰ), p.195.

(3) 계획변경청구권

기존의 행정계획에 대하여 사정변경 등의 이유로 주민 등에게 계획의 변경을 청구할 권리를 인정할 수 있는가의 문제이다. 판례는 이를 인정하지 않고 있는바, 그 논거로서는 행정청이 국민으로부터 어떤 행정행위를 해 줄 것을 신청받고서 이를 거부한 행위가 행정처분(거부처분)이 되기 위해서는 국민에게 신청에 따른 행정행위를 해 줄 것을 요구할 수 있는 '법규상 또는 조리상의 권리'가 있어야 하는바, 이러한 권리가 인정되지 아니한다는 이유로 취소소송의 대상이 되는 (거부)처분이 될 수 없고 따라서 부적법한 소로서 각하시키고 있다(국민의 청구는 단순히 행정청의 직권에 의한 계획변경을 촉구하는 행위에 불과하다고 본다).

【판례】: ① 지역주민은 도시계획사업실시계획의 변경인가를 청구할 권리가 없다는 판례

도시계획법(25①)에 의하면 도시계획사업실시계획의 인가 및 동 변경인가는 건설부장관이 사업시행자인 시장·군수의 신청에 의하여 행하도록 되어 있을 뿐, 주민이 직접 이를 신청할 수 있다는 규정도 없을 뿐만 아니라, 도시계획과 같은 장기성·종합성이 요구되는 행정계획은 일단 확정된 후 사정의 변동이 있다고 하여 지역주민에게 일일이 계획의 변경을 청구할 권리를 인정해 줄 수 없다(대판 1994. 1. 28, 93누22090).

② 도시계획법상 용도지역의 변경을 청구할 권리가 없다는 재결례

•사실개요

청구인이 경영하고 있는 시장부지를 일반주거지역에서 상업지역으로 변경하여 달라는 용도지역변경신청에 대하여 서울특별시장이 이를 거부하자 이를 이행하라는 의무이행행정심판을 제기하였다.

•재결요지

의무이행심판대상이 되는 거부처분 또는 부작위가 성립되기 위하여는 신청인에게 신청에 따른 행정행위를 해 줄 것을 요구할 수 있는 법규상 또는 조리상의 권리가 있어야 하는바, 도시계획법상 주민에게 이러한 신청권이 없을 뿐만 아니라 도시계획과 같은 장기성·종합성이 요구되는 행정계획에 있어서는 그 계획이 일단 확정된 후 어떤 사정의 변동이 있다하여 지역 주민에게 일일이 계획의 변경을 청구할 권리를 인정해 줄 수도 없으므로, 청구인의

이 건 용도지역변경신청은 적법한 신청이라기 보다는 단순한 민원제기에 불과하다고 할 것이므로 이 건 청구는 의무이행심판의 대상이 되지 아니한다고 할 것이므로 행정심판제기의 요건을 결한 부적법한 심판청구이므로 이를 각하한다(국무총리행정심판위원회재결 1993. 6. 30, 93-176)

(4) 경과조치청구권

행정계획이 변경·폐지될 경우에 이로 인하여 재산상의 손해를 보게 되는 자가, ① 자기에 대한 적용배제 또는 적용유예기간의 설정, ② 추가로 필요한 시설을 위한 보조금지급청구권 등의 경과조치를 청구할 수 있는가에 관한 문제이다.

생각건대, 상대방의 신뢰보호상 계획존속·이행청구권이 부인되는 데 대한 보완적 의미에서라도 이러한 경과조치청구권을 인정하는 것이 바람직하며, 과거 우리 행정절차법안(제58조 제1항)에서는 행정계획을 변경·폐지하고자 할 때에는『국민의 재산상 손실을 방지하기 위한 시설의 설치 기타 필요한 예방대책을 강구』하도록 명시하여 경과조치청구권을 인정한 적이 있지만, 행정절차법을 비롯한 현행법상 이러한 권리를 규정한 법령은 없다.

(5) 손해배상·손실보상청구권

계획의 변경·폐지로 인한 손해나 손실의 보전에 관한 일반적 규정은 없으며, 행정상 손해배상 또는 손실보상의 법리에 따라 해결하여야 할 것이다.

그러나 현실적으로 담당 공무원의 고의·과실을 입증하기가 쉽지 아니하기 때문에 손해배상책임은 인정되기 어려울 것이므로, 적법한 계획의 변경·폐지로 인한 특별한 희생에 대하여는 대체로 손실보상의 법리에 따라 손실보상을 하여야 할 것이다.

Ⅶ. 구제수단

1. 사후적 구제수단

(1) 행정쟁송

국민에 대한 구속적 행정계획은 처분적 행정행위가 되기 때문에 행정심판이나 행정소송으로 그 취소·변경을 구할 수 있다고 하겠으나 광범위한 계획재량이 인정됨에 따라 첫째, 원고의 승소가 어렵고 둘째, 계획의 특정 부분만의 취소는 전체계획을 무용화시킬 가능성이 있으며 셋째, 계획의 확정은 완성된 사실을 의미하는 것으로서 권익구제의 실효성을 거두기 어려운 점 등의 한계가 있기 때문에 주로 계획수립·확정의 절차의 위법성 여부에 심사의 중점이 놓여질 수밖에 없다고 하겠다.

(2) 손실보상

행정계획으로 인한 손실보상은 ① 그린벨트(개발제한구역) 설정과 같이 행정계획 자체로 인한 재산권의 제한(소위 계획제한)에 대하여 이를 특별한 희생으로 보아 손실보상을 할 것인가의 문제와, ② 행정계획이 변경·폐지된 경우에 그 존속을 신뢰하여 자본 등을 투자한 개인에 대하여 손실보상을 할 것인가의 문제가 제기된다.

그러나 손실보상의 요건에서 말하는 『특별한 희생』이 인정되더라도 헌법(제23조 제3항) 규정상 손실보상을 한다는 법률의 규정이 없는 한 손실보상은 할 수 없고, 대신에 공용침해로 인한 손실에 대한 보상규정이 없는 법률은 수용과 보상은 동시에 정하여야 하는 헌법상의 결부조항에 위배되기 때문에 그 법률은 위헌·무효이므로 그 위법(위헌)을 이유로 한 손해배상청구권이 인정된다는 견해와, 상기 헌법규정에 직접 근거하여 손실보상청구권이 인정된다는 견해 등으로 대립되고 있다. 그러나 계획재량에 의한 재산권의 침해에 대해서는 점차 개별 입법의 구체화를 통하여 그 손실보상의 범위를 넓혀 가는 것이 계획재량의 정당성과 국민의 권리구제를 위하여 바람직할 것이라 생각된다.

【판례】: ① 개발제한구역 지정에 관한 도시계획법 제21조는 합헌이라는 판례
도시계획법 제21조의 규정에 의하여 개발제한구역 안에 있는 토지의 소유자는 재산상의 권리 행사에 많은 제한을 받게 되고 그 한도 내에서 일반 토지소유자에 비하여 불이익을 받게 됨은 명백하지만, '도시의 무질서한 확산을 방지하고 도시주변의 자연환경을 보전하여 도시민의 건전한 생활환경을 확보하기 위하여 또는 국방부장관의 요청이 있어 보안상 도시의 개발을 제한할 필요가 있다고 인정되는 때'(도시계획법 제21조 제1항)에 한하여 가하여지는 그와 같은 제한으로 인한 토지소유자의 불이익은 공공의 복리를 위하여 감수하지 아니하면 안 될 정도의 것이라고 인정되므로, 그에 대하여 손실보상의 규정을 두지 아니하였다 하여 도시계획법 제21조의 규정을 헌법 제23조 제3항, 제11조 제1항 및 제37조 제2항에 위배되는 것으로 볼 수 없다(대판 1996. 6. 28, 94다54511).
② 개발제한구역 지정으로 사회적제약의 범위를 넘는 가혹한 부담이 발생하는 예외적인 경우에도 보상규정을 두지 않는 것은 위헌이라는 판례
도시계획법 제21조에 의한 재산권의 제한은 개발제한구역으로 지정된 토지를 원칙적으로 지정 당시의 지목과 토지현황에 의한 이용방법에 따라 사용할 수 있는 한, 재산권에 내재하는 사회적 제약을 비례의 원칙에 합치하게 합헌적으로 구체화한 것이라고 할 것이나, 종래의 지목과 토지현황에 의한 이용방법에 따른 토지의 사용도 할 수 없거나 실질적으로 사용·수익을 전혀 할 수 없는 예외적인 경우에도 아무런 보상없이 이를 감수하도록 하고 있는 한, 비례의 원칙에 위반되어 당해 토지소유자의 재산권을 과도하게 침해하는 것으로서 헌법에 위반된다. 도시계획법 제21조에 규정된 개발제한구역제도 그 자체는 원칙적으로 합헌적인 규정인데, 다만 개발제한구역의 지정으로 말미암아 일부 토지소유자에게 사회적 제약의 범위를 넘는 가혹한 부담이 발생하는 예외적인 경우에 대하여 보상규정을 두지 않은 것에 위헌성이 있는 것이다(헌재 1998. 12. 24, 97헌바78).

2. 사전적 구제수단

행정계획은 성격상 계획수립단계에서 이해관계인의 참여를 보장하여 공익과 사익의 조화를 기하는 행정 절차적 · 사전적 구제수단의 확립이 매우 중요한 비중을 차지하고 있으며, 지금까지의 개별적 · 단편적 법률로는 미흡하여 행정절차법(제5장)에서는 많은 국민의 이해가 상충되는 이러한 행정계획의 수립 · 시행에 관하여 행정예고제를 규정하고 있고 이해관계인은 그 예고된 계획에 대하여 의견제출 및 공청회 등을 통하여 절차적 참여가 보장되고 있다.

이밖에도 국토의계획및이용에관한법률 등에서처럼 공청회의 개최를 통한 의견수렴이나, 계획안을 공람시켜 의견제출의 기회를 부여하는 등의 방법으로 이해관계인의 절차적 참여를 보장하여 행정계획의 정당성을 확보하는 것이 일반적이다.

제3절 공법상 계약 및 합동행위

Ⅰ. 공법상 계약

1. 개설

(1) 의의

공법상 계약(公法上 契約)이란 학문상의 개념으로서 "공법적 효과의 발생을 목적으로 하는 복수당사자간의 반대방향의 의사표시의 합치에 의하여 성립되는 공법행위"를 말한다.

공법상 계약은 행정주체와 객체가 대등한 지위에서 자유로운 계약에 의하여 법률관계를 형성하는 비권력작용이라는 점에 특색이 있으며, 행정주체가 우월한 의사의 주체로서 국민에 대하여 일방적으로 명령·강제하는 권력작용인 행정행위 중심의 독일 및 우리나라 행정법체계하에서는 이론이 크게 발전하지 못하고 있고 판례도 이러한 개념을 부정하고 있는 형편이지만, 프랑스와 미국에서는 널리 활용되고 있는 비권력행정에 속하는 행위형식이다.

(2) 다른 행위형식과의 구별

1) 사법상 계약과의 구별

사법상 계약은 사법의 영역에 복수당사자의 의사의 합치에 의하여 이루어지는 계약이지만, 공법상의 계약은 공법상의 권리·의무의 발생·변경·소멸의 공법적 효과의 발생을 목적으로 한다는 점에서 구별된다. 공법상 계약은 공법의 영역에서의 법률관계를 의미한다.[159] 따라서 국가가 순수한 사경제적 행위(국고행위)로서 사인과 행하는 계약(국유재산 매매·임대계약, 도로공사도급

---

159) Battis, S.161; Maurer, S.346.

계약, 물품구매계약 등)은 사법적 효과를 발생하는 것이므로 사법상 계약에 해당한다. 전화가입계약도 여러 가지 공법적인 규제가 있기는 하지만 그 본질은 사법상 계약이므로 전화가입계약의 해지는 민사소송으로 다투어야 하며, 취소소송의 대상이 되는 행정처분으로 볼 수 없다(대판 2001. 2. 27, 99두6842).

2) 행정행위와의 구별

행정행위는 『일방적 의사에 의한 권력적 단독행위』라는 점에서 구별된다. 그러나 공무원임명행위·귀화허가 등이 공법상 계약 또는 행정행위 중 어느 것에 해당하는지에 관하여는 견해가 대립되어 있다. 공법상의 계약은 그 법률효과가 복수당사자 사이의 의사의 결합에 의하여 성립된다. 공무원 임명행위와 귀화허가는 상대방의 신청에 의한 의사의 합치라는 점에서는 공법상 계약처럼 보이지만, 신청에 대하여 행정청이 일방적 의사에 의한 결정의 성질이 더 강하기 때문에 행정행위로 보아야 할 것이다. 이들 문제는 결국 특정 실정법제도에 있어서의 의사합치의 성질에서 찾아야 할 것이다.

3) 공법상 합동행위와의 구별

복수당사자 사이의 의사표시의 합치라는 점에서는 같지만, A시와 B시가 조합을 설립하는 것과 같은 공법상 합동행위는 모든 당사자 간의 『같은 방향의 의사표시』이며, 따라서 그 법적 효과도 당사자 간에 같은 의미를 가진다는 점에서 구별된다(예, 조합설립행위는 조합원으로서 같은 방향의 동등한 권리·의무가 성립함에 비하여, 공법상 계약은 토지수용의 협의와 같이 토지소유권취득과 보상금지급의무, 소유권이전의무와 보상금지급청구권의 발생과 같이 당사자 간에 서로 반대방향의 법률효과가 발생한다).

(3) 행정계약론

최근 공법상 계약뿐만 아니라 사법상 계약까지 포함하여 행정주체가 계약당사자가 되는 것을 모두 행정계약(行政契約)이라 하는 경우가 있다. 이러한 견해는 공법과 사법의 구별기준이 명확하지 않고, 사법상 계약과 명확히 구별되는 공법상 계약의 영역을 확정하기 어려우며, 공법상 당사자소송과 민사소송을 구별할 실익이 없다는 점을 그 논거로 하고 있다.[160] 그러나 양자는 ① 우리 행정법체계가 전통적으로 공·사법의 이원적 체계를 유지하고 있고, 각 분야에 적용되는 법규 및 법원리가 다르며, ② 이에 적용되는 구제제도도 국가배상법·행정소송법 아니면 민법·민사소송법으로 구분되어 있기 때문에 법이론적으로 볼 때 양자는 따로 논함이 타당하다고 생각된다.

그러나 현실적으로 볼 때 아직 공법상 계약에만 고유한 법원리가 크게 발전되어 있지 못하고, 국가배상제도 및 공법상 당사자소송의 일반 민법·민사소송에 대한 특칙도 그다지 많지 아니하므로 법원의 소송실무에서는 이들을 모두 민사소송으로 함께 취급하고 있는 실정이다.

(4) 각국의 공법상 계약

1) 독일

행정행위 중심의 행정법이론체계상 공법상 계약의 범위는 매우 한정적·예외적으로만 인정되어 왔으며, 행정절차법(제54조~제62조)은 법규에 반하지 아니하는 한 이를 허용하고 있고, 서면에 의할 것과 무효원인 등에 관하여 규정하고 있다.

2) 프랑스

국참사원 판례를 중심으로 행정계약의 관념이 광범위하게 인정되어 왔으며, 토지수용계약뿐만 아니라, 독일에서는 행정행위로 보는 공기업특허·공물사용권의 특허와 사법상 계약으로 보는 공사도급계약·물품납품계약·물품제조계약·운송계약 등도 모두 행정계약으로 본다.

3) 영·미

원래 공·사법의 구별이 인정되지 아니하였으므로 특별한 공법상 계약의 관

160) 김도창(상), p.511; 김동희(Ⅰ), p.228; 서원우(상), p.526.

념이 성립될 여지가 없었고 일반 사법이 적용되어 왔다. 그러나 19세기 후반부터 정부계약(governmental contract)이라는 이름으로 여러 정책적 조항을 포함한 표준조항을 도입하여 사법상 계약에 대한 특칙들을 인정하고 있다.

2. 성립가능성과 자유성

(1) 성립가능성

1) 부정설

공법상 계약은 국가와 사인이 대등한 의사의 당사자관계에서 성립하는 것인데, 행정은 항상 국민에 대하여 고권적 행위를 하려고 하기 때문에 국가와 사인 간에는 의사의 대등성이 인정되기 어렵고 따라서 공법상 계약은 성립되지 않는다는 것이다.

2) 긍정설

오늘날 급부행정의 증대로 인하여 행정행위의 유연성이 요구되면서 통설은 실정법규 또는 실제상의 필요 등을 근거로 하여 공법상 계약의 성립가능성을 인정하고 있다.[161)]

3) 결어

행정주체의 의사라고 하여 어떤 분야이든 선험적으로 항상 우월한 것이라고 단정할 수는 없고, 법률이 우월성을 인정치 아니할 경우 또는 법률상 규율되고 있지 아니한 분야에 있어서까지 공법상 계약의 성립을 부정할 이유는 없다고 하겠다.

(2) 자유성

공법상 계약의 성립가능성을 인정하는 경우에도 그 체결에 법률의 근거가

161) Braun, Zur Zukunft des ¨offentlichen Vertrages im Bereich der Leistungsverwaltung, BayVBl 1983, S.225.

있어야 할 것인가의 문제에 관하여는 다시 견해가 대립되어 있다.

1) 부정설

법률에 의한 행정의 원리가 공법상 계약에도 적용되어야 하므로 법률의 근거가 있어야 한다고 하여 공법상 계약의 자유성을 부정하는 견해이다.

2) 긍정설

권력작용인 행정행위와 달리 비권력작용인 공법상 계약의 효력은 사법상 계약과 마찬가지로 당사자 간의 자유로운 의사의 합치 그 자체에서 도출되기 때문에 굳이 법률의 근거가 필요 없다고 하여 공법상 계약의 자유성을 인정하는 견해이다.

3) 결어

비권력작용인 공법상 계약은 권력작용인 행정행위와는 그 성립기초와 효력근거를 달리한다고 할 것이므로 법률의 근거를 요하지 아니한다고 하겠다.

3. 종류

(1) 행정주체 상호간의 계약

① 국가와 공공단체 간, 또는 공공단체 상호간의 사무위탁계약이나, ② 지방자치단체 상호간에 도로법 · 하천법에 의하여 도로 · 하천의 관리 및 경비부담에 관하여 체결하는 계약 등이 이에 해당한다.

(2) 행정주체와 사인 간의 계약

① 국가 · 공공단체가 기업자인 경우의 토지수용의 협의, ② 임의적 공용부담계약(사유지를 공원 · 학교부지로 제공하는 소위 기부채납; 국유재산법 제9조 · 제24조, 지방재정법 제75조), ③ 행정사무의 위탁계약(별정우체국법에 의한 별정우체국의 지정), ④ 공법상 보조금지급계약(형식상으로는 보조금 교부

결정이라는 행정행위의 형식에 의하지만 실질적 법률관계는 협의에 의하여 형성되는 공법상 계약이다. 보조금법 제17조), ⑤ 특정분야의 연구개발사업계약, ⑥ 수도공급계약(지방자치단체와 사인 간의), ⑦ 원자력손해배상보상계약(정부와 원자력사업자간의, 원자력손해배상법 제9조), ⑧ 환경보전협정(지방자치단체와 사기업간의) 등이 이에 해당된다.

이들 외에도 학자에 따라서는 공무원임명, 귀화허가, 지원에 의한 군입대 또는 국공립학교에의 입학 등을 공법상 계약으로 보는 견해도 있으나 이는 권력행정에 속하고, 대등한 의사의 합치로 성립한다고 보기는 어려우므로, 상대방의 협력을 요하는 행정행위로 보는 것이 타당하다.

한편, 일본의 공해방지협정(지방자치단체와 기업 간), 독일의 교환계약[162] (허가 등의 수익적 행정행위를 해 주는 대신 부담금 납부의무의 약속) 등과 같이 외국에서는 전형적인 권력행정분야에서도 공법상 계약의 성립을 인정하는 예도 있다.

(3) 사인 상호간의 계약

법률에 명문규정이 있는 경우 사인 상호간에도 공법적 효과가 발생하는 공법상 계약의 성립을 인정할 수 있으며, 현행법상으로 기업자가 사인인 경우의 토지수용의 협의가 이에 해당한다. 이를 순수한 사법상의 매매계약으로 보는 견해도 있으나, 협의에 대한 확인이 있으면 토지수용위원회의 재결과 같은 효력을 가지며 따라서 기업자는 권리를 취득하고, 토지소유자는 보상금청구권과 환매권이라는 공권을 취득하게 되므로 공법상 계약으로 볼 것이다.

162) 독일행정절차법상에는 공법상 계약으로서 조정계약(제55조)과 교환계약(제56조)이 있는데 조정계약(Vergleichsvertrag)은 위법적 건축행위를 하고 있는 건축주에게 스스로 이를 제거할 수 있는 기간을 보장하여 주는 계약을 말하며, 교환계약(Austauschvertrag)은 엄밀한 의미에서 계약의 자유를 제한하는 것이 되므로 이와 같은 계약은 행정청의 재량의 여지가 있는 경우에만 허용되는 것이다. Wittern, S.137.

4. 특수성

사법상 계약에 대한 공법상 계약은 ① 국가와 사인 간의 계약으로 법규에 따르거나 또는 자유의 방식에 의하지만, ② 문서의 형식으로 하여야 하며, ③ 절차가 중요시되고, ④ 그 당사자의 자유로운 의사에 의한 동의가 있어야 하고, ⑤ 계약기간이 명시되어야 하며,[163] ⑥ 그에 대하여 명백한 하자가 있을 때는 성립되지 않는 특수성이 있다.

(1) 실체법적 특수성

1) 합법성의 원칙

법률에 위배되지 아니하여야 한다. 따라서 법률이 공법상 계약을 명시적 또는 묵시적으로 금지한 경우에는 불가능하며, 계약의 절차 · 방법 · 형식 · 내용 등에 관한 명문의 규정이 있는 경우에는 이에 위반하여서는 아니 된다.

2) 방법 및 형식

원칙적으로 문서에 의하여야 하며(독일 행정절차법 제57조), 체결방법으로는 일반경쟁 · 제한경쟁 · 지명경쟁 및 수의계약의 방법이 있다(국가재정법 제76조 · 지방재정법 제61조).

3) 절차

원칙적으로 제한은 없으나, 공익상 행정관청의 인가 또는 확인을 받도록 하는 경우도 있다(예, 토지수용의 협의성립의 확인, 토지보상법 제25조의2).

4) 계약강제

계약체결 여부는 원칙적으로 당사자 간의 자유에 맡기는 것이지만(계약자유의 원칙), 예외적으로 수도공급계약과 같이 일상생활에 필요 불가결한 재화나

---

163) Wittern, S.136ff.

용역의 공급은 국민의 생활권 보장이라는 윤리적 측면에서 법률로 정당한 사유 없이 공급을 거절하지 못하도록 함으로써 계약강제가 행하여지기도 한다(수도법 제24조).

5) 해제

일반적으로는 민법상의 계약해제규정(민법 제543조 이하)이 그대로 적용된다고 할 수 있지만, 예외적으로 공익상 특별한 제한이 가해지는 경우도 있다(예, 상술한 수도공급계약은 생존권보장 측면에서 행정주체가 자유로이 해제할 수 없다).

민법상의 해제사유(상대방의 채무불이행 등)가 있는 경우 외에도 행정주체는 사정변경 등의 경우에 공익상 해제할 수 있고 상대방은 이에 대하여 손실보상을 청구할 수 있다(보조금의예산및관리에관한법률 제21조 등).[164]

6) 하자

무효·취소 등 행정행위의 하자에 관한 이론 대신에 민법상 법률행위의 하자에 관한 규정(착오·사기·강박·허위표시 등)이 적용된다.

(2) 절차법적 특수성

공법상 계약에 관한 쟁송은 『공법상 법률관계에 관한 소송』이므로 공법상의 당사자소송으로 행정소송법의 적용을 받게 된다.

> **【판례】**: 공법상 계약의 해지의 무효확인은 공법상 당사자소송으로 청구하여야 한다는 판례
> 공중보건의사 채용계약해지의 의사표시에 대하여는 대등한 당사자간의 소송형식인 공법상의 당사자소송으로 그 의사표시의 무효확인을 청구할 수 있는 것이지, 이를 항고소송의 대상이 되는 행정처분이라는 전제에서 그 취소를 구하는 항고소송을 제기할 수는 없다고 할 것이다(대판 1996. 5. 31, 95누10617).

164) 김남진(Ⅰ), p.403; 김동희(Ⅰ), p.228.

이와 같이 일방의 계약상의 채무불이행에 대하여는 공법상 당사자소송에 의하여 법원에 강제집행을 청구할 수밖에 없고, 행정강제(강제징수·강제철거등)의 방법으로 행정관청이 직접 이를 실현하는 자력집행력이 인정되지 아니한다는 점에서 행정행위와 구별된다. 다만, 지정된 용도외의 사용등을 이유로 보조금교부결정을 취소한 경우에 국세징수의 예에 따른 보조금의 강제환수제도와 같이 예외적으로 자력집행력을 인정한 경우도 있다(보조금의예산및관리에관한법률 제33조).

Ⅱ. 공법상 합동행위

공법상 합동행위(公法上 合同行爲)란『공법적 효과의 발생을 목적으로 하는 복수당사자 간의 동일방향의 의사표시의 합치에 의하여 성립되는 공법행위』를 말하며, 각 당사자 간에 의사표시의 방향이 동일하고, 그 법적 효과도 동일한 의미를 가진다는 점에서 공법상 계약과 구별된다. 공법상 합동행위의 예로서는, ① 지방자치단체 간에 지방자치단체조합을 설립하는 행위(지방자치법 제149조), ② 공공조합 간에 공공조합연합회를 설립하는 행위(산림조합법에 의한 산림조합중앙회) 등이 있다.

제4절 행정상의 사실행위

Ⅰ. 개설

1. 의의

행정상의 사실행위(事實行爲)란『일정한 사실상의 결과의 발생만을 목적으로 하는 행정주체의 행위』로서, 법적 효과의 발생을 목적으로 하는 행정행위 등의 법적 행위에 대응하는 개념이다(예, 폐기물 수거, 도서관·도로 등 공공시설의 설치, 법령질의에 대한 응답, 방범순찰활동, 도로·교량의 보수 등).

종래 행정법학의 주된 연구대상은 국민의 권리·의무에 직접 변동을 초래하는 행정행위를 중심으로 한 법적 행위에 국한하면서, 사실행위 중『계속적 성질을 가지는 권력적 사실행위(불법건축물 철거, 강제격리, 강제수거 등)』만은 취소소송의 대상이 된다고 하는 정도였다. 그러나 오늘날 현대 복지국가하에서 급부행정의 비중이 커짐에 따라 사실행위의 근거·한계·구제수단 등과 관련하여 행정법학의 관심의 대상이 되고 있다.

2. 종류

(1) 권력적 사실행위와 비권력적 사실행위

공권력의 행사에 해당하는 권력적 사실행위(權力的 事實行爲)는 계속성을 가지는 한 행정쟁송으로 취소를 구할 수 있다는 의미에서 구별의 실익이 있다. 권력적 사실행위로서는 행정대집행의 실행, 전염병환자의 강제격리, 위법한 관세물품의 영치행위 등이 있으며, 비권력적 사실행위로는 폐기물 수거, 행정지도 등이 있다.

(2) 정신적 사실행위와 물리적 사실행위

사람의 의사작용을 중심으로 이루어지는 행정지도 · 교시(教示, 법적 효과가 없는 질의에 대한 응답 등) 등은 정신적 사실행위에 속하고, 전화설치 · 도로보수 등은 물리적 사실행위에 속한다.

(3) 집행적 사실행위와 독립적 사실행위

법령 또는 행정행위를 집행하기 위하여 행하여지는 사실행위(대집행을 위한 무허가건물 철거행위, 전염병 환자의 강제격리 등)는 집행적 사실행위에 속하며, 취소소송의 대상이 된다. 독립적 사실행위는 금전출납행위 · 도로보수공사 · 학교수업 · 행정지도 등이 이에 해당된다.

(4) 공법적 사실행위와 사법적 사실행위

사실행위가 공 · 사법(公 · 私法)의 어느 쪽의 규율을 받게 되는가에 따라 구제절차도 행정소송(취소소송 또는 공법상의 당사자소송)과 민사소송으로 구분된다(예, 시영버스나 지하철 운송행위는 사법적 사실행위이므로 사법이 적용되고 민사소송으로 구제받는다).

Ⅱ. 법적 근거와 한계

1. 법적 근거

사실행위는 법적 효과를 발생하지 아니하므로 법적 근거는 필요 없다고 하겠으나, ① 다른 모든 행정작용에서와 마찬가지로 최소한 조직법상의 근거는 필요하며, ② 작용법상의 근거는 행정행위와 마찬가지로 법률유보(法律留保)에 관하여 침해유보설 · 전부유보설 · 사회유보설 · 중요사항유보설 중 어느 것을 취하는가에 따라 법률유보의 범위가 달라지겠지만, 적어도 침해유보설의 입장에서 국민의 신체 · 재산 등에 실력을 가하는 권력적 사실행위는 법률의

근거를 요한다고 하여야 할 것이다.[165)]

2. 한계

사실행위도 행정작용의 일종이므로 법치주의의 범위 내에서만 행사되어야 한다. 따라서 법령에 그 근거・절차・요건 등에 관한 규정이 있으면 이에 저촉되어서는 아니 되며, 행정목적 달성을 위하여 필요한 최소한의 범위 내에서만 행사되어야 하고(비례의 원칙), 그 외에도 평등・신뢰보호의 원칙 등 행정법의 일반법원칙에 위배되면 위법임을 면할 수 없게 된다.

Ⅲ. 행정상의 사실행위에 대한 구제

1. 행정쟁송

사실행위가 행정쟁송의 대상인 『처분』의 개념에 포함될 것인가에 관하여 견해가 대립되어 있으나, 일반적으로 권력적 사실행위에 대해서는 처분에 해당하는 것으로 보고 있다. 그러나 비권력적 사실행위에 대해서는 항고소송이 유일한 길이 아니라 국가배상청구권이나 공법상 결과제거청구권을 통해서도 권리구제의 길이 열려 있기 때문에 처분에 해당하는 것으로 볼 실익이 없게 된다. 사실행위의 종류별로 나누어 고찰할 필요가 있다.

(1) 권력적 사실행위

① 긍정설[166)]은 행정심판법(제2조)과 행정소송법(제2조)상의 『공권력의 행사』에는 행정행위뿐만 아니라 권력적 사실행위도 계속적 성질을 가지는 한 포함된다고 하며(전염병 환자의 강제 격리, 검사를 위한 식품・의약품의 강제수

---

165) 김남진(기), p.266 ; 박윤흔(상), p.565 ; 석종현・송동수(상), p.407.

166) 김도창(상), p.699 ; 김철용(Ⅰ), p.332; 박윤흔(상), p.565 ; 이상규(상), p.507.

거 등), 다만 단시간 내에 종료되어 버리는 사실행위(경찰관의 임의동행, 위험한 행위의 제재조치 등)는 사실상 취소를 구할 이익이 없어 행정쟁송의 대상이 되기 어려울 것이라고 한다.

② 부정설[167]은 아무런 법적 효과를 가지지 아니하는 순수한 사실행위는 취소의 대상이 될 수 없으므로 행정쟁송의 대상이 될 수 없다고 한다.

그러나 부정설에 의하더라도 사실행위가 수인하명이라는 행정처분과 결합된 『합성행위』(合成行爲)의 경우(예, 사람의 수용, 물건의 영치는 수인을 명하는 수인하명과 권력적 사실행위인 수용·영치 행위가 합성하여 하나의 행위를 이루고 있다고 본다)에 수인하명 부분에 대하여는 성질상 취소 청구가 가능하므로 전체적으로 보아 취소 청구가 가능하다고 함으로써 결과적으로 긍정설과 큰 차이가 없다.

(2) 정신적 사실행위

행정청의 주의·권고·행정지도 등의 행위는 직접 법적 효과를 발생하는 것이 아니므로 역시 행정쟁송으로 취소를 구할 수 없다고 하겠다. 다만, 의사에 대한 경고와 같이 명예·신용에 사실상 중대한 영향을 미치는 행위에 대하여는 취소를 구할 수 있다는 견해도 있다.[168]

(3) 공공시설의 설치

쓰레기소각장·육교설치 등의 공공시설의 설치행위에 관하여, ① 통설[169]은 행정행위성을 부인하므로 공법상의 당사자소송(재판실무에 있어서는 민사소송)으로 공사중지(가처분을 포함하여)의 이행소송을 제기하여야 하며, 행정소송법상의 취소소송의 대상은 아니라고 하고, ② 소수설은, 이들 행위를 분석하면 기공결정이라는 행정행위와 시공이라는 사실행위가 결합하여 하나의 행위를 이루고 있는 것이므로 전체적으로 보아 취소를 구할 수 있다고 하며, 실제로 일본의 하급심판결도 이를 지지하였으나 항소심은 기공결정행위는 행정관

167) 석종현·송동수(상), p.411.
168) 박윤흔(상), p.567.
169) 박윤흔(상), p.567.

청 내부의 의사결정에 불과하며 공사 그 자체는 도급계약의 이행인 사실행위에 불과하다고 하여 전체적으로 취소소송의 대상이 될 수 없다고 하였다(동경고재 1974. 4. 30).

2. 손해배상

공무원의 고의·과실에 의한 위법한 직무집행행위인 사실행위(임의동행·강제수거·불법건축물철거·노점상단속 등) 또는 영조물 설치·관리에 하자가 있는 사실행위(도로·교량의 보수행위 등)로 인하여 손해가 발생한 경우에는 취소소송으로 구제받는 것보다는 손해배상으로 구제받는 편이 훨씬 실효성 있는 구제방법이 될 것이다. 실제 손해배상제도가 주로 활용되고 있는 분야도 행정청의 법적 행위인 행정행위에 의한 손해의 배상보다는 사실행위에 의한 손해배상이라고 하겠다. 그러나 공법적 사실행위에 속하지 아니하는 사법적 사실행위(私法的 事實行爲)는 성격상 국가배상법이 아닌 민법상의 불법행위로 인한 손해배상제도의 적용을 받는다는 점에 유의하여야 한다.

3. 손실보상

위법한 사실행위가 아니라 적법한 사실행위로 인한 특별한 희생(예, 소방관의 소화작업에 장애가 되는 물건의 파괴행위 등)에 대하여 법률에 손실보상의 근거규정이 있으면 보상함이 당연하지만, 손실보상의 근거규정이 없는 경우에는 ① 직접 헌법(제23조 제3항)의 규정에 의하여 손실보상을 청구할 수 있다는 견해와, ② 보상근거규정을 두지 아니한 법률은 위헌·무효이므로 적법행위에 대하여만 인정되는 손실보상의 청구는 불가능하지만, 위법행위로 인한 손해배상의 청구는 가능하다는 견해 등으로 나누어지고 있다.

제5절 행정지도

Ⅰ. 개설

1. 의의

행정지도(行政指導)란 "행정주체가 소관사무의 범위 안에서 일정한 행정목적을 달성하기 위해 지도·권고·조언·장려 등의 방법으로 상대방의 자발적인 작위·부작위를 유도하는 희망의 표시인 비권력적 사실행위"를 말한다(예, 조업단축·위생상태·우량종묘·특용작물식재·과당경쟁지양·상품포장방법 개선 등에 관한 행정청의 권고행위).

2. 특징

(1) 사실행위성

아무런 법적 효과를 발생치 아니하는 사실행위(事實行爲)이므로 행정행위, 공법상 계약, 합동행위 등의 법적 행위와 구별된다.

(2) 비권력행위성

강제력이 없는 비권력행위(非權力行爲)이므로 권력적 사실행위인 행정강제와 구별된다.

(3) 상대방의 협력성

상대방의 자발적 협력을 유도하는 것이므로 행정청 스스로의 힘으로 완결하는 도로·철도공사 등의 단독적 사실행위와 구별된다.

(4) 행정객체에 대한 행위

행정주체 내부에서 행하는 상급기관의 하급기관에 대한 지도와 구별된다.

Ⅱ. 기능과 문제점

1. 기능

(1) 법령미비 분야의 보완

오늘날 적극적 복리국가에서는 국민생활의 거의 전 분야에 걸친 무한정의 행정서비스가 요구되고 있는 실정임에 비하여, 기업의 생산·유통 활동, 서비스 산업, 농·어업 등의 활동을 빠짐없이 법률로 완벽하게 규율하기를 기대하는 것은 거의 불가능에 가깝다. 그러나 법령이 미비한 분야라고 하여 국민경제상 방치할 수는 없는 것이므로 법적 근거 없는 비권력적인 행정지도로 이를 보완할 필요가 있게 된다.

(2) 권력성의 완화

법령에 근거한 하명·금지 등의 권력적 단독행위인 행정행위로 목적을 달성할 수 있는 분야에 있어서도 행정관청에 의한 강제적 조치를 반가워하지 아니하는 우리 국민 정서상 자발적 협력을 유도하는 것이 상대방의 마찰이나 저항을 방지하고 무리 없이 행정목적을 달성하는 데에 유리한 경우도 있다(예, 음식점의 불결한 위생상태의 시정 권고, 불법광고판의 자진철거 권고 등).

(3) 이해관계의 조정

상품생산량·가격 등 경제규제행정 분야에서 경쟁업체 상호간의 자율적 이해조정이 어려울 경우 행정청이 개입하여 이를 조정하게 되는 때에 활용되는 수단이다.

(4) 정보 · 기술의 제공

특히 기업의 경쟁력 강화를 위하여 행정주체가 보유하고 있는 최신 · 첨단의 지식 · 정보 · 기술을 제공하기 위한 적절한 수단으로 활용될 수 있다(예, 농촌진흥청의 우량품종의 보급 · 권장)

2. 문제점

(1) 법치주의의 회피

법령의 미비를 빙자하여 법령의 근거 없이 자의적으로 행정권을 행사하여 국민의 권익을 침해할 우려가 있다.

(2) 상대방과의 타협

해당분야를 규율하는 법규정이 있음에도 불구하고 상대방의 저항과 마찰이 두려워 적당히 타협하여 문제를 해결하는 것도 결국 공익과 법치주의의 후퇴를 초래한다(예, 당연히 건축허가가 되는 대지임에도 인근 주민의 동의를 받아오도록 지도하거나, 당연한 철거대상 불법건축물임에도 집단민원과 저항이 두려워 아파트 입주권을 부여하는 등의 타협을 하는 것).

(3) 사실상의 강제성

비강제적 사실행위라고는 하지만, 상대방이 이에 불응할 경우 다른 여러 제재수단을 행사하거나 이익의 부여를 거부할 수 있는 지위에 있는 행정주체에 의한 권고는 사실상 강제성을 띨 수밖에 없다.

(4) 기준의 불명확성

준거가 되는 법규범이 없기 때문에 행정지도의 내용과 기준이 불명확하고 가변적이고 안정성이 적으며, 담당 공무원에 따라 각각 다른 내용의 행정지도가 행해질 수도 있다(예, A공무원이 축산업자들에게 갑회사가 만든 정화조를 설치하라고 권장하여 이를 설치하였는데, 불과 몇 달 후에 A는 퇴직하고, B공무원이 이는 기준 미달이므로 다른 정화조로 교체하라고 권장하는 것 등).

(5) 행정구제기회의 상실

위법한 행정지도라 할지라도 국민이 이를 받아들여 스스로 이행해 버린 경우에는 취소나 손해배상 등의 행정구제를 청구할 기회를 잃게 되는 경우가 있다.

(6) 잘못된 지도로 인한 피해의 우려

잘못된 정보 · 기술제공 등으로 국민이 피해를 입은 경우에 배상책임이 문제가 될 수 있다.

Ⅲ. 종류

1. 법령의 근거 유무에 의한 분류

(1) 법령의 직접적 근거에 의한 행정지도

행정지도는 법적 근거가 필요 없는 것이지만, 중소기업경영 및 기술지도(중소기업진흥및제품구매촉진에관한법률 제28조), 토지의 용도지역의 지정목적에 적합한 이용의 권고(국토의계획및이용에관한법률 제12조), 유통산업발전법에 의거한 대규모점포등에 대한 영업활동의 변경권고(동법 제21조) 등은 각 법률에 근거규정이 있다.

(2) 법령의 간접적 근거에 의한 행정지도

당해 사항에 관하여 인 · 허가 및 그 취소 등의 행정행위를 할 수 있는 법적 근거규정이 있는 경우에는 이러한 권한을 행사하기 전에 행정지도를 할 수 있다고 하겠다(예, 음식점의 위생지도, 불법증축건물의 자진철거의 권고 등).

(3) 법령의 근거 없는 행정지도

당해 행정작용을 규율하는 근거법령이 없는 경우에 조직법상 당해 행정관청에 부여된 일반적 권한에 근거하여 행하는 행정지도를 말한다.

2. 기능에 의한 분류

(1) 조성적 행정지도

경제 · 사회 · 문화 등의 분야에서 국민에 대한 서비스의 형식으로 지식 · 기술 · 정보 등을 제공하는 행정지도를 말한다. 중소기업경영지도, 아동의 건강상담, 영농지도, 생활개선지도 등이 여기에 해당한다.

(2) 조정적 행정지도

경쟁기업 간의 과당경쟁 등 이해 대립을 조정하기 위한 행정지도(노사분쟁의 알선 · 조정, 동업자조합 또는 협회의 설립권고 및 이들을 통한 수출물량할당 등).

(3) 규제적 행정지도

질서유지나 공공복리에 반하는 행위를 억제하기 위한 행정지도(물가인상자제의 권고, 불법광고물 또는 붕괴위험 축대의 철거 · 개수 권고, 환경위생불량업소의 시정권고 등).

Ⅳ. 행정지도와 법치주의

1. 법적 근거

(1) 조직법적 근거

법적 행위 또는 사실행위를 불문하고 모든 행정작용에는 당해 행정청의 일반적인 존립과 활동의 근거가 되는 조직법상의 근거는 있어야 하며, 행정지도도 예외는 아니다(예, 정부조직법, 각 부처 직제 등).

(2) 작용법적 근거

법률유보에 관한 전부유보설은 작용법적 근거가 있어야 한다고 주장하며, 침해유보설의 입장에서도 규제적 행정지도는 국민의 자유와 권리를 사실상 제한하는 것이므로 법률의 근거를 요한다는 견해도 있다. 그러나 행정지도는 비권력적 사실행위이며 상대방이 이에 응할지의 여부는 자유로이 결정할 수 있다는 데 그 특징이 있는 것이므로 작용법적 근거는 필요하지 않다는 것이 통설이다.[170)]

그럼에도 불구하고 법치주의의 회피 등 최근 행정지도가 내포하고 있는 문제점에 비추어 법령의 근거를 마련하는 경우가 점차 증가하고 있으며, 행정절차법(제48조~제51조)도 일반적인 행정지도의 근거를 규정하면서, 행정지도는 그 목적달성에 필요한 최소한도에 그쳐야 하며, 지도를 받는 자의 의사에 반하여 부당하게 강요하여서는 아니 된다는 일반적 한계와 함께, 상대방의 문서교부청구권과 의견제출권 등에 관하여 규정하고 있다.

2. 법적 한계

(1) 법규상의 한계

법령이 행정지도의 목적·방법·절차 등을 규정하고 있을 경우 이에 위반하여서는 아니됨은 물론, 소관 행정청의 조직법상의 권한을 넘어 다른 행정청의 권한에 속하는 사항에 관하여 행정지도를 하여서는 아니 된다.

(2) 조리상의 한계

행정지도도 행정작용의 일종인 이상 비례·평등·신뢰보호의 원칙 등 행정법의 일반법원칙상의 한계를 벗어나서 행사될 경우에는 위법이라는 평가를 받

170) 김도창(상), p.527; 김동희(Ⅰ), p.204; 박윤흔(상), p.557; 석종현·송동수(상), p.421.

을 수밖에 없다.

즉 ① 필요한 최소한도에 그쳐야 하며(행정절차법 제48조), ② 상대방의 의사에 반하여 이에 따를 것을 강요하여서는 아니 되고(동법 제48조), ③ 행정지도의 결과에 따라 특정 상대방에게 특별히 이익 또는 불이익을 주어서는 아니 되며, ④ 잘못된 행정지도를 신뢰하여 이에 응한 상대방에게 불이익을 주어서는 아니 된다(예, 행정청이 권장한 종자를 파종하였는데 막대한 수확의 감소가 있는 경우).

3. 법적 효과

행정지도는 비권력적 사실행위이며 이에 불응하여도 아무런 법적 효과가 발생될 수 없는 것이지만, 예외적으로 ① 권력적 행정작용을 하기에 앞서 먼저 행정지도를 하도록 한 경우에는 그 다음 단계인 행정행위를 하기 위한 요건으로서의 효과를 가지는 경우도 있으며(예, 대기업이 사업인수·확장 등으로 인하여 중소기업의 경영이 악화될 우려가 있을 경우에 중소기업자단체가 중소기업청장에게 행한 사업조정신청에 대하여 중소기업청장이 행한 생산품목·생산량 축소 등의 권고를 따르지 아니할 경우에는 대기업자에 대하여 그 이행을 명령하는 것. 중소기업의사업영역보호및기업간협력증진에관한법률 제7조), ② 행정지도를 상대방이 수락한 경우에는 법률로 일정한 법적 효과를 부여할 때도 있다(예, 노사 양 당사자가 노동위원회의 조정안을 수락하면 단체협약과 같은 효력을 갖는다. 노동조합및노동관계조정법 제61조).

4. 법적 규제

행정지도는 법령의 미비를 보완하고 상대방의 자발적 협력을 유도하며 행정과의 마찰을 최소화하는 등의 장점도 있는 반면에, 법치주의의 회피, 기준의 불명확성, 행정구제기회의 상실 등 많은 부작용의 소지가 있기 때문에 가능한 한 그 행사 기준·내용·방법·절차 및 책임소재와 구제수단 등에 관한 법적 규제가 필요하다.

이러한 의미에서 우리 행정절차법은 구두에 의한 행정지도에 대하여 상대방이 문서의 교부를 요구하는 때에는 행정청은 이에 응하도록 하고 있음은 주목할 만한 일이다(제48조).

Ⅴ. 행정지도의 방식 및 절차

1. 방식

(1) 행정지도실명제

행정지도를 행하는 자는 그 상대방에게 당해 행정지도의 취지·내용 및 신분을 밝혀야 한다(행정절차법 제49조 제1항). 이를 통하여 행정지도에 있어서의 책임소재를 분명히 할 수 있으며 내용의 불명확성을 방지할 수 있게 된다.

(2) 서면교부청구권

행정지도가 구술로 행해지는 경우에 상대방이 그 취지·내용·신분을 기재한 서면(書面)의 교부를 요구하는 때에는 당해 공무원을 특별한 지장이 없는 한 이를 교부하여야 한다(동법 제49조 제2항).

(3) 다수인에 대한 행정지도의 공통사항의 공표

행정기관이 같은 행정목적을 달성하기 위해 많은 상대방에게 행정지도를 하고자 하는 때에는 특별한 사정이 없는 한 행정지도에 공통적인 내용이 되는 사항을 공표(公表)하여야 한다(제51조).

2. 절차

(1) 의견제출

행정지도의 상대방은 행정지도의 방식·내용 등에 관하여 행정기관에 의견을 제출을 할 수 있다(제50조).

(2) 기타 절차

다른 법률에 행정지도의 절차에 관한 특별한 규정이 있는 경우에는 그 절차를 따라야 한다(제3조 제1항).

Ⅵ. 행정지도에 대한 구제

1. 행정쟁송

행정쟁송의 대상은 국민의 권리·의무에 영향을 미치는 소위 행정행위 또는 권력적 사실행위(강제격리 등)에 한하므로, 상대방의 자발적 협력이 없으면 아무런 효과도 발생치 아니하는 행정지도는 이를 무시하고 불응하면 그만이지 굳이 그 취소를 구할 필요는 없다고 할 것이므로 행정쟁송의 대상이 되지 아니한다.

그러나 행정지도가 행하여졌다는 사실 자체 또는 이에 대한 불응이 다음에 행하여질 시정명령, 허가취소·정지 등 행정행위의 요건으로 작용할 경우에는 그 취소를 구하는 행정쟁송을 제기할 수 있다고 하겠으며, 그렇지 않더라도 행정지도 그 자체에 의하여 명예·신용이 훼손당하였다고 볼 수 있는 경우에는 그 취소를 구할 수 있다는 견해도 있다.

한편, 복효적 행정지도에 있어서는 제3자도 취소를 청구할 수 있는 원고적격이 인정될 경우도 있다(예, 불량이므로 교체하라는 행정지도를 받은 축산업용 정화조를 생산하는 제조업자).

【판례】 : ① 행정지도는 취소소송의 대상이 될 수 없다는 판례

① 특별한 사정이 없는 한 행정권 내부에서의 행위라든가 알선·권유·사실상의 통지 등과 같이 상대방 또는 기타 관계자들의 법률상의 지위에 직접적으로 변동을 일으키지 아니하는 행위는 항고소송의 대상이 될 수 없다(대판 1967. 6. 27, 67누44).

* 이 판결은 행정기관에 대한 감사원의 권고처분, 즉 행정기관에 대한 행정지도에 관한 판결이지만, 국민에 대한 행정지도에 대한 법적 판단이 포함되어 있기 때문에 소개한 것이다.

② 세무당국이 다른 회사에 대하여 원고와의 주류거래를 중지하여 줄 것을 요청한 행위는 권고적 성격의 행위로서 그 회사나 원고의 법률상 지위에 직접적인 변동을 가져오는 처분이라고는 볼 수 없으므로 항고소송의 대상이 될 수 없다(대판 1980. 10. 27, 80누395).

② 항고소송의 대상이 행정처분의 의미에 관한 판례

항고소송의 대상이 되는 행정처분이라 함은 행정청의 공법상 행위로서 특정사항에 대하여 법규에 의한 권리의 설정 또는 의무의 부담을 명하며 기타 법률상 효과를 발생케 하는 등 국민의 구체적 권리의무에 직접적 변동을 초래하는 행위를 말하고 행정권 내부에서의 행위나 알선, 권유, 사실상의 통지 등과 같이 상대방 또는 기타 관계자들의 법률상 지위에 직접적인 법률적 변동을 일으키지 아니하는 행위는 항고소송의 대상이 될 수 없다(대판 1993. 10. 26, 93누6331).

2. 행정상 손해배상

위법한 행정지도에 응한 결과 발생한 상대방의 손해에 대하여는 손해배상책임을 인정하는 것이 법치주의의 견지에서 타당하다고 하겠다.

그러나 행정지도와 손해발생 사이에는 손해배상책임론에서 말하는 인과관계가 있어야 하는바, 행정지도의 경우에는 상대방의 임의적 협력행위가 개재되어 있기 때문에 인과관계가 단절되므로 그러한 손해를 감수하여야 한다는 이론도 있을 수 있으나(『동의는 불법행위의 성립을 조각한다』는 민법 원리에 의거), 전후의 제반 사정에 비추어 보아 상대방이 행정지도에 응할 수밖에 없었

다고 인정되는 경우에는 신뢰보호의 원칙상 손해배상책임이 성립된다고 하여야 할 것이다.

【판례】: 행정지도에 대한 국가배상책임을 인정한 판례
① 행정청이 법령의 근거도 없이 책의 판매금지를 종용하였다면 이는 불법행위를 구성할 뿐만 아니라 그 시판불능으로 입은 손해와는 상당인과관계가 있다(서울민사지법 1989. 9. 26, 88가합4039).
② 공탁도 행정지도의 일환으로 직무수행으로서 행하였다고 할 것이므로, 비권력적 작용인 공탁으로 인한 피고(구청)의 손해배상책임은 성립할 수 없다는 상고이유의 주장은 이유가 없다(대판 1998. 7. 10, 96다38971).

3. 행정상 손실보상

행정지도가 전혀 강제성을 띠지 않으며 상대방이 자유로운 의사에 의하여 행정지도에 따른 이상 그로 인한 위험(손실의 가능성)은 상대방이 수인하여야 하므로 손실보상은 인정되지 않는다.[171] 그러나 행정청의 통일벼 재배 장려나 조업단축 권고 등 적법한 행정지도로 상대방이 손실을 입은 경우에도 상대방이 이에 응할 수밖에 없었다고 판단되는 때에는 상대방의 신뢰보호의 원칙상 손실보상의 법리를 적용하여 보상을 하여야 할 것이다(과거 통일벼의 피해농가에 대하여 법률상 손실보상근거가 없음에도 불구하고 정부는 임의적으로 손실보상을 한 바 있다). 다만, 이를 손실보상이 아니라 손해배상 또는 위험책임으로 보는 견해도 있다.[172]

4. 기타의 구제수단

이미 행한 행정지도가 위법한 경우에도 이를 신뢰하고 그에 따라 행동한 상

171) 박균성(상), p.454.
172) 박윤흔(상), p.562.

대방은 행정청이 그 후에 적법한 행정행위를 하여 바로잡고자 할 경우에 신뢰보호를 이유로 후행 행정행위의 취소를 청구할 수 있는가에 관하여는, 법률에 의한 행정을 중시하여 이를 부정하는 견해도 있으나, 긍정하는 것이 타당하다고 하겠다(예, 행정심판법은 행정청이 행정심판 제기기간을 법정기간보다 긴 기간으로 잘못 알린 경우에는 그 기간 내에만 제기하면 동법상의 제기기간을 경과하더라도 적법한 것으로 보도록 하였다. 동법 제18조 제5항).

제6절 행정절차

Ⅰ. 개념

1. 광의

행정기관의 행정권 행사를 위한 대외적인 법적 절차를 총칭한 개념이다. 따라서 행정기관 내부의 대내적인 사무처리 절차를 제외한 모든 행정권 행사의 절차, 즉 행정입법·행정처분·행정계획·행정강제·행정벌 및 행정쟁송 등에 관한 절차를 포함하는 개념이다. 행정입법·행정처분·행정계획 등을 일반행정절차라 하며, 행정강제와 행정벌을 집행절차라 하는데, 이를 합하여 사전절차라 하고, 행정불복절차인 행정쟁송을 사후절차라 한다. 광의의 행정절차는 이러한 사전절차와 사후절차를 다 포함하는 개념이다.

2. 협의

통상 행정절차(行政節次)라 함은 행정절차 중 행정기관의 제1차적인 행정권 행사의 절차만을 의미한다. 따라서 행정권 행사가 있은 후의 집행절차인 행정강제 및 행정벌 절차와 사후구제절차인 행정쟁송 절차는 제외된다.

본서에서도 협의의 행정절차의 개념에 따라 행정입법·행정처분·행정계획 등 순수한 제1차적 행정권 행사의 절차만을 고찰하기로 한다. 우리 행정절차법도 협의의 행정절차를 규율대상으로 하여 행정처분·행정계획·행정입법·행정지도의 절차에 관하여만 규정하고 있다.

Ⅱ. 필요성

1. 효율적 권익구제

종래의 실질적 법치주의 사상에 입각하면 행정권의 행사는 실체법적으로 그 요건·효과 등을 엄격히 규율한 후 이에 위반시 적절한 사후적 구제수단만 완비해 두고 있으면 국민의 권익구제에 충분한 것으로 생각하였다. 그러나 현대 복리국가하에서는 행정의 영향력이 매우 커졌기 때문에 일단 침해된 국민의 권익을 사후에 회복시키는 것보다는, 처음부터 이해관계인의 절차적 참여를 통하여 행정의 적법·타당성을 보장하여 권익침해의 가능성을 사전에 봉쇄해 버리는 것이 국민의 권익보호에 더 효율적이라는 점에 착안하여 사전적 구제제도로서의 행정절차의 중요성이 강조되기에 이르렀다.

원래 영·미에서 발전한 이 제도는 이제 독일·프랑스·오스트리아 등 대륙법계 국가에도 폭넓게 인정되고 있으며, 이를 사전적 구제제도라 하여 행정쟁송과 함께 행정구제법에서 다루고 있는 학자[173]도 있다.

2. 행정의 민주화

종래 행정의 상대방을 단순한 행정객체로만 파악하던 때에는 행정의 의사결정과정에 이해관계인이 참여한다는 것은 상정하기 어려웠으나, 국민주권국가하에서의 국민은 수동적인 행정객체의 지위에 그치지 아니하고, 능동적으로 행정주체의 의사결정과정에 직접 참가할 수 있는 지위까지 인정받음으로써 행정의 민주화에 기여하고 있다. 우리 행정절차법은 그 목적으로서 "이 법은 행정절차에 관한 공통적인 사항을 규정하여 국민의 행정참여를 도모함으로써 … "라고 규정하여(제1조) 행정의 민주화를 지향하고 있다.

---

173) 석종현·송동수(상), p.570.

3. 행정의 적정화

행정의 의사결정과정에 이해관계인이 참여하여 참고자료를 제출하거나 의견을 개진함으로써 행정관청이 몰랐던 사실이나 잘못된 인식이 바로잡아지고 공익과 사익 간의 이해가 사전에 조정되어 행정의 적법·타당성이 확보됨으로써 행정의 적정화가 이루어지게 된다.

4. 행정의 능률화

복잡한 행정절차를 거치게 하는 자체가 행정의 능률성을 저해하는 것으로 생각되기 쉽지만, 상대방의 참여하에 행하여진 행정권 행사는 상대방의 협력을 얻어 집행도 용이하게 된다는 점에서, 장기적으로 보면 행정에 대한 신뢰도를 높이고 행정의 능률화에도 도움이 된다.

Ⅲ. 각국의 행정절차제도

1. 미국

(1) 개설

수정헌법(제5조)상의 "누구든지 적법절차(due process of law)에 의하지 아니하고는 자유 또는 재산을 박탈당하지 아니한다"라는 조항에 기초하여, 각종 규제권을 행사하는 행정위원회의 준입법·준사법권 행사의 절차를 규율하기 위하여 행정절차의 중요성이 인식되기 시작하였으며, 1946년에는 행정절차법(Administrative Procedure Act : APA)이 제정되었고 이는 다시 1967년 미합중국법전(U.S Code)에 흡수 규정되었으며, 그 내용으로는 행정입법 절차와 행정처분 절차를 규율하고 있다.[174)]

174) 이에 대해서 자세한 것은 김춘환, 우리나라 행정절차법과 미국 행정절차법의 비교연

(2) 행정입법절차

행정입법에 관한 절차로서는 약식절차와 정식절차가 있다. 약식절차로서는 통지(관보에의 게재행위)와 구술·서면에 의한 의견제출을, 정식절차로서는 크게 규칙제정절차와 재결절차로 대별되는데, 재결절차에 통지와 청문의 절차를 거칠 것을 요구하고 있는바, 정식절차는 개별 법률이 요구하고 있는 경우에만 행하여진다.

(3) 행정처분절차

허가 등 모든 행정행위는 ① 이해관계인에 대한 통지, ② 의견 및 증거제출과 반대심문 등을 행하는 청문, ③ 청문기록에 입각하여 행하는 결정의 3단계를 거쳐 행하도록 규정하고 있다.

2. 영국

영국은 일찍이 자연적 정의와 판례법에 기초하여 재판에 있어서『누구든지 청문 없이는 불이익을 받지 아니한다』는 불문법 원칙이 발달하여 왔으며, 오늘날에는 행정절차에도 이 원칙이 적용되고 있다. 그러나 영국에서도 점차 제정법을 통하여 행정절차에 관한 규정을 두려고 하는바, 1958년에 제정되고 1971년에 전문개정된『심판소및심문에관한법률』에는 재결절차에 관한 일반사항을 규정하고 있다.

3. 독일

(1) 개설

제2차대전 후 실질적 법치주의의 구현을 위한 효율적 권리구제에 착안하여 1976년에 연방행정절차법을 제정하여 정식절차·약식절차·계획확정절차·권리구제절차·대량절차 등 행정절차에 관한 규정과 함께, 실체법적 규정인 행

구, 공법연구 제27집 1호, 1998, p.403 이하.

정행위의 형식·효력·부관·무효·취소·철회와 공법상 계약, 확약 등에 관한 규정을 두고 있다.[175)]

(2) **행정처분절차**

통상적으로 행정처분은 ① 이해관계인에 대한 청문권·문서열람 및 정보요구권 등이 보장되는 약식절차에 의하지만, ② 예외적으로 각 개별 법률에서 요구하는 경우에는 구두변론에 의한 이해관계인의 청문 및 증인·감정인의 협력 등 보다 엄격한 절차인 정식절차에 따라 행하여져야 한다.

(3) **계획확정절차**

계획확정절차는 모든 경우에 적용되는 일반적 절차와는 달리 법률에서 특정지역계획을 계획확정절차에 의할 것을 요구하는 경우에는 구두변론을 포함한 청문절차에 의하여야 한다.

(4) **대량절차**

많은 사람이 이해관계인이 되는 행정절차에 있어서의 특칙으로서, ① 300명 이상의 구두변론이 필요한 경우 개별통지에 갈음하여 관보나 지역신문에의 공고로써 할 수 있으며(제67조), ② 하나의 행정절차에 공동의 이해관계인이 50명 이상인 경우에는 질서 있는 절차의 진행을 위하여 신청 또는 직권으로 공동대리인을 선임할 수 있도록 하였다(제17조).

---

175) 자세한 것은 김해룡, 우리나라 행정절차법과 독일연방 행정절차법, 고시계 1997.5, p.85 이하.

Ⅳ. 우리나라의 행정절차

1. 헌법상 근거문제

우리 헌법은 미국의 적법절차조항과 같은 직접적인 규정은 없으나, ① 제12조 제1항의 "누구든지 법률과 적법한 절차에 의하지 아니하고는 처벌·보안처분 또는 강제노역을 받지 아니한다"는 규정을 행정처분절차에 유추적용된다고 보거나, ② 헌법 제10조(기본적 인권의 보장의무)와 제37조(헌법에 열거되지 아니한 권리의 경시금지)에서 직접 근거를 찾거나, ③ 법치주의를 채택한 헌법의 전체적인 구조에 비추어 개인에 대한 불이익 처분은 실체적 제한뿐만 아니라 절차적 제한도 당연히 요구되고 있다고 함으로써 헌법상의 근거를 찾고 있다.

2. 각 개별법상의 행정절차

정부는 법제처와 관계부처의 노력으로 도로교통법·식품위생법·도시계획법 등 2001. 1. 1 현재 총 300여 개의 법령에서 운전면허취소·식품영업허가취소·도시계획수립 등에 있어서는 반드시 상대방에게 통지하고 의견을 듣거나 청문을 한 후에 결정을 하도록 입법화하여 왔으나, 그 구체적 형식·기간·내용·방법 등은 통일되어 있지 못하고 각 개별법마다 달리 규정되어 있다.

3. 현행 행정절차법 제정 이전의 상황

(1) 행정절차법안의 입법예고

통일적인 행정절차의 마련을 위하여 1975년에 행정절차법요강안이 마련된 후 10여 년 간의 입법추진과정을 거쳐 1987. 7. 7 정식으로 입법예고까지 되었으나 그 후 1996년까지 입법추진이 한동안 중단된 상태에 있었으며, 그 이유는 주로 국민의 과도한 청문실시 요구 및 청문기술·경험부족 등으로 행정에 지장이 초래되지 않을지 우려되기 때문이었다.

(2) 행정절차의 잠정적 실시

1) 행정처분절차에 관한 국무총리훈령

정부는 상술한 행정절차법안이 제정되기 전까지 우선 행정 내부적으로라도 이를 실시하여 국민의 권익침해를 방지하고자 1989. 11. 14 국무총리 훈령 제235호『국민의 권익보호를 위한 행정절차에 관한 훈령』을 제정하여 의견제출, 청문 또는 공청회 개최, 행정처분의 이유 명시 등을 규정하였다. 이는 국민에 대하여 아무 법적 효과가 없는 행정규칙에 불과하므로 이에 위반하여도 직접 위법임을 이유로 취소를 구할 수는 없지만, 그것이 관행이 된 경우 평등원칙을 매개로 하여 위법임을 이유로 취소를 구할 수 있게 된다는 의미에서 그 존재가치가 있었다.

2) 행정입법 예고절차

역시 행정절차법이 제정될 때까지 잠정적으로 대통령령인『법제업무운영규정』에 의거하여 학사·공중위생·환경보전·농지 기타 토지제도·국토계획·도시계획·건축·도로교통 기타 국민의 일상생활과 직접 관련되는 법률·대통령령·총리령·부령안은 20일 이상 관보 또는 일간신문에 게재하여 입법예고를 한 후 그 기간 동안 제출된 의견을 법령안에 반영하도록 하였으며, 주무부처가 필요하다고 인정할 때에는 공개청문까지 하도록 하였다.

행정실무를 보면 10여 년 동안 이 제도는 비교적 잘 시행되어 왔으나, ① 관보에만 게재함으로써 국민 일반에게 널리 알려지지 아니하고 있고, ② 관보에 게재하는 경우에도 지면이 한정된 관계로 주요골자만 게재하고 있어 전문을 알 수가 없으며, ③ 예고기간이 20일에 불과하여 너무 단기간이며, ④ 긴급성 등을 이유로 입법예고를 기피하려는 현상 등이 문제점으로 지적되어 왔다.

Ⅴ. 행정절차의 내용

1987년에 입법예고 되었던 행정절차법안이 1996년에 제정된 행정절차법으로 확정되어 우리나라도 드디어 행정절차에 관한 일반 법전을 가지게 되었다. 그러나 행정의 복잡성과 여러 가지 기술상의 한계 때문에 현행 행정절차법은 그 규율범위가 상당히 제한되어 있어 일반법전으로서의 발전을 기대하기는 어려운 실정이다. 그러나 우리 행정절차법은 ① 행정처분, ② 신고, ③ 행정입법예고, ④ 행정예고 및 ⑤ 행정지도 등 5개의 행정작용 유형별로 각각 행정절차를 규정하고 있다.

1. 행정처분절차

행정처분(行政處分)은 "행정청이 행하는 구체적 사실에 관한 법집행으로서의 공권력의 행사 또는 그 거부와 기타 이에 준하는 행정작용"(행정절차법 제2조)을 말한다. 행정은 처분을 통하여 이루어지기 때문에 처분절차는 행정절차의 중심이 된다. 처분절차에 관해서 현행 행정절차법이 신청에 의한 처분절차로서의 수익적 처분 및 불이익처분에 대한 절차를 정하고 있는바, 좁은 의미의 처분절차는 불이익처분절차만 의미하기 때문에 이에 대한 규정만 살펴본다. 일반적으로 행정처분이 주체·내용·'절차' 및 형식이라는 내부적 성립요건과 외부에의 표시라는 외부적 성립요건을 모두 갖춘 경우에는 행정처분이 존재한다고 할 수 있다(대판 1999. 8. 20, 97누6889). 따라서 행정처분은 '절차'를 정한 법규정이 있는 경우에는 반드시 그에 따라야 적법하다는 평가를 받는다.

(1) 사전통지

행정처분 중 국민에게 의무를 과하거나 권익을 침해하는 불이익처분을 하고자 할 때에는 미리 당사자와 이해관계인에게 처분내용·이유·법적근거와 함께 의견제출 및 청문신청을 할 수 있음을 통지하거나 공고하여야 한다(제21

조). 그러나 ① 공공의 안전 또는 복리를 위하여 긴급한 처분을 할 필요가 있는 경우, ② 법령 등에서 요구된 자격이 없거나 없어지게 된 사실이 법원의 재판 등에 의하여 객관적으로 증명될 때, ③ 당해 처분의 성질상 의견청취가 현저히 곤란하거나 명백히 불필요하다고 인정될 만한 상당한 이유가 있는 경우에는 사전통지를 아니할 수 있다(동법 제21조).

(2) 의견제출 · 청문 · 공청회

① 통상 당사자 등이 처분 전에 서면, 컴퓨터 통신 또는 구술에 의한 의견제출의 방법에 의하지만(제27조), ② 개별 법령이 요구하거나, 행정청이 직권으로 필요하다고 인정하는 경우에는 청문(聽聞)의 방법에 의할 수 있으며, 청문의 방법은 행정청이 지명하는 직원이 공개적으로 의견진술, 증거제출, 증거조사, 상대방의 주장에 대한 반증제출 등의 절차로 진행하며, 청문이 종결되면 청문조서 등을 작성 · 제출한다(제22조 및 제28조~제35조). ③ 개별 법령이 요구하거나, 행정청이 직권으로 필요하다고 인정하는 경우에는 공청회를 개최하여야 하며, 공청회(公聽會)는 선정된 발표자가 발표하고 이들 상호간 또는 방청인이 질문을 하는 방법에 의한다(제38조 · 제39조).

(3) 행정처분의 결정

의견제출 · 청문 또는 공청회에서 제출된 의견을 존중하여 행정처분의 내용을 결정하여야 한다(제27조 제5항 · 제35조 제5항).

(4) 행정처분의 형식

원칙적으로 문서를 교부하되(제24조), 그 문서에는 행정처분의 근거와 이유를 기재하여야 한다(이유부기, 제23조). 그리고 행정처분에 대한 행정심판 · 행정소송의 청구절차 및 기간 등 불복방법도 함께 고지하여야 한다(제26조).

(5) 처분내용의 정정

행정청은 처분에 있어 오기 · 오산 기타 이에 준하는 명백한 오류가 있을 때에는 신청 또는 직권에 의하여 지체없이 이를 정정하고 당사자에게 통지하여야 한다(제25조).

2. 신고

(1) 의의

신고(申告)란 일정한 사실을 행정청에 통지함으로써 최종적인 법률효과가 발생하는 사인(私人)의 일방적인 행위이다. 신고는 자기완결적(自己完結的) 행위이기 때문에 그것이 법령상의 형식적 요건을 갖춘 때에는, 접수기관에 도달한 경우 행정청은 수동적으로 이를 접수하여야 하기 때문에 그 신고의무는 이행된 것으로 보게 된다. 그러나 행정실무상으로는 신고자의 의사에 반한 신고의 수리거부 또는 신고의 반려 등의 사례가 적지 않기 때문에, 우리 행정절차법은 이를 시정하기 위한 명시적 규정을 두게 되었다.

(2) 신고의무의 이행

신고에 대하여 규정하고 있는 경우에, 그 신고가 ① 신고서의 기재사항에 하자가 없고, ② 필요한 구비서류가 첨부되어 있으며, ③ 기타 법령 등에 규정된 형식상의 요건에 적합한 때에는, 신고서가 접수기관에 도달한 때에 신고를 해야 할 의무가 이행된 것으로 보도록 하고 있다(제40조). 우리 행정절차법이 정하고 있는 신고는 이처럼 형식적 요건이 충족되어 있는 한 신고서가 행정청에 도달한 때에 사인에게 부과되어 있는 신고의무는 이행된 것으로 보기 때문에, 이런 신고에 있어 수리의 관념이 개입할 여지는 없고, 따라서 수리행위 없이도 신고만으로 적법하게 일정한 행위를 할 수 있기 때문에 신고수리행위 또는 신고수리거부행위에 대하여 소위 처분성을 부정하며 행정소송이 제기되더라도 각하하고 있다.

【판례】: 건축신고수리행위에 대하여 처분성을 부정한 판례

구건축법 제9조 제1항에 의하여 신고함으로써 건축허가를 받은 것으로 간주되는 경우에는 건축을 하고자 하는 자가 적법한 요건을 갖춘 신고만하면 행정청의 수리행위 등 별다른 조치를 기다릴 필요없이 건축을 할 수 있는 것이므로, 행정청이 위 신고를 수리한 행위가 건축주는 물론이고 제3자인 인근 토지소유자나 주민들의 구체적인 권리의무에 직접 변동을 초래하는 행정처분이라 할 수 없다(대판 1999. 10. 22, 98두18435).

그러나 이러한 판례는 건축신고제도가 규제완화차원에서 행하여진 일종의 완화된 허가제도에 해당한다는 연혁적 · 현실적 배경을 무시하고 형식논리에 치우치고 있기 때문에, 예컨대 현실적으로 신고수리거부행위를 무시하고 건축행위를 감행할 경우에 신고인이 받게 될 유 · 무형의 제재를 외면한 채 소송을 통한 국민의 권익구제의 기회를 박탈하고 있다는 비판을 받고 있다.

(3) 완화된 인 · 허가제도로서의 신고

국민생활과 기업활동에 대한 각종 인 · 허가제도를 규제완화의 차원에서 신고제도로 변경한 예가 실정법상 많이 있다. 이 경우 신고제도에 걸맞게 간단한 구비서류만 제출하면 적법하게 행위를 할 수 있도록 관계법령을 개정하여야 함에도 불구하고 여전히 종전의 인 · 허가시에 요구하던 서류 등을 그대로 또는 일부 면제하여 제출하게 하고 있으며, 행정실무에서도 여전히 이에 대하여 실질적 심사를 하고 거부처분(반려처분)까지 하고 있어 이러한 제도의 법적 성격에 관한 혼란을 초래하고 있는 것이 사실이다.

생각건대 현실적으로 엄연히 거부처분으로 볼 수 있는 반려행위가 행하여지고 있음에도 불구하고 단순한 신고제에서와 같이 처분성을 부인한다면 국민의 입장에서는 소송으로 구제받을 길이 없다는 점, 그리고 반려받았음에도 불구하고 이를 무시한 채 음식점영업 · 당구장영업 · 골프연습장업 등의 행위를 강행할 경우에는 행정관청으로부터 사실상 유 · 무형의 제재조치를 받게 될 우려가 크다는 점 등을 감안한다면 결국 신고수리의 거부행위는 신고인의 법적 이익에 영향을 미치는 것으로 보아 그 처분성을 인정하고 행정소송의 본안에서

그 위법성 여부를 판단하여 국민의 권익구제에 적극 임하여야 할 것이며, 우리 판례도 대체로 같은 입장에 있다.

【판례】: ① 골프연습장업에 대한 신고서반려행위에 처분성을 인정한 판례

체육시설의설치·이용에관한법률에 의한 골프연습장업의 신고요건을 갖춘 자라고 할지라도 당해 건물이 건축법을 위배하여 건축된 무허가건물이라면 적법한 골프연습장업신고를 할 수 없고 따라서 이를 반려한 것은 정당하다 (대판 1993. 4. 27, 93누1374).

② 당구장업에 대한 신고거부처분에 대하여 처분성을 인정한 판례

체육시설의설치·이용에관한법률에 의하여 당구장업의 신고요건을 갖춘 자라 할지라도 학교보건법 제5조 소정의 학교환경위생정화구역 내에서는 동법 제6조에 의한 별도요건을 충족하지 아니하는 한 적법한 신고를 할 수 없다 (대판 1991. 7. 12, 90누8350).

③ 액화석유가스충전사업등의 승계사실신고에 대하여 처분성을 인정한 판례

액화석유가스의안전및사업관리법 제7조 제2항에 의한 사업양수에 의한 사업자 지위승계사실의 신고를 수리하는 허가관청의 행위는 단순히 양수자가 사업을 승계하였다는 사실의 신고를 접수하는 행위에 그치는 것이 아니라 실질에 있어서 양도자의 사업허가를 취소함과 아울러 양수자에게 적법하게 사업을 할 수 있는 법규상 권리를 설정하여 주는 행위로서 사업허가자의 변경이라는 법률효과를 발생시키는 행위이므로 허가관청의 사업자지위승계사실의 신고를 수리하는 행위는 행정처분에 해당한다(대판 1993. 6. 8, 91누11544).

3. 행정입법의 예고절차

(1) 예고대상

국민의 권리·의무 또는 일상생활과 밀접한 관련이 있는 법률·대통령령·총리령·부령안과 지방자치단체의 조례·규칙 및 교육규칙이다. 다만, 긴급을 요하거나, 국민의 일상생활과 관련이 없거나(행정조직법규 등), 상위법규의 단

순한 집행을 위한 것이거나, 예고함이 공익에 현저히 불리한 영향을 미치는 경우에는 입법예고를 하지 아니할 수 있다(제41조).

(2) 예고방법 · 기간

주무부처의 장은 입법안의 취지 · 주요내용 또는 전문을 관보 · 공보나 신문 · 방송 · 컴퓨터통신 등의 방법으로 공고하여야 하며, 필요하다고 인정되는 개인이나 단체 등에 대하여는 예고사항을 직접 통지할 수 있도록 하였으며, 예고기간은 특별한 사정이 없는 한 20일 이상으로 하였다(제42조 · 제43조).

(3) 의견제출 · 공청회

누구든지 예고된 입법안에 대하여 그 의견을 제출할 수 있고, 행정청은 입법안에 관하여 공청회를 개최할 수 있다(제44조 · 제45조).

(4) 결과의 처리

의견제출 · 공청회 등에서 제출된 의견은 특별한 이유가 없는 한 법령안에 반영하고, 행정청은 의견을 제출한 자에게 그 제출된 의견의 처리결과를 통지하여야 한다(제44조). 행정청은 입법예고의 결과 제출된 의견 중 중요한 사항에 대하여는 그 처리결과를 법률안 또는 대통령령안의 경우에는 국무회의 상정안에 첨부하고, 총리령안 또는 부령안의 경우에는 법제처장에게 제출하여야 한다(법제업무운영규정 제18조).

4. 행정예고절차

행정입법 · 행정계획 · 행정처분이 아닌 국민의 일상생활과 밀접한 관련이 있는 정책이나 사업(예, 공휴일제도 · 기차표예매제도 · 양곡수매제도 등)으로서 ① 국민생활에 매우 큰 영향을 주는 사항, ② 많은 국민의 이해가 상충되는 사항, ③ 많은 국민에게 불편이나 부담을 주는 사항, ④ 기타 널리 국민의 의견수렴이 필요한 사항의 수립 · 시행 · 변경에 있어서는 국민의 의견을 널리 듣기 위하여 예고를 하여야 하며, 특별한 사정이 없는 한 20일 이상 충분히 예고하여야 한다(제46조 · 제47조).

5. 행정지도절차

행정지도(行政指導)의 남용과 사실상의 강제를 방지하기 위한 장치로서, ① 행정지도는 그 목적달성에 필요한 최소한에 그쳐야 하며 상대방의 의사에 반하여 부당하게 강요되어서는 아니 되며, ② 행정지도의 상대방이 이에 따르지 아니하였다는 이유로 불이익한 조치를 하여서는 아니되며, ③ 구술에 의한 행정지도에 대하여 상대방의 문서교부 요구가 있을 때에는 행정청은 이에 응하여야 하며, ④ 상대방은 행정지도의 방식 · 내용 등에 관하여 의견제출을 할 수 있고, ⑤ 다수인을 대상으로 하는 행정지도는 특별한 사정이 없는 한 행정지도에 공통적인 내용이 되는 사항을 공표하여야 한다(제48조~제51조).

Ⅵ. 행정절차의 하자

1. 학설

법령이 요구하고 있는 사전통지 · 의견제출 · 청문 · 이유부기 등의 행정절차를 결한 행정처분 · 행정계획 등은 절차상의 요건을 흠결하는 행위가 된다. 이러한 하자가 있는 행정행위의 효과에 관하여는 실체법 위반과 마찬가지로 독립된 무효 · 취소사유로 되는가에 관하여 의문이 있다.

일반적으로 절차상의 하자가 중대 · 명백한 경우에는 하자의 일반이론에 따라 무효인 행정행위로 볼 것이며, 그 정도에 이르지 아니한 경우에는 취소사유가 될 뿐이라고 하겠으나, 행정행위가 실체법상으로는 적법함에도 불구하고 단지 절차상의 하자만을 이유로 취소하여야 하는가에 관하여는 좀 더 신중히 검토할 필요가 있다고 생각된다.

이 문제는 ① 재량행위의 경우에는 행정청의 독자적 판단권이 인정되기 때문에 취소한 후 다시 적절한 재량을 행사하여 원처분과는 다른 처분을 할 수도 있는 것이므로 절차의 하자가 독립된 취소사유가 된다는데 별 이견이 없으나, ② 기속행위에 있어서는 적법한 절차를 거쳐 다시 처분을 하더라도 결국 동일한 처분을 하게 될 것이라는 점에서 특히 이를 독립된 취소사유로 볼 수 있는가의 문제가 제기되고 있는 것이다.

(1) 독립된 무효 · 취소원인으로 보는 견해[176]

행정행위의 실체상의 하자(내용상의 하자)와 마찬가지로 행정절차를 결한 그 자체로서 위법이기 때문에 중대하고 명백한 경우는 무효, 그렇지 아니한 경우는 취소사유가 된다고 한다. 그 주된 논거로서는 ① 적정한 결정은 적법한 절차에 따라서만 행하여져야 하며, ② 적법한 절차를 거쳐 행정처분을 하는 경우에 행정청은 더 신중하고 합리적 처분을 내릴 수 있기 때문이다.

(2) 독립된 무효 · 취소원인으로 보지 아니하는 견해[177]

절차상의 하자가 있더라도 실체상으로 하자가 없는 이상, 당해 행정행위의 절차의 하자를 이유로 취소되더라도 행정청은 적법한 절차를 갖추어 동일한 내용의 행정행위를 반복할 것이므로 상대방은 아무 성과 없이 불필요한 노력만 들이게 된다는 점에서 독립된 무효 · 취소사유로 보지 않으며, 독일 행정절차법(제46조)도 실체에 있어서 다른 결정이 내려질 수 없다고 인정되는 경우에는 절차 · 형식에 관한 규정을 위반하였다는 이유만으로 행정행위의 취소를 청구할 수 없게 하였으며, 절차 · 형식의 하자는 사후에도 치유될 수 있는 하자로 규정하고 있다.

---

176) 박윤흔(상), p.493; 이상규(상), p.280.
177) 석종현 · 송동수(상), pp.610~613.

2. 판례

판례는 식품위생법상의 청문서는 7일 전에 도달되어야 함에도 불구하고 5일 전에 도달함으로써 청문절차를 위반한 음식점영업정지처분(대판 1992. 2. 11, 91누11575)과, 도시계획법상의 도시계획 확정절차에 하자가 있는 도시계획결정(대판 1988. 5. 24, 87누388)을 모두 위법하다고 보았으며, 나아가서 행정규칙인 건설부장관훈령(건축사사무소의등록취소및폐쇄처분에관한규정)에서 규정하고 있는 청문절차를 결한 건축사사무소 등록취소처분까지도 위법하다고 하였다(대판 1984. 9. 11, 83누166).

이 마지막 판례는 소위 행정규칙의 법규성을 인정한 판례로 설명하기도 하지만, 전통적으로 행정규칙의 법규성을 부인해 온 판례의 태도로 보아 의도적으로 행정규칙의 법규성을 인정한 것인지에 관하여는 의문이 있다.

그러나 이와 반대로 법규명령인 교통부령(자동차운수사업법제31조등의규정에의한사업면허의취소등의처분에관한규칙)으로 규정된 의견진술의 기회를 부여하지 아니하고 행한 자동차운수사업면허 정지처분도 그 정지사유에 대한 증거가 확실한 경우에는 위법이 아니라고 함으로써 반대설의 입장을 취하고 있는 판례도 있어 일관성을 결하고 있다(대판 1987. 2. 10, 84누350).

3. 결어

생각건대, 우리 헌법상『법률에 의한 행정』이라 함은 실체법뿐만 아니라 절차법에 의한 행정까지도 포함하는 의미로 해석하여야 할 것이므로 절차법 위반도 위법임을 면치 못한다고 하겠다. 반대설과 독일 행정절차법의 태도에도 일응 타당성은 인정되지만, 헌법에 근거를 두고 있는 국민의 절차적 참가권을 충분히 보장하고 행정청의 판단을 신중하게 한다는 의미에서 실체법상의 하자와 동등하게 절차상의 하자도 독립적으로 무효·취소의 원인이 된다고 보아야 할 것이다.

우리 행정소송법(제30조 제3항)도 취소판결의 기속력에 관하여 규정하면서 이는『처분이 절차의 위법을 이유로 취소되는 경우에 준용한다』고 함으로써, 절차의 위법만을 이유로 행정행위를 취소할 수 있음을 명문으로 인정하고 있다.

4. 절차상 하자의 치유

일반적으로 행정행위의 실체적 요건이 불비되었더라도 그 요건이 사후에 보완될 경우에는 하자가 치유된다고 볼 수 있으며, 이러한 하자의 치유에 관한 법리가 절차상의 하자에 대하여도 적용될 것인가에 관하여는 불필요한 행정행위의 반복금지, 법적 안정성 보장, 공공복리 도모 등의 이유로 이를 인정하는 것이 합리적이라고 본다. 판례 역시 "행정청이 식품위생법상의 청문절차를 이행함에 있어 소정의 청문서 도달기간을 지키지 아니한 위법이 있더라도 상대방이 이에 대하여 이의하지 아니한 채 스스로 청문일에 출석하여 의견을 진술하고 변명하는 등 방어의 기회를 충분히 가졌다면 청문서 도달기간을 준수하지 아니한 하자는 치유되었다고 봄이 상당하다"고 판시하고 있다(대판 1992. 10. 23, 92누2844).

5. 이유부기의 하자

행정절차법(제23조)은 모든 거부처분에는 그 법률상·사실상의 이유를 부기하도록 의무화하고 있으므로, 이에 위반하여 이유부기(理由附記)가 없는 행정처분은 상술한 절차의 하자와 마찬가지로 독립된 무효 또는 취소의 원인이 된다고 하겠다. 현행 행정절차법은 이유부기의 방식에 대한 규정을 두고 있지 않으나, 이유부기는 행정처분의 방식에 관한 행정절차법 제24조 제1항의 규정에 의하여 다른 법령 등에 특별한 규정이 없는 한 원칙적으로 문서로 하여야 한다. 이유부기에 하자가 있을 경우 단지 그것만을 이유로 행정처분을 위법하다고 할 수 있는가의 문제가 대두되고 있다.

우리 판례도 "허가의 취소처분에는 그 근거가 되는 법령과, 처분을 받은 자가 어떠한 위반사실에 대하여 당해 처분이 있었는지를 알 수 있을 정도의 사실의 적시를 요한다"고 한 바 있다(대판 1984. 7. 10, 82누551).

이유부기 제도는 행정청이 행정처분시 신중을 기하도록 하여 행정권의 남용을 막고, 나아가 행정쟁송의 제기 여부를 결정하는 데 중요한 참고자료가 되고 법원의 판단을 용이하게 한다는 점에서 국민의 권익구제에 중요한 역할을 한다고 하겠다.

이유부기의 하자에 관하여도 앞에서 논한 행정절차의 하자와 달리 취급할 이유가 없다고 할 수 있으며, 따라서 독립된 취소사유로 보아야 할 것이고, 이유부기의 하자의 치유문제 역시 절차상의 하자의 치유와 마찬가지 이유로 이를 인정하여야 할 것이다. 그러나 시기적으로 무한정 이를 인정할 수는 없고 상대방의 행정심판 및 행정소송 등 쟁송제기와 관련한 권익을 침해하지 아니하는 범위 안에서만 이를 인정하여야 할 것이다.

한편, 이유부기의 하자로 인하여 행정행위가 법원에 의하여 취소되더라도 행정청은 이유부기의 하자를 보완하여 종전과 동일한 처분을 할 수 있으며 이는 취소판결의 기속력에 저촉되는 것은 아니라고 할 것이며, 이 문제 역시 절차상의 하자를 보완하여 다시 종전과 동일한 처분을 하더라도 취소판결의 기속력에 저촉되지 않는다는 원리와 다를 바 없다.

【판례】 : ① 이유부기의 하자를 이유로 처분을 취소한 판례
세무서장이 주류도매업자에게 발송한 주류도매업면허취소통지서에 "무면허 주류판매업자에게 주류를 판매하여 주세법 제11조에 의거 지정조건 위반으로 주류판매업면허를 취소합니다"라고 기재되어 있어 영업기간과 거래상대방 등에 비추어 원고가 어떠한 거래행위로 인하여 이 건 처분을 받았는지 알 수 없게 되어 있다면 이 면허취소처분은 위법하다(대판 1990. 9. 11, 90누1786).

② 이유부기의 하자의 치유에 관한 판례
행정행위의 하자의 치유는 원칙적으로 허용될 수 없는 것일 뿐만 아니라, 이를 허용하는 경우에도 국민의 권리와 이익을 침해하지 않는 범위에서 구체적 사정에 따라 합목적적으로 가려야 한다고 할 것인바, 이 치유를 허용하려면 늦어도 과세처분에 대한 불복여부의 결정 및 불복신청에 편의를 줄 수 있는 상당한 기간 내에 하여야 한다(대판 1983. 7. 26, 82누420).

③ 이유부기의 하자와 취소판결의 기속력에 관한 판례
과세처분의 절차 내지 형식에 위법이 있어 이를 취소하는 판결이 확정되었을 때는 그 확정판결의 기속력은 판결에서 적시된 절차 내지 형식의 위법사유에 한하여 미치는 것이므로 과세관청은 그 위법사유를 보완하여 새로운 과세처분을 할 수 있고, 이는 확정판결의 기속력에 저촉되는 것이 아니다(대판 1987. 2. 10, 86누91).

제7절 행정정보공개와 개인정보보호

Ⅰ. 개설

오늘날의 정보화 사회에 있어서는 행정주체가 행정조사 등의 행정작용과정에서 수집된 개인과 기업에 대한 각종 자료를 컴퓨터의 도움으로 데이터 베이스화함으로써 막대한 정보를 보유하게 되었다.

이러한 행정의 정보독점현상에 따라, 한편으로는 국민의 알 권리의 실현을 위하여 정보공개가 요청되고 있지만, 반대로 잘못된 정보공개로 인하여 사생활의 비밀이 침해되는 것을 방지하여야 한다는 서로 상반되는 법익의 충돌이 있게 되었다. 전자의 요청으로 마련된 제도가 행정정보공개제도이고 후자의 요청으로 마련된 제도가 개인정보보호제도이다. 행정정보공개제도는 헌법상 보장된 국민의 알권리를 구현하며, 행정의 민주적 운영을 가능하게 하며, 주민자치의 활성화를 이루게 한다.[178] 개인정보보호로는 개인에 관한 정보가 부당하게 수집·유통·이용되는 것을 방지하여 개인의 프라이버시를 행정기관으로부터 보호하려는 제도이다. 현대 정보화사회에 있어서 이 두 제도는 불가분의 관계로서 양면성을 가지게 되었으며 세계의 각국은 입법을 통하여 이를 해결하고 있으며, 우리나라도 실정법으로 이를 규율하게 되었다.

178) 김효진, 지방자치제도상 주민참가의 활성화를 위한 정보공개에 관한 연구, 박사학위논문(대구대), 1996, p.91 이하.

Ⅱ. 행정정보공개

1. 의의

행정정보의 공개란 행정주체가 보유·관리하고 있는 각종 정보를 일부 비공개로 하여야 할 정보를 제외하고는 국민의 알 권리에 따라 공개하거나, 행정의 내부적 의사결정과정을 행정절차법상 이해관계인에게 공개하는 것을 말한다. 따라서 행정정보공개(行政情報公開)는 알 권리에 따른 국민 일반에 대한 공개와, 특정 이해관계인에 대한 행정절차법상의 공개로 크게 2종류로 구분된다. 전자에 관한 것이 1996년에 제정된 『공공기관의정보공개에관한법률』에 규정된 정보공개청구권이고 후자에 관한 것이 행정절차법상의 문서열람청구권 등이다. 이러한 정보공개는 국민의 청구에 의하여 공개되며, 그 공개가 의무적인 것이라는 점에서 행정기관이 임의적으로 정보를 제공하는 활동인 행정홍보활동과는 구별된다.

2. 국민의 『알 권리』에 따른 행정정보공개

(1) 알 권리의 의의

알 권리는 헌법상 명문으로 인정된 기본권은 아니지만, 현대 정보화사회에서 행정의 정보집중 및 독점으로부터 국민의 정보에의 접근을 허용함으로써 헌법상의 행복추구권(제10조), 언론(표현)의 자유(제21조), 인간다운 생활을 할 권리(제34조 제1항)를 보장하는 한편, 국정에 관한 정보를 제공함으로써 국민주권의 원리에 따른 참정권을 보장하기 위하여 학설 및 판례에 의하여 인정된 헌법상의 기본권의 하나이다. 헌법상 입법의 공개(제50조), 재판의 공개(제109조)와는 달리 행정의 공개에 대해서는 명문규정을 두고 있지 않지만 알 권리의 생성기반을 살펴볼 때 이 권리의 핵심은 정부가 보유하고 있는 정보에 대한 국민의 알 권리, 즉 국민의 정부에 대한 일반적인 정보공개를 구할 권리라고 할 것이며, 이러한 알 권리의 실현은 법률의 제정이 뒤따라 이를 구체화시키는 것이 충실하고도 바람직하지만, 그러한 법률이 제정되어 있지 않다고 하더라도 헌법 제21조에 의하여 직접 보장될 수 있다(헌재결 1991. 5. 13, 90헌마133). 각국은 이러한 알 권리를 행정정보의 취득에 있어서 실현하기 위하여 정보공개법 등을 제정하고 있다.

(2) 외국의 입법례

스웨덴(1949년)과 미국(1967년)에 이어서 1970년대 이후 북유럽 및 프랑스·캐나다·호주 등이 차례로 정보공개에 관한 법률을 제정하였다. 그 중 대표적인 미국의 정보자유법(Freedom of Information Act, 1967)을 보면, ① 직접적인 이해관계가 있는 자 뿐만 아니라 누구든지 연방행정기관의 보유정보의 공개를 청구할 수 있으며(모든 국민), ② 청구를 받은 기관은 국가안전보장·범죄수사·기업관련정보·프라이버시 관련정보·행정내부문서 등 9개의 공개제외사유에 해당되지 아니하는 한 모두 공개하여야 하며(원칙적 공개주의), ③ 공개거부에 대하여는 사법적 구제를 청구할 수 있다고 규정하고 있으며(사법적 구제), 그 외에도 합의제 행정기관의 모든 회의내용을 공개하도록 한 회의공개법(Government in the Sunshine Act, 1976) 등이 있다.

(3) 공공기관의정보공개에관한법률 제정 이전의 상황

1994. 12. 21 총무처가 정보공개법시안을 마련하여 입법을 추진하여 왔으나, 우리의 학설·판례와 정부 및 지방자치단체의 행정입법·조례 등에 의하여 정보공개를 이미 인정하고 있었다.

1) 대통령령인『사무관리규정』및 판례

지금은 삭제된 동 규정 제87조는 일반국민의 문서열람 및 복사 신청이 있으면 모든 행정기관은 비밀 등의 특별한 사유가 없는 한 이에 응하도록 하고 있었다.

이에 대하여 동 규정은 법률의 위임없이 제정된 행정규칙의 성질을 가지는 것이므로 국민에 대하여 직접 효력을 갖지 못하며, 따라서 개인의 문서 열람·복사청구권은 발생할 수 없다는 견해도 있었으나, 대법원은 그 법규성을 인정하여 『일반국민의 문서열람 및 복사신청에 대하여 기밀 등의 특별한 사유가 없는 한 이에 응하도록 하고 있으므로 그 신청을 거부한 것은 위법하다』고 하였다(대판 1989. 10. 24, 88누9312).

한편 헌법재판소도 『알 권리는 헌법 제21조의 언론의 자유에 당연히 포함되는 바, 이는 국민의 정부에 대한 일반적 정보공개를 구할 권리라고 할 것이며, 서류에 대한 열람·복사 민원의 처리는 법률의 제정이 없더라도 불가능한 것은 아니다』고 함으로써 같은 입장에 서 있다(헌재결 1989. 9. 4, 88헌마22).

2) 국무총리훈령인 『행정정보공개운영지침』(제288호, 1994. 3. 2)

정부는 사무관리규정상의 미비점을 보완하는 한편, 정보공개법이 제정되기 전에 과도기적으로 국민의 알 권리를 실현하기 위하여 국무총리훈령으로 행정정보공개운영지침을 제정하여, 행정정보는 국가안전, 국방, 외교, 범죄수사, 개인의 프라이버시, 기업의 영업·과학기술·금융정보, 행정내부정보 등 10개의 공개 제외사유[179]에 해당되지 아니하는 한 국민의 열람·복사신청이 있으면 15일 이내에 허용 여부를 결정하여 통보하도록 하고 있었다. 그러나 행정내부 또는 의사결정과정상의 비밀이라는 이유로 공개를 거부할 수 있도록 하였기 때문에, 잘못 운영될 경우 제도의 취지가 반감될 우려가 있어 왔다.

3) 조례에 의한 정보공개

정부가 아직 정보공개법의 제정에 이르기 전에도 이미 지방자치단체는 법률의 근거 없이 자치입법권에 기하여 조례로써 자치사무에 관한 정보의 공개를 규정하고 있었는바, 청주시 행정정보공개조례(1991)가 그 예이다. 청주시 의회가 동 조례안을 의결하였을 때 시장은 동 조례가 법률의 근거가 없다는 이유로 대법원에 취소를 구하는 소송(지방자치법 제159조에 의한 기관소송)을 제기하

179) 대법원은 이러한 제외사유에 대하여, 국민의 자유와 권리는 법률로써만 제한할 수 있으므로, 이는 법률에 의하지 아니하고 국민의 기본권을 제한한 것이 되어 대외적 구속력이 없다고 하였다(대판 1999. 9. 21, 97누5114).

였으나, 대법원은 동 조례가 행정에 대한 주민의 알 권리의 실현을 목적으로 하고 있고, 사생활침해 등 개인의 권익침해를 금지하고 있기 때문에 지방자치법(제15조 단서)에서 말하는 『주민의 권리제한 또는 의무부과에 관한 조례』가 아니라는 이유로 법률의 근거가 필요 없고 따라서 적법한 조례라고 하였다(대판 1992. 6. 23, 92추17).[180)]

(4) 현행 공공기관의정보공개에관한법률의 내용

동법은 공공기관이 보유·관리하는 정보의 공개의무 및 국민의 정보공개청구에 관하여 필요한 사항을 정함으로써 국민의 알 권리를 보장하고 국정에 대한 감시 등을 통한 국정운영의 투명성을 확보하기 위한 목적(제1조)에서 1996년 12월 31일에 제정되고 1998년 1월 1일부터 시행되었다. 동법은 국가안전보장에 관련되는 정보, 보안업무관장기관에서 국가안전보장과 관련된 정보분석을 목적으로 수집되거나 작성된 정보에 대해서는 적용을 제외하고 있지만(제4조 제3항), 정보공개에 관한 일반법이다(제4조 제1항). 이 법은 총칙, 정보공개청구권자 및 비공개대상정보, 정보공개의 절차 및 불복구제절차 등을 규정하고 있다.

1) 공개대상정보

동법은 공공기관의 정보는 공개가 원칙이며 비공개는 예외임을 선언하고 있으며(제3조), 공공기관이 직무상 작성 또는 취득하여 관리하고 있는 문서, 도면, 사진, 필름, 테이프, 슬라이드 및 컴퓨터에 의하여 처리되는 매체 등에 기록된 사항을 공개대상정보로 하고 있다(제2조). 따라서 공개대상정보는 널리 공문서의 성격을 갖는 모든 기록물을 그 대상으로 하고 있다고 하겠다.

2) 비공개 대상정보

예외적으로 비공개할 수 있는 정보는 한정적으로 열거되어 있다(제7조 제1항). 즉, ① 다른 법령에서 비밀 또는 비공개사항으로 규정된 정보, ② 국가안

180) 동 판례에 관하여는 저자의 박사학위논문인 『조례의 법적 한계에 관한 연구』 참조.

전보장·국방·통일·외교관계 등 국익관련정보, ③ 국민의 생명·신체·재산의 보호에 현저한 지장을 초래할 우려가 있는 정보, ④ 진행중인 재판, 범죄의 예방·수사·공소제기, 형의 집행·교정·보안처분, ⑤ 감사·감독·검사·시험·규제·입찰계약·기술개발·인사관리 의사결정과정 또는 내부검토과정에 있는 사항 등으로서 공정한 업무수행에 지장을 초래할 정보, ⑥ 이름·주민등록번호 등 공개될 경우 개인의 사생활의 비밀 또는 자유가 침해될 우려가 있는 정보, ⑦ 경영·영업상 비밀에 관한 사항으로서 정당한 이익을 현저히 해할 우려가 있는 정보, ⑧ 부동산투기·매점매석의 우려가 있는 정보 등으로 열거된 8종류의 정보 외에는 모두 공개하여야 한다.

3) 정보공개의 의무기관

공공기관이며, 공공기관은 국가·지방자치단체, 정부투자기관기본법 제2조의 규정에 의한 정부투자기관 기타 대통령이 정하는 기관을 말한다. 따라서 법률에 의해 설치한 각급학교, 특별법에 의해 설치된 특수법인, 공무원연금법에 의한 퇴직연금의 지급정지대상기관 등도 포함된다(시행령 제2조).

4) 정보공개의 청구권자

모든 국민은 정보의 공개를 청구할 권리를 가진다(제6조). 국민 속에는 자연인·법인·법인격 없는 단체도 포함된다. 그러나 외국인의 정보공개청구에 관하여는 대통령령으로 정하며 ① 국내에 일정한 주소를 두고 거주하거나 학술·연구를 위해 일시적으로 체류하는 자, ② 국내에 사무소를 두고 있는 법인 또는 단체에 한하여 인정하고 있다.

5) 정보공개 청구절차

정보공개를 청구하는 자는 당해 공공기관에 정보공개청구서를 제출하여야 하고(제8조), 공공기관은 그 청구를 받은 날부터 15일 이내에 공개 여부를 결정한다. 1차에 한하여 결정기간을 연장할 수 있으며, 30일 이내에 공공기관이 공개 여부를 결정하지 않으면 비공개의 결정이 있는 것으로 본다(제9조). 비공개결정이 있는 때에는 사유, 불복방법 및 절차를 명시하여 청구인에게 통지해야 하고(제11조), 정보공개는 정보의 원본으로 함이 원칙이지만 실제로는 복사에 의한 사본 등을 공개한다(제11조 제2항). 정보공개 및 우송 등에 소요되는 비용은 실비의 범위 안에서 청구인의 부담으로 한다(제15조).

6) 불복구제절차

공공기관의 정보에 대한 비공개결정을 한 경우에는 30일 이내에 당해기관에 대하여 이의신청(제16조)을 하거나, 이를 거치지 아니하고 행정심판(제17조) 및 행정소송(제18조) 등을 제기할 수 있다. 동법은 이해관계 있는 제3자에게도 이러한 권리를 인정하고 있다(제19조). 즉, 공공기관은 공개대상정보가 제3자와 관련이 있다고 인정되는 때에는 공개청구된 사실을 지체없이 제3자에게 통지하여야 하며 필요한 경우 그 의견을 청취할 수 있도록 하고 있으며(제9조 제3항), 공개청구된 사실을 통지받은 제3자는 3일 이내에 당해 공공기관에 공개하지 아니할 것을 요청할 수 있고, 그 의사에 반하여 공개하고자 할 경우에는 그 제3자에게 이를 서면으로 통지하도록 하고 있고, 이 통지를 받은 제3자는 상술한 이의신청·행정심판·행정소송을 제기할 수 있도록 함으로써 이해관계 있는 제3자의 권익보호를 배려하고 있다.

【판례】: ① 정보공개청구권의 인정근거에 관한 판례

국민의 알 권리, 특히 국가정보에의 접근의 권리는 우리 헌법상 기본적으로 표현의 자유와 관련하여 인정되는 것으로 그 권리의 내용에는 일반 국민 누구나 국가에 대하여 보유·관리하고 있는 정보의 공개를 청구할 수 있는 이른바 일반적인 정보공개청구권이 포함되고, 이 청구권은 공공기관의 정보공개에 관한 법률이 1998. 1. 1. 시행되기 전에는 구『사무관리규정』(제33조 2항)과『행정정보공개운영지침』에서 구체화되어 있었다(대판 1999. 9. 21, 97누5114).

② 경찰서장의 수사기록사본교부거부처분에 대하여 행정소송절차를 거치지 아니하고 곧바로 헌법소원심판을 청구할 수 있는지의 여부(소극)

공공기관의 정보공개에 관한 법률 제6조, 제9조, 제18조에 의하여 국민에게 불기소사건기록의 열람, 등사를 청구할 권리 내지 법에 정하여진 절차에 따

라 그 허가여부의 처분을 행할 것을 요구할 수 있는 법규상의 지위가 부여되었으므로 경찰서장의 수사기록사본교부거부처분은 행정소송의 대상이 된다 할 것이므로 직접 헌법소원심판의 대상으로 삼을 수 없다(헌재 2001. 2. 22, 2000헌마620).

3. 행정절차에서의 행정정보공개

(1) 의의

행정의 의사결정 단계에서부터 국민을 참여시킴으로써 행정의 적법·타당성을 확보한다는 행정절차의 본질상, 특정 행정작용의 상대방 기타 이해관계 있는 국민은 행정처분의 기준과 처분이유 및 관련문서의 공개 등을 청구할 권리를 갖는다고 하겠다.

(2) 알 권리에 따른 정보공개와의 구별

알 권리에 근거한 정보공개는 모든 국민에 대한 것인 데 반하여, 행정절차에서의 행정정보공개는 특정 행정절차에 있어서의 상대방 기타 이해관계 있는 국민에 한하여 인정된다는 점에서 구별된다.

그러나 통상 국민의 알 권리에 근거한 공개대상에서는 제외되는 『행정의사결정 과정상의 정보』는 적어도 특정 행정절차에 있어서의 상대방 기타 이해관계자에게는 공개되어야 할 것이라는 점에서 양자는 상호보완적 관계에 있다고 하겠다.

(3) 행정절차법상의 공개제도

우리 행정절차법이 규정하고 있는 공개제도로서는 다음의 것이 있다.

1) 행정처분기준(재량기준)의 설정 및 공표

행정청은 각종 행정처분의 기준(재량기준)을 미리 설정하고 이를 공표하여야 하며, 당사자 등은 공표된 처분기준이 불명확할 경우 행정청에 대하여 해석 또는 설명을 요청할 수 있다(제20조). 이는 행정처분의 객관적 기준 없이 그때그때 담당공무원에 따라 행정처분이 자의적으로 행하여지는 것을 방지하여 법적 안정성과 평등성을 보장하고, 또한 이들 기준을 정하더라도 국민 앞에 공표되지 아니하고 행정내부에서만 공개되는 훈령·예규 등의 행정규칙으로 제정하는 사례를 방지하기 위한 것으로 보인다. 따라서 앞으로는 설사 행정규칙으로 재량기준을 정하더라도 반드시 공표할 의무가 있기 때문에 외부적 감시와 비판에 노출되므로 굳이 행정규칙으로 제정할 것을 고집할 이유가 없게 될 것이다.

2) 행정처분 관련 문서의 열람

행정처분의 상대방이 행정쟁송·손해배상·손실보상 등의 행정구제수단을 취하고자 할 때를 대비하여 행정처분의 근거가 되었던 각종 문서의 열람·복사를 청구할 수 있도록 하였다(제37조).

3) 행정처분의 이유부기

행정처분에 이유부기를 의무화한 것은 행정청으로 하여금 행정처분을 신중하고 적정하게 하도록 할 뿐만 아니라, 상대방의 행정구제절차에 활용하기 위한 행정정보의 공개로서의 의미를 가진다(제23조).

【판례】

[1] 행정처분의 근거 및 이유제시의 정도

[2] 행정청이 토지형질변경허가신청을 불허하는 근거규정으로 '도시계획법 시행령 제20조'를 명시하지 아니하고 '도시계획법'이라고만 기재하였으나, 신청인이 자신의 신청이 개발제한구역의 지정목적에 현저히 지장을 초래하는 것이라는 이유로 구 도시계획법시행령 제20조 제1항 제2호에 따라 불허된 것임을 알 수 있었던 경우, 그 불허처분이 위법하지 아니하다고 한 판례

[1] 행정절차법 제23조 제1항은 행정청은 처분을 하는 때에는 당사자에게 그 근거와 이유를 제시하여야 한다고 규정하고 있는바, 일반적으로 당사자가 근거규정 등을 명시하여 신청하는 인·허가 등을 거부하는 처분을 함에 있어

당사자가 그 근거를 알 수 있을 정도로 상당한 이유를 제시한 경우에는 당해 처분의 근거 및 이유를 구체적 조항 및 내용까지 명시하지 않았더라도 그로 말미암아 그 처분이 위법한 것이 된다고 할 수 없다.
[2] 행정청이 토지형질변경허가신청을 불허하는 근거규정으로 '도시계획법 시행령 제20조'를 명시하지 아니하고 '도시계획법'이라고만 기재하였으나, 신청인이 자신의 신청이 개발제한구역의 지정목적에 현저히 지장을 초래하는 것이라는 이유로 구 도시계획법시행령(2000. 7. 1. 대통령령 제16891호로 전문 개정되기 전의 것) 제20조 제1항 제2호에 따라 불허된 것임을 알 수 있었던 경우, 그 불허처분이 위법하지 아니하다(대판 2002. 5. 17, 2000두8912).
[3] 납세고지서 작성과 관련한 하자로 과세처분이 당연무효로 되는지 여부(소극)
지방세법 제1조 제1항 제5호, 제25조 제1항, 지방세법시행령 제8조 등 납세고지서에 관한 법령 규정들은 강행규정으로서 이들 법령이 요구하는 기재사항 중 일부를 누락시킨 하자가 있는 경우 이로써 그 부과처분은 위법하게 되지만, 이러한 납세고지서 작성과 관련한 하자는 그 고지서가 납세의무자에게 송달된 이상 과세처분의 본질적 요소를 이루는 것은 아니어서 과세처분의 취소사유가 됨은 별론으로 하고 당연무효의 사유로는 되지 아니한다(대판 1998. 6. 26, 96누12634).

Ⅲ. 개인정보보호

1. 의의

『알 권리』에 따른 행정정보공개를 무한정 허용하는 경우 행정주체가 전산망을 구축하여 보유하고 있는 개인의 주민등록 · 납세 · 주택 · 토지 · 자동차 · 직업활동 등의 사생활에 관한 각종 정보가 본래의 행정목적 외에 유출되어 헌법(제17조)상 보장된 사생활의 비밀과 자유가 침해될 우려가 크게 되었다. 따라서 개인의 사생활의 자유는 소극적 방어권으로서의 보장뿐만 아니라 적극적으로는 자신에 관한 정보를 관리하고 외부로 공개함에 있어서 스스로 결정하는 정보자기결정권의 보장을 의미하고 있다. 정보보호에 관한 법률로서는 1994년에 제정되어 1995년부터 시행되고 있는 『공공기관의개인정보보호에관한법률』과 2001년 7월부터 시행되고 있는 『정보통신망이용촉진및정보보호등에관한법률』 등이 있다.

2. 외국의 입법 예

미국의 프라이버시보호법(Privacy Act, 1974)과 컴퓨터연결및프라이버시보호법(Computer Matching and Privacy Protection Act, 1988), 영국의 개인정보보호법(Data Protection Act, 1984), 독일의 연방데이터보호법(1977), 일본의 『행정기관이보유하는전자계산기처리에따른개인정보의보호에관한법률』(1989) 등이 있다.

3. 공공기관의개인정보보호에관한법률

(1) 의의

1994. 1. 7 『공공기관의개인정보보호에관한법률』이 제정되어 ① 행정주체에 의한 개인정보의 수집 · 보유의 한계 및 절차, ② 목적 이외의 사용금지, ③ 개인의 열람 및 정정청구권 인정, ④ 위반시의 벌칙 등에 관하여 규정함으로써, 백화점 · 신용카드업자 등 민간이 보유하고 있는 개인정보의 관리 · 유통 · 보호에 관한 『신용정보의이용및보호에관한법률』과 함께 프라이버시 보호에 관한 양대 기본법이 되고 있다.

(2) 적용범위

국가 · 지방자치단체 및 공공단체(이하, 공공기관이라 함)의 컴퓨터에 의하여 처리되는 개인정보의 보호를 위한 일반법의 지위를 가지지만, ① 컴퓨터에 의하여 처리되지 않고 수작업 등의 방법으로 수집 · 처리되는 개인정보는 보호대상에서 제외되었고, ② 자연인인 개인의 정보에만 적용하며 치열한 경쟁시대에 있어 기업의 생존에 직결될 수 있는 기업(법인)의 정보에 대하여는 적용되지 아니하며, ③ 통계법에 의하여 수집되는 개인정보와, 국가안전보장과 관련된 정보분석을 목적으로 수집 또는 제공되는 개인정보에 대하여는 적용되지 아니하도록 함으로써 법의 한계를 노정하고 있다.

(3) 개인정보의 수집 · 보유의 한계 및 절차

① 개인의 사상 · 신조 등 기본적 인권을 현저히 침해할 우려가 있는 정보의 수집은 금지되며, 당해 기관의 소관 업무수행에 필요한 범위 안에서만 개인정보화일(file)을 보유할 수 있고(제4조 · 제5조), ② 공공기관의 장은 개인정보화일을 보유하고자 하는 경우에는 보유목적 · 내용 · 열람 등에 관한 사항을 행정자치부장관에게 통보하고, 행정자치부장관은 이를 연 1회 이상 관보에 공고하여야 하며(제7조), ③ 공공기관의 장은 개인정보의 정확성 · 최근성 및 안전성을 확보하여야 할 의무가 있다(제9조 제1항 · 제2항).

(4) 개인정보의 보유목적 이외의 이용 · 제공 금지

공공기관의 장은 개인정보의 이용을 당해 기관 내의 특정 부서로만 제한할 수 있으며, 법률의 규정에 따라 당해 기관 내부에서 이용하거나 다른 기관 등에게 제공하는 경우를 제외하고는 보유목적 이외의 목적을 위한 이용이나 다른 기관에의 제공이 금지된다(제10조 제1항). 그러나 ① 정보주체의 동의가 있거나 정보주체 본인에게 제공하는 경우, ② 범죄수사와 공소 및 재판에 필요한 경우, ③ 통계작성 · 학술연구 등을 위하여 특정개인을 식별할 수 없는 형태로 제공하는 경우, ④ 다른 법률에서 정하는 업무수행을 위하여 당해 정보를 이용할 상당한 이유가 있는 경우, ⑤ 조약의 이행을 위하여 외국정부나 국제기구에 제공할 경우, ⑥ 정보주체 이외의 자에게 제공하는 것이 명백히 정보주체에게 이익이 된다고 인정되는 경우에는, 정보주체나 제3자의 권익을 침해할 우려가 없는 한 정보의 제공을 허용하였다(제10조 제2항). 그리고 정보를 제공받은 기관은 제공기관의 동의 없이 이를 다른 기관에 제공하여서는 아니 된다(제10조

제5항).

(5) 개인정보의 열람·정정 및 구제

① 정보주체는 서면으로 본인에 관한 정보의 열람을 청구할 수 있으며, 이 경우 행정주체는 15일 이내에 열람하게 하여야 한다(제12조). 그러나 조세부과·징수, 학교성적평가와 입학자선발 등의 업무로서 당해 업무의 수행에 중대한 지장을 초래할 경우, 개인의 생명·신체를 해할 우려가 있거나 재산과 이익을 부당하게 침해할 우려가 있는 경우에는 각각 그 사유를 통지하고 열람을 제한할 수 있다(제13조).

② 정보를 열람한 정보주체가 그 내용에 잘못이 있다고 판단하는 때에는 서면으로 당해 정보의 정정(訂正)을 청구할 수 있으며, 이 경우 행정주체는 지체없이 이를 조사하여 정정 등 필요한 조치를 한 후 결과를 통지하여야 한다(제14조).

③ 정보의 열람 또는 정정청구에 대한 행정청의 거부처분 또는 부작위에 대하여 불복이 있을 때에는 행정심판과 행정소송으로 구제를 청구할 수 있다(제15조).

④ 개인정보를 누설하거나 권한 없이 처리하거나 타인의 이용에 제공하는 등 부당한 목적으로 사용한 자는 3년 이하의 징역 또는 1천만원 이하의 벌금에 처하고, 사위 기타 부정한 방법으로 공공기관으로부터 정보를 열람하거나 제공받은 자는 2년 이하의 징역 또는 700만원 이하의 벌금에 처하도록 하는 등 행정벌로써 개인정보를 보호하고 있다(제23조).

제3편

행정법상 의무이행확보수단

제1장

행정강제

제1절 개설

Ⅰ. 행정강제의 의의

행정강제(行政强制)란 『행정목적의 실현을 위하여 사람의 신체 또는 재산에 실력을 가하여 행정상 필요한 상태를 실현하는 권력적 사실행위』를 말한다(예, 전염병 예방주사의 강제접종, 불법건축물의 강제철거, 체납조세의 강제징수 등). 행정의 실효성을 확보하기 위하여 내용적으로 직접적인 강제수단을 동원하게 되는 행정강제는 그 내용·방법에 따라, ① 행정법상의 의무이행을 강제하는 행정상 강제집행, ② 급박한 상황하에서 의무를 명하기 곤란한 경우에 행하는 행정상 즉시강제, ③ 강제적 조사 작용으로서의 행정조사의 3종류로 나누어진다.

1) 행정강제는 권력적 실력행사행위라는 점에서 사실행위에 해당하며, 따라서 법적 행위인 행정행위와 구별된다.

2) 행정강제는 우월한 의사의 주체로서 개인의 신체나 재산에 실력을 가하는 권력작용이라는 점에서 비권력작용인 행정지도, 공법상 계약 등과 구별된다.

3) 행정강제는 행정목적의 실현을 궁극적인 목적으로 한다는 점에서는 후술하는 행정벌과 같으나, 행정강제는 장래에 향하여 직접 행정상 필요한 상태를 실현하는 실력행사임에 반하여, 행정벌은 과거의 위법행위에 대한 제재로서의 형벌 또는 질서벌의 부과라는 점에서 직접목적과 수단상의 차이가 있다.

4) 행정강제는 행정의 특징 중 자력집행력에 근거하여 행정권 스스로의 힘

으로 강제하는 작용이라는 점에서 법원의 힘에 의존하여 행하는 민사상의 강제집행절차와는 구별된다.

Ⅱ. 행정강제의 종류

1. 행정상 강제집행

행정상 강제집행이란 『행정법상의 의무불이행에 대하여 의무자의 신체 또는 재산에 실력을 가하여 이를 이행시키거나, 이행한 것과 동일한 상태를 실현하는 작용』을 말한다(예, 불법건축물의 강제철거행위, 조세체납자에 대한 체납처분 등).

2. 행정상 즉시강제

행정상 즉시강제란 "목전에 급박한 행정상의 장해를 제거할 필요가 있는 경우에, 행정법상의 의무를 부과할 시간적 여유가 없을 때(예, 광견의 난동 등) 또는 성질상 의무를 부과하고 그 실행을 기다려서는 행정목적의 달성이 곤란할 때(예, 전염병환자의 입원 등)에는 즉시 국민의 신체 또는 재산에 실력을 가하여 행정상 필요한 상태를 실현하는 작용"을 말한다(예, 광견의 사살, 환자의 강제입원). 즉시강제는 의무의 부과와 그 불이행을 전제로 하지 않고 즉시에 실력행사를 하기 때문에 행정의 예측가능성과 법적 안정성을 침해한다는 점에서, 오늘날의 법치국가하에서는 강제집행을 원칙으로 하고 즉시강제는 예외적으로만 인정하고 있다.

3. 행정조사

행정조사란 행정기관이 행정작용을 적정하고 효율적으로 행하기 위하여 필요한 자료를 수집하는 권력적·강제적 조사 작용을 말한다.

종전에는 행정조사를 독립된 행정작용으로 보지 아니하고 가택출입·질문 등 행정상 즉시강제의 일부분으로만 다루어 왔으나, 최근에는 보조수단성·급박성 여부 등을 기준으로 양자를 구별하여 설명하고 있다.

제2절 행정상 강제집행

Ⅰ. 의의

행정상 강제집행(强制執行)이란 "직접 법령의 규정에 의하거나 또는 법령에 의거한 행정처분에 의하여 과하여진 행정법상의 의무의 불이행에 대하여, 의무자의 신체 또는 재산에 실력을 가하여, 장래에 향하여 이를 이행시키거나 이행된 것과 같은 상태를 실현하는 작용"을 말하며, 현행법상으로는 대집행 · 직접강제 · 집행벌 · 강제징수 등의 수단이 인정되고 있다. 이 중 대집행과 강제징수는 일반적 수단으로서의 강제집행이지만, 직접강제와 집행벌은 예외적 수단으로서 개별법에 의한 강제집행을 의미한다.

행정상 강제집행은 행정상 의무의 불이행을 전제로 하는 점에서, 이를 전제로 하고 있지 않은 행정상 즉시강제와 구별되며, 장래의 의무를 이행시키기 위한 강제수단이라는 점에서 과거의 의무위반에 대한 제재를 목적으로 하는 행정벌과 구별되며, 법원의 개입을 거치지 않은 독자적인 강제수단이라는 점에서 법원의 확인이나 판결을 요하는 민사상의 강제집행과 구별된다.

Ⅱ. 근거

과거 대륙법계의 국가에서는 법률상 행정권에 대하여 국민에게 일정한 의무를 명할 수 있는 권한이 부여된 이상, 이러한 명령권에는 그 의무불이행시에 행정청이 이를 강제로 집행할 수 있는 권한까지도 당연히 포함된다고 해석하였다. 따라서 대집행처럼 기존의 의무를 변경 없이 그대로 실현하는 것이면 별도의 법적 근거가 필요 없다고 보았다.[181]

181) Mayer, S.274ff.

그러나 오늘날은 행정법상 의무불이행에 대한 강제집행을 위하여서는 의무를 명하는 명령권과는 별도로 강제집행권을 부여하는 법률의 규정이 필요하다는 것이 통설의 입장이다.[182)]

생각건대 우리 헌법상 사인의 권리실현은 자력구제에 의하지 아니하고 반드시 재판을 거쳐 법원의 힘으로만 행할 수 있도록 하고 있음에 비하여, 행정주체에 대하여만 특별히 자력집행권을 설정하는 것은 헌법 원칙에 대한 예외를 이루는 것이므로 명령권에 대한 법적 근거와는 별도의 법적 근거를 요한다고 할 것이다.

현행법상 강제집행의 근거법으로서는 ① 일반법으로서 행정의 대집행에 관한 행정대집행법과 공법상 금전급부이행의 강제에 관한 국세징수법이 있으며, ② 그 외의 개별법으로서는 출입국관리법 · 토지보상법 · 군사시설보호법 · 해군기지법 등이 있다.

Ⅲ. 수단

1. 개설

행정상 강제집행의 수단으로서는 대집행, 집행벌, 직접강제, 행정상 강제징수가 있으나, 우리나라에서는 대집행 및 행정상 강제징수만이 일반법인 행정대집행법과 국세징수법에 의거하여 일반적으로 인정되고, 집행벌과 직접강제는 각 개별법에 특별한 규정이 있을 때에만 인정된다.

---

182) 김남진(Ⅰ), p.496; 김도창(상), p.507; 박균성(상), p.475; 박윤흔(상), p.574; 이상규(상), p.532.

2. 대집행

(1) 의의

대집행(代執行)이란 의무의 성질상 의무자 본인이 아닌 제3자에 의하여도 이행이 가능한 『대체적 작위의무』를 의무자가 이행치 아니한 경우에, 행정청이 직접 이를 이행하거나 또는 제3자로 하여금 대신 행하도록 한 후, 그 비용을 의무자로부터 징수하는 행위로서, 일반법인 행정대집행법에 근거하여 행하여진다.[183)]

(2) 주체

당초에 대체적 작위의무를 명한 당해 행정청이 대집행의 주체가 된다. 행정청은 직접 또는 위임에 의하여 대집행을 행하거나 타인에게 대집행을 위탁할 수 있다.[184)] 대집행을 타인에게 위탁하는 경우 ① 대집행권이라는 행정권을 타인으로 하여금 행사하도록 하고, 그에 상응하는 비용을 지급하는 것을 내용으로 하는 공법상의 계약이라 보는 소수설과, ② 이를 사법상의 도급계약이라고 보는 통설의 대립이 있다.

(3) 요건

대체적 작위의무의 불이행이라는 요건 외에, 다른 수단으로는 그 이행의 확보가 곤란하고, 그 불이행을 방치함이 심히 공익을 해할 경우에만 대집행을 할 수 있다(법 제2조).

---

183) 우리 행정대집행법(2)은 이와 같이 자기집행과 제3자집행을 다같이 대집행으로 보고 있다. 그러나 자기집행은 행정상의 직접강제와 개념구별이 명확하지 않다. 독일의 경우에는 제3자집행만을 대집행으로 보아 이러한 문제를 해결하고 있다(독일행정대집행법 제10조).

184) [판례] 군수가 군사무위임조례의 규정에 따라 무허가 건축물에 대한 철거대집행사무를 하부 행정기관인 읍·면에 위임하였다면, 읍·면장에게는 관할구역 내의 무허가 건축물에 대하여 그 철거대집행을 위한 계고처분을 할 권한이 있다(대판 1997. 2. 14, 96누15428).

1) 대체적 작위의무의 불이행

법령 또는 이에 근거한 행정처분에 의하여 부과된 대체적 작위의무를 불이행한 경우에 한한다.

(가) 법령 또는 이에 근거한 행정처분에 의하여 부과된 의무

행정법상의 의무는 통상 구체적·개별적 행정처분에 의하여 부과되는 것이 원칙이지만, 경우에 따라서는 법령(조례를 포함한다)에서 직접 의무를 명할 수도 있다(예, 폐기물관리법에 의한 쓰레기 분리배출의무 등). 그러나 법령에서 직접 의무를 명하는 경우 상대방은 이를 구체적으로 알기 어려운 상태에 있는 경우가 많아 예측가능성의 견지에서 바람직한 것은 아니라고 하겠으며, 따라서 이를 즉시강제로 보는 견해도 있다.

(나) 대체적 작위의무

의무에는 작위·부작위(허가 없이 영업을 하지 아니할 의무 등)·급부(조세납부의무 등)·수인(예방주사를 맞을 의무 등)의 4종류가 있는바, 작위의무 중 성질상 타인이 대신할 수 있는 대체적 작위의무(代替的 作爲義務)에 한하여 대집행이 가능하다(예, 농지의 경작의무, 산림의 식재의무, 위법건축물의 철거의무, 청소의무, 교통장애물의 제거의무 등).

따라서 부작위의무(허가 없이 건축·자동차운전·음식점영업행위를 하지 아니할 의무 등)에 위반한 경우에는 후술하는 집행벌의 대상이 될 뿐이며, 이들 중 작위의무로의 전환이 가능한 의무에 한하여 구체적·개별적 행정처분으로 대체적 작위의무로 전환한 후 그 불이행에 대하여 대집행을 할 수 있다. 예컨대, 불법공작물의 설치행위는 부작위의무의 위반이므로 그에 대하여 직접 대집행을 할 수 없다. 따라서 이와 같은 경우에는 먼저 불법공작물의 철거를 명함으로써, 부작위의무를 작위의무로 전환한 다음에야 그 작위의무위반을 이유로 대집행을 할 수 있게 된다.[185]

한편 비대체적 작위의무는 성격상 타인이 대신할 수 없는 것이므로 대집행

185) 유상현, 행정상 대집행의 요건, 고시계 2001.2, p.33.

의 대상이 되지 못하며, 집행벌의 대상이 될 수 있을 뿐이다(예, 의사의 진료의무, 전문가의 감정의무 등).

여기서 토지보상법(제89조)상 시장・군수가 기업자의 청구에 의하여 수용대상 토지・건물의 인도를 대집행하는 경우에, 거주하고 있는 사람의 신체에 실력을 가하여 강제로 퇴거시킬 권한까지 포함된다고 볼 수 있을 것인가에 관하여 학설[186]은 이는 『신체에 대한 직접강제』이므로 이미 대집행의 범주를 넘어서는 것으로서 별도의 법적 근거가 필요하다고 하여 부인하고 있으며, 따라서 가재도구 등 물건을 반출하는 간접적인 방법에 의할 수밖에 없다고 한다. 즉 토지・건물을 점유하고 있는 거주자에게 강제적인 실력행사에 의한 퇴거의 방법으로 점유이전을 행하는 것은 대체적 작위의무에 해당되지 않으므로 대집행에 의하여 강제할 성질의 것이 아니다.

2) 다른 수단으로는 의무이행의 확보가 곤란할 것

대체적 작위의무의 이행을 확보할 수 있는 다른 수단(행정지도・시정명령 등)이 있는 경우에는 대집행이 금지된다. 그러나 성격상 대상 의무의 종류를 달리하는 집행벌・직접강제 등을 여기서 말하는 다른 수단으로 볼 수는 없다.

3) 그 불이행을 방치함이 심히 공익을 해할 것

이는 비례원칙(比例原則)을 말한 것으로서 사소한 공익을 위하여서는 함부로 대집행을 할 수 없다는 의미이다. 즉 대집행이 아닌 다른 수단으로서 의무자의 권익을 더 적게 침해하고서도 집행이 가능한 때에는 취소침해의 원칙에 따라 대집행은 인정되지 않는다.

그러나 구체적으로 『심히 공익을 해하는 여부』를 판단하기는 쉽지 않으며, 판례에 나타난 바를 보면 다음과 같다.

---

186) 김동희(Ⅰ), p.434; 박윤흔(상), p.583.

【판례】 : ① 무허가 건축물이 심히 공익을 해한다는 판례
무허가 증축부분이 상당히 큰데다가 도로쪽 전면으로 돌출되어 있어 쉽게 발견되고 도시계획선을 침범하고 있는바, 이를 그대로 방치한다면 불법건축물을 단속하는 당국의 권능은 무력화되어 건축행정의 원활한 수행을 위태롭게 하고, 건축법 소정의 제한규정이나 도시계획구역 안에서의 토지의 경제적이고 효율적인 이용을 회피하는 것을 사전에 예방하지 못하게 되어, 더 큰 공익을 해하는 것이 된다(대판 1992. 8. 14, 92누3885).
② 무허가 건축물이 심히 공익을 해하지 않는다는 판례
건물이 노후되어 붕괴될 위험에 처해 있었는데도 대지에 관한 소유권 다툼으로 말미암아 수선허가를 받을 수 없어 부득이 허가 없이 수선을 하였는데, 그로 인하여 건물면적에 실질적인 변동을 초래하지 않았고 도시미관이나 위생을 해친 바도 없으므로, 이를 그대로 방치하더라도 심히 공익을 해하는 것으로 볼 수는 없다(대판 1988. 2. 9, 87누213).
③ 건축법 위반의 정도가 경미하여 심히 공익을 해하지 아니한 것으로 본 판례
건축허가면적보다 0.02㎡ 정도 초과하여 이웃의 대지를 침범한 경우에, 이 정도의 위반만으로는 주위의 미관을 해칠 우려가 없을 뿐 아니라 이를 대집행으로 철거할 경우 많은 비용이 드는 반면, 공익에는 별 도움이 되지 아니하고, 도로교통·방화·보안·위생·도시미관·공해예방 등의 공익을 크게 해친다고 볼 수도 없기 때문에, 철거를 위한 계고처분은 그 요건을 갖추지 못한 것으로서 위법하며 취소를 면할 수 없다(대판 1991. 3. 12, 90누10070).

4) 불가쟁력의 발생 여부

대체적 작위의무를 과하는 행정처분의 불가쟁력의 발생을 요건으로 하지는 않으며, 불가쟁력이 발생하기 전이라도 대집행할 수 있다. 따라서 의무자는 취소쟁송단계에서 집행정지결정(執行停止決定)을 신청할 필요가 있으며, 이것이 받아들여지지 아니하고 그대로 대집행되어 버린 경우에는 취소소송의 소의 이익은 없게 되므로 부득이 손해배상청구로 구제받을 수밖에 없게 된다. 따라서 행정청은 가능한 한 불가쟁력이 발생한 후에 대집행절차를 개시하는 배려를

하여야 할 것이다.

(4) 절차

계고, 대집행영장에 의한 통지, 실행 및 비용징수의 4단계를 거쳐야 한다(법 제3조~제6조).

1) 계고

계고(戒告)란 행정청이 상당한 이행기간을 정하여 그 기한까지 이행하지 아니할 때에는 대집행을 한다는 뜻을 문서로 통지하는 준법률행위적 행정행위(통지)를 말한다.

계고는 대집행이 행하여진다는 것을 사전에 의무자에게 통지하여 스스로 행정상의 의무를 이행하도록 촉구하는 기능을 가진다. 계고처분은 대집행영장을 발급하고 대집행을 하는 데 전제가 되는 행정처분이므로(대판 1962. 10. 18, 62누117), 위법한 계고에 대하여는 취소소송을 제기할 수 있다. 『상당한 이행기간』은 사회통념상 이행에 소요되는 통상적인 기간을 말하며, 계고를 하기 전에 대집행의 요건인 대체적 작위의무가 먼저 명하여져 있을 것이 요구된다(예, 불법건축물의 철거명령 등).[187]

판례는 계고서라는 1장의 문서에 일정기간 내에 자진 철거를 명함과 동시에 불이행시 대집행할 뜻을 계고한 경우에도 양자는 각각 독립된 행정처분으로서 적법하다고 하였으나(대판 1992. 6. 12, 91누13564), 이는 계고의 절차적 측면에서 문제가 있다고 하겠다. 그러나 예외적으로 비상시 또는 위험이 절박한 경우에 있어서 당해 행위의 급속한 실시를 요하여 계고절차를 취할 여유가 없을 때에는 계고 없이 대집행을 할 수 있다(제3조 제3항).

계고처분에는 대집행할 행위의 내용과 범위가 구체적으로 특정되어야 하며, 특정되지 아니한 계고처분은 『내용의 불명확』으로 불명확한 정도에 따라 무효 또는 취소의 대상이 된다.

한편, 대집행할 행위의 비용과 범위는 대집행계고서에 의하여서만 특정되어

187) 박윤흔(상), p.585; 이상규(상), p.536.

야 하는 것은 아니며, 그 처분 전후에 송달된 다른 문서나 기타 사정을 종합하여 이를 특정할 수 있으면 족하다(대판 1990. 1. 25, 89누4543; 대판 1992. 3. 10, 91누4140).

2) 대집행영장에 의한 통지

계고를 받고도 지정된 기한까지 의무를 이행하지 아니한 경우에 대집행영장(代執行令狀)에 의하여 대집행의 시기, 대집행책임자의 성명, 대집행비용의 개산액 등을 의무자에게 통지하는 준법률행위적 행정행위를 말한다(제3조 제2항). 그러나 비상시 등에는 예외적으로 생략할 수 있음은 계고에서와 같다.

3) 대집행의 실행

대집행책임자가 그 권한을 표시하는 증표를 휴대하고 이해관계인에게 제시한 후 대집행을 실행하면 상대방은 수인 의무가 있다. 대집행의 실행은 전형적인 권력적 사실행위에 속한다.

대집행의 실행에 있어 사람의 신체에 대한 직접강제까지 할 수 있는가에 관하여는 소극적으로 해석할 수밖에 없으며, 대신 상대방의 실력에 의한 항거행위는 형법상 공무집행방해죄(제136조)를 구성하거나 경찰관직무집행법상의 억류행위 등 위험발생방지조치의 요건에 해당할 것이다.

4) 비용징수

대집행에 소요되는 모든 비용을 징수하기 위하여 그 금액과 납부기일을 정하여 문서로써 의무자에게 고지한다(제5조). 만일 납부기한까지 스스로 대집행비용을 납부하지 않을 경우에는 국세징수의 예에 의하여 강제징수한다(제6조 제1항).

(5) 대집행에 대한 구제

대집행의 4단계 행위 모두에 대하여 행정쟁송의 제기가 가능한지, 전 단계의 하자의 효과가 다음 단계로 승계되는지 등에 관하여 의문이 제기되고 있다.

1) 행정쟁송의 제기

대집행에 대하여 불복이 있는 자는 당해 행정청 또는 그 직근상급행정청에 대하여 행정심판을 선택적으로 제기할 수 있으나, 당해 행정청에 행정심판을 제기한 자는 다시 상급행정청에 행정심판을 제기할 수는 없다(제7조 제1항 및 제2항). 이에 대한 재결결과에 다시 불복이 있는 자는 법원에 행정소송을 제기할 수 있음은 물론이다(제8조).

2) 행정쟁송의 대상

4단계의 행위 중 계고와 대집행영장에 의한 통지행위는 모두 준법률행위적 행정행위로서 행정쟁송의 대상이 된다는 것이 통설·판례의 입장이다(대판 1967. 10. 31, 66누25).

그러나 이들 행정행위는 대집행의 실행이 완료된 후에는『회복할 법률상 이익』이 없는 한 적어도 행정쟁송으로 취소를 구할 수는 없으며, 따라서 위법한 대집행으로 인한 손해배상을 청구할 수밖에 없다고 하겠다(행정소송의 소의 이익 참고).

그리고 마지막 단계인 비용납부고지행위는 전형적인 행정행위이므로 그 금액의 과다 등을 이유로 행정쟁송을 제기할 수 있음은 물론이다.

다음으로 권력적 사실행위인 대집행의 실행행위에 대하여도 취소소송의 대상이 될 것인가에 관하여 종전에는 법률행위가 아니므로 불가능하다고 보았으나, 새 행정소송법은 취소소송의 대상인『처분』의 개념을『행정청이 행하는 구체적 사실에 관한 법집행으로서의 공권력의 행사 또는 그 거부와 그 밖에 이에 준하는 작용』으로 확대하였으며, 여기서 말하는 공권력의 행사작용에는 권력적 사실행위도 계속적 성질을 가지는 한 포함된다고 함이 통설의 견해이다.

그러나 대집행의 실행행위는 성질상 단기간에 끝나 버리는 것이 대부분이므로『회복할 법률상 이익』이 없게 되어 취소를 구할 수 없게 되는 경우가 많을 것이다. 따라서 이 경우에는 위법한 대집행으로 인한 손해배상청구소송을 제기하거나, 대집행비용청구에 대한 취소소송을 제기하는 수밖에 없다.

3) 하자의 승계

상술한 4단계의 행위는 서로 결합하여 하나의 법률효과를 완성시키는 것으로서, 각 단계의 행위의 적법한 성립이 그 다음 단계의 행위의 전제조건이 되기 때문에 선행행위의 하자는 그 후행행위의 적법성에까지 영향을 미치게 된다. 따라서 계고처분의 하자를 주장할 기회를 놓쳤다고 하더라도 대집행영장에 의한 통지의 단계에서 이를 주장하여 대집행영장에 의한 통지의 위법 및 취소를 구할 수 있으며, 판례도 『선행처분인 계고처분이 하자가 있는 위법한 처분이라면, 비록 대집행의 실행이 완료되어 그 계고처분의 취소를 구할 법률상의 이익이 없게 되고 또한 그 후행처분인 비용납부명령 자체에는 아무런 하자가 없더라도, 비용납부명령의 취소를 구하는 소송에서 선행처분인 계고처분이 위법한 것이기 때문에 이를 전제로 행하여진 비용납부명령도 위법한 것이라고 주장할 수 있다』고 하여 하자의 승계를 인정하고 있다(대판 1993. 11. 9, 93누14271).

(6) 대집행에 있어서의 재량 문제

행정대집행법상의 대집행 요건이 모두 구비된 경우에도 반드시 대집행을 하여야 하는 것은 아니며 행정청은 대집행할 것인가의 여부를 재량으로 결정할 수 있다고 할 것이다[188](행정대집행법도 『…대집행을 할 수 있다』고 표현하여 재량행위임을 인정하고 있다. 동법 제2조).

그러나 대체적 작위의무의 불이행을 그대로 방치하는 것이 생명・신체에 중대한 위험을 야기하는 예외적인 경우(예, 붕괴의 위험이 있는 축대 등)에는 『재량권의 0으로의 수축이론』에 따라 반드시 대집행을 하여야 할 기속을 받는다고 할 것이며, 이러한 경우에는 ① 대집행을 행정청에 청구하고 이에 대한 행정청의 거부처분이 있으면 동 거부처분의 취소소송을 제기하거나, 대집행의 청구에 대하여 아무런 응답이 없이 이를 방치하는 경우에는 부작위위법확인소송을 제기할 수 있음은 물론, ② 이로 인하여 손해가 발생한 경우에는 우리 판례가 인정하는 것과 같이 행정청의 위법행위로 인한 손해배상을 청구할 수도

---

188) 김남진(Ⅰ), p.500; 김동희(Ⅰ), p.435; 그러나 이를 기속행위로 보는 견해도 있다.

있다(대판 1980. 2. 26, 79다2341).

3. 집행벌

(1) 의의

집행벌(執行罰)이란 의무자 자신이 아니면 이행할 수 없는 부작위의무(예, 버스·선박의 결항금지의무, 택시의 대리운전 금지의무 등) 또는 비대체적 작위의무(예, 농지의 매도의무, 의사의 진료의무, 증인의 출석의무 등)를 이행하지 아니하는 경우에 행정청이 일정한 기간 내에 의무를 이행하지 않으면 제재금을 과할 뜻을 예고하여 의무자에게 심리적 압박을 가함으로써 스스로 의무를 이행하도록 하기 위하여 일정한 금전납부의무를 부과하는 것을 말한다. 따라서 이를 이행강제금(履行强制金)이라 부르기도 한다.

【판례】 : 이행강제금은 대체적 작위의무의 위반에 대하여도 부과될 수 있다는 판례

전통적으로 행정대집행은 대체적 작위의무에 대한 강제집행수단으로, 이행강제금은 부작위의무나 비대체적 작위의무에 대한 강제집행수단으로 이해되어 왔으나, 이는 이행강제금제도의 본질에서 오는 제약은 아니며, 이행강제금은 대체적 작위의무의 위반에 대하여도 부과될 수 있다(헌재 2004. 2. 26, 2001헌바80등, 2002헌바26(병합)).

(2) 가치

의무의 성격상 타인이 대신 이행할 수 없는 부작위의무 또는 비대체적 작위의무의 이행을 강제하는 수단으로서는 금전적 제재라는 간접적·심리적 압박의 방법 밖에 없다는 점에서 집행벌의 존재가치가 인정된다.

(3) 행정벌과의 구별

후술하는 행정벌 역시 부작위의무 또는 비대체적 작위의무의 불이행에 대하

여도 과할 수 있으며, 행정법상의 의무이행의 확보 수단으로도 사용된다는 점에서는 공통점이 있지만, 행정벌은 과거의 의무위반에 대한 제재로서의 벌칙인 데 비하여, 집행벌은 의무자에게 심리적 압박을 가하여 장래에 향하여 그 의무를 이행시키고자 하는 간접적인 강제집행의 일종이라는 점에서 차이가 있다. 또한 행정벌은 과거의 의무위반에 대한 제재이기 때문에 하나의 위반행위에 대해서는 이중처벌금지의 원칙에 따라 반복해 부과할 수 없지만, 집행벌은 금전납부의무의 부과에 의해 의무자를 심리적으로 압박해 장래에 향하여 행정상 의무이행을 확보하려는 것이므로 그 의무의 이행이 있기까지는 반복적으로 부과할 수 있다는 점에서 차이가 있다. 그러나 이는 법정한도 내에서만 허용된다.

(4) 근거

독일과 과거 일본에서는 집행벌을 행정상 강제집행의 일반적 수단으로 인정하지만, 우리 현행법에서는 대체로 집행벌 대신에 행정벌로써 의무이행을 확보하고 있는 추세에 있다. 그러나 최근 집행벌의 가치가 다시 인식되어 그 요건 · 절차를 엄격히 한다면 가혹한 제도는 아니라는 긍정적인 평가도 있다.

현행법상 ① 부동산실권리자명의등기에관한법률(제6조)에서 소유권 이전등기를 신청하지 아니한 등기권리자에게 과징금을 부과하거나,[189] ② 농지법(제10조 · 제11조)에서 농업경영에 이용하지 아니하는 농지 등에 대하여 부과한 농지처분의무를 이행치 않는 경우에 이행강제금을 부과하도록 한 것(제65조)과, ③ 건축법(제80조)에서 건축법 위반행위에 대하여 공사중지 및 철거명령을 한 후, 일정기간 내에 이를 이행치 아니할 때에는 다시 이행기간을 정하고 그 때까지 이행치 아니한 경우 1년에 2회까지 일정한 이행강제금을 부과하도록 한 것 등은 그 의무의 이행이 있기까지 의무자에게 심리적 압박을 가함으로써 건폐율 및 용적률 초과 건축물의 시정의무, 농지의 처분의무 등을 스스로

---

189) 우리 헌법재판소는 동 조항에 의한 장기미등기자의 의도를 불문하고 일률적으로 부동산 가액의 100분의 30에 해당하는 과징금을 부과하는 것은 과잉금지의 원칙 및 평등의 원칙에 위배되는 것이라 하여 헌법불합치결정을 내렸다(헌재결 2001. 5. 31, 99헌가18). 따라서 동 조항은 과잉금지의 원칙과 비례의 원칙의 범위 내에서 허용되는 요율의 과징금액을 정하는 방향으로 개정되어야만 한다.

이행케 하려는 집행벌의 성격을 가진다고 하겠다.

(5) 집행벌에 대한 불복

이행강제금으로서의 집행벌의 부과에 대한 불복방법으로는 두 가지 방법이 있다. 첫째, 각 해당 개별 법률에서 특별한 불복방법을 규정하고 있는 경우에는 그 개별법률에 의하는바, 통상 그 부과처분의 고지를 받은 날부터 30일 이내에 당해 부과권자에게 이의를 제기할 수 있고(건축법 제80조 제6항), 이 경우 당해 부과권자는 지체없이 관할법원에 통보하여야 하며, 그 통보를 받은 관할법원은 비송사건절차법에 의한 재판을 하도록 정형화하고 있다. 따라서 이 경우 집행벌을 과하는 행정작용은 행정처분임에도 불구하고 금전적 제재라는 특성으로 인하여 행정소송의 대상에서 제외되고 있다. 두 번째, 각 해당 개별 법률에서 특별한 불복방법을 규정하고 있지 아니한 경우로서 이 경우에는 일반적인 불복방법으로서의 행정심판과 행정쟁송의 방법에 의하게 된다(부동산실권리자명의등기에관한법률 제6조).

【판례】: 건축법상의 이행강제금(집행벌) 부과처분은 행정소송의 대상이 아니라는 판례
건축법 제83조의 규정에 의하여 부과된 이행강제금 부과처분의 당부는 최종적으로 비송사건절차법에 의한 절차에 의하여만 판단되어야 한다고 보아야 할 것이므로 위와 같은 이행강제금 부과처분은 행정소송의 대상이 되는 행정처분이라고 볼 수 없다(대판 2000. 9. 22, 2000두5722).

4. 직접강제

(1) 의의

직접강제(直接强制)란 행정법상 의무의 불이행에 대하여 직접 의무자의 신체 또는 재산에 실력을 가하여 의무의 이행이 있었던 것과 같은 상태를 실현하는 작용을 말한다(예, 불법입국·체류 외국인의 강제출국조치, 군사시설보호

구역의 무단침입자 또는 불법시설물의 강제퇴거·철거조치 등). 직접강제는 의무자의 신체 또는 재산에 직접 실력을 행사하는 행위이므로 가장 강력한 강제집행의 수단이 되며, 또한 작위·부작위·수인 등 모든 의무의 불이행에 대하여도 사용될 수 있다.

(2) 성질

직접강제는 ① 의무자의 신체·재산에 직접 실력을 가하며 모든 의무의 불이행에 적용될 수 있다는 점에서 대체적 작위의무만을 대상으로 하는 대집행과 구별되고, 부작위의무와 비대체적 작위의무의 불이행에 대한 금전적·간접적 강제수단인 집행벌과도 구별된다. 또한 재산 그 자체에 실력을 가하여 필요한 상태를 실현해버린다는 점에서 금전납부의무에 대한 행정상 강제징수의 수단인 재산압류·공매행위와도 구별된다. 그리고 ② 의무의 존재와 그 불이행을 전제로 한다는 점에서 이를 전제로 하지 아니하는 즉시강제와도 구별된다.

(3) 근거와 한계

신체·재산에 직접 실력을 가하는 가장 강력한 강제집행수단이기 때문에 남용으로 인한 신체의 자유 등 기본권 침해의 우려가 있어 출입국관리법(제50조), 군사시설보호법(제6조), 방어해면법(제7조) 등 소수의 개별법에서 극히 예외적으로만 인정하고 있다.

또한 그 행사에 있어서는 보충성과 과잉금지의 원칙이 적용되어 최후의 수단으로서, 그리고 최소한의 범위 내에서 행사되어야 하며, 비례의 원칙에 따라 침해되는 사익과 달성하고자 하는 공익간에 비례관계가 유지되어야 한다.

(4) 직접강제제도의 확대

식품위생법(제62조), 공중위생법(제25조) 등 각종 영업법규를 보면 적법하게 허가받아 영업하는 허가영업자에 대하여는 각종 의무불이행에 대하여 개선명령·허가취소·영업정지·행정벌 등의 다양한 의무이행 확보수단이 마련되어 있음에도 불구하고, 처음부터 허가받지 아니하고 영업하는 무허가영업자에 대하여는 행정벌 외에 다른 의무이행 확보수단은 없는 반면, 행정벌은 그 과벌 절차의 어려움과 전과자 양산의 문제 등 집행상의 문제점 때문에 제대로 집행하기 어려운 실정이다. 따라서 무허가 음식점·전자오락실·숙박업·목욕탕·술집 등이 번창하게 되자 이들에 대하여는 영업장소의 폐쇄조치와 함께 ① 간판 등의 제거, ② 내부시설물의 봉인, ③ 무허가업소임을 알리는 게시물의 부착 등의 직접강제수단을 도입하였으며, 이러한 직접강제제도는 주로 식품·의약품의 제조업, 총포·소방용기구·전기용품·계량기 등의 제조업, 폐기물관리업 등 국민의 보건·환경·안전에 심대한 영향을 미치는 영업분야로 점차 확대되고 있다.[190)]

5. 행정상 강제징수

(1) 의의

행정법상의 금전급부의무를 이행하지 아니한 경우에 행정청이 의무자의 재산에 실력을 가하여 의무가 이행된 것과 같은 상태를 실현하는 작용을 말한다.

(2) 근거

행정상 강제징수(强制徵收)에 관한 일반법으로서 국세징수법이 있으며, 그 외에 지방세법·토지보상법·보조금의예산및관리에관한법률 등 많은 개별법이 그 법에 의한 금전급부의무의 강제집행에 관하여 국세징수법을 준용하도록 하고 있다. 따라서 국세징수법은 행정상 강제징수제도의 중추적인 역할을 하고 있다.

(3) 절차

독촉 및 체납처분의 절차로 크게 구분되어 행하여진다.

190) 박윤흔(상), p.590.

1) 독촉

국세를 납기까지 납부하지 아니한 때에는 납기경과 후 15일 이내에 독촉장(제2차 납세의무자에게는 납부최고서)을 발급하여 그 발급일로부터 10일 이내의 납부기한을 주어 독촉하여야 한다(국세징수법 제23조 제1항). 독촉(督促)은 의무자에게 금전급부의무의 이행을 최고하고 그 불이행시에는 체납처분을 할 것을 예고하는 준법률행위적 행정행위인 통지행위에 해당한다.

또한 납부기한까지 완납치 않을 경우에는 납기 경과일로부터 체납국세의 100분의 5에 해당하는 가산금을 징수하며(제21조 제1항), 매 1월이 경과할 때마다 1,000분의 12에 해당하는 중가산금을 다시 가산하여 징수하되, 중가산금을 가산하여 징수하는 기간은 60개월을 초과하지 못한다(제22조).

독촉장 또는 납부최고서가 송달되면 후술하는 체납처분의 전제조건이 충족되며, 또한 조세채권의 시효중단의 효과가 발생한다(국세기본법 제28조).

2) 체납처분

체납처분(滯納處分)은 재산압류 · 매각 · 청산의 3단계로 행하여진다. 체납처분은 민사상의 강제집행과 같은 성질을 가지는 것이지만, 법원의 판결에 근거하여 집행하지 않고 행정처분에 근거하여 행정공무원이 직접 집행하는 점에서 민사상의 강제집행에 비해 간이 · 신속하게 처리된다.

(가) 재산압류

체납자의 재산을 사실상 및 법률상으로 처분을 금지하여 조세채권을 확보하는 강제행위이다. 따라서 압류는 권력적 사실행위의 성질을 가진다.

(a) 압류요건

체납자가 독촉장(또는 납부최고서)을 받고도 지정 기한까지 국세와 가산금을 완납하지 아니한 때이다(국세징수법 제24조).

(b) 압류대상재산

체납자의 소유로서 금전적 가치와 양도성이 있는 모든 재산이 된다. 그러나 체납자의 최저생활과 생업의 유지에 불가결한 의복・가구・식품 등은 압류가 금지되고, 봉급・퇴직금 등은 2분의 1까지만 압류할 수 있다(제31조~제33조).

체납금액과 압류재산의 가액 간에는 상당한 비례관계가 유지되어야 함은 물론이며, 불필요하게 과다한 재산을 압류함은 위법이다.

(c) 압류방법

세무공무원은 수색・질문・검사권을 가지며, 신분증을 제시하고 참여자의 참여하에 압류한 후 압류조서를 작성하여 그 등본을 체납자에게 교부하여야 한다(제25조~제29조). 동산・부동산・채권 등에 관한 구체적 압류방법은 법에 규정되어 있다(제38조・제41조・제45조・제51조 등).

(d) 압류의 효력

재산의 사실상・법률상의 처분을 금지시키는 효력이 있으며, 이는 압류재산의 천연과실과 법정과실에도 미치고, 재판상의 가압류・가처분 또는 체납자의 사망・법인의 합병 등에 의하여 영향을 받지 아니한다(제34조~제37조). 다만, 체납자 또는 제3자가 압류재산의 사용 또는 수익을 하는 경우에는 그 재산으로부터 생기는 천연과실에 대해서는 미치지 아니한다(제36조).

(e) 압류의 해제

조세의 납부, 조세부과의 취소 등의 사유가 있으면 압류를 해제하여야 한다. 조세의 납부가 있다고 하여 압류처분이 당연 무효로 되는 것은 아니고, 압류의 해제처분이 있어야만 비로소 압류의 효력이 상실된다(대판 1982. 7. 13, 81누360).

(f) 참가압류

압류대상 재산이 이미 다른 기관의 체납처분으로 압류된 때에는 참가압류통지서를 그 압류기관에 발송함으로써 그 압류에 참가할 수 있다(제57조~제59

조).

(나) 압류재산의 매각

압류재산은 통화를 제외하고는 공매하여야 하는바, 공매는 입찰 또는 경매의 방법에 의하나 예외적으로 수의계약에 의할 수 있다(제61조~제62조). 공매절차의 개시 전까지 조세가 완납된 때에는 공매를 중지한다(제71조).

공매의 성질은 체납자에 대하여 국가가 행하는 공법상의 대리(公法上의 代理)행위이다. 다만, 공매결정에 따라 낙찰자·경락자가 체납자의 재산을 취득하는 법률관계는 사법상의 매매계약관계이다. 마찬가지로 수의계약도 사인의 재산취득이기 때문에 사법상 매매계약이 된다.

(다) 청산

체납처분으로 취득한 금액을 체납처분비·가산금·국세의 순서로 충당한 후, 잔액이 있으면 체납자에게 지급하고, 부족하면 법령이 정하는 바에 따라 배분한다(제80조·제81조).

3) 체납처분의 중지 및 결손처분

체납처분의 목적물인 총재산의 추산가액이 체납처분비에 충당하고 잔여가 생길 여지가 없을 때에는 체납처분을 중지하고 결손처분을 할 수 있으며, 이로써 납세의무는 소멸된다(제85조~제86조).

4) 교부청구

납세의무자가 이미 다른 국세의 체납으로 체납처분을 받거나, 민사상 강제집행·파산선고를 받거나, 경매가 개시되거나, 법인이 해산한 때에는 세무서장은 별도로 재산을 압류할 필요 없이 그 집행기관에 대하여 국세의 교부를 청구할 수 있다(제56조·제60조).

(4) 행정상 강제징수에 대한 불복

1) 납부 전의 불복방법

독촉 또는 체납처분이 위법·부당하다고 인정할 때에는 행정심판 또는 행정소송으로 취소·변경이나 무효확인을 청구할 수 있다. 다만, 행정심판의 경우 일반법인 행정심판법의 적용이 배제되고 국세기본법에 의하여 국세청장에 대한 심사청구(審査請求) 또는 기획재정부장관 소속하에 별도로 설치된 국세심판원에 대한 심판청구(審判請求)중에 선택하여 제기할 수 있으며, 당사자가 원할 경우에 한하여 임의적 절차로서 심사청구 또는 심판청구에 앞서 세무서장에 대한 이의신청(異議申請)도 할 수 있다(국세기본법 제55조).

2) 납부 후의 불복방법

무효인 조세부과처분 또는 납세자의 착오에 기인한 과오납부세액, 위법한 부과처분이 직권 또는 쟁송에 의하여 취소된 경우에 이미 납부한 조세는 모두 국가의 부당이득(不當利得)이 되므로 그 반환을 청구할 수 있으며, 이에 대한 소송은 과세처분이라는 공법상 법률관계를 원인으로 하여 발생한 것이므로 성질상 공법상 당사자소송(公法上 當事者訴訟)에 의하여야 할 것이나, 소송실무에서는 이를 일반 민사소송으로 취급하고 있다.

제3절 행정상 즉시강제

Ⅰ. 개설

1. 의의

행정상 즉시강제(卽時强制)란 목전에 급박한 장해를 제거하여야 할 필요가 있는 경우에 미리 행정법상 의무를 명할 시간적 여유가 없거나(예, 광견의 배회), 또는 성질상 의무를 명하고 그 이행을 기다려서는 목적달성이 곤란할 경우(예, 전염병환자의 입원명령), 즉시에 국민의 신체 또는 재산에 실력을 가하여 행정상 필요한 상태를 실현하는 권력적 사실행위를 말한다.

오늘날 행정상 즉시강제의 성격을 (수인)하명행위와 그 집행행위인 사실행위의 합성행위라고 하는 견해[191]가 있는바, 그 실익은 취소소송의 대상으로 인정하는 데 무리가 없다는 점에 있다. 그러나 사실행위도 계속적 성질의 것인 한 취소소송의 대상이 된다는 최근의 견해에 의하면 굳이 합성행위로 볼 필요도 없다.

2. 행정상 강제집행과의 구별

전통적 견해에 의하면 행정상 강제집행은 의무의 존재 및 그 불이행을 전제로 하지만, 즉시강제는 이를 전제로 하지 않는다는 점에서 구별된다고 한다.

그러나 반대설에 의하면 행정상 강제집행을 양분하여, ① 법령에 근거한 구체적 행정처분에 의하여 부과된 의무의 불이행에 대한 것은 행정상 강제집행이지만, ② 직접 법령에 규정된 불특정다수인에 대한 극히 일반적이며 추상적인 의무는 특정 상대방에 대한 구체적인 의무부과와 계고 등 강제집행절차 없

191) 이상규(상), p.549; 최치봉, 행정상즉시강제, 사법행정 1967.9, p.30.

이 바로 실력으로 필요한 상태를 실현시키는 것이므로 성격상 즉시강제로 보는 것이 타당하다고 한다[192](예, 도로교통법(제63조 제2항)상『누구든지 교통에 방해될 만한 물건을 함부로 도로에 방치하여서는 아니 된다』는 일반적·추상적 의무에 기하여, 경찰서장이 제거명령·계고·통지 등의 대집행절차 없이 직접 주차위반차량을 견인·보관하는 조치 등).

따라서 행정상 즉시강제에는 전염병환자의 강제격리 등과 같이 일반적·추상적 의무가 전제되지 아니한 즉시강제와, 법령에 규정된 일반적·추상적 의무를 전제로 한 즉시강제의 두 종류가 있다고 하는바, 이 견해에 찬동하고자 한다.

Ⅱ. 근거

1. 이론적 근거

과거 독일에서는 자연법적인 국가긴급방위권의 이론에 입각하여 특히 경찰행정 분야에 있어서는 법률상 근거 없이도 당연히 행정상 즉시강제가 허용된다고 하였다.

2. 실정법적 근거

그러나 오늘날 실질적 법치주의하에서는 행정상 즉시강제야말로 사전적·구체적 의무부과도 없이 국민의 예측가능성과 법적 안정성을 해치는 전형적인 침해행정이므로 다른 어떤 권력행정 분야보다도 더욱 엄격한 발동요건상의 법적 근거가 필요하다는 데에 이견이 없다.

우리 현행법상의 근거로서는 경찰상 즉시강제에 관한 일반법인 경찰관직무집행법외에, 전염병예방법·마약법·검역법·식품위생법·정신보건법 등의

192) 박윤흔(상), p.598; 서원우(상), p.590; 이상규(상), p.548.

개별법이 있다.

Ⅲ. 종류

1. 대인적 강제

사람의 신체에 실력을 가하여 행정상 필요한 상태를 실현시키는 강제작용이다.

(1) 경찰관직무집행법

1) 보호조치

정신착란자·미아·주취자·자살기도자·부상자 등 구호를 요하는 자를 보건의료기관·경찰서 등에 보호조치한 후 가족 등에게 통지하는 조치이다(제4조).

2) 위험발생의 방지조치

천재·사변·교통사고·위험물폭발·광견출현 등의 위험한 사태에 있어서 사람을 억류 또는 피난시키는 조치이다(제5조).

3) 범죄의 예방 및 제지조치

범죄행위로 인명·신체·재산에 위해를 끼칠 우려가 있어 긴급을 요하는 경우 그 행위를 제지할 수 있다(제6조).

4) 장구와 무기의 사용

범인의 체포·도주방지, 생명·신체에 대한 방호, 공무집행에 대한 항거의 억제를 위하여 필요한 한도 내에서 수갑·포승·경찰봉 등의 경찰장구와 무기를 사용할 수 있다(제10조 · 제11조).

(2) 개별법

전염병환자의 강제격리 · 강제건강진단(전염병예방법 제29조 · 제42조), 마약환자의 강제수용(마약법 제50조), 화재현장에 있는 자에 대한 원조강제(소방법 제49조) 등이 있다.

2. 대물적 강제

물건에 실력을 가하여 행정상 필요한 상태를 실현시키는 강제작용이다.

(1) 경찰관직무집행법

보호조치의 대상자가 휴대하고 있는 무기 · 흉기 등 물건에 대한 30일 이내의 임시영치(제4조 제3항)가 있다.

(2) 개별법

소방대상물의 파괴(소방법 제78조), 교통장애물의 제거 및 주차위반 차량의 견인 · 보관조치(도로교통법 제66조 · 제67조), 유해식품 · 약품 · 동식물 등의 강제수거 및 폐기(식품위생법 제17조 · 약사법 제65조 · 검역법 제11조 · 청소년보호법 제36조 등), 물건의 영치(행형법 제41조) 등이 있다.

3. 대가택 강제

소유자나 점유자의 의사에 반하여 타인의 가택 또는 영업소 등에 출입하거나 임검 · 검사하는 것을 말하며, 경찰관직무집행법(제7조)상 위험발생의 방지를 위한 가택출입이 그 예이다.

그러나 최근에는 부동산중개업소 · 유흥업소 등 거의 모든 영업소에 행정법규의 준수 여부를 감독키 위하여 출입하여 검사하는 작용을 행정조사로 보는 견해[193]가 유력해지고 있다.

Ⅳ. 한계

행정상 즉시강제는 가장 강력한 권력작용으로서 그 남용으로 인한 피해를 예방하기 위하여 엄격한 법적 근거가 필요함은 물론, 법적 근거가 있는 경우에도 다시 일정한 조리상의 한계 내에서 발동되어야 하며, 구체적으로는 ① 급박성(急迫性, 현존하고 명백한 위험의 존재), ② 소극성(消極性, 소극적으로 공공의 안녕질서의 유지를 위하여서만 가능하고, 적극적인 공공복리의 달성을 목적으로 하여서는 불가능), ③ 보충성(補充性, 다른 행정작용으로는 목적달성이 불가능하거나 시간적 여유가 없을 것), ④ 비례성(比例性, 목적달성에 필요한 최소한에 그칠 것)의 원칙에 위배되어서는 아니 된다.

Ⅴ. 영장주의와의 관계

1. 의의

헌법(제12조 제3항 · 제16조)은 "체포 · 구금 · 압수 또는 수색을 할 때에는 적법한 절차에 따라 검사의 신청에 의하여 법관이 발부한 영장(令狀)을 제시하여야 한다"고 규정하고 있는바, 행정상 즉시강제로 사람의 신체를 구속(마약중독자의 강제수용 등)하거나 주거를 침입(영업소 · 가택출입 등)할 경우에도 법관이 발부한 영장이 있어야 하는가에 관하여 견해가 대립되어 있다.

193) 김동희(Ⅰ), p.462; 석종현 · 송동수(상), p.500.

2. 학설

(1) 영장불요설

헌법상의 영장주의(令狀主義) 규정은 역사적으로 볼 때 형사사법권의 남용을 방지함으로써 국민의 기본권을 보장하려는 취지의 것이므로 행정상 즉시강제에는 적용되지 않는다고 한다.[194)]

(2) 영장필요설

위 견해는 헌법상 기본권보장의 취지를 부당하게 축소해석한 것이며, 형사사법작용과 행정상 즉시강제는 직접 목적은 다르지만 국민의 신체·재산에 대한 실력행사인 점에서 같기 때문에 영장주의가 적용되어야 한다는 견해이다.[195)]

(3) 절충설

영장주의는 양자에 모두 적용됨을 원칙으로 하되, 다만 행정강제의 특질을 전혀 무시할 수는 없는 것이므로, 행정상 즉시강제 중 행정목적달성에 불가피하다고 인정할 만한 합리적 이유가 있는 특수한 경우에 한하여 영장주의가 배제된다는 견해로서,[196)] 통설의 입장이다.

(4) 결어

생각건대 기본권 보장만을 고수하여 어떠한 즉시강제 작용에도 영장을 필요로 한다면 목전의 급박한 위해를 방지하여 국민의 신체·재산을 보호하는 행정상 즉시강제가 인정될 여지가 없다고 하겠다.

따라서 헌법상 영장주의 정신과 행정상 즉시강제의 제도적 존재가치를 적절히 조화시키는 절충설의 입장이 타당하다고 생각되지만, 영장주의의 적용이 배제되는 『특수한 경우』를 어떻게 한정할 것인가의 문제는 여전히 남게 된다.

---

194) 문홍주, 한국헌법, p.234; 박일경, 제5공화국 헌법, p.190; 박윤흔(상), p.600.
195) 김기범, 한국헌법, p.165; 이상규(上), p.552.
196) 김남진(Ⅰ), p.517; 김도창(상), p.588; 김동희(Ⅰ), p.460.

여기서 ① 하나의 작용이 행정상 즉시강제와 형사사법권 행사의 두 가지 목적을 동시에 추구하고 있는 경우에는 영장이 필요하며(예, 조세범처벌절차법(제3조)과 관세법(제212조)이 범칙사건의 조사를 위한 압수 등에 영장을 요하게 한 것), ② 행정상 즉시강제의 정도·목적 등을 구체적·개별적으로 판단하여, 신체·주거·개인의 존엄성 등 헌법상의 기본권을 본질적으로 침해하는 정도의 것은 영장이 필요하다고 할 것이다(예, 정신병원에의 강제입원 등).[197)]

Ⅵ. 행정상 즉시강제에 대한 구제

행정상 즉시강제는 남용될 경우 국민의 기본권 침해의 우려가 심대한 만큼 철저한 구제수단의 마련이 요청된다고 하겠다.

1. 적법한 즉시강제에 대한 구제

적법한 즉시강제에 대하여 상대방은 이를 수인하여야 하지만, 즉시강제의 원인에 대한 책임이 있는 자 이외의 제3자에게 즉시강제가 행하여질 경우에 그 제3자는『특별한 희생』을 당한 것이므로 법률이 정하는 바에 따라 행정상의 손실보상을 청구할 수 있다(예, 소방 또는 수난구호작업을 위한 동원; 소방법 제55조 제4항·수난구호법 제15조·제16조 등).

2. 위법한 즉시강제에 대한 구제

(1) 행정쟁송

권력적 사실행위인 즉시강제는 계속적 성질의 것인 한(정신질환자의 강제입원, 전염병환자의 강제격리, 무기·흉기 기타 유해물건의 수거·영치 등) 행정심판법과 행정소송법에 의하여 취소를 구할 수 있지만, 극히 단시간에 종료되

---

197) 김도창(상), p.538; 박윤흔(상), p.601; 석종현·송동수(상), p.502.

어 버리는 경우에는 회복할 법률상의 이익이 없어 행정쟁송으로 구제받기는 어려울 것이다. 그러나 행정상의 즉시강제 중에서 전염병환자의 강제격리, 정신질환자의 강제입원과 같이 즉시강제가 계속적으로 집행되어야 실효성을 갖는 경우에는 행정소송으로 다툴 소의 이익이 있다.

(2) 행정상 손해배상

위법한 행정상 즉시강제로 인하여 신체 또는 재산상의 손해를 입은 경우에는 국가 또는 지방자치단체에 대하여 행정상 손해배상을 청구하거나, 결과제거(불법 수거물의 반환청구 등)를 청구할 수 있다(이들에 관한 소송은 행정소송인 공법상 당사자소송에 해당되지만, 우리 재판실무에서는 민사소송으로 다루고 있다).

(3) 정당방위

위법한 무기사용·보호조치·물건의 영치·강제수거조치 등에 대하여는 형법상 정당방위(正當防衛)의 법리에 따라 이에 저항할 수 있으며, 이 경우 이는 형법상의 공무집행방해죄를 구성하지 아니한다. 우리 대법원은 "적법성이 결여된 직무행위를 하는 공무원에게 항거하였다고 하여도 그 항거행위가 폭력을 수반하는 경우에 폭행죄 등의 죄책을 묻는 것은 별론으로 하고, 공무집행방해죄로 다스릴 수 없다"라고 판시하여(대판 1992. 2. 11, 91도2797) 공무집행방해죄의 구성요건을 엄격하게 하고 있다.

제4절 행정조사

Ⅰ. 개설

1. 의의

행정조사(行政調査)란 "행정기관이 행정작용을 적정하고 효율적으로 행하기 위하여 사인으로부터 행정상 필요한 자료를 수집하는 권력적·강제적 조사작용"을 말한다. 정보화사회가 진전됨에 따라 조사활동이 급속하게 확대됨에 따라 행정조사에 따른 국민의 권익침해가능성도 증대하게 되었다. 특히 권력적 사실행위인 행정조사로 인하여 주거의 자유, 영업의 자유, 사생활의 비밀 등의 기본권이 침해되는 경우가 있고, 개인정보와 기업의 비밀이 부당하게 수집·공개될 우려가 제기되고 있다. 행정조사에 대하여 법적인 근거가 필요한 이유도 바로 여기에 있다.

행정조사의 특질을 보면 ① 직접 법률관계의 변동을 생기게 하는 것이 아니라 장래의 행정작용을 위한 준비행위로서의 성질을 가지며, ② 아무런 법적 효과를 발생시키지 아니하므로 행정행위가 아닌 사실행위이고, ③ 상대방의 의사에 불구하고 행하는 권력적 사실행위라는 점에서 상대방의 임의적 협력에 의하여 행하는 임의조사와 구별된다(단, 임의조사까지 행정조사에 포함시키는 견해도 있으나, 이는 너무 광범위하여 통일적인 이론구성에 난점이 있다).

2. 행정상 즉시강제와의 구별

종전에는 행정조사를 독립된 행정작용으로 보지 아니하고, 행정청이 조사의 목적으로 행하는 가택출입·검사·질문 등 행정상 즉시강제의 일부분으로만 다루어 왔으나, 최근 다음과 같은 구분기준에 따라 이를 독립된 행정작용으로 보고 있다.

(1) 구체적 결과의 실현 여부

행정상 즉시강제는 개인의 신체·재산에 실력을 가하여 행정상 필요한 결과를 직접 실현함을 목적으로 하지만, 행정조사는 구체적 결과의 실현이 목적이 아니라 다른 행정목적 달성을 위한 자료와 정보를 수집하는 준비적·보조적 수단에 불과하다(예, 경찰관의 음주 난동자 제지를 위한 영업장 출입과, 구청 직원의 부동산 중개업소의 과다수수료 징수 여부 확인을 위한 출입과는 차이가 있다)

(2) 급박성 여부

행정상 즉시강제는 목전의 급박한 장해를 제거하기 위한 행위임에 반하여, 행정조사는 이를 전제로 하지 아니한다.

Ⅱ. 근거

행정조사는 국민의 신체·재산 및 사생활의 비밀에 중대한 영향을 미치며 또한 이를 권력적 조사활동으로 보는 한 수인의무가 발생하고 이에 불응하면 행정벌이 가해진다는 의미에서 반드시 법률의 근거가 있어야 한다.

우리 현행법상 행정조사에 관한 일반법은 없고 각 개별법에서 행적목적 달성에 필요한 자료조사의 근거를 두고 있을 뿐이다(통계법·토지보상법·건축법·식품위생법·약사법·소득세법·근로기준법·총포도검화약류단속법·부동산중개업법 등)

Ⅲ. 종류

1. 대상에 의한 구분

(1) 대인적 조사

조사대상이 사람인 경우로서 불심검문, 질문, 신체수색 등 사람에 대한 조사를 말한다(음주운전 여부를 조사하기 위한 음주측정, 부동산중개영업자에 대한 질문 등 상술한 모든 영업법규에 규정되어 있다).

(2) 대물적 조사

장부나 물건의 조사·검사, 토지에의 출입·조사 등을 말한다(세무·약사·노동관계 공무원이 사업장 등에서 관계 장부·서류·물건 등을 조사하거나, 국토의계획및이용에관한법률상 국토이용계획을 위한 측량·지장물 제거 등을 위하여 타인의 토지에 출입하여 조사하는 것 등).

(3) 대가택 조사

가택출입·임검 등 주거나 영업소 등에 출입하여 법령이 정하는 시설·안전기준 등이 유지되는지를 조사하는 것을 말한다(주유소·환경위생업소·소방점검대상업소 등에 출입·조사하는 것).

2. 강제수단에 의한 구분

(1) 직접조사

신체 또는 재산에 직접 실력을 가하여 조사하는 것으로서, 영업장에 직접 출입하여 검사 및 질문하는 것이 이에 해당하며, 이를 거부·방해·기피할 경우 행정질서벌인 과태료에 처함으로써 행정조사의 실효성을 담보하고 있다.

(2) 간접조사

신체 또는 재산에 직접 실력을 가하여 조사하는 것이 아니라 일정사항에 대한 보고 또는 자료제출을 명하고 제출된 자료에 의거하여 조사의 목적을 달성하는 방법이며, 불이행시에는 역시 과태료에 처하도록 하고 있는바, 이는 행정행위에 의하여 발생된 자료제출의무라는 작위의무 위반에 대한 행정벌의 성격을 띤다.

Ⅳ. 한계

1. 실체법적 한계

(1) 법규상의 한계

행정조사는 법률의 근거가 있어야 할 수 있으며, 법률에 근거가 있는 경우에도 법률이 정하는 요건·절차에 적합하게 행하여져야 한다. 행정조사의 근거법령은 통상 행정조사의 주체, 조사의 상대방, 조사의 대상 및 증표의 제시에 관한 매우 간략한 규정만을 두고 있는 경우가 일반적이다.

(2) 조리상의 한계

법률의 범위 내에서도 다시 다음과 같은 조리상의 한계 내에서만 행사되어야 한다.

1) 목적적합성의 원칙

당해 법률이 정하는 목적 이외의 목적을 위하여 행사되어서는 아니 된다. 예컨대 범죄수사의 목적이나 정치적 목적으로 하는 행정조사 또는 특정 영업자에 대한 보복의 목적으로 하는 행정조사는 위법한 것이 된다.

2) 보충성의 원칙

수집하고자 하는 자료를 각종 행정통계 등 다른 자료에 의하여 취득할 수 없는 경우에 한하여 보충적으로만 행하여져야 한다.

3) 비례성의 원칙

조사의 목적달성에 필요한 최소한에 그쳐야 한다. 행정조사의 수단에 여러 가지가 있는 경우에 상대방에게 가장 적은 침해를 가져오는 수단을 택하여야 한다.

4) 평등의 원칙

행정조사가 합리적인 이유도 없이 피조사자를 차별하는 것은 평등의 원칙에 위배된다. 예컨대 세무조사에 있어서 정치적 목적에 따라 특정 피조사자를 선정하거나 조사의 강도를 강화하는 경우에는 평등원칙에 반하는 것이 된다.

2. 절차법적 한계

(1) 영장주의와의 관계

행정상 즉시강제에서 논한 바와 같이 절충설의 견지에서 원칙적으로는 영장(令狀)이 필요 없지만, 행정조사가 동시에 형사사법권의 발동의 목적을 띠고 있거나 헌법상의 기본권이 침해될 경우에는 영장을 요한다고 할 것이다.

(2) 사전절차

행정조사는 상대방의 신체와 사생활의 자유에 대한 침해를 초래하므로 반드시 사전에 조사의 일시·장소·대상·이유 등에 관하여 통지를 할 필요가 있다. 그러나 현행법상 국세조사 분야 등 일부 분야를 제외하고는 이러한 사전절차를 규정한 예가 드물기 때문에 향후 이에 관한 입법화의 노력이 필요하다.

(3) 증표의 제시

대부분의 법률이 영장주의의 정신을 살려 행정조사를 하는 공무원은 그 권한을 표시하는 증표를 휴대하고 상대방에게 이를 제시할 의무를 규정하고 있다. 따라서 증표의 제시가 없는 경우 행정조사는 무효가 되며, 상대방은 이에 응할 의무가 없고 실력으로 항거하여도 공무집행방해죄가 성립되지 아니한다.

3. 실력적 강제의 가능성

행정조사를 위한 출입 · 검사 · 질문 등에 대하여 상대방은 수인의무가 있지만, 만약 상대방이 이를 거부하는 경우에 강제로 실현시킬 수 있는가에 관하여는 의문이 있을 수 있겠으나, 대부분의 법률들이 거부하는 경우 행정벌(대부분이 과태료이다) 기타의 불이익처분 등 간접적인 강제수단을 마련하고 있는 점에 비추어 보건대, 행정청이 상대방의 항거를 배제하고 직접 이를 실현할 수는 없다고 하겠다.

또한 행정조사를 위한 질문 등에 대한 진술거부에 대하여 행정벌을 과하는 것은 헌법(제12조)상에 규정된 형사상 불리진술강요금지의 원칙에 위배되는 것이 아닌가 하는 의문도 있겠으나, 헌법규정은 형사책임문제에만 적용될 뿐이며 순수한 행정조사 절차에는 적용되지 아니하기 때문에 위헌은 아니라고 하겠다.

다만, 상술한 바와 같이 행정조사와 형사책임추급의 두 가지 목적으로 행사되는 경우에는 진술거부에 대하여 행정벌을 과할 수 없다고 할 것이다.

Ⅴ. 행정조사에 대한 구제

1. 적법한 행정조사에 대한 구제

적법한 행정조사로 『특별한 희생』을 당한 자는 법률이 정한 바에 따라 손실보상을 청구할 수 있다(예, 토지수용을 위한 출입조사로 입은 손해, 토지보상법 제9조 · 제12조). 그러나 유해식품 여부를 조사하기 위한 검사에 필요한 최소량의 식품의 수거 등은 손실이 경미하므로 특별한 희생으로 볼 수 없어 보상을 요하지 아니한다(식품위생법 제17조도 무상 수거임을 명시).

2. 위법한 행정조사에 대한 구제

(1) 행정쟁송

행정조사는 권력적 사실행위이므로 비교적 장기간에 걸쳐 행하여지는 계속적 성질의 것인 경우에는 행정심판 · 행정소송으로 취소를 구할 실익이 있다. 또한 이미 종료된 행정조사에 대하여는 행정조사가 취소됨으로써 『회복할 법률상의 이익』이 있는 경우에 한하여 취소를 구할 실익이 인정된다(행정심판법 제9조 제1항 · 행정소송법 제12조).

(2) 행정상 손해배상

위법한 행정조사의 결과 고가의 물건수거 · 영업방해 · 영업비밀침해 · 신용상실 등으로 인한 손해에 대하여는 국가 또는 공공단체에 대하여 손해배상을 청구할 수 있다. 특히 행정조사가 단시간에 종료되어 취소를 구할 실익이 없게 될 경우에는 손해배상이 중요한 구제수단이 될 수밖에 없을 것이다.

(3) 정당방위

중대하고 명백한 하자로 인하여 무효인 행정조사에 대하여는 정당방위로 저항할 수 있으며, 이 경우 공무집행방해죄는 성립되지 아니한다.

Ⅵ. 행정조사로 얻은 개인정보의 관리·이용

1. 사생활 및 기업의 비밀보호

행정조사에 의하여 수집된 개인에 관한 각종 자료는 전산작업을 통하여 데이터베이스화함으로써 잘못 관리·이용될 경우 사생활의 비밀이 노출되어 헌법상 사생활의 자유가 침해될 우려가 크다.

따라서 미국·독일·프랑스 등 각국은 이미 70년대에 입법을 통하여 이러한 문제를 해결해 왔으며, 우리도 1994. 1. 7『공공기관의개인정보보호에관한법률』을 제정하여 개인정보의 공개는 본인의 동의가 있는 경우 등 특별한 사유가 있는 경우에만 허용하도록 하였다.

한편, 현대 정보화사회에 있어 기업에 관한 각종 자료에 대하여도 개인의 경우 못지않게 보호할 필요가 있고, 행정주체는 기업비밀 또는 영업비밀에 관한 사항을 누설하여서는 아니 된다고 하겠으며, 개인정보보호에 관한 법률과 마찬가지로 기업정보보호에 관한 법률도 속히 마련되어야 할 것으로 생각된다.

2. 행정정보공개청구권

1996. 12. 31일 제정된 공공기관의정보공개에관한법률(제6조)에 의하여 모든 국민에게 행정정보공개청구권이 인정되고 있다. 공공기관이 관리·보유하고 있는 행정정보는 대부분이 바로 행정조사에 의하여 수집·작성·보관된 것이라 할 것이다. 행정조사에 의하여 얻어진 정보는 국민의 것이라는 기본의식에 바탕한 것이므로, 정보공개와 관련하여 공공기관의 처분 또는 부작위로 인하여 법률상의 이익을 침해받은 때에는 행정심판법과 행정소송법이 정하는 바에 따라 각각 행정심판(제17조)과 행정소송(제18조)을 청구할 수 있다고 규정하고 있다.

제2장

행정벌

Ⅰ. 의의

행정벌(行政罰)이란 "행정법상의 의무위반에 대하여 일반통치권에 의거하여 과하는 제재로서의 처벌"을 말한다. 행정법규는 통상적으로 행정목적을 달성하기 위하여 국민에게 각종 행정상 의무를 부과하고, 그 실효성을 확보하기 위하여 의무위반에 대한 제재로서 행정벌을 규정하고 있다. 행정벌은 행정법상 과거의 의무위반에 대한 제재를 직접적인 목적으로 하지만 간접적으로 의무자에게 심리적 압박을 가함으로써 행정법상의 의무이행을 확보하는 기능을 가진다. 행정벌은 집행벌과는 달리 이중처벌금지의 원칙에 따라 동일 사실에 대하여 반복해서 부과할 수 없다.

우리 실정법상 행정상 강제집행에 관한 일반적 수단으로서 대체적 작위의무의 불이행에 대한 행정대집행만이 인정되고 있지만, 비대체적 작위의무 또는 부작위의무의 불이행에 대하여는 각 개별법에 특별한 규정이 있는 경우에만 직접강제 · 집행벌이 예외적으로 인정되고 있으므로, 비대체적 작위의무 또는 부작위의무의 불이행에 대하여는 행정벌이 의무이행의 확보수단으로서 중요한 역할을 하고 있다고 하겠다.

Ⅱ. 성질

다른 벌과의 구별을 통하여 행정벌의 성질을 살펴보면 다음과 같다.

1. 징계벌과의 구별

징계벌(懲戒罰)은 특별권력에 의거하여 특별권력관계 내부의 질서를 유지하기 위하여 과하는 것이므로(예, 공무원의 파면 · 감봉, 학생의 퇴학 · 정학 등), 행정벌과는 처벌 목적과 권력적 기초 등에 있어 차이가 있다. 따라서 특별권력관계 내부에서의 질서문란행위가 동시에 반사회성(反社會性)까지 띠고 있는 경우에는 행정벌과 징계벌을 동시에 과할 수 있다.

2. 집행벌과의 구별

집행벌(執行罰)은 행정법상의 의무불이행에 대하여 장래에 향하여 그 이행을 강제하기 위하여 과하는 금전적 부담으로서 행정강제의 일종이지만, 행정벌은 과거의 의무위반에 대하여 제재로써 과하는 처벌이라는 점에서 구분된다. 그러나 양자는 모두 제재라는 심리적 압박을 가함으로써 간접적으로 의무이행을 확보하는 수단이라는 점에서는 공통점이 있다.

3. 형사벌과의 구별

행정벌의 과벌대상인 행정범과 형사벌(刑事罰)의 대상이 되는 형사범 간에 본질상의 차이가 있는가에 관하여는 견해가 대립되어 있다.

(1) 구별 부정설

트로프스(Trops) 등 일부 형법학자의 견해로서, 행정범과 형사범 간에 본질적인 차이는 없고 단지 양적으로 경미사범이냐 중대사범이냐의 차이밖에 없다는 견해이다.

(2) 구별 긍정설

1) 피침해이익의 성질에 따른 구분설

골드슈미트는 형사범은 법익침해를 요소로 하지만, 행정범은 단순히 공공복리의 실현을 목적으로 행하여지는 행정에 대한 협조를 태만히 한 것일 뿐 법익침해를 요소로 하지 않는다고 하며, 따라서 행정벌의 수단은 형벌과는 성질·절차가 전혀 다른 과태료이어야 한다고 주장한다. 그러나 공공복리도 국가와 국민의 이익으로서 법적으로 보호되는 이익으로 보아야 하기 때문에 이 견해는 옳지 못하다.

2) 피침해규범의 성질에 따른 구분설

형사범은 법규범이 존재하기 이전에 처음부터 반윤리·반사회성을 가지는 자연범(自然犯)임에 반하여, 행정범은 그 자체로서는 반윤리·반사회성은 없으나 실정법이 금지규범을 창설함으로써 비로소 가벌성이 도출되는 행위, 즉 법정범(法定犯)이라는 견해로서, 종래의 통설[198]이었다.

(3) 결어

역사적·연혁적으로 볼 때 피침해규범을 기준으로 자연범과 법정범으로 구분하여 양자 간에 성질상의 차이를 인정하는 견해가 타당하다고 생각된다. 다만, 반윤리·반사회성이라는 것이 만고불변의 고정된 개념은 아니기 때문에 시대변천에 따라 법정범이 자연범으로 발전될 수 있는 것이므로, 양자의 구별은 상대적·유동적임을 간과하여서는 아니 될 것이다.

이러한 의미에서 양자 간에 질적인 차이만을 너무 강조한 나머지 행정범에는 형법의 기본원리가 전혀 적용되지 아니한다는 식의 지나친 독단적 주장은 부당하며, 기본적으로는 형법의 기본원리가 그대로 적용되지만 행정범의 특수성에 비추어 예외적으로 수정 적용됨을 인정하는 정도에 그쳐야 할 것이다.

Ⅲ. 근거

행정벌도 처벌의 일종이므로 헌법(제12조 제1항)상의 죄형법정주의(罪刑法定主義)가 적용된다. 따라서 반드시 법률의 근거가 있어야 한다. 실제 대다수의 현행 법률들은 행정벌에 관한 개별규정을 두고 있으며, 특히 거의 모든 행정작용법들이 행정벌을 규정하고 있다.

198) 김도창(상), p.571; 김동희(Ⅰ), p.473; 이상규(상), p.511; 박균성(상), p.503.

법률은 처벌 대상인 행위의 구성요건과 형량에 관하여 구체적으로 범위를 정하여 법규명령에 위임할 수 있다.

특히, 지방자치법(제20조)은 지방자치단체의 조례로써, 조례위반행위에 대하여 1천만 원 이하의 과태료의 벌칙을 정할 수 있도록 위임하고 있다. 따라서 법률과 조례는 행정벌의 근거법이 되고 있다.

Ⅳ. 종류

1. 처벌대상에 따른 구분

행정벌은 행정분야에 따라 경찰벌 · 재정벌 · 군정벌 · 공기업벌 · 경제규제벌 등으로 나누어진다.

2. 처벌내용에 따른 구분

(1) 행정형벌

형법(제41조)에 열거되어 있는 형벌(사형 · 징역 · 금고 · 자격상실 · 자격정지 · 벌금 · 구류 · 과료 · 몰수)이 과하여지는 행정벌이며, 이에 대하여는 특별한 규정이 없는 한 형법총칙의 규정이 적용되고, 처벌절차도 통고처분 등 특별규정이 없는 한 형사소송법이 적용된다.

(2) 행정질서벌

과태료(過怠料)를 과하는 행정벌을 말한다. 행정형벌은 직접 행정목적(공공복리 · 질서유지 등)을 침해하는 행위에 대하여 과하는 것이지만, 행정질서벌은 거기에까지 이르지는 않고 단지 행정목적달성에 장해가 되는 데 그치는 정도의 비행에 대하여 과하는 것이다(예, 행정관청에 대한 신고 · 보고의무 · 장부비치의무 · 허가증 게시의무 등의 위반, 공무원의 출입 · 서류검사의 거부 ·

방해 등).

행정질서벌(行政秩序罰)인 과태료는 형법에 규정된 형벌이 아니므로 형법총칙과 형사소송법이 적용되지 아니한다.

한편, 종래의 통설에 의하면 지방자치단체의 『조례에 의한 과태료』를 별도의 항목으로 다루었으나, 이는 근거법령만 다를 뿐 처벌내용은 동일하므로 이를 굳이 법률에 의한 과태료와 구분할 필요가 없다.

Ⅴ. 행정형벌의 특수성

1. 실체법적 특수성(형법총칙의 적용 여부)

(1) 개설

형법(제8조)은 "본법 총칙은 다른 법령에 정한 죄에 적용한다. 단, 그 법령에 특별한 규정이 있을 때에는 예외로 한다"고 규정하고 있다. 따라서 행정법령에 특별한 규정이 있으면 형법총칙의 적용이 배제된다. 그러나 『특별한 규정』의 의미에 관하여는 ① 죄형법정주의를 엄격히 해석하여 명문의 규정에 한정한다는 견해와, ② 행정범의 특수성을 강조하여 명문의 규정이 없더라도 조리상 형법총칙의 적용이 배제되는 경우도 있다는 견해,[199] 그리고 중간적 입장인 ③ 명문의 규정 외에 당해 행정법 규정 자체의 해석에 의하여도 형법총칙의 적용이 배제되는 경우를 인정할 수 있다는 견해[200]로 나누어지며, 판례는 ③의 입장을 취하고 있다.

생각건대, 실정법의 유추해석을 엄금하여 행정권에 의한 자의적인 처벌을 방지하려는 형사사법의 대원칙인 죄형법정주의는 행정형벌에도 당연히 적용되어야 하지만, 죄형법정주의의 이러한 정신을 훼손하지 않으면서 행정법령의 해석에 의하여 행위자에게 불리하지 아니한 방향으로의 형벌 범위의 축소·경

199) 강문용, 행정벌의 특수성, 고시연구 1975.6, p.39.
200) 김도창(상), p.526 ; 이상규(상), p.516.

감은 가능하다고 하겠다.[201)]

(2) 구체적 고찰

1) 고의

형법상 형사범의 성립에는 원칙적으로 고의가 있어야 하며, 고의가 없는 과실에 의한 행위는 과실범이라 하여 법률에 특별한 규정이 있는 경우에 한하여 처벌된다(형법 제13조 · 제14조). 행정형벌에도 이 원칙은 당연히 적용되는 것이지만, 고의의 성립과 과실범의 처벌에 관하여는 견해가 대립되어 있다.

(가) 고의의 성립

고의(故意)의 성립에 관하여는 사실인식과 위법성의 인식이 문제된다.

(a) 사실인식

고의의 성립요소로서의 사실인식(事實認識)은 단순히 범죄의 구성요건에 해당하는 사실의 외형적 인식만을 의미하는 것이 아니라, 그 사실의 의미 · 내용에 대한 인식까지도 포함한다는 점에서 행정벌과 형사벌 간에는 차이가 없다.

(b) 위법성인식

형법(제16조)은 "자기의 행위가 법령에 의하여 죄가 되지 아니하는 것으로 오인한 행위는 그 오인에 정당한 이유가 있을 때에 한하여 벌하지 아니한다"고 하여, 위법성의 인식(違法性의 認識)이 없는 행위(법률의 착오)는 원칙적으로 고의의 성립에 아무 지장을 주지 아니하지만, 예외적으로 정당한 이유가 있는 때에는 벌하지 아니하도록 하였다.

동조의 해석을 놓고 형사범의 성립에는 위법성의 인식이 필요한가의 여부에 관하여, ① 위법성인식불요설과 ② 위법성인식필요설이 있으나, ③ 통설은 위법성의 현실적 인식은 필요 없지만 적어도 위법성 인식의 가능성은 필요하다

201) 김남진(Ⅰ), p.523 ; 김동희(Ⅰ), p.477 ; 서원우(상), p.610 ; 석종현 · 송동수(상), p.524.

는 위법성인식가능성설(違法性認識可能性說)을 취하고 있다.

그런데 행정범은 실정법규에 의하여 비로소 가벌성이 창조된다는 특수성으로 말미암아 위법성의 인식이 반드시 필요하다는 견해도 있으나, 행정범과 형사범의 구별은 상대적·유동적이며 행정법규도 오랫동안 시행됨으로써 위법성의 인식가능성은 생길 수 있다는 점을 고려한다면 행정범과 형사범을 구분하여 논할 이유는 없으며, 따라서 행정범도 형사범과 같이 위법성의 인식가능성만 있으면 고의가 성립된다고 하여야 할 것이다.

【판례】 : 행정범의 성립에 있어 위법성의 인식가능성설에 입각한 판례
골프장이 소재하고 있는 관광휴양지역 내에서는 산림법에 의한 산림훼손허가를 받지 아니하고 관광진흥법에 의한 허가만 받으면 된다는 담당 공무원의 잘못된 말을 믿었기 때문에 산림법에 의한 산림훼손 허가를 받지 아니한 경우에는, 허가를 받지 아니하더라도 죄가 되지 아니하는 것으로 착오를 일으킨 데 대하여 정당한 이유가 있는 것이므로 처벌할 수 없다(대판 1992. 5. 22, 91도2525).

(나) 과실범의 처벌

형법(제14조)에 규정된 대로 행정법에서 과실범을 처벌한다는 명문규정을 둔 경우에 과실범이 처벌됨은 의문의 여지가 없으며, 실제로 이를 규정하고 있는 법률도 많이 있다(예, 도로교통법 제108조 등).

그런데 과실범을 처벌한다는 명문의 규정이 없는 경우에도 행정범은 행정법규 위반이라는 객관적 사실에만 착안하여 처벌하는 것이므로 『조리상』 과실범도 처벌하여야 할 것이라는 견해가 있으나, 이는 죄형법정주의에 반하는 무리한 견해라고 생각된다.

따라서 과실범을 처벌한다는 명문의 규정이 있거나 적어도 법해석상 과실범도 처벌한다는 취지임이 명백한 경우에만 과실범을 처벌할 수 있다고 하겠으며, 판례도 같은 입장에 있다.

【판례】 : 과실범의 처벌에 관한 판례

① 소방법 및 건축법상의 방화구조에 관한 법령을 위반한 호텔에서 화재가 발생하였으나, 실제 경영에 전혀 관여치 아니한 호텔 회장에게는 직접적인 주의의무도 없을 뿐만 아니라 … 행정범은 규정이 있거나 해석상 과실범도 벌하고자 하는 취지임이 명확한 경우를 제외하고는 형법의 원칙에 따라 고의가 있어야 벌할 수 있다고 할 것인데, 소방법 및 건축법의 해당 법조에 과실범을 처벌한다는 명문규정을 두고 있지 않을 뿐만 아니라 해석상으로도 고의를 요하지 않는 것으로는 볼 수 없기 때문에, 회장에게는 그 책임을 물을 수 없다(대판 1986. 7. 22, 85도108).

② 대기환경보전법의 입법목적이나 관계규정의 취지 등을 고려하면, 자동차 운행상의 과실로 동 법상의 법정 매연배출허용기준을 초과한다는 점을 인식하지 못한 경우에도 처벌하는 취지라고 해석함이 상당하다(대판 1993. 9. 10, 92도1136).

2) 타인의 행위에 대한 책임

형사범에서는 범죄의 행위자만이 처벌되지만(형벌개별화의 원칙), 행정범에서는 예외적으로, ① 미성년자 · 금치산자의 위반행위에 대하여 그 법정대리인이 처벌되거나, ② 종업원의 행위에 대하여 행위자 본인과 함께 사업주도 처벌되는 양벌규정(兩罰規定)이 있는 경우도 있다.

그런데 이와 같이 법정대리인이나 사업주가 지는 책임의 성질에 관하여는 종업원 등에 갈음하여 지는 대위책임이라는 견해도 있으나, 이들은 자기 자신의 생활범위 내 또는 지휘 · 감독하에 있는 자가 법령에 위반하지 아니하도록 할 주의 및 감독의무를 태만히 한 데 대한 자기 자신의 과실책임이라고 함이 타당하다.

따라서 사업주 등에 대한 처벌규정을 둘 경우에도 과실이 인정되지 아니하는 경우, 즉 『종업원의 선임 · 감독에 관하여 주의의무를 다하였음이 입증된 경우』에는 처벌하지 아니한다는 예외규정을 둘 필요가 있으며, 실제로 대부분의 법률도 이를 명시하고 있다.

한편, 위와 같은 명문상의 양벌규정이 없는 경우에도 행정범의 특수성에 기하여 『조리상』 행위자 외의 사업주 등을 처벌할 수 있다는 견해도 있으나, 이 역시 죄형법정주의에 위배되는 것으로서 허용될 수 없다고 하겠다.

3) 법인의 책임

자연인 외에 법인도 범죄능력이 있는가에 관하여는 형법에서도 논의의 대상이 되어 왔으나 통설·판례는 이를 부정해 왔다. 그러나 행정범의 경우에는 법인의 대리인·사용인 기타 종업원이 그 법인의 업무를 수행함에 있어서 행정법규 위반행위를 한 때에는 행위자 본인과 함께 법인도 처벌한다는 양벌규정을 두어 법인도 처벌대상으로 하는 예가 많이 있다. 그러나 법인은 자연인이 아니기 때문에 성격상 징역 등 자유형이 불가능하므로 벌금·과료·몰수 등의 재산형만을 과할 수 있도록 규정하고 있다.

법인의 책임의 성질에 관하여는 종업원 등에 대한 선임·감독의무를 태만히 한 데 대하여 지는 법인 자신의 과실책임이며, 따라서 주의 및 감독의무를 다한 때에는 면책된다고 할 것이다. 또한 법인을 처벌한다는 명문규정이 없는 경우에도 『조리상』 행위자 외에 법인도 처벌할 수 있다고 볼 것인가에 관하여도 상술한 바와 같이 죄형법정주의상 불가능한 것으로 보아야 할 것이다.

4) 책임능력

형사범의 경우에는 형법총칙에 의거하여 심신장애자는 형을 감경하거나 벌하지 아니하며(제10조), 농아자는 형을 감경하고(제11조), 14세 미만자는 벌하지 아니하지만(제9조), 행정범의 경우에는 이들도 책임능력자와 동일하게 처벌한다는 명문규정을 두는 경우가 있으며 이러한 경우에 이들이 처벌됨은 물론이다(담배사업 제31조).

5) 공범

행정범에 있어서는 형법상의 공동정범(제30조)·교사범(제31조)·종범(제32조) 규정의 적용을 배제하는 명문규정을 둔 경우(예, 선박법 제39조)도 있고, 종범에 대한 감경규정의 적용을 배제하는 경우(담배사업법 제31조), 교사범을 정범으로 처벌하도록 한 경우(근로기준법 제116조) 등과 같이 형법상의 공범규정에 관한 특칙을 정하고 있는 예도 있다.

6) 경합범 · 작량감경

경합범의 경우 형법은 2개 이상의 죄의 벌금은 각 죄의 벌금액의 다액을 합산한 액수 이하로 처벌하도록 하고 있으나(제38조 제1항), 행정범에 대하여는 이 규정의 적용을 배제한 경우도 있다(담배사업법 제31조).

또한 형사범은 범죄의 정상에 참작할 만한 사유가 있는 때에는 작량하여 그 형을 감경할 수 있으나(형법 제53조), 행정범의 경우에는 이 규정의 적용을 배제한 예도 있다(담배사업법 제31조).

2. 절차법적 특수성

(1) 통고처분

1) 의의

행정형벌도 형사소송법의 절차에 따라 과함이 원칙이다. 그러나 조세범 · 관세범 · 전매사범 · 출입국관리사범 · 교통사범 및 경범죄처벌법에 의한 경범죄에 대하여는 세무서장 · 경찰서장 등이 범죄의 심증을 얻은 경우 벌금 · 과료 · 몰수액에 상당하는 『범칙금』(犯則金)을 납부할 것을 통고하는 통고처분(通告處分)을 할 수 있다.

이 경우 상대방이 통고된 내용대로 이행한 때에는 처벌절차는 종료되고 일사부재리의 원칙이 적용되어 형사소추를 할 수 없도록 하고 있으며, 이행치 아니하는 경우에는 통고처분은 그 효력이 상실되고, 세무서장 등의 고발에 의하여 통상의 형사소송절차에 따라 행정형벌이 과하여지도록 함으로써, 다발적 · 정형적 위법행위자를 굳이 복잡한 형사소송절차에 의하여 전과자로 만드는 것을 방지하였다.

2) 통고처분에 대한 불복방법

통고처분도 일종의 행정행위이므로 성질상 행정쟁송의 대상이 될 수 있겠으나, 이에 불복할 경우에는 이를 이행치 아니하면 되며, 그렇게 되면 행정청의 고발에 의하여 당연히 형사소송절차로 이행되어 여기서 통고처분의 위법 여부를 다투게 되므로, 통고처분에 대하여는 별도로 행정심판·행정소송을 인정하지 아니한다(국세기본법 제55조 제5항·관세법 제38조 등 실정법과 통설·판례의 입장).

【판례】: 통고처분에 대한 행정소송을 부정한 판례

① 통고처분은 행정소송의 대상이 되는 행정처분이 아니므로 그 처분의 취소를 구하는 소송은 부적법하다(대판 1995.6.29, 95누4674).

② 통고처분은 상대방의 임의의 승복을 그 발효요건으로 하기 때문에 그 자체만으로는 통고이행을 강제하거나 상대방에게 아무런 권리의무를 형성하지 않으므로 행정심판이나 행정소송의 대상으로서 처분성을 부여할 수 없다(헌재결 1998.5.28, 96헌바4).

3) 통고처분의 합헌성

통고처분제도는 위헌의 소지가 있는가? 헌법재판소는 통고처분을 합헌으로 선언하였다. 통고처분은 상대방의 임의의 승복을 그 발효요건으로 하고 있으며 통고처분에 대하여 이의가 있으면 통고내용을 이행하지 않음으로써 고발되어 형사재판절차에서 통고처분의 위법·부당함을 얼마든지 다툴 수 있기 때문에 법관에 의한 재판을 받을 권리(헌법 제27조 제3항)를 침해한다든가 적법절차의 원칙(헌법 제12조 제1항)에 저촉된다고 볼 수 없다(헌결 2003. 10. 30, 2002헌마275; 헌결 1998. 5. 28, 96헌바4).

2) 즉결심판절차

즉결심판절차는 20만원 이하의 벌금·구류 또는 과료의 행정벌(또는 형사벌)은 경찰서장의 청구에 의하여 지방법원 또는 지원의 순회판사가 부과하는 것이다. 이에 불복하는 피고인은 정식재판을 청구할 수 있다(법원조직법 제34조·제35조; 즉결심판에관한절차법 제2조·제3조).

Ⅵ. 행정질서벌의 특수성

1. 의의

행정질서벌이란 "직접 행정목적을 침해한 정도에 이르지 아니하고 단지 행정목적 달성에 장해가 되는 데 그치는 정도의 비행에 대하여 과하는 금전벌"이다.

그런데 우리 실정법상의 과태료의 종류로서는 ① 민사상의 의무위반에 대한 제재로서의 과태료(민법 제97조: 법인 이사의 등기의무 위반; 호적법 제130조: 호적신고의무 위반), ② 소송법상의 의무위반에 대한 제재로서의 과태료(민사소송법 제273조·제282조: 선서한 당사자의 허위진술, 증인 불출석에 대한 과태료; 형소법 제151조·제161조: 증인의 불출석, 선서·증언 거부에 대한 과태료), ③ 징계벌인 과태료(변호사법 제72조, 공증인법 제83조, 법무사법 제29조에 의거한 징계의 일종인 과태료), ④ 지방자치단체의 조례에 의한 과태료(지방자치법 제20조에 의한 조례위반행위에 대한 1,000만원 이하의 과태료), ⑤ 행정벌인 과태료 등이 있는바, 여기서 말하는 행정질서벌인 과태료는 ④와 ⑤뿐이다.

2. 실체법적 특수성(형법총칙의 적용 여부)

과태료는 행정형벌과는 달리 형벌이 아니므로 형법총칙의 규정이 적용되지 아니한다. 따라서 원칙적으로 객관적인 법령위반사실이 있으면 과할 수 있고 행위자의 고의 또는 과실은 필요로 하지 아니한다.

【판례】 : 행정질서벌에는 고의 · 과실을 요하지 아니한다는 판례
무역거래법 제30조 제2항에 의한 신고의무 위반행위에 대한 과태료는 행정질서벌의 하나로서, 의무에 위반한 이상 고의 또는 과실유무를 불문하고 과태료의 책임을 면할 수 없다(대판 1982. 7. 22, 82마210).

그러나 판례는 "위반자가 그 의무를 알지 못하는 것이 정당시할 수 있는 사정이 있을 때 또는 그 의무의 이행을 그 당사자에게 기대하는 것이 무리라고 하는 사정이 있을 때 등 그 의무 해태를 탓할 수 없는 정당한 사유가 있는 때에는 과태료를 부과할 수 없다"는 입장이다(대판 2000. 5. 26, 98두5972 참조).

그리고 과태료는 행정벌의 일종이지만 행정형벌과는 그 목적이나 성질이 다르므로, 과태료부과처분 후에 행정형벌을 부과한다고 해서 일사부재리의 원칙에 어긋나는 것이라고 할 수 없다(대판 1996. 4. 12, 96도158 참조).

3. 절차법적 특수성

(1) 법령에 의한 과태료

두 가지 절차가 있다. 대법원에 의하면 "과태료에 관한 재판은 비송사건절차법에 따라 법원이 직권으로 개시하는 것으로서 행정관청의 부과처분에 대한 당부를 심판하는 행정소송절차가 아니다"라고 판시하고 있다(대결 1997. 4. 28, 96마1597 참조).

1) 법원이 비송사건절차법에 따라 부과 · 징수하는 절차

과태료의 부과는 각 개별법률에 다른 규정이 없는 경우에는 관계 행정청이 위반사실을 적발한 후 이를 지방법원에 통보하면 지방법원의 결정으로 부과하며, 검사의 명령으로 민사소송법상의 강제집행절차에 따라 강제집행한다(비송사건절차법 제247조~제250조).

2) 행정청이 부과한 후 이의신청이 있으면 법원이 결정하는 절차

행정실무상 위 ①과 같은 절차의 번잡성으로 말미암아 행정청이 과태료 부과를 포기하고 법령위반사실을 그대로 방치함으로써 행정법상 의무의 이행이 제대로 확보되지 않고 있는 점을 고려하여, 오늘날 대부분의 법률은 제1차적으로 행정청이 직접 과태료를 부과하고 이에 대하여 통상 30일 내에 이의신청 없이 납부하지 아니하면 국세 또는 지방세체납의 예에 따라 강제징수하며, 이의신청이 있으면 과태료부과처분은 효력을 상실하고 행정청은 지체 없이 지방법원에 이를 통보하여 위 ①과 같이 비송사건절차법에 따라 법원의 결정에 의하여 부과하도록 하고 있다(식품위생법 제78조 등).

(2) 조례에 의한 과태료

① 조례위반행위에 대하여는 1,000만원 이하의 과태료의 벌칙을 정할 수 있는 바(지방자치법 제20조), 이 경우의 과태료의 부과절차는 위 ②와 같이 지방자치단체의 장이 직접 부과하고, 30일 내에 이의신청 없이 납부하지 아니하면 지방세체납의 예에 따라 강제징수하며, 이의신청이 있으면 지체 없이 지방법원에 이를 통보하여 비송사건절차법에 따라 법원의 결정에 의하여 부과한다(지방자치법 제20조 제2항~제5항). ② 지방자치단체의 조례는 사기 기타 부정한 방법으로 사용료 · 수수료 · 분담금의 징수를 면한 자에 대하여는 면한 액의 5배 이내의, 공공시설을 부정사용한 자에 대하여는 50만원 이하의 과태료의 벌칙을 정할 수 있는바(지방자치법 제139조), 이 경우의 과태료는 지방자치단체의 장 또는 그 위임을 받은 자가 납입고지서에 의하여 징수하며(지방자치법시행령 제51조), 불이행시에는 지방세징수의 예에 따라 강제 징수한다(지방자치법 제139조 제3항). 이 경우의 과태료의 부과징수는 행정처분이므로 이에 불복하는 자는 당해 지방자치단체의 장에 대한 이의신청을 거쳐 행정소송을 제기할 수 있다(지방자치법 제139조 제3항~제5항).

Ⅶ. 행정벌에 대한 구제

행정벌에 대한 구제에 관하여는 일반법이 없고 각 개별법에서 제각기 달리 정하고 있어 일반법의 마련이 시급한 상태이다.

1. 행정형벌에 대한 구제

행정형벌은 일반 형사범과 같이 형사소송법상의 항소·상고의 방법에 의하여 구제받게 된다. 특히 『즉결심판에관한절차법』에 의한 법원의 즉결심판(20만원 이하의 벌금, 구류 또는 과료의 경우)에 대하여는 7일 이내에 정식재판을 청구할 수 있고, 정식재판의 결과에 대하여 항소·상고할 수 있음은 물론이다.

특별한 과벌절차인 세무서장 등의 통고처분에 대하여는 행정심판·행정소송의 제기를 부정함이 통설·판례의 입장이다.

2. 행정질서벌에 대한 구제

① 처음부터 법원의 결정으로 부과·징수한 경우에는 즉시항고 및 재항고로 구제받을 수 있으며, ② 제1차적으로 행정청이 부과·징수한 후 법원의 결정절차로 이행하게 되는 경우의 행정청의 부과·징수에 대하여는 이의신청에 의하여 구제받을 수 있고, 그 후 법원의 결정에 대한 구제는 위 ①과 같으며, ③ 상술한 조례에 의한 과태료 중 ②의 예와 같이 처음부터 행정청이 독립적으로 부과·징수하게 되어 있는 경우에는 행정처분의 일종이므로 당해 지방자치단체의 장에 대한 이의신청을 거쳐 행정소송을 제기할 수 있다.

제3장

새로운 의무이행확보수단

Ⅰ. 개 설

지금까지 고찰해 온 행정강제와 행정벌은 모두 직접 또는 간접적으로 행정법상의 각종 의무이행을 확보하는 수단으로 작용하고 있으나, 행정강제의 가장 일반적인 수단인 대집행은 대체적 작위의무에 한하여 행사될 수 있을 뿐이며, 부작위의무 또는 비대체적 작위의무는 극히 예외적으로만 인정되는 집행벌 또는 직접강제에 의존할 뿐, 대부분은 간접적 수단인 행정벌에 의존할 수밖에 없다. 그러나 행정벌은 수많은 국민을 전과자로 만들게 되어 현실적으로 이를 부과함에 어려움이 많다.

따라서 각종 의무불이행에 대하여『인・허가 등의 철회・정지제도』를 활용함으로써 간접적으로 의무이행을 확보해 오고 있으나, 이 역시 국민의 생업에 관계되기 때문에 엄격히 집행하기에는 어려움이 있다. 또한 버스・선박・가스・석유사업 등과 같이 일반공중의 일상생활에 불가결한 경우에는 함부로 인・허가의 철회・정지권을 행사할 수도 없게 된다.

여기에 새로운 의무이행 확보수단의 마련이 절실히 요청되어 각 개별법에서 단편적으로 ① 과징금・가산세・부당이득세・가산금, ② 공급거부, ③ 위반사실의 공표, ④ 관허사업의 제한, ⑤ 운전면허 취소 및 자동차 사용정지, ⑥ 취업제한 제도 등을 도입하고 있다. 이들 수단은 대부분 의무자에게 심리적 부담을 주거나 행정적으로 권유함으로써 행정법규의 위반을 사전에 예방하거나 의무자가 행정법규 위반상태를 스스로 시정하도록 하는 기능을 갖는다. 이러한 점에 비추어 이들 수단을 간접적 강제수단이라 부른다.

Ⅱ. 과징금 · 가산금 · 가산세 · 부당이득세

1. 과징금

(1) 의의

과징금(課徵金)이란 "행정법상의 의무위반으로 경제상의 이익을 얻게 되는 경우에 당해 위반으로 인한 경제상 이익을 박탈하기 위하여 그 이익액에 대하여 부과 · 징수하는 금전적 제재"를 말한다. 행정법상의 의무위반에 대하여 부과하는 금전적 제재라는 점에서 과태료와 같은 성질을 가지지만 행정벌은 아니라는 점에서 구별된다. 따라서 이론적으로는 하나의 의무위반행위에 대하여 과징금과 과태료를 함께 부과하는 것도 가능하다고 하겠으나, 국민의 입장에서는 이중부담이 되므로 과징금을 부과한 경우에는 동일 위반행위에 대하여 과태료를 부과할 수 없도록 규정하고 있는 예도 있다(예, 여객자동차운수사업 제86조 등).

(2) 종류

① 의무위반행위 자체로 얻은 불법적 이익을 박탈하기 위한 과징금으로서, 공정거래위원회의 가격인하명령에 불응할 경우 인상된 가격으로 얻은 경제적 이익만큼 과징금을 납부케 하고 이에 불응하면 국세체납처분의 예에 따라 체납처분을 하도록 한 독점규제및공정거래에관한법률(제5조 · 제6조)의 규정이 그 예이다(대기환경보전법 · 수질및수생태계보전에관한법률상의 배출부과금 및 축산법상의 초과사육부과금도 이와 유사한 성격이다). 이를 흔히 원래의 과징금이라 한다.

② 의무위반행위가 당해 사업의 인 · 허가 등의 철회 · 정지사유에 해당하지만 대중교통수단 등 공중의 일상생활에 불가결한 사업인 경우 부득이 철회 · 정지는 면하고 사업은 계속시키되, 사업의 계속으로 생기는 경제적 이익을 박탈하기 위한 과징금으로서, 최근 많은 실정법이 철회 · 정지제도의 결합을 보

완하는 새로운 의무이행 확보수단으로 도입하고 있는 실정이다(예, 여객자동차운수사업법 제79조, 석유사업법 제14조, 도시가스사업법 제10조, 주차장법 제24조의2 등). 이를 흔히 변형된 과징금이라 한다.

(3) 절차

과태료와 같이 법원의 결정에 의하지 아니하고 행정청이 직접 부과·징수하며, 납부치 아니하는 경우 국세체납처분의 예에 따라 체납처분한다. 따라서 과징금의 부과는 국민의 권익을 침해하는 전형적인 권력적·침해적 행정행위이므로 법률의 근거를 요하며, 특히 상대방에게 사전 의견진술 또는 청문의 기회를 부여하는 행정절차상의 배려가 있어야 할 것이며 실제 대부분의 법률도 이를 명문화하고 있다.

(4) 구제

과징금의 부과행위도 행정행위이므로 행정심판·행정소송을 제기하여 취소를 구할 수 있음은 물론이다. 또한 위법한 과징금부과처분으로 인해 손해를 입은 자는 국가를 상대로 손해배상청구를 할 수 있다.

한편, 헌법재판소는 "행정기관인 공정거래위원회에 의한 과징금의 부과가 적법절차에 위반되거나 사법권을 법원에 둔 권력분립의 원칙에 위반된다고 볼 수 없다"는 입장이다(헌재 2003. 7. 24, 2001헌가25 참조).

2. 가산금·중가산금

국세 또는 지방세를 납기까지 납부하지 아니한 때에는 체납세액의 100분의 5에 상당하는 가산금(加算金)을 징수하며, 납부기한이 경과한 날로부터 60월까지 매 1월이 경과할 때마다 1,000분의 12에 상당하는 중가산금(重加算金)을 징수하도록 함으로써 납세의무의 이행을 확보하고 있다(국세징수법 제21조·제22조, 지방세법 제27조).

3. 가산세

소득세법(제81조)에 의한 과세표준 확정신고의무 등 세법상의 각종 신고의무 위반에 대하여 본래의 납세의무와는 별개로 과하는 금전부담이다. 원래의 납세의무의 불이행에 대하여 과하는 가산금 및 중가산금 제도는 납세의무 자체의 이행을 확보하는 수단임에 비하여, 가산세(加算稅)는 본래의 납세의무 자체의 불이행이 아니라 이를 위한 일정 기간 내의 신고의무 위반 또는 과소신고 행위에 대하여 과하는 금전부담만을 의미한다. 따라서 그 성격은 오히려 행정질서벌인 과태료에 가깝다고 하겠다. 가산세는 세금의 형태로 가하는 행정벌의 성질을 가지는 제재이므로 납세자에게 그 의무의 해태를 탓할 수 없는 정당한 사유가 있는 경우에는 부과할 수 없다(대판 1998. 7. 24, 96누18076).

Ⅲ. 공급거부

1. 의의

공급거부(供給拒否)란 행정법상의 의무를 위반한 자에 대하여 일정한 행정상의 역무나 재화의 공급을 거부하는 사실행위를 말한다.

오늘날 현대 복지국가에서는 전기·수도·도시가스·전화 등은 국민의 일상생활에 필수적인 것임을 감안할 때 이들의 공급거부는 현실적으로 매우 실효성 있는 행정법상의 의무이행 확보수단이 되고 있다.

2. 법적 근거

공급거부는 침해적 행위이므로 법률의 근거가 있어야 함은 물론이다. 현행법상으로는 무허가 건축물 등 건축법 위반건축물(건축법 제79조 제2항·제3항) 등에 대하여 각 주무관청이 전기·수도·도시가스·전화의 역무제공기관에 대하여 그 공급중지를 요청하면 이들 기관은 특별한 사유가 없는 한 이에 응하도록 규정하고 있다.

3. 한계

본래 수도·전화·전기 등의 공역무는 그 공공성·윤리성으로 말미암아 정당한 사유 없이 공급을 거절할 수 없도록 하고 있다(예, 수도법·전기사업법·전기통신사업법 등). 여기서 『정당한 사유』란 당해 급부행정상의 의무위반만을 의미하는 것임에도 불구하고, 이와는 아무런 관련이 없는 다른 법률(예, 건축법 등)에 의하여 부과된 의무의 이행을 확보하는 수단으로 활용하는 것은, 이행이 확보되어야 할 의무와 거부되는 역무 간의 사물적 관련이 없는 것이므로 부당결부금지의 원칙에 위배된다고 하겠다.

4. 구제

일반적으로 급부의 성질이 공법적인 경우(관리작용)에는 행정쟁송, 사법적인 경우(사경제적 작용)에는 민사소송에 의하여 구제받을 수 있다고 하겠다. 대법원은 공급거부로서의 단수조치를 행정처분으로 보고 있으므로 위법한 단수처분에 대하여는 취소소송을 제기할 수 있다고 하였다(대판 1980. 12. 28, 79누21). 그러나 대법원은 행정청이 한국전력공사에 대하여 한 전기공급불가의 회신이나 위법건축물에 대한 전기·전화공급 중단을 요청한 행위는 권고적 성격의 행위에 불과하므로 항고소송의 대상이 되는 행정처분이 아니라고 판시하여 행정쟁송이 될 수 없다고 보고 있다(대판 1996. 3. 22, 96누433). 공급거부는 행정상의 의무 이행 수단이기도 하지만 궁극적으로 정당한 사유없는 급부거절행위의 금지라는 원칙에 반하는 것이 되므로 통일적인 구제의 방향을 정할 것이 요구된다.

Ⅳ. 위반사실의 공표

1. 의의

행정법상의 의무위반이 있는 경우에 그 사실을 일반에게 공표(公表)함으로써 사회적 비난이라는 간접적·심리적 강제에 의하여 행정법상의 의무이행을 확보하려는 제도이다. 공표는 그 자체로서는 직접 아무런 법적 효과를 발생하지 않는 비권력적 사실행위이지만, 사안에 따라서는 강력한 의무이행 확보수단이 된다.

2. 법적 성질 및 근거

공표는 그 자체로서는 어떠한 법적 효과도 발생치 아니하는 사실행위에 불과하지만, 개인이나 기업의 명예·신용이 훼손되므로 경우에 따라서는 다른 어떤 수단 못지않게 행정상의 의무이행을 심리적으로 강제하는 효과가 있다.

따라서 위반사실의 공표는 침해적 행위이므로 반드시 법률의 근거가 있어야 할 것이다. 현행법상으로는 ① 공정거래위원회에 의한 법 위반 사실의 공표명령 및 정정광고명령(독점규제및공정거래에관한법률 제16조·제21조·제24조·제27조 등)과, ② 자원재활용 지정사업자 등이 환경부장관의 재활용지침 준수의 권고를 받고 이를 이행하지 아니한 경우에 그 명단과 지침위반 내용을 공개할 수 있도록 한 것(자원의절약과재활용촉진에관한법률 제26조), ③ 청소년의 성을 사는 행위 등의 범죄행위자의 성명, 연령, 직업 등의 신상과 범죄사실의 요지를 공개(청소년의성보호에관한법률)하는 것, ④ 식품위생상의 위해가 발생한 영업자에 대한 공표명령(식품위생법 제56조의2) 등이 있으며, ⑤ 기타 이와 유사한 것으로서 위법건축물의 철거명령과 동시에 그 사실을 기재한 표지를 당해 건축물이나 대지 안에 설치하게 한 예도 있다(건축법 제79조 제4항·제5항).

그러나 이러한 법적 근거 없이도 국세청장훈령인『국세징수사무처리규정』 제104조는 상습적인 고액체납자의 명단공개를 규정하고 있다.

> **【판례】** : 국세청장의 명단공표행위와 명예훼손죄의 성립에 관한 판례
> 국세청장이 위장증여자의 명단을 공표하여 타인의 명예를 훼손한 경우, 그 공표된 사실이 진실이라고 믿을만한 상당한 이유가 있다면 위법성이 없다고 할 수 있으나, 의심의 여지없이 확실히 진실이라고 믿을만한 객관적이고도 타당한 확증과 근거가 있는 경우가 아니라면 그러한 상당한 이유가 있다고 할 수 없다(대판 1993. 11. 26, 93다18389).

3. 위헌성 문제

공표제도는 헌법(제17조)상『모든 국민은 사생활의 비밀과 자유를 침해받지 아니한다』는 규정에의 저촉 여부가 문제되며, 또한 형사사건과 관련하여서는 헌법상의 무죄추정의 원칙에의 위배여부도 문제가 된다. 이와 관련하여 최근 독점규제및공정거래에관한법률 제27조에 대한 위헌소원사건에 있어서 헌법재판소는 대한병원협회가 그 구성원인 의사들을 휴업·휴진케 하고 집회에 가담케 함으로써 동법상 금지되어 있는 "구성사업자의 사업활동을 부당하게 제한한 행위"를 하였음을 신문에 공표하도록 명한 조치의 근거가 되는 동법 제27조의 규정은 형사절차 내에서 법위반사실을 부인하고자 하는 당사자의 입장을 모순에 빠뜨리고 소송에 있어서 심리적 위축을 초래하며, 또한 법원으로 하여금 불합리한 예단을 촉구함으로써 형사소송에 영향을 미칠 우려가 있어 우리 헌법상 무죄추정의 원칙에 위반된다는 위헌결정을 내린 바 있어 주목되어 있다(헌재결 2002. 1. 31, 2001헌바43).

4. 구제

공표는 아무런 법적 효과를 발생치 아니하는 사실행위이며, 더구나 단시일에 종료되어 버리므로 행정쟁송으로 취소를 구하기는 어렵다고 하겠다. 따라서 위법한 공표로 권익을 침해받은 자는 행정상의 손해배상을 청구하거나, 형법상의 명예훼손죄(형법 제307조)·피의사실공표죄(제126조) 또는 공무상 비밀누설죄(제127조)에 해당하는 경우 관련 공무원을 고소하여 형사상 처벌을 받게 함으로써 구제받거나, 언론중재법에 의거한 정정보도를 요구함으로써 구제받을 수 있다. 또한 공표로 인하여 훼손된 명예 또는 신용을 회복하기 위하여 공법상 결과제거청구권에 기하여 공표된 내용의 정정, 철회 등 시정조치를 구할 수 있을 것이다.[202]

Ⅴ. 관허사업의 제한

관허사업(官許事業)의 제한이란 행정법상의 의무위반행위가 있는 경우 이를 이유로 각종 인·허가행위를 할 수 없도록 법률로 강제하는 것을 말하며, 현행법상의 예로서는 ① 위법건축물을 이용하여 신청하는 다른 법령에 의한 영업의 인·허가·신고(예, 자동차수리업·식품위생영업·이미용업 등)를 거부하도록 한 것과(건축법 제79조 제2항), ② 3회 이상 국세 또는 지방세를 체납한 사업자에 대하여 세무서장 등이 당해 사업의 주무 관청에 사업 인·허가 등의 취소나 정지를 요청하면 정당한 사유가 없는 한 이에 응하도록 한 것(국세징수법 제7조·지방세법 제40조), ③ 병역의무위반자에 대하여는 각종 영업의 인·허가·신고 등을 할 수 없도록 한 것(병역법 제76조 제2항) 등을 들 수 있다.

이와 같은 수단은 이행을 확보하고자 하는 의무와 취소·정지되는 영업 간에 직접적인 사물적 관련이 없다는 점에서 부당결부금지의 원칙에 어긋나며,

202) 홍준형(총), p.566.

국민의 생업을 위협한다는 측면에서 비례원칙에도 문제가 있다고 하겠다.

행정실무에 있어서는 위 규정들에 의거한 영업 인·허가의 취소·정지사례가 종종 있으며, 판례도 이를 인정하고 있다(예, 세무서장이 국세를 체납한 자동차정비사업자의 사업허가를 취소해 달라고 교통부장관에게 요구한 후에, 본인이 세금을 완납하였음에도 불구하고 교통부장관이 허가를 취소한 것은 위법하다는 판례(대판 1975. 5. 27, 73누191)).

Ⅵ. 운전면허 취소 및 자동차 사용정지

산림법(제94조)은 동법에 위반하여 채취한 불법 임산물 등을 차량·선박 등을 이용하여 운반한 경우, 그 운전자의 운전면허·해기사면허 등의 취소·정지와 함께 당해 차량·선박 등의 사용정지 처분을 해당 주무관청에 요구하도록 하고 있는바, 불법임산물 등을 단속하기 위하여는 불법채취행위를 한 자에 대한 처벌만으로는 부족하고 그 운전자와 운반수단 자체에 대한 면허 및 사용정지라는 제재를 가함으로써 행정법상의 의무이행을 확보하려는 것으로서, 이 정도의 사물적 관련이 있으면 부당결부금지의 원칙에도 위배될 정도는 아니라고 하겠다.

Ⅶ. 취업제한

병역법(제76조)은 병역의무 불이행자에 대하여는 공무원은 물론, 공·사기업체의 임·직원으로 채용될 수 없도록 규정함으로써 헌법상 보장된 직업선택의 자유를 제한하면서까지 병역의무의 이행을 확보하려고 하고 있다. 병역의무가 헌법에 규정된 국민의 기본적 의무임을 감안한다면 이러한 취업제한제도는 국가안전보장을 위하여 기본권을 제한할 수 있도록 한 헌법(제37조 제2항) 규정에 위반된다고 보기는 어려울 것이다.

제4편

행정구제

제1장

행정상 손해배상

제1절 개설

Ⅰ. 의의

행정상 손해배상(損害賠償)이란 "공무원의 위법한 직무집행행위 또는 공공의 영조물 설치·관리의 하자로 인하여, 개인에게 재산상의 손해를 가한 경우에, 국가나 공공단체가 그 손해를 배상하는 것"을 말한다(헌법 제29조, 국가배상법 제2조·제5조).

국가·공공단체의 위법한 활동으로 인하여 발생된 개인의 재산상의 손해에 대하여 그 원인자인 국가 등이 배상하도록 하는 것은, 사인 상호간의 관계에 있어서와 마찬가지로 자기의 불법행위로 말미암아 타인에게 끼친 재산상의 손해를 배상하는 것으로서 정의와 공평을 이념으로 하는 일반법원리에 그 근거를 두고 있다.

행정상 손해배상제도는 사법에서 발달한 개인주의적인 도의적 책임주의를 그 기초원리로 하고 있기 때문에 사법상의 불법행위책임과 공통점이 있다. 그러나 행정상 손해배상은 사법이 규율하는 분야와는 근본적으로 다른 공행정작용 및 기타의 공권력행사에 기인하는 배상책임을 규율하고 있고, 그 배상주체가 국가 또는 공공단체라는 점에서 사법상의 책임과는 다르다.

Ⅱ. 행정상 손실보상과의 구별

1. 의의

행정상 손실보상(損失補償)이란 토지수용의 예와 같이 공공의 필요에 의하여 법률이 허용한 적법한 공권력의 행사로 말미암아 사유재산에 가하여진 특별한 희생에 대하여, 공적 부담 앞의 평등의 견지에서 행하는 조절적인 재산적 보상을 말한다.

행정상 손실보상제도는 근대입헌주의의 확립에 의한 사유재산제의 보장에 따른 당연한 요청으로서 성립되었기 때문에, 위법행위는 국가에 귀속되지 않는다고 보는 '주권무책임(主權無責任)의 원칙'의 극복을 통하여 성립된 국가배상제도보다 훨씬 이전부터 발전되어 왔다. 손실보상의 문제는 오직 공익을 행하는 행정과 국민의 문제이다. 즉, 개인과 개인 간에는 '공익을 행하는 개인에 의한 다른 개인에 대한 재산침해'라는 관계가 성립할 여지가 없기 때문에 손실보상의 문제는 발생하지 않는다.

2. 구별

1) 발생원인

행정상 손해배상제도는 『위법한 침해행위』로 인한 손해, 즉 행정을 행하는 자의 고의 또는 주의의무위반에 의한 과실로부터 야기되는 손해를 배상하는 것이지만 행정상 손실보상제도는 법률이 허용한 『적법한 침해행위』로 인한 특별한 희생을 보전해 주는 제도이기 때문에 위법성(違法性)이 전제되지 않는다는 점에서 손해 또는 손실의 발생원인을 달리하고 있으며, 양자를 합하여 행정상 손해전보제도라고 한다.

2) 기초원리

행정상 손해배상제도는 사법상의 불법행위책임과 같이 개인주의적인 『도의적 책임주의(道義的 責任主義)』를 기초원리로 하여 행위자의 주관적 책임과 행위의 객관적 위법성을 그 성립요건으로 하고, 행정상 손실보상제도는 공공의 복리를 위하여 특정인만이 국가로부터 '특별한 희생'(도로 · 댐 · 철도 · 항만 · 발전소 · 주택단지 · 쓰레기매립장 건설 등을 위하여 특정지역의 토지를 강제로 수용하는 예)을 당한 경우에 공적 부담 앞의 평등의 견지에서 행하는 단체주의적인 『사회적 평등부담주의(社會的 平等負擔主義)』를 기초원리로 하여 행위자의 주관적 책임을 문제삼지 않고 개인에 부과된 불평등한 부담을 전보해 주는 제도라는 점에서 양자의 차이가 있다.

3. 구별의 상대화

양자는 이와 같이 발생원인과 기초원리를 각각 달리하는 것이지만, 다같이 국가의 행위로부터 발생한 손해를 전보하는 피해자구제제도라는 점에서는 공통되는 면도 있으므로 국가보상 등의 이름하에 하나의 통일된 보상이론으로 재구성할 필요가 있다는 견해도 있다.

한편, 양 제도의 상호 접근경향도 찾아볼 수 있는바, 우선 손해배상 쪽에서는 무과실책임 또는 위험책임의 이론을 도입하여 손해발생에 국가의 고의·과실이 없는 경우에도 발생된 결과에 대하여 책임을 지도록 하는 이론이 대두되고 있으며, 손실보상 쪽에서는 적법행위가 아닌 위법한 무과실행위로 인한 침해도 보상하여야 한다는 수용유사침해론이 제기되고 있다.

그러나 우리나라의 경우 법률로 인정된 극히 예외적인 경우를 제외하고는 무과실책임은 부인되며, 수용유사침해에 대한 보상 또한 부인되고 있고 판례도 같은 입장에 있다.

Ⅲ. 각국의 손해배상제도

1. 개설

근대국가의 초기에는 『국왕은 잘못을 행할 수 없다(the king can do no wrong)』는 사상이나 주권면책(Sovereign Immunity) 또는 주권무오류사상에 입각하여, 공무원의 불법행위로 인하여 개인에게 손해가 발생한 경우 국가의 배상책임은 인정되지 않고 당해 공무원 개인만이 일반 사인과 똑같이 민사상 책임을 질 뿐이라고 하였다.

그러나 국가의 책임을 부인하는 것은 경제적 능력이 없는 공무원 개인에게만 책임을 지우는 것으로서 권리구제의 실효성이 없을 뿐더러, 19세기 후반에는 사법상으로도 종업원의 행위에 대한 고용주의 책임이 인정된 터에 더 이상 국민의 법감정에 맞지 않게 되어 프랑스의 판례에 의하여 먼저 국가배상제도가 확립된 이래, 독일과 영·미 등에서도 입법이나 판례에 의하여 점차 널리 인정하게 되었다.

2. 프랑스

최고행정재판소인 국참사원(Conseil d'Etat 꽁세유데따)의 판례에 의하여 정립·발전되어 왔는바, 과실책임론(過失責任論)에 입각한 역무과실책임(役務過失責任)과, 무과실책임론에 입각한 위험책임(危險責任)의 2원적 구조를 취하고 있다.

즉 프랑스의 손해배상제도는 공역무 수행상의 과실이 있어야 한다는 점에서 기본적으로는 과실책임주의에 입각하고 있으나, ① 역무과실책임에 있어서는 과실의 개념을 엄격한 고의·과실에 한정하지 아니하고, 행정작용이 통상 요구되는 정상수준에 미달되는 상태까지 의미한다고 확대 해석함으로써 고의·과실이라는 주관적 요건을 떠나 '과실 개념의 객관화'를 통하여 폭넓은 피해구제를 기하고 있으며, ② 무과실책임론에 입각한 위험책임은 위험의 사회화를 이념으로 하여 공공시설로 인한 항구적 손해를 중심으로 극히 한정적으로 인정하고 있는 점에 특색이 있다.[203)]

3. 독일

독일에서는 국가가 사인과 같은 지위에서 행한 국고작용으로 인한 손해에 대하여는 19세기 초부터 민법에 의한 손해배상책임이 인정되었으나, 공행정작용에 대하여는 1910년의 국가공무원책임법에 의하여 비로소 국가의 책임이 인

203) 김동희(Ⅰ), p.501.

정되었으며, 뒤이어 1919년의 바이마르 헌법과 1949년의 본 기본법이 이를 명문화하기에 이르렀다. 본 기본법 제34조에는 "공무원이 자기에게 위탁된 공적 직무의 집행에 있어서 제3자에게 부담하는 직무상 의무에 위반한 때에는, 그 공무원을 사용하는 국가 또는 공공단체가 원칙적으로 책임을 진다. 고의 또는 중과실의 경우에는 구상권이 유보된다"라고 규정하고 있다.

독일의 경우 국가의 책임은 대위책임으로 보며, 또한 공무원의 과실이 요구되는 과실책임론의 입장을 취하고 있다.

4. 영 · 미

개설에서 설명한 바와 같이 공무원 개인만이 민사상의 책임을 질 뿐 국가에 대하여는 국가무책임의 원칙이 지배해 오다가, 제2차대전 후 영국의 국왕소추법(The Crown Proceedings Act, 1947), 미국의 연방불법행위청구권법(The Federal Tort Claims Act, 1946)을 각각 제정하여 비로소 국가의 배상책임을 인정하게 되었다.

그러나 영국의 경우 군대의 구성원이 다른 구성원에게 입힌 손해에 대하여는 국가의 배상책임이 부인되는 등 여전히 넓은 적용배제조항을 두고 있다.

5. 일본

일본 역시 제2차대전 전까지는 독일과 같이 국고작용으로 인한 손해에 대하여만 사법상의 손해배상책임이 인정되고 공행정작용에 대하여는 부인되었다. 그러나 제2차대전 후 헌법 제17조에 근거하여 국가배상법을 제정함으로써 공행정작용에 대한 국가배상책임을 인정하게 되었다. 국가배상법은 공권력행사와 관련하여 공무원의 불법행위책임(제1조)과 공공의 영조물의 설치 · 관리 및 하자에 대한 국가와 공공단체의 무과실책임배상(제2조)을 규정하여 국가작용의 확대에 따른 국민의 권리확대라는 헌법적 의의를 수용하고 있다.[204)]

---

204) 長谷部恭男, 憲法 第2版, 新世社, 2001, p.307.

Ⅳ. 우리나라의 행정상 손해배상제도

1. 헌법에 의한 국가배상책임의 인정

헌법(제29조 제1항)은 "공무원의 직무상 불법행위로 인하여 손해를 받은 국민은 법률이 정하는 바에 의하여 국가 또는 공공단체에 정당한 배상을 청구할 수 있다. 이 경우 공무원 자신의 책임은 면제되지 아니한다"고 규정함으로써 국가·공공단체의 불법행위책임을 일반적으로 인정하고 있으며, 이에 근거하여 제정된 법률이 국가배상법이다. 국가배상법 제2조 이하에서는 공무원의 위법한 직무행위로 인한 국가배상책임에 대하여 구체적으로 규정하고 있다.

2. 국가배상법

(1) 지위

국가배상법(國家賠償法)은 국가의 공권력작용으로 인한 불법행위책임과 함께, 공공의 영조물(도로·하천 등) 설치·관리의 하자로 인한 손해에 대한 국가의 배상책임을 규정한 일반법이라고 할 수 있다.

동법 제8조는 "국가 또는 지방자치단체의 배상책임에 관하여는 이 법의 규정에 의한 것을 제외하고는 민법의 규정에 의한다. 다만, 민법 이외의 법률에 다른 규정이 있을 때에는 그 규정에 의한다"고 하고 있다. 그 의미를 분석하면 배상책임에 관하여, ① 민법 이외의 특별법에 규정이 있으면 그 규정이 제일 우선적으로 적용되며(동조 단서에 의거), ② 그러한 특별법이 없으면 국가배상법이 적용되고, ③ 국가배상법에 규정이 없는 세부사항에 관하여, 또는 국가배상법이 적용되지 아니하는 분야(국고작용)에 있어서의 국가의 불법행위책임에 관하여는 민법이 보충적으로 적용된다는 의미이다.

여기서 민법 이외의 다른 특별법이 국가배상책임에 관한 특칙을 정한 예로서는 ① 무과실책임을 인정하고 있는 경우(원자력손해배상법·산업재해보상보험법 · 의사상자보호법 · 공무원연금법 등), ② 배상책임 · 배상액의 한정이나 배상청구권의 단기소멸시효를 정한 경우(우편법 · 철도법 · 전기통신사업법 등) 등을 들 수 있다.

한편, 국가배상법은 외국인이 피해자일 경우에는 그 외국인의 본국이 우리 국민에게 입힌 손해에 대하여 국가배상책임을 인정하고 있는 경우(이를 상호의 보증이 있는 경우라고 한다)에 한하여 동법에 의한 국가배상책임을 인정하는 소위 상호주의(相互主義)의 원칙을 채택하고 있다(동법 제7조)

(2) 성격

국가배상법의 성격이 공법인지 사법인지에 관하여는 학설이 대립되어 있으며, 공법으로 보는 경우에는 배상청구권을 공법상의 청구권인 공권으로 보며, 사법으로 보는 경우에는 이를 사법상의 청구권인 사권으로 본다.

1) 공법설

① 우리실정법이 공법과 사법의 이원적 체계를 인정하고 있는 이상, 공법적 원인에 의하여 발생한 손해의 배상책임에 관한 법인 국가배상법은 공법으로 보아야 하며, ② 동법(제9조)이 배상청구소송제기에 앞서 비록 임의적이기는 하지만 배상심의회의 배상결정전치주의를 택하고 있는 것도 동법이 공법임을 말해 주는 것이고, ③ 행정소송법(제3조 제2항)상의 당사자소송인 『행정청의 처분 등을 원인으로 하는 법률관계에 관한 소송』에는 당연히 행정상의 손해배상청구소송이 포함된다는 것을 예정하고 있다는 점도 동법이 공법임을 말해 주는 것이라고 한다.

2) 사법설

① 국가배상법에 의한 손해배상청구권은 민법상의 일반 불법행위이론의 한 유형에 불과하므로 동법은 민법의 특별법으로서 사법에 속하며, 공법에 특유한 별도의 책임이론을 창설한 것은 아니고, ② 국가배상법(제8조) 자체도 『국가 · 지방자치단체의 손해배상책임에 관하여는 이 법의 규정에 의한 것을 제외

하고는 민법의 규정에 의한다』고 함으로써 동법이 민법에 대한 특별법임을 나타내고 있고, ③ 행정소송법(제10조 제1항)이 『행정처분 등과 관련되는 손해배상청구소송을 당해 행정소송에 병합하여 심리할 수 있다』고 한 것은, 손해배상청구는 원칙적으로는 일반 민사소송절차에 의하는 것이지만 이를 특별히 이질적인 행정소송에 병합할 수 있다는 정책적 배려에서 나온 것이며, ④ 법원의 소송실무에 있어서도 국가배상청구사건은 민사소송으로 다루고 있다는 점 등을 근거로 하고 있다.

3) 결어

생각건대, ① 국가의 배상책임은 책임의 원인이 되는 공행정작용의 위법 또는 적법의 평가를 떠나서는 논할 수 없다는 점, ② 행정소송법(제3조 제2항)이 공법상의 당사자소송의 하나로 행정처분 등을 원인으로 하는 법률관계에 관한 소송을 명시한 것도 국가배상사건을 소송실무상으로 행정소송의 일종인 공법상의 당사자소송으로 다루어지도록 유도하기 위한 취지였다는 점, ③ 행정소송법(제10조 제1항)상 손해배상청구소송을 그 배상원인이 되는 행정처분의 취소를 구하는 행정소송에 병합하여 심리할 수 있다는 표현도, 손해배상청구소송이 민사소송임을 전제로 한 것이 아니고, 오히려 행정소송임을 전제로 하여 같은 행정소송 내에서의 취소소송과 당사자소송 간의 병합을 의미한다는 점 등을 감안하면 공법설이 타당하다고 하겠다. 학설도 공법설이 다수설이며, 사법설이 소수설이다.[205] 그럼에도 불구하고 우리 법원의 소송실무는 전통적으로 국가배상소송을 민사소송으로 보고 있는바, 이는 과거 우리 행정소송법이 행정소송사건의 제1심 관할법원을 고등법원으로 규정했던 시절에 지리적으로 국민들과는 먼 거리에 있는 고등법원이 관할하는 행정소송보다는 가까운 지방법원이 관할하는 민사소송에 의하는 것이 국민의 권리구제에 보다 효과적일 것이라는 심리적 이유에도 일부 기인했다고 생각된다(지금은 행정소송사건의 제1심도 민사소송과 같이 지방법원이 관할하도록 하고 있으므로 아무 차이가 없다).

205) 공법설은 김도창·박윤흔·김동희·석종현 교수 등이 취하고 있고, 사법설은 이상규 교수가 취하고 있다.

한편, 공법설을 취하는 학자들도 행정소송법에 의한 공법상의 당사자소송에 의하더라도 항고소송과 달리 재판절차상 민사소송에 대한 특칙이 거의 없어 사실상 민사소송과 유사하게 운영되기 때문에 공법이냐 사법이냐를 논할 실익이 거의 없다고 하고 있다. 또한 순수한 법논리적으로만 보더라도 국가배상법은 어디까지나 헌법상의 국가배상청구권이라는 주관적 공권의 실현을 위한 법이므로 당연히 공법으로 보아야 한다고 생각된다.

【판례】 : 국가배상책임은 민사상의 손해배상책임이라는 판례
공무원의 직무상 불법행위로 손해를 받은 국민이 국가 또는 공공단체에 손해배상을 구하는 것은 비록 국가배상법이 정한 바에 따른다고 하더라도 이 역시 민사상의 손해배상책임을 특별법인 국가배상법이 정한 데 불과하다(대판 1972. 10. 10, 69다701).

제2절 공무원의 위법한 직무집행행위로 인한 손해배상

Ⅰ. 배상책임의 요건

국가배상법 제2조 제1항은『국가나 지방자치단체는 ① 공무원 또는 공무를 위탁받은 사인이 ② 직무를 집행하면서 ③ 고의 또는 과실로 ④ 법령을 위반하여 ⑤ 타인에게 손해를 입히거나, 자동차손해배상보장법에 따라 손해배상의 책임이 있을 때에는 이 법에 따라 배상하여야 한다』고 하고 있으며, 또한 동조 제2항은 당해『공무원에게 고의 또는 중대한 과실이 있는 때에는 국가 또는 지방자치단체는 그 공무원에게 구상할 수 있다』고 규정함으로써 공무원의 위법한 직무집행행위로 인한 국가의 손해배상책임을 규정하고 있다.

이하에서는 상기 손해배상책임의 요건을 차례로 설명하고자 한다.

1. 공무원 또는 공무를 위탁받은 사인

(1) 공무원

여기서 공무원이라 함은 광의의 공무원을 말한다. 즉, ① 국가공무원법, 지방공무원법 등 각종 공무원법에 의하여 공무원의 신분을 가진 자뿐만 아니라, ② 널리 국가 등 행정주체로부터 공무를 위탁받아서 이에 종사하는 자를 포함한다는 것이 통설과 판례의 입장이다.

따라서 국회의원, 지방의회의원 기타 입법부·행정부·사법부의 모든 구성원도 포함된다. 판례는 집행관, 임시직공무원, 합의제 행정관청의 위원, 소집 중인 향토예비군, 통장, 미군부대 카츄샤, 시청 청소차운전사, 철도차장 등을 포함하지만, 의용소방대원은 공무원에서 제외하였다.[206] 공무원의 개념을 공

206) ① 집행관을 공무원으로 본 판례(대판 1966. 7. 26, 66다854).
② 소집 중인 향토예비군을 공무원으로 본 판례(대판 1970. 5. 6, 70다471).
③ 통장을 공무원으로 본 판례(대판 1991. 7. 9, 91다5570).

무원법상의 공무원보다 넓게 인정하고 있는 이유는 널리 국가・지방자치단체의 행위로 볼 수 있는 작용에 대하여는 국가 등이 배상책임을 지게 하여 권리구제의 폭을 넓히려는 데 있다.

이러한 의미에서 출동 중인 의용소방대원도 소방업무라는 공무에 종사하고 있으므로 소집 중인 향토예비군과 같이 공무원으로 보아야 할 것이다.[207)]

(2) 공무를 위탁받은 사인

공무를 위탁받은 사인으로는 ① 사인이 별정우체국의 지정을 받아 통신업무를 수행하는 경우(별정우체국설치법 제2조), ② 사인이 일정한 공공사업의 주체로서 국가로부터 토지수용권을 부여받아 토지수용을 하는 경우(제철・비료・석유화학・전자・조선사업자 등, 토지보상법 제3조), ③ 사유 선박의 선장・해원 또는 항공기의 기장・승무원이 선박이나 항공기 내에서 발생한 범죄에 관하여 사법경찰관리의 직무를 수행하는 경우(사법경찰관리의직무를행할자와그직무범위에관한법률 제7조), ④ 사립대학의 총・학장이 교육법에 의하여 학위를 수여하는 경우, ⑤ 기타 관세감면대상의약품 여부의 확인권・석탄품질검사권・변리사등록업무・건축사자격시험관리업무 등을 관련 협회의 장에게 위탁한 경우 등이 있으며, 이러한 예는 점차 많아지고 있다.

2. 직무집행행위

(1) 직무의 범위

국가작용 중 권력・관리・국고작용의 어느 범위까지를 직무행위로 보는가에 관하여 학설이 대립되어 있다.

---

④ 미군부대 카츄사를 공무원으로 본 판례(대판 1969. 2. 18, 68다2346).
⑤ 시청 청소차운전사를 공무원으로 본 판례(대판 1980. 9. 24, 80다1051).
⑥ 의용소방대원은 공무원이 아니라는 판례(대판 1978. 7. 11, 78다584).
207) 김남진(Ⅰ), p.565; 이상규(상), p.593.

1) 협의설

국가배상법 제2조는 특별히 권력작용(權力作用)으로 인한 손해에 대하여만 국가의 배상책임을 인정한 것이라고 한다.

2) 광의설

권력작용뿐만 아니라 관리작용(管理作用, 공기업 경영, 공물 관리 등)을 포함한다고 하며, 이는 사인과 같은 지위에서 행하는 국고작용(사경제적 작용)과 공행정작용 간에는 법적 성질을 달리한다는 데에 근거하여 이론상 공법인 국가배상법은 사법이 적용되는 국고작용에는 적용될 수 없다는 이론이다.

3) 최광의설

권력 · 관리작용뿐만 아니라 국고작용(國庫作用)도 포함된다고 하며, 그 근거는 ① 헌법(제29조)은 국가작용의 성질상의 구별 없이 배상책임을 인정하고 있으며, ② 국가배상법은 사법이므로 사경제적 작용에도 당연히 적용되는 것이고, 또한 ③ 동법은 민법상의 사용자의 면책규정(사용자가 감독상의 주의의무를 다한 경우에는 배상책임을 지지 아니한다는 규정)을 두고 있지 아니하므로 사경제적 작용에 대하여도 동법을 적용하는 것이 피해자의 구제에 유리하다는 실제상의 이유 등을 들고 있다.

4) 결어

최광의설은 ① 국가배상법은 이론상 공법이므로 국가의 작용이라 할지라도 사경제적 작용에는 적용될 수 없으며, ② 동법(제8조)도 "국가의 손해배상책임에 관하여는 이 법의 규정에 의한 것을 제외하고는 민법의 규정에 의한다"고 하여 국가의 사경제적 작용으로 인한 것은 동법이 아닌 민법의 적용을 받는다는 뜻을 명시하고 있고, ③ 사경제적 작용에도 동법을 적용하면 사용자인 국가 등의 면책규정이 없어 피해자구제에 유리하다는 실제상의 이유는, 오늘날 민법에서도 이론이 수정되어 사용자의 면책규정이 거의 적용되지 아니하기 때문에 그다지 큰 의미가 없다는 점 등을 고려하면 타당치 아니하며, 또한 협의설은 ① 현대행정에 있어 큰 비중을 차지하는 관리작용을 모두 민법상의 배상책임에 맡겨 두는 것은 타당치 아니하며, ② 권력작용과 관리작용을 다같이 공법관계로 파악하는 이상 공법인 국가배상법이 적용되어야 하고, ③ 실제로 양자간의 구별도 명확치 아니하다는 점 때문에 문제가 있다.

따라서 광의설이 타당하다고 생각되며, 판례도 과거에는 최광의설에 입각한 적이 있으나(대판 1957. 6. 15, 4290민상118), 오늘날은 광의설에 입각하고 있다(대판 1980. 9. 24, 80다1051). 우리 대법원은 "국가배상법이 정한 배상청구의 요건인 공무원의 직무에는 권력적 작용만이 아니라 행정지도와 같은 비권력적 작용도 포함되며 단지 행정주체가 사경제주체로서 하는 활동만 제외된다"(대판 1988. 7. 10, 96다38971)라고 판시하고 있다.

(2) 직무의 내용

직무에는 입법·사법·행정작용이 모두 포함되며, 특히 행정작용 중에는 법률행위적 행정행위·준법률행위적 행정행위와 사실행위·행정지도·공법상계약 등 모든 권력·비권력작용이 포함되는바, 그 중 특히 문제가 되는 것은 다음과 같다.

1) 입법작용

공무원인 국회의원이 위헌법률을 제정하고, 법률을 집행할 책임이 있는 행정부 공무원이 이를 그대로 집행하여 국민에게 손해를 입힌 경우에, 행정부는 법률의 위헌 여부를 심사할 권한이 없으므로 손해배상책임을 물을 수 없겠으며, 국회는 매우 복잡한 법률안의 제안·의결절차를 거치기 때문에 구체적으로 어느 국회의원에게 고의·과실이 있었는지를 논하는 것이 쉽지 않을 것이다. 판례는 "국회의원의 입법행위는 그 입법 내용이 헌법의 문언에 명백히 위반됨에도 불구하고 국회가 굳이 당해 입법을 한 것과 같은 특수한 경우가 아닌 한 국가배상법 제2조 제1항 소정의 위법행위에 해당된다고 볼 수 없다"라고 판시(대판 1997. 6. 13, 96다56115)하여 입법작용 그 자체의 과실을 인정하는 데에는 어려움이 있음을 인정하고 있다.

더욱이 행정부가 제안한 법률안의 경우 행정부 공무원의 고의·과실까지 고려되어야 할 것이므로 매우 복잡한 문제를 야기한다. 영·미에서는 일반적으로 의회의 입법행위에 대하여 국가는 면책되지만, 독일과 프랑스에서는 한정적으로 국가의 책임을 인정하고 있다.[208]

2) 사법작용

법관의 명백한 고의·과실에 의한 위법한 재판작용으로 인한 손해에 대하여는 국가배상책임을 인정할 수 있다고 하겠으나, 법관의 독립을 이유로 반대하는 견해도 있다. 영·미에서는 면책이 인정되고 있으며, 독일에서는 고의로 인한 경우에만 국가책임이 인정된다.

3) 부작위

종전의 통설은 부작위(不作爲)에 대한 국가배상책임을 부정하였으나, 사인에 대한 적극적인 작위의무가 인정되는 경우의 고의·과실에 의한 부작위는 고의·과실에 의한 작위와 다를 바 없으므로 부작위행위와 손해발생 간에 인과관계가 인정되는 한 국가배상책임을 인정하여야 할 것이다. 판례도 지방자치단체는 그가 소유한 임야 내의 주택가에 돌출한 위험한 암벽을 제거하여야 할 의무가 있으며, 이를 게을리한 부작위로 붕괴사고가 나서 주민들이 손해를 입은 경우에는 이를 배상할 책임이 있다고 하였다(소위 『재량권의 0으로의 수축이론』; 대판 1980. 2. 26, 79다2341).

【판례】: 공무원의 부작위에 의한 국가배상책임을 인정한 판례

경찰서 대용감방에 배치된 경찰관 등으로서는 감방 내의 상황을 잘 살펴 수감자들 사이에서 폭력행위 등이 일어나지 않도록 예방하고 나아가 폭력행위 등이 일어난 경우에는 이를 제지하여야 할 의무가 있음에도 불구하고 이러한 주의의무를 게을리 하였다면 국가는 감방 내의 폭력행위로 인한 손해를 배상할 책임이 있다(대판 1993. 9. 28, 93다17546).

---

208) 김남진(Ⅰ), p.568; 김도창(상), p.622; 박윤흔(상), p.680.

(3) 직무를 집행하면서

『직무를 집행하면서』란 직무행위 그 자체(조세부과·영업허가취소·건축물 철거 등)뿐만 아니라, 직무집행의 수단으로 행하여지거나 직무와 밀접하게 관련된 행위까지를 포함하는 개념이다.

직무집행행위인지의 여부는 당해 행위가 정당한 권한 내의 것이어서 실질적으로 직무집행행위에 해당하는지, 또한 공무원이 직무집행의 의사를 갖고 있었는지의 여부와 관계없이 객관적으로 직무집행행위로서의 외형을 갖추고 있으면 된다는 외형설(外形說)이 통설[209]·판례[210]이다. 그러므로 실질적으로 공무집행행위가 아니라는 사실을 피해자가 알았다 하더라도 무방하다.

예컨대 공무원의 퇴근 중의 사고, 공무출장 후 귀대중의 사고, 상관의 명에 의한 이삿짐 운반, 훈계권 행사로서의 기합, 학군단 소속차량의 그 학교 교수의 장례식에 참석하기 위한 운행 등은 판례상 직무관련성이 인정되지만, 세무공무원이 재산압류시에 재산을 절취하거나, 경찰공무원이 도박장의 판돈을 착복하는 행위는 외형적으로 보아도 직무행위라 할 수 없으므로 제외된다.

【판례】: 직무와 밀접한 관련이 있는 행위도 직무집행행위로 본 판례

육군중사가 부대장의 명령에 따라 공무출장을 감에 있어서 관용차량이 없기 때문에 타인 소유의 개인차량을 빌려서 운전하고 가서 공무를 마친 후, 퇴근시간이 지나자 바로 집으로 퇴근하기 위하여 운전을 하다가 교통사고를 일으켰다면, 위 육군중사의 차량운전행위는 실질적·객관적으로 보아 출장명령을 수행하기 위한 행위로서 직무와 밀접한 관련이 있는 것이므로 직무집행행위에 속한다고 보아야 할 것이다(대판 1988. 3. 22, 87다카1163).

---

209) 김남진(Ⅰ), p.571; 김도창(상), p.625; 변재옥(Ⅰ), p.502 이상규(상), p.597; .

210) **【판례】** 국가배상법 제2조 1항의 『직무를 집행함에 당하여』라 함은 직접 공무원의 직무집행 행위이거나 그와 밀접한 관계가 있는 행위를 포함하고, 이를 판단함에 있어서는 행위 그 자체의 외관을 객관적으로 관찰하여 공무원의 직무행위로 보여진 때에는 비록 그것이 실질적으로 직무행위가 아니거나 또는 행위자로서는 주관적으로 공무집행의 의사가 없었다고 하더라도 그 행위는 공무원의 『직무를 집행함에 당하여』한 것으로 보아야 한다(대판 2001. 1. 5, 98다39060 ; 대판 1995. 4. 21, 93다14240).

3. 고의·과실로 인한 행위

국가배상법 제2조에 의하면 국가의 손해배상책임을 인정하기 위하여서는 공무원의 직무집행행위가 고의 또는 과실에 의한 위법행위이어야 한다(과실책임주의).

(1) 고의·과실의 의의

고의(故意)는 공무원이 자기의 행위로 인한 결과의 발생을 인식하면서 그 결과를 용인하는 심리상태를 말하는 것이고, 과실(過失)은 자기의 행위로 인하여 일정한 결과의 발생을 부주의로 인식하지 못하고 그 행위를 하는 심리상태를 말하는 것으로서 주의의무의 위반을 의미한다. 국가의 배상책임을 대위책임과 자기책임 중 어느 것으로 보는가에 따라 고의·과실의 의미가 달라진다.

1) 대위책임설

고의·과실을 당해 공무원의 주관적인 인식 또는 주의의 유무를 기준으로 판단하여, 공무원이 위법행위임을 인식했거나(고의), 평균인으로서 통상적으로 갖추어야 할 주의를 게을리하여, 즉 부주의로 인식하지 못한 경우(과실)를 말한다. 이와 같은 공무원의 직무행위에 기인한 손해배상책임은 원칙적으로 가해 공무원이 져야 하지만, 국가 또는 공공단체가 그 공무원을 대신하여 배상책임을 지는 것이라고 보는 것이 대위책임설(代位責任說)이다. 따라서 공무원의 심신상실 중에 행한 행위에는 고의·과실이 인정될 여지가 없다.

2) 자기책임설

고의·과실을 당해 공무원의 주관적인 인식 또는 주의의 유무를 기준으로 하면 결국 국가의 면책이 광범위하게 허용되어 권리구제에 크게 불리하게 되기 때문에, 국가작용을 객관적으로 평가하여 『널리 공무원의 위법행위로 인한 국가작용의 흠』이라는 정도로 완화시켜서, 결국 위법하기만 하면 무과실인 경우에도 국가 등의 책임을 인정하는 무과실책임의 입장을 취하게 된다.

3) 결어

생각건대, 오늘날 사법의 영역에서도 일부 무과실책임론이나 위험책임론이 등장하고 있고, 대위책임설이 갖는 피해국민 보호의 불완전성 등을 감안하면 자기책임설의 우수성을 부인할 수는 없겠으며, 실제로도 유력한 학설이 되어 가고 있다.

그러나 대위책임설에 의하더라도 『과실의 객관화』(過失의 客觀化)를 기하여 특정공무원의 주관적 상태를 불문하고 당해 공무원과 동종·동등 지위의 공무원에게 통상 요구되는 평균적인 주의의무에 위반되는 경우에도 과실을 인정하게 되면 자기책임설과의 실질적인 차이는 거의 없게 된다.

(2) 공무원의 특정 여부

공무원의 과실을 입증하기 위하여서는 먼저 공무원을 특정하여 과실 여부를 논하여야 하겠지만, 전술한 과실의 객관화이론에 의하면 가해 공무원을 특정할 필요는 없으며, 당해 직무집행행위가 누구이든지 간에 공무원에 의한 행위임이 인정되기만 하면 국가 등이 배상책임을 진다는 것이다(전투경찰들이 지나치게 과도하게 최루탄을 사용하거나 기타의 과도한 방법으로 시위진압을 하여 시위참가자를 사망케한 경우에 손해배상책임을 인정한 판례. 대판 1995. 11. 10, 95다23897).

(3) 고의·과실의 입증책임

대위책임설에 의하면 고의·과실의 입증책임은 원칙적으로 피해자인 국민에게 있다고 하겠으나, 과실을 입증한다는 것은 매우 어려우며 피해자에게만 일방적으로 부담을 지우는 것은 정의와 형평에도 맞지 않다. 따라서 최근에는 민사소송법에서 발달한 『일응추정의 법리』(一應推定의 法理)에 따라 국민에게 손해가 발생하면 공무원에게 일응 과실이 있는 것으로 추정하고, 따라서 피고인 국가 등이 과실이 없음을 입증하도록 하여 피해자 구제에 충실을 기하여야 한다는 견해가 유력하게 대두되고 있다.[211]

---

211) 김도창(상), p.629; 박윤흔(상), p.685; 석종현·송동수(상), p.639.

【판례】: 위법이기는 하지만 무과실인 행위는 배상책임이 없다는 판례 (대위책임설)
특허권자라도 『3년 간 특허를 영업적 규모로 실시하지 않으면 특허를 취소할 수 있다』는 특허취소사유가 특허법에 신설된 시점인 1963. 3. 5부터 기산하여 3년이 지난 후에 비로소 취소할 수 있음에도 불구하고(소위 법령불소급의 원칙), 그 전에 특허를 취소한 처분은 위법이기 때문에 이를 취소하면서, 그러나 『법령에 대한 해석이 복잡·미묘하여 워낙 어렵고 이에 대한 학설·판례조차 일치하지 못하고 있는 경우에는, 공무원이 그 나름대로 신중을 다하여 어느 한 설을 취한 결과가 대법원의 입장과 달라 결과적으로 위법한 처분이 된 경우에 그 이상의 것을 성실한 평균공무원에게 기대하기란 어려운 일이고, 이런 경우 결과책임을 지우는 법적 근거가 없는 오늘날, 그 학설을 취한 처리가 공무원의 과실에 의한 것이라 할 수 없다』고 함으로서 국가의 배상책임을 부인하였다(대판 1973. 10. 10, 72다2583 ; 같은 취지 대판 1997. 7. 11, 97다7608).

4. 법령에 위반한 행위

공무원의 직무집행행위가 법령에 위반한 것이어야 한다.

(1) 법령의 범위

법령의 의미에 관하여서는 협의설과 광의설로 나누어진다. 협의설은 좁은 의미의 법령(헌법·법률·법규명령·자치법규)만을 의미한다고 하며, 광의설은 그 외에도 조리법(인권존중·권리남용금지·신의성실·평등·비례·공서양속 등)을 포함하여 『널리 객관적인 정당성을 결한 행위』라고 한다. 광의설이 통설·판례의 입장이다.[212] 따라서 광의설에 의한 '법령위반'의 개념은 취소소

212) 【판례】 행정청의 준공검사의무가 법령상 일의적으로 결정되어 있으므로, 준공검사를 담당하는 공무원이 준공검사를 현저히 지연시켰고 그러한 지연이 직무에 충실한 보통 일반의 공무원을 표준으로 할 때 객관적 정당성을 상실하였다고 인정될 정도에 이른 경우에는, 국가배상법 제2조에서 말하는 위법의 요건을 충족하였다고 봄이 상당하다(대

송에 있어서의 처분의 '위법성'보다 넓은 개념이 되는바, 이는 취소소송은 위법한 행정처분의 효력을 상실시키는 것을 목적으로 하는 것이지만, 국가배상제도는 국가 등의 가해행위로 발생한 결과인 손해의 전보를 목적으로 하는 것이라는 차이에 기인한다.

(2) 행정규칙 위반행위

훈령 등의 행정규칙은 행정조직 내부에서만 효력을 가지므로 이에 위반하여도 당해 행위의 효력에는 아무런 영향이 없다는 견해에 의하면 위법성을 인정할 수 없겠지만, 위 광의설에 입각할 때 행정규칙이 재량준칙인 경우 합리적인 이유없이 이에 위반하면 평등원칙에 위반하여 위법성을 띠게 된다고 보아야 할 것이다.

(3) 부당한 재량권 행사

재량행위에 있어 재량의 범위 내에서 재량권행사를 잘못한 경우는 부당은 하지만 위법은 아니다. 그러나 광의설에 입각할 때 부당한 재량권 행사가 객관적으로 보아 정당성을 결하였다고 인정될 경우에는 위법성을 띠게될 수 있을 것이다.

(4) 위법성의 인정과 선결문제

행정행위의 위법성을 이유로 국가배상을 청구하는 경우에 행정소송을 먼저 제기하여 그 행위의 취소나 무효확인의 판결을 받지 아니하고 바로 민사소송(또는 공법상 당사자소송)인 국가배상소송에서 당해 행위의 위법성을 인정하고 국가배상책임을 인정할 수 있는가에 관하여는 학설이 대립되어 있다.

1) 소극설

행정행위의 공정력 때문에 무효인 경우에는 바로 민사소송으로 가능하지만, 취소사유가 있음에 그치는 경우에는 먼저 행정소송으로 취소의 판결을 구하여

판 1998. 11. 23, 98다30285).

야 하며 민사소송에서 바로 위법성을 인정할 수는 없다는 견해이다.[213)]

2) 적극설

행정행위의 공정력이란 실체법상으로 당해 행정행위의 적법성을 추정하는 효력은 아니며, 다만 행정상 쟁송제도를 채택한 이상 오직 행정쟁송을 통하여서만 행정행위의 효력을 소멸시킬 수 있도록 하려는 절차법상의 효력에 불과한 것이므로, 『직접 당해 행위의 효력을 소멸케 하는 행위』가 아니라 국가배상책임을 인정키 위하여 그 위법성을 인정하는 데 불과한 정도의 판단은 민사소송(또는 공법상 당사자소송)에서도 할 수 있다는 견해이다.[214)]

3) 결어

생각건대, 적극설에 의할 경우 위법성의 인정에 관하여 민사소송과 행정소송 간에 판결이 어긋날 수 있다는 결점도 있으나, ① 손해배상에서의 위법성은 『널리 객관적인 정당성을 결한 행위』라고 보기 때문에 행정소송에서의 위법성보다는 넓은 개념이며, ② 국가배상과 취소소송은 별개의 권리구제제도라는 점과, ③ 판결의 불일치문제는 최종적으로 대법원에 의하여 조정될 일임에도 이를 미리 우려하여 국민의 피해구제의 폭을 좁힐 이유는 없다는 점을 고려하면 적극설이 타당하며, 판례도 이와 같다(건축물 철거계고처분의 위법을 이유로 한 국가배상청구사건 : 대판 1972. 4. 28, 72다337).

5. 타인에게 손해를 가할 것

공무원의 위법한 직무집행행위로 타인에게 손해가 발생하여야 한다.

(1) 손해

손해(損害)란 재산적 손해뿐만 아니라, 생명·신체·정신적 손해를 포함하

---

213) 이상규(상), p.620.

214) 김남진(Ⅰ), p.576; 김동희(Ⅰ), p.513; 박윤흔(상), p.689; 석종현·송동수(상), p.647.

며, 적극적 손해뿐만 아니라 소극적 손해도 포함한다. 이와 같이 손해는 법익 침해에 의하여 발생되는 불이익을 말하며, 단순히 기대되는 이익이나 반사적 이익의 침해에 의한 불이익은 포함되지 않는다.

(2) 인과관계

위법한 직무집행행위와 손해의 발생 사이에는 상당인과관계(相當因果關係)가 있어야 한다. 여기서 상당인과관계란 민법에서와 같이 법률상의 인과관계를 의미한다. 즉, 어떤 행위의 원인·결과의 관계에 내재되어 있는 여러 가지의 사실 가운데에서, 객관적으로 보아 어떤 전행행위로부터 보통 일반적으로 초래되는 후행행위가 있는 때에는 통상적으로 상당인과관계에 있게 된다.

【판례】: 상당인과관계에 관한 판례

① 공무원이 선박안전법 등의 규정에 위반하여 제대로 선박검사를 하지 아니한 채 화재위험이 있는 불량선박에 대하여 중간검사 합격증서를 발급하여 선박을 계속 운항케 한 결과 발생한 선박화재사고와, 공무원의 위법한 직무집행행위 간에는 상당한 인과관계가 있고, 따라서 국가는 사고로 인한 손해를 배상할 책임이 있다(대판 1993. 2. 12, 91다43466).

② 총기·탄약·폭발물 등의 관리책임자는 자기의 보관 및 관리소홀로 총기 등이 군 외부로 유출되면 그것이 범죄행위에 사용되어 국민 개개인의 생명과 신체를 침해하는 결과가 발생할 수 있다는 것을 충분히 예견할 수 있다. 그렇다면 이 사건 폭음탄의 관리상의 과실과 폭음탄이 범죄행위에 사용되어 원고가 입은 손해 사이에는 상당인과관계가 있다(대판 1998. 2. 10, 97다49534).

(3) 타인

타인이란 가해자인 공무원을 제외한 모든 자연인·법인 등의 제3자를 말한다. 따라서 가해자가 국가공무원인 경우에는 지방자치단체도 포함되며, 가해자가 아닌 다른 공무원도 포함된다(예, 관용차 운전자의 과실로 동승한 공무원이 부상한 경우).

다만, 피해자인 공무원이 군인·군무원·경찰공무원·향토예비군대원이 전투·훈련등 직무집행과 관련하여 전사·순직·공상을 입은 경우에는 본인 또는 유족이 군인연금법 등 각 개별 법률에서 유족연금·상여연금 등 별도의 보상을 받도록 규정하고 있으므로, 국가배상법과 민법에 의한 손해배상청구는 할 수 없도록 규정하고 있다(헌법 제29조 제2항 및 국가배상법 제2조 제1항 단서). 이는 특히 위험성이 높은 직무에 종사하는 자에 대하여 국가가 별도의 보상제도를 마련하고 있는 경우에 이중적인 배상청구를 금지하는 취지로서 영·미에서도 인정되고 있는 제도이다.

Ⅱ. 배상책임

1. 배상책임의 성질과 선택적 청구가능성의 문제

국가 등의 기관의 자격에서 행한 공무원의 행위에 대하여 국가가 책임을 지는 현상을 법리적으로 설명함에 있어 대위책임설과 자기책임설이 대립되어 있다.

(1) 대위책임설

원래는 가해자인 공무원 개인이 부담하여야 할 책임을 국가가 대신하여 지는 책임이라는 설이며, 우리 행정법학계의 통설적 견해이다.[215)]

이 설은 우리 국가배상법이 공무원 개인의 고의·과실이 있어야 비로소 국가의 배상책임을 인정하는 과실책임주의를 취하고 있다는 데에 근거를 두고 있다.

따라서 국가는 당해 공무원에게 구상권을 행사할 수 있음은 물론이며, 다만 경과실인 경우에 구상권 행사를 제한한 이유는 공무원의 직무의욕 저하와 사무정체를 방지하기 위한 정책적 배려에 기한 것이라고 하며, 행위자인 공무원

---

215) 김도창(상), p.636; 박윤흔(상), p.675; 서원우(상), p.701.

개인은 어떠한 경우에도 직접 피해자에 대하여 배상책임을 지지는 않는다고 한다(선택적 청구권의 부정). 따라서 피해자는 다만 국가에 대해서만 배상을 청구할 수 있다고 본다. 이 설에 의하면 배상책임이 원래 공무원 개인의 책임을 국가가 대신해 진다는 것이므로 국가배상법(제2조)의 과실은 공무원 개인에 관하여 판단하게 되는 주관적 관념으로 해석된다. 그러므로 공무원의 무과실에 의한 손해발생의 경우에 배상책임이 부인된다는 단점이 있다.

(2) 자기책임설

국가 등은 항상 그의 기관의 지위에 있는 공무원을 통하여 행위하는 것이기 때문에, 그 기관인 공무원의 『행위의 효과』는 행위의 적법 · 위법을 가릴 것 없이 항상 국가 등에게 귀속된다고 할 것이므로 국가 등이 직접 책임을 지는 것이 당연하다는 견해로서, 우리 헌법학계의 통설적 견해이다.

이 견해는 공무원의 직무집행행위는 국민에게 손해를 발생시킬 위험성을 항상 내포하고 있음에도 불구하고 직무집행권한을 수권한 결과에 대하여 지는 일종의 위험책임으로 이해하고 있다. 따라서 공무원 개인의 고의 · 과실은 요하지 아니하고 널리 『공무운영상의 하자』만 있으면 국가배상책임을 인정하고 있으며, 또한 국가의 자기책임과 공무원 개인의 책임은 이론상 서로 무관한 것이기 때문에 별도로 공무원 개인도 피해자에 대하여 직접 배상책임을 진다고 한다(선택적 청구권의 인정).

(3) 중간설

공무원의 고의 · 중과실에 의한 행위는 국가 등의 행위로 볼 수 없고 따라서 대위책임이지만, 경과실에 의한 행위는 국가 등의 행위로 볼 수 있으며 따라서 자기책임이라는 견해이다.[216] 우리 대법원판례는 "고의 · 중과실에 의한 행위는 국가 등의 기관행위로 볼 수 없으므로 대위책임이지만, 경과실에 의한 행위는 기관행위로 볼 수 있으므로 자기책임이다(대판 1996. 2. 15, 95다38677)라고 판시하여 이 설을 취하고 있다.

---

216) 윤세창(상), p.373; 이상규(상), p.612.

이 견해에 의하면 고의·중과실인 경우에는 국가가 공무원을 대신하여 책임을 지는 것이므로 당해 공무원에 대하여 당연히 구상할 수 있는 것이며, 경과실의 경우에는 국가의 자기책임이므로 공무원에 대한 국가의 구상권(求償權)은 인정될 수 없음은 당연하다고 한다. 이 견해는 실제로 우리 국가배상법(제2조 제2항)이 고의·중과실의 경우에만 구상권을 인정하고 있음을 논거로 제시하고 있다.

(4) 결어

과거 우리 판례는 국가배상법 제2조 제2항의 구상권규정의 해석 및 국가와 가해공무원 개인에 대한 선택적 청구가능성을 놓고, 공무원 개인도 귀책사유의 정도에 관계없이 손해배상책임을 진다는 판례(대판 1972. 10. 10, 69다701)와, 그 반대로 공무원 개인은 손해배상책임을 지지 아니한다는 판례로 나뉘어 있었으나(대판 1994. 4. 12, 93다11807), 공무원이 직무수행상 『경과실』(經過失)로 타인에게 손해를 입힌 경우에는 직무수행상 통상 예견할 수 있는 하자로 보아 이러한 행위는 여전히 국가 등의 행위로 볼 수 있고, 따라서 이 경우의 국가의 책임은 자기책임(自己責任)이라고 보아야 하며, 그로 인하여 발생한 손해배상책임도 전적으로 국가 등에게만 귀속시켜야 하며 공무원 개인에게는 대내적 구상책임은 물론, 대외적으로 국민과의 관계에 있어서도 아무 책임을 묻지 아니하는 것이 옳다는 견지에서 공무원 개인에 대한 선택적 청구는 인정되지 아니한다고 보는 것이 옳다고 생각한다(선택적 청구권의 부인).

반면, 공무원의 『고의·중과실』(故意·重過失)로 타인에게 손해를 입힌 경우에는 비록 그 행위가 직무와 관련된 것이라고 하더라도 그 본질상 기관행위로서의 품격을 상실하여 국가 등에게 그 책임을 귀속시킬 수는 없으므로 공무원 개인에게 불법행위로 인한 손해배상책임을 부담시키되, 다만 이 경우에도 행위의 외관을 객관적으로 관찰하여 공무원의 직무수행으로 보여질 때에는 피해자인 국민을 두텁게 보호하기 위하여 국가 등이 공무원 개인과 중첩적으로 배상책임을 부담하도록 하며(선택적 청구권(選擇的 請求權)의 인정), 국가 등이 배상한 경우에는 공무원 개인에게 내부적으로 구상(求償)할 수 있도록 함으로써 궁극적으로는 그 책임이 공무원 개인에게 귀속되도록 하려는 취지로 해석하여야 한다고 생각한다(같은 취지 ; 대판 1996. 2. 15, 95다38677. 종전의 상반된 위 판례를 정리한 판례).

2. 배상책임자

(1) 국가 · 지방자치단체

배상책임자는 가해 공무원이 소속된 국가 또는 지방자치단체이다(제2조 제1항). 우리 헌법은 배상책임자를 『국가 또는 공공단체』로 넓게 규정하고 있으나, 국가배상법은 국가 또는 지방자치단체로만 한정하고 있다. 따라서 지방자치단체 이외의 공공단체(공공조합 · 영조물법인)의 배상책임은 민법에 의할 수 밖에 없게 되었다.

(2) 공무원의 선임 · 감독자와 비용부담자가 다른 경우

국가사무를 지방공무원에게 위탁하여 처리하거나 그 반대의 경우와 같이, 가해 공무원의 선임 · 감독주체와 봉급 기타의 비용부담주체가 서로 다른 경우에 피해자는 그 비용부담자에 대하여도 손해배상청구를 할 수 있으며, 이 경우에 손해를 배상한 주체는 궁극적으로 배상책임이 있는 다른 주체에 대하여 구상권을 가진다(제6조 제1항 · 제2항). 여기서 공무원의 선임 · 감독주체란 사무의 관리주체 또는 사무의 귀속주체를 말하며, 공무원의 봉급 · 비용부담주체란 사무에 관한 실질상 또는 형식상 비용부담자를 말한다.

원래 국가배상법 제6조의 입법취지는 피해자인 국민의 입장에 서서 피고확정의 부담을 면해주고자 함에 있다고 하겠다. 따라서 원칙적으로 배상책임은 당해 사무의 귀속주체가 지는 것이지만, 사무가 위임된 경우에는 ① 기관위임사무인 경우 사무의 귀속주체는 위임청인 국가 또는 상급 지방자치단체가 되지만, 현실적 비용부담자는 수임청인 하급 지방자치단체가 되는 것이 보통이므로 양자에게 선택적으로 청구할 수 있다고 하는데 무리가 없다. 그러나 ② 단체위임사무인 경우에는 사무의 귀속주체도 현실적 비용부담자도 모두 수임청인 하급 자치단체가 되는 것이 보통이므로 국민은 결국 수임청에게만 손해배상청구를 할 수밖에 없지 않느냐는 의문이 있을 수 있다. 하지만 이 경우에도 현실적 비용부담자가 아닌 궁극적·실질적 비용부담자는 결국 위임청이 된다고 보아야 할 것이기 때문에 양자 모두에게 선택적으로 청구할 수 있다는 결론에 이르게 된다.

> 【판례】: 비용부담자로서의 배상책임을 인정한 판례
> 군수가 도지사로부터 기관위임받은 사무를 처리하는 담당공무원이 군소속인 경우에 원칙적으로 군에는 국가배상책임이 없지만 군이 이들 담당공무원에 대한 봉급을 부다한다면 군도 국가배상법 제6조에 의한 비용부담자로서 국가배상책임이 있다(대판 1994. 1. 11, 92다29528).

3. 배상액

(1) 배상기준

헌법(제29조 제1항)은『정당한 배상』(正當한 賠償)을 하도록 규정하고 있는 바, 이는 민법상의 일반 불법행위로 인한 손해배상책임과 같이 가해행위와 상당인과관계가 있는 모든 손해를 정당한 가격으로 환산하여 배상하는 것을 말한다. 배상기준에 관한 상세한 내용은 국가배상법 제3조(배상기준) 참조.

(2) 배상기준의 성격

위의 배상기준이 단순한 하나의 기준에 불과한 것인지, 아니면 이를 초과할 수 없는 상한을 정한 것인지에 관하여는 학설이 대립되어 있다.

1) 기준액설

민법상의 불법행위책임과 달리 국가의 배상책임만을 특별히 법으로 한정함은 형평에 어긋나므로, 이는 단순히 하나의 기준에 불과하고 구체적 사안에 따라서는 배상액을 증액할 수 있다는 견해로서, 다수설[217]과 판례가 지지하고 있다(대판 1980. 12. 9, 80다1828).

2) 한정액설

법으로 정한 것은 당사자 사이의 분쟁의 소지를 없애기 위한 것으로서 바로 이에 기하여 배상하라는 취지의 한정액(限定額)이라는 견해로서, 소수설이다.[218)]

3) 결어

생각건대, 동법이 배상기준액을 정한 이유는 배상액을 한정하여 국고부담을 줄여 보자는 의도도 있었다고 할 수 있겠으나, 이를 한도액으로 보게 되면 민법상의 불법행위책임에 비하여 피해자에게 불리하게 되고, 결국 헌법상의 정당한 배상(제29조 제1항)과 어긋나서 위헌의 문제가 야기될 수도 있으며, 동법도 명문으로 『… 를 기준으로 하여 배상한다』고 표현하고 있는 점을 감안하면 기준액설(基準額說)이 타당하다고 하겠다.

4. 배상청구권의 양도 · 압류금지 및 소멸시효

국가배상법은 피해자 · 유족을 특별히 보호하기 위하여 배상청구권이라는 개인적 공권의 양도나 압류를 금지하고 있다(제4조). 한편, 배상청구권의 소멸시효에 관하여는 동법이 아무런 규정을 두고 있지 아니하므로 민법에 의하게 되며(동법 8조에 의거), 따라서 손해 및 그 가해자를 안 날로부터 3년이 지나면 시효로 소멸한다. 이 경우 동법에 의하여 행하는 배상심의회에 대한 손해배상금 지급신청행위는 소멸시효의 진행을 중단하는 시효중단사유로 볼 수 있으며(민법 제168조), 동 신청에 대하여 배상심의회의 결정이 있은 때로부터 중단되었던 소멸시효기간이 다시 진행된다고 하겠다.[219)]

---

217) 김도창(상), p.632; 김동희(Ⅰ), p.524; 박윤흔(상), p.692; 변재옥(Ⅰ), p.511; 서원우(상), p.685; 석종현 · 송동수(상), p.653.

218) 이상규(상), p.608.

219) 이상규(상), p.614.

Ⅲ. 배상청구의 절차

현행 국가배상법(2000. 12. 29) 제9조는 결정전치주의를 폐지하고 배상심의회의 배상신청을 하지 않고 바로 국가배상청구소송을 제기할 수 있도록 하였다. 즉, 임의적(任意的) 전치주의로 정하고 있다.

1. 행정절차에 의한 청구

(1) 임의적 결정전치주의

결정전치주의를 택한 이유는 복잡하고 까다로운 소송절차를 피하고 시간·비용·노력을 절약하여 피해자 구제에 충실을 기하자는 데에 있다. 그러나 제도를 잘못 운영하면 오히려 불필요한 절차만 거치게 함으로써 소송에 의한 구제를 지연시키는 결과를 초래할 수도 있기 때문에 결정전치주의를 임의적 절차로 채택하여 피해자의 선택에 맡기도록 함으로써 권리구제에 만전을 기하도록 하였다.

(2) 배상심의회

일종의 합의제 행정관청으로서 국가·지방자치단체의 배상책임 여부와 배상금액을 결정하며, 하급심의회로서 지구배상심의회를 두고(일반 및 군지구배상심의회로 분리 설치), 상급심의회로서 법무부에 본부배상심의회를, 국방부에 특별배상심의회(군인·군무원 및 군 소속 영조물 사건만 관할)를 둔다.

(3) 결정절차

배상금을 지급받고자 하는 자는 그 주소지·소재지 또는 배상원인 발생지를 관할하는 지구배상심의회에 배상금지급신청을 하여야 하며(제12조 제1항), 지구배상심의회는 증인심문·감정·검증 등의 증거조사를 한 후 4주일 이내에 배상 여부를 결정하고, 결정 후 1주일 이내에 신청인에게 그 정본을 송달하여야 한다(제13조 · 제14조).

일정가액 이상의 중요배상사건은 본부 또는 특별심의회에 송부하여 본부 또는 특별심의회가 직접 결정하도록 하고 있으며(제13조 제6항), 지구심의회에서 배상금지급신청이 기각 또는 각하된 경우에도 2주일 이내에 본부 또는 특별심의회에 재심을 신청할 수 있다(제15조의2).

(4) 결정의 효력

배상심의회의 배상결정은 신청인이 동의함으로써 그 효력이 발생한다. 심의회의 결정에 동의하는 신청인은 지체없이 그 결정에 동의서를 붙여 국가 또는 지방자치단체에 배상금지급을 청구하여야 한다(제15조 제1항). 신청인은 배상결정에 동의하여 배상금을 수령한 후에도 손해배상청구소송을 제기하여 배상금의 증액청구를 할 수 있다.[220]

2. 소송절차에 의한 청구

배상금청구소송의 성격에 대하여는 행정소송의 일종인 공법 상 당사자소송이라 할 것이나, 우리의 소송실무와 소수설은 이를 민사소송으로 취급하고 있다.

다만, 우리의 소송실무에 의하더라도 위법한 행정행위의 취소소송을 행정소송으로 제기하고 이에 병합하여 동 위법행위로 인한 손해배상을 청구하는 경우에는 『관련청구의 병합』이라 하여 행정소송으로 다루어지게 된다(행정소송법 제10조 제1항).

위법한 행정행위로 발생한 손해에 대하여 먼저 당해 위법행위의 취소를 구하는 행정소송을 제기하지 않고 바로 손해배상청구소송을 제기할 수 있는가에 관하여는 소극설과 적극설이 대립되어 있으나, 위법성의 개념상의 차이점과

220) 종래 신청인이 배상결정에 동의할 경우 확정판결과 같은 최종적 효력을 지니는 '재판상 화해'가 성립되는 것으로 간주하는 규정(16)은 헌법과 법률이 정한 법관에 의한 재판을 받을 권리의 과도한 제한으로서 헌법재판소의 위헌결정을 받게 되어(헌재결 1995. 5. 25, 91헌가7) 1997년 법 개정시 이 조항이 삭제되었다. 따라서 이러한 권리를 가질 수 있게 된 것이다.

양 제도는 별개의 권리구제수단이라는 점 등을 고려하면 통설·판례가 취하고 있는 적극설이 타당하다고 하겠다.

제3절 영조물설치·관리의 하자로 인한 손해배상

Ⅰ. 배상책임의 성질

국가배상법(제5조)은 "도로·하천 그 밖의 공공의 영조물의 설치나 관리에 하자가 있기 때문에 타인에게 손해를 발생하게 하였을 때에는 국가나 지방자치단체는 그 손해를 배상하여야 한다"고 하고, "이 경우 손해의 원인에 대하여 책임을 질 자가 따로 있을 때에는 국가 또는 지방자치단체는 그 자에 대하여 구상할 수 있다"고 규정하고 있다.

1. 무과실책임

이 규정에 의한 배상책임은 공공의 영조물의 설치·관리에 하자가 있다고 하는 객관적 사실만으로도 성립하며, 담당공무원의 고의·과실을 불문한다는 점에서(객관설; 후술) 통설은 무과실책임(無過失責任)으로 보고 있다. 그러나 최소한 『설치·관리의 하자』는 있어야 한다는 점에서 보면 엄격한 의미의 절대적인 무과실책임으로 보기는 어렵다고 하겠다.

어쨌든 무과실책임주의를 택한 이상 피해자 구제에는 아주 유리하며, 이 때문에 동조는 『불법행위의 형식을 취한 사회보장』의 기능을 수행하고 있다는 평가를 받고 있다.[221)]

2. 민법상 배상책임과의 차이점

민법상 공작물로 인한 손해배상책임(민법 제758조)과 다른 점은 ① 대상물이 공작물보다 더 넓고, ② 점유자가 필요한 주의의무를 다한 때에는 그 소유자의 손해배상책임을 면책한다는 단서규정을 두고 있지 아니하기 때문에 피해

221) 박윤흔(상), p.701.

자구제에 매우 유리하다는 점을 들 수 있다.

Ⅱ. 배상책임의 요건

배상책임이 성립하기 위하여서는 ① 도로 · 하천 기타의 공공의 영조물의, ② 설치 또는 관리의 하자로 인하여, ③ 타인에게 손해가 발생하여야 한다.

1. 공공의 영조물

여기서 말하는 공공의 영조물(公共의 營造物)이란 학문적 의미의 영조물(공적 목적을 달성하기 위한 인적 · 물적 시설의 총합체)이 아니라 『널리 공공의 목적에 제공된 유체물』, 즉 학문상 공공용물(公共用物)과 공용물(公用物)을 포함하는 공물(公物)을 말한다.[222)]

따라서 모든 인공공물(도로 · 공원 · 가로수 · 제방 · 상하수도 · 학교 · 관공서 청사 등)과 자연공물(하천 · 호수 등), 동산(자동차 · 항공기 · 동물 등)과 부동산(토지 · 건물 등)을 포함한다.

공물인 이상 국가 · 지방자치단체가 직접 소유하는 자유공물(自有公物)뿐만 아니라 직접 소유하지 아니하는 타유공물(他有公物, 사유의 도로 등)도 포함된다. 그러나 국유재산이라 할지라도 공물이 아닌 잡종재산(대부분의 국유림 등)은 제외되며 그로 인한 손해는 민법상의 손해배상책임에 따른다(국가배상법 제8조 · 민법 제758조).

다만, 자연공물은 『설치』할 수 있는 것이 아니라는 점에서 의문이 있을 수도 있으나, ① 국가배상법은 『설치 및 관리의 하자』가 아니라 『설치 또는 관리의

222) 【판례】 공공의 영조물이라 함은 국가 또는 지방자치단체에 의하여 공공의 목적에 공여된 유체물 내지 물적 설비를 지칭하며, 특정 공공의 목적에 공여된 물이라 함은 일반공중의 자유로운 사용에 직접적으로 제공되는 공공용물에 한하지 아니하고, 행정주체 자신의 사용에 제공되는 공용물도 포함하며 국가 또는 지방자치단체가 소유권, 임차권, 그 밖의 권한에 기하여 관리하고 있는 경우뿐만 아니라 사실상의 관리를 하고 있는 경우도 포함된다(대판 1995. 1. 25, 94다45302).

하자』라고 하고 있으며, ② 순수한 자연공물이라도 최소한의 인공적 관리(예, 하천의 준설공사 등)는 행하여지고 있고, ③ 순수한 자연공물을 제외해 버리면 하천에 제방 등의 시설이 되어 있는 경우에는 인공공물이 되어 국가배상책임을 지게 되는 것과 균형이 맞지 않게 되며,[223] ④ 국가배상법도 『도로 · 하천 기타 공공의 영조물』이라 하여 자연상태의 하천도 명문으로 포함하고 있다는 점 등을 감안하면 자연공물도 포함된다고 할 것이다.

2. 설치 또는 관리의 하자[224]

(1) 의의

『설치의 하자』란 영조물을 설치하는 데 있어서 설계의 잘못, 불량자재의 사용 등 설계 · 건축의 잘못을 말하며, 『관리의 하자』란 설치 이후의 유지 · 수선 · 보관의 잘못을 말한다. 그러나 하자의 의미에 관하여는 학설이 대립되어 있다.

1) 객관설

하자란 객관적으로 보아 영조물이 사회통념상 일반적으로 갖추어야 할 안전성을 결여한 것으로서 하자발생의 고의 · 과실은 문제되지 아니한다고 하며, 통설[225] · 판례의 입장이다.

2) 주관설

하자 자체의 존재를 요하는 점은 객관설과 같으나 다만 그것이 관리자의 주관적인 안전관리의무위반, 즉 주의의무위반으로 인한 경우로 한정하는 입장이다.[226]

---

223) 김동희(Ⅰ), p.533.

224) 대법원 판례는 "설치상의 하자라 함은 공공의 목적에 공여된 영조물이 그 용도에 따라 통상 갖추어야 할 안전성을 갖추지 못한 상태에 있음을 말한다. 따라서 공사 중이며 아직 완성되지 않아 일반 공중의 이용에 제공되지 않는 옹벽은 국가배상법 제5조 1항 소정의 영조물에 해당되지 않는다고 본다(대판 1998. 10. 23, 98다17381).

225) 박윤흔(상), p.704; 석종현 · 송동수(상), p.673.

226) 김동희(Ⅰ), p.534.

3) 절충설

영조물 자체에 객관적 하자가 있는 경우뿐만 아니라, 객관적 하자는 없더라도 관리자의 안전관리의무위반이 있을 경우에도 하자의 성립을 인정하는 입장이다. 즉, 영조물과 관련하여 발생하는 손해는 그것이 물적 하자로 인한 것이든 또는 관리상의 과오에 기인한 것이든 국가배상책임이 발생한다는 것이다.

4) 결어

공무원의 직무상 불법행위책임과는 달리 고의·과실을 요하지 아니한다는 점에서 무과실책임이며 따라서 객관설이 타당하다고 생각된다. 주관설은 안전관리의무를 고도화·객관화함으로써 피해자구제의 범위가 좁혀지지 아니하도록 노력하고 있으나 근본적으로 피해자 구제에 미흡하다고 할 것이다. 절충설은 피해자구제의 범위를 무한정하게 확대할 우려가 있다고 하겠다(예, 눈·비·안개 등 순수한 자연재해로 인한 피해에 대하여도 무한정한 국가배상책임을 인정할 우려가 있다).

(2) 불가항력으로 인한 손해

통상 예측할 수 없는 불가항력으로 인한 손해 예컨대 '도로공사중'이라는 표지판을 제3자의 차가 쓰러뜨린 직후에 추락하여 발생된 손해인 경우, 또는 예측 불가능한 지진·폭풍·해일·눈사태 등 자연재해의 경우에 대하여는 국가·지방자치단체의 배상책임을 인정할 수 없다고 하겠다. 다만, 이 경우에도 영조물 설치·관리의 하자와 경합하여 손해가 발생되거나 손해액이 확대된 경우에는 경합된 범위 안에서는 배상책임이 인정될 것이다.

【판례】: ① 장마철에 가로수가 쓰러져 발생한 사고에 영조물 설치·관리의 하자를 인정한 판례

구청이 관할하는 도로상의 15m 높이의 가로수가 장마철에 쓰러지면서 때마침 이곳을 통과하던 원고 자동차의 지붕을 덮쳐 자동차가 파손된 경우, 매년 집중호우와 태풍이 동반되는 장마철을 겪고 있는 우리나라 기후 여건하에서는 예측 불가능한 천재지변이라고 볼 수 없으므로 영조물의 설치·관리에

하자가 있다고 할 것이다(대판 1993. 7. 27, 93다20702).

② 집중호우로 인한 제방도로의 유실을 영조물의 설치·관리의 하자로 인정한 판례

50년 빈도의 최대 강우량에 해당하는 집중호우가 내렸다는 사실만으로는 그 이전에도 하천이 범람하고, 제방도로가 유실된 바 있었던 점과 우리나라의 경우 여름철 집중호우가 예상하기 어려운 정도의 기상이변에 해당한다고 보기 어려운 점에 비추어, 제방도로가 유실되면서 그 곳을 걸어가던 보행자가 강물에 휩쓸려 익사한 경우의 사고가 예상할 수 없는 불가항력에 기인한 것이라 할 수 없으므로 제방도로의 설치·관리상의 하자가 있다고 할 것이다(대판 2000. 5. 6, 99다53247)."

③ 도로상에서 제3자의 행위가 개입되어 발생한 사고에 대하여 기대불가능성을 이유로 배상책임을 부정한 판례

국도상에 쇠파이프가 떨어져 있었고 그것이 다른 차량의 바퀴에 튕기어 승용차 앞 유리창을 뚫고 들어와 운전자가 사망한 경우에 일단 도로관리에 하자가 있다고 볼 수 있으나, 사고발생 33분 내지 22분 전에 피고 관리청이 운영하는 과적차량 검문소의 근무자 교대차량이 통과할 때 쇠파이프를 발견하지 못하였고, 피고가 넓은 국도를 더 짧은 간격으로 일일이 순찰하면서 낙하물을 제거하는 것은 현실적으로 불가능하다 할 것이므로 국가배상책임 없다(대판 1997. 4. 22, 97다3194).

(3) 재정적 제약과 하자

국가·지방자치단체의 재정상의 제약으로 인하여 영조물이 갖추어야 할 안전성을 확보하지 못한 경우에도 배상책임이 면제되는 것은 아니다. 다만 안전성의 판단에 있어서의 참작사유가 될 뿐이라고 하겠다.

【판례】:『재정적 제약』은 배상책임면제사유가 아닌 참작사유에 불과하다는 판례

견고하지 못한 흙벽돌로 지은 병사가 폭우로 인한 산사태로 뒤덮여 안에서 잠자고 있던 5명의 사병이 압사한 사건에 있어서, 영조물 설치의 하자 유무는 객관적 견지에서 본 안전성의 문제이며, 국가의 재정사정과 영조물의 사

용목적은 안전성의 판단에 대한 정도의 문제로서 참작사유에는 해당되지만 절대적 요건은 아니다(대판 1967. 2. 21, 66다1723).

(4) 하자의 입증책임

원칙적으로 하자가 있음을 주장하는 원고(피해자)에게 하자의 입증책임이 있다. 그러나 공무원의 직무상 불법행위책임에 있어서의 고의·과실의 입증책임의 경우와 마찬가지로 일응추정(一應推定)의 법리에 따라 영조물에 의한 손해가 발생하면 일응 그 설치·관리의 하자가 있음이 추정된다고 보아 피고인 국가 등이 하자가 없음을 입증하여야 할 것이다. 이렇게 함으로써 원고인 국민의 부담을 덜어줄 수 있게 된다.

3. 손해의 발생

영조물 설치·관리의 하자로 타인에게 손해가 발생하여야 하며, 하자와 손해 간에는 상당인과관계가 있어야 한다. 상당인과관계가 인정되는 한 자연재해 또는 제3자의 행위와 경합하여 손해가 발생된 경우에도 배상책임은 인정된다.

공무원도 『타인』에 포함될 수 있으나, 국가배상법(제2조 제1항 단서·제5조 제1항후단)은 직무상 불법행위로 인한 손해배상과 마찬가지로 군인·군무원·경찰공무원 등과 같이 위험성이 높은 직무에 종사하는 공무원에 대하여는 군인연금법 등 각 개별 법률이 정하는 보상 외에 이 법에 의한 2중적인 배상청구는 금지하고 있다.

Ⅲ. 배상책임

1. 배상책임자

영조물 설치 또는 관리의 책임이 있는 국가 또는 지방자치단체이다. 이 경우 설치・관리 의무자와 그 비용부담자가 다른 경우(예, 국유 선박의 관리를 지방자치단체에게 위탁한 경우)에는 비용부담자도 배상책임을 지므로(제6조 제1항), 피해자는 관리주체와 비용부담자 중에서 선택적으로 배상청구를 할 수 있다. 이 경우에 손해를 배상한 주체는 내부관계에 있어서 궁극적으로 배상책임이 있는 자에게 구상권을 행사할 수 있음은 물론이다(제6조 제2항). 우리 판례는 국도의 관리비용을 지방자치단체가 부담하는 것과 같은 소위 국영공비사업(國營公費事業)에 있어서 국가는 영조물의 설치・관리자로서의 책임을 지며, 당해 영조물의 관리비용을 부담하는 서귀포시도 비용부담자로서 국가배상법 제6조 제1항이 정한 자신의 고유한 배상책임을 지는 것이다. 따라서 양자는 부진정 연대채무자인 공동불법행위자 상호간의 내부관계에서 각자의 손해발생에 대한 원인의 제공정도에 따라 배상책임을 분담하게 된다고 본다(대판 1993. 1. 26, 93다2684).

2. 원인책임자에 대한 구상권

국가・지방자치단체가 배상한 경우에도 손해의 원인에 대하여 책임을 질 자가 따로 있을 때에는 그 자에게 구상(求償)할 수 있다(제6조 제2항).

여기서 말하는 원인책임자란 ① 영조물을 불완전하게 건조한 공사수급인 또는 ② 영조물의 관리기관인 공무원을 의미한다. 이 경우 공무원은 직무상 불법행위책임과의 균형상 고의・중과실이 있는 경우에 한하여 구상책임이 있다고 하여야 할 것이다.

3. 배상액

하자와 상당인과관계가 있는 모든 손해이며, 공무원의 직무상 불법행위로 인한 손해배상에 적용되는 배상기준을 준용하고 있다(제5조 제1항 후단).

한편, 공무원의 직무상 불법행위의 경우와 마찬가지로 생명·신체의 침해로 인한 손해배상청구권은 양도·압류가 금지된다고 하여야 할 것이다(제4조).

제4절 공법상의 위험책임

Ⅰ. 의의

위험책임(危險責任)이란 원래 사법에서 발달된 이론으로서 근대민법의 기본 원칙인 과실책임주의에 대응하여, 오늘날 전기·교통·원자력·광업 등 고도의 위험성을 가진 기업활동으로 인하여 발생한 피해에 대하여 기업주체의 고의·과실을 묻지 아니하고 배상책임을 지게 하는 이론이다. 즉, 공기업활동을 중심으로 한 공법분야에서도 이를 도입·적용하려는 노력이 바로 공법상의 위험책임론이다.

Ⅱ. 인정 여부에 관한 학설

1. 긍정설

원자력 등 처음부터 고도의 위험성을 내포하고 있는 행정활동에 대하여는 과실의 입증이 매우 어려움에도 불구하고 피해자에게 입증책임을 지우는 것은, 그 활동으로 인한 이익은 정부가 향유하면서 이로 인한 불이익은 전혀 책임지지 아니하려는 태도로서 정의와 형평에 어긋난다. 따라서 위험한 행정활동으로부터 야기된 피해가 있으면 행정주체가 책임을 져야 한다는 주장이다. 긍정설은 행정주체가 야기한『특별한 위험상태』그 자체에 책임의 근거를 두고 있으며, 영·미의 엄격책임(strict liability), 프랑스의 위험이론, 우리의 무과실책임이론이 이에 해당한다.

2. 부정설

위험책임론은 결국 책임의 원인은 묻지 아니하고 발생된 결과에 대하여 무조건 책임을 지는 결과책임론으로 귀착되므로 책임의 한계를 설정할 수 없으며, 위험의 개념도 확정하기 어렵기 때문에 이를 인정할 수 없다는 견해이다.

3. 결어

현대 과학기술을 활용한 고도의 기업활동분야에 있어서 위험책임론이 가지는 피해자보호기능을 무시할 수 없다는 점과, 반면 이를 무한정 확대 인정하면 결과책임에 흐르게 되어 근대 사법의 기본원칙의 하나인 자기책임론을 근본부터 무너뜨릴 우려가 있다는 점을 감안하여 극히 한정된 위험분야에 있어서만 제한적으로 인정하는 것이 실질적 법치국가의 이념에도 부합할 것으로 생각된다.

Ⅲ. 실정법상의 위험책임

현행 우리 실정법상 위험책임이 인정되는 경우는 다음과 같다.

① 영조물의 설치 또는 관리의 하자로 인한 국가·지방자치단체의 손해배상책임(국가배상법 제5조)

② 국·공영 원자력사업으로 인한 손해배상책임(원자력손해배상법 제3조)

③ 국·공영 사업체 종사 근로자에 대한 산업재해보상책임(산재보상보험법)

④ 국·공영 광업체의 광해로 인한 손해배상책임(광업법 제91조)

⑤ 국·공유 자동차사고로 인한 손해배상책임(국가배상법 제2조 제1항 및 자동차손해배상보장법. 대판 1970. 3. 24, 70다135)

⑥ 공무원·경찰공무원·군인·향토예비군 등의 공무수행 중의 재해에 대한 손해배상책임(공무원연금법 제35조 등)

⑦ 국·공영 사업자의 독점규제및공정거래에관한법률 위반행위(불공정거래행위 등)로 인한 손해에 대한 배상책임(동법 제56조)

제5절 공법상의 결과제거청구권

Ⅰ. 개설

1. 의의

공법상의 결과제거청구권(結果除去請求權)이란 "위법한 행정작용의 결과로 야기된 사실상태로 말미암아 권익을 침해받았다고 주장하는 자가 행정주체에 대하여 그 위법상태를 제거하여 줄 것을 청구하는 권리"를 말한다(예, 토지수용처분이 취소된 후에도 반환하지 않고 계속 공공용지로 사용하는 경우 등).[227] 위법한 행정작용은 반드시 법적 행위에 한정되지 아니하며 행정상의 사실행위도 포함한다(예, 사유지에 대한 위험물 적치, 지하시설물 매설, 도로개설 등 부당한 점용행위). 이와 같은 결과제거청구권은 법률유보의 원칙 또는 자유권적 기본권에 부여된 방어권의 관념 등으로부터 도출된 실체적 청구권이다.[228] 따라서 공권의 침해나 그 침해에 의한 방해상태가 존속되어 있는 경우에 실제적으로 적용되고 있다.

2. 성질

공법상의 결과제거청구권은 민법상의 소유권에 기한 반환청구권 · 방해제거청구권 및 방해예방청구권(민법 제213조 · 제214조)을 공법분야에 유추적용한 것으로서 독일의 학설 · 판례에서 발전된 이론으로 1982년 독일의 국가책임법에서 제도화되었다. 그러나 결과제거청구권은 공권력행사와 관련되는 것만이 아닌 사법활동에 대해서도 적용되는 경우가 있으므로, 공권 여부 등에 관하여

227) 학자에 따라서는 원상회복청구권(김도창(상), p.645) 또는 방해배제청구권(이상규(상), p.625)이라고 하기도 한다.
228) Erichsen/Marthens, S.663.

견해가 나뉘어져 있다.

(1) 공권 여부

사권설(私權說)은 (공권이든 사권이든 간에)결국 아무런 법적 권원 없는 침해상태의 제거를 목적으로 하는 이상 굳이 사권 아닌 공권으로 따로 규율할 필요는 없는 것이므로 사인 상호간의 법률관계와 동일하게 취급할 것을 주장하고 있다.[229] 그러나 공권설(公權說)은 행정주체의 위법한 공행정작용을 원인으로 한 침해상태인 이상 공권이며 따라서 이에 관한 소송도 『행정청의 처분등을 원인으로 하는 법률관계에 관한 소송』인 공법상의 당사자소송이라고 한다.[230] 행정상 손해배상청구권에서 설명한 것과 마찬가지로 공권설이 타당하다고 생각된다. 따라서 당사자소송을 독자적으로 제기할 수 있고, 처분 등에 관한 취소소송의 관련청구로서 병합하여 제기할 수도 있다.

(2) 물권적 청구권 여부

물권적 지배권이 침해된 경우에만 발생하는 물권적 청구권이라는 주장도 있다.[231] 그러나 예컨대 공무원의 위법한 명예훼손적 발언으로 인하여 개인의 명예권 등 비재산권이 침해된 경우에도 성립될 수 있다고 할 것이므로 물권적 청구권은 아니라고 할 것이다.[232]

(3) 손해배상청구권과의 구별

양자는 요건과 효과에 있어 구별된다. 우선 요건에 있어서 손해배상청구권은 행정주체의 고의·과실이 있어야 하지만, 결과제거청구권은 위법한 행정작용의 결과로서 남아 있는 상태로 인하여 법률상 이익이 침해되기만 하면 고의·과실은 묻지 아니하며, 효과에 있어서 전자는 금전배상을, 후자는 원상회복을 내용으로 하고 있다.

---

229) 이상규(상) p.626
230) 김남진(Ⅰ), p.639; 김도창(상), p.645; 박윤흔(상), p.716.
231) 이상규(상), p.626.
232) 김남진(Ⅰ), p.639; 김도창(상), p.645; 박윤흔(상), p.716.

3. 필요성

공법상의 결과제거청구권은 기존의 손해배상 및 행정행위의 취소소송제도만으로는 국민의 권익구제에 미흡한 경우에 그 가치가 인정되고 있다. 예컨대 위법한 토지수용처분·자동차압류·자동차견인·운전면허취소·사유지의 도로편입처분 등에 대하여, 비록 법원의 취소판결을 얻고 이로 인한 손해배상까지 받았다 하더라도 행정주체가 당해 토지·자동차 또는 면허증을 반환하지 아니하고 계속 점유하고 있는 경우에 이 제도를 인정할 실익이 있다.

이 권리는 이처럼 초기에는 위법한 행정행위가 취소되었음에도 불구하고 위법한 사실상태가 잔존하고 있는 경우 이를 제거하는 집행결과제거청구권을 주된 내용으로 하였다. 그러나 이후 공무원의 위법한 명예훼손적 발언과 같은 위법한 공행정 작용이나 적법한 권원 없이 행한 사인의 토지의 도로편입조치 같은 사실행위에도 확대 적용되고 있다는 점에서도 실익이 있다.

Ⅱ. 근거

실체법적 근거로서는, 독일의 판례와 학설은 헌법상의 법치주의 내지 법률에 의한 행정의 원리 및 기본권 규정과 민법상 소유권에 기한 방해배제청구권 규정의 유추적용에서 법적 근거를 찾고 있다. 우리의 학설도 대체로 이와 유사하다.

한편 절차법적 근거로서는 행정소송법상의 당사자소송(제39조~제44조) 및 관련청구의 병합(제10조)규정 등에서 찾고 있다.[233)]

---

233) 김남진(Ⅰ), p.640; 박윤흔(상), p.718.

Ⅲ. 요건

1. 위법한 행정작용

행정주체의 위법한 법적 행위(권력작용·관리작용 포함)뿐만 아니라 사실행위도 포함된다.

그러나 사경제적 작용(국고작용)으로 인한 침해는 민법상의 방해배제청구의 대상이 되기 때문에 제외된다. 공행정작용에 해당되는 한, 처음부터 무효인 행정행위이었거나, 실행초기에는 적법한 행정작용이었지만 그 후 취소되거나 기간의 경과, 해제조건의 성취 및 처분 요건의 소멸 등의 사정변경에 의하여 사후에 위법하게 된 경우에 행정청이 이를 방치하고 있으면, 이해관계인은 그 위법상태의 제거를 요구할 수 있는 청구권이 인정된다.

2. 법률상 이익의 침해

행정작용으로 말미암아 법률상 이익이 침해된 경우에 한한다. 법률상 이익(法律上 利益)에는 반드시 물권 등 재산상의 이익뿐만 아니라 명예 등 비재산적 이익이 침해된 경우도 포함된다.

그러나 법률상 보호받을 수 있는 이익이 아닌 경우에는 제외된다(예, 주차금지장소에 주차하여 견인된 차를 당초의 위치에 반환할 것을 요구하는 것 등).

3. 침해의 계속성

결과제거청구권은 제거해야 할 결과가 계속 존재할 것을 요건으로 한다. 따라서 법률상 이익침해의 상태가 더 이상 존재하지 않는 경우에는 손해배상은 별론으로 하더라도 적어도 결과제거청구권은 논리적으로 인정될 수 없다(예, 불법으로 몰수당한 여권이 실제로 반환된 경우 등).

4. 결과제거의 가능성

결과제거청구권은 논리적으로 원래의 상태 또는 이와 유사한 상태로의 회복이 법률상 또는 사실상 가능하며, 또한 그것이 기대가능한 것이어야 한다.

따라서 원상회복에 드는 비용이 지나치게 많거나 공공복리를 현저히 해치는 경우(예, 위법하게 수용된 토지에 발전소 · 철도 · 고속도로가 건설되어 버린 경우)에는 결과제거의 기대가능성이 없다고 하겠으며, 쟁송법상 사정재결과 사정판결의 예와 같이 적절한 금전적 배상 등으로 해결할 수밖에 없다고 하겠다. 그러나 사유지 위에 상수도관을 매설한 경우에는 결과제거의 기대가능성이 있다는 판례가 있다.

【판례】 : 결과제거의 기대가능성을 인정한 판례

•사실개요

서울특별시가 개인의 사유지 약 10평을 아무런 정당한 권한없이 점유하여 상수도관을 매설하여 주민들의 식수공급에 사용하고 있었다.

•판결요지

피고가 공익사업이라는 이유로 상수도관을 철거할 수 없다거나 이를 이설할 다른 마땅한 장소가 없다는 사유만으로는 원고가 소유권에 기하여 상수도관의 철거를 구하는 것을 권리남용이라고 할 수 없다(대판 1987. 7. 7, 85다카1383).

Ⅳ. 효과

1. 원상회복의무의 발생

행정주체는 위법한 사실상태를 제거하여 원래의 상태로 회복하여야 할 의무가 있다.

2. 과실상계의 문제

위법한 사실상태의 발생에 대하여 피해자에게도 과실이 있는 경우에는 민법상의 과실상계(過失相計, 제396조)에 관한 규정을 유추적용하여 피해자의 과실의 정도에 따라 결과제거청구권이 감축되거나 상실될 수도 있다고 할 것이다.

3. 손해배상과의 관계

피해자는 결과제거청구권과 손해배상청구권을 중복적 또는 선택적으로 행사할 수 있음은 물론이며, 결과제거의 가능성이 없는 경우에는 손해배상만을 청구할 수 있을 뿐이라고 하겠다.

4. 복효적 행정행위의 제3자의 결과제거청구권 문제

위법한 건축허가의 취소소송에 승소한 인근 주민도 건축 중인 건물에 대하여 결과제거청구권을 행사할 수 있는가에 관하여는 부정적인 견해도 있다.[234] 그러나 제3자에게 소의 이익을 인정한 이상 한 걸음 나아가 결과제거청구권까지 인정하는 것이 권리보호의 이념에 충실하다고 생각된다.

Ⅴ. 쟁송절차

결과제거청구권을 사권으로 보는 견해에 의하면 일반 민사소송에 의한다고 하겠으나, 공권으로 보는 견해에 따르면 공법상의 당사자소송에 의한다. 그리고 이미 행정행위에 대한 취소소송 또는 손해배상청구소송(민사소송일 경우도 포함)이 제기되어 있는 경우에는 관련청구소송으로 이에 병합하여 제기할 수

234) 박윤흔(상), p.721.

있음은 물론이다(행정소송법 제10조 제1항 · 제2항). 그러나 우리 소송실무에서는 이를 민사소송으로 다루고 있다.

제2장

행정상 손실보상

제1절 개설

Ⅰ. 의의

행정상 손실보상(損失補償, Entschädigung, Compensation)이란 "① 공공필요에 따른 적법한 공권력행사로 말미암아, ② 사유재산에 가해진 특별한 희생에 대하여, ③ 사유재산권의 보장과 전체적인 평등부담의 견지에서 행하여지는 조절적인 재산적 보상"을 말한다. 이를 나누어 설명하면 다음과 같다.[235]

(1) 『적법행위』로 인한 손실의 보상

토지수용·징발 등과 같이 법률이 처음부터 상대방의 재산권을 적법하게 침해할 권한을 부여하고 있는 경우에 그 권한을 행사한 결과 생긴 손실을 보상하는 제도이다. 따라서 위법행위로 인한 손해를 배상하는 손해배상제도와 구별된다. 그러나 두 제도는 다같이 행정작용에 의하여 개인이 입은 특별한 손실의 전보를 목적으로 하는 사회적 공평부담의 제도라는 점에서 융화의 경향을 보이고 있다.[236]

(2) 『공권력행사』로 인한 손실의 보상

공권력 행사가 아닌 사법상의 계약에 의한 매매대가의 지급과 구별된다(예, 신도시개발 등을 위한 공공용지의 협의 매수, 공익사업을위한토지등의취득및보상에관한법률 제3장 협의에 의한 취득 또는 사용). 그러나 사법상 계약이라는 비권력적 수단이 성사되지 못할 경우에는 토지수용과 손실보상이라는 공권력 행사에 의존하게 된다.

---

235) 『공공필요』와 『특별한 희생』의 개념에 대해서는 제2절 손실보상의 요건에서 설명한다.

236) 김남진(기), p.384; 김도창(상), p.607; 박윤흔(상), p.723; 이상규(상), p.581.

(3) 『특별한 희생』에 대한 조절적 보상

도로 · 철도 · 항만 · 댐 · 원자력발전소 · 폐기물 매립장 건설 등 공공의 이익에 불가피한 사업의 수행을 위하여 특정 개인에게 입히는 특별한 희생을 국민 전체의 부담으로 전가시켜, 『공적 부담 앞의 평등』을 실현하려는 조절적 의미의 보상이다. 그러므로 공권력 행사가 재산권 등에 영향을 미친 경우라도 그것이 일반적 부담 또는 권리의 의무화에 따르는 재산권 자체에 내재하는 사회적 구속의 범위 내의 것인 때에는 손실보상의 문제가 생기지 않는다. 예컨대, 자동차의 안전운행을 위하여 차량검사의무를 부과하거나 개인이 소유하고 있는 문화재의 관리의무를 부과하여 재산상의 손실이 발생하더라도 그것은 재산권에 내재하는 사회적 구속의 범위내의 것이 되어 보상이 필요하지 않다고 하겠다.

(4) 『재산권 침해』에 대한 보상

공공필요에 의한 재산권의 침해(수용 · 사용 · 제한)에 대한 보상이므로 재산권침해가 아닌 적법한 노력동원(전시 근로동원, 수형자 등)과 구별된다.

그러나 오늘날은 반드시 재산권 침해뿐만 아니라 댐이주대책에 따라서 생활기반을 상실하게 되는 생활권 침해와 생명 · 신체의 침해에 대한 보상도 논의되고 있다.

Ⅱ. 근거

1. 이론적 근거

손실보상의 이론적 근거로서는 과거 자연법적인 기득권(재산권) 불가침원칙에 입각한 기득권설(旣得權說)과, 반대로 극단적인 공익우선 및 국가권력 절대의 사상에 입각하여 보상은 당연한 것이 아니라 단지 국가가 행하는 은혜로서 특별히 해 주는 것이라는 은혜설(恩惠說) 등이 있었다. 그러나 오늘날은 통설인 특별희생설만이 주장되고 있다.

『특별희생설』(特別犧牲說)에 의하면 공공의 이익을 위하여 특정인에게 부과된 특별한 희생은 이를 사회 전체의 부담으로 돌리는 것이 ① 정의와 평등원칙에 부합되며, ② 공익과 사익 간의 조화를 도모할 수 있고, ③ 법률생활의 안정을 기할 수 있다는 것이다.

다만, 공익과 사익은 모두 중시되어야 마땅한 것이기는 하지만 그 중 어느 것을 보다 우선시키는가에 따라 손실보상의 개념 · 범위 등에 관하여 차이가 있게 된다.

2. 실정법적 근거

손실보상에 관한 실정법적 근거로서는『공공필요에 의한 재산권의 수용 · 사용 또는 제한 및 그에 대한 보상은 법률로써 하되, 정당한 보상을 지급하여야 한다』는 헌법(제23조 제3항)규정을 들 수 있다. 그런데 손해배상과는 달리 이를 구체화하는 일반법은 아직 없고, 각 개별법(토지보상 · 징발 · 국토의계획및이용 · 건축 · 도로 · 하천 · 전염병예방법 등)에서 정하고 있다.

각 개별법을 보면 재산권의 수용 · 사용 · 제한은 규정하고 있으면서도 이에 대한 보상규정은 두지 아니한 경우가 있어 문제가 되고 있으며(예, 국토의계획및이용에관한법률에 의한 그린벨트, 즉 개발제한구역제도), 이 경우 상기 헌법규정에 따라 직접 손실보상을 청구할 수 있는가의 문제와 관련하여 동 규정의 효력에 관한 학설이 대립되어 있다.

(1) 방침규정설

헌법규정은 입법에 대한 방침규정(方針規定, Programmvorschrift)에 불과한 것으로서 재산권보장의 이상을 천명한 것에 불과하므로, 보상방침을 어기고 현실적으로 각 법률에 보상규정을 두지 아니한 경우에는 손실보상을 청구할 수 없다고 한다. 그러나 적어도 오늘날의 자유주의적 법치국가에서 이 견해를 취하기는 어렵다고 하겠다.

(2) 입법자에 대한 직접효력설(위헌무효설)

재산권을 침해당한 국민에게 직접 손실보상청구권을 부여하는 규정은 아니지만, 적어도 입법자(국회 또는 긴급명령을 발하는 대통령)에 대하여는 재산권침해 규정을 둘 때에는 반드시 보상규정을 두도록 구속하는 힘을 가진다고 한다. 따라서 이에 위반한 법률은 위헌(違憲)으로서 무효(無效)이며, 이러한 법률에 근거한 재산권침해행위는 당연히 위법(위헌)행위가 되어 이론상 손해배상을 청구할 수 있고 손실보상은 청구할 수 없다고 주장한다.[237)]

(3) 국민에 대한 직접효력설

위 헌법규정은 재산권을 침해당한 국민에게 직접 손실보상청구권을 부여한 것이므로 헌법규정을 근거로 하여 직접 손실보상을 청구할 수 있다고 한다.[238)] 따라서 어떤 법률이 재산권침해를 규정하면서 손실보상에 관한 규정을 두지 않는 경우라 하더라도 그런 법률이나 그에 의거한 재산권침해행위는 위헌무효가 아니고 유효하며, 그런 재산권침해를 당한 자는 직접 헌법규정에 근거하여 민사소송 또는 공법상의 당사자소송으로 보상청구를 할 수 있게 된다.

(4) 유추적용설

보상규정이 없는 경우에도 헌법 제23조 제1항의 재산권보장조항 및 제11조의 평등조항에 근거하여 헌법 제23조 제3항의 유추적용(類推適用)을 통하여 보상을 청구할 수 있다는 견해이다.[239)]

【판례】: 유추적용을 인정한 판례
구 수산업법상 어업허가를 받고 허가어업에 종사하던 어민이 공유수면매립면허의 시행으로 피해를 입게 된 경우에 헌법 제23조 제3항, 면허어업권자 내지는 입어자에 관한 손실보상을 규정한 구 공유수면매립법 제16조, 공공용지의취득및손실보상에관한특례법 제3조 제1항 및 동법시행규칙 제25조의

237) 김도창(Ⅰ), p.657; 박윤흔(상), p.725; 이상규(상), p.644.
238) 김동희(Ⅰ), p.556.
239) 김남진(Ⅰ), p.605; 석종현·송동수(상), p.688.

2의 규정을 유추적용해 피해어민들에게 손실보상을 해 줄 의무가 있다(대판 1999. 11. 23, 98다11529).

(5) 결어

① 방침규정설은 재산권보장 원칙을 천명한 우리 헌법(제23조 제1항)정신에 비추어 취하기 어려우며, ② 국민에 대한 직접효력설과 유추적용설은 헌법(제23조 제3항)의 표현이 『수용 · 사용 · 제한 및 그에 대한 보상은 법률로써 하되』로 되어 있는 이상, 법률에 구체적으로 보상규정이 없는 경우에도 헌법에 기하여 직접 보상을 청구할 수 있다고 하기에는 무리가 따른다고 하겠다. ③ 따라서 입법자에 대한 직접효력설(위헌무효설)에 의할 수밖에 없다고 하겠다.

그러나 이 견해에 의하는 경우에 국가배상법에 의한 손해배상을 청구하기 위해서는 당해 재산권 침해행위의 위법성과 담당공무원의 고의 · 과실이 인정되어야 할 것인바, 당해 법률이 위헌이므로 위법성은 당연히 인정되는 것이지만 문제는 공무원의 고의 · 과실의 인정가능성에 있게 된다. 통상 공무원은 국회가 제정한 법률을 (헌법재판소가 위헌이라고 결정하기 전까지는) 성실히 적용함을 그 기본임무로 하는 것이므로 법집행과정에서의 고의 · 과실을 인정하기는 어렵다고 하겠다. 따라서 이러한 위헌법률이 집행되어 재산상 손실을 끼친 때에는 과실의 요건을 대폭 완화하여 손해배상이 가능하다고 해석하여야 할 것이다.

Ⅲ. 손실보상청구권의 성질

1. 공권설

손실보상청구권은 그 발생원인이 되는 토지수용행위 등 공권력작용의 결과로 발생되는 것이기 때문에 당연히 공권(公權)이며, 이에 관한 소송 역시 행정소송(그 중 행정청의 처분 등을 원인으로 하는 법률관계에 관한 소송인 당사자 소송)으로 다루어져야 한다는 견해로서, 통설의 입장이다.[240]

2. 사권설

손실보상의 원인행위는 비록 공법적인 것이라 하더라도, 이에 대한 보상은 당사자의 의사 또는 직접 법률에 근거하여 발생하는 사법상의 채권·채무관계이므로 보상청구권은 사권(私權)이며 이에 관한 소송도 민사소송에 의한다는 견해로서, 우리 판례의 입장이다.

【판례】: ① 징발보상청구권은 사권이라는 판례
징발이 국가의 일방적인 공권력의 행사에 의한 행정처분에 해당된다고 하여 피징발자의 국가에 대한 보상청구권까지를 공법관계에 속하는 권리라고는 할 수 없으므로, 비록 그것이 징발에 필수적으로 수반되는 권리이기는 하지만 그 성질은 사법상의 권리에 지나지 않는 것이다(대판 1969. 12. 30, 69다9).
② 어업권에 대한 손실보상은 민사소송으로 하여야 한다는 판례
수산업 소정의 요건에 해당한다고 하여 손실보상을 청구하려는 자는 행정관청이 그 보상청구를 거부하거나 보상금액을 결정한 경우라 해도 이에 대해서는 행정소송을 제기할 것이 아니라 면허어업에 대한 처분을 한 행정관청이 속한 권리주체인 지방자치단체를 상대로 민사소송으로 직접 손실보상지급청구를 하여야 한다(대판 1998. 2. 27, 97다46450).

3. 결어

판례는 행정상의 손해배상청구권과 함께 손실보상청구권도 사권으로 보고 있으나, ① 손실보상청구권은 그 발생원인인 공권력작용의 위법성 여부의 탐

240) 김남진(Ⅰ), p.605; 김도창(상), p.657; 이상규(상), p.634; 박윤흔(상), p.730; 석종현·송동수(상), p.692.

구와 분리하여 고찰할 수 없으며, ② 원인과 결과(보상청구권)를 굳이 떼어서 다른 법률관계로 규율할 이유도 분명치 아니하고, ③ 1984년에 행정소송법을 개정하여 명문으로 『행정청의 처분 등을 원인으로 하는 법률관계에 관한 소송』을 행정소송의 하나인 당사자소송으로 인정한 이상, 이러한 명문규정이 없던 때와 마찬가지로 여전히 민사소송으로 다루는 것은 동법의 개정 취지에도 반하고, ④ 행정상의 손해배상제도는 이에 상응하는 민법상의 손해배상제도라도 있지만, 손실보상제도는 어디까지나 공법에만 특유한 『공공필요에 의한 적법한 재산권 침해제도』에 따른 산물임을 감안한다면 공법설이 타당하다고 생각된다.

제2절 손실보상의 요건(원인)

Ⅰ. 공공필요에 의한 재산권의 수용·사용·제한[241)]

재산권의 침해가 적법한 공권력행사가 되기 위해서는 공공의 필요성이 입증되어야 할 것인바, 『공공의 필요성』을 어느 범위까지 인정할 것인가에 관하여는 ① 특정 공공사업을 위한 필요(협의), ② 공공복리를 위한 필요(광의), ③ 널리 공공의 목적을 위한 필요(최광의)로 견해가 나누어지고 있다. 오늘날 공공의 필요성의 개념은 점차 확대되는 경향에 있다고 하겠으나(예컨대 공공복리를 위하여 행정주체가 일단 토지를 수용한 후 이를 민간주택사업자에게 분양하거나, 나아가서 제철·발전 등 민간국가기간산업을 위하여 사업주체인 사인에게까지 직접 토지수용권을 부여하는 경우도 있다), 결국은 당해 공공사업으로 달성하고자 하는 공익과 이로 인하여 침해되는 사익 간의 이익형량에 의하여 적정범위 내에서 인정되어야 할 것이다.[242)]

한편, 현행 토지보상법은 토지수용을 할 수 있는 공익사업의 범위를 7개의 유형별로 규정하고 있다(동법 제4조 참조).

Ⅱ. 특별한 희생

헌법(제23조 제1항·제2항)상 재산권 보장규정을 보면 "재산권의 내용과 한계는 법률로 정한다. 재산권의 행사는 공공복리에 적합하도록 하여야 한다"고 하여 다른 자유권보다 강한 사회적 구속을 받는 권리임을 선언하고 있다. 따라

241) 재산권의 수용(소유권을 완전히 취득), 사용(일정 기간 동안 사용권만을 취득), 제한(건축행위 등 소유권의 행사를 일부 제한)의 구체적 내용은 각론의 공용부담법에서 설명한다.

242) 상세한 내용은 각론에서 공용부담법 참조.

서 실정법은 ① 민법상 상린관계규정 등으로 재산권의 내용과 한계를 정하고, ② 또한 최소한의 사회질서유지와 공공복리를 위하여 건축법 · 도시계획법 · 도로법 · 항공법 등에서 일정한 지역 · 지구 내의 건축 또는 개발행위를 제한하고 있으며, 이는 모두 우리 헌법이 예정하고 있는 재산권에 대한 당연한 『사회적 구속』이기 때문에 보상을 요하지 아니한다고 하겠다.

그러나 현저하게 재산적 가치의 감소를 초래하는 특별한 희생이 있는 경우에는 보상이 필요없는 재산권의 사회적 구속이론에 근거할 수 없고 반드시 그 보상을 전제로 하는 공용제한으로서만 가능하다. 그러나 공용제한의 경우에도 부분적으로 권리를 제한하면서도 보상을 하지 않는 경우는 재산권의 사회적 구속과 쉽게 구별되지 않으며, 그 구별기준에 관한 학설을 보면 다음과 같다.

1. 형식적 표준설

재산권에 대한 침해가 특정인 또는 특정집단에게만 행하여지는 경우만을 특별한 희생으로 보는 견해이다. 그러나 많은 사람에게 일반적으로 부과된 침해행위일지라도 침해가 심대한 경우에는 보상을 요하는 것으로 파악될 수도 있다는 점에서, 적어도 침해행위의 내용 또는 성질에 대한 검토가 필요하다고 생각된다.

2. 실질적 표준설

침해행위의 성질 · 정도를 기준으로 하여 특별한 희생인지의 여부를 판단하는 이론이며, 다시 여러 학설로 나누어진다.

(1) 보호가치설

옐리네크의 주장으로서, 재산권의 역사 등에 비추어 개인의 재산권 중 보호할 가치가 있는 재산권에 대한 침해만을 특별한 희생으로 보상되어야 한다고 본다.

(2) 수인한도설

마운츠·슈퇴터 등의 주장으로서, 침해의 강도를 표준으로 하여 재산권의 침해가 현저하거나 참을 수 없을 때에는 재산권의 사회적 구속이 아니라 특별한 희생이라는 것이다. 이 설은 독일연방행정재판소의 지지를 받고 있지만, 공공복리와 사회적 고려가 존재하는 한 재산권 제한이 가능하다는 점에서 비판을 면치 못하고 있다.

(3) 사적 효용설

라인하르트 등의 견해로서, 재산권이 제한되는 경우에도 당해 재산권의 본래의 효용이 본질적으로 침해되는 경우를 특별한 희생으로 보며, 재산권이 제한되고 있다 하더라도 재산의 객체가 아직 재산권자의 영리적 목적에 이용될 수 있으면 사회적 구속으로 본다. 사적 효용설(私的 效用說)은 재산권의 역할을 사회적 시장경제에 근거하여 특별한 희생의 한계를 정한 공적은 평가되지만, 독일에서는 판례가 이를 적용한 적이 없다.

(4) 목적위배설

포르스트호프 등 독일의 다수설로서, 침해가 그 재산권의 기존의 이용목적과 다른 목적의 이용을 강제하는 것인 때에는 특별한 희생으로 보며(예, 도로·철도·쓰레기매립장 건설을 위한 토지수용 등), 기존 목적과 동일한 목적을 위한 것이면 보상을 요하지 않는다고 한다(예, 주택난 해결을 위한 임대강제).

(5) 상황구속설

토지는 그것이 위치하고 있는 지리적 상황에 따라 이용에 제약을 받기 마련이며, 이러한 제약은 보상을 요하지 아니하는 사회적 제약에 불과하다는 견해로서, 우리 헌법재판소가 (구)국토이용관리법상의 토지거래허가제의 합헌성을 인정하는 논거로서 제시한 적이 있다.

3. 결어

상기 학설들은 그 어느 것도 완전한 것은 아니하며 내용도 추상적이라는 비판을 받고 있다. 우리의 통설은 목적위배설 등을 중심으로 한 실질적 표준설에 따르면서도 형식적 표준설을 참고로 하여 상호보완적으로 판단하는 절충적 입장이다.[243)]

우리 판례를 살펴보면 과거 대법원은 구 도시계획법 제21조(현 제34조)에 의한 개발제한구역(그린벨트) 지정행위로 인한 토지소유자의 불이익은 공공복리를 위하여 감수하여야 할 것이므로 이에 대하여 손실보상규정을 두지 아니하였다고 헌법 제23조 제3항이나 제37조 제2항에 위배되는 것이라고 할 수 없다고 하였으나(대결 1990. 5. 8, 89부2), 그 후 헌법재판소는 구 도시계획법 제21조에 대한 위헌소원사건에서 ① 대지에 건물신축이 금지되는 경우와 같이 토지를 종래의 목적으로도 사용할 수 없게 되거나(목적위배), ② 더 이상 법적으로 허용된 토지이용의 방법이 없기 때문에 실질적으로 토지의 사용·수익의 길이 없는 경우(사적효용설)에도 아무 보상없이 감수하도록 하고 있는 한 이는 비례의 원칙에 위반되어 재산권을 과도하게 침해하는 것으로서 위헌이지만, 입법자가 보상입법을 마련할 때까지 위 조항을 존속케하는 헌법불합치결정을 함으로써, 수인한도설·사적효용설·목적위배설·상황구속설 등을 종합적으로 고려한 것으로 보인다(헌재결 1998. 12. 24, 89헌마214). 그 후 2000년 1월 28일 제정된 개발제한구역의지정및관리에관한특별조치법(제16조)에서는 이 헌법재판소의 결정을 반영하여 개발제한구역의 지정으로 인하여 ① 토지를 종래의 용도로 사용할 수 없어 그 효용이 현저히 감소된 토지 또는 ② 사용 및 수익이 사실상 불가능한 토지의 소유자는 국가에 대하여 당해토지의 매수를 청구할 수 있도록 하였는바, 이러한 매수청구권(買收請求權)제도는 손실보상은 아니지만 이에 갈음하는 제도로 이해될 수 있을 것이다.

---

243) 김동희(Ⅰ), p.554; 박윤흔(상), p.733; 이상규(상), p.646; 석종현·송동수(상), pp.705~707.

제3절 손실보상의 기준

Ⅰ. 보상기준

1. 헌법규정의 변천

손실보상기준에 관한 헌법규정은 ① 제1·2·4·5공화국 헌법은 상당보상을, ② 제3공화국 헌법 및 현행 헌법은 완전보상을 한다는 표현을 하고 있다.

그러나 그 동안 사유재산제를 보장하는 우리 헌법이념에 근본적인 변화가 있었던 것은 아니며 또한 토지수용에 대한 보상의 일반법이라 할 토지보상법도 일괄되게 시가보상, 즉 완전보상의 입장을 취해 온 것을 보더라도, 헌법의 표현상의 차이에도 불구하고 완전보상설을 취하고 있다고 보아야 할 것이다.

2. 보상기준에 관한 학설

(1) 완전보상설

이 설은 주로 자유국가적 재산권 개념을 바탕으로 주로 미국 수정헌법의 정당보상조항을 중심으로 발전된 관념으로서 재산권 침해에 대한 보상은 완전한 보상이어야 한다는 견해로서, 이에는 다시 ① 침해된 재산의 객관적 가치만을 완전히 보상하면 된다는 견해와, ② 발생된 손실의 전부를 보상하여야 하므로 부대적 손실인 사업장의 이전료, 영업상 손실 등도 보상하여야 한다는 견해로 나누어진다.

(2) 상당보상설

반드시 완전한 보상이어야 할 필요는 없다는 견해이다. 이는 다시 ① 당시의 사회통념에 비추어 객관적으로 공정·타당한 것이면 충분하다는 견해와, ② 완전보상이 원칙이지만, 예외적으로 합리적인 이유가 있으면 그 이하의 보상도 허용된다는 견해로 나누어진다.

상당보상설(相當補償說)은 바이마르 헌법을 계승한 본 기본법(제14조)의 『공익과 관계 제이익의 정당한 형량에 의한 보상』이라는 표현에서 찾을 수 있으며, 어떤 경우에 완전보상 이하의 보상을 허용할 것인가에 관하여는 ① 일상생활의 수요를 충족시키는 재산을 의미하는 『작은 재산』의 침해는 완전보상이, 개인의 인격적 자유와 직접적으로 무관한 재산을 의미하는 『큰 재산』의 침해에 대하여는 그 이하의 보상이 허용된다는 견해가 있으나, 그 합리적 근거와 구체적 기준이 모호하다는 비판을 받고 있으며, ② 농지개혁을 위한 농지매수와 같이 어떤 재산권에 대한 사회적 변혁을 목적으로 한 침해에 대하여는 상당보상으로 충분하다는 견해가 있으나, 이러한 변혁조치는 이미 정상적인 손실보상의 법리로 설명될 수 없는 것이라고 한다.[244)]

(3) 결어

상당보상설이 주장되는 배경은 역시 완전보상이 이상적임을 인정하면서도, 현실 국가재정상의 제약과 다수 국민에 대한 조세부담의 무한정한 증대 등을 우려하기 때문이라고 하겠다.

그러나 아무리 공익의 실현을 위한다고 하더라도 자신의 귀책사유 없이 재산권에 가하여진 특별한 희생에 대하여는 완전한 보상을 하는 것이 사유재산권 보장을 천명하고 있는 헌법정신에 부합된다고 생각되며, 완전보상의 내용도 피침해 재산의 객관적 가치뿐만 아니라 부대적 손실까지 포함하는 것이 타당하다고 하겠다.

우리 헌법은 정당보상의 원칙으로 채택하고 있는데, 정당한 보상이란 원칙적으로 완전보상을 의미한다. 헌법이 규정하고 있는 재산권보장에 비추어 볼 때, 공공필요에 의한 일방적이고 강제적인 재산권제한에 의한 재산가치의 감소 및 상실에 대하여 사법질서(私法秩序)를 구성하는 시중가격에 따른 실질적인 완전보상이 이루어지지 않는다면 공동체를 구속하고 있는 공법체계의 규범력에 대하여 의문이 제기될 수밖에 없게 된다.[245)] 우리 헌법재판소도 "헌법이

---

244) 김동희(Ⅰ), p.565.

규정한 정당한 보상이란 손실보상의 원인이 되는 재산권 침해가 기존의 법질서 안에서 개인의 재산권에 대한 개별적인 침해인 경우에는 그 손실보상은 원칙적으로 피수용재산의 객관적인 재산가치를 완전하게 보상하는 것이어야 한다는 완전보상을 뜻하는 것으로서, 보상금액뿐만 아니라 보상의 시기나 방법 등에 있어서도 어떠한 제한을 두어서는 아니 된다는 것을 의미한다."라고 판시하여(헌재결 1998. 3. 26, 96헌바12) 완전보상설을 채택하고 있다.

그러나 완전보상설을 취한다고 하더라도 최근 문제가 되고 있는 개발이익까지를 보상할 필요는 없다고 하겠는 바, 그 이유는『개발이익은 공공사업의 시행에 의하여 비로소 발생되는 것이며, 피수용자인 토지소유자의 노력이나 자본에 의하여 발생한 것이 아니므로, 토지가 수용될 당시 갖는 객관적 가치에 포함된다고 볼 수 없기 때문』이며, 따라서 헌법재판소는 공시지가를 기준으로 보상토록 한 구 토지수용법(제46조 제2항)은 합헌이라고 하였고(헌재결 참조), 대법원도 공시지가에 의한 보상을 정당한 보상이라고 한 바 있다.

【판례】: ① 개발이익을 배제한 공시지가에 의한 보상이 합헌이라는 판례

공시지가를 기준으로 보상하도록 규정한 지가공시및토지등의평가에관한법률(10①)과 토지수용법(46②)은 정당보상의 원리를 선언하고 그 보상의 기준과 방법을 법률에 유보한 헌법 제23조 제3항에 의거한 것이며, 그 내용이 정당한 보상에 합치되는 것이므로 헌법조항에 저촉된다고 볼 수 없다(대판 1993. 9. 10, 93누5307).

② 공시지가에 의한 보상이 위헌이 아니라는 헌재결정

헌법 제23조 제3항이 규정하는 정당한 보상이란 원칙적으로 피수용재산의 객관적인 재산가치를 완전하게 보상하여야 한다는 완전보상을 의미하며, (구)토지수용법 제46조 제2항 및 지가공시및토지등의평가에관한법률 제10조 제1항 제1호가 토지수용으로 인한 손실보상액의 산정을 공시지가를 기준으로 하되 개발이익을 배제하고, 공시기준일부터 재결시까지의 시점보정을 인근토지의 가격변동률과 도매물가상승률 등에 의하여 행하도록 규정한 것

245) 정극원, 헌법상 재산권보장의 기본구조와 본질적 내용, 공법연구 제27집 2호(1999), p.348.

은, 위 각 규정에 의한 기준지가가 대상지역 공고일 당시의 표준지의 객관적 가치를 정당하게 반영하는 것이고, 표준지와 지가산정대상토지 사이에 가격의 유사성을 인정할 수 있도록 표준지의 선정이 적정하며, 대상지역 공고일 이후 수용시까지의 시가변동을 산출하는 시점보정의 방법이 적정한 것으로 보이므로, 헌법상의 정당보상의 원칙에 위배되는 것이 아니며, 또한 위 헌법조항이 법률유보를 넘어섰다거나 과잉금지의 원칙에 위배되었다고 할 수 없다(헌재결 1995. 4. 20, 93헌바20 · 66, 94헌바4 · 9, 95헌바6 병합).

Ⅱ. 구체적 보상기준

1. 손실보상의 다양화

종래의 손실보상이론은 주로 소규모의 개발사업(도로 · 공원 · 국공립학교 건설 등)에 따라 토지소유권을 중심으로 하여 완전보상이냐 상당보상이냐를 논해 왔음에 그쳤다. 그러나 최근에는 댐 · 공단 · 항만 · 신도시 개발 등과 같은 엄청난 규모의 개발사업이 중심이 됨에 따라, ① 단순한 토지소유권 외에 이에 부대되는 사업손실 등 다양한 경제적 손실에 대한 보상문제와 함께, ② 댐 건설시의 수몰민의 예와 같이 부락민들이 대대로 살아온 생활기반 자체가 상실됨에 따른 생활재건(생활보상)까지 배려하게 되는 등 손실보상의 내용이 매우 다양하게 전개되고 있는 실정에 있다.

2. 재산권보상

재산권 보상이란 개별적 · 구체적인 재산적 손실에 대한 보상을 말한다. 구체적으로는 ① 토지보상, ② 토지 이외의 재산권보상, ③ 실비변상적 보상, ④ 일실손실보상으로 나누어진다.

(1) 토지보상(지가공시제와 개발이익의 배제 및 환수)

1) 일반적 보상기준(공시지가)

수용·사용에 대한 보상액은 협의성립 또는 재결 당시의 가격을 기준으로 한다. 그러나 ① 재결 당시의 현실적인 토지가격이 아니라 당해 공공사업의 시행으로 인한 지가상승분, 즉『개발이익』을 배제하기 위하여 지가공시및토지등의평가에관한법률에 의한 공시지가를 기준으로 하는 한편, ② 공시지가는 통상 '공시기준일' 현재의 가격을 의미하기 때문에 그 이후의 적정가격상승분은 반영되어 있지 아니하므로 이를 보정하기 위하여 그 공시기준일부터 협의성립 또는 재결시까지의 관계법령에 의한 당해토지의 이용계획, 당해 공익사업으로 인한 지가의 영향을 받지 아니하는 지역의 지가변동률과 생산자물가상승률 기타 당해 토지의 위치·형상·환경·이용상황 등을 참작하여 평가한 적정가격으로 보상액을 결정하도록 하고 있다(토지보상법 제70조).

여기서『공시지가』와 관련하여, 종전에는 공익사업으로 인하여 땅값이 급등할 우려가 있는 지역에 대하여만 그때 그때 부분적으로『기준지가』라 하여 고시한 후 이를 보상기준으로 해 오다가(71년 개정된 토지수용법), 1989년에『지가공시및토지등의평가에관한법률』을 제정하여 전국의 모든 토지에 대하여 지가공시를 한 이후부터는 모든 토지의 보상에 있어서는 이 공시지가를 기준으로 하도록 하였다. 공시지가란 국토해양부장관이 매년 전국의 표준지에 대해 공시하는 단위면적의 가격을 말한다. 행정기관은 손실보상액을 산정함에 있어서 이러한 공시지가의 표준적인 비준표를 그대로 적용하여서는 아니되고 모든 가격산정요건을 구체적·종합적으로 참작하여 적정가격을 산출하여야 한다. 따라서 실제적용에서 다르게 가격산정이 이루어질 수 있다.[246]

---

246) 【판례】 수용토지의 보상가격을 정함에 있어 표준지 공시지가를 기준으로 비교한 금액이 수용대상토지의 수용 사업인정 전의 개별공시지가보다 적은 경우가 있다고 하더라도, 이것만으로 지가공시및토지등의평가에관한법률 제9조에 위배되어 위헌이라 할 수 없다(대판 2001. 3. 27, 99두7968).

2) 개발이익의 배제

우리 토지보상법(제67조 제2항)은 보상액의 산정에 있어서는 당해 공익사업의 시행으로 인하여 토지의 가격에 변동이 있을 때에는 이를 고려하지 아니한다고 함으로써 개발이익배제의 원칙을 선언하고 있다. 현실을 보면 각종 공익사업 시행의 발표행위는 이미 수년전에 이루어졌고 그 영향으로 이미 공시지가 자체가 상당히 올라 있는 경우가 많으므로 공시지가 자체에 개발이익이 완전히 배제되었다고는 볼 수 없다. 따라서 공시지가 자체에 이미 개발이익이 포함되어 있을 경우에는 이를 공시지가에서 배제하고 손실보상을 하여야 한다.

한편 댐·폐기물매립장 건설 등과 같이 당해 공익사업으로 인하여 오히려 지가가 내려가는 경우도 있을 수 있는바, 이런 경우에는 반대로 공시지가에다 자연적인 지가상승분을 포함시켜서 보상하여야 할 것이다.

【판례】: 손실보상에 있어서 개발이익은 배제하고 자연적인 지가상승분은 포함시켜야 한다는 판례
공시지가에 이미 당해 사업의 시행으로 인한 개발이익이 포함되어 있을 경우에는 그 공시지가에서 개발이익을 배제하여 손실보상액을 평가하고, 반대로 그 공시지가가 당해 사업의 시행으로 지가가 동결되어 개발이익을 배제한 자연적인 지가상승분조차 반영하지 못한 경우에는 그 자연적인 지가상승률을 포함하여 손실보상액을 평가하는 것이 정당보상의 원리에 합당하다고 할 것이다(대판 1993. 7. 27, 92누11084).

3) 개발이익의 환수

토지를 수용당한 토지소유자는 지가공시제에 의하여 개발이익이 배제되는 반면, 토지수용 대상에서 제외된 인근 지역의 토지소유자와 개발사업시행자는 당해 공익사업으로 인하여 엄청난 개발이익을 보게 되어 富의 평등분배와 부동산투기억제 차원에서의 대책이 필요하게 되었다. 그 방안의 하나로서, ① 토지의 양도차익에 대한 양도소득세의 부과와 함께, ② 개발사업시행자가 당해 개발사업으로 인하여 얻게 되는 지가상승분은 『개발부담금』으로 환수하도록

하고 있다(개발이익환수에관한법률).

(2) 토지 이외의 재산권 보상

1) 지상물건에 대한 보상

건축물 · 공작물 · 과수 · 입목 기타 토지에 정착한 물건에 대하여는 그 이전에 필요한 비용(이전비)을 보상하여야 한다. 그러나 ① 이전이 어렵거나 이전으로 인하여 종래의 목적대로 사용할 수 없는 경우, ② 이전비가 그 물건의 가격을 넘는 경우, ③ 사업시행자가 공익사업에 직접 사용할 목적으로 취득하는 경우에는 당해 물건을 수용할 때와 마찬가지로 당해 물건의 가격을 보상하도록 하였다(토지보상법 제75조).

2) 농업에 관한 보상

농작물에 대한 손실은 그 종류와 성장의 정도 등을 종합적으로 참작하여 보상하도록 하고 있다(토지보상법 제75조 제2항).

3) 권리에 대한 보상

지상권 등 토지에 대한 소유권 이외의 권리도 보상하여야 하며(제3조 제1항), 광업권 · 어업권 · 물의 사용에 관한 권리에 대하여도 보상하여야 한다(토지보상법 제75조 제2항, 제76조).

4) 잔여지에 대한 보상

토지의 일부만이 수용되어, 그 밖의 남겨진 부분만으로는 종래의 목적에 사용하는 것이 현저히 곤란한 경우에는 나머지 토지도 수용을 청구하여 잔여지 수용보상을 받거나, 잔여지의 가격하락시에는 잔여지가격하락보상을, 통로 · 도랑 · 담장 등의 신설 기타의 공사가 필요한 경우에는 잔여지공사비보상 등을 받게 된다(토지보상법 제73조 · 제74조). 대법원 판례는 "토지수용법 제48조에 정하고 있는 잔여지 수용청구에서는 잔여지를 종래의 목적에 사용하는 것이 현저히 곤란한 사정이 인정되지 않는 경우에도 그에 대한 손실보상을 부정할 근거가 없다"고 판시하여(97누4623, 1999. 5. 14 대판) 잔여지 손실보상 요건을 넓게 정하고 있다.

(3) 실비변상적 보상

실비변상적 보상에 해당하는 것으로서는 ① 지상물건의 이전비보상과, ② 잔여지공사비보상 외에, ③ 분묘의 이장비보상 등이 있다(토지보상법 제75조 제4항).

(4) 일실손실보상

토지 등 재산권의 수용에 부수하여 또는 독립적으로 종전부터 영위해 오던 사업을 폐업 또는 휴업하게 되는 경우에 입게 되는 손실을 보상하는 것을 말한다.

1) 농업의 폐지 · 이전에 대한 보상

농작물 등에 대한 보상과는 별도로 전업에 필요한 기간 또는 휴업기간 중의 일실손실(逸失損失)을 보상한다(예, 해당 도별 농가평균 농작물수입의 2년분을 영농손실액으로 보상한다. 토지보상법시행규칙 제48조). 그러나 전업기간 내에 완전한 전업이 이루어져서 종전과 같은 영농이 이루어지기를 기대하는 것은 어려운 일이므로 완전보상에는 미치지 못한다고 하겠다.

2) 영업의 폐지 · 휴업에 대한 보상

인적 · 물적 시설을 갖추고 계속적으로 영리를 목적으로 행하고 있는 영업 또는 관계법령에 의하여 인 · 허가 등을 받은 각종 허가 · 신고영업자(음식점 · 약국 · 양조업 등 모든 영업)가 폐업하게 되면 당해 영업의 2년간의 영업이익에 영업용 고정자산 · 제품 등의 매각으로 인한 손실액을 더한 금액을 보상한다. 그러나 이 역시 완전한 보상이라고 보기는 어려울 것으로 생각되며, 특히 영업권은 반사적 이익으로 보기 때문에 보상하지 아니하고, 무허가영업에 대하여는 영업이익조차 보상하지 않고 3월분의 주거이전비만 보상한다. 그러나 영업장소를 다른 곳으로 이전하여 계속할 수 있는 경우에는 이전때까지의 휴업기간에 해당하는 영업이익에 인건비·영업시설 등의 이전비 등의 손실액을 더한 금액을 보상한다(토지보상법시행규칙 제46조·제47조·제52조).

3) 근로자에 대한 보상

영업의 폐업 시에는 종사하는 근로자에 대하여 90일분의 평균임금을 실직보상으로, 영업장소의 이전으로 인하여 근로자가 휴직하게 되는 경우에는 휴직기간 동안 평균임금의 70퍼센트를 휴직보상으로 지급한다(토지보상법시행규칙 제51조).

3. 생활보상

(1) 개설

종전의 보상이론은 개개의 재산권이 갖는 개별적·경제적 가치만을 모두 보상함으로써 충분하다고 하는 대물적 보상에 그쳤다고 할 수 있으나, 댐 건설에 따른 수몰민의 예와 같이 모든 재산을 박탈당할 뿐만 아니라 생업과 부락공동체생활에서 오는 유·무형의 모든 이익을 포함한 생활기반 자체가 송두리째 상실되는 경우에는 주민 전체가 이주하여 전혀 새로운 환경하에서 새로이 생활하기 위한 총체적인 보상으로서의 생활보상(生活補償)이 행하여져야만 비로소 완전보상이 될 수 있다고 하겠다.

(2) 근거

생활보상의 이념적 근거로서는 개인의 생존권을 최대한 보장하고자 하는 헌법상 복지국가의 이념에서 찾을 수 있으며, 구체적으로는 헌법(제23조 제3항)의 『정당한 보상』 규정과 함께 『인간다운 생활을 할 권리』(제34조)도 근거가 된다.

실정법상의 근거로서는 이주대책의 수립·시행, 대체지의 알선, 소수잔존자

보상 등을 규정한 토지수용법과 특례법을 들 수 있다.

(3) 협의의 생활보상

우선 주거용 건축물의 소유자에 대한 것으로서는 토지보상법시행규칙상 ① 2개월분의 주거이전비(제54조 제1항), ② 주거용 건물의 최저보상액제도(300만원 · 제58조) 등을 들 수 있고, 기타의 자에 대한 것으로서는, ① 이주하는 농 · 어민이 지급받을 보상금이 없거나 있더라도 8개월 분의 평균생계비에 미달하는 경우에는 8개월분의 평균생계비(제56조), ② 전세입자에게 지급하는 3개월분의 주거이전비(제54조 제3항), ③ 무허가 · 무신고 영업자에 대한 3개월분의 주거이전비 등이 있다(제52조).

(4) 생활재건조치(광의의 생활보상)

댐 건설 · 해안매립 · 공단 또는 신도시 건설시에 많은 농어민이 생활 터전을 잃게 되는 경우, ① 이주희망자가 10호가 넘는 경우에 새로운 정착지를 조성하여 분양해 주는 이주대책의 수립 · 시행이 가장 피해가 적은 생활재건조치가 되겠으나(토지보상법 제78조), ② 만약 이주대책을 수립 · 시행하지 아니하거나 이주대상자가 이주정착지가 아닌 다른 지역으로 이주하고자 하는 경우에는 이주정착금을 지급하여야 하며, 이주정착금은 보상대상인 주거용 건축물의 평가액의 30퍼센트에 해당하는 금액으로 하되, 그 금액이 500만원 미만인 경우에는 500만원으로 하고, 1천만원을 초과하는 경우에는 1천만원으로 한다(법시행령 제41조 및 법시행규칙 제53조).

4. 사업손실(간접손실)보상

사업손실이란 공익사업의 시행 또는 완공으로 인하여 당해 『사업구역 밖』의 토지소유자 또는 각종 영업자 등에 미치는 손실을 말한다. 현행법상으로는 ① 사업시행지구 인근의 어업에 대한 피해보상(법시행규칙 제63조), ② 사업시행으로 하천 · 산지 등으로 둘러싸여 교통이 두절되거나 경작이 불가능하게 된 경우, 소유농지의 대부분이 수용되고 건축물만이 사업시행지구밖에 남게 되는 경우로서 매매가 불가능하고 이주가 부득이한 경우, 그리고 1개 마을의 대부분이 수용되고 남은 잔존자로서는 생활이 현저히 불편하게 되어 이주가 불가피한 경우에는 각각 사업시행지구에 편입된 것으로 보아 보상하도록 규정하고 있으며(법시행규칙 제59조~제61조. 소수잔존자보상), ③ 사업시행지구 밖에 있는 각종 허가·신고 영업자가 사업시행으로 인하여 배후지의 3분의 2 이상이 상실되어 당해 장소에서 영업을 계속 할 수 없는 경우에는 영업보상을 하며(법시행규칙 제64조), ④ 사업시행지구 밖의 공작물 기타 시설이 본래의 기능을 다할 수 없게 되는 경우에도 이를 보상하도록 하고 있다(법시행규칙 제62조).

그러나 이러한 단편적인 보상 외에 공사로 인한 소음·진동, 일조·전파의 장해, 기후·수질변화 등으로 인한 각종 손실이나, 기타 생산체계·유통구조의 변화 등으로 인한 지역경제에의 영향 등 간접손실에 대한 포괄적인 보상제도의 마련문제는 앞으로의 연구과제로 남아 있다.[247] 반면, 최근에는 발전소건설 및 원전에서 나온 방사성폐기물 관리시설의 건설을 위하여 토지수용을 하는 경우 시설주변지역주민의 소득증대·공공시설 및 육영사업 등을 위한 지원금의 지급 및 지역주민의 우선고용제도까지 마련한 예도 있다(발전소주변지역지원에관한법률 제10조).

247) 박윤흔(상), p.760.

제4절 손실보상의 방법 및 절차

Ⅰ. 손실보상의 방법

행정상 손실보상의 방법으로서는 금전보상 · 현물보상 · 매수보상 · 채권보상 등의 방법이 있다.

1. 금전보상

『보상은 법률로써 하되…』라는 헌법(제23조 제3항) 규정에 따라 보상의 방법도 법률로 정하는 것이지만, 가장 원칙적인 보상은 자유로운 처분이 가능한 금전으로 보상하는 방법이다(토지보상법 제63조 제1항).

2. 현물보상

오늘날의 고도 산업사회에서는 대지나 농지 자체가 갈수록 희소성을 띄게 되어, 비록 완전한 객관적 가치를 금전으로 보상받더라도 같은 금액으로 동질의 토지를 구입하기가 쉽지 아니하며, 이 때에는 동등 수준의 다른 현물(現物)로 보상할 필요가 있는바, 수몰민에 대한 이주대책 등과 같은 생활재건조치가 바로 이에 해당된다고 하겠다. 한편, (구)도시재개발법(제38조)에 의한 재개발사업의 시행에 있어서 사업완공 후에 종전의 토지 · 건물 · 상가 소유자 등에 대하여 새로운 아파트 · 상가 등을 교부해 주는 환권제도 역시 현물보상의 예이다.

3. 매수보상

상술한 지상물건의 이전에 갈음하여 행하는 매수청구(買收請求), 잔여지에 대한 매수청구, 소수잔존자에 의한 매수청구 등의 제도는 원래 수용대상물은 아니지만 특별한 사정으로 인하여 종래의 목적에 계속 사용할 수 없기 때문에, 상대방의 이익을 위하여 특별히 그 물건의 매수청구권을 인정하고 이에 따라 매수보상(買收補償)을 하도록 함으로써 실질적인 보상이 되도록 하고 있다.

4. 채권보상

(1) 필요성

각종 대규모 공공개발사업의 시행으로 토지투기가 만연하고 지가가 엄청나게 올라서 현재수준의 조세부담률과 국가재정형편으로는 금전보상이 어려운 현실을 감안하여, 그 해결방안의 하나로서 보상금을 채권으로 지급하는 방안이 도입되었다.

(2) 요건

사업시행자가 국가·지방자치단체·정부투자기관 및 공공단체인 경우에 한하여(따라서 사인에게 토지수용권이 부여된 경우는 제외된다), ① 토지소유자 또는 관계인 등이 원하거나, ② 당해 지역에 부재하는 부동산소유자(부재지주)의 토지로서 일정금액을 초과하는 보상금에 한하여 채권으로 보상할 수 있으나, 정당한 보상이 될 수 있도록 5년 이내의 상환기간을 정하고 3년 만기 정기예금의 이자를 지급하도록 하고 있다(토지보상법 제63조 제2항·제3항).

한편, 징발의 경우에는 10년의 범위 안에서 기간을 정하여 일시 또는 분할상환하는 징발보상증권에 의하여 보상할 수 있다(징발법 제22조의2).

(3) 문제점

헌법에 규정된 『정당한 보상』이 되려면 보상금액뿐만 아니라 보상의 시기와 방법까지도 정당해야 비로소 정당한 보상이 될 수 있다는 의미에서, 재정상의 애로가 인정됨에도 불구하고 채권보상제도는 남용될 경우 위헌의 소지가 있다. 특히 장기간에 걸쳐 일정수준 이하의 금리만을 지급하는 것은 문제가 있고, 부재지주(不在地主) 또는 비업무용 토지라는 이유만으로 다른 재산권과 차별하여 채권보상을 하도록 하는 것도 헌법상의 평등원칙에 어긋나는 위헌의 소지가 있다.

Ⅱ. 손실보상의 지급방법

행정상 손실보상액의 지급방법에는 ① 선불과 후불, ② 개별불과 일괄불, ③ 일시불과 분할불 등이 있으나, 선불·개별불·일시불을 원칙으로 하고 있다.

Ⅲ. 보상액의 결정방법 및 불복절차

1. 결정방법

(1) 당사자 간의 협의

토지보상법은 보상액의 결정에 있어 먼저 당사자 간의 협의를 원칙으로 하고 있다. 이 협의는 수용절차와 이에 의거한 재결의 전단계로 규정되어 있다(토지보상법 제3장·제4장 참조). 협의가 성립되면 복잡한 수용의 절차를 거칠 필요가 없게 되어 보상이 신속하게 진행된다.

(2) 행정청의 재결

당사자 간에 협의가 성립되지 않는 경우에는 사업시행자의 청구에 따라 토지수용위원회 같은 행정청의 재결에 의하여 보상액을 정하도록 하고 있다. 여기서 행정청이 행하는 재결의 내용에는, ① 토지수용위원회의 토지수용에 대한 재결과 같이, 보상원인이 된 재산권 침해행위 그 자체의 위법·부당까지 심판하고(수용재결, 收用裁決), 이와 아울러 보상액까지 재결하는 경우(보상재결, 補償裁決)와, ② 재산권 침해행위 자체에 대하여는 심판할 수 없고 오직 보상액만을 재결하도록 한 경우(도로법 제79조 · 제80조, 항만법 제37조, 산림법 제63조, 징발법 제24조, 전기사업법 제66조 제2항)가 있다.

(3) 민사소송

행정실무상 상대방의 청구에 의하여 행정청이 일방적으로 보상금액을 결정하여 보상지급통지를 할 수도 있다. 이는 행정처분이 아니라 『보상액의 사실상의 제시』에 지나지 않으므로 상대방이 수락치 아니하면 아무런 효과를 발생하지 못한다. 따라서 이에 대하여는 취소심판 및 소송에 의할 것이 아니라, 바로 법원에 보상금지급청구소송을 제기함이 타당하다고 생각된다.[248]

2. 불복절차

(1) 행정심판

지방토지수용위원회 또는 중앙토지수용위원회의 재결에 대하여 불복이 있는 자는 재결서의 송달을 받은 날부터 30일 이내에 중앙토지수용위원회에 이의신청을 할 수 있다. 이에 대하여 위원회는 원래의 재결이 위법 · 부당한 경우에는 수용재결의 전부 또는 일부를 취소하거나, 보상재결의 보상액을 증감하는 재결을 할 수 있다(토지보상법 제83조 · 제84조).

(2) 행정소송

행정소송 단계에서는 수용재결과 보상재결을 분리하여, 전자에 대하여는 수용재결취소소송을 항고소송으로 제기할 수 있으며(이 경우의 피고는 중앙 또는 지방토지수용위원회가 된다), 후자에 대하여는 보상액증감청구소송을 공법상 당사자소송의 일종으로 독립하여 제기할 수 있다(제85조). 제소기간은 행정심판을 거치지 아니한 경우에는 토지수용위원회의 재결서를 받은 날로부터 60일 이내에, 상술한 행정심판을 거친 경우에는 이의신청에 대한 재결서를 받은 날로부터 30일 이내로 되어 있다(제85조).

---

248) 박윤흔(상), p.764.

종전에는 피수용자가 수용 자체에는 이의가 없고 오직 보상액에 관하여만 다투고자 할 경우에도 토지수용위원회의 재결내용 전체를 대상으로 하는 재결 취소소송만을 제기할 수 있었으며, 법원도 재결 전체에 대한 취소판결만 할 수 있고 보상액만을 증감하는 판결을 할 수 없었기 때문에, 그 판결에 기하여 토지수용위원회가 보상액을 다시 재결하는 절차의 번거로움이 있었다. 그러나 새로이 제정된 토지보상법(제85조 제2항)은 보상액만을 다투고자 할 경우에는 토지수용위원회가 아닌 당해 사업시행자만을 직접 피고로 하여 공법상의 당사자소송을 제기할 수 있도록 규정함으로써 당사자주의를 채택함과 동시에 한번의 소송으로 모든 문제를 해결할 수 있도록 하였다. 즉 토지수용법 제85조 제2항은 "제1항의 규정에 의하여 제기하고자 하는 행정소송이 보상금의 증감에 관한 소송인 경우, 당해 소송을 제기하는 자가 토지소유자 또는 관계인인 때에는 사업시행자를, 사업시행자인 때에는 토지소유자 또는 관계인을 각각 피고로 한다"라고 규정하였다.

제5절 수용유사침해 · 수용적 침해 및 희생보상청구권

Ⅰ. 손실보상의 확장

헌법(제23조 제3항)이 규정한 "공공필요에 의한 재산권의 수용 · 사용 또는 제한 및 그에 대한 보상은 법률로써 하되, 정당한 보상을 하여야 한다"는 손실보상조항의 해석과 관련하여 다음과 같은 문제가 제기될 수 있다. 즉, ① 법률에서 재산권 침해만 규정하고 보상규정은 두지 않은 경우(수용유사침해)에도 보상받을 수 있는가의 문제, ② 반대로 법률에서 재산권 침해의 근거규정을 두지 아니한 경우에 적법한 공행정작용에 부수하여 발생된, 의도되지 아니한 침해(수용적 침해)에 대한 보상문제, 그리고 ③ 헌법상 재산권침해가 아닌 비재산권, 즉 생명 · 신체 등에 대한 침해(예, 예방접종사고)에 대한 보상문제(희생보상청구권)가 제기된다. 이에 관한 독일의 학설 · 판례를 중심으로 검토하고자 한다.

Ⅱ. 수용유사침해에 대한 보상

1. 의의

국토의계획및이용에관한법률(제38조)에 의한 개발제한구역(greenbelt)제와 같이 법률에서 재산권침해의 근거규정은 두고 있으나, 이에 대한 보상규정은 두고 있지 아니함으로써 결과적으로 위법(위헌)하게 된 재산권침해에 대한 보상문제를 말한다. 즉 수용유사침해(收用類似侵害)는 개인의 재산권에 대하여 사회적 구속을 넘는 특별한 희생이 가하여졌지만 당해 법률에 보상규정이 없는 경우에 그 손실을 전보해 주기 위하여 도입된 개념이다.

따라서 이를 위법으로 보아 손해배상을 청구할 수 있다는 이론은 헌법규정(제23조 제3항)의 해석에 관한 입법자에 대한 직접효력설(위헌무효설)의 입장이며, 국민에 대한 직접효력설에 의하면 직접 헌법 규정에 의하여 당연히 손실보상을 청구할 수 있으므로 수용유사침해의 법리를 인정하게 된다.

2. 이론의 전개

상술한 위헌무효설의 입장에서 위법한 침해행위에 대한 손해배상을 현실적으로 청구하고자 하는 경우에, 문제는 위법성은 인정되지만 담당 공무원의 고의·과실은 인정될 수 없다는 데에 있다. 즉 『위법은 하지만 무과실』인 침해행위이므로 종래의 손실보상론(적법·무과실) 또는 손해배상론(위법·과실)의 어느 것에 의하더라도 구제받을 수 없게 되어 있다. 이러한 부당한 결과를 해결하기 위하여 독일 연방최고법원은 기본법(제14조 제3항)의 손실보상조항에 근거하여 적법한 재산권 침해도 보상되는 터에 위법한 침해는 당연히 보상되어야 한다는 소위 수용유사침해론을 정립하였던 것이다.

그 후 1981. 7. 15 연방헌법재판소는 자갈채취업자가 개정된 수자원법에 따라 자갈채취사업을 계속하기 위하여 채취업허가를 신청하였는데 행정청이 이를 거부하자 원고가 손실보상을 청구한 소위 『자갈채취사건』에서 상대방은 손실보상은 청구할 수 없고 위법한 처분임을 이유로 취소소송을 제기할 수 있을 뿐이라고 하여 이 법리를 부정한 바 있으나, 연방최고법원의 판례와 학설은 여전히 이를 인정하고 있다.

생각건대, 『위법한 침해행위』에 대한 취급은 ① 개인의 재산권의 존속 그 자체의 보장이 우선되어야 한다는 사상에 입각한다면 당해 침해행위 자체에 대한 취소소송과 손해배상청구로 문제를 해결하여야 할 것이며, ② 반대로 공공의 이익을 위한 사업의 원활한 수행이 우선되어야 한다는 사상에 입각한다면 이를 일종의 수용으로 인정하는 대신에 정당한 보상청구권을 인정하는 것이 피해자구제에도 유리하다는 결론에 이르게 될 것이다. 또한 현실적으로도 만약 취소소송과 손해배상청구소송의 제소기간이 경과한 사안이라면 손실보상청구권을 인정할 실익이 있게 된다.

3. 우리나라의 학설

헌법규정(제23조 제3항)의 해석과 관련하여, ① 위헌무효설의 입장에서 손해배상청구만이 가능하다는 견해,[249] ② 적법한 침해에 대한 손실보상이 인정된다면 위법한 침해에 대한 것도 당연히 인정되어야 한다는 수용유사침해의 법리를 인정하되, 헌법상의 재산권보장조항을 유추적용하여 손실보상을 청구할 수 있다는 견해,[250] 그리고 ③ 국민에 대한 직접효력설을 취하여 헌법(제23조 제3항)에 직접 근거하여 손실보상을 청구할 수 있다는 견해[251]가 있다.

생각건대, 국민에 대한 직접효력설을 취하기에는 헌법해석상 무리가 있으며, 보상규정 없이 침해하는 행위에 대한 손실보상을 인정하면 결국 그러한 침해행위를 정당한 침해로 인정하는 것이 되기 때문에, 재산권 그 자체의 존속을 희망하는 국민의 기본권(재산권)이 부당하게 침해되어 헌법의 재산권보장정신에 어긋난다는 문제가 있다. 따라서 위헌무효설의 입장에서 재산권 침해행위에 대한 취소소송과 함께 손해배상청구만이 가능하다는 견해에 찬동하되, 과실의 요건을 대폭 완화하여 수용유사침해에 해당하는 모든 경우에 손해배상책임이 인정되도록 하여야 할 것으로 생각된다.

4. 판례

우리 판례는 개발제한구역의 설정으로 인하여 ① 특정 토지를 종래의 목적으로도 사용할 수 없게 되거나, ② 더 이상 법적으로 허용된 토지이용의 방법이 없기 때문에 실질적으로 토지의 사용·수익의 길이 없는 경우에는 보상을 하여야 하며 그렇지 아니하는 한 위헌으로 보아 헌법불합치결정을 한 바 있으며(헌재결 1998. 12. 24, 89헌마214, 90헌바16, 97헌바78 병합), 이 결정을

249) 김도창(상), p.669; 박윤흔(상), p.773; 이상규(상), p.644.
250) 김남진(Ⅰ), p.551.
251) 김동희(Ⅰ), p.560.

반영하여 개발제한구역의지정및관리에관한특별조치법에서 토지소유자의 매수청구권을 인정하기에 이르렀음은 앞에서 설명한 바와 같다. 그러나 이 결정만으로는 상술한 위헌무효설에 입각하여 바로 손해배상을 청구할 수 있다는 결론을 도출하기에는 무리라고 하겠다. 다만, 소위 신군부에 의하여 문화방송주식을 강제로 빼앗긴 자가 국가를 상대로 손실보상청구를 한 사건에서 원심인 고등법원은 "국가의 주식강제취득은 법률의 근거없이 개인의 재산을 수용한 것으로서 이른바 수용유사침해에 해당하며 구 헌법 제22조 제3항의 효력으로서 국가에 그 손실의 보상을 청구할 수 있다"(서울고법 1992. 12. 24, 92나20073)고 하여 수용유사침해의 법리를 적극 활용한 바 있으나, 상고심인 대법원은 "과연 우리 법제하에서 그와 같은 이론을 채택할 수 있는 것인가는 별론으로 하더라도, 이 사건 주식취득이 공권력행사에 의한 수용유사적 침해에 해당한다고 볼 수는 없다"(대판 1993. 10. 26, 93다6409)고 함으로써 수용유사침해론의 채택여부에 관하여 입장을 보류한 바 있으며, 그 후에도 이 법리를 부인하고 있다.

Ⅲ. 수용적 침해에 대한 보상

1. 의의

수용적 침해(收用的 侵害)란 적법한 행정작용의 결과 의욕되지 아니한 침해가 부수적으로 발생한 경우를 말한다. 예컨대 수십 년 간 도시계획상의 도로·공원용지 등의 도시계획시설로 고시만 해 두고 그대로 방치함으로써 토지소유자가 입은 재산상의 손해,[252] 지하철공사가 장기간 계속되어 인근 영업자의 영업에 발생한 손해 등이 이에 해당한다.

252) 예컨대, 서울특별시 기타의 지방자치단체들이 도로·공원·녹지 기타 도시계획시설용지로 고시만 해 놓고 수용보상비 등 사업예산의 부족으로 10년 이상 이를 집행하지 않은 면적이 엄청나게 많아 해당 토지소유자의 재산권침해가 심각하다는 지적이 그 동안 언론에도 자주 보도된 바 있다.

2. 이론의 전개

독일의 연방최고법원에 의하여 정립된 것으로서, 공공공사로 인한 일정 한도 내의 피해는 재산권에 내재하는 사회적 제약으로서 원칙적으로 이를 감수해야 할 의무가 있다. 그러나 그 정도를 넘어서 타인에게는 부과되지 않는 특별한 희생에 해당될 때에는 기본법(제14조 제3항)이 예상하고 있는 『의도된 적법한 침해』가 아닌 『의도되지 않은 부수적 침해』이기 때문에 관계법에 보상규정이 없는 경우가 많다. 이러한 재산권의 침해행위는 원칙적으로 사실행위에 해당하는 것으로서 독일 기본법 제14조 3항의 공용수용의 적법요건으로서 수용과 보상을 동시에 규정하여야 하는 결부조항(Junktim-Klausel)의 적용을 받지 않는다. 이 경우 보상규정이 없더라도 위법성의 문제가 제기되지 않는다. 이러한 경우에 있어서 그로 인한 특별한 손해를 전보해 주려는 것이 바로 수용적 침해에 대한 보상이다. 이러한 보상의무는 재산권침해적 행위의 위법성 때문에 성립하는 것이 아니라, 정당한 침해가 가능함에도 불구하고 행한 것이므로 성립되는 것이다.[253)]

3. 우리나라의 학설

헌법(제23조 제3항)상의 보상규정은 역시 『법률에 의하여 미리 의도된 침해』에 대한 보상만을 예상한 규정임은 부인할 수 없다고 하겠다. 이러한 의미에서 ① 독일의 수용적 침해의 이론을 적용하여 보상청구가 가능하다는 견해와, ② 국민에 대한 직접효력설을 취하여 보상청구가 가능하다는 견해에는 찬성하기 어려우며, 따라서 ③ 이러한 『의도되지 아니한 침해』도 그 위법성을 부인키 어려운 이상 상술한 위헌무효설의 입장에서 손해배상청구만이 가능하다고 하겠다. 다만 과실의 요건을 대폭 완화하여 손해배상을 폭넓게 인정하여야 할 것으로 생각된다.

---

253) Nußgens/Boujong, Eigentum, Sozialbindung, Enteignung, 1987, S.183.

4. 판례

우리 헌법재판소는 "토지소유자가 도시계획시설로 결정된 토지를 종래의 용도대로 계속 사용할 수 없거나 사적 이용이 완전히 배제된 경우에도 아무런 보상없이 장기간 감수하도록 규정하고 있는 한 이는 비례원칙에 위반하여 재산권을 과도하게 침해하는 위헌적인 규정이다"(헌재결 1999. 10. 21, 97헌바26)라고 함으로써, 도시계획시설 결정행위 자체에 위헌성이 있는 것이 아니라 그 시행과정에 있어서 장기적인 시행지연으로 발생하는 가혹한 부담에 대하여 보상규정을 두지 않은 것이 위헌이라는 해석을 하고 있다. 이에 따라 2000년 1월 28일 전문개정된 도시계획법(제40조·제41조)과 이를 이어받은 국토의계획및이용에관한법률(제47조)에서는 도시계획결정 고시일로부터 10년동안 도시계획시설사업이 시행되지 아니하는 경우에는 해당 토지소유자에 대하여 시장·군수 등에 대한 매수청구권(買收請求權)을 부여하는 한편, 20년동안 당해 도시계획시설사업이 시행되지 아니할 경우에는 그 다음날에 그 도시계획시설 결정이 실효된다는 규정을 신설하였다(법 제48조).

Ⅳ. 희생보상청구권

1. 의의

헌법은 공공필요에 의한 재산권의 수용 등에 대한 보상만을 명시하고 있어 적법한 행정작용으로 인하여 재산권 아닌 생명·신체 등의 비재산권이 침해된 경우(예, 전염병예방접종사고로 생명·신체가 침해된 경우)에도 손실보상을 청구할 수 있을 것인가의 문제, 즉 희생보상청구권(犧牲補償請求權)의 문제가 제기되고 있다(위법한 행정작용으로 인한 침해는 재산권·비재산권을 불문하고 손해배상제도에 의하여 보전되고 있다).

2. 학설

(1) 부정설

예방접종사고 같은 것은 의도된 침해가 아닌 우연한 사고이므로 손실보상이 아닌 위험책임에 입각한 손해배상제도에 의하여 전보되어야 한다는 견해이다.

(2) 긍정설

예방접종은 오늘날 증명된 과학적 방법에 의한 것으로서 위험하다고도 볼 수 없으며, 그 부작용에 의한 생명·신체의 침해는 의도되지는 아니하였지만 전염병예방이라는 공익을 위한 적법한 침해, 즉 수용적 침해와 같은 논리구조를 가지는 것이다. 그렇다면 재산권이냐 비재산권이냐에 따라 차등을 두어야 할 합리적인 이유가 없는 이상 손실보상제도의 적용을 받아야 할 것이라고 한다. 그러나 그 근거로서는 ① 헌법상의 손실보상규정(제23조 제3항)은 명문으로 재산권에 한정하고 있으므로 기본권보장에 관한 일반규정(제10조), 신체의 자유(제12조) 및 평등규정(제11조)을 근거로 하여 직접 청구할 수 있다는 견해와, ② 헌법상의 손실보상규정을 유추해석하여 청구할 수 있다는 견해로 나누어진다.[254)]

3. 우리나라에서의 적용문제

헌법(제23조 제3항)상의 손실보상 규정의 해석에 관한 통설인 『입법자에 대한 직접효력설』에 따라 법률에 손실보상규정이 있는 경우에 한하여 손실보상청구가 가능하며, 그렇지 아니한 경우에는 역시 위헌(위법)행위로 인한 손해배상청구만이 가능하다고 하겠으나, 이 경우 특히 공무원의 과실을 폭넓게 인정하여야 할 것으로 생각된다.

손실보상규정의 유무에 따른 이러한 혼란을 방지하기 위하여 1995. 1. 5 개정된 전염병예방법은 명문으로 예방접종사고에 대한 『손실보상』을 인정하고

254) 박윤흔(상), p.777. 일본의 하급심판결도 헌법상의 손실보상규정을 유추해석 또는 물론해석하여 적용한 예가 있다.

있다. 전염병예방법 제54조의2 제1항에는 "국가는 예방 접종을 받은 자가 그 예방 접종으로 인하여 질병에 걸리거나 장애인이 되거나 사망한 때에는 대통령령이 정하는 기준과 절차에 따라 다음 각 호의 보상을 하여야 한다"라고 하여 희생보상청구권을 인정하고 있다.

제3장

행정심판

제1절 행정쟁송제도 개관

Ⅰ. 행정쟁송의 의의

행정쟁송이란 "행정법상의 법률관계에 관한 분쟁이 있을 경우에 당사자의 청구에 의하여 일정한 심판기관이 이를 심리·판정하는 절차"를 말한다. 행정의 적법성과 타당성은 행정감독과 국민통제에 의하여 어느 정도 보장될 수 있다. 그러나 더 실효적인 방법은 위법·부당한 행정작용으로 인하여 그 권익을 침해받은 자로 하여금 직접 그 효력을 다툴 수 있게 하고, 일정한 판정기관이 그에 대한 유권적 판정을 내리도록 하는 제도를 마련하는 것이다.

이러한 행정쟁송제도는 실질적 법치주의에 부합하는 제도로서 모든 국가작용의 적법·타당한 행사를 담보하기 위한 여러 사전적·사후적 절차 중에서 가장 전통적이며 최종적인 수단으로 작용함과 동시에, 위법·부당한 행정작용 그 자체의 효력을 직접 다투는 제도로서 가장 직접적이며 강력한 권리구제수단이라는 점에 의미가 있다.

Ⅱ. 행정쟁송제도의 발달

행정쟁송제도는 사법부 아닌 행정부 내에 행정재판소를 설치하여 행정사건을 다루었던 독·불 등 대륙법계 국가에서만 독자적으로 발달되어 왔다(대륙식 행정국가주의). 영미법계 국가에서는 행정쟁송도 일반 민·형사사건과 마찬가지로 일반법원의 관할하에 두기 때문에 행정사건이라 하여 특별히 달리 취급되지 아니하였다(영미식 사법국가주의).

그러나 19세기 말 이후 영미법계 국가에서도 각종 행정위원회(독립규제위원회)에 대하여 행정쟁송에 대한 심판기능이 부여되기 시작하였으며, 반면 대륙법계 국가 중 독일에서는 제2차 대전 패전 이래 종전 행정부 소속의 행정재판소가 사법부 소속으로 탈바꿈하였고, 프랑스에서도 19세기 말 이래의 행정부 소속 행정재판소가 소속은 그대로 유지되면서도 사법부 못지 않게 독립성을 가지게 되어 실질적인 권리구제에 있어서 부족함이 없게 되었다.

이러한 양 법계 국가들 간의 행정쟁송제도의 상호접근현상은 실질적 법치주의의 구현을 위한 국민의 권리구제제도의 강화라는 공통의 목표에 접근하기 위한 노력의 결과로 보인다. 따라서 오늘날에는 양 제도를 분리·고찰할 필요가 크게 감소되었다고 할 수 있다. 우리 헌법은 영미법 국가에서와 같이 행정사건도 일반법원의 관할로 하고 있지만 행정사건의 특수성을 감안하여 행정소송법에서는 민사소송에 대한 여러 가지 특례를 두고 있다.

Ⅲ. 행정쟁송제도의 기능

1. 국민의 권익구제

행정쟁송제도는 기본적으로는 위법·부당한 행정처분의 취소·변경을 통하여 침해된 국민의 권익을 구제하기 위하여 존재하는 것이다.

이러한 기능은 구체적으로 행정청에 의한 행정심판과 법원에 의한 행정소송에 의하여 수행되는 것이며, 행정청 자신이 심판기관이 되는 행정심판보다는 역시 독립된 법원에 의한 행정소송이 보다 완벽한 기능을 수행한다. 그럼에도 불구하고 행정심판제도는 신속성·경제성·간편성 등의 장점으로 말미암아 국민의 권익구제에 있어 적지 않은 비중을 차지하고 있다. 행정소송은 국민의 권리구제를 위한 최종적인 수단이기는 하지만 행정소송에 의한 법원의 심사는 처분의 적법성의 문제에 한정된다. 법원은 법률상 쟁송에 관해서만 한정하여 판단해야 하기 때문이다. 이에 반하여 행정심판에서는 행정행위의 당·부당까지도 판단하여 국민의 권익구제에 기여할 수 있다.

2. 행정의 자기통제

이는 행정청 자신이 행하는 행정심판제도에 의하여 특히 발휘되는 기능으로서, 원래 대륙식 행정국가에서의 행정쟁송제도는 처분 행정청의 업무에 대한 감독권한이 있는 상급관청으로 하여금 하급관청의 처분의 위법・부당 여부를 심의케 함으로써 사법부의 간섭을 받기 전에 행정부 스스로에 의한 내부적・자율적 통제를 목표로 하였던 것이다. 이러한 기능은 오늘날 국민의 권익구제 기능보다는 가치가 저하된 것이기는 하지만, 여전히 행정부 내부에서는 중요한 의미를 가진다.

Ⅳ. 행정쟁송의 종류

행정쟁송은 심판기관・내용・절차 등을 기준으로 여러 가지로 분류할 수 있다.

1. 광의의 행정쟁송과 협의의 행정쟁송

『광의의 행정쟁송』이란 행정상의 법률관계에 관한 분쟁이 있을 경우에 당사자의 청구에 의하여 일정한 심판기관이 이를 심리・판정하는 절차를 총칭하여 말하며, 심판기관이 행정부이거나 법원이거나를 묻지 아니한다(따라서 행정심판과 행정소송을 포함하는 개념이다).

『협의의 행정쟁송』이란 광의의 행정쟁송 중에서 특히 행정청이 심판기관이 되는 행정쟁송, 즉 행정심판만을 의미한다. 우리나라에서는 행정작용에 대한 종국적 사법통제의 원칙을 취하면서도 동시에 자율적 통제기회의 보장, 또는 그 권리구제수단의 간이성・경제성・신속성 등 제도적 장점을 이유로 행정심판제도를 행정소송제도와 병행하여 채택하고 있다.

2. 실질적 쟁송과 형식적 쟁송

『실질적 쟁송』이란 행정상의 법률관계에 관한 분쟁이 있는 경우에 그 분쟁을 해결하기 위한 절차를 말하며, 『형식적 쟁송』이란 이러한 분쟁을 미리 예방하기 위하여 행정권이 발동되기 전에 처음부터 형식적으로 쟁송절차와 유사한 절차를 거쳐 발동되도록 함으로써 행정처분의 적법·타당성을 확보하기 위한 절차를 말한다. 형식적 쟁송의 예로서는 영·미에서 발달한 고지·청문절차 등의 행정절차제도를 들 수 있다.

3. 정식쟁송과 약식쟁송

무릇 분쟁의 공정한 해결을 위해서는 ① 심판기관이 독립한 지위에 있는 제3자이고, ② 심리절차에 있어서 당사자의 구두변론의 기회가 보장되어야 하는 바, 이를 모두 갖춘 것을 『정식쟁송』이라 하고, 어느 하나 이상이 결여된 것을 『약식쟁송』(略式爭訟)이라 한다. 행정소송은 전자, 행정심판은 후자에 해당된다.

4. 항고쟁송과 당사자쟁송

『항고쟁송』(抗告爭訟)이란 이미 행하여진 행정처분의 위법·부당을 이유로 그 취소·변경을 구하는 쟁송이다. 구체적으로 ① 각 개별법에 의한 이의신청·심사청구·심판청구 등(국세기본법), ② 행정심판법에 규정된 모든 종류의 행정심판(취소심판·무효등확인심판·의무이행심판, 동법 제4조), ③ 행정소송법에 규정된 행정소송 중 취소소송·무효등확인소송·부작위위법확인소송(동법 제4조)이 이에 해당한다.

『당사자쟁송』(當事者爭訟)이란 우월한 의사의 주체에 의한 일방적 처분이 있고 상대방이 이에 불복하는 절차가 아니라, 『서로 대등한 당사자의 관계에서서 공법상의 법률관계의 형성·존부에 관한 다툼을 판정하는 절차』를 말한다. 구체적으로 ① 토지소유자와 공공사업자(수용자) 간에 협의가 성립되지 아니한 경우에 토지수용위원회가 행하는 재결절차와, ② 행정소송 중 『행정청의 처분 등을 원인으로 하는 법률관계에 관한 소송, 그 밖에 공법상의 법률관계에 관한 소송으로서 그 법률관계의 한쪽 당사자를 피고로 하는 소송』(동법 제3조 제2항)이다. 예컨대 행정상 손해배상청구소송 · 손실보상청구소송 · 부당이득반환청구소송 · 결과제거청구소송, 공무원봉급 · 연금지급청구소송 등 행정처분(위법한 특허 · 인허가 취소, 토지수용, 조세부과, 공무원파면행위) 등이 원인이 되어 파생된 권리 · 의무관계에 대한 분쟁을 말한다.

따라서 특허, 인허가, 토지수용, 조세부과, 공무원파면행위 그 자체에 대한 취소 · 변경을 구하는 것은 항고쟁송이 되며, 그 결과 발생된 손해에 대한 배상 또는 부당이득의 반환 등을 요구하는 청구소송이 바로 당사자쟁송이 된다.

한편, 국가에 대한 물품 · 공사대금 청구소송 등과 같은 사경제적 작용(국고작용)으로 인한 것은 대등한 당사자 간의 법률관계이기는 하지만 공법상의 법률관계가 아닌 사법상의 법률관계이기 때문에 일반 민사소송에 의하므로 행정쟁송의 대상이 아니다.

5. 시심적 쟁송과 복심적 쟁송

『시심적 쟁송』(始審的 爭訟)이란 어떤 쟁송에 의하여 법률관계가 처음으로(시심적으로) 형성되는 것을 말하며, 예컨대 전술한 형식적 쟁송과 당사자쟁송이 이에 해당된다.

『복심적 쟁송』(覆審的 爭訟)이란 이미 행정작용이 행하여진 후에 그 위법 · 부당을 이유로 다시 심사해 줄 것을 요구하는 절차를 말하며, 항고쟁송이 이에 해당한다.

6. 주관적 쟁송과 객관적 쟁송

『주관적 쟁송』이란 행정작용으로 인하여 개인의 권리 · 이익이 침해된 경우에 그 구제를 구하는 쟁송을 말하며, 일반적으로 모든 쟁송은 이에 해당한다.

『객관적 쟁송』이란 특정 개인의 권익구제를 목적으로 하는 것이 아니라 행정작용의 객관적인 적법·타당성의 확보 또는 공공의 이익보호를 직접 목적으로 하는 쟁송을 말하며, 후술하는 민중쟁송과 기관쟁송이 이에 해당한다.

객관적 쟁송은 개인의 권익구제라는 쟁송제도 본래의 역할과는 다른 직접적인 이해관계자 외의 자에게 제소권을 부여하는 것이므로 법률에 특별히 규정이 있는 경우에만 인정된다.

7. 민중쟁송과 기관쟁송

『민중쟁송』(民衆爭訟)이란 행정법규의 위법한 적용을 시정하기 위하여 일반민중 또는 선거인에게 쟁송제기를 인정한 것을 말하며, 현행법상 ① 선거법에서 대통령·국회의원의 선거 또는 당선의 효력에 관하여 선거인이 대법원에 제기하는 선거소송(공직선거법 제222조·제223조), ② 지방의회의원·지방자치단체의 장의 선거 또는 당선의 효력에 관하여 선거인인 주민이 선거관리위원회에 제기하는 선거소청(동법 제219조), ③ 지방자치단체의 조례 또는 자치단체장의 명령·처분이 위헌 또는 위법이라고 인정될 때에 주민 100인 이상의 연서로 국무총리 또는 도지사에게 제기하는 주민소청 및 그 소청에 대한 결정에 불복할 경우 대법원에 제기하는 주민소송이 이에 해당한다(종전의 지방자치법 제153조·제154조, 지금은 폐지됨).

『기관쟁송』(機關爭訟)이란 국가·공공단체의 기관 상호간의 분쟁해결을 위한 쟁송으로서, ① 지방자치단체의 장 또는 교육감이 지방의회·교육위원회의 의결의 위법을 이유로 지방의회 또는 교육위원회를 피고로 하여 대법원에 제소하는 것(지방자치법 제159조)과, ② 주무부장관 또는 시·도지사의 위법·부당한 시정명령 또는 취소·정지 처분에 대한 지방자치단체의 장의 대법원에의 제소(지방자치법 제157조) 등이 있다.

제2절 행정심판의 의의

Ⅰ. 행정심판의 의의

1. 개념

광의의 행정심판(行政審判)이란 “널리 행정청이 행하는 행정상의 법률관계에 관한 분쟁에 대한 심판절차”를 말한다. 즉, 행정청의 위법·부당한 행정처분이나 기타 공권력의 행사·불행사로 인하여 자신의 권리나 이익을 침해당한 자가 행정기관에 대하여 그 시정을 구하는 절차를 말한다. 실정법상으로는 행정심판이라는 명칭 이외에 이의신청, 심사청구, 심판청구, 재심청구 등의 여러 가지 명칭으로 불리고 있다.

따라서 후술하는 이의신청과 당사자쟁송(재결)을 포함하여 널리 행정청이 행하는 모든 분쟁해결 절차를 말하지만, 그 중 특히 『행정심판법에 의한 행정심판』만을 협의의 행정심판이라고 한다. 현재의 행정심판은 임의적 절차로 되어 있다(행정소송법 제18조). 따라서 공무원관계법(국가공무원법 제16조·교육공무원법 제53조 제1항·지방공무원법 제20조의2)과 도로교통법(제101조의3), 조세관계법(국세기본법 제56조 제2항·지방세법 제78조 제2항·관세법 제38조의2) 등 개별법률에서 예외적으로 필요적 행정심판전치주의를 채택하고 있는 경우를 제외하고는 원칙적으로 임의적 절차이기 때문에 행정심판 또는 행정소송을 선택적으로 청구할 수 있게 되었다. 즉, 행정심판은 원칙적으로 임의적 절차이다.

이러한 행정심판제도에 관하여는 우리 헌법(제107조 제3항)이 직접 “재판의 전심절차로서 행정심판을 할 수 있다. 행정심판의 절차는 법률로 정하되, 사법절차가 준용되어야 한다”고 규정함으로써 제도적 근거를 마련하고 있다.

2. 다른 개념과의 구별

(1) 청원

헌법상 기본권의 하나인 청원권을 보장하기 위하여 헌법은 청원(請願)에 대한 국가기관의 심사의무를 규정하고 있고(헌법 제26조 제2항), 나아가서 청원법은 심사 · 처리 의무와 결과통지의무까지 규정하고 있어(동법 제9조) 행정심판제도와 유사한 면이 있다. 그러나 ① 대상사안에 있어 행정심판은 국민의 권리 · 이익이 침해된 경우에 한하지만, 청원은 법령의 제정이나 제도의 개선에 관한 희망 등 권익침해와 무관한 사안도 제출할 수 있으며, ② 대상기관 · 시기에 있어 행정심판은 엄격한 제한이 있지만, 청원은 어떤 기관(입법 · 사법 · 행정부)이든, 어느 시기든 제출할 수 있고, ③ 심리 및 판정에 있어 행정심판은 엄격한 절차 · 방식 · 효과(기속력)상의 법적 제한을 받지만, 청원은 이러한 제한이 없다는 점에서 본질적인 차이가 있다. 즉, 청원에 대한 심사처리결과의 통지는 행정소송의 대상이 되는 행정처분이라고 할 수 없다(대판 1990. 5. 25, 90누1458).

(2) 진정

진정(陳情)이란 아무런 형식 · 절차상의 제한 없이 행정청에 대하여 잘못의 시정 등을 희망하는 사실상의 행위로서 이에 대한 행정청의 답변은 아무런 법적 구속력을 갖지 아니하는 점에서 재결에 기속력이 인정되는 행정심판과는 다르다. 다만, 진정에 대한 행정청의 답변이 행정상의 확약의 요건을 충족시키는 경우가 있을 수 있다. 그러나 진정이라는 제목을 사용하더라도 그 내용이 실질적으로 행정심판청구에 해당하는 것이면 행정심판으로 보아서 처리하여야 한다.[255)]

---

255) 【판례】 원고가 제출한 진정서에는 건축불허가처분을 재고하여 달라거나 이 사건 처분에 불복한다는 취지도 포함되어 있음을 알 수 있는 바 위 문서는 비록 제목이 "진정서"로 되어 있고, … 행정심판청구서로서의 형식을 다 갖추고 있다고 볼 수 없으나, 피청구인인 처분청과 청구인의 이름과 주소가 기재되어 있고, 청구인의 기명이 되어 있으며, 위 문서의 기재내용에 의하여 심판청구의 대상이 되는 행정처분의 내용과 심판청구의 취지 및 이유, 처분이 있는 것을 안 날을 알 수 있고, 여기에 기재되어 있지

(3) 직권재심사

직권재심사(職權再審査)와 행정심판은 행정작용의 적법·타당성을 보장하기 위한 행정권의 자율적 통제수단이라는 점에서 공통점이 있다. 그러나 행정심판은 행정처분으로 권익을 침해당한 상대방의 쟁송제기에 의하여 행하여지는 것이므로 주로 부담적 행위가 대상이 되며, 법률관계의 안정을 위하여 청구기간의 제한이 있는 반면에, 직권에 의한 재심사는 행정청 스스로의 발의에 의하여 행정의 적법·타당성의 확보를 목적으로 하는 것으로서 주로 수익적 행위가 대상이 되며, 기간상의 제한은 없다. 행정심판에서는 불가변력이 발생하는 처분도 그 대상이 되지만, 직권재심사는 불가변력이 발생하는 처분에 대하여는 원칙적으로 허용되지 않는다는 점에서도 차이가 난다.

(4) 행정소송

행정소송과 행정심판의 공통점으로서는, ① 양자 모두 국민의 권익침해에 대한 구제를 목적으로 하는 실질적 쟁송에 해당하며, ② 쟁송의 제기에 의해서만 개시되고, 쟁송을 제기할 법률상 이익이 있는 자만이 제기할 수 있으며(청구인적격·원고적격), 원칙적으로 대심구조를 취하고 있고, ③ 심리에 있어 직권심리주의·불고불리의 원칙이 적용되며, ④ 효과에 있어 집행부정지의 원칙 및 사정재결 또는 사정판결이 인정되는 점을 들 수 있다.

차이점으로서는 ① 기능에 있어 행정심판은 행정의 자기통제에, 행정소송은 국민의 권익구제에 보다 중점을 두고 있기 때문에 행정심판에 있어서는 행정기관이 판정기관이지만, 행정소송에 있어서는 법원이 그 판정기관이며, ② 따라서 대상사안도 행정심판은 위법성뿐만 아니라 재량권의 범위 내에서의 그 적절한 행사 여부, 즉 당·부당까지 심판하지만, 행정소송은 권력분립의 정신에 따라 위법성만 심사하게 된다(단, 재량권 일탈·남용은 포함한다). ③ 심리절차에 있어 행정심판은 약식쟁송이기 때문에 구술심리주의와 함께 신속·간편한 서면심리주의도 병행하여 채택하고 있지만, 행정소송은 정식쟁송이므로

않은 재결청, 처분을 한 행정청의 고지의 유무 등의 내용과 날인 등의 불비한 점은 보정이 가능하므로 이를 이 사건 처분에 대한 행정심판청구로 보는 것이 옳다(대판 2000. 6. 9, 98누2621).

구술심리주의를 원칙으로 하고 있다. ④ 우리 나라에서는 행정심판에 있어서는 의무이행심판이 인정되지만, 행정소송에 있어서는 의무이행소송이 인정되지 않는다. 종전에는 행정쟁송에 있어서 행정심판을 거치고 난 후가 아니면 행정소송을 제기할 수 없도록 하는 행정심판전치주의를 취하고 있었으나 1998년 3월 1일부터는 서울지방행정법원의 설립과 함께 임의적 전치주의를 채택하여 행정심판을 거치지 않고 곧바로 행정소송을 제기할 수 있게 되었다.

Ⅱ. 행정심판의 기능

1. 행정의 자기통제

행정심판제도는 행정상의 분쟁이 법원에 의하여 다루어지기 전에 행정관청으로 하여금 그 행정처분에 대하여 다시 검토케 하여 스스로 판단하여 시정할 수 있기 때문에 행정의 자기통제 기능을 수행하게 된다.

2. 신속 · 경제적인 권익구제

정식쟁송인 행정소송과 달리 약식쟁송인 만큼 2월(예외적으로 3월) 이내에 종결되는 신속성과, 소송대리인 선임과 인지대 등의 비용 없이 간단한 행정심판청구서의 제출만으로도 가능하다는 경제성이 행정심판제도의 장점이 된다. 그러나 행정심판제도가 형식적으로만 운영된다면 오히려 법원에 직접 구제를 청구하는 것보다 시간 · 노력상의 낭비만 초래된다는 점에도 유의하여야 할 것이다.

3. 행정청의 전문지식의 활용

행정청은 일반적 법률문제만을 다루는 법원보다 당해 분야의 전문적 · 기술적 지식과 경험이 풍부하게 축적되어 있으므로 이를 다시 한번 활용케 함으로써 분쟁의 합리적 해결에 기여할 수 있다.

4. 법원의 부담 경감

행정심판제도가 적절하게 운영되면 많은 분쟁이 이 단계에서 해결될 수 있으므로 법원의 부담이 경감된다. 예컨대, 운전면허취소사건이나 과세처분과 같이 매년 수십만건의 처분이 대량으로 행하여지는 영역에서 분쟁이 발생할 경우 곧바로 행정소송이 제기되면 법원이 과중한 부담을 지게 된다. 이 경우 행정심판을 거쳐 법원에 소송이 제기된다면, 행정심판의 단계에서 분쟁이 먼저 해결될 수도 있으며, 행정심판이라는 전단계에서의 여과장치를 거치면서 법률적 쟁점이 정리될 것이다. 우리 대법원은 "행정소송을 제기함에 있어서 행정심판을 먼저 거치도록 하는 것은 행정관청으로 하여금 그 행정처분을 다시 검토케 하여 시정할 수 있는 기회를 줌으로써 행정권의 자주성을 존중하고 아울러 소송사건의 폭주를 피함으로써 법원의 부담을 줄이고자 하는데 그 취지가 있다"라고 판시하여 이러한 기능을 인정하고 있다(대판 1988. 2. 23, 87누704).

제3절 행정심판의 종류

Ⅰ. 항고쟁송과 당사자쟁송

1. 항고쟁송

항고쟁송에 속하는 행정심판에는 이의신청과 협의의 행정심판 및 특별법상의 행정심판의 3종류가 있다.

(1) 이의신청

이의신청(異議申請)이란 원래의 처분청 자신이 행하는 심판을 말하며, 따라서 처분청의 직근상급행정청이 행하는 심판인 행정심판과 구별된다.

행정심판은 일반법인 행정심판법에 의하여 규율되며 모든 행정처분에 대하여 인정되는 데 반하여, 이의신청은 개별법률에서 특별히 규정하는 행정처분에 대하여만 인정될 뿐이다(예, 광업법에 의한 광업권 취소처분, 국세기본법에 의한 조세부과처분, 행정대집행법에 의한 일련의 대집행행위 등).

어떤 행정처분에 대하여 이의신청과 행정심판청구가 동시에 인정되고 있는 경우에는 양자를 전·후심의 관계에 둘 수도 있으나, 양자 중 택일만을 허용하는 것이 신속한 권리구제에 부합된다고 하겠다(예, 행정대집행에 대한 불복은 당해 처분청 또는 상급행정청에 선택적으로 제기할 수 있으나, 처분청에 이의신청을 한 자는 상급행정청에 행정심판을 제기할 수 없다고 규정한 행정대집행법 제7조의 규정 등).

이의신청의 절차·심판 등에 대하여는 각 개별법률이 정하는 바에 따르며, 행정심판법과 같은 일반법이 없어 신청기간·심판절차 등 그 내용이 각양각색이다.

(2) 행정심판(협의)

행정심판법에 의한 행정심판을 의미하며, 취소심판, 무효등확인심판, 의무이행심판의 3종류로 구분해 정하고 있다(행정심판법 제4조). 이 절의 주된 연구대상이 되므로 다음에 상세히 설명한다.

(3) 특별행정심판

행정심판은 행정심판에 관한 일반법인 행정심판법이 정한 절차와 방법에 따라 행하는 것이 원칙이지만, 예외적으로 각 개별법률에서 특별한 절차와 방법을 규정하고 있는 경우에는 그에 따라야 하며 이를 총칭하여 특별행정심판이라고 한다.

현행법상의 특별행정심판제도로서는, ① 국가·지방공무원의 징계 등에 대한 소청(국가공무원법 제76조·지방공무원법 제67조), ② 세무서장의 과세처분에 대한 국세청장에의 심사청구 및 국세심판원장에의 심판청구(국세기본법 제62조·제69조), ③ 특허처분에 대한 특허심판원의 특허심판 및 이에 대한 특허심판원의 재심(특허법 제132조의2·제178조), ④ 지방해양안전심판원의 재결에 대한 중앙해양안전심판원에의 제2심청구(해양사고의조사및심판에관한법률 제58조) 등이 있다.

이들 특별행정심판제도는 당해 특수 행정분야의 고도의 전문·기술적 성격을 고려하여 예외적으로 인정된 제도이다. 따라서 소청심사위원회·국세심판원·특허심판원 등 제3의 독립된 재결기관을 설치할 뿐만 아니라, 그 중 특히 특허 및 해양사고에 있어서는 증거조사·구두변론 등 사법절차에 준하는 엄격한 심판절차를 마련함과 동시에 그 심판에 대한 소송도 일반 행정심판과 달리 특허법원 또는 대법원(중앙해양안전심판원의 경우)에 제기하도록 하고 있다(특허법 제186조·해난심판법 제74조).

2. 당사자쟁송(재결)

(1) 개념

당사자쟁송이란 행정처분이 먼저 있고 나서 그 시정을 구하는 복심적 쟁송인 항고쟁송과 달리, 서로 대등한 당사자 간에 공법상의 법률관계의 형성·존부에 관한 다툼을 처음부터 쟁송절차를 거쳐 판정하는 것이므로 시심적 쟁송에 해당한다. 실정법상으로는 재결·재정·판정·결정 등의 여러 용어로 사용되고 있지만 학문상으로는 주로 재결(또는 재결신청)이라고 한다.

재결기관은 법령에 의하여 그 권한이 부여된 행정심판위원회가 보통이지만 신중·공정을 기하기 위하여 특별한 행정위원회가 설치되는 경우가 많다(예, 토지수용위원회, 노동위원회). 재결에 대하여 불복하는 자는 법이 정하는 절차에 따라 일정기간 내에 행정소송을 제기할 수 있다.

(2) 절차

재결신청을 할 수 있는 자는 당해 법률에서 정하고 있는바, 예컨대 토지수용시의 기업자와 같이 보통 당해 법률관계의 형성에 관하여 상대방에게 협의를 구한 자가 된다. 즉, 토지수용시 협의가 불성립하는 경우에 그 협의를 구하는 자는 사업을 진행하는 사업주체 또는 기업자이기 때문에 기업자가 재결신청자가 되는 것이다. 이 경우 그 상대방인 국민은 직접 재결신청은 할 수 없고 다만 기업자에게 재결신청청구만 할 수 있다. 재결절차도 각 법률이 정하는 바에 의하지만, 당사자에게 의견진술의 기회를 부여함이 보통이다.

(3) 재결기관

재결기관은 일반 상급행정청에 소속된 행정심판위원회가 되는 것이 보통이나, 특히 재결의 신중·공정을 기하기 위하여 토지수용위원회·노동위원회 등 독립된 행정위원회를 재결기관으로 하는 경우도 있다.

(4) 재결의 종류

1) 확인재결

법률관계의 존부 또는 정부를 확인하는 재결로서, 지방자치단체 간의 과세권의 귀속에 대한 협의 불성립시의 신청에 의한 도지사 또는 행정안전부장관의 결정(지방세법 제10조) 등이 이에 해당한다.

2) 형성재결

당사자 간에 법률관계의 새로운 형성에 관하여 협의가 성립되지 아니하는 경우 일방 당사자의 신청에 의하여 재결기관이 법률관계를 형성하는 재결을 하는 것이다. 예컨대 토지수용에 관한 토지수용위원회의 재결(토지보상법 제50조), 광구의 굴진・증구에 관한 통상산업부장관의 결정(광업법 제36조), 어업자와 신규입어자 간의 입어제한에 관한 협의 불성립시의 시・도지사 등의 재결(수산업법 제85조) 등이 이에 해당한다.

(5) 재결에 대한 불복

당사자쟁송의 재결은 일정한 쟁송절차를 거치는 준사법적인 행위이므로 불가변력을 발생하며, 당사자는 각 개별법률이 정하는 기간 내에 항고쟁송(취소심판・취소소송)을 제기할 수 있음은 물론이다. 각 개별법률에 명문규정이 없더라도 재결 그 자체가 행정행위에 해당하므로 행정심판법과 행정소송법에 따라 항고쟁송(취소심판・취소소송)을 제기하여 그 취소・변경을 구할 수 있다.

Ⅱ. 행정심판법상의 행정심판의 종류

상술한 이의신청과 특별행정심판은 각각 개별법률에서 특히 명문으로 인정된 행정처분(특허・조세 등)에 대하여만 이를 제기할 수 있음에 반하여, 이들을 제외한 모든 행정처분에 대하여는 일반법인 행정심판법이 정하는 바에 따라 행정심판을 제기할 수 있다. 동법(제4조)은 그 종류로서 취소심판 · 무효등확인심판 · 의무이행심판의 3종류의 항고심판을 규정하고 있다.

1. 취소심판

(1) 의의

행정심판의 중심을 이루고 있는 것으로서, 행정청의 위법 또는 부당한 처분, 즉 공권력의 행사 또는 그 거부나 그 밖의 이에 준하는 행정작용으로 인해 권익을 침해당한 자가 그 취소 · 변경을 구하는 심판을 말한다(제4조). 행정심판 중에서 가장 대표적인 것이 취소심판(取消審判)이며, 행정심판법은 취소심판을 중심으로 규정한 취소심판중심주의를 채택하고 있다. 취소심판의 주된 목적은 공정력이 있는 행정처분의 효력을 상실 · 변경시키려는 것이다.

(2) 성질

취소심판은 취소소송의 성질과 마찬가지로 형성적 쟁송인지 확인적 쟁송인지에 관하여 논란이 있다. 즉, ① 형성적 쟁송설은 취소심판을 원래의 처분의 효력을 취소 · 변경하여 법률관계를 소멸 · 변경시키는 형성적 성질의 것으로 보지만(따라서 원처분청의 별도의 취소 · 변경처분이 필요 없다), ② 확인적 쟁송설은 원처분의 위법 · 부당성을 단순히 확인하는 것에 불과하다(따라서 원처분청은 별도의 취소 · 변경처분을 하여야 비로소 법률관계가 소멸 · 변경된다)고 하는바, 취소소송에서와 마찬가지로 형성적 쟁송설이 통설의 입장이다.[256)]

(3) 특수성

① 심판청구기간의 제한(원처분이 있음을 안 날로부터 90일, 처분이 있은 날로부터 180일 이내), ② 사정재결(인용되어 마땅하지만 공공복리상 기각하는 재결; 후술), ③ 집행부정지제도를 채택하고 있는 결과, 행정심판을 제기하여도 당해 처분의 효력은 원칙적으로 정지되지 않는다(예외적으로 집행정지

256) 김도창(상), p.698; 류지태 · 박종수(신), p.5693; 이상규(상), p.694.

결정 가능).

【판례】 : 고시 · 공고에 의한 행정처분은 5일이 경과한 후 알았다고 보아야 한다는 판례
통상 고시 또는 공고에 의하여 행정처분을 하는 경우에는 그 처분의 상대방이 불특정 다수인이고, 그 처분의 효력이 불특정 다수인에게 일률적으로 적용되는 것이므로, 그에 대한 행정심판 청구기간도 그 행정처분에 이해관계를 갖는 자가 고시 또는 공고가 있었다는 사실을 현실적으로 알았는지 여부에 관계 없이 고시가 효력을 발생하는 날인 고시 또는 공고가 있은 후 5일이 경과한 날에 행정처분이 있음을 알았다고 보아야 한다(대판 2000. 9. 8, 99두11257).

(4) 재결

재결내용으로서 행정심판위원회는 ① 직접 원처분을 취소 · 변경할 수도 있고(형성적 재결로서, 처분취소재결 · 처분변경재결), ② 단순히 원처분청에 대하여 취소 · 변경할 것을 명하는 데 그칠 수도 있다(이행적 재결로서, 처분취소명령재결 · 처분변경명령재결 ; 제32조 제3항).

2. 무효등확인심판

(1) 의의

행정청의 처분의 효력유무 또는 존재여부에 대한 확인을 구하는 심판을 말한다(제4조).

무효 또는 부존재(이를 합하여 동법에서 『무효 등』이라고 표현하였다)는 행정청이나 법원의 확인을 거칠 필요 없이 처음부터 당연히 아무런 효력을 발생하지 않는 것이므로 누구든지 이를 무시하고 행동할 수 있는 것이지만, 현실적으로 보면 유효하거나 존재하는 것으로 오인되어 행정청이 집행해 버릴 우려가 있기 때문에 상대방으로서는 불안한 상태에 있게 되므로, 이를 해소하기 위

하여 유권적으로 무효·부존재임을 확인·선언하는 제도이다. 따라서 행정처분의 당연무효를 주장해 그 무효확인을 구하는 행정심판에 있어서는 청구인에게 그 처분이 무효인 사유를 주장·입증할 책임이 있다(대판 1992. 3. 10, 91누6030).

(2) 성질

무효등확인소송의 성질과 마찬가지로 확인적 쟁송설·형성적 쟁송설·준형성적 쟁송설이 대립되어 있는바, 무효등확인심판은 실질적으로는 확인적 쟁송이지만 형식적으로는 처분의 효력유무 등을 직접 쟁송의 대상으로 한다는 점에서 형성적 쟁송으로서의 성격을 함께 가지는 것으로 보는 준형성적 쟁송설이 통설이다.[257)]

(3) 특수성

무효등확인심판도 항고쟁송의 일종이므로 취소심판과 유사하지만, 취소할 수 있는 행정처분이 아닌 당연무효 또는 부존재인 행정처분을 대상으로 한다는 특성 때문에, ① 언제든지 제기할 수 있어야 하므로 심판청구기간의 제한을 받지 아니하고 기간에 관계 없이 청구할 수 있으며(제18조 제7항), ② 취소함이 마땅한 행정처분임에도 불구하고 공익상 필요가 있더라고 특별히 효력을 유지시키는 사정재결은 할 수 없고 이러한 경우에는 인용재결을 하여야 한다(제33조 제3항).

(4) 재결

심판청구가 이유 있다고 인정할 때에는 처분무효확인재결·처분유효확인재결·처분부존재확인재결·처분존재확인재결·처분실효확인재결 등을 하게 된다(제32조 제4항). 이 재결에 불복하는 경우에는 무효등확인소송을 제기하게 된다.

257) 김도창(상), p.698; 박윤흔(상), p.793; 이상규(상), p.696.

3. 의무이행심판

(1) 의의

행정청의 위법 또는 부당한 거부처분이나 부작위로 인하여 권익의 침해를 당한 자의 청구에 의하여 일정한 처분을 할 것을 구하는 심판을 말한다(제4조). 의무이행심판(義務履行審判)은 일반적으로 소극적인 행정작용으로 인한 당사자의 불이익을 구제하기 위하여 인정되는 것으로서, 특히 행정청의 직무의 해태나 부작위를 그 대상으로 하고 있다는 점에서 급부행정에 있어서 큰 의미를 가진다. 즉, 취소심판의 경우에는 잘못된 거부처분의 효력을 상실하게 하는 효과밖에 없으나, 의무이행심판으로 다투게 되면 적극적인 행위를 재결할 수 있다는 실익이 존재한다.

종전에는 인·허가 신청에 대한 장기간의 방치나 생활보호의 거부 등 법률상 일정한 처분의무가 존재함에도 불구하고 행정청의 부작위로 인한 권익침해에 대하여는 아무런 구제수단이 없었다. 그러나 1984년에 행정소송법상의 부작위위법확인소송과 함께 인정된 획기적인 제도로서, 아직 행정소송의 단계에서는 의무이행소송이 도입되고 있지 않은 데 비해 행정심판단계에서 이를 도입한 것은 행정심판은 행정권의 연장이라는 고려가 반영된 것으로서 앞으로 행정소송에 있어서 의무이행소송의 도입 여부에 결정적인 역할을 하게 될 것으로 보인다.

(2) 성질

의무이행심판은 행정청에 대하여 일정한 처분을 이행할 것을 명하는 심판이므로 이행적 쟁송의 성질을 가지는 한편, 항고쟁송으로서의 성질도 가진다. 구체적으로 현존하는 의무를 이행시키고자 하는데 그 취지가 있기 때문에 당사자의 신청에 대하여 피청구인인 행정청이 일정한 처분을 하여야 할 법률상 의무의 이행기가 도래하여 현실화된 경우에 의무이행심판이 가능하게 된다.

(3) 특수성

항고쟁송의 일종이므로 취소심판과 동일한 특수성을 가진다. 다만, ① 부작위를 심판대상으로 하는 경우, 부작위가 계속되는 한 심판청구기간의 제한을 받을 수 없고(제18조 제7항), 집행정지에 관한 규정도 적용될 수 없다는 특수성이 있으며, ② 법률상 처분의무가 존재함에도 불구하고 부작위한 경우에만 인정된다는 특성 때문에, 처분의무의 이행기가 도래한 후(예, 인허가신청서 접수 후 15일 내에 처분할 의무가 있는 경우에는 그 15일이 지난 후)에 비로소 의무이행심판을 청구할 수 있다고 할 것이므로, 현재의 이행심판이 아닌 앞으로 다가올 장래의 이행심판은 허용되지 아니한다고 하겠다.[258)]

(4) 재결

심판청구가 이유 있다고 인정할 때에는 위원회가 ① 직접 신청에 따른 처분을 할 수도 있고(형성적 재결), ② 원처분청에 대하여 신청에 따른 처분을 할 것을 명할 수도 있다(이행적 재결; 제32조 제5항). 이 경우 행정청은 지체 없이 그 재결의 취지에 따라 다시 이전의 신청에 대한 처분을 하여야 한다.

이행적 재결에 있어서 다시 ① 기속행위인 경우에는 청구인의 신청대로 처분을 할 것을 명하는 재결(예, 『건축허가 · 운전면허 · 공장등록을 하고 동 허가필증 · 면허증 · 등록증을 교부하라』)을 할 수 있지만, ② 재량행위인 경우에는 성질상 더 이상 방치하지 말고 지체 없이 『가부간에 어떤 처분을 할 것』을 명하는 재결(예, 재개발사업인가신청에 대하여 도시재개발법 등 관계법규에 따라 인가여부를 결정하라』; 국무총리행정심판위원회재결 1986. 8. 22, 국행심 86-144)을 할 수 있을 뿐이기 때문에 행정청은 처분할 의무는 있지만 반드시 신청대로의 처분을 할 의무는 없다. 이행적 재결에 있어서 신청인은 원처분청에 다시 처분을 해 줄 것을 신청할 필요가 없고, 원처분청은 재결의 취지대로 종전의 신청에 대한 처분을 할 의무가 있다(재결의 기속력; 제37조 제2항).

---

258) 박윤흔(상), p.789; 이상규(상), p.697.

(5) 불복

① 부작위에 대한 기각재결에 불복할 경우에는 행정소송법상 의무이행소송이 인정되지 아니하므로 부득이 부작위위법확인소송을 제기하여야 하며, ② 거부처분에 대한 기각재결에 불복할 경우에는 거부처분취소소송을 제기할 수 있다.

제4절 행정심판의 대상

Ⅰ. 개설

행정심판의 대상이란 행정심판을 청구할 수 있는 요건적 사항을 말한다. 일반적으로 법률이 행정심판의 대상을 확정하는 방법으로서는 ① 제2차대전 전의 대륙법계 국가의 예와 같이 법률이 특별히 열거하는 사항에 한하여 행정심판의 제기를 허용하는 열기주의(列記主義)와, ② 위법·부당한 처분은 모두 허용하는 개괄주의(概括主義)가 있으나, 국민의 권익구제에 만전을 기하기 위하여는 심판청구가 남용될 우려가 있음에도 불구하고 개괄주의가 타당하다고 하겠다. 오늘날은 영미법계와 대륙법계의 국가들이 모두 개괄주의를 택하고 있으며, 우리 행정심판법(제2조·제3조)도 『행정청의 위법·부당한 모든 처분 또는 부작위』라 하여 모든 처분 또는 부작위의 행정사항에 대하여 행정심판을 제기할 수 있도록 하고 있다. 그러나 실제적으로는 행정청의 처분 또는 부작위 이외의 그 밖의 행정청에 의한 행위형식들이 행정심판의 대상에서 배제되는 문제점이 있다. 즉, 처분개념에는 권력적 사실행위는 포함되는 것이지만 비권력적 행위들은 대부분 행정심판사항에서 배제되고 있는 실정이다.

대통령의 처분 또는 부작위에 대하여는 행정부의 수반이라는 점과 업무부담을 감안하여 행정심판대상에서 제외하고 바로 행정소송을 제기하도록 하고 있다(제3조 제2항).

Ⅱ. 행정청

행정심판의 대상은 『행정청』의 처분 또는 부작위이다. 이때의 행정청(行政廳)이란 처분 또는 부작위를 행할 수 있는 권한을 가지는 행정기관, 즉 국가 또는 지방자치단체의 행정에 관한 의사를 결정·표시할 수 있는 권한을 가진 모든 행정기관, 즉 학문상의 행정관청을 말한다. 또한 행정청에는 법령에 의하여 행정권한의 위임 또는 위탁을 받은 행정기관, 공공단체 및 그 기관, 사인이 포함된다(제2조 제2항).

처분이나 부작위가 있은 후에 그 권한이 다른 행정청에 승계된 때에는 이를 승계한 행정청을 말한다(제13조 제1항 단서).

Ⅲ. 처분

행정심판의 대상인 처분(處分)이란 『행정청이 행하는 구체적 사실에 관한 법집행으로서의 공권력의 행사 또는 그 거부와 그 밖에 이에 준하는 행정작용』을 말한다(제2조 제1항 제1호); 처분의 개념은 행정소송의 대상인 처분과 같은 개념이므로 상세한 내용은 제4장 행정소송 중 취소소송의 대상인 『처분』의 개념 참조).

1. 공권력행사

공권력행사(公權力行使)는 행정행위론에서 설명한 행정행위(인·허가·면허 등의 취소처분, 조세·개발부담금·도로사용료 등의 부과처분 등)가 중심이 되겠으나, 행정행위뿐만 아니라 권력적 사실행위(전염병환자의 강제수용, 위생검사를 위한 식품의 강제수거행위 등)도 계속적 성질을 가지는 한 구제받을 실익이 인정되므로 공권력행사에 포함된다.

2. 거부처분

일정한 공권력행사를 신청한 경우에 그 신청에 따른 공권력행사를 거부하는 의사표시로서, 소극적 내용이기는 하지만 분명히 공권력행사에 해당한다(예,

각종 인가·허가·면허·등록신청 또는 신고에 대하여 인가거부·불허가·등록거부 또는 신고수리거부 등의 처분을 한 경우). 거부처분은 당사자의 신청내용에 대해 행정청이 부정적인 의사판단을 하여 외부적으로 행위를 행하는 것이라는 점에서 아무런 외부적 행위가 존재하지 않는 부작위와는 구별된다. 또한 일정한 신청에 대하여 일정기간 내에 아무런 처분을 하지 않으면 이를 거부처분으로 본다고 법령이 규정하고 있는 경우, 즉 간주거부(看做拒否)도 거부처분에 포함된다고 보아야 할 것이다.

【판례】: 거부행위는 행정처분이라는 판례
지적법 제12조 제1항은 일반 국민에게 지적공부의 열람과 등본의 교부신청을 할 권리가 있음을 규정한 것인바, 그러므로 이 신청을 거부하는 행위는 그 거부행위가 정당한 것인지 여부는 별론으로 하고, 항고소송의 대상이 되는 행정처분에 해당한다(대판 1992. 5. 26, 91누5952).

3. 공권력행사 또는 그 거부에『준하는 행정작용』

이것은 공권력행사 또는 그 거부처분은 아니지만, 예컨대 구속적 행정계획, 행정지도, 처분법령, 대물적 처분 등을 말하며, 이들 행위에 대하여도 취소·변경을 통하여 국민의 권익구제가 가능한 한 널리 행정심판의 대상으로 하기 위하여 1984년 행정심판법 개정시에 새로이 인정된 포괄적 개념이다. 행정청에서 행한 일정한 행정작용이 엄격한 의미에서 공권력행사로서의 실체를 갖추지 않은 것이라 하더라도, 그에 대한 다른 실효적 구제수단이 없는 경우에는 당해 행정작용을 공권력행사에 준하는 작용으로 보아 행정심판의 대상이 될 수 있다고 하여야 할 것이다.

부 산 광 역 시 ○ ○ 구

우 ○○○-○○○ 부산광역시 ○○구 ○○동 148-15 / 전화(051-○○○-○○○) / 전송○○○-○○○ 허가민원과 / 과장 ○○○ / 건축1담당 ○○○ / 담당자 ○○○

문서번호　건축 58551-○○○○
시행일자　2001. ○. ○○.
공개여부　공 개
수　　신　서울시 ○○구 ○○동 ○○○-○○ (주) ○○
　　　　　대표이사 ○○○
참　　조

제　　목　건축허가 신청서 반려

---

1. 귀사의 무궁한 건승을 기원합니다.
2. 우리구에서는 IMF 체제하의 어려운 경제사정으로 고통받고 있는 영세상인 및 서민경제를 보호하기 위해 재래시장 활성화와 일자리 하나 더 찾기 시책을 우리구 역점사업으로 시행하고 있습니다.
3. 당해 신청지는 아파트가 밀집된 지역으로 재래시장(○○○○시장 등) 및 생활필수품을 취급하는 영세상인들이 많이 분포되어 있는 실정으로 대형할인점이 들어서면 영세상인들의 매출격감으로 인해 서민경제에 악영향을 미칠 것으로 우려되며,
4. 당해 지역은 평소 교통량이 많은 지역으로 앞으로 ○○○마켓까지 건립된다면 교통혼잡이 가중될 것으로 예상되므로,
5. 귀사에서 제출한 우리구 ○○동 ○○○-○번지상 건축허가 신청서는 반려하오니, 넓은 아량으로 이해하여 주시기 바라며, 관련서류를 찾아가시기 바랍니다.
6. 본처분에 이의가 있을 경우에는 행정심판법 제18조 및 행정소송법 제20조의 규정에 의거 처분이 있음을 안날로부터 90일 이내에 행정심판 및 행정소송을 청구할 수 있음을 알려드립니다. 끝

부 산 광 역　　관인

다만, 그 구체적 유형을 정하는 데 있어서는 행정소송에서의 처분개념 논의와 유사하게 이른바 형식적 행정행위(形式的 行政行爲)의 개념도 이에 포함된다고 보거나,[259] 법문의 내용에 비추어 권력적 성질을 갖는 행정작용에 한정된다고 보는 경우가 있다.[260] 후자의 견해가 타당하다고 하겠다.

Ⅳ. 부작위

1. 의의

행정심판의 대상인 부작위(不作爲)라 함은 "행정청이 당사자의 신청에 의하여 상당기간 내에 일정한 처분을 하여야 할 법률상 의무가 있음에도 불구하고 이를 하지 아니하는 것"을 말한다(제2조 제1항 제2호).

예컨대, 인·허가 신청, 생활보호 신청, 공해규제 신청 등에 대하여 행정관청이 장기간 아무 응답 없이 방치하는 경우에 적극적으로 신청내용에 따른 처분을 해 줄 것을 요구하는 것으로서, 인·허가 신청에 대하여 명백한 거부의사를 표시하는 거부처분과는 개념상 구분된다(그러나 양자는 모두 의무이행심판의 대상이된다는 점에서 공통점이 있다. 한편 행정소송에 있어서는 거부처분은 취소소송의, 부작위는 부작위위법확인소송의 대상으로 각각 분리되며, 의무이행소송은 권력분립상 인정되지 않고 있는 점에 유의하여야 한다).

2. 요건

(1) 당사자의 신청

여권발급신청에 관한 여권법(제5조) 또는 광업권설정출원에 관한 광업법(제17조)의 규정처럼 일정한 처분을 받기 위한 신청권이 법령에 명시적으로 인정

259) 김도창(상), p.756.
260) 류지태·박종수(신), p.578.

된 경우뿐만 아니라, 법령해석상 신청권이 있다고 인정되는 경우도 포함된다(예, 『건축물을 건축하고자 하는 자는 허가를 받아야 한다』고만 규정되어 있는 건축법(제8조 제1항)의 경우처럼 구체적인 허가신청조항이 없더라도 당연히 허가신청권이 있다고 해석된다).

그러나 공정거래위원회에 대한 위반행위의 신고처럼 단순히 행정청의 직권발동을 촉구하는 당사자의 신청은 이에 해당되지 않는다.

(2) 상당한 기간의 경과

상당한 기간 내에 가부간에 어떤 처분을 하지 아니하는 경우에만 부작위가 성립된다. 상당한 기간이란 사회통념상 일반적으로 그러한 신청에 대하여 검토·처리하는 데 소요될 것이라고 합리적으로 인정되는 기간을 말하지만, 최근에는 분쟁의 소지를 없애고 신속한 권리구제수단을 취할 수 있도록 인·허가 등 법령에 규정된 모든 신청의 처리기간·구비서류 등을 법령 또는 훈령 등으로 정하고 있으며, 이를 부처별·내용별로 종합한 『민원사무처리기준표』를 관보에 고시하도록 하고 있으므로(민원사무처리에관한법률 제9조), 여기에 규정된 처리기간을 『상당한 기간』으로 볼 수 있을 것이다. 부작위에 대한 의무이행심판을 인정한 현행 법제도하에서는 이들 법정처리기간이 경과한 후에는 특별한 사정이 없는 한 원칙적으로 위법한 부작위가 성립되게 된다.

(3) 처분을 할 법률상 의무의 존재

처분의 명문규정 또는 당해 처분의 성질에 비추어 기속행위일 경우에는 처분을 할 법률상 의무가 존재하지만, 재량행위인 경우에는 재량권이 0으로 수축된 경우 이외에는 처분을 할 법률상 의무가 없으므로 제외된다는 것이 통설이다.[261)]

그러나 여기서 말하는 『처분을 할 법률상 의무』란 처분행위의 성질이 기속적인가 재량적인가를 불문하고 상당한 기간 내에 인용 또는 거부의 처분을 내려야 할 의무만 존재하면 충분하다고 하여야 할 것이다.[262)] 그렇게 해석하여

---

261) 김도창(상), p.644; 박윤흔(상), p.793; 석종현·송동수(상), p.778.

야만 재량행위의 부작위에 대하여 가부간에 조속히 어떤 처분을 내려 달라는 취지의 의무이행심판이 인정되는 것을 올바로 설명할 수 있게 된다(예, 재량행위로 볼 수 있는 재개발사업인가신청에 대하여 가부간에 조속히 어떤 처분을 내려 달라는 의무이행심판청구).

따라서 통설은『처분을 할 의무』를 신청에 대하여 적극적인『인용처분을 할 의무』(즉, 기속행위)로 오해한 잘못이 있다고 하겠다.

(4) 처분의 부존재

적극적 또는 소극적 처분이라고 볼 만한 외관 자체가 없어야 한다. 따라서 거부처분이나 무효인 처분이 있는 경우에는 처분은 존재하는 것이므로 부존재(不存在)가 아니다.

판례도 공무원으로 임용되기 전의 경력을 호봉획정에 산입하여 달라는 신청에 대하여 이를 거부하고 호봉재획정처분을 한 사례에 있어서, 원고가 호봉획정에 산입하지 아니한 부작위에 대하여 부작위위법확인의 소를 제기하였으나, 위 호봉재획정처분은 원고의 신청에 대한 거부처분이기 때문에 그 거부처분에 대한 취소를 구하면 될 것이므로 굳이 소극적인 부작위위법확인의 소를 인정할 실익이 없다고 하여 이를 각하하였다(대판 1992. 6. 9, 91누11278).

Ⅴ. 위법 또는 부당한 처분 · 부작위

행정심판의 대상은 처분(거부처분 포함) 또는 부작위 중 위법 또는 부당한 것에 한한다.

1. 위법성

행정행위의 성립 · 발효 요건을 결하면 하자 있는 행정행위가 되며, 그것이

262) 김동희(Ⅰ), p.609.

① 중대하고 명백한 것인 경우에는 무효원인이 되기 때문에 행정심판 중 무효등확인심판의 대상이 되고, ② 그 이외의 단순한 위법에 그치는 경우에는 취소심판 또는 의무이행심판(거부처분 또는 부작위의 경우)의 대상이 된다.

한편, 재량행위는 원칙적으로 위법성의 문제가 생기지 아니하고 당·부당의 문제가 될 뿐이지만, 재량권 일탈·남용의 경우에는 위법하다고 본다.

2. 부당성

재량행위에 있어서 재량권이 그 한계 내에서 행사된 경우에는 위법성의 문제는 없지만, 재량권을 부여한 목적에 비추어 합목적적이라고(타당하다고) 인정할 수 없는 경우에는 부당(不當)한 것이 되어 행정심판의 대상이 된다(예, 법령위반행위에 대하여 법령의 범위 내에서 3월 간의 영업정지 또는 감봉처분을 하였으나, 위반내용에 비하여 처분내용이 과도하다고 판단되는 경우).

행정소송은 권력분립상 오직 위법한 처분만을 대상으로 하지만(행정소송법 제27조. 재량에 속하는 처분도 재량권의 한계를 넘거나 그 남용이 있는 때에는 법원은 이를 취소할 수 있다), 행정심판은 같은 행정부 내의 상급 감독청이 행하는 자기통제적 심판이므로 행정행위의 합법성 아닌 합목적성까지를 심판할 수 있도록 한 것이며, 행정소송에 대한 행정심판의 제도적 가치도 여기에서 찾을 수 있다고 하겠다. 실제로 부당을 이유로 행정처분을 취소한 행정심판재결례도 많이 있다(재결례 참조).

【판례】: 부당을 이유로 행정처분을 취소·변경한 재결례

① A는 건설업법에 의한 포장공사업면허신청 마감일인 1992. 9. 26까지 4종의 장비를 갖추어 건설부장관에게 신청하였으나 오직 아스팔트살포기만을 갖추지 못하였다는 이유로 면허신청이 거부된 경우에, 『동 거부처분을 위법하다고 볼 수는 없으나 ① 신청인은 이미 4종의 장비를 구입하면서 2억 6천만 원을 지출하였고, ② 주문한 아스팔트살포기가 중국 상해에서 태풍 등으로 선적작업이 늦어져서 부산항에 늦게 입항하여 10. 6에야 이를 갖추게 된 것이므로, 이와 같은 지연사유와 면허거부로 신청인이 받게 될 불이익 등을

감안할 때 이 건 면허거부처분은 청구인에게 너무 가혹하여 부당한 처분이다』고 재결하였다(국무총리행정심판위원회 재결, 1992. 11. 23, 국행심92-222). ② 시장이 개인택시에 설치된 자동개폐장치를 제거하도록 개선명령을 내렸음에도 불구하고 이에 불응한 개인택시사업자 대하여 60만원의 과징금을 부과하였으나, 『① 청구인이 자동개폐장치를 하게 된 동기가 승객이 주행 중에 뒷문을 열고 내리려는 것을 방지하기 위한 것이었으며, ② 청구인이 63세로서 17년 간 모범운전자로 내무부장관의 표창을 받은 사실 등을 고려할 때에, 이 건 과징금 부과처분은 지나치게 가혹하여 30만원의 과징금으로 변경한다』고 재결하였다(국무총리행정심판위원회 재결, 1994. 10. 28, 국행심94-416).

제5절 행정심판기관

Ⅰ. 의의

행정심판기관은 행정심판의 청구를 수리하여 이를 심리·판정하는 권한을 가진 기관이다. 현행 행정심판법은 행정심판기관(심리·재결기관)을 행정심판위원회로 일원화 하고 있다.

Ⅱ. 행정심판위원회

1. 행정심판위원회의 설치

행정심판위원회는 중앙행정심판위원회, 처분청 소속 행정심판위원회, 시·도행정심판위원회 및 직근상급행정기관 소속 행정심판위원회가 있다(법 제6조 참조).

(1) 중앙행정심판위원회

다음 각 호의 행정청의 처분 또는 부작위에 대한 심판청구에 대하여는 중앙행정심판위원회에서 심리·재결한다. ① 제1항에 따른 행정청 외의 국가행정기관의 장 또는 그 소속 행정청, ② 특별시장·광역시장·도지사·특별자치도지사 또는 특별시·광역시·도·특별자치도의 의회, ③ 지방자치법에 따른 지방자치단체조합 등 관계 법률에 따라 국가·지방자치단체·공공법인 등이 공동으로 설립한 행정청. 다만, 제3항 제3호에 해당하는 행정청은 제외한다.

(2) 처분청 소속 행정심판위원회

행정심판청구의 대상인 처분이나 부작위를 한 행정청이 ① 감사원, 국가정보원장, 그 밖에 대통령 소속기관의 장, ② 국회사무총장·법원행정처장·헌법재판소사무처장 및 중앙선거관리위원회사무총장, ③ 국가인권위원회, 진실·화해를위한과거사정리위원회, 그 밖에 지위·성격의 독립성과 특수성 등이 인정되어 대통령령으로 정하는 행정청인 경우에는 당해 행정청 자체에 두는 행정심판위원회에서 심리·재결한다.

(3) 직근 상급행정기관 소속 행정심판위원회

대통령령으로 정하는 국가행정기관 소속 특별지방행정기관의 장의 처분 또는 부작위에 대한 심판청구에 대하여는 해당 행정청의 직근 상급행정기관에 두는 행정심판위원회에서 심리·재결한다.

(4) 시·도행정심판위원회

① 시·도 소속 행정청, ② 시·도의 관할구역에 있는 시·군·자치구의 장, 소속 행정청 또는 시·군·자치구의 의회, ③ 시·도의 관할구역에 있는 둘 이상의 지방자치단체·공공법인 등이 공동으로 설립한 행정청의 처분 또는 부작위에 대한 심판청구에 대하여는 시·도지사 소속으로 두는 행정심판위원회에서 심리·재결한다

2. 행정심판위원회의 구성

(1) 중앙행정심판위원회(제8조)

1) 위원회의 구성 : 중앙행정심판위원회는 위원장 1명을 포함한 50명 이내의 위원으로 구성하되, 위원 중 상임위원은 4명 이내로 한다.

2) 위원장 : 중앙행정심판위원회의 위원장은 국민권익위원회의 부위원장 중 1명이 되며, 위원장이 없거나 부득이한 사유로 직무를 수행할 수 없거나 위원장이 필요하다고 인정하는 경우에는 상임위원(상임으로 재직한 기간이 긴 위원 순서로, 재직기간이 같은 경우에는 연장자 순서로 한다)이 위원장의 직무를 대행한다.

3) 상임위원 및 비상임위원 : 중앙행정심판위원회의 상임위원은 별정직 국가공무원으로 임명하되, 3급 이상 공무원 또는 고위공무원단에 속하는 일반직 공무원으로 3년 이상 근무한 사람이나 그 밖에 행정심판에 관한 지식과 경험이 풍부한 사람 중에서 중앙행정심판위원회 위원장의 제청으로 국무총리를 거쳐 대통령이 임명한다.

중앙행정심판위원회의 비상임위원은 제7조제4항 각 호의 어느 하나에 해당하는 사람 중에서 중앙행정심판위원회 위원장의 제청으로 국무총리가 위촉한다.

4) 위원회의 회의 : 중앙행정심판위원회의 회의(제6항에 따른 소위원회 회의는 제외한다)는 위원장, 상임위원 및 위원장이 회의마다 지정하는 비상임위원을 포함하여 총 9명으로 구성한다.

5) 소위원회 또는 전문위원회 : ① 중앙행정심판위원회는 심판청구사건(이하 "사건"이라 한다) 중 「도로교통법」에 따른 자동차운전면허 행정처분에 관한 사건(소위원회가 중앙행정심판위원회에서 심리·의결하도록 결정한 사건은 제외한다)을 심리·의결하게 하기 위하여 4명의 위원으로 구성하는 소위원회를 둘 수 있다. ② 중앙행정심판위원회 및 소위원회는 각각 제5항 및 제6항에 따른 구성원 과반수의 출석과 출석위원 과반수의 찬성으로 의결한다. ③ 중앙행정심판위원회는 위원장이 지정하는 사건을 미리 검토하도록 필요한 경우에는 전문위원회를 둘 수 있다. ④ 중앙행정심판위원회, 소위원회 및 전문위원회의 조직과 운영 등에 필요한 사항은 대통령령으로 정한다.

(2) 일반행정심판위원회의 구성(제7조)

1) 위원회의 구성 : 행정심판위원회(중앙행정심판위원회는 제외한다. 이하 이 조에서 같다)는 위원장 1명을 포함한 30명 이내의 위원으로 구성한다.

2) 위원장 : ① 행정심판위원회의 위원장은 그 행정심판위원회가 소속된 행정청이 되며, 위원장이 없거나 부득이한 사유로 직무를 수행할 수 없거나 위원장이 필요하다고 인정하는 경우에는 다음 각 호의 순서에 따라 위원이 위원장의 직무를 대행한다.

1. 위원장이 사전에 지명한 위원
2. 제4항에 따라 지명된 공무원인 위원(2명 이상인 경우에는 직급 또는 고위공무원단에 속하는 공무원의 직무등급이 높은 위원 순서로, 직급 또는 직무등급도 같은 경우에는 위원 재직기간이 긴 위원 순서로, 재직기간도 같은 경우에는 연장자 순서로 한다).

② 또한 제6조 제3항에 따라 시·도지사 소속으로 두는 행정심판위원회의 경우에는 해당 지방자치단체의 조례로 정하는 바에 따라 공무원이 아닌 위원을 위원장으로 정할 수 있다. 이 경우 위원장은 비상임으로 한다.

3) 위원회의 위원 : 행정심판위원회의 위원은 해당 행정심판위원회가 소속된 행정청이 다음 각 호의 어느 하나에 해당하는 사람 중에서 위촉하거나 그 소속 공무원 중에서 지명한다.

1. 변호사 자격을 취득한 후 5년 이상의 실무 경험이 있는 사람
2. 「고등교육법」 제2조제1호부터 제6호까지의 규정에 따른 학교에서 조교수 이상으로 재직하거나 재직하였던 사람
3. 행정기관의 4급 이상 공무원이었거나 고위공무원단에 속하는 공무원이었던 사람
4. 박사학위를 취득한 후 해당 분야에서 5년 이상 근무한 경험이 있는 사람
5. 그 밖에 행정심판과 관련된 분야의 지식과 경험이 풍부한 사람

4) 위원회의 회의 : 행정심판위원회의 회의는 위원장과 위원장이 회의마다 지정하는 8명의 위원(그중 제4항에 따른 위촉위원은 6명 이상으로 하되, 제3항에 따라 위원장이 공무원이 아닌 경우에는 5명 이상으로 한다)으로 구성한다. 다만, 국회규칙, 대법원규칙, 헌법재판소규칙, 중앙선거관리위원회규칙 또는 대통령령(제6조제3항에 따라 시·도지사 소속으로 두는 행정심판위원회의 경우에는 해당 지방자치단체의 조례)으로 정하는 바에 따라 위원장과 위원장이 회의마다 지정하는 6명의 위원(그중 제4항에 따른 위촉위원은 5명 이상으로 하되, 제3항에 따라 공무원이 아닌 위원이 위원장인 경우에는 4명 이상으로 한다)으로 구성할 수 있다.

5) 행정심판위원회는 제5항에 따른 구성원 과반수의 출석과 출석위원 과반수의 찬성으로 의결한다.

6) 위원회의 조직 및 운영 : 행정심판위원회의 조직과 운영, 그 밖에 필요한 사항은 국회규칙, 대법원규칙, 헌법재판소규칙, 중앙선거관리위원회규칙 또는 대통령령으로 정한다.

(3) 위원의 제척 · 기피 · 회피(제10조)

행정심판위원회 및 중앙행정심판위원회의 위원이 그 사건의 심리 · 재결에서 제척되는 경우로는 ① 위원 또는 그 배우자나 배우자이었던 자가 당해 사건의 당사자가 되거나 당해 사건에 관하여 공동권리자 또는 의무자의 관계에 있는 경우, ② 위원이 당해 사건의 당사자와 친족관계에 있거나 있었던 경우, ③ 위원이 당해 사건에 관하여 증언이나 감정을 한 경우, ④ 위원이 당해 사건에 관하여 당사자의 대리인으로서 관여하거나 관여하였던 경우, ⑤ 위원이 당해 사건의 대상이 된 처분 또는 부작위에 관여한 경우이다.

당사자는 위원에게 심리 · 재결의 공정을 기대하기 어려운 사정이 있는 경우에는 기피신청을 할 수 있다. 이 경우에 위원회의 위원장은 기피신청에 대하여 위원회의 의결을 거치지 아니하고 결정한다.

위원이 제척 또는 기피사유에 해당하는 때에는 스스로 그 사건의 심리·재결에서 회피할 수 있다. 위원의 제척·기피·회피에 관한 규정은 사건의 심리·재결에 관한 사무에 관여하는 위원 아닌 직원에게 이를 준용한다.

3. 행정심판위원회의 권한

(1) 심리권

행정심판위원회는 심판청구사건을 심리하는 권한을 가진다. 동시에 심리권에 부수되는 권한으로서 ① 공동심판청구사건에 있어서의 대표자선정권고권(제15조), ② 청구인의 지위승계허가권(제16조), ③ 피청구인 경정결정권(제17조), ④ 심판참가허가권(제20조), ⑤ 청구의 변경허가권(제29조), ⑥ 청구의 보정명령권(제32조) 등이 있다.

(2) 재결권

행정심판위원회는 재결권을 갖는 바, 각하재결, 기각재결, 취소 또는 변경재결, 무효등확인재결, 의무이행재결 등을 행한다(제43조).

행정심판위원회는 재결 이외에 집행정지결정(제30조), 집행정지결정의 취소(제30조), 사정재결(제44조)을 행한다.

제6절 당사자와 관계인

Ⅰ. 당사자

행정심판도 행정쟁송인 이상 행정소송과 마찬가지로 대립하는 두 당사자, 즉 청구인과 피청구인 간의 대심구조로 편성하여 이들 사이에 대등한 지위에서 공격·방어를 통하여 심리를 진행하도록 하고 있다.

1. 청구인

(1) 의의

청구인이란 행정심판의 대상인 행정청의 처분 또는 부작위에 불복하여 그 취소·변경 등을 구하는 행정심판을 제기하는 자를 말한다. 청구인은 자연인·법인임을 원칙으로 하지만, 법인격 없는 사단 또는 재단으로서 대표자 또는 관리인이 있을 때에는 그 이름으로 청구인이 될 수 있다(제14조). 다수인이 공동으로 심판청구를 할 때에는 그 중 3인 이하의 대표자를 스스로 선정할 수 있으며, 위원회도 그 선정을 권고할 수 있다(제15조). 선정대표자는 다른 청구인을 위해 그 사건에 관한 모든 행위를 할 수 있으나, 심판청구의 취하를 하려면 다른 청구인들의 동의를 얻어야 한다. 선정대표자가 선정된 때에는 다른 청구인들은 그 선정대표자를 통해서만 그 사건에 관한 행위를 할 수 있다(제15조 제3항·제4항).

(2) 청구인적격

1) 취소심판의 청구인적격

(가) 법률상 이익의 존재

청구인적격이란 특정행정심판에 있어서 청구인으로서 심판을 제기해 본안에 관한 재결을 받기에 적합한 자격을 가지는 것으로서, 취소심판은 "처분의 취소 또는 변경을 구할 '법률상 이익'이 있는 자가 제기할 수 있다"(제13조 제1항)고 규정하고 있다. 법률상 이익(法律上 利益)이란 협의의 권리뿐만 아니라 관계법규에 의해 보호되고 있는 이익도 포함된다고 보아야 할 것이다.

(나) 처분의 효과가 소멸된 때

처분의 효과가 기간의 경과(영업정지기간이 모두 지난 경우), 처분의 집행(외국인이 강제퇴거명령에 의거하여 이미 국외로 퇴거당한 경우) 기타의 사유로 인하여 소멸된 후에도 그 처분의 취소로 인하여 회복되는 법률상 이익이 있는 경우(예컨대, 음식점영업 등 거의 모든 영업에 있어서 한번 영업정지처분을 당한 후에 다시 법규위반행위를 하면 가중하여 영업정지 또는 허가취소되는 경우가 많으며, 외국인은 한번 강제퇴거 당하면 5년 간 재입국이 금지되는 불이익이 과하여진다)에는 처분의 효과가 이미 소멸된 후임에도 불구하고 행정심판을 제기할 수 있도록 하였다(제13조 제1항 후단).

종전의 전통적인 견해에 의하면 취소심판의 목적을 분쟁의 대상이 되어 있는 처분의 효력을 제거하는 데에만 있다고 보았기 때문에, 처분의 효과가 이미 소멸되어 버린 경우에는 취소를 구할 목적물이 없어진 것이므로 취소심판의 법률상 이익이 없는 것으로 보았다. 그러나 오늘날에는 처분이 취소됨으로써 회복할 수 있는 권리・이익이 잔존하는 경우에는 법률상 이익이 있는 것으로 명문으로 인정하였다.

2) 무효등확인심판의 청구인적격

처분의 효력 유무 또는 존재 여부에 대한 '확인을 구할 법률상 이익'이 있는 자가 청구인적격을 가진다(제13조 제2항).

『확인을 구할 법률상 이익』이라 함은 문제의 처분의 효력유무 또는 존재 여부에 관하여 당사자 간에 다툼이 있어서 재결로써 공권적인 확인을 하는 것이 청구인의 법적 지위의 불안정상태를 제거할 수 있게 되는 경우를 말한다. 다만, 행정심판으로서의 무효등확인심판은 민사소송의 확인의 소와는 달리 항고쟁송의 성질을 가지는 것이므로 무효등확인심판의 법률상 이익은 그 재결의 결과로서 얻어지는 법적 이익까지도 포괄해 종합적·입체적으로 판단하여야 할 것이다.

3) 의무이행심판의 청구인적격

의무이행심판은 행정청의 거부처분 또는 부작위에 대하여 일정한 '처분을 구할 법률상 이익'이 있는 자가 청구인적격을 가진다(제13조 제3항). 여기서 『처분을 구할 법률상 이익』이란 ① 거부처분의 경우에는 취소심판에서 말하는 법률상 이익과 같은 개념이며(거부처분도 하나의 처분이므로 같은 논리구조를 갖는다), ② 부작위의 경우에는 행정심판의 대상 중 부작위에서 설명한 대로 기속행위든 재량행위든 간에 상당한 기간 내에 인용 또는 거부의 처분을 내려야 할 의무가 법령상 인정되는 경우를 말한다고 하겠다.

취소심판 등 위 3종류의 행정심판의 청구인적격은 행정소송에 있어서의 원고적격과 같은 의미이므로 상세한 내용은 행정소송편에서 다루고자 한다.

(3) 청구인의 지위승계

① 청구인이 사망한 때에는 그 상속인 기타 권리·이익의 승계자가, ② 법인 또는 법인격 없는 단체인 청구인이 합병한 때에는, 합병 후 존속하는 법인·단체 또는 합병으로 설립된 법인·단체가 청구인의 지위를 당연히 승계한다(당연승계 제16조 제1항~제4항). 한편, ③ 심판대상인 처분에 관계되는 권리·이익을 양수받은 자(예, 자동차운수업·음식점영업·건설업 등을 허가관청에 인가·신고한 후 적법하게 양수받은 자)는 위원회의 허가를 받아 청구인의 지위를 승계할 수 있다(허가승계 제16조 제5항).

2. 피청구인

(1) 피청구인적격

심판청구는 『행정처분을 한 행정청』을 피청구인으로 하여 제기하여야 한다

(제17조 제1항). 이론적으로는 권리·의무의 주체인 국가 또는 지방자치단체 등을 피청구인으로 하여야 한다. 그러나 행정소송과 마찬가지로 쟁송절차에 있어서 공격·방어의 용이성 등의 기술적 이유로 처분(또는 부작위) 행정청을 직접 피청구인으로 한 것이다.[263)]

행정청의 권한이 법령에 의하여 다른 행정청, 공공단체 및 그 기관 또는 사인에게 위임 또는 위탁된 경우에는 위임 또는 위탁을 받은 자가 피청구인이 된다(제2조 제2항).

(2) 피청구인의 경정

피청구인을 잘못 지정하여 심판청구를 한 경우에 행정심판위원회는 당사자의 신청에 의하거나 직권에 의한 결정으로 피청구인을 경정할 수 있다(제17조 제2항). 경정이 있으면 종전의 피청구인에 대한 심판청구는 취하되고 새로운 피청구인에 대한 심판청구가 처음의 심판청구를 한 시점에 소급하여 제기된 것으로 간주되도록 함으로써, 심판청구기간의 경과를 이유로 각하 당하는 불이익이 없도록 배려하였다(제17조 제4항). 그러나 현행 행정심판법은 고지제도를 채택하고 있으므로 피청구인을 잘못 지정하는 경우가 발생할 가능성이 거의 없다.

(3) 권한승계에 따른 경정

심판대상인 행정처분에 대한 권한이 다른 행정청에 승계된 경우에는 원래의 처분청이 아닌 승계한 행정청을 피청구인으로 하여 행정심판을 제기하여야 하며(제17조 제1항 단서), 만약 행정심판제기 후에 권한승계가 있은 경우에는 위원회는 당사자의 신청에 의하거나 직권에 의한 결정으로 피청구인을 경정할 수 있다(제17조 제5항). 경정결정이 있은 때에는 종전의 피청구인에 대한 심판청구는 취하되고, 새로운 피청구인에 대한 심판청구가 처음에 심판청구를 한 때에 제기된 것으로 본다(제17조 제5항).

---

263) 【판례】 행정소송법 제3조는 처분행정청을 피고로 규정하고 있으나, 그것은 원래는 국가가 당사자가 되는 것이 원칙인 것을 소송수행의 편의상 당해 행정청이 국가를 대표하는 의미에서 피고가 되는 데 불과하다(대판 1961. 10. 5, 4292행상63).

Ⅱ. 행정심판의 관계인

1. 참가인

행정심판의 결과에 대하여 이해관계가 있는 제3자 또는 행정청은 위원회의 허가를 받아 심판에 참가할 수 있고, 위원회도 필요하다고 인정되면 참가할 것을 요구할 수 있다(제20조 제1항 · 제2항). 참가인(參加人)제도는 심판결과에 의하여 직접 자기의 권리 · 이익이 침해당할 우려가 있는 제3자 또는 행정청으로 하여금 자기의 이익을 보호하기 위한 증거자료를 제출하게 하고, 심판의 정확성을 기하기 위하여 인정된 제도이다.

예컨대, 체납자의 납세보증을 위하여 자기의 재산을 세무서에 담보로 제공하였던 물상보증인이 체납자가 제기한 재산 공매처분 취소심판에 참가하는 경우, 또는 인근주민이 연탄공장에 대한 허가취소를 구하는 행정심판을 제기한 경우에 당해 공장주가 심판에 참가하는 경우 등을 말한다.

후자의 경우는 복효적 행정행위에 있어 행정처분의 직접 상대방이 아닌 제3자에게 청구인적격이 인정되는 경우로서, 위원회는 반드시 처분의 직접 상대방(예, 공장주인 등)에게 심판청구가 있었음을 통지하게 함으로써 참가인으로 참가할 기회를 보장하고 있다(제24조 제2항). 참가인은 당사자인 청구인 또는 피청구인에 준하는 지위를 가지고 있다고 보아야 하며, 심리절차에서의 발언, 보충서면 · 증거서류의 제출, 증거조사신청, 관계서류의 열람 등을 할 수 있다.

2. 대리인

청구인은 법정대리인 외에, 배우자 · 직계존비속 · 형제자매 · 법인의 임직원 및 변호사, 다른 법률의 규정에 의하여 심판청구의 대리를 할 수 있는 자(공인노무사 · 세무사 등), 기타 위원회의 허가를 받은 자를 행정심판절차에 있어서의 대리인으로 선임할 수 있다(제18조 제1항).

피청구인도 소속 직원·변호사 기타 위원회의 허가를 받은 자를 대리인으로 선임할 수 있다(제18조 제2항). 대리인은 청구인 또는 피청구인을 위하여 대리권의 범위안에서 자기의 의사결정과 명의로 심판청구에 관한 행위를 하는 자이지만, 그 행위의 효과는 직접 청구인 또는 피청구인에게 귀속되게 된다.

제7절 행정심판의 청구

Ⅰ. 심판청구의 요건

행정심판을 청구하기 위하여서는 ① 청구인적격이 있는 자가, ② 심판청구의 대상이 되는 위법 또는 부당한 처분이나 부작위를 대상으로 하여, ③ 심판청구기간 내에 심판청구서에 의하여, 피청구인인 처분청 또는 행정심판위원회에 제기하여야 한다. ①, ②에 대하여는 이미 설명하였으므로 여기서는 ③의 구체적 절차에 관하여서만 설명하고자 한다.

1. 심판청구기간

심판청구기간은 취소심판과 거부처분에 대한 의무이행심판에 대하여만 적용되고, 무효등확인심판과 부작위에 대한 의무이행심판에는 성질상 적용되지 아니한다(제27조 제7항). 행정심판법이 심판청구기간에 제한을 두는 이유는 처분은 그 상대방뿐만 아니라 일반 공공의 이해에 관계되는 것이기 때문에 처분과 관련된 행정법관계의 안정을 기하기 위한 것이다.

(1) 원칙

행정처분이 있음을 안 날로부터 90일 이내 또는 행정처분이 있은 날로부터 180일 이내에 제기하여야 한다(제27조 제1항・제3항). 이들 기간 중 어느 하나라도 먼저 경과해 버리면 행정심판을 제기할 수 없다. 따라서 이러한 기간 경과 후의 심판청구는 부적법한 것이 되어 각하된다(대판 1961. 6. 30, 61누61).

여기서 『처분이 있음을 안 날』이란 상대방이 행정처분이 있은 것을 실제로 알았는가에 관계없이 행정처분을 하는 서면이 도달한 날을 의미하며(도달했음을 행정청이 입증하기 위하여서는 등기우편에 의할 필요가 있다), 사실행위(강제격리 등)인 경우에는 그것이 자기의 권리・이익을 침해하고 있다는 인식을 한 날을 의미한다.

한편, 『처분이 있은 날』이란 처분이 외부에 표시되어 객관적으로 효력이 발생된 날을 말하며, 상대편이 알았는가에 관계없이 행정법관계가 장기간 동안 불안정한 상태에 놓이게 되는 것을 방지하려는 취지에서 마련된 것이다.[264)]

(2) 예외

① 90일에 대한 예외 : 천재지변 · 전쟁 · 사변 기타의 불가항력으로 90일 내에 제기할 수 없을 경우에는 그 사유가 소멸한 날로부터 14일 이내(국외에서는 30일 이내)에 제기할 수 있다(제18조 제2항).

② 180일에 대한 예외 : 『정당한 사유』가 있으면 180일이 경과한 후에도 제기할 수 있다. 무엇이 정당한 사유인가는 위원회가 판단할 문제이지만 위의 불가항력보다는 넓은 개념이라고 하겠다(예, 질병 · 부상으로 인한 장기입원 등).

(3) 복효적 행정행위의 제3자의 심판청구기간

복효적 행정행위에 있어서 행정처분의 직접 상대방이 아닌 제3자(공해공장의 인근주민 등)가 행정심판을 청구하는 경우에도 원칙적으로 처분이 있음을 안 날로부터 90일, 처분이 있은 날로부터 180일 이내에 제기하여야 할 것이다(제18조). 제3자가 어떤 경위로든 처분이 있음을 객관적으로 알았거나 쉽게 알 수 있는 등 행정심판 청구기간 내에 심판청구가 가능하였다는 사정이 있는 경우에는 그 때부터 90일 이내에 행정심판을 청구해야 한다(대판 1997. 9. 12, 96누14661).

그런데 행정처분은 직접 상대방에게는 통지하도록 되어 있지만 제3자에 대한 통지의무규정은 없으므로 제3자는 통상 행정처분이 있었음을 알 수 없는 상태에 놓이게 된다. 그러므로 제3자가 심판청구를 제기하는 경우는 처분이

---

264) **【판례】** 통상 고시 또는 공고에 의하여 처분을 행한 경우에는 그 처분의 상대방이 불특정인이고 그 처분의 효력이 불특정의 다수인에게 똑같이 적용됨으로 인하여 고시 또는 공고일에 그 처분이 있었음을 알았던 것으로 의제하여 심판기간을 기산하는 것이고 이해관계인은 고시가 있었다는 사실을 현실적으로 알았는가 여부에 관계없이 고시가 효력을 발효한 날에 처분이 있었음을 알았다고 보아야 하고, 따라서 처분에 대한 심판청구는 그 날부터 90일 이내에 제기하여야 한다(대판 1998.11.27, 96누13627).

있은 날로부터 180일 내가 되는 것이 보통이다.

따라서 제3자의 경우에는 일반적으로 『처분이 있은 날로부터 180일 이내』에 행정심판을 제기하여야 할 것이지만, 180일이 경과한 후에도 그 기간 내에 심판청구가 가능하였다는 특별한 사정이 없는 한 상술한 『정당한 사유』가 있는 때에 해당하여 심판청구가 가능하다고 함으로써, 통지를 받지 못한 데 따른 불이익이 없도록 해 줄 필요가 있다(대판 1992. 7. 28, 91누12844).

(4) 심판청구기간의 불고지의 경우

행정청이 서면으로 행정처분을 하는 경우에는 처분의 상대방에게 심판청구의 가능 여부, 심판청구절차 및 청구기간을 고지하여야 한다(제58조 제1항). 행정청이 이러한 고지를 함에 있어서 ① 착오로 법정기간보다 긴 기간으로 잘못 고지한 경우에는 그 잘못 고지된 기간 내에, ② 청구기간을 고지하지 아니한 경우에는 처분이 있은 날로부터 180일 이내에 심판청구를 하면 되도록 함으로써, 잘못된 고지 또는 불고지에 대한 책임을 행정청이 지도록 하였다(제27조 제5항 · 제6항).

2. 심판청구방식

심판청구는 청구인의 이름 · 주소, 피청구인인 행정청과 행정심판위원회, 심판청구의 대상이 되는 처분의 내용, 처분이 있은 것을 안 날, 심판청구의 취지 및 이유, 처분을 한 행정청이 행정심판을 제기할 수 있는지와 그 절차 · 기간을 고지한 여부 및 그 내용을 등 필요적 기재사항을 기재한 『행정심판청구서』(行政審判請求書)에 의하도록 함으로써 구술에 의할 경우의 불명확성을 예방하고 있다(제19조). 필요적 기재사항에 관하여 결함이 있을 경우에 이를 보정할 수 있는 내용이라고 위원회가 인정할 때에는 상당한 기간을 정하여 보정을 명할 수 있으며, 보정할 사항이 경미한 경우에는 직권으로 보정할 수 있다(제28조 제1항).

판례도 비록 행정심판청구서라는 명칭을 사용하지 아니하고 이의신청 등의 용어를 사용한 경우에도 이를 적법한 행정심판청구로 보아야 하며, 기타 내용에 미비한 사항이 있더라도 보정이 가능한 때에는 보정을 명하여야 하며, 보정명령에 따르지 아니하거나 보정이 불가능할 경우에 한하여 이를 각하하여야 한다고 함으로써, 가능한 한 청구인에게 이익이 되도록 해석하고 있다(대판 1993. 6. 29, 92누19194).

행정심판청구서의 양식은 행정심판법시행규칙 별지 제29호 서식에 규정되어 있으나, 엄격한 형식을 요하지 아니하는 서면행위이므로 행정청의 위법·부당한 처분으로 인하여 권리나 이익을 침해당한 사람이 당해 행정청에 그 처분의 취소나 변경을 구하는 취지의 서면을 제출하였다면 서면의 표제나 형식 여하에 불구하고 행정심판청구로 봄이 타당할 것이다(대판 1999. 6. 22, 97두2772).

3. 심판청구서 제출기관

(1) 처분청 또는 위원회

행정심판은 피청구인인 행정청 또는 위원회에 직접 제기하거나 피청구인인 처분청(또는 부작위청)에 제기할 수 있다(단, 행정각부 장관 등과 같이 처분청 자신이 되는 경우에는 직접 제기함은 물론이다). 종전에는 처분청에 제출케 함으로써 처분청 경유주의를 택하였으나, 그렇게 할 경우 처분청이 심판청구를 철회하라는 압력을 행사하거나 심판청구서의 수리조차 거부할 우려가 있기 때문에 처분청을 경유하여 제기하거나, 직접 제기할 수 있도록 선택권을 부여하였다(제23조 제1항).

(2) 처분청의 처리

처분청이 심판청구서를 접수하면 다음의 조치를 하여야 한다.

1) 청구내용을 인용할 경우

심판청구가 이유 있다고 인정할 때에는 심판청구의 취지에 따르는 처분을 하거나 확인을 하고, 지체 없이 이를 위원회와 청구인에게 통지하여야 한다(제23조 제3항). 이것은 더 이상 심리나 재결에 따르는 절차나 시간상의 낭비를 제거하려는 것이다.

2) 청구내용을 불용할 경우

심판청구가 이유 없다고 인정할 때에는 접수일로부터 10일 이내에 답변서(答辯書)를 첨부하여 위원회에 송부하여야 하며, 청구인에게도 지체 없이 그 사실을 통지하여야 한다(제24조 제1항 · 제5항).

Ⅱ. 심판청구의 변경

심판청구를 제기한 후에 일정한 사유가 있을 경우에는 새로운 심판청구를 제기할 필요없이 위원회의 허가를 얻어 심판청구를 변경할 수 있도록 함으로써, 청구인의 편의와 심판절차의 신속을 기할 수 있도록 하였다(제29조).

1. 청구의 변경

청구인은 청구의 기초에 변경이 없는 한도 내에서 위원회의 의결이 있기 전까지는 청구취지(예, 취소심판을 무효확인심판으로, 조세부과취소청구를 조세경감청구로) 또는 청구이유(예, 처분의 위법성을 이유로 하던 것을 처분의 부당성을 이유로 변경하거나 그 반대의 경우, 또는 다른 위법 또는 부당한 이유를 추가하는 경우)를 변경할 수 있다(제29조 제1항). 이는 청구인의 편의와 심판의 경제성을 도모하기 위한 것이다.

2. 처분의 변경으로 인한 청구의 변경

심판청구가 제기된 후에 행정청이 심판대상인 처분을 변경한 때(예, 영업허가취소처분을 영업정지처분으로 변경)에는 청구인은 변경된 처분에 맞추어 청구취지 또는 청구이유를 변경할 수 있음은 물론이다(제29조 제2항).

Ⅲ. 심판청구의 효과

1. 행정심판위원회에 대한 효과

행정심판이 제기되면 위원회는 그 심판사건을 심리·재결할 의무를 진다.

2. 처분에 대한 효과

(1) 집행부정지의 원칙

행정심판이 제기되더라도 문제의 행정처분의 효력에는 아무 지장이 없으며, 그 집행 또는 절차의 속행을 정지시키지 아니한다(제30조 제1항. 집행부정지).

집행부정지의 근거는 종래 행정행위의 공정력 또는 자력집행력에서 구하는 경향이 있었으나, 오늘날은 행정심판청구의 남용을 막고 행정의 부당한 중단을 예방하기 위한 입법정책적 배려에 의한 것으로 보고 있다. 이러한 집행부정지의 원칙만을 취한다면 행정처분은 그 심판청구의 제기와 관계없이 집행하게 되므로, 심판청구를 제기한 청구인이 나중에 그 청구가 이유있어 청구인용재결을 받게 되더라도 이미 집행이 완료되어 회복할 수 없는 손해를 입게 되는 부당한 결과를 낳게 된다. 따라서 행정심판법은 일정한 요건이 충족되는 경우 처분에 대한 집행정지를 인정하고 있다.

(2) 집행정지의 결정

재결청은 예외적으로 당사자의 신청에 의하거나 직권으로 행정심판위원회의 심리·의결을 거쳐 행정처분의 효력을 정지시키는 결정을 할 수 있다(제30조 제2항·제3항).

1) 정지결정의 요건

적극적 요건과 소극적 요건이 있다.

(가) 적극적 요건

다음의 요건이 존재하여야 집행정지를 할 수 있다.

(a) 집행정지 대상인 처분의 존재

처분이 이미 집행이 완료되었거나 목적이 달성되어 버린 경우에는 집행정지를 구할 목적물이 없게 되어 집행정지를 청구할 수 없다(그러나 취소됨으로써 회복될 법률상 이익이 잔존하는 경우에 취소심판 자체의 청구인적격은 인정된다는 것은 이미 설명하였다). 거부처분이나 부작위에 대하여도 성질상 집행정지를 청구할 수 없음은 이미 설명한 바와 같다. 따라서 집행정지를 위해서는 그 대상인 처분이 존재하여야 한다.

(b) 심판청구의 재결청에의 계속

본안인 행정심판 자체가 재결청에 계속되어 있어야 처분의 집행정지를 할 수 있고, 행정심판 자체가 재결로 각하 · 기각되거나 청구인이 취하해 버린 후에는 처분의 집행정지를 할 수 없음은 물론이다.

(c) 회복하기 어려운 손해발생의 우려

집행정지는 행정처분 자체로 인하여, 또는 그 집행이나 절차의 속행으로 인하여 회복하기 어려운 손해가 발생할 우려가 있을 경우에만 인정된다. 여기서 『회복하기 어려운 손해』의 개념에 대하여는 여러 학설이 있으나, 사회통념상 금전으로는 보상이 불가능하거나 참고 견디기가 현저히 곤란한 유 · 무형의 손해를 말한다(대결 1987. 6. 23, 86누18).

(d) 본안재결을 기다릴 여유가 없는 긴급한 필요

집행정지는 회복하기 어려운 손해가 이미 발생하거나 발생이 임박하여 본안인 행정심판의 재결까지 기다릴 여유가 없는 긴급한 경우에 인정된다.

(나) 소극적 요건

집행정지 결정을 하기 위하여 존재하여서는 아니되는 요건을 말하는바, 적극적 요건이 모두 충족된 경우에도 집행정지가 『공공복리(公共福利)에 중대한 영향을 미칠 우려』가 있을 때에는 청구인의 권익보전을 희생시키고 공공복리를 우선시켜 집행정지결정을 할 수 없도록 하였다.

2) 정지결정의 대상

집행정지결정의 대상은 처분의 효력, 처분의 집행, 또는 절차의 속행이다. 정지범위는 그 전부 또는 일부이다(제30조 제2항).

(가) 처분의 효력정지

행정처분의 내용에 따르는 구속력·공정력·집행력 등을 본안에 대한 재결이 있을 때까지 잠정적으로 정지시키는 것을 말한다(예, 운전면허, 음식점·목욕장 영업허가의 취소나 정지처분에 대한 『처분의 효력정지결정』이 있으면 본안 재결시까지 잠정적으로 영업을 계속할 수 있게 된다).

그러나 후술하는 처분의 집행정지 또는 절차의 속행정지만으로도 집행정지의 목적을 달성할 수 있을 경우에는 구태여 처분의 효력정지는 허용되지 않도록 함으로써(제30조 제2항 단서), 행정의 계속성을 최대한 보장하도록 하였다.

(나) 처분의 집행정지

행정처분의 내용을 강제로 실현하는 집행력의 행사를 정지시키는 것을 말한다(예, 강제퇴거명령을 받은 외국인이 실제로 퇴거처분이 집행까지 되지는 아니한 상태라면 강제퇴거명령의 효력은 그대로 유지하되, 그 현실적인 집행만 정지하더라도(처분의 집행정지) 목적이 달성된다).

(다) 절차의 속행정지

행정처분에 따르는 일련의 남아 있는 후속처분만을 정지시키는 것을 말한다(예, 행정대집행절차 중 대집행의 계고처분의 효력은 유지시키되, 후속절차인 대집행영장에 의한 통지를 정지시키는 것).

3) 정지결정의 절차

재결청이 당사자의 신청에 의하거나 직권에 의하여 결정하되, 미리 위원회의 심리·의결을 거쳐야 한다(제30조 제2항).

집행정지는 긴급한 경우에만 인정됨에도 불구하고 굳이 비상설기관인 위원회를 소집하여 심리·의결을 거치게 하면 결국 집행정지제도가 활용되지 못하고 국민의 권익이 적기에 구제되지 못하는 결과가 초래된다. 따라서 결국 행정심판제기와 동시에 바로 법원에 행정소송을 제기하면서 법원에 대하여 집행정지결정을 신청하는 관행을 조장할 우려가 있다. 이러한 문제를 해소하기 위하여 위원장은 직권으로 위원회의 심리·의결없이 집행정지결정을 할 수 있도록 하는 한편, 반드시 위원회에 이를 보고하고 추인을 받도록 하였으며, 추인을 받지 못한 때에는 재결청은 집행정지결정을 취소하도록 하는 예외적 조항을 두고 있다(제30조 제6항).

행정심판실무를 보면, 재결청과 위원회는 본안인 심판청구내용 자체가 이유있다고(즉, 본안에서 청구가 인용될 가능성이 충분히 있다고) 인정되는 경우[265]가 아니면 좀처럼 집행정지결정을 하지 않으려는 성향이 강하여, 결국 행정소송을 다루는 법원보다 집행정지 결정에 제도적·관행적으로 인색함으로써 집행정지제도의 존재가치를 의문스럽게 하는 경우가 종종 있다.

4) 정지결정의 취소

집행정지결정을 한 후에도 집행정지가 공공복리에 중대한 영향을 미치거나, 집행정지의 사유가 소멸한 때에는 재결청은 당사자의 신청이나 직권에 의하여 위원회의 의결을 거쳐 집행정지 결정을 취소할 수 있다(제30조 제4항). 여기서 당사자에는 처분청 외에도 복효적 행정행위의 제3자의 신청에 의하여 집행정지결정이 있은 경우에는 처분의 직접 상대방(예, 연탄공장의 건축주 등)도 포함된다고 하겠다.

---

265) 집행정지의 요건에서 상술한 바와 같이 『본안인 심판청구의 내용 자체가 이유 있을 것』이 명문으로 요구되지 아니함에도 불구하고 이를 요건으로 하는 행정심판의 관행은 집행정지제도의 존재이유 및 본안심판과의 차이점을 간과한 것이다.

제8절 행정심판의 심리

행정심판의 심리(審理)란 재결의 기초가 되는 사실관계 및 법률관계를 명백히 하기 위하여 당사자의 주장을 듣고 증거자료를 수집·조사하는 일련의 절차를 말한다. 심리절차는 "행정심판의 절차는 법률로 정하되 사법절차가 준용되어야 한다"는 헌법원칙(제107조 제3항)에 따라 대심주의, 보충적 구술심리주의 등을 취함으로써 준사법절차화하였다.

Ⅰ. 심리의 내용

1. 요건심리

행정심판이 제기되면 먼저 청구인적격, 심판청구의 대상 여부, 청구기간, 심판청구서의 필요적 기재사항 등 행정심판청구의 요건을 갖추었는지를 심리하여야 한다(형식적 심리 또는 본안 전 심리).

요건을 갖추지 못한 부적법한 심판청구는 위원회가 이를 각하(却下)한다. 그러나 그 요건이 보정될 수 있는 성질의 것인 경우에는 위원회는 상당한 기간을 정하여 보정을 할 것을 명하거나, 경미한 것은 직권으로 보정할 수 있다(제32조 제1항).

2. 본안심리

요건심리의 결과 심판청구가 요건을 모두 갖추어 적법한 것으로 판단되는 경우에 당해 심판청구의 내용, 즉 심판청구의 대상인 행정처분의 위법·부당 여부를 심리하는 것을 말하며, 실질적 심리라고도 한다.

본안심리(本案審理)의 결과 청구인의 주장이 이유 있으면 인용재결을 하고,

이유 없으면 기각재결(사정재결 포함)을 한다.

Ⅱ. 심리의 범위

1. 불고불리 및 불이익변경금지의 원칙

행정심판의 기능 중 행정의 적법·타당성 확보를 위한 행정의 자기통제를 강조하는 견해에 의하면, 심판청구대상인 처분(또는 부작위) 이외의 사항에 대하여는 재결하지 못하게 하는 불고불리(不告不理)의 원칙[266]과, 원래의 처분보다 청구인에게 불이익하게 재결할 수 없도록 하는 불이익변경금지(不利益變更禁止)의 원칙은 적용되지 아니한다고 주장한다.[267] 그러나 권리구제에 중점을 두는 견해에 의하면 이들 두 원칙은 행정심판에도 적용되어야 한다고 주장한다.[268] 하지만 우리 행정심판법은 행정심판에 있어서는 이들 두 원칙이 적용됨을 명문으로 규정함으로써 해석상 논쟁의 소지를 없애 버렸다(제47조).

2. 법률문제와 사실문제

행정심판의 심리범위는 적법·위법에 대한 법률문제, 당·부당에 관한 재량문제, 그리고 사실문제까지 모두 미친다. 특히 재량문제까지 심리할 수 있다는 점에서 행정소송보다 국민의 권리구제의 폭이 넓다고 하겠다.

---

266) 불고불리의 원칙이란 형사소송법상 법원은 공소의 제기가 없는 사건에 관하여 심판할 수 없다는 원칙을 말한다. 법원은 공소제기가 없는 한 사건에 대하여 심판할 수 없고, 당사자가 신청한 사항에 대해서만 심판할 수 있다는 원칙이다. 행정심판의 재결에 대하여도 이 원칙이 적용되고 있다.

267) 윤세창(상), p.334.

268) 김남진(Ⅰ), p.695; 이상규(상), p.738.

Ⅲ. 심리의 절차

1. 심리의 기본원칙

(1) 대심주의(쌍방심리주의)

대심주의(對審主義)란 대립되는 당사자 간에 대등한 공격·방어의 기회를 보장하고(예, 심판청구서에 대한 답변서 제출기회 보장, 구술심리시 공평한 진술기회의 부여 등, 이를 흔히 무기대등의 원칙이라 한다), 당사자가 제출한 공격·방어자료를 심리의 바탕으로 하며, 위원회는 제3자적인 중립적 지위에서 심리를 진행하는 것을 말한다.

(2) 구술심리 또는 서면심리주의

심리는 구술심리 또는 서면심리로 한다고 규정하고 있어 어느 방식을 취하는가는 위원회의 선택에 맡기고 있다. 서면심리주의는 심리의 신속·간편한 진행에 유리하지만, 반면에 당사자의 주장을 직접 듣지 못하기 때문에 구체적 정황의 파악에는 불완전한 제도이므로 구술심리주의도 선택할 수 있도록 하였으나, 시간적 제약 등으로 그 실현에 어려움이 있다.

어느 일방 당사자가 구술심리를 신청한 경우에는 서면심리만으로 결정할 수 있다고 인정되는 경우 외에는 구술심리를 하여야 한다(제40조).

(3) 직권심리주의

직권심리주의는 당사자주의에 대응한 것으로서, 심리의 진행을 위원회의 직권으로 함과 동시에, 필요한 증거자료를 당사자가 제출한 것에만 의존하지 않고 직권으로 수집·조사하는 제도를 말한다. 행정심판법은 위원회가 필요하다고 인정할 때에는 당사자가 주장하지 아니한 사실에 대하여도 심리할 수 있다(제39조)고 규정하여 직권심리주의를 택하고 있다.

이와 같이 직권심리주의를 택한 이유는 행정심판이 단순히 개인의 권리구제뿐만이 아니라 행정의 적법·타당성의 보장도 목적으로 하기 때문에 실체적 진실의 발견을 위하여 당사자의 주장이 없더라도 위원회가 적극 사실확인에 나서는 것이 필요하기 때문이다.

그러나 직권심리를 하더라도 그 결론부분인 재결만은 『심판청구의 대상이 되는 처분 또는 부작위 외의 사항에 대하여는 재결하지 못한다』는 불고불리의 원칙이 적용되기 때문에 직권심리의 범위는 무한정 자유스러운 것이 아니고 청구인의 심판청구의 대상인 행정처분 또는 부작위의 진실한 사실관계 및 법률관계를 밝히는 데 필요한 한도 내에서만 행하여질 수 있음을 유의하여야 한다.

(4) 비공개주의

행정심판법에는 심리와 재결의 일반에 대한 공개 여부에 관하여 명문의 규정이 없지만, 직권심리주의 등을 택한 동법의 전체적인 구조로 보아 비공개를 원칙으로 하는 것으로 해석된다. 그러나 위원회가 필요하다고 인정되면 공개를 할 수도 있음은 물론이다.

2. 당사자의 절차적 권리

당사자는 심리에 있어 다음의 절차적 권리를 가진다.

(1) 위원·직원에 대한 기피신청권

당사자는 위원에게 심리·재결의 공정을 기대하기 어려운 사정이 있는 경우에는 기피신청을 할 수 있다. 이 경우에 위원회의 위원장은 기피신청에 대하여 위원회의 의결을 거치지 아니하고 결정한다(제10조 제2항).

(2) 구술심리신청권

당사자는 위원회에 구술심리를 신청할 수 있다(제40조).

(3) 보충서면신청권

당사자는 자기가 제출한 심판청구서 · 답변서 · 참가신청서 등에서 주장한 사실을 보충하거나 다른 당사자의 주장을 다시 반박하기 위하여 보충서면(補充書面)을 제출할 수 있으며, 특히 위원회가 보충서면의 제출기한을 정한 경우에는 그 기한 내에 제출하여야 한다(제33조 제1항 · 제2항).

(4) 증거제출권

당사자는 그의 주장을 뒷받침하는 증거서류 또는 증거물을 제출할 수 있다(제34조 제1항). 여기서 증거서류는 서증의 일종으로서 일정한 서면의 내용이 심판의 증거로 되는 것을 말한다. 증거물은 증거서류 외의 서류, 물품 등을 말하며, 이 두 가지를 합하여 물적 증거라 한다. 증거서류에는 다른 당사자의 수에 따르는 부본을 첨부해야 하며, 위원회는 제출된 부본을 지체없이 다른 당사자에게 송달해야 한다(제34조 제2항 · 제3항).

(5) 증거조사신청권

당사자는 그의 주장을 뒷받침하기 위하여 당사자 본인 또는 참고인의 심문, 당사자 또는 관계인이 소지한 증거자료의 제출, 감정 · 검증 등의 증거조사의 실시 등을 행정심판위원회에 신청할 수 있다(제36조 제1항). 그러나 행정심판법은 당사자인 국민이 직접 행정기관이 보유하는 관계자료의 열람 · 복사를 요구할 수 있는 규정은 따로 두지 않고 있다. 따라서 당사자인 국민은 공공기관의정보공개에관한법률에 의하여 행정기관에게 대하여 그 보유정보의 공개를 청구할 수밖에 없다.

3. 관련청구의 병합과 분리

위원회는 여러 개의 심판청구사건이 동일한 행정청이 행한 유사한 내용의 처분이거나, 서로 관련되는 사건일 경우에는 심리의 신속 · 경제성의 관점에서 이들 사건을 병합하여 함께 심리할 수 있다(이 경우 병합은 사건에 대한 심리의 병합만을 의미하므로 재결은 각 사건별로 별도로 하여야 함은 물론이다).

반대로 위원회는 병합하여 심리 중인 관련청구사건이라도 분리하여 심리할 필요가 생긴 경우에는 직권으로 분리하여 심리할 수 있다(제37조).

제9절 행정심판의 재결

Ⅰ. 의의

행정심판의 재결(裁決)이란 심판청구에 대한 심리의 결과를 판단하는 행위, 즉 심판청구사건에 대하여 재결기관이 분쟁에 대한 확인·판단하는 작용으로서 종국적 의사표시를 말한다. 재결의 성질은 준법률행위적 행정행위에 속하는 확인행위이다. 재결자체도 하나의 처분으로 볼 수 있기 때문에 재결 자체에 위법이 있으면 취소소송의 대상이 된다(행정소송법 제19조).

Ⅱ. 재결기간·방식 등

1. 재결기간

재결은 피청구인인 행정청 또는 위원회가 심판청구서를 받은 날부터 60일 이내에 하여야 하며(다만, 부득이한 사정이 있을 때에는 위원장이 직권으로 30일을 연장할 수 있다), 제1항 단서의 규정에 의하여 재결기간을 연장한 때에는 재결기간이 만료되기 7일전까지 당사자에게 이를 통지하여야 한다(제45조 제1항·제2항). 위원회가 심판청구의 결함의 보정을 명한 경우에 그 보정기간은 재결기간의 계산에서 제외한다(제32조 제5항).

2. 재결방식

재결은 서면인 재결서(裁決書)로 하되, 재결서에는 사건번호, 사건명, 당사자와 그 대리인, 주문, 청구의 취지, 재결이유, 재결날짜 등을 기재하고 기명

날인하여야 한다. 재결서에서 가장 핵심부분은 주문과 재결이유이다. 주문(主文)은 재결의 결론으로서 당해 심판청구의 각하 또는 청구의 당부에 관한 판단의 표시이므로 간결·명확해야 한다. 그러나 재결이유(裁決理由)는 주문의 내용이 정당함을 인정할 수 있을 정도로 구체적으로 표시하여야 한다(제46조).

3. 재결범위

불고불리 및 불이익변경금지의 원칙이 적용된다(제47조). 이들 원칙은 원래 소송법상의 기본원칙이지만, 1984년의 행정심판법에서 이를 명문으로 규정하여 청구인의 권리구제기능을 확고히 하였다.

한편, 행정소송과는 달리 재량행위, 즉 재량권의 범위 내에서의 재량권 행사의 당·부당의 문제까지도 심판할 수 있어, 행정소송이 갖지 못한 권리구제의 기능을 수행하고 있다.

4. 재결서의 송달 및 효력 발생

① 위원회는 지체없이 당사자에게 재결서의 정본을 송달하여야 한다. 이 경우 중앙행정심판위원회는 재결결과를 다음 각 호의 구분에 따른 행정청에게도 통보하여야 한다.

1. 제5조제3항제1호에 대한 심판청구 : 직근 상급행정기관이나 소관 감독 행정기관에 해당하는 국무총리 또는 중앙행정기관

2. 제5조제3항제2호에 대한 심판청구 : 해당 국가특별지방행정기관이 소속된 중앙행정기관

② 재결은 청구인에게 제1항의 규정에 의한 송달이 있은 때에 그 효력이 생긴다.

③ 위원회는 재결서의 등본을 지체없이 참가인에게 송달하여야 한다.

④ 처분의 상대방이 아닌 제3자가 심판청구를 한 경우 위원회는 재결서의 등본을 지체없이 피청구인을 거쳐 처분의 상대방에게 송달하여야 한다(제48조).

Ⅲ. 종류

재결은 그 내용에 따라 각하재결 · 기각재결 · 인용재결의 3종이 있다

1. 각하재결

각하(却下)재결이란 행정심판청구의 요건심리의 결과 그 제기 요건에 흠결이 있어 부적법한 행정심판에 대하여 청구의 내용인 본안의 심리를 거부하는 재결을 말한다(제43조 제1항). 이러한 사유에 해당하는 것으로서는 청구인적격이 없거나, 청구의 대상인 행정처분 또는 부작위가 없거나, 심판청구기간이 경과한 때, 대통령의 처분 · 부작위에 관한 심판청구, 대상이 소멸한 때 및 재심판청구 등이 있다.

그러나 위원회의 보정명령 또는 직권보정에 의하여 보정된 경우에는 각하하지 아니하고 본안심리에 들어가게 됨은 이미 설명한 바와 같다. 그러나 보정을 명했음에도 보정기간 내에 보정되지 않으면 그 심판청구는 각하(却下)된다.

2. 기각재결

기각(棄却)재결은 본안심리의 결과 심판청구가 이유 없다고 하여 청구를 배척하고 원처분을 시인하는 재결이다(제43조 제2항). 원처분을 시인하는 데 그치므로 기각재결 후에 처분청이 직권으로 원처분을 취소 · 변경하는 것은 가능하다.

3. 인용재결

인용(認容)재결은 본안심리의 결과 심판청구가 이유 있다고(즉, 원처분 또는 부작위가 위법 · 부당하다고) 인정하여 청구인의 청구취지를 받아들이는 재결

이다. 행정심판의 종류에 대응하여 각각 취소재결 · 무효등확인재결 · 의무이행재결로 구분된다. 인용재결을 하는 경우에는 재결로서, ① 직접 심판청구의 취지에 따라 처분을 취소 · 변경하거나 필요한 처분을 할 수도 있고, ② 처분청에 대해 당해 처분의 취소 · 변경 또는 필요한 처분을 할 것을 명할 수도 있다. 전자는 별도의 행위를 기다릴 것이 없이 그 재결의 효력을 가지는 것이지만, 후자는 재결에 따른 처분청 또는 부작위청의 별도의 행위를 기다려서 비로소 심판청구의 목적을 이룰 수 있게 된다.

(1) 취소재결

처분취소재결 · 처분변경재결(이상 형성적 재결) 또는 처분취소명령재결 · 처분변경명령재결(이상 이행적 재결)을 말한다.

여기서 말하는 취소에는 원처분에 대한 전부취소뿐만 아니라 일부취소를 포함하는 개념이며(예, 3개월의 영업정지처분을 1개월의 영업정지처분으로 하는 것), 『변경』이란 원처분의 내용을 적극적으로 다른 내용의 처분으로 바꾸는 것을 말한다(예, 운전면허취소나 영업허가취소가 과중하다고 하여 2개월의 면허 또는 영업정지로 바꾸거나, 손실보상금액을 증액하는 것).

한편, 위원회가 원처분을 직접 취소 · 변경하는 형성적 재결을 하지 아니하고, 원처분청으로 하여금 취소 · 변경할 것을 명하는 데에 그치는 이행적 재결(예, 『영업허가취소처분을 취소하라』 - 처분취소명령재결, 『자동차운전면허취소처분을 6월의 면허정지처분으로 변경하라』 - 처분변경명령재결)을 할 수도 있다.

【재결례】 : 원처분을 직접 변경하는 형성적 재결의 예
자동차 운수사업법상 중대한 교통사고를 야기한 자동차운송사업자에 대하여는 운송사업면허를 취소하거나 6월 이내의 사업정지를 명할 수 있다는 규정에 근거하여 서울 특별시장이 사업면허를 취소한 사건에 있어서, 국무총리 행정심판위원회는 운송사업자가 피해배상을 하는 등 정상을 참작할 여지가 있어 『운송사업면허취소처분을 6월의 운행정지처분으로 변경한다』는 재결을 하였다(국행심1991. 5. 6, 91-73).

(2) 무효등확인재결

이는 무효등확인심판의 청구가 이유 있다고 인정할 때 당해 처분의 효력 유무 또는 존재 여부를 확인하는 재결로서, 아무런 형성적 효과도 수반하지 않는다.

(3) 의무이행재결

이것은 의무이행심판청구가 이유있다고 인정하여, 그 부작위의 바탕이 된 신청에 따른 처분을 직접 하거나, 부작위 행정청에게 이를 하도록 명하는 재결이다. 여기에는 처분재결과 처분명령재결이 있는데, 처분재결은 형성적 성질을 가지는 이행재결이다.

4. 사정재결

(1) 의의

취소심판 또는 의무이행심판에 있어 처분이나 부작위가 위법 또는 부당하다고 인정되는 경우 인용재결을 하여야 한다. 그러나 예외적으로 청구인의 심판청구가 이유 있다고 인정되는 경우에도 이를 인용하는 것이 『현저히 공공복리에 적합하지 아니하다고 인정하는 때』(예, 토지수용이 위법·부당하였지만 이미 사업이 종료되어 그 토지에 고속철도가 건설되어 버린 경우)에는 위원회의 의결을 거쳐 그 심판청구를 기각하는 재결을 할 수 있다. 이는 재결형식으로는 기각재결에 속하지만 특별한 사정을 고려한 재결이라는 뜻에서 특히 사정재결(事情裁決)이라고 한다(제44조 제1항).

사정재결은 개인의 작은 이익을 보호하려다 국가의 큰 공익이 중대한 침해를 받게 되는 일이 없도록 하기 위하여 특별히 인정된 예외적인 제도이다. 따라서 처음부터 무효 또는 부존재인 처분에 대하여는 그 효력을 소생시켜 줄 방도가 없으므로 무효등확인심판에 있어서는 적용될 수 없다(제44조 제3항). 또한 공익을 위하여 사익을 희생시키는 것이니만큼 청구인에게 이에 상응하는 다음의 구제수단을 취하도록 의무화하고 있다.

(2) 위법 · 부당의 주문에의 명시

사정재결을 한다고 해서 처분의 위법·부당성이 소멸하는 것이 아니므로, 재결의 주문(主文)에 처분 또는 부작위가 위법 또는 부당함을 명시하여야 한다(제44조 제1항 후단). 이는 사정재결에 의하여 청구는 기각되더라도 당해 처분 또는 부작위가 위법·부당함을 유권적으로 확정하여 사정재결 이후에 행하여질 청구인의 손해배상청구나 다른 구제방법을 용이하게 하려는 목적에서 마련된 것이다. 또한 주문에 위법·부당함을 명시함으로써 처분의 위법성에 실질적 확정력이 발생하게 된다.

(3) 손해배상 등 구제방법

위원회는 청구인을 위하여 손해배상·피해방지시설의 설치 기타 상당한 구제방법을 스스로 취하거나, 피청구인(처분청)으로 하여금 이를 취할 것을 명하여야 한다(제44조 제2항). 사정재결의 경우의 구제조치로서의 손해배상을 일종의 손실보상으로 보는 견해가 있다. 그 이유는 사정재결로 인한 손해는 위법한 원처분으로부터 발생하는 것이기 때문이다.[269)]

【재결례】: 사정재결의 예

① A구청장은 속칭 비디오방에 대하여 음반및비디오물에관한법률(개정 전의 것) 제2조에 규정된 비디오물대여업의 정의의 범위를 벗어난다는 이유로 비디오물대여업 등록을 취소하였으나, 비디오방 영업자는 동법령의 어느 조항에도 비디오방을 금지하는 규정은 없으므로 위법한 취소처분이라고 주장하여 시장에게 행정심판을 제기한 사건에 있어서, 재결청은 동법상 비디오방 영업행위를 금지하는 법규정은 없으므로 심판청구가 일응 이유 있다고 인정되지만 이를 인용할 경우 청소년의 건전한 문화생활과 정서생활을 침해하게 되어 공공의 이익에 막대한 지장을 초래할 것이라는 이유로 다음과 같은 사정재결을 한 바 있다(광주직할시행정심판위원회 재결 : 광주행심 1994. 4. 7, 94-12. 동법은 1995년 개정되어 비디오방 영업의 등록제가 신설되었다.)

---

269) 박균성(구), p.233.

『이 건 비디오물 대여업등록취소처분은 법적용의 잘못이 인정되어 위법이 있으나, 행정심판법 제33조 제1항에 의하여 기각한다. 다만, 피청구인은 청구인들에게 일정한 기간을 주어 칸막이와 VCR을 철거하여 비디오를 시청치 않게 할 경우에는 이 건 등록취소처분을 취소한다.』
② A의 토지는 산업기지개발구역으로 지정·고시되었지만 그 중 제1차 사업지역 내에는 포함되지 않은 토지이므로 산업입지및개발에관한법률시행령에 의하여 건축허가가 가능하다고 주장하여 건축허가를 신청하였으나, 비록 명문으로 건축허가가 금지된 것은 아니지만 현재 공업단지 내의 해수침해 방지대책을 설계·시행 중에 있기 때문에 그 설계결과에 따라 건축행위 등의 제한이 불가피할 것이므로 A의 피해를 방지하기 위하여 건축허가를 거부한 처분에 대하여, 『A의 청구가 이유 있으나 해수침해의 방지라는 공공복리를 위하여 행정심판법(33)상의 사정재결규정에 의하여 이를 기각한다』고 재결하였다(경상남도행정심판위원회 재결: 경남행심 1993. 5. 3, 93-21)

Ⅳ. 재결의 효력

재결도 엄격한 쟁송절차를 거쳐 행하여지는 행정행위의 일종이므로 그것이 당연무효인 경우 외에는 행정행위가 가지는 일반적인 효력으로서의 ① 공정력, ② 불가쟁력, ③ 불가변력을 가지며, 그 외에 쟁송에 의한 판단작용이라는 특성에서 오는 ④ 형성력과 ⑤ 기속력을 가진다(여기서는 형성력과 기속력에 대하여만 설명한다).

1. 형성력

재결의 내용에 따라 기존의 법률관계에 직접 변동을 가져오는 효력을 말한다. 예컨대, 처분에 대한 취소·변경 재결이 있으면 원처분청에 의한 별도의 취소·변경처분 없이도 원처분시에 소급하여 재결내용대로 취소·변경되어 버린다(대판 1999. 12. 16, 98두18619 ; 대판 1998. 4. 24, 97두17131). 이것이 취소재결의 형성력의 효과이다. 이러한 형성력에는 대세적 효력이 인정된다.

그러나 의무이행재결은 성질상 소급하지 아니하며, 재결시부터 재결내용대로의 처분이 행하여진 것으로 처리된다(취소·변경명령재결 또는 의무이행명령재결은 형성력은 없으나 후술하는 기속력에 의하여 목적이 달성된다).

2. 기속력

(1) 관계 행정청에 대한 기속력

재결은 피청구인인 행정청과 그 밖의 관계행정청을 기속한다(제37조 제1항). 따라서 예컨대, 과세처분의 취소재결이 있어 동처분이 취소되었음에도 불구하고 원처분청이 동일한 사안에 관하여 과세처분을 되풀이한다면 위법한 것이 된다(대판 1986. 5. 27, 86누127).

여기서 관계행정청이란 처분청의 상·하급 행정청과 기타의 모든 행정청을 포함하는 개념이다. 재결의 기속력은 인용재결에만 인정되고 기각재결에는 인정되지 아니하므로 기각재결이 있더라도 원처분청이 처분을 취소·변경할 수 있음은 당연하다고 하겠다.

그리고 인용재결의 기속력으로 말미암아 피청구인인 행정청은 이에 불복하더라도 행정소송을 제기할 수 없으나, 청구인은 일부취소 또는 변경재결에 대하여 여전히 부족하다고 판단되는 경우 행정소송을 제기할 수 있다는 점에 유의하여 처분청이 행정심판절차에 임함에 있어서는 신중을 기하여야 할 것이다.

(2) 취소·변경명령재결의 기속력

취소심판에 있어서 직접 취소·변경하지 아니하고 취소·변경을 명하는 재결을 한 경우에는 원처분청은 재결내용대로 원처분을 취소·변경하여야 한다.

(3) 의무이행명령재결의 기속력

거부처분 또는 부작위에 대하여 의무이행을 명하는 재결이 있은 경우에는 원처분청은 지체 없이 재결내용대로 이전의 신청에 대한 처분을 하여야 한다

(제49조 제2항). 이 경우 당해 행정청이 처분을 하지 아니하는 때에는 당사자의 신청에 따라 기간을 정하여 서면으로 시정을 명하고 그 기간내에 이행하지 아니하는 경우에는 위원회가 직접 당해 처분을 할 수 있다(제50조 제1항).

Ⅴ. 재결에 대한 불복

1. 재심판청구의 금지

행정심판법은 재결에 대하여는 다시 행정심판을 청구하지 못하도록 하였다(제51조).

2. 재결 자체에 대한 행정소송

행정소송법상의 취소소송은 재결이 아닌 원처분을 대상으로 하여 제기하도록 되어 있으므로(원처분주의, 原處分主義), 재결내용에 불복이 있더라도 원처분의 위법성을 가지고 행정소송에서 다투어야 한다. 그러나 재결도 행정처분의 하나이므로 재결처분 그 자체에 고유한 위법(위원회 등 주체에 관한 하자, 재결의 심리·의결절차나 재결서의 형식에 관한 하자 등)이 있는 경우에는 재결 그 자체의 취소·변경을 구하거나 무효확인을 구하는 행정소송을 제기할 수 있음은 물론이다. 행정소송법(제19조)도 『취소소송은 처분 등을 대상으로 한다. 다만, 재결취소소송의 경우에는 재결 자체에 고유한 위법이 있음을 이유로 하는 경우에 한한다』고 명시하고 있다.

그러나 토지수용의 재결·특허 및 해난심판의 재결은 재결단계가 원처분단계보다 더 엄격한 절차를 거쳐 행하여지는 관계로 행정청의 원처분을 대상으로 하여 취소소송을 제기하는 것이 아니라 재결 그 자체를 취소소송의 대상으로 함으로써 원처분주의 아닌 재결주의(裁決主義)를 택하고 있다(토지보상법 제75조의2 제1항·특허법 제186조·해양사고의조사및심판에관한법률 제74조).

제10절 행정심판청구의 고지제도

Ⅰ. 개설

1. 의의

행정심판청구의 고지제도란 행정청이 모든 행정처분을 함에 있어서는 상대방이 이에 불복할 경우에 용이하게 행정심판을 제기할 수 있도록 『행정심판 제기에 필요한 사항들(심판청구절차 · 청구기간 등)』을 상대방에게 함께 고지하도록 의무화한 제도를 말한다.

1984년의 행정심판법(제42조)은 고제제도를 명문화하였으며, 1996년에 제정된 행정절차법(제26조)에서도 이를 규정하고 있다. 행정심판법은 처분의 상대방 또는 이해관계인에 대한 처분청의 직권 또는 청구에 기한 고지의무를 규정하고 그 불고지 또는 잘못된 고지에 대한 구제수단을 마련하고 있다. 행정절차법은 행정심판법과는 달리 신청에 의한 고지는 규정하지 않고 직권고지만 규정하고 있으며, 직권고지를 서면에 의한 처분에 제한하지 않고 구두에 의한 처분까지 확대하고 있다.

이러한 고지제도는 외국에서는 일반화된 제도로서 독일은 행정법원법에서, 일본은 행정불복심사법(우리의 행정심판법)에서, 그 외 오스트리아 · 스웨덴 · 스페인 등 많은 나라에서는 행정절차법에서 각각 인정하고 있다.

2. 필요성

(1) 권리구제의 기회보장

행정심판 나아가서 행정소송으로 권리구제를 받을 수 있다는 사실과 그 절차를 상세히 알려 줌으로써 권리구제의 기회를 상실하지 않도록 하기 위한 제도이다.

(2) 행정의 신중·적정성 확보

고지를 하게 되면 행정청은 당연히 행정심판의 제기를 예상하기 마련이므로, 결과적으로 행정처분에 있어 신중을 기하게 되고 따라서 적정한 행정권 행사가 이루어지게 된다.

3. 성질

여기서의 고지는 준법률행위적 행정행위의 일종인 통지(행정청의 일정한 관념이나 의사의 통지행위로서 법률이 직접 규정하고 있는 법적 효과가 발생하는 행위)가 아니라 단순히 현행 법규의 내용(행정심판법상 심판청구에 관계되는 조항의 내용)을 알려주는 데 불과하므로 법적 행위가 아닌 사실행위(예, 특정 법조항의 내용에 대한 개인의 질의에 회신하여 주는 행위)에 해당한다.

사실행위이므로 고지 그 자체에 의하여서는 아무런 법적 효과가 발생되지 아니할 뿐더러, 고지를 하지 않았다고 해서 행정처분 그 자체의 효과에는 아무 영향도 미치지 아니하며, 고지 그 자체를 가지고 취소심판이나 소송의 대상으로 할 수도 없다. 다만, 고지를 하지 않거나 잘못 고지한 경우에만 법률이 정한 일정한 불이익이 행정청에 부과되는 법적 효과가 인정될 뿐이다.

Ⅱ. 종류

1. 직권에 의한 고지

(1) 고지대상인 처분

모든 서면에 의한 처분에 있어서는 행정심판의 제기가능 여부 등을 함께 고지하여야 한다. 여기서의 『처분』에는 행정심판법상의 행정심판청구의 대상인 처분뿐만 아니라 특별법에 의한 특별행정심판·이의신청 등 모든 종류의 행정심판청구의 대상이 되는 처분이 포함된다. 따라서 ① 처분이 아닌 사경제적 작용은 고지할 필요가 없으며(국유재산매각행위 등), ② 서면에 의하지 아니한 처분도 고지할 필요가 없겠으나 사실상 서면에 의하지 아니하는 처분은 거의 없다고 볼 수 있고, ③ 계속적 성질의 사실행위(강제격리 · 강제수거 등)도 행정심판의 대상이 되고 또한 서면으로 행하여지는 경우에는 고지하여야 한다(사실행위는 서면에 의하지 않는 것이라는 견해가 있으나, 행정실무에서는 사실행위도 일정한 사실확인서 등을 교부하면서 하는 경우도 있다), ④ 상대방의 신청에 의한 수익적 처분도 고지할 필요가 없다는 견해가 있으나, 수익적 처분인 경우에도 부관이 있거나, 특히 복효적 처분인 경우에 제3자에 대한 고지의 필요가 있음에도 불구하고 굳이 본인에게만 고지하지 않는다는 것도 옳지 못하므로 명문으로 제외되어 있지 않은 이상 고지하여야 할 것이다.

(2) 고지의 상대방

처분의 직접 상대방에게만 고지하도록 되어 있으나(제58조), 오늘날 많은 수익적 처분이 복효적인 경우가 많다. 이 때 제3자는 고지청구권이 있지만 처분이 있었다는 사실 자체를 모르는 처지에 어떻게 고지청구권을 행사할 수 있을는지 의문이다. 따라서 적어도 처분청이 당해 처분으로 인하여 권익이 침해되는 제3자가 있음을 안 때에는 이들에게도 성실하게 고지를 하는 것이 바람직하다고 하겠다.

(3) 고지의 내용

당해 처분에 대한 행정심판제기를 위하여 반드시 알아야 할 사항을 고지하여야 할 것이다. 따라서 ① 처분에 대하여 행정심판을 제기할 수 있는지의 여부, ② 제기하는 경우의 심판청구절차, ③ 청구기간 등을 알려야 한다.

(4) 고지의 시기 · 방법

원칙적으로 처분시에 처분서에 함께 기재하여 고지하여야 할 것이지만, 처분 시에 누락된 경우 처분 후 지체 없이 따로 고지하여 보완할 수도 있다. 고지의 방법도 명문의 규정은 없으나 고지유무 · 내용에 관한 다툼을 없애기 위하여서도 서면에 의하여야 할 것이다.

2. 청구에 의한 고지

(1) 고지의 청구권자

당해 처분에 대한 이해관계인이다(제58조 제2항). 여기서 이해관계인은 처분의 직접 상대방도 처분만 받고 행정심판청구 가능 여부 등을 고지받지 않은 경우에는 해당되며, 복효적 행정행위에 있어서 제3자도 당연히 고지를 청구할 수 있다고 하겠다.

고지청구인은 자기가 당해 처분에 대하여 이해관계가 있음을 소명하여야 한다.

(2) 고지청구의 대상인 처분

명문으로는 제한 없이 모든 처분을 대상으로 고지의 청구를 할 수 있는 것같이 표현되어 있다. 그러나 직권고지와 차이를 둘 이유가 없으며 또한 고지제도의 목적에 비추어 보아 행정심판청구의 대상인 처분(사실행위도 포함)에 대하여만 고지를 청구할 수 있다고 하겠다.

(3) 고지의 내용

고지의 내용은 당해 처분이 행정심판의 대상이 되는 처분인지의 여부와, 대상이 되는 경우에는 위원회 및 청구기간을 알려주어야 한다. 행정심판을 제기할 수 없는 처분인 경우에는 그 뜻을 알려주면 된다.

(4) 고지의 시기 · 방법

고지의 청구를 받은 후 지체 없이 알려 주어야 하며, 방법은 서면 · 구술 어느 방법으로도 가능하겠으나, 청구인이 서면으로 고지해 줄 것을 요구한 경우에는 반드시 서면으로 고지하여야 한다(제58조 제2항 후단).

Ⅲ. 불고지 및 잘못된 고지의 효과

고지를 하지 아니하거나 잘못 고지한 경우에도 당해 처분 자체의 효력에는 아무런 영향도 미치지 아니하지만, 처분청에 대하여 일정한 절차법상의 불이익을 과하고 있다.

1. 불고지의 효과

(1) 심판청구서 제출기관

심판청구서 제출기관을 고지하지 아니하여 심판청구서를 다른 행정기관에 잘못 제출한 때에는 당해 행정기관은 지체 없이 권한있는 행정청에 이송하고 그 사실을 청구인에게 통지하여야 한다. 이 경우 심판청구기간의 계산에 있어서는 최초의 행정기관에 심판청구서가 제출된 때에 심판청구가 제기된 것으로 본다(제23조 제2항 · 제6항 · 제7항).

(2) 청구기간

심판청구기간을 고지하지 아니한 때에는 심판청구기간은 처분이 있은 날로부터 180일로 된다(제27조 제6항). 따라서 청구인이 실제로 처분이 있었음을 알았는지의 여부와 심판청구기간에 관하여 알았는지의 여부는 묻지 아니하고 항상 『처분이 있은 날로부터 180일』만이 적용될 뿐이므로 상대방에게는 매우 유리하게 된다.

2. 잘못된 고지의 효과

(1) 심판청구서 제출기관

심판청구서 제출기관을 잘못 고지하여 청구인이 그 고지된 행정기관에 심판청구서를 제출한 경우의 효과도 불고지의 경우와 같다(제23조 제2항).

(2) 청구기간

법률에 의한 심판청구기간보다 길게 고지한 경우에는 그 고지된 기간 내에 심판청구가 있으면 법정 청구기간이 경과되었더라도 법정기간 내에 제기된 것으로 본다(제27조 제5항). 반대로 법정기간보다 짧게 고지한 경우에는 명문의 규정이 없으나 당연히 아무런 효과를 발생할 수 없으며, 따라서 법정기간 내에만 제기하면 될 것이다.

제4장

행정소송

제1절 개설
제2절 행정소송의 한계
제3절 행정소송의 종류
제4절 취소소송
제5절 무효등확인소송
제6절 부작위위법확인소송
제7절 당사자소송
제8절 객관적 소송

제1절 개설

Ⅰ. 행정소송의 의의

행정소송이란 "행정법상의 법률관계에 관한 분쟁에 대하여 당사자의 소송제기에 의하여 법원이 이를 심리 · 판단하는 정식재판절차"를 말한다. 즉, 행정소송은 행정청의 위법한 처분 그 밖의 공권력의 행사 · 불행사 등으로 인하여 권리나 이익을 침해받은 자가 중립적인 지위에 있는 사법기관인 법원에 의하여 당사자 간의 대심구조에 입각한 엄격한 형식절차에 의하는 정식쟁송절차이다. 행정소송은 크게 위법한 행정작용으로 인하여 권리나 이익을 침해받은 자가 직접 제기하는 주관적 소송과 직접 자기의 법률상의 이익과 관계없이 그 시정을 구하기 위하여 제기하는 객관적 소송으로 대별된다. 주관적 소송은 다시 항고소송과 당사자소송으로 나누어지는데, 항고소송에는 취소소송, 무효등확인소송 및 부작위위법확인소송이 있고, 객관소송으로는 기관소송과 민중소송이 있다.

1. 행정법상의 법률관계에 관한 소송

행정소송은 행정사건에 관한 심판절차이기 때문에 사법(私法)상의 법률관계에 관한 분쟁을 심판하는 민사소송이나 국가의 형벌권 발동을 위한 형사소송과 구별된다. 다만, 실제로 공법과 사법의 구별이 불명확하기 때문에 민사사건과 행정사건의 구별이 반드시 명확한 것은 아니며, 학설 · 판례가 대립되는 분야도 있다(예, 손해배상 · 손실보상 · 공무원봉급 · 연금청구사건 등을 재판실무는 민사소송으로, 많은 행정법학자들은 행정소송 중 당사자소송으로 보고 있다).

2. 법원이 판정하는 사법작용

행정소송사건을 법원이 관할하는 영미식 사법국가주의(司法國家主義)와 행정부 내에 설치된 행정재판소가 관할하는 대륙식 행정국가주의(行政國家主義)가 있는바, 우리나라는 전자인 사법국가주의를 택하고 있다. 우리 헌법이 행정사건에 대한 최종적인 심사권을 대법원에 부여하여 행정사건을 일반 사법법원에 두고 있다는 점에서 기본적으로는 영미식 사법국가주의를 취하고 있지만, 행정소송법에서 행정사건에는 민사소송절차와 다른 약간의 특수한 소송절차를 인정하고 있다는 점에서는 대륙식 행정국가주의도 다소 가미하고 있다.

3. 정식쟁송

행정소송은 행정부와는 독립된 지위에 있는 법원이 당사자 간의 대심구조·구술심리주의·공개주의 등을 취하는 정식쟁송이라는 점에서 서면심리주의와 구술심리주의의 혼용 및 비공개주의 등을 취하는 약식쟁송인 행정심판과 구별된다.

Ⅱ. 행정소송(항고소송)의 특수성

행정소송은 일반 사인 간의 권리의무관계를 심판대상으로 하는 민사소송과 달리 기본적으로 공익 실현을 목적으로 하는 공권력행사를 심판대상으로 하고 있다는 점에서 일반 민사소송에 대하여 약간의 특수성이 인정되고 있다.

우리 행정소송법(제8조)도 『① 행정소송에 대하여는 다른 법률에 특별한 규정이 있는 경우를 제외하고는 이 법이 정하는 바에 의한다. ② 행정소송에 관하여 이 법에 특별한 규정이 없는 사항에 대하여는 법원조직법과 민사소송법의 규정을 준용한다』고 함으로써 동법이 민사소송법에 대한 특별법임을 선언하고 있다.

동법이 규정하고 있는 민사소송에 대한 특수성은 다음과 같다.

1. 예외적 · 임의적 행정심판전치주의

행정심판전치주의(行政審判前置主義)란 행정소송을 제기하기 전에 원칙적으로 행정심판을 먼저 제기하고 그 재결을 거친 후에 행정소송을 제기하도록 하는 제도를 말한다. 그 이유는 행정청에 대하여 자기반성에 의한 자율적 시정의 기회를 부여하기 위한 것이다(행정소송법 제18조). 현행법상 행정심판의 필요적 전치주의의 적용을 받는 처분으로는 공무원에 대한 징계 기타 불이익처분(국가공무원법 제16조 제2항 · 지방공무원법 제202조 · 교육공무원법 제53조 제1항) 및 세법상의 불이익처분(국세기본법 제56조 제2항) 등이 있다. 현행 행정소송법은 "취소소송은 법령의 규정에 의하여 당해 처분에 대한 행정심판을 제기할 수 있는 경우에도 이를 거치지 아니할 수 있다. 다만, 다른 법률에 당해 처분에 대한 행정심판의 재결을 거치지 아니하면 취소소송을 제기할 수 없다는 규정이 있는 때에는 그러하지 아니하다(제18조)라고 규정하여 과거의 필요적 행정심판전치주의를 대폭 완화하여 다른 법률에 전치주의를 규정하고 있을 때에만 예외적으로 행정심판전치주의를 적용한다는 의미에서 예외적 · 임의적 행정심판전치주의로 변경하였다. 따라서 이러한 예외적 규정이 없는 한 행정심판과 행정소송 중에서 임의적으로 선택하여 어느 것이든 먼저 제출할 수 있으며, 행정심판을 먼저 제출한 경우에는 다시 행정소송까지 제출할 수 있다.

2. 심급제도

구 행정소송법은 행정소송의 제1심은 피고의 소재지를 관할하는 고등법원이 되고 최종심은 대법원이 되도록 하여 이심제를 택하고 있었다. 그 이유는 행정심판전치주의에 의한 행정심판을 실질적인 제1심으로 보았기 때문이다. 이에 대하여 법원조직법 중 개정 법률은 지방법원급의 행정법원을 신설하여(동법 제3조 제1항), 당해 법원을 행정사건에 관한 제1심 관할법원으로 함으로써 행정소송을 행정법원－고등법원－대법원의 3심제로 하고 있다. 이에 따라 1998년 3월 1일 서울지방행정법원이 설치되었고 그 외의 지역에서는 행정법원의 권한에 속하는 사건은 지방법원 본원 합의부에서 관할하도록 하고 있다.

3. 단기제소기간

행정소송은 행정법상 법률관계의 신속한 안정을 위하여 일정한 제소기간의 제한을 두고 있는데, 특히 취소소송에 대해서는 원칙적으로 처분 등이 있음을 안 날로부터 90일 이내에 제기하거나 처분이 있은 날로부터 1년 이내에 제기하여야 한다는 단기의 제소기간을 두고 있다(민사소송에서는 이러한 단기제소기간제도는 없다(제20조)). 이러한 기간을 경과하는 경우에는 소송요건을 흠결하는 것이 되어 당해 소송은 각하되며, 대상이 되는 행정청의 처분은 불가쟁력을 발생하여 그 법적 효과가 확정된다.

4. 피고

민사소송상으로는 권리 · 의무의 주체인 국가 · 지방자치단체 등이 피고가 되지만, 행정소송에 있어서는 재판의 편리 · 신속 · 정확을 위하여 행정소송의 대상인 처분 등을 직접 행한 행정청이 피고가 되도록 하고 있다(제13조). 다만, 행정청이 없게 된 때에는 그 처분 등에 관한 사무가 귀속되는 국가 또는 공공단체를 피고로 한다(제13조 제2항).

5. 집행부정지

행정소송에 있어서도 행정심판에서 본 바와 같이 행정의 부당한 중단을 막기 위하여 집행부정지(執行不停止)의 원칙을 채택하고 있고 극히 예외적으로만 집행정지를 인정하고 있다. 이는 민사소송에서의 가처분제도보다 원고의 피해구제에 불리하게 되어 있다(제23조).

6. 관련청구소송의 병합

행정소송(취소소송)의 대상인 처분과 원인·결과의 관계에 있는 손해배상·손실보상·부당이득반환·결과제거 등의 관련청구소송이 일반 민사소송 등에 계속되어 있는 경우에는 이들을 그 원인행위인 처분 등의 취소소송이 계속된 법원에 이송·병합심리하여 재판의 중복과 판결의 저촉을 방지하도록 배려하였다(제10조).

7. 직권심리주의

민사소송의 심리는 엄격한 당사자주의와 불고불리(不告不理)의 원칙이 적용된다. 그러나 행정소송은 그 공익성 때문에 예외적으로 다소의 직권심리주의를 도입하여 법원은 필요하다고 인정되면 직권으로 증거조사를 할 수 있고, 당사자가 주장하지 아니한 사실에 대하여도 판단할 수 있도록 하였다(제26조). 대법원 판례는 "행정소송에 있어서도 불고불리의 원칙이 적용되어 법원은 당사자가 청구한 범위를 넘어서까지 판결을 할 수는 없지만, 당사자의 청구의 범위 내에서 일건 기록상 현출되어 있는 사항에 관하여 직권으로 증거조사를 하고 이를 기초로 하여 당사자가 주장하지 아니한 사실에 관하여도 판단할 수 있다"라고 판시하여(대판 1999. 5. 25, 99두1052) 이를 인정하고 있다.

한편, 원고에 대한 불이익변경금지(不利益變更禁止)의 원칙은 처분청의 상급 감독청이 행하는 행정심판을 행정작용의 하나로 보았기 때문에 행정심판에만 특히 인정되는 제도일 뿐이며, 대등한 당사자주의에 입각한 소송에 있어서는 민사·행정소송을 막론하고 인정되지 아니함에 유의하여야 한다.

8. 사정판결

행정심판에서와 같이 원고의 주장이 이유 있음에도 불구하고 보다 큰 공익의 보호를 위하여 기각판결을 하는 사정판결(事情判決)제도가 인정되고 있다

(제28조), 이는 당사자간의 사익보호만을 목적으로 하는 민사소송에서는 인정되지 않는 특수한 제도이다. 사정판결은 행정처분이 위법함에도 불구하고 취소를 허용하지 않는 것이므로 이는 극히 엄격한 요건에 해당하는 경우에만 예외적으로 적용하여야 한다.[270)]

9. 판결의 효력과 소송의 종류

민사소송의 판결은 소송당사자인 원·피고에게만 그 효력이 있는 반면, 판결내용의 강제집행에는 별 문제가 없다. 그러나 행정소송의 판결은 행정법관계의 획일적 확정을 위하여 제3자에게도 미치는 대세적 효력이 인정되는 반면에, 국가에 대한 강제집행에는 권력분립상 한계가 있어 의무이행소송은 인정되지 아니한다. 그러나 이보다 약한 형태인 부작위위법확인소송만 인정되고 있을 뿐이며, 행정소송 중 거부처분의 취소판결 또는 부작위위법확인판결의 강제집행을 위하여서는 성질상 직접강제가 아닌 간접강제제도(상당한 기간 내에 판결의 취지에 따른 행정처분을 하지 않으면 일정한 손해배상을 명하는 제도)를 택하고 있다(제34조 제1항). 간접강제제도는 취소판결에 따라 취소된 행정처분이 거부처분인 경우에 행정청이 다시 처분을 할 의무를 부과하거나, 부작위가 위법이므로 어떤 처분을 하라는 의무를 부과하고, 이에 불응할 경우에는 일정한 손해배상을 할 것을 명하는 제도이다(대결 1998. 12. 24, 98무37).

10. 당사자소송의 특수성

이상의 설명은 모두 행정소송 중 항고소송(취소소송·무효등확인소송·부작위위법확인소송)의 특수성이다. 우리 행정소송법이 인정하고 있는 『행정청의 처분 등을 원인으로 하는 법률관계에 관한 소송, 그 밖에 공법상의 법률관계에

---

270) 【판례】 그 요건이 현저히 공공복리에 적합하지 아니한가의 여부를 판단함에 있어서는 위법·부당한 행정처분을 취소·변경하여야 할 필요와 그 취소·변경으로 인하여 발생할 수 있는 공공복리에 반하는 사태 등을 비교·교량하여 그 적용 여부를 판단하여야 한다(대판 1999.3.9, 98두18565).

관한 소송』인 당사자소송(손해배상 · 손실보상 · 부당이득반환 · 결과제거청구 소송 등)에 있어서는 그 특성상 취소소송의 특수성인 ① 임의적 행정심판전치주의, ② 단기제소기간, ③ 피고, ④ 집행부정지, ⑤ 사정판결, ⑥ 판결의 대세적 효력 등은 적용되지 아니한다(제44조).

11. 민중소송과 기관소송의 인정

사인의 권리구제를 기본목적으로 하는 민사소송과는 달리, 사익의 구제와 함께 행정법규의 적정한 적용으로 공익을 도모한다는 행정소송의 목적상 민중소송과 기관소송이라는 특수한 소송형태를 인정하고 있다. 민중소송(民衆訴訟)은 국가 또는 공공단체의 기관이 법률에 위반되는 행위를 한 때에는 직접 자기의 법률상의 이익과 관계없이 그 시정을 구하기 위해서 제기하는 소송이다(행정소송법 제3조 제3항). 이것은 행정법규의 적정한 집행의 확보와 공공의 이익을 확보하기 위하여 인정된 객관적 소송의 하나이다. 이는 항고소송 · 당사자소송 등의 자신의 개별적인 이익을 위하는 주관적 소송과는 달리 일반 선거인이 제기하는 선거소송(공직선거법 제222조) 및 일반투표인이 제기하는 국민투표무효소송(국민투표법 제92조)처럼 특별한 법률의 규정이 있는 경우에만 소송을 제기할 수 있다. 기관소송(機關訴訟)은 국가 또는 공공단체 기관 상호간에 있어서 권한의 존부 또는 그 행사에 관한 다툼이 있을 때 제기하는 소송을 말한다.

Ⅲ. 현행 행정소송법의 특징

1951년에 제정된 최초의 행정소송법(구법)은 1984. 12. 15 전면 개정되어 1985. 10. 1부터 시행되어 왔으나, 다시 1994. 7. 27 개정되어 1998. 3. 1부터 시행되어 오고 있다. 따라서 현행 행정소송법의 특징을 전문개정된 1984년 행정소송법과 1994년에 개정된 내용을 나누어서 설명하고자 한다. 1984년과

1994년에 개정된 내용들이 모두 현행 행정소송법의 내용을 구성하고 있기 때문에 이러한 방법으로 분류할 실익은 없지만, 그 특징을 명확히 하기 위하여 이를 구분한다.

1. 1984년 전문개정된 행정소송법의 특징

(1) 행정소송의 종류의 구체적 명시

구법은 행정소송의 종류를 구체적으로 명시하지 않아서 해석상 의문이 많았으나, 행정소송을 항고소송·당사자소송·민중소송·기관소송으로 크게 분류한 후 항고소송을 다시 취소소송·무효등확인소송·부작위위법확인소송으로 세분하여 각 소송 종류별로 적용되는 법조항을 명시하였다(제3조·제4조).

(2) 부작위위법확인소송의 인정

행정청의 부작위에 대하여 일정한 처분을 할 것을 명하는 의무이행소송까지는 인정하지 못하고 부작위가 위법임을 확인하는 데 그치는 부작위위법확인소송만 인정하되, 행정청의 재처분의무와 간접강제제도로 이를 보완함으로써 사실상 의무이행소송과 유사한 효과를 얻을 수 있도록 배려하고 있다(제4조·제30조·제34조).

(3) 원고적격의 확대

종래의 학설·판례를 명문화하여 처분의 개념을 확대하여 ① 복효적 행정행위의 제3자와, ② 처분의 효과가 소멸된 후에도 회복될 수 있는 법률상 이익이 있는 상대방에 대하여 취소소송을 제기할 수 있도록 하여 원고적격을 확대하였다(제12조).

(4) 제3자 등의 소송참가 및 재심청구의 인정

복효적 행정행위의 제3자의 이익보호를 위하여 이들의 소송참가를 인정하고, 자기의 귀책사유 없이 소송에 참가하지 못함으로써 권익이 침해된 경우에는 재심청구도 인정하였다(제16조 · 제31조).

(5) 행정심판전치주의의 예외의 구체화

행정소송은 원칙적으로 행정심판의 재결을 거친 후가 아니면 제기할 수 없도록 하는 행정심판전치제도가 원고의 신속한 권익구제에 방해가 되는 일이 없도록 하기 위하여 행정심판을 제기하지 아니하고, 또는 제기는 하되 그 재결 없이 바로 행정소송을 제기할 수 있는 경우를 구체적으로 명시하는 배려를 하였다(제18조).

(6) 제소기간의 연장

구법보다 제소기간을 연장하여, 행정심판을 거치는 경우에는 재결서의 송달일로부터 60일, 처분이 있은 날로부터 1년으로 하였다(제20조).

(7) 판결의 실효성 강화

구법에 비하여 거부처분의 취소소송 또는 부작위위법확인소송에 대한 인용판결이 있은 경우 행정청에게 판결의 취지에 따른 재처분의무를 명시함과 동시에, 이를 이행치 아니할 경우에는 손해배상을 명하는 간접강제(間接强制)제도를 도입하여 이들 소송에 있어서의 판결의 실효성을 강화하였다(제30조 제2항 · 제34조).

2. 1998년 개정된 행정소송법의 특징

(1) 행정소송의 3심제

법원조직법을 개정하여 전문법원으로서 행정법원을 신설하였다. 이 행정법원은 행정소송법에서 정한 행정사건과 다른 법률에 의하여 행정법원의 권한에 속하는 사건을 제1심으로 심판하도록 하였다(제40조의4). 종래 행정소송의 제1심 관할법원은 고등법원이었으나 신설된 지방법원급의 행정법원이 제1심 관할법원이 되었다. 이로써 행정사건의 제1심을 합의 관할로 하는 행정법원(서울

지방행정법원 또는 서울 이외의 지역은 지방법원 본원) - 고등법원 - 대법원의 3심제가 이루어지게 되었다.

(2) 예외적 · 임의적 행정심판전치주의

개정법(제18조 제1항)은 "취소소송은 법령의 규정에 의하여 당해 처분에 대한 행정심판을 제기할 수 있는 경우에도 이를 거치지 아니하고 제기할 수 있다"라고 규정하여 행정심판을 원칙적으로 임의적인 전치절차로 하되, 다른 법률에 행정심판의 재결을 거치지 아니하면 행정소송을 제기할 수 없다는 특별한 규정이 있는 경우에만 예외적으로 필요적 전치절차를 취하고 있다. 이에 따라 행정심판전치주의는 원칙적으로 폐지되었으므로 당사자는 그의 자유로운 선택에 따라 행정심판을 먼저 제기하거나, 이를 거치지 않고 직접 행정소송을 제기할 수 있게 되었다. 이는 국민의 권리구제를 쉽게 한다는 실용주의적 취지에 따른 결과이다. 그러나 실제적 적용에 있어서 동일 사건을 가지고 행정심판과 행정소송을 동시에 제기하는 사례가 발생할 여지가 많다고 하겠으며, 실무상으로도 자주 발생하고 있다.

(3) 제소기간의 변경

개정법은 행정심판전치주의의 예외적 · 임의적 전치화에 따라 취소소송의 제소기간을 처분 등이 있음을 안 날부터 90일, 처분 등이 있은 날부터 1년 이내로 하였다. 다만, 처분 등이 있은 날부터 1년의 기간이 경과하더라도 정당한 사유가 있으면 취소소송을 제기할 수 있게 하여 국민의 권리구제에 만전을 기하고 있다(제20조).

Ⅳ. 현행 행정소송법의 문제점

1. 의무이행소송의 불인정

행정청의 부작위에 대하여는 권력분립의 정신을 고려하여 단순히 부작위위법확인소송의 형태만 인정하고 행정청의 재처분의무와 간접강제제도로 그 한계를 보완하고 있으나, 현대 행정은 소극적 규제행정보다 국가의 수익적 기능과 적극적 생활배려기능이 훨씬 큰 비중을 차지하고 있음을 감안하면, 영·미의 직무집행명령(mandamus)이나 독일의 의무이행소송을 인정하는 것이 권리구제의 실효성을 높이는 길이 된다고 하겠다.

2. 가구제제도의 문제점

행정소송이 제기되더라도 문제의 행정처분은 집행부정지됨이 원칙이고 예외적으로 극히 엄격한 요건하에서만 집행정지의 결정을 할 수 있도록 한 현행 제도는 ① 행정처분은 공정력·집행력 때문에 비교적 단시간 내에 집행이 종료되어 버리는 경우가 많고, 또한 집행이 종료되어 버리면 원칙적으로 취소를 구할 법률상 이익이 소멸되어 본안에서 기각될 수밖에 없다는 법리적 문제와, ② 행정소송의 제1심 판결선고까지는 평균 8개월이나 소요된다는 현실적 문제가 서로 결합·작용한 결과 실효성 있는 권리구제에는 미흡하다는 비판[271)]을 받고 있다. 따라서 예외적으로만 허용되는 집행정지제도에만 의존할 것이 아니라, 좀더 다양한 임시적 구제수단인 민사소송법상의 가처분(假處分)제도의 인정여부가 논란이 되고 있다.

---

271) 이상규, 개정 행정소송제도의내용과 문제점, 한국공법학회 제47회 학술발표회 1994.10.22, p.24.

3. 증거자료 확보의 곤란성

행정소송사건에 있어서는 문제의 행정처분에 관계되는 증거자료가 대부분 피고인 행정청과 그 상·하급 행정청의 수중에 있는 것이 보통임에도 불구하고 원고에 대하여는 문제의 행정처분에 관계되는 모든 자료의 열람 및 복사청구권이 폭넓게 인정되지 않고, 위원회가 보관하는 행정심판기록만을 법원에 제출할 것을 신청할 권리만이 인정되고 있어 권익구제에 미흡하다는 비판을 받고 있다(제25조).

제2절 행정소송의 한계

Ⅰ. 개설

헌법(제27조 제1항 및 제107조 제2항)은 모든 국민에게 재판을 받을 권리를 보장하면서 모든 행정사건에 대하여도 대법원의 최종심사권을 보장하고 있다. 행정소송법(제2조)도 모든 행정처분·거부처분과 부작위에 관하여 행정소송의 제기를 허용하는 개괄주의를 택하고 있다.

그러나 개괄주의를 택하고 있다고 하여 모든 행정처분을 소송으로 다툴 수 있는 것은 아니며 여기에는 일정한 한계가 있다. 즉 ① 소송이란 구체적 권리·의무에 관한 분쟁으로서 법률의 적용에 의하여 해결될 수 있는 성질의 것이어야 한다는 사법의 본질에서 오는 한계와, ② 특히 행정소송이란 행정부가 행한 처분을 사법부가 심판하는 구조를 취하고 있기 때문에 우리 헌법상의 또 하나의 기본원리에 해당하는 권력분립의 원칙에서 오는 한계가 있게 된다.

Ⅱ. 사법의 본질에서 오는 한계

헌법(제27조 제1항)상의 재판을 받을 권리에 의거하여 법원조직법(제2조 제1항)은 "법원은 헌법에 특별한 규정이 있는 경우를 제외한 일체의 법률상의 쟁송을 심판한다"고 규정하고 있다. 여기서 말하는 『법률상의 쟁송』이 바로 사법의 본질에서 오는 한계로서, ① 구체적 권리·의무관계에 관한 쟁송과, ② 법률에 의한 분쟁해결 가능성을 의미한다.

1. 구체적 권리·의무관계에 관한 쟁송

소송제도를 인정한 근본취지는 소송을 통하여 국민의 구체적인 권리·의무관계에 관한 다툼을 해결해 주려는 데에 있는 것이므로 다음의 경우는 행정소송의 대상이 될 수 없다.

(1) 추상적인 법령의 효력·해석에 관한 문제

우리 헌법(제107조 제2항)은 명령·규칙의 위헌·위법 여부는『재판의 전제가 된 경우에만』대법원이 최종심사권을 갖는다고 선언하고 있다. 이는 명령·규칙은 일반적·추상적 규정이므로 이에 근거하여 행정청이 특정인에 대하여 구체적 처분을 한 경우에 비로소 국민의 권리·의무가 발생(즉, 구체적 사건성이 구비)되기 때문에, 구체적 처분이 있기도 전에 미리부터 추상적인 법령의 효력·해석 문제를 소송으로 제기할 수는 없다. 그러나 법원에 대한 제소가 아니라 주무부처에 대하여 법령의 효력·해석에 관한 질의를 하거나, 이에 대하여 주무부처가 직권으로, 또는 법제처의 유권해석을 받은 후에 행하는 해석은 얼마든지 가능하다.

다만, 예외적으로 법령에 의한 구체적 처분이 있기 전에 법령 그 자체가 직접 국민의 권리 또는 의무의 발생·변경·소멸을 가져오는 법령, 즉『처분법령』(處分法令)인 경우에는 그 자체가 구체적 사건성을 가지므로 행정소송의 대상이 된다. 예컨대, 공립초등학교의 분교를 폐지하는 내용의 조례가 의결·공포되면 집행행위의 개입이 없어도 조례 그 자체로서 직접 국민의 구체적인 권리·의무나 법적 이익에 영향을 미치는 등의 법률상의 효과를 발생한다고 할 것이므로 이 경우, 그 조례는 항고소송의 대상이 되는 행정처분에 해당된다(대판 1996.9.20, 95누8003).

【판례】: 법령 자체의 취소를 구하는 소송은 부적법하다는 판례

취소소송의 대상은 구체적인 권리·의무에 관한 분쟁이어야 하고, 일반적·추상적인 법령이나 규칙 등은 그 자체로서 국민의 구체적인 권리·의무에

직접적 변동을 초래케 하는 것이 아니므로 그 대상이 될 수 없다고 할 것인바, 교통부령 제938호로 개정된 자동차관리법시행규칙의 취소를 구하는 소는 행정소송의 대상이 될 수 없는 부적법한 소이다(대판 1992.3.10, 91누12639).

(2) 반사적 이익에 관한 문제

행정소송은 처분의 취소 등을 구할 『법률상 이익』이 있는 자에 대하여만 원고적격을 인정하고 있다. 법률상 이익의 개념에 관하여는 권리향수회복설부터 적법성보장설까지 다양한 견해의 대립이 있다. 통설 및 판례가 지지하는 『법률상이익구제설』에 의하면 법률이 개인의 이익을 보호하기 위하여 설정한 제도에 의하여 받는 이익은 법률상 이익이지만, 법률은 오직 질서유지·공공복리 등의 공익보호를 목적으로 할 뿐이며 당사자가 받는 이익이 단순히 그 반사적인 효과로서 사실상의 이익에 불과한 경우에는 이를 반사적 이익으로 보아 행정소송으로 구제를 청구할 수 없다고 한다.

(3) 객관적 소송

민중소송이나 기관소송과 같은 객관적 소송은 특정 개인의 권리침해 여부와는 관계없이 단순히 행정법규의 적법한 적용을 감시하거나 국가기관 간의 이견을 해결하기 위하여 법률이 특별히 인정한 소송형태이기 때문에 아무나 제기할 수 있는 것이 아니고 법률이 정한 경우에 법률이 정한 자만이 제기할 수 있다.

(4) 단순한 사실행위

행정청의 행위 중 단순한 사실행위(주의, 권고, 희망의 표시, 지도 등)는 사인의 권리·의무를 형성하는 것이 아니므로 아무런 법적 효과가 발생할 수 없다. 따라서 원칙적으로 행정소송의 대상이 될 수 없다. 예컨대, 국가보훈상의 서훈추천권의 행사·불행사가 당연무효임의 확인 또는 그 부작위가 위법임의 확인을 구하는 청구는 과거의 역사적 사실관계의 존부나 공법상의 구체적인 법률관계가 아닌 사실관계에 관한 것들을 확인의 대상으로 하는 것이거나 행정청의 단순한 부작위를 대상으로 하는 것으로서 항고소송의 대상이 되지 않는다(대판 1990. 11. 23, 90누3553).

2. 법령의 적용으로 해결할 수 있는 분쟁

비록 당사자 간의 구체적 권리·의무 관계에 관한 분쟁이라 하더라도 법령을 적용하여 해결할 수 없는 분쟁은 사법심사의 대상이 될 수 없다. 따라서 학술·예술적 평가, 정치·경제적인 정책의 타당성 등은 제외된다.

(1) 학술·예술상의 문제

학술·예술의 우월성 논쟁 등은 비록 구체적 권리·의무에 관한 것이라도 법령을 적용하여 판정할 수 있는 성질의 것이 아니므로 행정소송의 대상이 되지 않는다.

(2) 재량행위

행정작용 가운데는 엄격히 법령이 규정한 요건과 효과에 기속되어 행하여질 것이 요구되는 기속행위가 있는 반면에, 무엇이 공익에 합당한지에 관하여 행정청의 자유로운 판단에 맡기는 재량행위도 있다. 과거 독일을 비롯한 행정소송의 열기주의를 채택하였던 국가에 있어서는 재량행위는 재량권을 일탈·남용하지 아니하고 부여된 재량권의 범위 내에서 행사되는 한 비록 당·부당의 문제는 발생하겠지만(따라서 행정심판의 대상은 되지만), 위법의 문제는 발생할 여지가 없다. 따라서 사법심사의 대상이 될 수 없다고 하였다. 현행 행정소송법(제27조)은 "행정청의 재량에 속하는 처분이라도 재량권의 한계를 넘거나 그 남용이 있는 때에는 법원은 이를 취소할 수 있다"라고 규정하여 재량행위도 원칙적으로 사법심사의 대상이 됨을 전제로 하고 있다. 따라서 부당한 재량행위는 처음부터 사법심사의 대상이 아니라는 견해는 실정법의 해석과 배치된다. 왜냐하면 재량행위라 하더라도 재량권 일탈·남용여부를 심사하기 위하여서는 어디까지나 일단 사법심사의 범주안에 넣을 필요가 있기 때문이다. 학설[272)]과 판례[273)]는 재량행위에 관한 문제는 사법심사 대상의 문제라기보다는 사법심사의 범위에 관한 문제로 보고 있다.

(3) 특별권력관계 내부적 행위

과거의 특별권력관계이론에 따르면 특별권력관계 내에서의 행위는 일반사회의 법질서유지를 목적으로 하는 사법권에 의한 재판의 대상이 될 수 없다고 보았다. 그러나 현재는 전적으로 또는 제한된 범위 내에서 사법심사가 가능하다는 것이 일반적 견해이다.

Ⅲ. 권력분립에서 오는 한계

1. 통치행위

고도의 정치성을 띤 행위는 법률을 적용한 적법·위법성만으로 평가하기에는 부적절하다는 입장에서, 각국은 인정근거와 범위의 차이는 있지만 사법심사에서 제외되는 통치행위의 개념을 인정한다.

2. 의무이행소송

(1) 의의

의무이행소송이란 행정청이 사인의 신청에 대하여 법령상 일정한 작위의무가 존재함에도 불구하고 부작위로 방치하고 있을 경우에 ① 신청에 따른 행정처분을 법원이 직접 행하는 판결(적극적 형성판결)을 구하는 소송, 또는 ② 일

272) 김성수(Ⅰ), p.171; 박윤흔(상), p.861; 이상규(상), p.774.

273) 【판례】 어떤 행정처분이 재량권의 남용이나 일탈에 해당하는 경우에는 그 재량권이 기속재량이거나 자유재량이거나를 막론하고 사법심사의 대상이 된다(대판 1990. 8. 28, 89누8255).

정한 행정처분을 할 것을 행정청에 명하는 판결(이행판결)을 구하는 소송을 말한다. 의무이행소송은 독일에서 인정되고 있으며, 영·미에서는 직무집행명령의 형태로 인정되고 있고, 일본에서는 아직 도입하지 않고 우리와 같이 부작위위법확인소송까지만 인정하고 있다.

(2) 인정 여부에 관한 학설

1) 소극설

권력분립의 원칙상 법원은 행정청의 상급기관이 아니므로 행정청에 갈음하여 직접 어떤 처분을 행하거나 처분을 할 것을 명할 수는 없다고 한다.

우리 행정심판법(제4조·제32조)은 명문으로 의무이행심판을 인정하고 "청구가 이유 있다고 인정할 때에는 신청에 따른 처분을 하거나 이를 할 것을 명한다"고 하였으나, 행정소송법(제4조)은 부작위위법확인소송만을 인정하고 의무이행소송은 인정하지 않고 있는바, 행정소송법(제4조)이 항고소송의 종류로 명시한 취소소송·무효등확인소송·부작위위법확인소송의 3종류를 예시적인 것이 아니라 한정적으로 열거적인 것으로 해석하여 다른 형태의 소위 『무명항고소송』(법률에 의하여 명문으로 인정되지 아니한 것이라는 뜻에서 무명이라 한다)은 인정되지 아니한다는 견해이다.

따라서 동법(제4조)상 취소소송의 개념인 『처분 등의 취소 또는 변경을 구하는 소송』에서 말하는 변경이란 적극적 변경인 적극적 형성소송이 아니라 소극적 변경인 원처분의 일부취소(예, 영업정지 3월을 1월로 하는 것 등)만을 의미한다고 함으로써, 적극적 형성소송이나 이행소송은 제도상 인정되지 아니한다고 한다. 우리 판례와 종래의 통설[274]이 이 견해를 지지하고 있다.

---

274) 박윤흔(상), p.864(단, 박 교수는 극히 예외적으로는 인정); 류지태·박종수(신), p.609; 이상규(상), p.800; 홍준형(구), p.328.

【판례】 : 이행판결을 구하는 행정소송을 불허한 판례
① 시장상인들이 영업에 장애가 있다는 이유로 구청장에 대하여 인근 공터에 설치된 위법 건축물의 철거를 위한 대집행절차를 이행하라는 내용의 이행판결을 구하는 것은, 행정청으로 하여금 일정한 행정처분을 하도록 명하는 이른바 이행판결을 구하는 소송으로서, 현행 소송법에 의하여 허용되지 아니한다(대판 1989.5.23, 88누8135).
② 검사에게 압수물 환부를 이행하라는 청구는 행정청의 부작위에 대하여 일정한 처분을 하도록 하는 의무이행소송으로 현행 행정소송법상 허용되지 아니한다(대판 1995.3.10, 94누14018).

2) 적극설

권력분립은 3권간의 견제와 균형을 통하여 권력남용을 방지함으로써 개인의 기본권을 보장하려는 데에 최종목표가 있는 만큼, 형식적·정치적 권력분립에서 탈피하여 적극적인 형성 또는 이행판결까지 허용하는 것이 진정한 권력분립의 이념에 합당한 것이라고 한다.[275] 따라서 행정소송법(제4조)상 취소소송에서 말하는 『처분의 변경』에는 소극적 일부취소뿐만 아니라 적극적 변경까지 포함된다고 해석한다.

3) 결어

행정심판법과 달리 명문으로 인정하고 있지 아니한 의무이행소송을 학설로서 인정하기에는 무리가 따른다고 할 수밖에 없다. 다만, 부작위위법확인판결과 이를 보완하는 간접강제제도만으로는 ① 그 후에 행정청의 처분이 행하여지기를 다시 기다려야 하며, ② 그 처분이 위 판결의 취지에 어긋나는 경우 다시 그 처분을 상대로 취소소송을 제기하여야 하는 매우 복잡하고 우회적인 권리구제수단이 될 수밖에 없기 때문에 적절한 시기에 의무이행소송의 도입을 검토할 필요가 있다고 하겠다.[276]

275) 김남진(상), p.740; 김도창(상), p.681; 석종현·송동수(상), p.844.
276) 의무이행소송이 도입되면 행정이 사법에 예속되고 행정권 행사가 지나치게 위축될 우려가 있다는 점 등이 지적되고 있다.

3. 예방적 부작위청구소송

(1) 의의

의무이행소송이 수익적 처분에 대한 청구임에 반해, 예방적 부작위청구소송이란 일정한 행정작용이 행하여질 경우에는 손해를 입을 가능성이 명백히 예견되는 침해적 처분의 경우에 사전 예방적 수단으로서 어떤 행정행위 또는 사실행위를 하지 아니할 것을 미리 구하는 소송을 말하며, 금지소송이라고 하기도 한다.

(2) 인정 여부에 관한 학설

의무이행소송에 관한 학설 중 소극설은 행정소송법(제4조)의 행정소송의 종류를 열거적인 것으로 해석하여 이를 부인한다.[277] 그러나 적극설은 헌법상 국민의 재판청구권을 근거로 하여 법률상 이익의 침해가 명백히 예견되는 경우에는 일종의 무명항고소송으로서의 부작위청구소송을 인정하여야 한다고 하며 행정소송법(제4조)상의 행정소송의 종류를 일종의 예시적인 규정으로 본다.[278]

판례는 신축건물의 준공검사처분을 하지 아니할 것을 구하는 소송은 행정소송법상 허용되지 아니한다고 함으로써 소극설의 입장을 지지하고 있다(대판 1987. 3. 24, 86누182).

생각건대, 의무이행소송의 경우와 같이 현행법이 명문으로 인정하고 있지 아니한 예방적 부작위청구소송을 학설로서 인정할 수는 없다고 하겠다.

4. 작위의무확인소송

행정청에 대하여 일정한 처분(작위)을 할 법적 의무가 있다는 확인을 구하는 소송을 말한다. 의무이행소송은 법원이 직접 일정한 처분을 하거나 행정청에 대하여 이를 할 것을 명하는 판결임에 반하여, 작위의무확인소송은 일정한 처

277) 류지태 · 박종수(신), p.612.
278) 김도창(상), p.738; 석종현 · 송동수(상), p.845~846; 홍준형(구), p.328.

분을 할 의무가 있음을 확인·선언하는 데 그치는 소송이다. 그러나 이 역시 판결의 기속력의 효과로 인하여 실질적으로는 의무이행소송을 인정하는 것과 같이 될 우려가 있다는 이유로 우리 행정소송법상 명문으로 인정하고 있지 않으며, 판례 또한 같다.

【판례】: 작위의무확인소송을 허용하지 아니한 판례
국가보훈청장에게 독립운동가들에 대한 서훈추천권의 행사가 적정하지 아니하였으니 이를 바로잡아 다시 추천하고 독립운동사 등의 책자를 다시 편찬·보급하고, 독립기념관 전시관의 해설문·전시물 중 잘못된 부분을 고쳐서 다시 전시할 의무가 있음의 확인을 구하는 청구는 작위의무확인소송으로서 항고소송의 대상이 되지 아니한다(대판 1990. 11. 23, 90누3553).

제3절 행정소송의 종류

행정소송은 여러 가지 기준에 의하여 분류될 수 있지만, 여기서는 ① 내용에 따라 항고소송 · 당사자소송 · 민중소송 및 기관소송으로, ② 성질에 따라 형성소송 · 이행소송 및 확인소송으로만 분류하여 설명하고자 한다.

Ⅰ. 내용에 따른 분류

1. 항고소송

행정청의 처분 또는 부작위에 불복하여 제기하는 소송으로서, 우리 행정소송법(제4조)은 취소소송 · 무효등확인소송 및 부작위위법확인소송의 3가지만을 인정하고 있다(법률이 인정하였다는 점에서 이들을 법정항고소송이라 한다). 그러나 이들 외에도 의무이행소송 · 예방적 부작위청구소송 · 작위의무확인소송 등과 같은 무명항고소송이 인정될 수 있는가에 관하여는 견해가 대립되어 있음은 제2절에서 설명한 바와 같다.

(1) 취소소송

행정청의 위법한 처분 또는 재결의 취소 · 변경을 구하는 소송이며, 행정소송의 전형을 이루고 있는 소송이다. 재결의 취소를 구하는 것은 재결 자체에 고유한 위법이 있을 때에만 인정되며, 그 외의 경우에는 재결 아닌 원처분을 대상으로 하여야 한다(원처분주의).

무효인 처분에 대하여 무효선언을 구하는 의미에서의 취소소송을 제기할 수도 있으나, 다만 이 경우에는 형식상은 취소소송이므로 예외적 행정심판전치주의 및 제소기간 등의 제한을 받는다는 것이 우리 판례의 입장이다. 위법한 행정처분의 취소를 구하는 소는 위법한 처분에 의하여 발생한 위법상태를 배제하여 원상으로 회복시키고, 그 처분으로 침해되거나 방해받은 권리와 이익을 보호·구제하고자 하는 소송이므로(대판 1992. 4. 24, 91누11131) 취소소송은 형성소송과 구제소송의 성질을 동시에 가지고 있다고 보겠다.

(2) 무효등확인소송

행정청의 처분 등의 효력 유무 또는 존부에 대한 확인을 구하는 소송이다. 행정행위가 무효 또는 부존재인 경우에는 처음부터 아무 효력도 발생하지 못하며 누구든지 공적인 확인절차 없이 이를 주장할 수 있는 것이다. 특히 확인소송을 인정한 이유는 처분 등이 현실적으로 유효하거나 존재하는 것으로 오인되어 집행되어 버릴 우려가 있어 상대방은 불안한 상태에 있게 되므로, 이러한 상태를 해소하여 법률관계를 명백히 할 필요가 있기 때문이다. 무효등확인소송에는 처분 등의 무효확인소송, 유효확인소송, 부존재확인소송, 존재확인소송 및 실효확인소송 등이 있다.

(3) 부작위위법확인소송

상대방의 신청에 대하여 상당한 기간 내에 일정한 처분을 하여야 할 법률상 의무가 있음에도 불구하고 이를 하지 아니하는 경우에 그 위법의 확인을 구하는 소송이다. 이에 대한 인용판결이 있는 경우에는 행정청은 판결취지에 따른 재처분의무가 있으며, 간접강제제도로 재처분의무의 이행을 담보하고 있다(제30조·제34조·제38조 제2항).

(4) 무명항고소송의 인정 여부

행정소송법(제4조)의 항고소송의 종류에 관한 규정에는 취소소송, 무효등확인소송 및 부작위위법확인소송만 열거하고 있기 때문에 무명항고소송을 인정하고 있지 않다. 그러나 위 규정을 예시적인 것으로 보는 견해에 의하면 의무이행소송·예방적 부작위청구소송과 함께 작위의무확인소송 등을 인정하여야 한다고 주장한다.

그러나 통설·판례의 견해와 같이 실정법상 인정되지 아니하는 이러한 무명항고소송을 인정하기에는 무리가 있으며, 추후 신중한 논의를 거쳐 도입 여부를 결정하여야 할 것으로 생각된다.

2. 당사자소송

당사자소송은 "행정청의 처분 등을 원인으로 하는 법률관계에 관한 소송, 그 밖에 공법상의 법률관계에 관한 소송으로서, 그 법률관계의 한쪽 당사자를 피고로 하는 소송"을 말한다(제3조). 당사자소송은 크게 형식적 당사자소송과 실질적 당사자소송으로 나누어진다.

『형식적 당사자소송』이란 처분 등을 원인으로 하는 법률관계에 관한 소송으로서 그 원인이 되는 처분 등에 불복해 소송을 제기함에 있어 처분청을 피고로 하지 않고, 당해 법률관계의 한쪽 당사자를 피고로 하는 소송이다. 예컨대, 토지수용위원회의 재결과 관련해서, 관계법이 그 보상액에 관한 다툼을 토지소유자가 원고, 사업시행자가 피고가 되어 다투게 규정하고 있다면 이는 형식적 당사자소송이 된다. 즉, 재결이라는 처분을 한 처분청인 토지수용위원회를 피고로 하여 그 재결처분의 효력을 다투게 하지 아니하고 그 법률관계의 한쪽 당사자인 사업시행자를 피고로 하여 제기한다는 점에 그 특징이 있는 것으로서, 이러한 명칭은 실질적으로는 재결처분의 효력을 다투는 것이지만 다만 형식적으로 당사자소송의 형태를 취하고 있다는 데에 착안하여 붙인 이름이다.

『실질적 당사자소송』은 대등당사자 사이의 공법상의 법률관계에 관한 소송으로서 당해 법률관계의 한쪽 당사자를 피고로 하는 소송을 말하며, 당사자소송의 일반적인 형태이다. 즉, 형식적 당사자소송으로 인정되는 것을 제외하고는 모두 실질적 당사자소송에 속하며, 이에는 공법상 계약에 관한 소송, 공법상의 신분·지위에 관한 소송, 공법상의 금전지급청구소송 등이 있다.

행정처분 등의 위법·무효 등을 원인으로 하는 손해배상·손실보상·부당이득반환 및 연금지급·결과제거·공무원 보수 등의 청구소송도 모두 공법상 당사자소송에 해당하겠으나 우리 판례는 이들을 모두 민사소송으로 다루고 있다.

3. 민중소송 · 기관소송

객관적 소송에 해당하는 행정소송으로는 민중소송과 기관소송이 있다. 이는 주관적 소송과는 달리 특별히 법률이 정한 자만이 제기할 수 있다. 민중소송은 국가 또는 공공단체의 기관이 법률에 위반되는 행우를 한 때에 직접 자기의 법률상 이익과 관계 없이 그 시정을 구하기 위해 제기하는 소송이며, 기관소송은 국가 또는 공공단체의 기관 상호간에 권한의 존부 또는 그 행사에 관한 다툼이 있을 경우에 제기하는 소송이다.

Ⅱ. 성질에 따른 분류

1. 형성의 소

행정법상의 법률관계를 발생 · 변경 · 소멸시키는 판결을 구하는 소송이다. 항고소송 중 취소소송이 이에 해당한다. 그러나 새로운 법률관계를 발생시키는 적극적인 형성의 소는 인정하지 아니하고 소극적인 형성, 즉 기존의 처분의 취소나 변경(일부 취소만을 의미)만이 허용된다.

2. 이행의 소

행정청에 대하여 일정한 처분을 할 것을 명하는 판결을 구하는 소송이다. 우리 행정소송법상 항고소송 중에서는 의무이행소송 · 예방적 부작위청구소송 등의 이행의 소는 인정되지 아니하며, 다만 학설상으로 이들을 무명항고소송의 일종으로 인정하는 견해가 있다.

한편, 당사자소송으로 손해배상 · 손실보상 · 부당이득반환 · 공무원보수지급 · 결과제거 등을 이행할 것을 명하는 판결을 구하면 이는 바로 이행의 소에 해당한다.

3. 확인의 소

법률관계의 존부에 관한 확인을 구하는 소송이며, 행정소송법상 항고소송 중 무효등확인소송 및 부작위위법확인소송이 본질적으로 이에 해당한다.

당사자소송 중에서도 상술한 손해배상 등을 바로 청구하지 아니하고 손해배상청구권 등의 존재에 관한 단순한 확인만을 구하는 소송이 가능하며 이 경우에 이들은 확인의 소에 해당한다고 볼 수 있다.

제4절 취소소송[279)]

Ⅰ. 재판관할

1. 사물관할

사물관할이란 사건의 성질을 기준으로 재판권을 분배하는 것을 말한다. 행정소송에서 취소소송의 제1심 관할법원은 지방법원급의 행정법원이다(행정소송법 제9조 제1항). 1998년 3월 1일부터 시행된 행정소송법은 행정심판을 임의절차로 하고, 행정소송도 민사소송과 같이 3심제로 하고 있으므로 그 항소심을 고등법원, 상고심을 대법원이 담당하고 있다. 행정법원의 심판권은 판사 3인으로 구성된 합의부에서 행한다. 아직 행정법원이 설치되지 않은 지역에서 지방법원 본원이 행정사건을 담당하는 경우에도 역시 합의부의 관장사항이다.

2. 토지관할

토지관할이란 소재지를 달리하는 제1심 사건의 동종의 법원 사이에 재판권의 분담관계를 정하여 놓은 것을 말한다. 토지관할은 원칙적으로 피고의 주소나 거소에 의하여 정하여지는 일반관할과, 기타 소송사건의 내용에 의하여 정하여지는 특별관할이 있다. 일반관할에 의하면 취소소송의 제1심 관할법원은 피고의 소재지를 관할하는 행정법원이다. 그러나 토지의 수용 기타 부동산 또는 특정의 장소에 관계되는 처분 등에 대한 취소소송은 특별관할에 따라 그 부

279) 우리 행정소송법은 항고소송 중 취소소송을 중심으로 상세히 규정하고 있고, 항고소송 중 나머지인 무효등확인소송·부작위위법확인소송과 당사자소송 및 객관적 소송은 취소소송과 다른 몇 개의 특칙들만 규정할 뿐 대부분은 취소소송에 관한 규정들을 준용하는 취소소송중심주의를 취하고 있다. 따라서 취소소송에 관한 내용설명이 제4장 행정소송의 거의 대부분을 차지하고 있는 실정을 감안하여, 본서에서는 다소 파격적으로 이 절의 제명을 '취소소송'으로 하고, 이어서 제5·6·7·8절에서 각각 무효등확인소송, 부작위위법확인소송, 당사자소송, 객관적 소송을 서술하고자 한다.

동산 또는 장소의 소재지를 관할하는 행정법원에 제기하여야 한다(제9조).

3. 관할법원에의 이송

법원은 소송의 전부 또는 일부가 그 관할에 속하지 않는다고 인정할 때에는 결정으로 관할법원에 이송한다. 또한 원고의 고의 또는 중대한 과실 없이 행정소송이 심급을 달리하는 법원(지방법원이나 그 지원 등)에 잘못 제기된 경우에는 관할권 있는 관할법원에 이송하여야 한다(동법 제7조 · 제8조 제2항 및 민사소송법 제31조 제1항).

4. 관련청구소송의 이송 · 병합

(1) 의의

관련청구소송의 이송 · 병합이란 하나의 취소소송이 제기된 경우에 ① 문제의 처분 등을 원인으로 하여 발생된 손해배상청구소송 등 공법상 당사자소송, 또는 ② 문제의 처분 등과 밀접한 관련이 있는 다른 취소소송을 최초에 제기된 취소소송에 병합하여 함께 심리(또는 다른 법원에 이송하여 함께 심리)함으로써 재판간의 모순 · 저촉을 피하고 당사자와 법원의 시간적 · 경제적 부담을 경감하려는 제도를 말한다.

(2) 관련청구소송의 범위

다음의 두 가지 경우에만 인정된다.

① 당해 처분 등을 원인으로 하여 발생된 손해배상 · 손실보상 · 부당이득반환 · 공무원보수 · 결과제거 등을 청구하는 당사자소송(당사자소송은 처분청이 아니라 권리주체인 국가 · 지방자치단체 등을 피고로 하는 것이지만 그럼에도 불구하고 취소소송과 병합할 수 있도록 하였다).

② 당해 처분 등과 관련되는 취소소송(첫째, 당해 처분 등과 함께 하나의 절차를 구성하는 다른 처분에 대한 취소소송, 둘째 당해 처분에 대한 재결 그 자

체에 고유한 하자가 있음을 이유로 하는 경우의 재결에 대한 취소소송, 셋째 당해 일반처분 등에 의하여 권익이 침해된 다른 자가 제기하는 취소소송 등을 말한다).

(3) 관련청구소송의 이송

관련청구소송이 각각 다른 법원에 계속되어 있는 경우에는 법원의 직권 또는 당사자의 신청에 의하여 이를 취소소송이 계속된 법원으로 이송할 수 있다(제10조 제1항).

(4) 관련청구소송의 병합

이것은 1개의 소송절차에 수개의 청구를 동시에 하여 일괄재판이 행해지는 것을 말하는데, 관련청구소송은 취소소송의 사실심의 변론 종결시까지만 병합할 수 있다(제10조 제2항).

한편, 같은 당사자 간에 소송의 목적물인 청구가 병합되는 경우에는 『객관적 병합』이라고 하며, 피고인 처분청 이외의 자(국가 또는 위원회)를 상대로 한 소송 또는 권익이 침해된 다른 자가 제기한 소송이 병합될 경우에는 주체를 달리하는 소송 간의 병합이라는 의미에서 『주관적 병합』이라고 한다. 주관적 병합에는 주관적·예비적 병합이 문제된다. 예컨대, 토지를 수용당한 원고가 중앙토지수용위원회를 피고로 하여 재결의 취소를 청구함과 동시에, 예비적으로 중앙토지수용위원회 및 사업시행자를 공동피고로 하여(지금은 토지보상법상 사업시행자만을 피고로 하여야 함) 손실보상금의 증액을 청구하는 것과 같은 주관적·예비적 병합은 원칙적으로 허용되지 않는다. 왜냐하면, 예비적 피고에 대한 청구의 당부에 대한 판단은 제1차적 피고에 대한 청구의 당부의 판단결과에 따라 결정되므로, 예비적 피고의 소송상의 지위가 현저히 불안정하고 불이익하게 되어 허용할 수 없으므로 예비적 피고에 대한 청구는 각하하여야 한다(대판 1996. 3. 22, 95누5509).

Ⅱ. 당사자

1. 개설

취소소송에 있어서 당사자란 원고와 피고를 말한다. 원고는 행정청의 위법한 처분 등으로 권리·이익이 침해되었음을 이유로 그 처분의 취소·변경을 주장하는 자이고, 피고는 공익을 대표해 행정법규의 적용에 위법이 없음을 주장하는 자이다. 취소소송에 있어 당사자가 될 수 있는 능력(당사자능력)은 민사소송과 마찬가지로 자연인·법인뿐만 아니라 법인격 없는 사단·재단도 대표자 또는 관리인이 있으면 그 단체의 이름으로 당사자가 될 수 있다.

당사자능력이 구비된 자 모두에게 취소소송의 당사자로서 소송을 수행하고 본안판결을 받을 수 있는 자격인 당사자적격이 인정되는 것은 아니다. 예컨대 원고의 경우에는『처분 등의 취소를 구할 법률상 이익이 있는 자』만이 원고적격을 가진다.

2. 원고적격(소익)

행정소송법(제12조 전단)은 "취소소송은 처분의 취소를 구할 법률상의 이익이 있는 자가 제기할 수 있다"라고 규정하고 있다. 여기서 법률상 이익이 있는 자가 원고적격이 되지만, 법률상의 이익은 불확정 개념이어서 어느 범위까지가 이에 해당하는지에 대해서는 학설상 견해가 나누어진다. 원고적격이 인정되기 위해서는 법률상의 이익이 현실적으로 침해되어야 하는지 아니면 침해의 가능성 내지 주장하는 것만으로 족한지에 대한 상세한 내용은 다음 항목(취소소송에서의 소의 이익)에서 설명하고자 한다.

3. 피고적격

(1) 처분청

행정소송법(제13조 제1항)은 "다른 법률에 특별한 규정이 없는 한 그 처분 등을 명한 행정청을 피고로 한다"고 규정하고 있다. 원래 권리주체인 국가·공공단체 등이 직접 피고가 되어야 겠지만 현실적인 소송수행의 편의를 위하여 처분을 행한 행정청을 피고로 한 것이다. 여기서 행정청은 국가 또는 지방자치단체의 행정에 관한 의사를 결정해 외부에 표시할 수 있는 권한을 직접 가지는 행정기관을 말한다.

권한의 위임 또는 위탁이 있은 경우에는 위임 또는 위탁을 받은 행정기관, 공공단체 및 그 기관 또는 사인(私人)이 피고가 된다(제2조 제2항). 다른 법률에서 특별히 처분청 아닌 행정청을 피고로 한 예는 대통령이 행한 공무원 징계 기타 불이익처분의 피고를 소속장관으로(국가공무원법 제16조·경찰공무원법 제28 등), 대법원장의 처분에 대한 피고를 법원행정처장으로 한 것(법원조직법 제70조) 등이 있다.

(2) 권한승계 또는 기관폐지의 경우

처분이 있은 후에 그 권한이 다른 행정기관에 승계된 경우에는 승계한 행정청이 피고가 된다(제13조 제1항 단서). 승계기관이 없는 경우에는 처분 등에 관한 사무가 귀속되는 국가 또는 공공단체가 직접 피고가 된다(제13조 제2항).

(3) 피고의 경정

피고를 잘못 지정한 때에는 법원은 원고의 신청에 의하여 결정으로 피고의 경정을 허가할 수 있다(제14조 제1항). 이 경우에는 종전의 피고에 대한 소송은 취하된 것으로 보고, 처음 소를 제기한 시점에 새로운 피고에 대한 소송이 제기된 것으로 본다(제14조 제4항·제5항).

4. 공동소송(관련청구의 주관적 병합)

수인의 원고의 소 제기 또는 수인의 피고에 대한 소 제기가 어떤 처분 등의 취소소송과 관련되는 청구인 경우에 한하여 그 수인의 원고 또는 피고는 공동소송인이 될 수 있다고 함으로써(제15조), 관련청구소송의 주관적 병합을 인정하였다.

5. 소송참가

(1) 제3자의 소송참가

예컨대, 체납처분에 따른 압류재산 공매에서의 경락자는 당해 공매처분취소소송이 인용되어 버리는 경우 취소판결의 대세적 효력(제29조 제1항)에 의거하여 경락취소의 효과가 자기에게도 미친다. 따라서 자기의 부당한 권익침해를 방지하기 위하여 『소송의 결과에 따라 권리 또는 이익의 침해를 받게 되는 제3자』로서, 본인의 신청 또는 법원의 직권에 의한 결정에 따라 소송참가를 하여 자기에게 유리한 공격방어자료를 제출할 기회를 부여받고 있다(제16조 제1항).

한편, 행정행위의 제3자가 취소소송의 원고가 된 경우(연탄공장의 인근주민 등)에는 당해 행정처분의 직접 상대방(연탄공장주)이 소송의 결과에 따라 권익의 침해를 받게 되기 때문에 제3자로서 소송참가를 할 수 있음은 물론이다. 참가인은 피참가인과 민사소송법에 의한 공동소송인에 준하는 지위를 가진다(제16조 제4항 및 민사소송법 제63조).

(2) 행정청의 소송참가

법원은 처분청이 아닌 다른 행정청을 소송에 참가시킬 필요가 있다고 인정할 때에는 당사자 또는 당해 행정청의 신청이나 직권에 의한 결정으로 그 행정청을 소송에 참가시킬 수 있다(제17조 제1항). 이 경우 참가행정청은 민사소송법에 의한 보조참가인의 지위에 서게 되므로, 공격·방어 등의 소송행위를 할 수는 있으나 처분행정청의 소송행위와 저촉되는 행위는 할 수 없다(제17조 제3항 및 민사소송법 제70조).

6. 소송대리인

원고 · 피고는 모두 민사소송에서와 같이 변호사 등 소송대리인을 선임하여 소송을 수행하게 할 수 있다(제8조). 다만, 국가를 당사자로 하는 공법상 당사자소송인 경우에는 『국가를당사자로하는소송에관한법률』(제2조 · 제3조)에 의거하여 법무부장관이 국가를 대표한다. 검사를 소송수행자로 지정하여 소송을 수행하거나 필요할 경우 변호사를 소송대리인으로 선임하여 소송을 수행하게 할 수 있다.

Ⅲ. 취소소송의 소익(원고적격)

1. 소익의 의의

소익(訴益)이란 "원고의 청구가 국가의 재판제도를 이용하여 해결될 만한 가치 또는 필요성"을 말한다. 원래 민사소송에서 『이익 없으면 소권 없다』고 하는 바와 같이 행정소송도 이와 같이 분쟁을 소송을 통해 해결할 권리보호의 필요성이 있는 경우에 한하여 소의 제기가 허용된다. 소익이란 이와 같이 본안판결을 구할 정당한 이익 내지 필요성이다. 행정소송의 소익의 개념은 다음과 같이 나누어진다.

(1) 최광의

① 취소를 구하는 처분 · 부작위 등의 존재(소송의 대상적격), ② 원고에게 소송으로 처분 등의 취소를 구할 법률상의 이익의 존재(원고적격), ③ 소송을 통하여 현실적으로 권리구제를 받을 수 있는 가능성 또는 실익의 존재(협의의

소익)을 모두 포함하는 개념이다.

(2) 광의

②의 원고적격과 ③의 협의의 소익을 의미한다.

(3) 협의

③의 협의의 소익을 의미한다.

여기서는 원고적격과 협의의 소익을 포함하는 광의의 소익에 관하여 설명하고, 소송의 대상은 다음의 Ⅳ에서 설명하고자 한다.

2. 원고적격

(1) 개설

행정소송법(제12조)은 처분 등의 취소를 구할 『법률상의 이익』이 있는 자에게 원고적격을 인정하고 있다. 여기서 말하는 법률상의 이익에 관하여는 취소소송의 목적과 기능을 무엇으로 보는가에 따라 다음의 4가지 학설이 대립되고 있다.

(2) 법률상 이익의 개념에 관한 학설

1) 권리회복설

과거의 전통적 견해로서, 취소소송의 목적을 위법한 처분으로 인하여 침해된 개인의 권리회복에 있다고 보고, 권리(자유권·수익권 등의 공권과 재산권·어업권·광업권 등의 사권)가 침해된 자만이 원고적격이 있다고 함으로써 원고적격을 매우 한정하고 있다.

이 견해에 의하면 ① 권리침해가 없으면 아무리 불이익이 초래되더라도 원고적격이 부인되며(예, 건축제한규정에 위반한 연탄공장의 건축으로 인한 인근주민의 불이익 등), ② 침해된 권리 자체의 회복이 불가능하게 된 경우에는 비록 부수적인 이익의 회복가능성이 남아 있더라도 원고적격이 부인된다(예, 불법체류 외국인이 이미 강제 퇴거된 후, 또는 1개월의 영업정지기간이 모두 경과한 후에는 침해된 권리 자체의 회복은 불가능하지만, 그럼에도 불구하고 이러한 처분이 취소될 경우에는 추후 5년 이내 재입국신청시의 거부처분 또는 영업법규 재위반시의 가중처분을 받지 않게 되는 실익이 인정되므로 원고적격을 인정할 필요가 있다).

2) 법률상이익구제설

권리침해뿐만 아니라, 어떤 법률이 공익의 보호와 동시에 개인의 이익도 보호함을 목적으로 하는 경우(사익보호성)에 그 『법률에 의하여 보호되는 이익』을 침해한 경우에도 원고적격을 인정한다(예, 건축제한법규·특허제도로 인한 인근주민, 특허기업자의 이익). 그러나 법률이 질서유지·공공복리 등 순수한 공익보호만을 목적으로 한 경우에 상대방이 얻게 되는 단순한 반사적 이익(예, 공중위생이라는 공공복리를 목적으로 설정된 공중목욕장허가제도로 인하여 기존 허가업자가 얻는 이익)의 침해는 여전히 제외된다고 하며, 우리의 통설·판례[280]의 입장이다. 이 견해에 의하면 취소소송의 소익이 크게 확대되어 권익구제에 보다 충실하게 된다.

최근의 학설과 판례는 여기서 말하는 '법률'의 개념에는 당해 특정 처분의 직접적인 근거가 되는 법률뿐만 아니라 이와 '관련되는 다른 법률'에 의하여 보호되는 이익까지를 포함한다고 함으로써 원고적격을 확대하고 있다. 그러나 아직 일부 견해에서 주장하고 있는 바와 같이 우리 헌법상의 '기본권조항 및 기본권원리'까지 법률의 개념에 포함시키려는 견해는 채택하고 있지 아니하다.

【판례】: 법률상이익구제설에 입각하여 관련법률에 의하여 보호되는 이익에 대하여도 사익보호성을 인정한 판례

---

280) 대법원이 1969년에 이미 선박운항사업면허를 받은 사업자가 다른 자에 대한 새로운 선박운항사업면허의 취소청구소송을 제기한 사건에 있어, 기존 면허사업자의 이익을 단순한 시설상의 이익이 아니라 법에 의하여 보호되는 이익이라 하여 원고적격을 인정한 이래 계속 이 견해를 취하고 있다(대판 1969. 12. 30, 69누106 등).

> 행정처분의 직접 상대방이 아닌 제3자라도 당해 행정처분의 취소를 구할 법률상 이익이 있는 경우에는 원고적격이 인정되는데, 여기서 말하는 법률상 이익이란 당해 처분의 근거 법률에 의하여 보호되는 직접적이고 구체적인 이익이 있는 경우를 말하고, 다만 공익보호의 결과로 국민 일반이 공통적으로 가지는 추상적·평균적·일반적 이익과 같이 간접적이거나 사실적·경제적 이해관계를 가지는 데 불과한 경우에는 여기에 포함되지 않는다. (중략)
> 도시계획의 내용이 화장장의 설치에 관한 것일 때에는 도시계획법 외에 매장및묘지등에관한법률도 그 근거법률이 된다고 보아야 할 것이고, 동법시행령상 20호 이상의 인가가 밀집한 지역, 학교 등으로부터 1,000m 이상 떨어질 것 등의 규정에 의하여 보호되는 부근 주민들의 이익은 부산시립영락공원 내의 공설화장장의 설치를 내용으로 하는 도시계획시설결정처분의 취소를 구할 법률상 이익으로 보아야 한다(대판 1995. 9. 26, 94누14544).

3) 보호가치 있는 이익구제설

실체법이 보호하고 있는 권리 또는 이익이 침해된 경우뿐만 아니라, 소송을 통하여 개인의 실생활상의 이익에 관한 구체적 분쟁이 해결될 수 있다면, 그것이 법률상의 이익이든 사실상의 이익이든 불문하고 널리 『소송법상으로 보호할 가치가 있는 이익』이라 하여 소익을 인정하는 견해이다.

이 견해에 의하면 소익이 더욱 확대되지만, 한편 실체법이 보호하고 있지 않는 소송법상의 이익의 개념과 범위가 모호하다. 더욱이 실체법에 의하여 인정 여부가 확정되는 것이 아니라 전적으로 법관의 판단에 의하여만 인정 여부가 좌우된다는 점에서 법원에 법해석 기능을 초월한 법창조 기능까지 부여하게 되는 결과가 초래된다.

4) 적법성보장설

취소소송의 목적을 개인의 이익보호에 두지 아니하고 행정처분의 적법성 보장에 두는 견해로서, 자기의 권리·이익의 침해 여부와는 관계없이 처분을 다투기에 적합한 상태에 있는 자에 대하여 널리 소익을 인정하는 견해이다.

이 견해는 취소소송을 행정의 적법성 보장을 위한 객관적 쟁송, 그 중에서 특히 민중소송으로 파악하게 되는 결과, 현행 소송구조를 전면적으로 부인하게 되어 부당하다고 하겠다.

5) 결어

소익의 개념은 종래의 권리회복설에서 법률상이익구제설로 확대되어 지금에 이르고 있다. 일부에서 보호가치 있는 이익구제설, 나아가 적법성보장설로까지 확대·발전할 것이라는 견해도 있다. 그러나 실체법이 보호하고 있는 이익을 떠난 소송법상의 이익의 개념을 창설하여 법원의 법창조 기능을 인정하게 됨은 무리가 있다. 따라서 실체법상 보호되는 이익을 점차 확대하여 권익구제의 길을 넓혀 가는 법률상이익구제설의 견해가 타당하다고 생각된다.

(3) 제3자의 원고적격

법률상이익구제설의 입장에서 복효적 행정행위의 제3자인 기존영업자 또는 인근주민 등에게도 원고적격이 인정되어 소위 경업자소송(競業者訴訟)과 인인소송(隣人訴訟) 및 환경소송과 소비자소송 등의 쟁송형태가 등장하게 된다.

1) 경업자소송

판례는 특허기업자가 받는 이익은 법률상 이익이므로 원고적격이 인정되고, 허가영업자가 받는 이익은 단순한 반사적 이익 내지 사실상의 이익이라 하여 원고적격을 부정하고 있다. 원고적격이 인정된 예로서는 기존영업자의 신규영업자에 대한 ① 선박운항사업면허취소소송(대판 1969. 12. 30, 69누106), ② 자동차운송사업의 노선연장허가취소소송(대판 1975. 7. 22, 73누173), ③ 자동차(시외버스)정류장설치허가취소소송(대판 1975. 7. 22, 75누12), ④ 광구의 증구허가취소소송(대판 1982. 7. 27, 81누271), ⑤ 약종상영업소이전허가취소소송(대판 1988. 6. 14, 87누873), ⑥ 화물자동차증차인가취소소송(대판 1992. 7. 10, 91누9107), ⑦ 하천부지점용허가취소소송(대판 1993. 10. 8, 93누5017) 등이 있다.

한편, 원고적격이 부정된 예로는 기존영업자의 신규영업자에 대한 ① 공중목욕장영업허가취소소송(대판 1963. 8. 22, 63누97 등), ② 석탄가공업허가취소소송(대판 1980. 7. 22, 80누33 · 34), ③ 양곡가공업허가취소소송(대판 1981. 1. 27, 79누433)과 함께, ④ 도로점용허가 없이 도로부지에 무허가건물을 건축 · 사용 중인 자가 같은 부지에 대하여 행정청이 행한 타인의 도로점용허가의 취소를 구한 소송(대판 1991. 11. 26, 91누1219), ⑤ 약사들에게 한약조제권을 인정한 데 대하여 한의사들이 제기한 취소소송(대판 1998. 3. 10, 97누4289)을 들 수 있다.

【판례】 : 기존 화물자동차운송사업자의 이익을 법률상 이익으로 본 판례 자동차운수사업법에서 동 사업면허의 기준으로『당해 노선 또는 사업구역의 수송수요와 수송력공급에 적합할 것』을 정한 것은 동 사업에 관한 질서를 확립하고 동 사업의 종합적인 발달을 도모하여 공공의 복리를 증진함과 동시에(즉, 공익의 보호를 목적으로 함과 동시에), 업자 간의 경쟁으로 인한 경영의 불합리를 미리 방지하는 데 그 목적이 있다 할 것이므로(즉, 사익의 보호도 목적으로 하고 있으므로), 개별화물 자동차운수사업면허를 받아 이를 영위하고 있는 기존의 업자인 원고로서는 동일한 사업구역 내의 동종의 사업용화물자동차면허대수를 늘리는 이 사건 인가처분에 대하여 그 취소를 구할 이익이 있다(대판 1992. 7. 10, 91누9107).

2) 인인소송

복효적 행정행위로 인하여 불이익을 받은 인근주민에 대하여 원고적격을 인정한 예로서, 주거지역 내의 위법한 연탄공장건축허가취소소송에서 건축법 등에 의하여 주거지역 내의 주민이 받는 주거의 안정과 생활환경을 보호받는 이익은 단순한 반사적 이익 또는 사실상의 이익이 아니라 법률에 의하여 보호되는 이익이라고 한 판례가 있으며(대판 1975. 5. 13, 73누96 및 97), 이후 자동차LPG충전소 설치허가취소소송에서도 동일한 판결을 내린 바 있다(판례 참조).

그러나 인근 공장주들이 제기한 고압가스충전 및 주입시설 설치허가취소소송에서는 원고적격을 부인하였다.

【판례】: ① 인근 주민에게 자동차LPG충전소 설치허가취소소송의 원고 적격을 인정한 판례
자동차LPG충전소 설치허가장소에 인접하여 거주하는 주민들이 설치허가처분이 고압가스관리안전법에 규정된 공공의 안전을 위한 설치허가기준에 미달한 위법한 처분임을 이유로 동 처분의 취소를 구한 소송에서, 대법원은『행정처분의 상대방이 아닌 제3자도 그 처분으로 인하여 법률상 보호되는 이익이 침해당한 경우에는 그 처분의 취소·변경을 구하는 행정소송을 제기할 법률상 자격이 있다』고 판시하였다(대판 1983. 7. 12, 83누59).
② 인근 공장주인에게 고압가스충전 및 주입시설 설치허가취소소송의 원고 적격을 부정한 판례
준공업지역 내의 인근 공장주들은 갑이 허가받은 고압가스충전 및 주입시설이 언제 폭발하여 원고들의 공장에 위해를 가할지 모르므로 안전한 조업을 할 법률상 이익을 침해당하였다고 주장하지만 …가까운 장래에 이 시설이 폭발할 위험이 있다고 인정되지 아니하므로 원고들의 법률상 이익이 침해되었다고 할 수 없으므로, 이 사건 제소는 당사자적격이 없는 부적법한 소임을 이유로 이를 각하한 조치는 정당하다(대판 1981. 9. 22, 80누449).

3) 환경소송

인인소송보다 폭넓게 쾌적한 생활환경의 유지를 위하여 주민 일반에게 인정되는 소송형태로서, 우리나라에서는 논의 중에 있으나, 미국은 집단소송, 독일은 단체소송, 일본은 민중소송의 형태로 인정하고 있다(일본은 유명한 성전(나리타)공항건설용지수용을 위한 사업인정처분에 대한 취소소송에 있어서 지역주민에게 원고적격을 인정하였다. 동경지재 1984. 7. 6). 우리나라에서도 근래 환경소송에서 지역주민의 원고적격은 점차 확대되고 있다. 환경영향평가대상지역 안의 주민들이 제기한 전원개발사업 실시계획 승인처분의 취소소송에서 환경상의 이익은 단순히 환경공익의 보호의 결과로서 국민 일반이 공통적으로 가지게 되는 추상적·평균적·일반적 이익에 그치지 아니하고 환경영향평가지

역 안의 주민 개개인에 대해 개별적으로 보호되는 직접적, 구체적 이익이라 하여 원고적격을 인정하고 있다(대판 1998. 9. 22, 97누19571).

【판례】 : 환경영향평가대상지역 안의 주민에 대하여 원고적격을 인정한 판례

① 속리산국립공원 내의 용화온천지구에 대한 공원사업시행허가에 있어 환경영향평가대상지역안의 그 하류지역주민들이 갖는 식수원 등 환경적 이익은 단순히 환경공익보호의 결과로 국민일반이 갖는 추상적·평균적·일반적 이익이 아니라, 주민 개개인이 갖는 개별적·직접적·구체적 이익이다(대판 1998. 4. 24, 97누3286).

② 강원도 인제군과 양양군에 행한 양수발전소건설을 위한 '전원개발사업실시계획승인'처분에 대하여 환경영향평가대상지역 안에 거주하는 주민들은 원고적격이 있으나, 동지역 밖의 주민·산악인·생태연구가·사진가·환경보호단체 등의 이익은 전원개발에관한특별법·환경영향평가법 등이 이를 개별적·직접적·구체적으로 보호하려는 취지의 규정을 두고 있지 아니하므로 이들은 그 취소를 구할 원고적격이 없다(대판 1998. 9. 22, 97누19571).

환경소송은 취소소송의 형태 외에도 행정청이 대기·수질·토양·소음·진동 등에 대한 규제권의 발동을 게을리 하는 경우에 적극적으로 규제권 발동을 명할 것을 법원에 청구하는 의무이행소송의 형태를 띠게 되는 경우가 많다는 데에 특색이 있다(그러나 의무이행소송은 우리 현행 행정소송법 체계하에서는 인정되기 어렵다고 하겠다).

4) 소비자소송

사인에 의한 소비자의 피해는 한국소비자보호원 소비자분쟁조정위원회에의 조정신청과 법원에의 민사소송으로 구제받게 되지만, 행정처분으로 인한 소비자의 피해에 대한 별도의 소비자소송제도는 실정법상 따로 인정되지 않고 있으며 관련 판례도 아직 없다. 그러나 독일과 일본에서는 그 예가 많다. 예컨대 가스사용자가 제기한 가스공급조건인가처분의 취소소송에서 원고적격을 인정한 바 있다(동경지재 1978. 7. 1). 그러나 독점금지법에 의하여 일반소비자가

받는 이익은 반사적 이익에 불과하다는 이유로 원고적격이 부정되었다(일최고재 1978. 3. 14).

5) 대물적 처분에 대한 지역주민의 소송

예컨대, 보안림·문화재·주차금지구역 등의 지정 또는 해제와 같은 대물적 처분(특정 상대방에 대하여만 효력을 가지는 통상의 행정처분에 대한 반대개념)에 대하여 지역주민에게 원고적격을 인정할 것인가의 문제이다. 이러한 처분의 직접적인 규율대상은 물건이지만 이로 인하여 사람도 직·간접으로 규율을 받는 것이라 볼 수 있기 때문에 이로써 권리·이익이 침해된 지역주민도 원고적격이 인정된다고 하겠다(일본에서는 보안림지정해제처분에 대하여 지역주민에게 원고적격이 인정된 바 있다(일최고재 1989. 6. 20)).

(4) 집단소송

1) 개설

행정처분에 의하여 널리 지역주민이나 소비자 일반의 집단적 이익이 침해된 경우에 피해자 개개인이 일일이 소송을 제기하고 이를 병합심리하는 통상의 소송형태가 아니라, 이들 전체의 주민대표나 소비자단체 등에 대하여 취소소송의 원고적격을 인정하고 그 판결의 효력을 전체 주민과 소비자에게 미치도록 하는 새로운 형태의 소송을 말한다.

2) 필요성

집단소송은 당사자가 너무 많은 데 따른 소송의 번잡과 혼란을 방지하고, 일관성 있는 심리로 시간이 대폭 절약되며, 통일된 판결을 내리게 되므로 당사자 간에 개별적 판결에 따른 법률관계의 불일치를 방지할 수 있다는 점에서 필요성이 인정된다.

3) 외국의 예

미국에서는 집단소송(class action)이라 하여 당사자가 너무 많고, 구성원

전원에게 공통되는 법률상 또는 사실상의 문제이다. 전체 구성원의 이해관계를 적절히 대표할 수 있는 경우, 집단의 1인 또는 수인이 그 전체를 위하여 제소하거나 피소될 수 있도록 하고 있다. 독일에서는 단체소송(Verbandsklage)이라 하여 소비자단체 등 단체 자체에 대하여 원고적격을 인정하고 있다.

4) 우리의 경우

현행 행정소송법을 제정할 때에 정부가 제출한 법안에서는(당시안 제18조 제2항) 원고가 될 자가 다수인인 경우에는 그들의 일부 또는 그들이 소속하는 단체에게 원고적격을 인정하였지만, 국회에서 먼저 민사소송법부터 이 제도를 도입하여야 한다는 이유로 삭제된 바 있으나,[281] 최근 도입이 다시 추진되고 있다.

3. 협의의 소익

(1) 개설

소송제도를 인정한 취지는 당사자에게 단순한 관념적 만족을 주기 위한 것이 아니고 현실적인 권익구제에 있다. 따라서 현실적인 권익구제의 가능성 내지는 실익이 없으면 소송을 구할 소익이 인정되지 않는다. 종전의 통설·판례에 의하면 취소판결에 의하여 『취소대상인 원처분 자체가 부활될 가능성』이 존재하지 않으면 소익이 인정되지 아니한다고 하여 소익의 범위를 좁게 해석하였다. 그러나 오늘날의 통설·판례는 비록 취소대상인 원처분이 기간의 경과, 처분의 집행종료 기타의 사유로 더 이상 부활될 가능성이 없더라도 그 처분이 취소됨으로 인하여 『회복되는 법률상 이익』이 있는 경우에는 소익을 인정하고 있으며, 행정소송법(제12조 후단)도 이를 명문으로 규정하고 있다.

(2) 처분의 효과 소멸 후에도 소익이 인정되는 경우

행정소송법은 처분의 효과가 ① 기간의 경과(1개월의 운전면허나 영업정지

281) 박윤흔(상), p.905.

처분시 그 1개월이 모두 경과한 경우), ② 처분의 집행(불법체류 외국인의 강제퇴거조치가 집행되어 강제 출국되어 버린 경우), 또는 ③ 그 밖의 사유로 인하여 소멸된 뒤에는 당해 처분에 위법한 하자가 있다 하더라도 취소판결을 받을 필요성이 없기 때문에 소의 이익이 부정됨이 원칙이다. 따라서 이러한 경우에는 취소소송이 아니라 손해배상 청구나 원상회복 청구(공법상 결과제거 청구) 등을 통하여 권리를 구제받아야 할 것이다. 그러나 처분 등의 효과가 소멸하였다 하더라도 예외적으로 그 처분의 취소로 인하여『회복되는 법률상 이익』이 있는 경우에는 원고적격을 인정하고 있다(제12조 후단).

여기서 말하는 법률상 이익에는 ① 원고의 부수적 이익이 회복될 수 있는 경우(예, 공무원파면취소소송 도중에 공무원 정년이 넘게 되어 승소하더라도 공무원으로는 더 이상 복귀가 불가능하게 된 경우에도, 파면이 취소되면 정년까지의 보수 및 연금은 청구할 수 있게 된다. 대판 1977. 7. 12, 74누147)와, ② 당해 처분이 존재하고 있다는 사실 자체가 원고에게 장래 어떤 불이익처분을 함에 있어서의 요건사실로 작용할 경우 등이 있다(예, 출입국관리법 제12조에 의거하여 한번 강제 퇴거된 자는 5년 내에 재입국이 금지되고, 도로교통법상 1년 간의 운전면허정지기간을 모두 합산하여 120일이 넘으면 면허가 취소되게 되며, 음식점영업이나 건축사 업무 등을 규제하는 많은 행정법규는 한번 영업정지처분을 받으면 두 번째부터는 가중 처분하도록 되어 있다. 이처럼 장래 가중적 제재처분(加重的 制裁處分)을 당할 수 있는 요건사실로 작용하게 되는 경우에는 당해 영업정지처분의 위법을 이유로 취소판결을 받아야 할 필요성이 있으므로 그 취소를 구할 소익이 있게 된다. 그러나 그 처분이 원고에 대한 인격적 비난에 목적이 있지 아니하는 한, 그 처분으로 인하여 원고의 명예·신용이 침해당했다는 이유만으로는 취소소송을 구할 법률상 이익은 없다고 보아야 할 것이다.

【판례】: ① 기간의 경과 후에는 소의 이익이 없다는 판례
행정처분이 법령이나 처분 자체에 의하여 효력기간이 정하여져 있는 경우에는 그 기간의 경과로 효력이 상실되므로 그 기간 경과 후에는 처분이 외형상

잔존함으로 인하여 어떠한 법률상의 이익이 침해되고 있다고 볼 만한 별다른 사정이 없는 한 그 처분의 취소 또는 무효확인을 구할 법률상의 이익은 없다(대판 2000. 11. 10, 99두486).

② 기간도과 후에도 소의 이익이 있다는 판례

건축사에 대한 제재적인 행정처분인 업무정지명령을 보다 무거운 제재처분인 사무소등록취소처분의 기준요건으로 규정하고 있는 이상, 건축사업무정지처분을 받은 건축사로서는 위 처분에서 정한 기간이 도과되었다 하더라도 위 처분을 그대로 방치하여 둠으로써 장래 건축사사무소 등록취소라는 가중된 제재처분을 받게 될 우려가 있는 것이므로 건축사로서의 업무를 행할 수 있는 법률상 지위에 대한 위험이나 불안을 제거하기 위하여 건축사업무정지처분의 취소를 구할 이익이 있다(대판 1991. 3. 27, 91누3512).

Ⅳ. 취소소송의 대상

1. 개설

취소소송의 대상은 『처분 등』이며, 구체적으로는 "행정청이 행하는 구체적 사실에 관한 법집행으로서의 공권력의 행사 또는 그 거부와 그 밖에 이에 준하는 행정작용 및 행정심판에 대한 재결"을 말한다(동법 제2조 제1항 제1호).

행정소송의 대상을 『처분 등』이라고 한 이유는 행정처분 외에 행정처분에 대한 재결도 포함시켰기 때문이다(재결도 재결 자체에 고유한 위법이 있는 경우에는 취소소송의 대상이 됨). 이는 소의 대상에 관하여 열거주의가 아닌 개괄주의 원칙을 채택하고 있는 것이다. 취소소송의 대상적격과 관련하여 문제가 되는 점들은 취소소송의 대상이 되는 처분의 구체적 개념이 무엇인지와, 재결은 재결 자체에 고유한 위법이 있는 경우에 한하여 소의 대상이 된다는 원처분주의를 규정하고 있는 바, 이 때 재결 자체의 고유한 위법이 무엇인지 등이다. 아래에서는 이러한 점들을 구체적으로 살펴본다.

2. 행정청의 처분

행정청이란 국가 또는 지방자치단체의 의사를 결정 · 표시할 수 있는 권한을 가진 모든 행정기관, 즉 학문상의 행정관청으로서, 행정심판에서 말하는 행정청과 같은 개념이다. 행정청의 처분의 인정 여부는 소송요건이므로 직권조사사항이며 처분성이 부정되면 그 소는 부적법하여 각하된다.

판례도 서울특별시 지하철공사 사장이 소속 직원의 재직기간 합산신청을 받아들이지 아니한 사건에 있어서, 지하철공사 사장은 공공단체 또는 그 기관으로서 행정청의 권한의 위임 또는 위탁을 받았다고 볼 수는 없기 때문에 행정소송법상의 행정청에 포함되지 아니하므로 행정소송의 대상이 되지 아니한다고 판시하였다(대판 1989. 8. 8, 89누2257).

3. 처분

(1) 개념

1) 실체법적 개념설

전통적 견해는 처분을 실체법상의 행정행위의 개념과 동일시하였다. 즉, 실체법적으로 공정력이 인정되는 행정행위의 효력을 제거하기 위하여 인정된 개념이므로 실체법상의 행정행위와 같은 개념이라는 것이다. 다만, 이 견해에 의하더라도 예외적으로 행정행위는 아니지만 공권력적 사실행위(강제격리 · 강제수거 등)도 강제성 · 계속성이 있는 한 권익구제의 가능성이 있다는 측면에서 예외적으로 행정행위에 준하여 처분의 개념에 포함시키고 있다.

2) 쟁송법적 개념설

오늘날 행정계획, 행정지도, 공공시설의 설치, 기타의 사실행위 등 행정의 행위형식이 매우 다양화되어 종래의 권력행정으로부터 비권력행정으로 행정의 중심이 이동됨에 따라, 종전의 행정행위 중심의 처분개념으로는 국민의 권익구제에 한계가 있게 되어, 실체법적인 행정행위 외에 『행정기관의 행위로서 공권력행사에 해당되지는 않지만(따라서 법적 효과는 갖지 못하지만), 국민의 법익에 대하여 계속적으로 사실상의 영향력을 미치는 행위(후술하는 공공시설의 설치, 행정지도 등)』를 일종의 『형식적 행정행위』(形式的 行政行爲)라고 하여 이들을 절차법적으로 취소소송의 대상인 처분의 개념에 포함시키는 견해이다.

3) 결어

현대행정의 다양화 추세에 부응하여 국민의 권익구제의 대상을 확대하려는 절차법적 개념설의 취지는 긍정적인 면이 있다고 하겠다. 그러나 실체법적으로 발전해 온 전통적인 행정행위의 개념 자체를 형식적인 개념으로 확대하려는 방법보다는, 행정작용의 다양성을 그대로 인정하되 실체법상의 행정행위가 아닌 행정작용도 취소소송의 성질에 반하지 아니하는 한 취소소송의 대상에 포함시키는 방법이 국민의 권익구제에 도리어 유리하며 행정법 이론체계의 혼란을 방지하는 데에도 도움이 된다고 하겠다. 특히 개정된 행정소송법(제2조 제1항)도 행정처분의 개념을 『공권력의 행사 또는 그 거부와 그 밖에 이에 준하는 행정작용』이라고 명시하고 있기 때문에 굳이 절차법적 행정행위의 개념을 별도로 인정할 필요는 없다고 하겠다.

대법원 판례는 전통적으로 실체법적 개념설을 취해 왔으나, 최근 도지사가 광업법 제47조 제3항의 규정에 의한 채광계획변경명령권을 행사하면서 이와 함께 동법상 아무 근거규정이 없는 "작업중지명령"권을 행사한 사건에 있어서 "어떤 행위를 행정처분으로 볼 것이냐의 문제는 행정청이 공권력의 주체로서 행하는 구체적 사실에 관한 법집행으로서 국민의 권리 · 의무에 직접 영향을 미치는 행위라는 점을 고려하고 … 행정청의 어떤 행위가 법적 근거도 없이 국민에게 불이익을 주는 행정처분과 같은 외형을 갖추고 있고, 상대방이 이를 행정처분으로 인식할 정도라면 국민의 불이익 내지 불안감을 제거시켜 주기 위한 구제수단이 필요한 점 … 국민의 권리의식 수준 등은 물론 당해 행정청의 태도 등도 고려하여 판단하여야 한다"고 함으로써(대판 1992. 1. 17, 91누1714 ;

대판 1993. 12. 10, 93누12619), 쟁송법적인 개념을 도입하려는 시도가 있었다. 그러나 판례의 주된 경향은 역시 실체법적 개념설에 입각하고 있다.

(2) 구체적 검토

우리 판례에 의하면, "행정소송의 대상이 되는 처분이라 함은 공법상의 행위로서 특정사항에 대하여 법규에 의한 권리의 설정 또는 의무의 부담을 명하거나 기타 법률상 효과를 발생케 하는 등 국민의 권리의무에 직접 관계가 있는 행위"를 말한다(대판 1992. 2. 11, 91누4126). 이를 분석하면 ① 공법적 행위, ② 공권력행사작용, ③ 구체적 사건성을 골자로 하고 있다.

1) 공법적 행위

우선 공법적 행위에 한정되기 때문에 사법행위(국유잡종재산매각 · 물품구입 · 공사계약 등)는 제외되며 이들은 민사소송의 대상이 된다. 또한 법적행위에 한정되므로 순수한 사실행위는 제외되고, 준법률행위적 행정행위로서의 대집행의 계고와 같은 통지행위나 감사원의 변상판정에 대한 재검판정과 같은 확인행위에 대해서도 처분성을 인정하고 있다. 그러나 준법률행위적 행정행위로서의 공증행위에 대하여는 제한적으로만 처분성을 인정하고 있다. 예컨대, 대법원은 특허청장의 상표사용등록행위(대판 1991. 8. 13, 90누9419)에 대해서는 처분성을 인정하고 있다. 그러나 토지대장에의 등재 등의 행위는 행정내부에서의 행정사무집행의 편의와 사실증명의 자료로 삼기 위한 것이고, 이들 등재나 등록 등의 행위로 권리변동이 생기는 것은 아니라고 하여 처분성을 인정하지 않고 있다. 결국 취소소송은 행정작용의 취소를 통하여 기존의 법적 효과를 소멸시키는 형성의 소로 보기 때문에 법적 효과를 발생시키는 작용에 한하여 취소를 구하기에 적합하다고 보고 있는 것이다.

(가) 공권력적 사실행위

국민의 신체 · 재산에 물리력을 행사하는 공권력적 사실행위(강제격리 · 강제수거 · 단수조치 등)는 그것이 계속성을 띠는 한 소송으로 구제될 가능성이 있는 것이다. 그 근거로서는 이들 사실행위는 수인하명(수인의무라는 공법적 효과를 발생하는)과 집행행위(사실행위)의 합성행위라고 보는 합성행위설[282]이 있다.

그러나 합성행위설(合成行爲說)은 독일에서 행정상 즉시강제에 관하여 인정된 이론으로서 모든 공권력적 사실행위에 확대하여 적용하기는 어렵다는 비판이 있다. 이러한 의제이론보다는 공권력적 사실행위도 국민에 대하여 자력집행력에 따라야 할 수인의무(受忍義務)를 부과하는 법적 효과가 부수적으로 수반된다고 보아 그것이 계속성을 띠고 있어 권익구제에 적합한 성질을 구비하고 있는 한 취소소송으로 구제할 수 있다고 하는 것이 타당하다고 생각된다.

(나) 공공시설의 설치행위

전통적인 실체법적 처분개념설의 입장에서는 처분성을 부인하지만, 일본의 하급심은 육교설치행위를 기공결정이라는 공법적 행위와 시공이라는 사실행위가 복합된 행위라 하여 처분성을 인정하고 학계의 지지도 받았다. 그러나 결국 항소심에서 순수한 사실행위에 불과하고 아무런 법적 효과를 발생시키는 것이 아니므로 취소를 구하기에 적합하지 못하다는 이유로 처분성이 부인되었다(동경지재 1970. 10. 14 및 동경고재 1974. 4. 30). 따라서 오늘날의 쓰레기매립장·고무소각장시설 등 많은 급부행정 분야의 공공시설 설치행위의 중단이나 이전을 위하여서는 법적 효과의 소멸을 구하는 형성의 소인 취소소송이 아니라, 다른 장소에의 이전을 구하는 이행의 소인 공법상 당사자소송(재판실무에서는 민사소송)과 함께 공사중지의 가처분을 신청할 수밖에 없다는 결론에 이르게 된다.

(다) 준법률행위적 행정행위

직접 법률의 규정에 의하여 공법적 효과를 발생하는 한 당연히 취소소송의 대상이 된다(예, 사회단체등록 대판 1989. 12. 26, 87누308). 그러나 판례는 ① 토지대장에의 등재(대판 1992. 12. 8, 92누7547), ② 가옥대장에의 등재·

282) 김남진(Ⅰ), p.776.

말소(대판 1982. 10. 26, 82누411), ③ 임야도에의 등록(대판 1991. 11. 26, 91누5150) 등과 같은 공증행위는, 조세부과 등의 행정편의와 토지·임야 등에 관한 사실상태의 파악을 목적으로 작성된 데 불과하고, 당해 토지 등에 대한 실체상의 권리관계에 변동을 초래하는 것은 아니므로 행정소송의 대상이 되지 않는다고 판시하였다.

2) 공권력행사 작용

행정청이 우월한 의사의 주체로서 명령·강제하는 공권력행사 작용에 한정되므로 공법상 계약이나 합동행위는 취소소송의 대상이 될 수 없다(이들은 공법상 당사자소송의 대상이 된다고 하겠으나, 판례는 민사소송의 대상으로 보고 있다). 판례는 행정청이 국가나 지방자치단체와의 계약을 위반한 사업자에 대해 국가를당사자로하는계약에관한법률(구 예산회계법)에 기하여 내린 입찰참가자격 제한조치는 항고고송의 대상이 되지만(대판 1994. 8. 23, 94누3568), 한국전력공사 등 공법인이 계약위반 사업자에 대하여 자체 규정에 의거하여 당해 공사가 실시하는 입찰에 참가할 수 없도록 제한하는 조치는 사법상의 효력을 가지는 행위에 불과하고 행정처분이 아니라는 이유로 항고소송의 대상이 되지 않는다고 보았다(대판 1999. 11. 26, 93부3).

3) 구체적 사건성

상대방의 권리·의무에 구체적으로 변경을 가하는 행정작용이 아닌 한 처분성이 인정되지 아니하며, 이와 관련하여 입법행위·행정규칙·행정계획·행정지도·행정내부적 행위 등이 문제가 된다.

(가) 입법행위

법령의 제정 자체만으로는 국민의 권리·의무에 직접 변동을 초래하지 못하므로 법령 자체를 취소소송의 대상으로 할 수는 없다. 다만 『처분법령』은 그 자체로서 권리·의무에 변동을 가져오므로 취소소송의 대상이 된다(분교를 폐지하는 조례에 관한 판례, 대판 1996. 9. 20, 95누8003).

(나) 행정규칙

행정규칙에 의거한 구체적 행정처분이 있어야 권리·의무에 변동이 초래되는 것이므로 행정규칙 그 자체를 취소소송의 대상으로 할 수는 없다. 그러나 행정규칙 그 자체의 취소를 구하지 않고는 권리구제가 어려운 경우에는 이를 허용하여야 한다는 견해도 있다(일본의 하급심 판례. 특정 형태의 함수척이 계량법에 위반된다는 상급관청의 훈령이 발하여진 경우, 동 제작업자들이 판매계약의 해약사태를 방지하기 위하여 제기한 동 훈령취소소송을 적법하다고 인정한 바 있다).

(다) 행정계획

종전에는 일률적으로 처분성이 부인되었으나, 도시계획결정과 같이 국민의 권리·의무를 구체적으로 규제하는 효과를 발생하는 구속적 계획에 대하여는 처분성을 인정하였다(당해 계획구역 내의 토지소유자에 대하여 토지형질의 변경, 건축물의 신·증축 등이 금지되는 법적 효과가 발생한다(대판 1982.3.9, 80누105; 대판 1988.5.24, 87누388).

(라) 행정지도

주의·권고·알선·중재·희망의 표시 등 행정지도는 권리·의무를 구체적으로 변동시키는 효과가 없으므로 처분성이 부인된다. 다만, 행정지도에의 불응이 다음에 행하여질 허가취소·영업정지·시정명령 등의 행정처분의 전제조건으로 작용할 경우에는 취소소송의 대상이 된다고 하겠다.

(마) 일반처분

특정 일자·시간대에 특정 번호차량의 도심 진입을 금지하거나, 특정 교량의 통행금지, 특정 장소에서의 집회금지를 명하는 불특정 다수인에 대한 처분을 일반처분(一般處分)이라 한다. 독일 행정절차법(제35조 제2항)은 명문으로 행정행위의 일종으로 보고 있으며, 우리의 경우에도 이를 취소소송의 대상인 행정처분으로 볼 수 있다고 하겠다.

(바) 대물적 처분

보안림 · 문화재 · 주차금지구역 등의 지정 또는 해제와 같은 대물적 처분(對物的 處分)도 직접적으로는 물건을 규율대상으로 하지만, 이로 인하여 권리 · 이익이 침해되는 소유자 또는 지역주민들은 취소를 구할 수 있다고 할 수 있다. 독일 행정절차법(제35조 제2항)도 이를 일반처분의 내용에 포함시키고 있다(전술한 제3자의 원고적격 참고).

(사) 법령해석

행정청이 국민의 질의에 대하여 행한 법령해석은 법원을 구속하지 못함은 물론, 그 상대방이나 기타 관계자들의 법률상의 지위에 직접적인 변동을 초래하는 것이 아니므로 취소소송의 대상이 아니다(대판 1992. 10. 13, 91누2441).

(아) 중간단계의 행위

최종단계의 행위를 위한 일련의 절차 중 중간단계의 행위는 그 행위 자체만으로 직접 국민의 권리 · 의무에 변동을 초래하는 경우 예를들면, ① 토지수용을 위한 사업인정고시행위만으로도 당해 토지에 대한 형질변경금지의무, 측량등을 위한 출입허용의무 등이 부과된다, ② 지가공시및토지등의평가에관한법률에 의한 표준공시지가 또는 개별공시지가 결정행위도 각종 부담금 및 조세산정의 기준이 되어 국민의 권리 · 의무나 법률상 이익에 직접 영향을 미친다(대판 1993. 1. 15, 92누12407 ; 대판 1994. 3. 8, 93누10828)에는 취소소송의 대상이 되지만, 그렇지 아니한 경우에는 최종단계의 행정처분을 기다려 이를 대상으로 취소소송을 제기하여야 한다(예, ① 군의관의 신체등위판정행위는 중간단계의 행위에 불과하므로, 최종단계의 행위인 지방병무청장의 병역처분을 대상으로 하여야 한다(대판 1993. 8. 27, 93누3356), ② 운전면허행정처분처리대장에의 벌점기재행위는 운전면허 취소 · 정지처분의 기초자료로 제공하기 위한 것이고 벌점기재 자체만으로는 구체적인 권익침해를 발생시키지 아니한다(대판 1994. 8. 12, 94누2190)).

(자) 자족적 공법행위로서의 신고행위

건축법상 소규모건축물 등은 허가대상건축물이 아니라 단순한 신고만 하면 건축할 수 있는 소위 신고대상건축물이다. 이 경우에 행하는 신고는 행정청에 도달된 때에 당연히 그 효력이 발생되며, 행정청에 의한 별도의 수리행위를 요하지 아니한다고 한다. 만약 행정청이 수리를 거부하거나 반려하더라도 상대방인 국민은 아무 제약없이 적법하게 건축행위를 할 수 있기 때문에 이는 신고인의 권리나 지위에 아무런 변동을 초래하지 아니한다는 의미에서 행정처분으로 볼 수 없다. 따라서 이에 대하여 제기된 수리거부취소소송 또는 반려(처분) 취소소송은 이를 각하하여야 한다는 것이 우리 판례의 태도이다. 이에 관한 비판적 견해에 관하여는 사인의 공법행위 및 행정절차편의 신고 부분에서 상세히 설명하였다(대판 1999. 10. 22, 98두18435 등). 한편, 신고가 단순한 신고가 아닌 완화된 인·허가제로서의 실질을 갖는 경우에는 판례도 그 거부처분에 대하여 처분성을 인정하고 있다(골프연습장업신고, 당구장업신고 및 액화석유가스충전사업 등의 사업자 지위승계사실의 신고에 관한 대판 1993. 4. 27, 93누1374 ; 대판 1991. 7. 12, 90누8350 ; 대판 1993. 6. 8, 91누11544 각 참조).

4. 재결

취소소송의 대상은 처분 외에 『행정심판에 대한 재결(裁決)』도 포함된다. 여기서 말하는 행정심판에는 반드시 행정심판법에 의한 것만이 아니라, 이의신청·국세심판 등 모든 항고쟁송에 대한 결정행위가 포함된다(토지수용에 대한 재결 등과 같이 당사자쟁송인 학문상의 재결신청에 대한 재결은 재결이 아니라 『처분』에 해당한다고 하여야 『재결은 재결 자체에 고유한 위법이 있는 경우에만 행정소송의 대상이 된다』는 행정소송법 제19조 단서를 제대로 설명할 수 있게 된다).

원래 행정소송의 대상은 원처분을 대상으로 하여야 하는바(원처분주의, 原處分主義), 그 이유는 이에 대한 재결을 대상으로 할 경우 그 재결이 취소되더라도 원처분이 취소되지 않는 한 원고의 목적은 달성될 수 없기 때문이다. 그러나 원처분주의만을 고집할 경우에는 복효적 행정행위의 제3자와 같이 원처분의 효력을 다툴 수 없거나 다툴 필요가 없는 자가 재결에 의하여 권익이 침해된 경우에 행정구제의 길이 막히기 때문에,[283] 원칙적으로는 원처분주의에 의하되, 재결 자체에 고유한 주체·내용·절차·형식상의 위법이 있는 경우에는 재결도 취소소송의 대상이 되도록 한 것이다(대판 1992. 2. 28, 91누6979).

Ⅴ. 취소소송의 제기요건

1. 제기요건

소송의 제기요건은 법원에 본안판결을 구하기 위한 요건을 말한다. 취소소송은 ① 행정청의, ② 처분 등이 존재하고, ③ 그것의 위법성을 이유로, ④ 원고적격을 가진 자가, ⑤ 피고적격을 가진 행정청을 상대로, ⑥ 일정한 제소기간 내에, ⑦ 일정한 소장에 의하여, ⑧ 예외적으로 또는 임의적으로 행정심판을 거쳐, ⑨ 관할 지방법원에, ⑩ 처분 등의 취소·변경을 구하는 것이다. 따라서 이상의 모든 요건을 갖추어야 적법하고 그렇지 못하면 부적법한 것으로서 본안심리에 들어가지 않고 각하된다.

이상의 요건 중 ①②④⑤⑨⑩은 이미 설명하였으므로(⑩은 행정소송의 한계 중 의무이행소송에서 설명), 이하에서는 나머지 항목인 ③⑥⑦⑧에 관하여 설명하되, ⑧은 예외적 행정심판전치주의라 하여 다음 항에서 따로 설명하고자 한다.

(1) 처분 등의 위법성

처분의 부당성은 행정심판의 대상은 되지만 행정소송의 대상은 되지 않는다. 따라서 재량행위에 있어서의 재량권 행사를 그르친 경우에는 재량권의 일

283) 박윤흔(상), p.916; 이상규(상), p.812.

탈・남용에 이르지 않는 한 취소소송의 대상이 되지 않는다.

행정규칙은 법규가 아니므로 이에 위반한 처분이라도 위법의 문제가 발생하지 아니한다는 것이 종래의 통설이었으나, 오늘날은 행정규칙이 재량준칙으로 작용하는 경우 이에 위반한 처분은 헌법상의 평등원칙을 매개로 하여 위법이 된다고 한다.

선행행위의 위법을 이유로 후행행위의 취소를 구할 수 있는가에 관하여는, 양자가 결합하여 하나의 법률효과를 완성하는 때에는 긍정적으로 해석하여야 한다. 그리고 양자가 서로 독립하여 별개의 효과의 발생을 목적으로 하는 경우에는 부정적으로 해석하여야 할 것이다.

(2) 제소기간

행정법관계는 공익과 밀접한 관계가 있으므로 오랫동안 불확정상태에 둘 수 없어 제소기간(提訴期間)을 특별히 제한하고 있다.

① 처분이 있음을 안 날 또는 행정심판의 재결을 거친 경우에는 재결서 정본의 송달을 받은 날로부터 90일 이내에 제기하여야 한다(제20조 제1항). 이 경우의 행정심판은 필요적 전치주의에 의한 것이든 임의적으로 제기한 것이든 가리지 아니한다. 이 기간은 불변기간이므로 법원이 변경할 수 없으나, 원격지 거주자를 위하여 특별히 부가기간을 정하거나(민사소송법 제159조), 당사자에게 책임 없는 사유로 기간 준수가 불가능한 경우에 소송행위의 추완을 인정할 수 있다(민사소송법 제160조).

② 처분이 있은 날 또는 재결이 있은 날부터 1년이 지나면 제기할 수 없다. 그러나 이는 불변기간이 아니므로 정당한 사유가 있는 경우에는 예외가 인정된다(제20조 제2항 단서).

위 두 기간은 선택적이 아니라 경합적으로 진행되는 것이므로 이들 기간 중 어느 하나가 만료되면 제소기간이 만료된다. 제소기간의 도과여부는 법원의 직권조사사항이다.

처분이 있음을 안 날이란 그 처분의 존재를 현실적으로 안 날을 말하며, 구체적으로 처분의 위법여부를 안 날을 의미하지는 않는다(대판 1974. 7. 26, 73

누31). 처분이 있은 날은 처분의 효력 발생일을 말한다.

(3) 소장

소장(訴狀)의 형식에 관하여는 특별한 규정이 없고 민사소송법이 준용된다(제8조 제2항). 따라서 필요적 기재사항인 ① 당사자 및 법정대리인의 표시, ② 청구의 취지("○○처분의 취소를 구함" 등), ③ 청구의 원인(청구의 옳음을 입증할 수 있는 법률적 · 사실적 논거)만 기재하면 되며, 기타 임의적 기재사항도 기재할 수 있다(예, 증거서류 등).

※ 청문절차위반 등을 이유로 한 음식점영업정지처분의 취소를 구하는 행정소송의 소장을 예사하면 다음과 같다.

소 장

원 고 ○ ○ ○

서울시 ○○구 ○○동 ○○○번지

위 원고 대리인

변호사 ○ ○ ○

서울시 ○○구 ○○동 ○○○번지

피 고 ○○구청장

영업정지처분취소청구의 소

청 구 취 지

"피고가 원고에 대하여 1991. 6. 3자로 한 영업정지처분은 이를 취소한다"라는 판결을 구함.

청 구 원 인

1. 원고는 서울특별시 ○○구 ○○동 ○○번지 ○○○라는 상호로 경양식 음식업을 경영하고 있습니다.
2. 그런데 피고는 1991. 6. 3자로 원고에 대하여 1991. 6. 10부터 같은 해 6. 24까지 영업정지 처분을 내렸습니다.
3. 그런데 피고는 위 처분을 함에 있어 영업정지처분장만 1991. 6. 3 밤에 원고에게 교부하였는바, 영업정지처분은 아래와 같은 이유로 위법한 것이므로 당연히 취소되어져야 할 것입니다.
   (1) 피고가 원고에게 교부한 영업정지처분장에는 그 처분일자와 처분사유 등의 기재가 없어 식품위생법 제58조와 동법시행령 제36조 제1항에 위배된 위법한 처분이라 할 것입니다.
   (2) 피고가 위 처분을 함에 있어서는 식품위생법 제64조와 동법시행령 제36조, 제37조에 의한 청문절차를 거쳐야 하고 그 청문서는 청문일 7일 전에 원고 또는 그 대리인에게 도달되도록 발송하여야 함에도 불구하고 피고는 똑같은 위반사항인 영업장 무단확장에 대해 청문일을 1991. 5. 28로 한 청문서는 같은 달 23일 밤에 인편으로 원고에게 송달하여 7일 기간을 주지 않았고, 청문일을 1991. 6. 3로 한 청문서는 같은 해 5.28

등기우편으로 원고에게 송달함으로써 이 또한 7일의 기간을 주지 않았으므로 위 처분은 적법한 청문절차를 거치지 않은 위법이 있다 할 것입니다.

(3) 위 1991. 6. 3을 청문일로 한 청문서가 설사 7일 기간 전에 원고에게 송달되었다 하더라도 출석요구시간이나 청문에 대한 청문서에 소명요지를 기재하여 제출할 시간의 특정이 없는 한 1991. 6. 3이 경과되어야만 원고가 청문에 응하지 않거나 청문서를 제출하지 아니한 때에 해당되는 바, 청문일이 경과되지도 않은 바로 그 청문일로 지정된 1991. 6. 3자로 위와 같은 영업정지 처분을 한 것 또한 적법한 청문절차를 밟은 행정처분으로 볼 수 없다 할 것이므로, 이 점에서도 위 처분은 위법하다 할 것입니다.

(4) 피고가 원고에게 보낸 출석요구서에 위반사항으로 영업장 무단확장 또는 객장 무단확장으로 기재되어 있어 위 처분이 위 위반사항에 원인한 것으로 보이는바, 위 처분사유가 무엇을 뜻하는지 불명하며 더구나 그에 대한 적용법조조차 밝히지 않고 있어 식품위생법의 어느 조항에 위반한 것인지도 명백치 않아 이 점에서도 청문절차나 그에 의한 행정처분이 위법하다 아니할 수 없습니다.

이상과 같은 이유로 위 영업정지 처분은 위법한 행정처분이므로 그 취소를 구하고자 본소 청구에 이른 것입니다.

첨 부 서 류

1. 사업자등록증 1통
2. 영업정지처분장 1통
3. 행정처분에 따른 청문서 2통
4. 행정심판청구서 접수증 1통
5. 위임장 1통

1991. 6.

위 원고 대리인
변호사 ○ ○ ○

서 울 고 등 법 원 귀 중

2. 소의 변경

(1) 개념

소(訴)의 변경이란 소송의 계속 중에 원고가 소송의 대상인 청구의 취지를 변경하는 것을 말하며, 행정소송법은 다음의 두 종류를 인정하고 있다.

(2) 소의 종류의 변경

법원은 취소소송을 당해 처분 등에 관계되는 사무가 귀속되는 국가 또는 공공단체를 피고로 하는 당사자소송(예, 세무서장에 대한 조세부과취소소송을 제기한 후 세금을 납부해 버린 경우에, 위법인 과세처분을 이유로 국가에 대한 부당이득반환청구소송으로 변경) 또는 취소소송 외의 다른 항고소송(예, 무효등확인소송 또는 부작위위법확인소송)으로 변경하는 것이 상당하다고 인정할 때에는, 『청구의 기초』에 변경이 없는 한 사실심의 변론 종결시까지, 원고의 신청에 의하여 결정으로써 소의 변경을 허가할 수 있다(제21조 제1항).

반대로 당사자소송을 취소소송으로 변경하거나(제42조), 무효등확인소송·부작위위법확인소송을 취소소송으로 변경하는 것(제37조)도 같은 요건 하에서 허가할 수 있다. 여기서 『청구의 기초』에 변경이 없어야 한다는 것은 원고가 소송에 의하여 구제받고자 하는 『법률상 이익』의 동일성이 유지되어야 한다는 의미이다.

당사자소송으로 변경하면 피고가 행정청에서 국가 또는 공공단체로 변경되는 것이며, 이는 원래 민사소송에서는 소송관계의 동일성이 상실되므로 불허되는 것이지만 행정소송에서는 특별히 인정하되, 다만 새로이 피고로 될 자의 의견을 듣도록 하고 있다(제21조 제1항).

(3) 원처분의 변경으로 인한 소의 변경

취소소송의 계속 중에 피고인 행정청이 스스로 소송의 대상인 처분을 변경한 경우(예, 의사면허취소를 면허정지처분으로 변경)에는, 원고의 신청이 있으면 법원의 결정으로 청구의 취지 또는 청구의 원인의 변경을 허가할 수 있도록 하였다(제22조 제1항 · 제2항). 또한 원처분의 변경으로 인한 소의 변경의 경우에는 필요적 행정심판전치주의의 적용을 받는 사건이라 하더라도 행정심판절차를 거칠 필요가 없도록 함으로써 원고의 불편이 없도록 배려하고 있다(제22조 제3항).

원처분의 변경으로 인한 소의 변경제도는 피고의 행위로 말미암아 소송의 대상이 소멸되었기 때문에, 당초의 소를 각하하고 새로운 처분에 대한 새로운 소의 제기라는 불필요한 절차의 반복으로 원고에게 피해를 주는 것을 방지하기 위한 제도로서, 원고는 원처분의 변경사실을 안 날로부터 60일 이내에 소변경을 신청하여야 한다. 소의 변경결정이 있으면 새로운 소는 구소(舊訴)가 처음 제기된 때에 제기된 것으로 보고, 구소는 취하된 것으로 본다(제21조 제4항, 제14조 제4항 · 제5항).

3. 처분이유의 추가 · 변경

소의 변경은 원고가 행하는 것이지만, 피고도 취소소송의 진행중에 당초의 행정처분사유를 추가하거나 변경할 수 있는가의 문제가 제기될 수 있다.

학설은 ① 행정소송에 있어서 양 당사자는 자기에게 유리한 모든 주장을 할 수 있으므로 가능하다는 긍정설과, ② 당초의 처분이유를 변경하는 것은 별개의 새로운 행정처분에 의하여 행하여져야 할 것이라는 이유로 이를 불허하는 부정설 등이 있다. 우리 판례는 중간적 입장에서 당초의 처분이유와 '기본적 사실관계에 있어서 동일성'을 해치지 아니하는 범위안에만 이를 허용하고 있으며, 그 근거로 들고 있는 것이 바로 신뢰보호의 원칙이다(대판 1992. 8. 18, 91누3659 참조).

Ⅵ. 취소소송의 제기효과 - 집행부정지

1. 취소소송의 제기효과

(1) 법원 등에 대한 효과(주관적 효과)

취소소송의 제기로 사건은 법원에 계속되어 법원은 이를 심리·판결해야 할 의무를 지게 되며, 당사자는 동일사건에 대하여 다시 소를 제기하지 못하게 된다(민사소송법 제234조 - 중복제소의 금지).

(2) 처분에 대한 효과(객관적 효과)

취소소송이 제기되었다고 하여 소송의 대상인 처분의 집행을 정지시키면 행정의 계속성이 저해되어 공공복리에 영향을 끼치며(예, 퇴폐유흥음식점의 영업행위 계속, 마약중독자의 운전행위의 계속, 부실시공건설업자의 시공행위의 계속 등), 소송제기를 남용할 우려도 있으므로 행정심판의 경우와 마찬가지로 집행부정지를 원칙으로 하고 예외적으로 집행정지의 결정을 할 수 있도록 하였다(제23조).

2. 집행부정지의 원칙

집행부정지(執行不停止)의 이론적 근거를 종전에는 행정행위의 공정력 내지는 자력집행력에서 논리필연적으로 도출되는 것으로 보았다. 그러나 오늘날은 행정의 계속성의 보장 등의 입법정책적인 배려에서 나온 원칙이라고 한다. 입법정책적으로는 독일과 같이 집행정지의 원칙을 채택하는 것이 바람직하다는 견해도 있으나, 행정적인 측면에서의 공익과 사익의 조화를 고려하면 집행부정지의 원칙을 취할 수 밖에 없을 것이다. 우리의 현행 행정소송법은 집행부정지를 원칙으로 하고 예외적으로 집행정지(執行停止)를 인정하여(제23조 제1항), 행정작용의 계속적인 수행을 보장하고 있다.[284)]

3. 집행정지의 결정

(1) 집행정지의 의의

취소소송이 제기된 경우에 처분 등이나 그 집행 또는 절차의 속행으로 인하여 생길 회복하기 어려운 손해를 예방하기 위하여 긴급한 필요가 있다고 인정할 때에는, 본안에 관한 소송이 계속되어 있는 법원은, 당사자의 신청 또는 직권에 의하여, 처분 등의 효력이나 그 집행 또는 절차의 속행의 전부 또는 일부의 정지를 결정할 수 있다(제23조 제2항). 동조는 확정판결이 있을 때까지 원고의 권리를 보존해서 권리회복의 불능사태가 발생하는 것을 방지하려는 데 그 목적이 있다.

집행정지의 결정은 무효등확인소송에 있어서도 준용된다(제38조 제1항).

(2) 집행정지결정의 요건

행정심판에 있어서의 집행정지의 요건과 같다. 행정소송법은 그 요건으로서 『당해 처분이나 그 집행 또는 절차의 속행으로 인하여 당사자에게 생길 수 있는 회복하기 어려운 손해를 예방하기 위하여 긴급한 필요가 있다고 인정되는 경우』에 법원의 결정에 의해 처분의 효력을 정지할 수 있도록 하고 있다(제23조 제2항).

1) 적극적 요건

(가) 집행정지 대상인 처분의 존재

이는 이 제도가 행정소송제도와 연계하여 잠정적으로 행정기관의 처분 또는 그 효과로부터 당사자를 보호하기 위해서 존재하는 것이기 때문이다. 따라서 이미 집행이 완료되거나 처분의 목적이 달성된 경우에는 집행정지는 인정되지 않는다. 또한 부작위는 집행정지의 대상이 존재하지 아니하므로 부작위위법확

---

284) 그러나 독일의 경우에는 행정기관의 처분에 대한 소송이 제기되면 이에 대한 잠정적인 집행정지의 효력을 인정하는 것이 권리보호의 기본적인 요소가 되는 것이므로 이를 통해서 비로소 소송제도도 그 효율성을 보장할 수 있다는 점에서 집행정지의 원칙을 취하고 있다.

인소송에서는 집행정지가 인정되지 아니하며, 취소소송 중에서도 거부처분에 대한 취소소송 역시 집행정지로 인하여 회복될 그 무엇이 존재하지 아니하므로 인정되지 아니한다고 하겠다(대결 1995. 6. 21, 95두26).

(나) 본안소송의 계속

이는 행정소송제기가 적법하게 이루어져 있을 것을 요구하는 것이며, 행정소송제기의 형식적 요건을 그르친 경우에는 본안소송(本案訴訟)이 계속되지 않는 것으로 본다.

(다) 회복하기 어려운 손해발생의 우려(아래 판례 참조).

(라) 본안판결을 기다릴 여유가 없는 긴급한 필요

시간적인 긴급성의 판단은 『회복하기 어려운 손해발생의 우려』와 연계하여 판단되어야 하며, 대체로 이 요건이 충족되면 시간적으로도 긴급한 것으로 인정되어야 할 것이다.

【판례】: 집행정지결정의 요건인 회복하기 어려운 손해발생에 관한 판례

① 형사피고인이 안양교도소에서 진주교도소로 이송되면 서울 거주 변호인과 가족들의 접견권 행사에 지장을 초래하게 되어 회복하기 어려운 손해가 발생할 염려가 있다고 볼 것이다(대결 1992. 8. 7, 92두30).

② 과세처분으로 인하여 입게 되는 손해는 후에 국가에 대하여 금전배상청구가 가능한 것이므로 회복할 수 없는 손해가 발생할 염려가 있다고 볼 수 없다(대결 1971. 1. 28, 70두7).

2) 소극적 요건

공공복리에 중대한 영향을 미칠 우려가 없을 것

(3) 집행정지결정의 성질

1) 사법작용

집행정지결정이 행정작용이라는 견해도 있으나, 집행정지결정은 사법절차에 의한 권리구제수단의 일종이며, 사법작용에는 반드시 본안에 대한 재판절차뿐만 아니라 이에 부수되는 가구제(假救濟)절차도 당연히 포함된다고 보아야 할 것이므로 사법작용으로 보아야 한다.

2) 현상유지적·소극적 가처분

본안판결이 있을 때까지 잠정적으로 처분의 효력을 정지시키는 현상유지적·소극적인 가처분의 성격을 띤다. 바로 이 점에 집행정지제도의 한계가 있으며, 후술하는 가처분제도의 도입을 검토할 필요성이 제기된다.

따라서 집행정지결정은 잠정성·긴급성 및 본안소송에의 부종성이라는 특성을 지닌다.

(4) 집행정지결정의 대상

집행정지결정은 처분의 효력, 처분의 집행 및 절차의 속행정지를 그 내용으로 하며, 그 전부에 대해서 또는 일부에 대해서 행할 수 있다(제23조 제2항).

1) 처분의 효력정지

처분의 내용에 따르는 구속력, 공정력, 집행력 등의 효력을 정지함으로써 당사자에 대한 효과에 있어서 당해 처분이 잠정적으로 존재하지 아니한 상태로 두는 것을 말한다.

그러나 행정심판에 있어서의 집행정지제도와 마찬가지로 후술하는 처분의 집행정지 또는 절차의 속행정지만으로 집행정지의 목적을 달성할 수 있을 경우에는 처분의 효력정지는 허용되지 아니한다고 함으로써(제23조 제2항 단서), 행정의 계속성을 최대한 보장하도록 하였다(예컨대, 상기 판례 ①에서 본 교도소이송처분의 집행이 완료되어 진주교도소로 이미 이송되어 버린 상태라면 더 이상 남아있는 처분 또는 절차는 없기 때문에 '처분의 집행정지' 또는 '절차의 속행정지'로는 그 목적을 달성할 수 없게 되며 따라서 이 경우에는 교도소이송처분 그 자체의 효력정지신청을 하여야 할 것이다. 반대로 교도소이송처분이 아직 집행되기 전의 상태라고 한다면 '처분의 집행정지'만으로도 목적을 달성할 수 있기 때문에 이 경우에는 '처분의 집행정지'를 신청하여야 할 것이다).

2) 처분의 집행정지

처분의 효력은 유지하되 이를 실현하기 위한 집행력의 행사만을 정지하는 것을 말한다.

3) 절차의 속행정지

처분의 효력은 유지하면서 당해 처분의 후속절차를 잠정적으로 정지하게 하는 것을 말한다.

(5) 집행정지결정의 절차

당사자의 신청에 의하거나 직권에 의하여 법원의 결정으로 행하며, 당사자가 신청할 경우에는 그 이유에 대한 소명이 있어야 한다(제23조 제4항). 여기서 법원은 상술한 집행정지 요건의 구비 여부만을 판단대상으로 하여야 하며, 본 안에서의 인용가능성은 판단대상이 되어서는 아니 됨은 행정심판에서 설명한 바와 같다(대결 1990.6.22, 90두6; 대결 1990.12.6, 90두13).

그러나 집행정지사건 자체만으로 판단하여도 본안에서 원처분의 취소가능성이 없음이 명백한 경우에까지 집행정지를 인정한다는 것은 이 제도의 취지에 반하므로 이 경우에는 집행정지의 결정을 할 수 없다고 하겠다(대결 1992.6.8, 92두14; 대결 1992.8.7, 92두30; 대결 1994.10.11, 94두23).

(6) 집행정지결정의 효력

집행정지결정은 그 결정내용에 따라 처분의 효력, 처분의 집행 또는 절차의 속행의 전부 또는 일부를 정지시키는 효력을 발생한다. 법원에 의해 집행정지결정이 내려지면 당해 처분의 당사자와 관계행정기관은 이에 구속을 받게 되어 기속력이 발생하며, 처분 이전의 상태를 유지하는 형성력도 발생한다.

1) 형성력

처분의 효력을 정지시킴으로써 당해 처분이 없었던 것과 같은 상태를 실현시키는 형성력이 있다. 따라서 집행정지결정 이후에 동 결정에 위반된 처분의 집행 또는 절차의 속행행위는 무효가 된다(대판 1961. 11. 23, 4294행상3). 그러나 정지결정 직전까지 형성된 법률관계에는 아무런 영향을 미치지 못한다(예, 3월의 영업정지처분기간 중 1월이 경과한 후에 집행정지결정이 있은 경우 이미 영업을 정지했던 1월은 어쩔 수 없다).

2) 기속력

집행정지결정은 본안에 대한 취소판결에 준하여 당사자인 행정청과 그 밖의 관계행정청 및 제3자에 대하여도 효력이 미친다(대세적 효력. 예, 인근주민이 낸 건축허가처분 집행정지결정의 효력이 건축허가를 받은 자에게도 미친다. 제23조 제6항).

(7) 집행정지결정에 대한 불복

집행정지결정 또는 그 기각결정에 대하여는 법원에 즉시항고를 할 수 있으나, 이 즉시항고에는 결정의 집행을 정지하는 효력이 없다(제23조 제5항).

(8) 집행정지결정의 취소

집행정지결정 후에도 그것이 공공복리에 중대한 영향을 미치거나 또는 집행정지의 사유가 소멸한 때에는 법원은 당사자의 신청 또는 직권에 의한 결정으로 집행정지결정을 취소할 수 있다(제24조 제1항). 여기서 당사자에는 행정청과 복효적 행정행위의 수익자인 상대방(소송상으로는 제3자)도 포함된다. 집행정지결정의 취소에 대하여도 즉시항고를 할 수 있다(제24조 제2항).

4. 가처분

(1) 의의

집행정지결정은 어디까지나 이미 행하여진 침해적 행위에 대한 소극적·현상유지적 보전처분의 성격을 가질 뿐이며, 수익적 행정처분의 신청에 대한 부작위 또는 거부처분에 대하여 적극적으로 잠정적인 수익적 처분을 할 것을 명하거나, 장래 행하여질 침해적 처분의 금지를 명하는 작용은 아니다. 따라서 이러한 경우에 민사소송법상의 가처분제도(제714조)를 준용하여 원고의 권리구제에 기여할 수 있는가에 관하여 논란이 있게 되었다. 즉, 가처분(假處分)이란 금전채권 외의 계쟁물에 관한 청구권의 집행을 보전하거나 임시적인 지위를 정해, 후일 법률관계가 확정될 때가지 잠정적인 법률관계를 정하는 절차이다. 따라서 우리 행정소송법(제8조 제2항)상의 민사소송법 준용규정에 근거하여 민사소송상의 가처분규정의 준용가능성에 관하여 견해가 대립되고 있다.

(2) 학설

1) 소극설

사법부가 행정부를 대신하여 적극적 형성행위를 하는 것은 비록 잠정적인 것일지라도 권력분립의 원칙에 반하며, 이러한 의미에서 행정소송법(제23조)상의 집행정지제도는 민사소송법상의 가처분제도의 포괄적인 적용을 배제하기 위한 『특별한 규정』이므로 동법(제8조 제2항)상 『행정소송에 관하여 이 법에 특별한 규정이 없는 사항에 대하여는 민사소송법의 규정을 준용한다』는 규정의 반대해석으로 민소법상의 가처분제도는 준용될 수 없다고 한다[285](대결 1959. 11. 20, 4292행항2).

다만, 행정처분이 무효인 경우에는 가처분이 허용된다는 견해도 있다.[286]

---

285) 박윤흔(상), p.942.
286) 김도창(상), p.794; 서원우(상), pp.844~845.

2) 적극설

권리구제의 실효성을 확보하기 위하여서는 가처분제도가 필요하며, 또한 권력분립의 궁극목표도 3권 간의 억제와 균형을 통한 국민의 기본권보호에 있다는 점, 그리고 행정소송법(제23조)의 집행정지제도가 민사소송법상의 가처분제도의 적용을 배제하기 위하여 둔『특별한 규정』이라고 볼 수는 없다는 점과, 일본의 행정사건소송법(제44조)은 명문으로 민사소송법상의 가처분규정의 준용을 배제하고 있지만 우리는 이러한 준용배제조항이 없다는 점 등을 이유로 가처분제도가 준용될 수 있다고 한다.[287]

(3) 결어

잠정적으로 일정한 수익적 처분(임시건축허가 · 임시생계비지급 · 임시도로점용허가 · 임시여권발급 등)을 할 것을 명하거나, 침해적 처분(건설업면허 · 의사면허의 정지처분 등)의 금지를 명하기 위하여서는 결국 독일에서와 같이 의무이행소송 또는 예방적 부작위청구소송이 본안소송으로 인정되어야만 가능한 것이며, 이들이 인정되지 아니하는 우리의 소송구조상으로는 비록 잠정적 성격의 가처분이라 할지라도 허용되기 어려운 것이 아닌가 생각된다.

Ⅶ. 예외적 행정심판전치주의

1. 개설

현행 행정소송법(제18조 제1항)은 "취소소송은 법령의 규정에 의하여 당해 처분에 대한 행정심판을 제기할 수 있는 경우에도 이를 거치지 아니하고 제기할 수 있다. 다만 다른 법률에 당해 처분에 대한 행정심판의 재결을 거치지 아니하면 취소소송을 제기할 수 없다는 규정이 있는 때에는 그러하지 아니하다"라고 규정하고 있다. 따라서 원칙적으로 행정심판임의주의를 채택하고 있으

287) 김남진(Ⅰ), p.795.

며, 예외적으로 각 개별 법률이 규정하고 있는 경우에만 행정심판전치주의(行政審判前置主義)를 채택하고 있다. 이는 행정심판의 경제적 · 기능적 장점에도 불구하고 행정기관이 스스로 심판관의 지위에 선다는 기본적인 문제점에 기인하여 도입된 제도이다. 현행 행정소송법은 행정소송에 3심제를 도입함으로써 종래 제1심의 성격을 가지고 있던 행정심판제도를 예외적으로 각 개별법률, 예컨대 국가공무원법(제16조) 및 지방공무원법(제20조의2) 상의 공무원징계처분, 국세기본법(제56조) · 관세법(제38조의2) 상의 조세부과처분, 도로교통법(제101조의3) 상의 운전면허취소 · 정지처분 등 각 개별법률이 행정심판의 재결을 거치지 아니하면 행정소송을 제기할 수 없다는 특례를 규정하고 있는 경우에만 행정심판전치주의를 채택하고 있다.

2. 적용범위

(1) 적용대상인 행정소송

원래 행정심판은 행정청의 처분 등이 있고 나서 이에 대하여 제기하는 것이므로 성질상 항고소송에만 적용되며, 공법상 당사자소송에는 적용될 여지가 없다.

그러나 항고소송 중에서도 이론상 취소소송과 부작위위법확인소송에는 당연히 적용된다(제18조 제1항 및 제38조 제2항). 그러나 무효등확인소송은 처음부터 아무런 효력이 발생치 않거나 존재 자체가 의심스러운 행위를 대상으로 하여 단지 무효 등임을 공적으로 확인받기 위한 것에 불과하므로 굳이 행정심판전치주의를 적용할 이유가 없으며 행정소송법(제38조 제1항)도 이를 명백히 하고 있다. 그러나 무효선언을 취소소송의 형태로 제기하는 경우에는 적용 여부에 문제가 있으며, 복효적 행정행위의 제3자도 적용받아야 할지에 관하여도 의문이 제기되고 있다.

(2) 무효선언을 구하는 취소소송

형식적으로는 처분의 취소를 구하는 소송이지만 그 청구원인을 살펴보면 무효선언을 구하는 내용인 경우에, ① 판례는 무효사유와 취소사유의 구별의 상대성, 형식이 취소소송이면 취소소송에 요구되는 소송요건이 구비되어야 한다는 점 등을 들어 행정심판전치주의가 적용된다는 적극설[288]을 취하고 있는 반면, ② 다수설은, 소송은 형식보다는 내용을 중심으로 판단하여야 한다는 전제하에 이러한 경우도 무효확인소송으로 볼 것이므로 행정심판전치주의가 적용되지 않는다고 하는 소극설[289]을 취하고 있다.

생각건대, 소송의 형식보다는 내용을 중심으로 판단하는 소극설이 타당하다고 할 것이다. 그 이유로는 ① 적극설에 의하면 무효확인을 취소소송 또는 무효등확인소송의 어느 것에 의하는가에 따라 행정심판전치주의가 적용되거나 적용되지 않게 됨으로써 일관성이 상실되고, 취소소송에 의할 경우 공연히 원고에게 부담만 초래하게 될 뿐이며, ② 적극설은 취소소송의 경우에 구체적으로 어떤 것이 무효선언을 구하는 의미의 취소소송인지가 명백하지 않음을 그 논거로 제시하고 있지만, 이는 청구원인을 잘 살펴보면 충분히 판별할 수 있으며, 그래도 분명치 않으면 법관의 석명권 행사로 충분히 밝혀질 수 있다는 점 등을 들 수 있다.

(3) 복효적 행정행위의 제3자

복효적 행정행위에서 원고적격이 인정되는 제3자(예, 연탄공장의 인근주민 등)가 취소소송을 제기하려고 하는 경우에, 그 제3자는 그러한 처분이 있었다는 사실을 알 수 없기 때문에 행정심판 제기기간 내에 행정심판을 제기하기 어렵다는 이유로 '행정심판을 거치지 아니할 정당한 사유'가 있는 것으로 보아 행정심판전치주의의 적용 자체를 배제하여야 한다는 견해가 있으며, 실제로 구 행정소송법하에서는 이러한 입장에 선 판례도 있었다(대판 1983. 7. 12, 83누59).

그러나 현 행정소송법(제18조)은 ① 행정심판은 제기하되 그 재결은 거칠 필요가 없는 경우와, ② 처음부터 행정심판의 제기 자체가 필요 없는 경우를 구

288) 대판 1987. 9. 22, 87누842 참조.
289) 김동희(Ⅰ), p.717; 박윤흔(상), p.948; 변재옥(Ⅰ), p.647; 이상규(상), p.782.

분하여 상세히 규정하고 있으며, 전자의 경우에는 『그 밖의 정당한 사유』라는 규정을 두었으나, 후자의 경우에는 이를 두지 아니한 것으로 보아, 실정법의 형식적 해석론이라는 비판은 있겠지만 적어도 행정심판의 제기는 필요하다고 하겠다.[290] 다만, 제3자의 출소권을 최대한 보장하기 위하여 행정심판청구기간을 『처분이 있은 날로부터 1년』을 적용하되, 이 경우에도 『정당한 사유』에 의한 적용배제조항을 활용하여 구제하여야 할 것이며, 판례도 현 행정소송법 하에서는 같은 입장을 취하고 있다(대판 1989. 5. 9, 88누5150).

4. 내용

(1) 행정심판의 의의

행정심판전치주의에서 말하는 행정심판에는 이의신청과 특별행정심판 등 광의의 행정심판을 모두 포함한다.

(2) 2개 이상의 행정심판절차

하나의 처분에 대하여 이의신청과 행정심판 등 2개 이상의 행정심판절차가 인정되어 있는 경우에는 이들 모두를 거쳐야 한다는 명문의 규정이 없는 한, 행정청에게는 1회의 반성기회만 부여하면 충분하며 모든 절차를 거치게 하면 상대방에게 너무 큰 부담을 주게 된다는 점에서 어느 한 절차만 거치면 되는 것으로 해석하여야 할 것이다[291](예, 시장·군수의 생활보호결정에 대한 도지사 등에의 이의신청 및 도지사 등의 결정에 대한 보건복지부장관에의 재이의신청. 국민기초생활보장법 제38조~제41조).

그러나 기본적으로는 이러한 낭비적 절차를 규정하고 있는 입법 자체에 문제가 있으며 속히 정비되어야 할 것으로 생각된다.

290) 박윤흔(상), p.949; 이상규(상), p.783.
291) 박윤흔(상), p.952; 이상규(상), p.786.

(3) 행정심판과 행정소송의 관련도

1) 인적 관련

공동소송의 경우에 그 중 1인이 행정심판을 거쳤으면 다른 공동소송인들은 바로 행정소송을 제기할 수 있다고 함이 절차의 중복을 피할 수 있어 합리적이라고 생각된다(대판 1958. 4. 29, 4291행상6 · 7).

2) 물적 관련

행정심판에서 주장했던 청구원인과 행정소송의 청구원인 간에는 기본적인 점에서 동일성이 유지되면 족하다(대판 1969. 11. 28, 67누91). 따라서 내용이 완전히 일치할 필요는 없으며, 원고는 행정심판에서 제출하지 아니하였던 새로운 청구원인을 주장할 수도 있다(대판 1999. 11. 26, 99두9407 ; 대판 1982. 9. 28, 81누106).

(4) 행정심판전치에 관한 하자의 치유

1) 행정심판 제기기간의 경과 등 보정이 불가능하여 부적법한 행정심판에 대하여는 위원회가 각하하여야 하며, 각하된 경우에는 행정심판전치의 요건을 충족치 못하게 되어 행정소송을 제기하여도 역시 각하된다. 그러나 만일 이를 간과하고 위원회가 재결을 해 버린 경우에는 행정심판전치의 요건이 충족된다는 판례(대판 1960. 12. 12, 4294행상104)와, 반대로 충족치 못한 것이라는 판례(대판 1963. 2. 24, 62누225 ; 대판 1982. 6. 22, 81누368 ; 대판 1991. 6. 25, 90누6091)가 있으나, 현행 행정심판기간의 단기성으로 인한 실기의 가능성 등을 고려하건대 이러한 경우까지 굳이 권리구제의 길을 봉쇄할 필요는 없는 것으로 생각된다.

2) 반대로 적법한 행정심판임에도 불구하고 착오로 위원회가 각하해 버린 경우에는 당연히 행정심판전치의 요건이 충족된 것으로 보아야 할 것이다(대

판 1960. 11. 28, 4291행상96).

3) 행정심판만 제기하고 그 재결이 있기 전에 제기된 행정소송은 원칙적으로 부적법하므로 각하되어 마땅하지만, 실제로 사실심의변론종결 전까지 재결이 있기만 하면 불필요한 절차의 반복을 피한다는 점에서 그 하자는 치유된 것으로 보고 있다(대판 1965. 6. 29, 65누57). 나아가서 행정심판과 행정소송을 동시에 제기하거나(관행상 이렇게 하는 예가 많다), 행정소송만 먼저 제기한 경우에도 그 후 행정심판 제기기간 내에 행정심판을 제기하고 사실심의 변론종결시까지 재결이 있을 때에는 하자가 치유된 것으로 보고 적법한 소로서 인정하고 있다(대판 1987. 4. 28, 86누29. 대체로 제1심 변론기일은 소 제기 후 60일은 지나야 지정되며, 그 때까지 각하하지 않고 기다려 보는 것이 행정소송의 관행이다).

5. 전치주의에 대한 예외

행정심판전치주의가 안고 있는 문제점을 감안하건대, 이 제도를 모든 경우에 예외 없이 적용한다는 것은 너무나 불합리하다고 하겠다. 따라서 행정소송법은 종전의 법보다 예외사유를 더욱 상세히, 그리고 해석상 의문의 여지없이 명백히 규정하고 있다(제18조 제2항 · 제3항). 다만 이들 사유가 있다는 것은 원고가 이를 소명하여야 한다(제18조 제4항).

(1) 행정심판은 제기하되, 그 재결은 없어도 되는 경우

다음의 경우는 일단 행정심판의 제기는 필요하지만, 이에 대한 재결을 기다리게 할 이유는 없기 때문에 그 재결 없이도 행정소송을 제기할 수 있도록 하였다.

① 행정심판 청구가 있은 날로부터 60일이 지나도 재결이 없는 때 : 재결의 부당한 지연으로 인한 원고의 불이익을 방지하고 위원회로 하여금 60일(예외적 90일)이라는 재결기간(행정심판법 제34조)을 지키도록 강제하는 규정이다.

따라서 60일이 지난 경우 원고는 곧바로 행정소송을 제기하거나, 좀더 기다려서 재결이 있은 후에 행정소송을 제기할 수도 있다.

② 처분의 집행 또는 절차의 속행으로 생길 중대한 손해를 예방하여야 할 긴급한 필요가 있는 때 : 예컨대, 피서철을 앞둔 해수욕장의 건물철거 계고처분과 같이 회복하기 어려운 손해가 발생할 우려가 있는 경우를 말한다(대판 1969. 6. 10, 69누28).

③ 행정심판기관이 의결 또는 재결을 하지 못할 사유가 있는 때 : 행정심판위원회가 구성되어 있지 않거나, 과반수 이상이 결원이며 단시일 내에 충원될 가능성이 없는 경우 등을 의미한다.

④ 기타 정당한 사유가 있는 때 : 60일 이내에 재결을 할 가능성이 전혀 없거나, 기타 행정심판을 제기는 하였지만 그 재결을 거치지 않은 것이 원고에게 아무 책임이 없을 경우를 말한다.

(2) 행정심판 자체를 제기하지 않아도 되는 경우

행정심판을 제기하더라도 권리구제의 가능성이 없는 경우까지 굳이 행정심판의 제기를 강요할 이유는 없기 때문에 다음의 경우는 행정심판의 제기 자체가 필요 없다.

1) 동종사건에 관하여 이미 행정심판의 기각재결이 있은 때

동일한 사실에 대하여 동일한 법적 근거에 행하여진 처분에 대하여 이미 기각재결이 있은 경우에는, 다른 사람이 제기해도 기각될 것이 명백하므로 행정청과 원고의 양측에 불필요한 시간적·경제적 낭비를 초래하기 때문에 인정된 것이다. 그러나 어느 범위까지를 동종사건으로 볼 것인가에 관하여는 논란의 여지가 있으며, 판례는 어떤 사건과 『기본적인 점에서 동질성』이 인정되는 다른 사건도 이에 포함된다고 한다.

【판례】 : 동종사건에 관한 기각재결의 의미에 관한 판례
행정소송법 제18조 제3항 제1호 소정의 동종사건은 당해 사건은 물론이고 당해 사건과 기본적인 점에서 동질성이 인정되는 다른 사건도 포함되므로, A주택조합이 무주택요건을 갖추지 못한 조합원을 교체하지 아니하고 제출한 아파트 준공검사신청을 거부한 처분에 대하여 행정심판이 제기되고 이것이 기각된 경우에 이와 동일한 사정에 있는 B주택조합은 이에 대한 행정심판을 제기하지 아니하고도 행정소송을 제기할 수 있다(대판 1993. 9. 28, 93누9131).

2) 내용상 관련되는 처분 또는 같은 목적을 위하여 단계적으로 진행되는 처분 중 어느 하나가 이미 행정심판의 재결을 거친 때

① 우선 '내용상 관련되는 처분'이라 함은 각각 별개의 처분이지만, 그 내용에 있어서는 서로 관련이 있는 것으로서, 국세의 부과처분과 그 불이행에 따른 가산금 및 중가산금 부과처분의 예(대판 1986. 7. 22, 85누297)와, 이에 대한 증액과세처분이 있은 경우 등을 들 수 있으며(판례 참조), ② 같은 목적을 위하여 단계적으로 진행되는 처분이라 함은 대집행에 있어서의 계고처분과 대집행영장에 의한 통지처분, 조세체납절차에 있어서의 독촉・재산압류 및 공매처분 등 일련의 단계적 절차를 들 수 있으며, 이들 중 어느 하나의 처분에 대하여 행정청에게 재고의 기회를 부여한 것으로도 충분하다고 보기 때문이다.

【판례】 : ① 과세처분 후에 이를 증액하는 처분에 대하여는 별도의 행정심판청구가 필요없다는 판례
과세처분이 있은 후에 이를 증액하는 새로운 처분이 있으면 당초의 처분은 이에 흡수되어 독립적인 존재가치를 상실하므로 행정심판의 경유 여부도 그 증액처분을 기준으로 판단하여야 할 것이지만, 그 위법사유가 공통되는 경우에는 당초의 과세처분에 대하여 적법한 행정심판절차를 거친 이상 굳이 같은 사유로 별도의 행정심판절차를 거치게 함은 가혹하므로 바로 취소소송을 제기 할 수 있다(대판 1992. 8. 14, 91누13229).

② 농지전용신고수리 거부처분에 대한 행정심판청구가 있었으면 전용농지에 대한 원상회복 대집행계고처분에 대하여는 행정심판청구가 필요 없다는 판례

농지전용신고에 대한 거부처분에 대하여 적법한 행정심판을 제기하였다면, 후일에 전용한 농지의 원상회복을 위한 대집행 계고처분에 대하여는 별도로 행정심판을 제기하지 아니하고도 행정소송을 제기할 수 있다(대판 1993. 6. 29, 92누19194).

3) 행정청의 처분의 변경으로 인하여 새로운 소를 제기할 때

① 사실심의 변론종결 전에 행정청이 처분을 변경하면(예, 운전면허취소를 3월의 면허정지로 변경) 원고는 당연히 소변경제도에 의하여 바뀐 처분을 소송의 대상으로 할 수 있다. 그러나 이 경우 변경된 처분에 대하여 새로이 행정심판을 거치게 함은 너무 가혹하며, 또한 그렇게 할 경우에는 행정청이 고의로 소송을 지연시키는 데에 악용될 우려가 있고, ② 또한 사실심의 변론종결 후에 처분을 변경하면 법률심인 대법원에서는 소변경이 불가능하므로, 처음의 처분에 대하여 승소판결을 얻더라도 원고는 결국 아무 소득 없이 끝나게 되고 만다(운전면허취소처분을 취소하라는 승소판결을 얻어도 이미 3월의 면허정지로 바뀌어 버렸으므로). 따라서 원고는 결국 변경된 처분을 대상으로 새로운 소를 제기하지 않을 수 없는바(이것만으로도 벌써 원고에게는 가혹하다), 이 경우 다시 변경된 처분에 대하여 행정심판까지 거치게 하는 것은 2중으로 가혹하게 되므로 이를 방지하기 위한 것이다.

4) 행정청이 행정심판을 거칠 필요가 없다고 잘못 알린 때

행정심판청구의 고지제도에 의거, 행정청이 행정심판을 거칠 필요가 없다고 잘못 고지한 경우에는 상대방의 신뢰를 보호할 필요가 있기 때문에, 상대방이 잘못된 고지임을 알고 있었는가의 여부에 관계없이 행정심판을 거치지 아니하고 행정소송을 제기할 수 있다.

6. 전치주의의 충족 여부의 판단

행정심판전치를 거쳤는가의 여부는 다른 소송요건과 마찬가지로 당사자의 인정 여부와 관계없이 법원의 직권조사사항이며, 거치지 않았다고 판단되면 부적법한 소로써 각하하여야 한다(대판 1982. 12. 28, 82누7). 그러나 행정소송 제기 후에도 사실심의 변론 종결시까지만 행정심판전치의 요건을 충족하면 하자가 치유되어 적법한 소송으로 인정하고 있다. 다만, 행정소송에서의 주장과 그 전심절차인 행정심판에서의 주장이 어느 정도 부합하여야 하는지에 관해서는 문제가 된다. 원고가 전심절차에서 주장하지 아니한 처분의 위법사유를 소송절차에서 새롭게 주장하였다고 하여 다시 그 처분에 대하여 별도의 전심절차를 거쳐야 하는 것은 아니다(대판 1996. 6. 14, 96누754).

Ⅷ. 취소소송의 심리

1. 심리의 내용

소송의 심리(審理)란 소에 대한 판결을 하기 위해 그 기초가 되는 소송자료를 수집하는 절차를 말하는데, 요건심리와 본안심리가 있다.

(1) 요건심리

요건심리(要件審理)는 소송이 소송요건을 갖추었는지의 여부를 심리하는 것이며, 제소기간과 예외적 행정심판전치 여부 및 관할권 등 형식적 요건을 심사하여 부적법하다고 판단되면 본안심리에 들어가지 않고 각하한다. 요건심리는 법원의 직권조사사항이며, 사실심의 변론 종결시까지 요건을 갖추면 적법하게 된다.

(2) 본안심리

본안심리(本案審理)는 요건심리 결과 적법한 것으로 판단되면 원고의 청구를 인용할 것인지 기각할 것인지를 심리하는 것을 말한다.

2. 심리의 범위

(1) 불고불리의 원칙과 그 예외

행정소송에서도 민사소송과 같이 원고의 청구의 범위를 넘어서 심리·재판할 수 없음이 원칙이다.

그러나 행정심판과 마찬가지로 『법원은 필요하다고 인정할 때에는 당사자가 주장하지 아니한 사항에 대하여도 판단할 수 있다』고 하여 예외를 인정하고 있는 바(제26조 후단), 그 이유는 행정사건은 민사사건과는 달리 공익의 실현과 밀접한 관련이 있기 때문에 실체적 진실의 발견을 단순히 당사자의 주장에만 맡겨 둘 수 없기 때문이다(직권증거조사주의에서 후술). 그러나 원고의 청구범위를 넘어서 그 이상의 청구의 인용까지 허용되는 것은 아니며, 어디까지나 청구의 범위 내에서 주장한 사실 이외의 사실에 대하여도 심리·판단할 수 있다는 의미에 불과하다고 하겠다(대판 1992. 3. 10, 91누6030).

(2) 재량행위의 심리

재량행위라 할지라도 재량권의 일탈·남용이 있는 때에는 법원은 이를 취소할 수 있다고 행정소송법(제27조)이 명문으로 인정하고 있다. 따라서 재량행위라고 하여 본안심리를 거부하여서는 아니되며 일탈·남용 여부를 판단키 위하여서는 모두 본안심리를 하여야 한다.

(3) 법률문제와 사실문제

우리 법원은 소송의 대상인 처분에 관련되는 모든 법률문제와 사실문제를 심리내상으로 하고 있다.

그러나 미국과 같이 판례로 실질적 증거의 법칙(substantial evidence rule)

이 확립되어 법률문제만을 법원이 심리하고 사실문제에 대한 조사는 행정청에 맡긴다. 법원은 단지 행정청의 사실인정이 실질적 증거에 의하여 뒷받침되었는지만을 심사할 수 있도록 역할을 분담시킨 국가도 있다(동 법칙은 미국 행정절차법 제766조 제2항 E에 명문화되어 있다).

3. 심리절차

(1) 일반원칙

행정소송의 심리는 원칙적으로 민사소송법이 준용되는 결과 공개심리주의·구술심리주의·변론주의 등의 원칙이 적용된다. 그러나 행정소송법은 판결의 객관적인 공정·타당성을 보장하기 위해서, 변론주의에 대한 예외로서 직권증거조사주의(제26조)와 법원의 행정심판기록제출명령(제25조) 등에 관해 규정하고 있다.

(2) 행정소송에 특유한 원칙

1) 직권증거조사주의

행정소송은 공익의 실현과 밀접한 관련이 있으므로, 『법원은 필요하다고 인정할 때에는 직권으로 증거조사를 할 수 있다』고 하여(제26조 전단) 당사자가 제시한 증거에만 의존하는 변론주의의 한계를 극복하고 적극적으로 실체적 진실의 발견에 임할 수 있는 근거를 마련하고 있다. 직권증거조사(職權證據調査)의 방법은 증인심문·감정·검증 등 모든 방법이 가능하다. 그러나 직권으로 증거조사를 할 수 있는 범위에 관하여 ① 당사자가 주장한 사실에 한하여 제출된 증거만으로는 충분치 못할 경우에 보충적으로 직권증거조사를 할 수 있을 뿐이라는 변론주의보충설과(辯論主義補充說), ② 당사자가 주장하지 아니한 사실에 관하여도 직권으로 탐지하여 재판의 자료로 할 수 있다는 직권탐지주의설(職權探知主義說)이 대립되어 있다. 행정소송법 제26조 후단은 『법원은 필요하다고 인정하는 경우 당사자가 주장하지 아니한 사실에 대하여도 판단할 수 있다』고 하여 직권탐지주의까지를 의미한다는 명문규정을 두고 있다.

판례도 『청구의 범위를 초월하여 그 이상의 청구를 인용할 수 있다는 뜻은 아니며, 원고의 청구의 범위를 유지하면서 그 범위 내에서 주장한 사실 이외의 사실에 관하여도 판단할 수 있다는 뜻』이라고 함으로써 직권탐지주의설을 취하고 있다(대판 1992. 3. 10, 91누6030 ; 대판 1999. 5. 25, 99두1052).

2) 행정심판기록제출명령권

법원은 당사자의 신청이 있는 때에는 결정으로써 위원회에 대하여 행정심판청구서 · 답변서 · 위원회회의록 · 재결서 기타 원고 및 관계 행정청이 제출한 바 있는 행정심판에 관한 기록의 제출을 명할 수 있으며, 제출명령을 받은 위원회는 지체 없이 이를 제출하여야 한다(제25조 제1항 · 제2항). 그러나 행정심판관련기록뿐만 아니라 『처분과 관련하여 행정청이 보유하고 있는 모든 문서』에 대한 열람 및 복사청구권은 아직 인정되지 않고 있다.

4. 주장책임과 입증책임

(1) 주장책임

변론주의하에서는 법원은 당사자가 주장하지 아니한 사실에 대하여는 판결의 기초로 할 수 없으므로 당사자는 자기의 이익을 위하여 적극적으로 어떤 사실에 대한 주장을 할 필요가 있다. 따라서 주장하지 아니하면 그 사실이 존재하지 않는 것으로 다루어져서 불리한 재판을 받게 된다. 그러나 직권탐지주의를 취하고 있는 행정소송에 있어서는 법원은 당사자가 주장하지 아니한 사실에 대하여도 판단할 수 있기 때문에 주장책임(主張責任)은 크게 문제가 되지 아니하며 입증책임만이 문제가 된다.

(2) 입증책임

1) 의의

법원은 당사자 간의 다툼이 있는 사실의 존부를 변론의 전 취지와 증거조사의 결과를 참작하여 자유심증으로 판단하지만(민사소송법 제187조), 어떤 사실의 존부에 관하여 끝까지 심증형성에 이르지 못하게 되면 결국 존재 또는 부존재 간에 택일하여 어느 일방 당사자에게 불리한 사실판단을 내리지 않을 수 없게 된다. 이 경우를 대비하여 미리 어느 일방에게 입증책임(立證責任)을 지워 둘 필요가 있으며 이를 입증책임의 분배라고 한다. 입증책임분배의 문제는 변론주의뿐만 아니라 진위불명의 사태가 예견되는 한 직권탐지주의하에서도 문제가 된다.

2) 학설

다음의 4개의 학설이 대립되어 있다.

(가) 원고책임설

행정행위에는 공정력이 있어 일응 적법성이 추정되므로 행정행위의 위법임을 주장하는 원고에게 항상 입증책임이 있다고 한다. 그러나 공정력은 행정의 계속성 및 국민의 신뢰보호상 인정되는 절차상·사실상의 통용력일 뿐, 실체법상의 적법성의 추정을 의미하는 것은 아니므로 이 견해는 행정권을 부당하게 보호하는 것으로서 타당치 아니하다. 과거의 판례 중에는 이 입장에 선 판례도 있었다(대판 1962.11.1, 62누157; 대판 1961.3.27, 4291행상45).

(나) 피고책임설

법치주의의 견지에서 행정청은 행정행위의 적법성을 스스로 담보하여야 하므로 언제나 행정청이 당해 처분의 적법성을 입증하여야 한다는 견해이다. 그러나 원고책임설과 마찬가지로 어느 일방에게만 전적으로 책임을 부과하는 것은 공평의 이념에 반한다는 비판이 있다. 최근의 판례 중에는 이 견해에 입각한 것도 있다(대판 1989.1.24, 88누5624; 대판 1987.2.24, 86누578).

(다) 민소법상의 입증책임분배설

행정소송에 있어서도 민사소송법상의 입증책임분배의 원칙이 그대로 적용된다는 견해[292]이다. 따라서 행정청의 권한발생의 요건사실(예, 과세표준 · 세율 등)은 피고인 행정청이, 권한발생을 저지하는 요건사실(예, 비과세대상자라는 사실; 대판 1985.7.9, 84누780)은 원고가 각각 입증책임을 부담하게 된다.

판례 중에는 "입증책임은 원칙적으로 민사소송의 일반원칙에 따라 분배되고, 당해 처분의 적법을 주장하는 피고에게 그 적법사유에 대한 입증책임이 있다 할 것이므로, 당해 처분의 적법성이 합리적으로 수긍될 수 있는 일응의 입증이 있는 경우에는 그 처분은 정당하다고 할 것이며, 그와 같이 합리적으로 수긍할 수 있는 증거와 상반되는 주장과 입증은 상대방인 원고에게 그 책임이 돌아간다"고 하여 이 견해를 취하고 있는 것이 많다(대판 1984. 7. 24, 84누124 등).

(라) 행정법독자분배설(특수성인정설)

대립되는 사익 간의 이해조정을 목적으로 하는 민사소송과 달리 행정소송은 공익과 사익 간의 조정을 목적으로 하므로 민소법상의 입증책임분배의 원칙이 그대로 적용될 수 없다. 따라서 행정행위의 성질 · 입증의 난이도 · 공평성 등을 종합적으로 고려하여 독자적인 분배원칙을 확립하여야 한다는 견해[293]이다.

이 견해에 의하면, 첫째, 국민의 권익을 제한하거나 의무를 과하는 행정행위의 취소를 구하는 소송은 피고인 행정청이 그 적법성에 대하여(예, 과세처분의 실체적 · 절차적 적법요건의 구비사실의 입증. 대판 1986. 2. 11, 85누604), 둘째 국민이 자기의 권익의 확장을 구하는 소송(거부처분의 취소소송, 부작위위법확인소송 등. 예, 공무상 질병을 원인으로 한 공무원요양급여신처에 대한 거부처분에 대하여는 원고가 공무와 질병 사이의 인과관계를 입증하여야 한다. 대판 1997.2.28, 96누14883)은 원고가 그 청구의 정당성에 대하여, 셋째 무효확인소송의 무효사유는 원고(납세고지서에 법정기재사항이 기재되어 있지 않아 무효라는 사실은 원고가 주장하여야 한다. 대판 1992.3.10, 91누6030)가,

292) 김남진(Ⅰ), p.805; 김도창(상), p.805 ; 이상규(상), p.873.
293) 박윤흔(상), p.968 ; 석종현 · 송동수(상), p.935.

넷째 재량행위에 있어서 재량권 일탈・남용 사실은 원고(대판 1987.12.8, 87누861)가 각각 입증책임을 진다고 하며, 다섯째 소송요건의 존재사실도 비록 직권조사사항이기는 하지만 그 존부가 불명확한 경우 최종적으로 원고에게 불이익이 돌아간다는 점에서 역시 원고에게 입증책임이 있다고 하겠다.

3) 결어

우리 판례의 입장을 놓고도 민소법상의 입증책임분배설의 입장이라는 견해[294]와 행소법독자분배설의 입장이라는 견해[295]로 나누어지고 있다. 생각건대 헌법상의 기본권 보장의 정신, 행정행위의 성질, 입증의 난이도, 증거와의 접근정도 등을 고려하여 행정소송법에 특유한 입증책임분배원칙의 정립을 주장하는 행소법독자분배설이 타당하다고 생각된다.

Ⅸ. 취소소송의 판결

1. 판결의 의의

판결이란 법원이 소송의 대상인 구체적 쟁송을 해결하기 위하여 변론을 거쳐 무엇이 법인가를 판단하여 선언하는 행위를 말한다

2. 판결의 종류

판결은 여러 기준에 따라 분류할 수 있으며, 대표적인 것은 다음과 같다.

(1) 중간판결과 종국판결

중간판결이란 소송의 진행 중에 발생한 쟁점을 해결하기 위한 확인적 성질

294) 이상규(상), p.873.
295) 박윤흔(상), p.969.

의 판결을 말하며(예, 원고적격이 없다는 피고의 항변을 이유 없다고 판결하는 것), 종국판결(終局判決)이란 사건의 전부 또는 일부를 종료시키는 판결을 말한다. 종국판결에는 본안판결과 소각하판결이 있다. 종국판결은 소의 적법요건에 관한 판단인가 혹은 청구의 당부에 관한 판단인가에 따라 소송판결과 본안판결로 구별된다.

(2) 소송판결과 본안판결

소송판결(訴訟判決)은 원고적격 · 필요적 행정심판전치 · 제소기간 등 형식적 소송요건의 하자를 이유로 소를 각하하는 판결(각하판결, 却下判決)이며, 본안판결은 청구내용의 당부에 대한 판결로서, 청구의 인용 여부에 따라 청구인용판결 · 청구기각판결 및 사정판결로 나누어진다.

(3) 인용판결

원고의 청구가 이유 있다고 하여 청구의 전부 또는 일부를 인용(認容)하는 판결로서, 그 내용 및 효력에 따라 확인판결 · 형성판결 및 이행판결로 구분된다. 항고소송 중 취소소송의 판결은 『형성판결』(形成判決)에 해당하며, 항고소송 중 부작위위법확인소송 및 무효등확인소송, 당사자소송 중 공법상 법률관계의 존부만을 확인하는 소송(예, 봉급지급청구권 존재의 확인)의 판결은 모두 『확인판결』(確認判決)에 해당한다. 그러나 현행 소송법상 항고소송에 있어서는 적극적인 의무이행소송이 인정되지 않기 때문에 『이행판결』(履行判決)은 있을 수 없다. 다만 당사자소송 중에서만 이행판결을 찾을 수 있다(예, 손해배상청구 · 손실보상청구 · 공무원봉급 · 연금청구 · 부당이득반환청구 기타 결과제거청구소송 등).

한편, 취소소송의 인용판결에 의하여 원처분을 『취소 또는 변경』할 수 있으나, 여기서 말하는 변경은 행정심판의 재결과 달리 소극적 변경, 즉 일부취소만을 의미하고, 적극적 변경은 불가능하다는 것이 통설 · 판례의 입장이다.

(4) 기각판결

원고의 청구가 이유 없다고 하여 이를 배척하는 판결이다. 그러나 기각판결(棄却判決)이 있더라도 행정청이 직권으로 원처분을 취소·변경할 수 있음은 물론이다.

(5) 사정판결

행정심판의 사정재결과 같은 취지로 사정판결(事情判決)을 할 수 있다(제28조).

1) 의의

원고의 청구가 이유 있어 청구인용 판결을 하여야 할 것이지만, 원처분을 취소·변경하는 것이 현저히 공공복리에 적합하지 아니하다고 인정하는 때에는 법원은 원고의 청구를 기각할 수 있다(예, 위법한 토지수용으로 이미 고속철도·공업단지·항만시설·댐과 발전소 등이 이미 건설되어 버린 경우 등). 사정판결은 그 취지면에서 행정에 우월적 가치를 부여하는 제도이기 때문에 헌법상 국민의 재판청구권을 침해할 소지가 크다. 그러므로 공익을 위하여 특별히 희생을 강요당하는 원고를 위하여 법원은 반드시 손해배상 기타 적절한 구제조치를 취하도록 함으로써 공익과 사익의 조화를 꾀하고 있다.

2) 근거

처분이 위법하여 취소되어야 함에도 불구하고 그대로 효력을 유지하게 함은 분명히 법치주의에 반하는 것임에도 불구하고 이를 인정한 것은, 처분의 효력을 취소함으로써 보호하고자 하는 사익보다 처분의 효력을 유지함으로써 보호하고자 하는 공익이 현저히 크기 때문이라 하겠다. 따라서 이 제도의 남용을 경계함과 동시에 원고의 권익구제수단의 완비가 요청되고 있다.

3) 요건

첫째, 취소하는 것이 현저히 공공복리에 적합하지 아니한 경우, 즉 사익보다 현저히 큰 공익을 보호하기 위하여서만 인정된다(대판 1999. 3. 9, 98두18565). 둘째, 따라서 공·사익 간의 이익형량을 위한 구체적 자료를 마련케 하기 위하여 원고가 입게 될 손해의 정도와 배상방법 그 밖의 사정을 조사하여야 한다(사정조사 제28조 제2항).

4) 심리

(가) 위법성판단의 기준시

처분의 위법성에 대한 판단은 일반원칙대로 처분시의 법령을 기준으로 하는 것이지만, 사정판결은 처분 이후의 사정변경을 고려하는 취지에서 인정된 것이므로 사정판결하여야 할 "현저히 공공복리에 적합하지 아니하는 경우"에의 해당 여부의 판단은 성질상 판결시를 기준으로 한다고 하겠다. 판례도 건축불허가처분당시에는 위법한 처분이었으나, 구두변론 종결시에는 이미 도시계획이 변경되어 녹지지역으로 지정·고시된 만큼 건축불허가처분을 취소하는 것은 현저히 공공복리에 적합하지 아니한다고 판시한 바 있다(대판 1970. 3. 24, 69누29).

(나) 직권탐지의 가능성

사정판결을 하여야 할 사유의 존재는 피고인 행정청이 주장·입증하여야 할 것이지만, 우리 판례는 피고 행정청의 주장이 없더라도 법원의 직권탐지에 의하여 사정판결을 할 수 있다고 한다(대판 1993. 9. 28, 93누9132 ; 대판 1992. 2. 14, 90누9032).

5) 판결

(가) 판결주문에 위법성의 명시

법원은 사정판결의 주문에서 그 처분 등이 위법함을 명시하여야 한다(제28조 후단). 따라서 처분의 위법성에 대하여는 기판력과 제3자에 대한 대세적 효력이 인정된다.

(나) 소송비용

원고의 청구가 기각되는 원고패소 판결임에도 불구하고 원래 패소자가 부담하도록 되어 있는 소송비용을 피고인 행정청이 부담하도록 하였다(제32조).

6) 원고의 권익구제

원고가 피고인 행정청이 속하는 국가 또는 공공단체를 상대로 손해배상, 제해시설의 설치 기타 적당한 구제의 청구를 용이하게 할 수 있도록 하기 위하여 이들 청구소송을 당해 취소소송이 계속된 법원에 병합하여 제기할 수 있도록 하였다(제28조 제3항 관련청구의 병합)(※ 여기서 손해배상청구소송 등이 민사소송 아닌 행정소송, 구체적으로는 국가 등을 상대로 하는 공법상의 당사자소송임을 다시 한번 시사해 주고 있다).

7) 적용범위

사정판결은 취소소송에만 적용된다(제28조). 즉 처음부터 무효인 처분에 대하여는 그 효력을 유지시킨다는 것이 논리적으로 불가능하다는 의미에서 무효등확인소송에는 적용될 여지가 없으며(대판 1992. 11. 10, 91누8227, 대판 1987. 3. 10, 84누158 ; 반대설 있음), 부작위에도 효력을 유지시킬 근거를 찾을 수 없으므로 부작위위법확인소송 역시 사정판결에 친하지 아니하다고 하겠다.

【판례】 : ① 사정판결을 인정한 판례

도시재개발조합의 설립 및 그 사업시행에 대한 인가처분은 법정요건인 토지 및 건축물소유자 총수의 3분의 2 이상의 동의를 얻지 못하여 위법하였지만, 그 후 90% 이상의 토지 및 건축물 소유자가 재개발사업의 속행을 바라고 있어 새로이 위 인가처분이 행해질 경우에는 그 법정요건을 갖출 것으로 충분히 예상되므로, 위 인가처분이 애당초 법정요건을 갖추지 못해 위법한 것이라 하더라도 이를 이유로 위 인가처분을 취소하는 것은 오히려 현저히 공공복리에 적합하지 아니하다(대판 1995. 7. 28, 95누4629).

② 사정판결을 부인한 판례
시외버스운송사업자가 제출한 시외버스운송사업계획변경인가처분을 취소하면 연장될 노선을 이용할 승객들의 불편이 예상되지만 그러한 불편은 피고가 여러 대응조치들을 취함으로써 일시적인 현상에 그칠 것으로 예상되는 점에서 사정판결의 요건을 갖추지 못하고 있다(대판 1991. 5. 28, 90누1359).

3. 위법성판단의 기준시

행정소송 중 항고소송의 본질을 어떻게 파악하는가에 따라 견해가 대립되고 있다.

(1) 처분시설

통설과 판례가 취하고 있는 처분시설(處分時說)은 항고소송의 성격을 처분에 대한 사법적 사후심사로 보아 처분시의 법령과 사실상태를 기준으로 위법여부를 판단하여야 한다고 주장한다(대판 1993. 5. 27, 92누19033). 그 논거로서는 판결시를 기준으로 하게 되면 법원이 행정기관의 행정감독적인 기능을 수행하게 되는 문제가 발생하고, 취소소송은 처분 등에 대한 사후적 사법통제수단이라는 점을 들고 있다.

(2) 판결시설

일부 견해가 취하고 있는 판결시설(判決時說)은 항고소송의 목적이 행정청의 책임을 묻는 것만이 아니고, 판결시의 현행법에 비추어 처분의 효력을 유지케 할 것인가를 판단함에 있다고 보아 판결시(정확하게는 구두변론 종결시)를 기준으로 판단하여야 한다는 견해이다.

(3) 결어

판결시를 기준으로 하면 당초 적법했던 처분이 법령의 변경으로 위법하게 되는 경우에 원고에게 유리하게 작용하여 권익구제에 이바지하게 된다. 그 반대의 경우는 원고의 권익이 침해되며, 또한 재판의 지연 정도에 따라 재판결과가 달라질 수 있고, 경우에 따라서는 사법권의 본질을 넘어서 행정적 감독의 기능까지 수행하게 될 우려가 있으므로 처분시설이 타당하다고 생각된다.

4. 판결의 효력

(1) 기속력

1) 의의

기속력(羈束力)이란 판결이 그 내용에 따라 소송 당사자인 행정청과 기타 관계행정청을 기속하는 효력을 말한다(제30조 제1항). 판결이 행정처분을 취소하였음에도 불구하고 처분청이 동일한 행위 또는 판결의 취지와 배치되는 행위를 할 수 없도록 하기 위하여 인정된 효력이다. 이러한 취소판결의 기속력은 무효등확인소송과 부작위위법확인소송에 준용된다(제38조 제1항・제2항).

기속력은 처분 등을 취소하는 확정판결, 즉 청구인용판결에서만 인정되고, 청구기각판결에는 인정되지 않는다. 왜냐하면 청구기각판결의 경우에는 당해 처분은 적법하여 피고 행정청에게 어떠한 의무가 발생하지 않기 때문이다(행정소송법 제30조 제1항도 처분등을 '취소하는 확정판결'은 행정청을 기속한다고 명시함으로써 청구인용판결에만 기속력이 인정됨을 밝히고 있으며, 기판력은 모든 판결에 인정되는 효력이지만 기속력은 이와 같이 인용판결에서만 인정되는 효력이라는 점에서도 양자는 차이가 있다).

2) 성질

모든 민・형사판결의 주문은 그 후의 모든 재판을 구속하여 이와 모순되는 재판을 금지하는 효력, 즉 기판력의 내용에 따른 결과로서 인정되는 것이라는 『기판력설』(既判力說)도 있으나, 취소소송의 실효성을 확보하기 위하여 기판력보다 널리 직접 행정청을 구속하는 효력이라는 『특수효력설』(特殊效力說)이 통설이다. 따라서 과세처분의 취소판결이 있으면 행정청은 나아가서 이와 모순되는 압류·공매 등의 체납처분까지 직권으로 취소하여야 할 법적 의무를 부담한다.

3) 내용

(가) 반복금지효 및 원상회복의무

취소판결이 있으면 행정청은 동일한 사정 하에서 동일한 당사자에게 동일한 내용의 처분을 반복하여서는 아니되며(反復禁止效), 이에 위반하면 그 자체가 중대하고 명백한 하자로 되어 무효사유에 해당한다(대판 1982. 5. 11, 80누104). 그러나 행정청은 판결에서 위법으로 적시된 주체·내용·절차·형식에 관한 하자를 보완하여 새로운 처분을 할 수 있음은 물론이다(대판 1992. 11. 24, 91누10275).

한편, 이러한 소극적 반복금지효에서 한걸음 더 나아가 행정청은 취소된 처분에 의하여 초래된 위법상태를 원상으로 회복할 적극적인 의무까지도 진다(예, 과세처분의 취소판결이 있으면 나아가 압류·공매 등의 체납처분까지도 취소하는 것).

(나) 재처분의무

거부처분에 대한 취소판결 또는 부작위위법확인판결이 있으면 행정청은 판결의 취지에 따라 종전의 원고의 청구에 대하여 재처분의무를 지게 된다(제30조 제2항). 이 경우 원고는 처분에 대한 신청을 다시 할 필요가 없다. 피고인 행정청은 반드시 원고의 신청대로 재처분할 의무는 없으며, 판결내용에 적시되지 않은 다른 적법한 거부사유가 있으면 이를 이유로 다시 거부처분을 할 수 있다.

4) 범위

기속력은 당사자인 행정청뿐만 아니라 모든 관계행정청까지 미치며(주관적 범위), 판결의 주문뿐만 아니라 이유에 명시된 사실인정과 법률문제에 대한 판단에까지 미친다(객관적 범위).

5) 기속력 위반행위의 효과

기속력에 위반하여 행한 행정청의 행위는 중대하고 명백한 하자로 무효가 된다. 우리 판례도 "확정판결의 당사자인 처분행정청이 그 행정소송의 사실심 변론종결 이전의 사유를 내세워 다시 확정판결과 저촉되는 행정처분을 하는 것은 허용되지 않는 것으로서 이러한 행정처분은 그 하자가 중대하고도 명백한 것이어서 당연무효라 할 것이다"라고 하여 이러한 효과를 인정하고 있다(대판 1990. 12. 11, 90누3560).

(2) 형성력

1) 의의

취소판결이 확정되면 처분청의 별도의 취소처분 없이 당해 처분은 당연히 효력이 상실된다. 이에 따라 처분 등에 기하여 형성된 기존의 법률관계나 법률상태에 변동을 가지고 오는 효력을 형성력(形成力)이라 한다.

【판례】: 취소판결의 형성력

① 과세처분을 취소하는 판결이 확정되면 그 과세처분은 처분시에 소급하여 소멸하는 것이므로 그 과세처분을 경정하는 경정처분도 할 수 없는 것이며, 이에 위반하여 행한 경정처분은 그 하자가 중대하고 명백한 당연무효인 처분이다(대판 1989. 5. 9, 88다카16096).

② 행정처분을 취소한다는 확정판결이 있으면 그 취소판결의 형성력에 의하여 당해 행정처분의 취소나 취소통지 등의 별도의 절차를 요하지 아니하고 당연히 취소의 효과가 발생한다(대판 1991. 10. 11, 90누5443).

2) 범위

취소판결의 형성력이 당사자 간에만 미치는지 아니면 제3자에도 미치는지에 관하여 논란이 있었으나, 행정소송법(제29조 제1항)은 행정상 법률관계의 획일적 확정을 위하여 『처분 등을 취소하는 확정판결은 제3자에 대하여도 효력이 있다』고 함으로써 『대세적 효력』을 명문으로 인정하였다. 따라서 제3자가 예측하지 못한 손해를 입는 것을 방지하기 위하여 제3자의 소송참가 및 재심청구를 인정하고 있다(제16조 · 제31조).

(3) 기판력

1) 의의

기판력(旣判力)이란 취소판결이 확정되면 후일에 동일한 소송물에 관한 동일한 당사자간의 분쟁에 있어서 당사자와 법원은 이에 구속되어 이와 모순되는 주장과 판단을 할 수 없게 하는 효력을 말한다. 따라서 동일사항이 문제되면 당사자는 그에 반하여 되풀이하여 다투는 소송이 허용되지 않으며(불가쟁), 어느 법원도 그와 모순 · 저촉되는 판단을 해서는 안 된다(불가판).[296]

2) 범위

(가) 주관적 범위

기판력은 당사자와 그 승계인(상속인 · 매수인 · 권한인수관청 등)에게 미치며, 특히 피고인 행정청이 소속된 국가 또는 공공단체에게도 미친다고 볼 것이다.

따라서 처분의 취소소송에서 위법임이 확정된 이상 그 위법한 처분으로 인한 손해배상청구소송에서 국가는 위법이 아님을 주장할 수 없다[297]. 이는 손해배상에서의 위법성은 취소소송에서의 위법성보다 넓은 개념이다.

---

296) 【판례】 행정처분취소판결은 그 행정처분이 위법이었음에 관하여 기판력을 가지게 되는 것이므로 피고인 행정청은 그 판단내용에 구속되어 이후 동일 당사자에 대한 관계에 있어 동일 사항을 처리함에는 판결이 위법이라고 확정한 판단에 저촉되는 행정행위를 할 수 없는 것이다(대판 1960. 9. 26, 4291행상146). 즉 행정청을 피고로 하는 취소소송에 있어서의 기판력은 당해 처분이 귀속하는 국가 또는 공공단체에 미친다는 것이다(대판 1998. 7. 24, 98다10854).

297) 박윤흔(상), p.983. 서원우 교수는, 취소소송의 청구인용판결의 기판력은 손해배상청구소송에 미치지만, 청구기간판결의 기판력은 그에 미치지 않는다고 하는 기판력 일부 긍정설을 취하고 있다. 서원우, 취소소송판결의 국가배상소송에 대한 기판력, 고시계 1987.11, p.164 이하.

(나) 객관적 범위

민사소송에서의 판결과 같이 판결의 주문(즉 판단의 결론부분)에만 기판력이 미치며, 판결이유에 적시된 위법사유에 관한 판단에 대하여는 미치지 아니한다(대판 1987. 6. 9, 86다카2756).

(다) 시간적 범위

기판력은 사실심(고등법원까지만을 의미)의 변론종결시를 표준으로 하여 발생한다. 따라서 확정된 종국판결은 그 기판력으로서 당사자가 사실심의 변론종결시를 기준으로 그 때까지 제출하지 않은 공격방어방법은 그 뒤 다시 동일한 소송을 제기하여 이를 주장할 수 없다(대판 1992. 2. 25, 91누6108).

(4) 집행력

민사소송에서는 이행소송(예, 전세금의 반환청구소송 등)이 일반적인 형태이므로 이행소송에는 강제집행을 할 수 있는 효력, 즉 집행력(執行力)이 인정된다. 그러나 행정소송 중 항고소송에서는 아직 의무이행소송이 인정되지 아니하기 때문에 집행력이 인정되지 아니한다. 다만, 행정소송 중 당사자소송은 이행소송의 성격을 띠는 한(예, 국가에 대하여 단순히 공무원봉급청구권만을 확인하는 확인소송이 아니라, 봉급지급청구소송을 제기한 경우) 그 판결에 집행력이 인정된다.

(5) 간접강제

의무이행소송 대신에 인정되는 부작위위법확인판결과 거부처분에 대한 취소판결의 실효성을 담보하기 위하여 행정소송법은 단순히 판결의 기속력에 따른 처분청의 재처분의무를 규정함에 그치지 아니하고, 재처분의무를 이행치 아니할 경우에 대비하여 당사자의 신청에 의하여 법원의 결정으로 상당한 재처분기간을 정하고 그 기간 내에 처분치 아니할 경우에는 그 지연기간에 따라 일정한 손해배상을 할 것을 명하거나, 즉시 배상을 할 것을 명할 수 있도록 하였다(제34조 제1항). 이 손해배상명령은 피고 행정청이 소속하는 국가 또는 공공단체에게도 그 효력이 미친다(제34조 제2항). 이러한 간접강제(間接强制)제도는 부작위위법확인소송에도 준용된다(제38조 제2항).

5. 제3자의 재심청구

취소판결의 효력은 제3자에게도 미치게 되어(제29조 제1항), 제3자가 예측하지 못한 손해를 입을 우려가 있으므로 제3자의 소송참가제도를 인정함과 동시에(제16조), 나아가서 자기에게 책임 없는 사유로 인하여 소송에 참가하지 못함으로써 판결의 결과에 영향을 미칠 수 있는 공격·방어방법을 제출하지 못한 제3자에 대하여는 확정판결에 대한 재심청구권을 예외적으로 인정하였다. 재심청구(再審請求)는 확정판결이 있음을 안 날로부터 30일, 확정판결이 있은 날로부터 1년 이내에 제기하여야 한다(제31조).

6. 명령·규칙에 대한 위헌·위법 판결의 공고

각급 법원은 명령(법규명령)·규칙(행정규칙)의 위헌 또는 위법 여부에 대하여 심사권을 갖는다(헌법 제107조 제2항).

그러나 그것은 어디까지나 특정 소송사건에서 재판의 전제로 된 경우에 한하여 인정된 심사권이므로 위헌·위법임을 판단한 경우에도 법원으로서는 당해 사건에 한하여 적용하지 아니함에 그치고, 당해 명령·규칙의 일반적 효력까지를 소멸케 하지는 못한다. 그러나 대법원의 판결에 의하여 위헌·위법임이 확정된 경우에는 대법원은 지체 없이 판결내용을 관보발행업무를 관장하는 행정안전부장관에게 통보하여야 하며, 행정안전부장관은 지체 없이 이를 관보에 게재하도록 함으로써(제6조 제1항·제2항), 최소한 관계행정청에 의한 더 이상의 적용을 막고 일반 국민들의 피해를 방지하기 위하여 널리 주지시키도록 배려하였다. 이 경우 당해 명령·규칙의 주무장관은 더 이상의 집행을 금지하도록 관계행정청에 지시함과 동시에, 신속한 개정 또는 폐지절차를 취하여야 할 것이다.

제5절 무효등확인소송

Ⅰ. 개설

1. 의의

행정청의 처분 또는 재결의 효력의 유무 또는 존재 여부를 확인하는 소송을 말한다(제4조 제1항 제2호). 따라서 구체적으로는 처분 또는 재결의 『무효확인소송』, 『유효확인소송』(예, 생활보호대상자결정유효확인소송), 『존재확인소송』(예, 조세부과취소처분존재확인소송), 『부존재확인소송』(예, 징발처분부존재확인소송), 『실효확인소송』(예, 부동산중개업 영업정지처분실효확인소송)으로 구분될 수 있다.

2. 필요성

원래 처분에 중대하고 명백한 하자가 있어 당연무효이거나 처음부터 처분이라고 할 만한 실체 자체가 존재하지 아니하는 부존재의 경우, 국민은 누구든지 이를 무시하고 무효 또는 부존재를 자유로이 주장할 수 있으며 이를 전제로 해서 부당이득반환청구 또는 공무원의 보수지급청구를 할 수 있으므로 굳이 법원이나 행정청에 무효·부존재의 확인을 구할 필요는 없다.

그러나 현실적으로 처분의 외관이 존재하고 있는 경우에 행정청에 의하여 집행되어 버릴 우려가 있어 법률관계가 불안정상태에 있기 때문에, 공적인 확인을 통해 불안정상태를 제거하기 위하여 독립된 소송형태로서 무효등확인소송제도를 인정할 필요가 있는 것이다.

3. 성질

(1) 항고소송

무효등확인소송도 행정청의 공권력행사가 먼저 있고 이에 대한 효력 유무를 다투어 그 효력의 배제를 목적으로 한다는 점에서 당사자소송이 아닌 항고소송의 성격을 가진다.

따라서 행정소송법은 이를 항고소송의 일종으로 규정하면서 취소소송에 관한 규정을 대부분 준용하도록 하고 있다. 다만, 성질상 필요적 행정심판전치주의, 제소기간, 사정판결 등은 제외된다(제38조 제1항).

(2) 준형성소송

무효등확인소송은 처음부터 당연무효인 행위에 대하여 무효임을 단지 확인·선언함에 그치는 확인소송이라는 측면도 있으나, 한편 행정주체가 우월한 지위에서 행한 행정처분의 효력을 다툰다는 점에서는 형성소송이라는 측면도 있다. 따라서 두 가지 성격을 모두 가지고 있다는 의미에서 이를 준형성소송이라고 한다.

Ⅱ. 재판관할

취소소송에 관한 규정이 준용되어 제1심은 피고 행정청의 소재지를 관할하는 행정법원에 있다. 무효등확인소송이 관할권 없는 법원에 잘못 제기된 경우에 그것이 원고의 고의·과실에 기인한 것이 아니라면 수소법원은 정당한 관할법원에 이송하여야 한다(제8조 제2항).

Ⅲ. 당사자

1. 원고적격

(1) 법률상 이익

무효등확인소송에서의 원고적격은 처분 또는 재결의 효력의 유무 또는 존재 여부의 『확인을 구할 법률상 이익이 있는 자』가 된다(제35조). 여기서 법률상 이익이란 취소소송에서의 그것과 같은 개념이라는 것이 통설[298]이다. 그러나 취소소송에서는 회복시켜 줄 법률상 이익이 있는지가 쟁점인 데 반하여, 무효등확인소송에서는 성격상 『무효 등을 확인받음으로써 원고의 권리 또는 법률상 지위의 불안·위험이 제거될 수 있을 것』(즉, 권리보호의 필요)이 요청되며, 바로 이것이 법률상 이익에 해당한다고 해석하는 것이 타당하다[299](판례 참조). 따라서 판례는 『당연무효인 건축허가처분에 의하여 건축공사를 완료한 후 준공검사필증까지 받은 사람은 동 허가처분의 무효확인을 받아 건물의 건립을 저지할 수 있는 단계는 이미 지났으므로 무효확인을 구할 법률상 이익이 없다』고 하였다(대판 1993. 6. 8, 91누11544).

【판례】 : 무효확인소송의 법률상 이익에 관한 판례
무효확인소송에 관한 행정소송법(제35조)상의 『확인을 구할 법률상 이익』은 그 대상인 현재의 권리 또는 법률관계에 관하여 당사자 사이에 분쟁이 있고, 그로 인하여 원고의 권리 또는 법률상의 지위에 불안·위험이 있어, 판결로써 그 법률관계의 존부를 확정하는 것이 불안·위험을 제거하는 데 필요하고도 적절한 경우에 인정된다(대판 1992. 7. 28, 92누4352).

---

298) 박윤흔(상), p.988; 석종현·송동수(상), p.954.
299) 김남진, 무효 등 확인소송과 법률상 이익, 고시연구 1991.3, p.19.

(2) 무효등확인소송의 보충성 문제

우리 판례는 종전부터 계속하여 무효는 누구든지 어떤 소송절차에서도 자유로이 주장하여 권익의 침해를 방지할 수 있다는 점에 근거하여, 민사상 손해배상청구소송 등 실질적으로 권익을 구제받고자 하는 다른 소송을 제기하여 그 소송에서 행정처분의 무효를 주장하여 구제받을 수 있는 이상, 처분의 무효등확인소송을 독립된 소로써 제기할 수 없다고 함으로써, 다른 소송으로 구제받을 수 없는 경우에만 『보충적』으로 무효등확인소송의 제기가 허용된다고 하고 있다.

그렇게 함으로써 불필요한 소송이 거부되어 법원의 부담이 경감되는 긍정적인 면도 있겠으나, 반면 원고의 입장에서는 무효등확인판결만에 의하여서도 명예의 회복 기타 법률상 지위의 불안이 제거될 수 있는 경우도 있으며, 또한 법률이 명문으로 인정하지 아니한 사유로 국민의 재판청구권을 제약하는 것은 문제가 있다고 하겠다.

【판례】 : 무효등확인소송의 보충성에 관한 판례

① 공무원면직처분무효확인소송의 원고가 이미 공무원법상의 정년을 초과하거나 사망한 경우 원고가 비록 면직처분의 무효확인을 받더라도 공무원의 신분을 다시 회복할 수는 없고, 단지 정년 때까지 받지 못한 봉급·퇴직금지급청구소송 및 명예침해 등의 민사상 손해배상청구소송에서 그 전제로서 면직처분의 무효를 주장하여 구제받을 수 있는 것이므로, 독립된 소로서 면직처분의 무효확인을 받는 것이 원고의 권리 또는 법률상 지위에 현존하는 불안·위험을 제거하는 데 필요하고도 적절한 것이라고 할 수 없어 무효확인의 이익이 없다(대판 1991. 6. 28, 90누9346)(같은 취지의 판례: 대판 1992. 3. 13, 91누5105 등).

② 무효라고 주장하는 과세처분에 따라 세금을 납부하여 그 처분이 이미 집행이 종료되어 버렸다면 그 과세처분이 존재하는 것과 같은 외관이 남아 있음으로써 장차 다가올 법률상의 불안이나 위험은 없다할 것이고, 다만 남아 있는 것은 이미 납부한 세금의 반환을 구하는 문제일 뿐이라 할 것인바, 이 경우 과세처분의 무효확인을 구하는 방법은 과세관청이 무효확인판결의 구속력을 존중하여 세금을 환급하여 줄 것을 기대하는 간접적인 방법에 불과

할 것이므로, 민사소송으로 부당이득반환청구의 길이 열려있는 이상 과세처분 무효확인의 소는 분쟁해결에 직접적이고도 유효적절한 해결방법이라 할 수 없어 무효확인을 구할 법률상 이익이 없다(대판 1991. 9. 10, 91누3840).

2. 피고적격

취소소송과 같이 처분청(부존재확인소송의 경우는 처분권한을 가진 행정청)이 피고가 된다(제13조 · 제38조 제1항). 피고의 경정에 관하여도 취소소송의 관계규정이 준용된다(제14조 · 제38조 제1항).

3. 소송참가

취소소송에서와 같은 취지로 제3자의 소송참가(제16조), 행정청의 소송참가(제17조)가 인정된다(제38조 제1항).

Ⅳ. 소송제기

1. 소송의 대상

취소소송과 마찬가지로 행정청의 처분 또는 재결 등의 무효성 · 유효성 또는 존재 · 부존재 등에 관한 다툼이다. 처분 및 재결의 개념은 취소소송에서 설명한 것과 같다(원처분주의도 적용된다. 제19조 및 제38조 제1항).

2. 행정심판전치주의 및 제소기간의 적용배제

무효인 처분은 처음부터 당연히 아무 효력이 없는 것이므로 굳이 행정청에게 반성·시정의 기회를 부여할 필요가 없고, 또한 언제든지 무효임을 주장할 수 있는 것이므로 행정심판전치주의와 제소기간이 적용되지 아니한다. 다만 무효선언을 구하는 의미에서의 취소소송의 형태로 제기하는 경우에 이들 규정의 적용 여부에 관하여는 견해가 대립되어 있으나, 적용되지 않는다고 보아야 할 것으로 생각된다.

3. 집행부정지의 원칙 및 가처분의 문제

(1) 집행부정지의 원칙과 집행정지의 결정

무효인 처분은 처음부터 아무런 효력이 없음에도 불구하고 집행부정지의 원칙이 적용되고 예외적으로 집행정지의 결정을 할 수 있다고 한다면 논리적으로 모순이라 하겠다. 그러나 무효원인과 취소원인인 하자는 상대적인 차이밖에 없음에도 불구하고 무효확인소송의 형태로 제기되면 항상 집행이 정지된다고 하는 것도 행정의 계속성을 저해할 우려가 크기 때문에 취소소송과 구별치 않고 일단 집행부정지를 원칙으로 하고 예외적으로 집행정지의 결정을 하도록 하였다(제23조·제24조 및 제38조 제1항). 판례도『행정처분의 집행정지는 행정처분의 무효확인소송인 경우에도 허용된다』고 함으로써 같은 입장을 취하고 있다(대판 1966. 10. 4, 66두7).

(2) 가처분

집행정지에 관한 규정을 민사소송법상의 가처분제도에 대한 특별규정으로 보는가에 따라 가처분의 가능성에 대한 견해가 대립되고 있으나, 소극적으로 해석하여야 할 것이다.

4. 관련청구의 이송·병합 및 소의 변경

무효등확인소송도 취소소송에서 설명한 것과 같은 취지로 관련 청구소송의 이송·병합을 인정하고 있고(제10조 및 제38조 제1항. 예, 항고소송인 공무원

파면무효확인소송에 당사자소송인 공무원 보수·연금지급청구소송을 이송 또는 병합), 취소소송이나 당사자소송으로의 소변경(제37조) 또는 원처분의 변경으로 인한 소변경도 인정된다(다만, 취소소송으로 변경함에는 행정심판전치주의와 제소기간의 요건이 갖추어져야 한다. 예, 과세처분무효확인소송을 과세처분취소소송으로 변경할 경우. 제21조·제22조 및 제38조 제1항).

Ⅴ. 심리

1. 직권증거조사주의

심리에 있어서 법원이 필요하다고 인정하면 직권으로 증거조사를 할 수 있으며, 당사자가 주장하지 않은 사실에 대해서도 심판할 수 있다(제26조·제38조 제1항).

2. 입증책임

입증책임에 관하여는 ① 취소소송의 입증책임과 같다고 하여 처분의 권한발생은 이를 주장하는 피고 행정청이, 반대로 처분의 권한발생의 저지는 이를 주장하는 원고가 진다는 견해(민소법상 입증책임분배설)와,[300] ② 무효등확인소송은 취소소송과 달리 중대하고 명백한 하자가 있음을 이유로 하므로 누구나 쉽게 입증할 수 있다는 점 등을 들어 원고에게 입증책임이 있다는 견해(행소법 독자분배설)[301]로 나누어지는바, 취소소송에서 설명한 것과 같은 이유로 행소법 독자분배설에 찬동하고자 하며 판례의 입장도 이와 같다.

300) 이상규(상), p.874.
301) 박윤흔(상), p.992; 서원우(상), p.851.

【판례】: 무효확인소송의 입증책임에 관한 판례
행정처분의 무효확인을 구하는 행정소송에 있어서는 원고에게 그 행정처분이 무효인 사유를 주장 · 입증할 책임이 있다(대판 1992. 3. 10, 91누6030).

Ⅵ. 판결

1. 위법성판단의 기준시

통설과 판례는 항고소송을 처분에 대한 사법적 사후심사로 보아 처분시의 법령과 사실상태를 기준으로 위법 여부를 판단하여야 한다고 한다.

2. 사정판결의 적용배제

무효 또는 부존재인 처분은 존속시켜 줄 효력이 처음부터 없기 때문에 사정판결을 할 수 없으며(제38조 제1항), 판례도 같은 견해를 취하고 있다. 우리 대법원은 "자동차운송사업의 면허를 얻고자 하는 자의 면허신청과 주무관청의 그 면허기준에 대한 심사는 자동차운송사업 면허처분의 중요하고도 불가결한 전제조건이라 할 것이므로 위 신청과 기준심사 없이 내린 위 사업면허는 무효이고, 이와 같이 당연무효의 행정처분을 소송목적물로 하는 행정소송에서는 사정판결을 할 수 없다"라고 판시하여 그 적용을 배제하고 있다(대판 1985. 5. 26, 84누380).

그러나 ① 무효와 취소의 원인은 상대적인 차이밖에 없으며, ② 무효인 경우에도 이미 이루어진 결과를 존중할 필요가 있을 수 있고, ③ 사정판결에 의하더라도 손해배상 등의 방법으로 피해가 구제되므로 반드시 원고에게 불리한 것은 아니라는 점 등을 이유로 사정판결을 인정하는 견해도 있다.[302)]

---

302) 김철용, 사정판결, 월간고시 1987.4.

3. 판결의 효력

무효등확인소송도 준형성소송이므로 형성력과 대세적 효력이 인정되며, 기속력과 기판력이 인정됨은 물론이다. 따라서 제3자의 소송참가와 재심청구도 인정되며, 당사자인 행정청과 그 밖의 행정청을 구속하므로 관계행정청은 반복금지효와 재처분의무가 있다(제16조 · 제29조 · 제30조 · 제31조 및 제38조 제1항).

Ⅶ. 선결문제

1. 의의

민사소송 또는 공법상 당사자소송에서 본안에 대한 판단을 하기 위하여 반드시 행정처분의 무효 또는 부존재 여부가 먼저 결정되어야 할 경우에 이 문제를 선결문제(先決問題)라고 한다(예, 특허취소처분 · 과세처분 · 토지수용처분 · 파면처분의 무효를 이유로 민사소송 또는 공법상 당사자소송인 손해배상청구소송 · 부당이득반환청구소송 · 토지소유권확인소송 · 공무원신분확인 및 보수지급청구소송을 제기하는 경우)(선결문제는 공법상 당사자소송 또는 형사소송에서도 제기될 수 있으며, 행정소송법은 민사소송에서의 선결문제에 관하여만 명문의 규정을 두고 있다(제11조 제1항).

2. 선결문제의 심판권의 소재

민사소송 또는 공법상 당사자소송절차에서 행정처분의 효력문제를 직접 심리 · 판단할 수 있는가, 아니면 별도의 행정소송에서 이를 심리 · 판단하여야 하는가에 관하여 통설은 행정처분의 하자의 정도를 기준으로 구분하여 논하고 있다.

(1) 취소사유가 있는 경우

행정처분이 단순한 위법에 그쳐 취소사유가 있음에 그치는 경우에는 행정행위의 공정력으로 말미암아 정당한 권한이 있는 기관에 의하여 취소되기 전까지는 누구도(법원을 포함하여) 그 효력을 부인할 수 없기 때문에 별도의 취소소송에 의하여 취소되기 전에는 그 효력을 부인할 수 없다. 다만, 손해배상소송과 같이 행정처분을 직접 취소하는 것이 아니고 단순히 그 위법성을 인정함에 그치는 것은 가능하다고 한다(대판 1974. 3. 12, 73다228).

(2) 무효 · 부존재 사유가 있는 경우

이 경우에는 처분의 공정력이 인정되지 않고 누구든지 어떤 절차에 있어서도 무효임을 주장할 수 있으므로 민사법원도 당연히 무효 또는 부존재를 스스로 판단 · 결정할 수 있다.

【판례】: 선결문제에 대한 민사소송의 심판권에 관한 판례
국세부과 및 징수처분과 같은 행정처분의 당연무효를 전제로 하여 민사소송을 제기한 때에는 법원은 그 행정처분의 하자가 중대하고 명백하여 당연무효라고 인정될 경우에는 이를 전제로 하여 판단할 수 있으나, 그 하자가 단순한 취소사유에 그칠 때에는 법원은 그 효력을 부인할 수 없다(대판 1973. 7. 10, 70다1439).

3. 심리절차

민사법원이 행정처분의 무효 또는 부존재를 선결문제로서 심리하고자 하는 경우에 이는 성격상 무효등확인소송과 유사하기 때문에 무효등확인소송에 관한 조항을 준용하도록 함과 동시에(제11조 제1항), 처분청에게 소송참가의 기회를 부여하기 위하여 선결문제로 된 사실을 통지하도록 하고(제11조 제2항), 처분청의 소송참가를 인정하고 있다. 선결문제의 심리에 있어 준용되는 조항은 직권증거조사주의(제11조 제1항 및 제26조) 및 행정심판기록제출명령제도

(제11조 제1항 및 제25조) 등이다. 그러나 처분의 무효·부존재 확인에는 행정심판전치주의가 적용되지 아니하기 때문에 이를 거치지 아니할 것이므로 행정심판기록제출명령제도가 실제로 적용될 여지는 없다고 하겠다.

제6절 부작위위법확인소송

Ⅰ. 개설

1. 의의

부작위위법확인소송(不作爲違法確認訴訟)은 행정청의 부작위가 위법하다는 것을 확인하는 소송이다. 즉, 행정청이 당사자의 신청에 대하여 상당한 기간 내에 신청을 받아들여 적극적인 처분을 하거나 신청을 거부하는 내용의 소극적 거부처분을 하여야 할 법률상 응답의무가 있음에도 불구하고 이를 하지 아니하는 경우에 그 부작위가 위법하다는 것을 확인함으로써 행정청의 응답을 신속하게 하여 부작위 또는 무응답이라고 하는 소극적 위법상태를 제거하는 것을 목적으로 하는 소송이다(대판 1993. 4. 23, 92누17099). 위법한 처분에 대하여는 취소소송으로 구제받을 수 있고, 거부처분 역시 처분의 일종이므로 취소소송의 대상이 된다(단, 거부처분은 행정심판에 있어서는 소극적인 취소심판의 대상이 아니라 부작위와 함께 적극적인 의무이행심판의 대상이 된다).

그러나 행정청의 위법한 부작위에 대하여는 권력분립상 의무이행소송이 인정되지 않고 소극적인 부작위위법확인소송제도만 인정되며, 그 인용판결시의 행정청의 재처분의무와 간접강제제도에 의하여 문제점을 보완하고 있을 뿐이다. 그러나 부작위에 대하여는 행정소송법이 명문으로 인정하지는 아니하였지만 의무이행소송 또는 의무확인소송을 일종의 무명항고소송의 형태로 인정하여야 한다는 견해도 있는 바, 적절한 시기에 그 도입을 검토해 볼 필요가 있다고 생각된다.

2. 성질

(1) 항고소송

부작위란 행정청이 일정한 기간 내에 처분을 하여야 할 의무가 있음에도 불구하고 가부간에 아무런 처분을 하지 않고 있는 일종의 소극적 의사표시이므로 이에 대한 불복이라는 의미에서 항고소송의 성격을 가진다고 하겠으며, 행정소송법도 이를 항고소송으로 규정하면서 취소소송에 관한 대부분의 규정을 준용시키고 있다. 다만, 성질상 제소기간·집행정지·사정판결·처분변경으로 인한 소변경 등에 관한 규정은 제외하고 있다(제38조 제1항).

(2) 확인소송

부작위상태 자체가 위법임을 확인하는 데 그치는 것이므로 확인소송의 일종이다. 따라서 행정청에게 적극적으로 어떤 처분을 할 것을 명하는 이행소송 및 법률관계를 직접 형성·변경·소멸시키는 형성소송과 구별된다.

Ⅱ. 재판관할

취소소송에 관한 규정이 준용되어 제1심은 피고 행정청의 소재지를 관할하는 행정법원이 관할한다.

Ⅲ. 당사자

1. 원고적격

처분의 신청을 한 자로서, 부작위의 위법확인을 구할 법률상 이익이 있는 자만이 소송을 제기할 수 있다(제36조). 구체적으로는 행정청에 대하여 처분을 구할 수 있는 권리가 있는 자만이 원고적격이 인정된다. 여기서 말하는 『법률상 이익』은 취소소송에서의 그것과 같은 개념이다(취소소송의 소익 참조).

판례도 법률상 이익의 개념에 관한 법률상이익구제설에 입각하여, 시장 상인들이 인근 공터에 가설된 위법건축물로 인하여 시장영업에 장애가 있다는 이유로 구청장을 상대로 제기한 위법건축물 방치행위, 즉 부작위에 대한 위법확인소송을 기각한 바 있다.

> 【판례】 : 부작위위법확인소송의 소익에 관한 판례
> 시장 인근의 공터에 설치된 위법 가설점포건물로 인하여 시장영업에 장애가 있다는 사실만으로는 직접적이고 구체적인 불이익을 받았다고 볼 수 없을 뿐만 아니라, 위법 건축물 철거의 근거법령인 건축법(5 · 7의3 · 42 등)의 규정도 원고의 영업상 이익을 보호하기 위한 규정이라고는 할 수 없다(대판 1989. 5. 23, 88누8135).

2. 피고적격

취소소송과 같이 신청에 대한 처분권한을 가지고 있으나 이를 방치하고 있는 행정청(부작위청)이 피고가 된다(제13조 및 제38조 제2항).

3. 소송참가

취소소송에서와 같은 취지로 제3자의 소송참가(제16조), 행정청의 소송참가(제17조)에 관한 규정이 준용된다(제38조 제2항).

Ⅳ. 소송제기

1. 소송의 대상

소송의 대상은 『부작위』(不作爲)이다. 부작위란 "행정청이 ① 당사자의 신청에 의하여, ② 상당한 기간 내에, ③ 일정한 처분을 하여야 할 법률상 의무가 있음에도 불구하고, ④ 이를 하지 아니하는 것"을 말한다(제2조 제1항 제2호). 이 소송은 행정청이 신청에 대해 상당기간 내에 어떤 처분을 하여야 할 의무를 위반하고 있는 상태를 위법한 상태가 외부에 현실화된 것으로 보아 법원이 위법임을 확인하는 것이다.

2. 예외적 행정심판전치주의

부작위에 대하여도 행정청에 반성·시정의 기회를 주기 위하여 예외적 행정심판전치주의의 적용을 받도록 하였다(제18조·제38조 제2항). 이 때의 행정심판은 취소심판이 아닌 의무이행심판임에 유의하여야 한다. 의무이행심판은 이행의 쟁송이고 부작위위법확인소송은 확인의 쟁송이라는 점에서 부자연스러운 점이 있으나, 이는 행정소송에서는 의무이행소송이 인정되지 않기 때문에 초래되는 현상이다.

3. 제소기간

예외적으로 행정심판전치주의가 적용되는 경우에 있어서는 행정심판재결서의 정본의 송달을 받은 날로부터 90일 이내에 제기하여야 한다(제20조 제1항·제38조 제2항). 그리고 처분이 있을 것을 전제로 한 제소기간 제한규정, 즉 『처분이 있음을 안 날로부터 90일, 처분이 있은 날로부터 1년』이라는 제소기간 제한규정은 부작위가 계속될 것을 요건으로 하는 부작위위법확인소송에서는 적용될 여지가 없다.

4. 집행정지 및 가처분의 문제

(1) 집행정지

행정청의 부작위가 계속되는 한 처분의 존재를 전제로 하는 집행부정지의 원칙과 집행정지결정제도는 적용될 여지가 없다.

(2) 가처분

취소소송에서와 마찬가지로 가처분의 가능성에 대하여 견해가 대립되고 있으나, 소극적으로 해석하여야 할 것이다.

5. 관련청구의 이송·병합 및 소의 변경

부작위위법확인소송도 취소소송에서 설명한 것과 같은 취지로 관련청구소송의 이송·병합을 허용하고 있다(제10조 및 제38조 제2항 예, 체육시설의설치·이용에관한법률에 의거하여 도지사로부터 골프장 사업계획의 승인을 얻은 자가 막대한 투자를 하여 법정시설을 갖춘 후 골프장업의 등록을 신청하였음에도 불구하고 상당기간 동안 이를 방치함으로써 손해를 입은 경우에 부작위위법확인소송에 당사자소송인 손해배상청구소송을 이송·병합).

또한 부작위위법확인소송을 취소소송(예, 소송계속 중에 행정청이 일정한 처분을 한 경우에 그 처분에 대한 취소소송으로 변경하는 경우로서 실제로 그 예가 많다) 또는 당사자소송(예, 위 경우에 부작위위법확인소송을 손해배상청구소송으로 변경하는 것)으로 변경할 수 있다(제37조). 그러나 원처분의 변경으로 인한 소변경제도(제22조)는 준용될 여지가 없다(원처분 자체가 존재하지 않으므로).

Ⅴ. 심리

1. 직권증거조사주의

부작위위법확인소송도 소송의 결과가 공공복리와 밀접한 관련이 있으므로 취소소송에서와 마찬가지로 직권증거조사에 관한 규정이 준용된다(제38조 제2항・제26조).

2. 행정심판기록의 제출명령

취소소송에서와 마찬가지로 이를 인정하고 있다(제38조 제2항・제25조).

3. 심리권의 범위

부작위위법확인소송의 심리권이 신청의 실체적 내용에까지 미치는가에 관하여는 학설이 대립되어 있다.

(1) 소극설

부작위위법확인소송의 목적은 방치된 신청에 대하여 어떤 내용의 처분이든간에 내려 주어야 한다는 응답의무가 있음을 확인하는 데 그치고 신청한 대로의 처분을 하여야 한다는 확인을 구하는 것이 아니기 때문에 신청의 실체적 내용은 심리할 수 없다는 견해이다.[303)]

(2) 적극설

부작위가 위법함을 단순히 확인함에 그치지 아니하고 나아가서 신청의 실체적 내용이 타당한 것인가도 심리하여 판결이유에 행정청이 행하여야 할 처분

303) 김동희(Ⅰ), p.776; 박윤흔(상), p.1003; 석종현・송동수(상), p.970.

의 방향을 시사할 수 있다고 하는 견해이다.[304)]

(3) 결어

적극설은 의무이행소송이 인정되지 아니하는 현행 소송제도하에서 부작위위법확인소송을 의무이행소송에 가깝게 운영함으로써 국민의 권리구제에 도움을 준다는 긍정적 측면이 있다. 그러나 입법으로 해결할 일을 법운영의 묘로써 해결하는 것은 무리가 있다고 할 것이므로 소극설이 타당하다고 생각된다. 판례도 또한 소극적 입장을 취하고 있다.

【판례】: 부작위위법확인소송의 심리권의 범위에 관한 판례
부작위위법확인소송은 그 부작위의 위법함을 확인함으로써 행정청의 응답을 신속하게 하여 부작위 내지 무응답이라는 소극적인 위법상태의 제거를 목적으로 하는 것이고, 나아가 당해 판결에 기하여 행정청이 처분을 하게 하고 다시 당해 처분에 불복이 있는 때에는 그 처분을 다투게 함으로써 최종적으로는 국민의 권익을 보호하려는 제도이다(대판 1992. 7. 28, 91누7361).

VI. 판결

1. 위법성판단의 기준시

취소소송은 처분시를 기준으로 하지만, 부작위위법확인소송은 엄격한 의미의 처분이 존재하지 않으므로 논리상 처분시를 기준으로 할 수 없고, 작위의무의 위반상태가 위법이라는 확인을 구하는 것이므로 성질상 판결시까지 부작위상태가 계속되어야 한다. 따라서 소 제기 후 판결시까지 어떤 형태든 작위(처분)가 있으면 소의 이익이 없게 된다.

---

304) 김도창(상), p.836; 이상규, 신행정쟁송법, p.421.

2. 사정판결의 적용배제

사정판결제도는 행정청의 처분이 있을 것을 전제로 하므로 아무 처분이 없는 부작위에 대한 위법확인소송에는 적용될 여지가 없다(제38조 제2항 · 제28조).

3. 판결의 효력

부작위위법확인소송의 판결은 처분 행정청에 대한 기속력과 제3자에 대한 대세적 효력이 인정되며, 그 외에 판결의 일반적 효력인 기판력이 인정됨은 물론이다. 그러나 형성소송이 아니므로 형성력은 없다. 판결의 기속력에는 취소판결과 같이 반복금지효와 재처분의무가 인정되며, 나아가서 간접강제제도에 의하여 이행소송이 인정되지 아니한 데 대한 결함을 보완하도록 하였다(제30조 제2항 · 제34조 및 제38조 제2항).

한편 재처분의무의 구체적 내용에 관하여는 심리권의 범위와 관련하여 견해가 대립되어 있는바, ① 소극설은 부작위위법소송의 목적이 응답의무의 확인에 그치는 것이므로, 예컨대 허가신청의 경우 허가를 하든지 거부하든지 간에 어떠한 내용의 처분이든 처분을 하기만 하면 되는 것이고 반드시 원고의 신청대로 처분할 필요는 없다고 하며,[305] ② 적극설은 행정소송법(제30조 제2항 · 제38조 제2항)이 재처분의무의 내용으로 『판결의 취지에 따라 이전의 신청에 대한 처분을 하여야 한다』고 규정하고 있고 심리권의 범위에서 적극설을 취하는 이상, 판결이유에서 시사된 바와 같이 원고의 신청내용대로 처분함으로써 의무이행소송에 가깝게 운영하고자 하는 견해[306]이지만, 심리권의 범위에서도 이미 설명한 대로 소극설이 타당하다고 하겠다.

---

305) 김남진(Ⅰ), p.839; 김동희(Ⅰ), p.776; 박윤흔(상), p.1003.
306) 김도창(상), p.836; 이상규, 신행정쟁송법, p.421.

제7절 당사자소송

Ⅰ. 개설

1. 의의

행정소송법(제3조 제2항)에서 공법상 당사자소송(當事者訴訟)이란 "행정청의 처분 등을 원인으로 하는 법률관계에 관한 소송 기타 공법상의 법률관계에 관한 소송으로서 그 법률관계의 한쪽 당사자를 피고로 하는 소송"을 말한다. 당사자소송은 대등 당사자 간의 공법상의 권리 또는 공법상의 법률관계 그 자체를 소송물로 하는 실질적 당자사소송과 처분이나 재결을 원인으로 하는 법률관계에 관한 소송으로서 법률관계의 원인이 되는 처분 등에 불복하여 소송을 제기하면서 처분청을 피고로 하는 것이 아니라 그 법률관계의 한쪽 당사자를 피고로 하는 형식적 당사자소송이 있다. 공법상의 신분·지위 등의 확인소송이 전형적인 실질적 당사자소송이며(대판 1996. 2. 15, 94다31235), 토지보상법상 보상금 증감청구소송은 전형적인 형식적 당사자소송이다(대판 1991. 11. 26, 91누285).

2. 필요성

행정소송에서 항고소송 외에 당사자소송을 인정하고 있는 것은 우리 실정법체계가 공법과 사법의 구별을 전제로 하고 있음을 보여 주는 것이라 하겠다. 그런데 행정소송은 그 성격상 행정청의 처분이 먼저 있고 나서 사후에 그 위법성을 이유로 이에 불복하는 의미를 가지는 항고소송이 중심이 될 수밖에 없는 것이기는 하지만, ① 처분 등이 원인이 되어 발생한 새로운 공법상의 법률관계(예, 불법행위로 인한 손해배상청구권) 또는 처분 등의 존재를 전제로 하지 아니하는 공법상의 법률관계(예, 공법상 계약에 관한 소송)가 있을 수 있으며,

이들 법률관계야말로 직접 대등한 지위에서 당사자 간에(공법상 당사자소송으로) 다투게 하면 될 일을 굳이 항고소송으로 다루기 위하여 먼저 행정청의 처분을 행하게 한 후(예, 손해배상금결정 및 통지처분 등) 이에 불복하도록 하는 우회적 절차를 거치게 한다면 국민의 권리구제에 너무나 우회적·소극적이라는 비난을 면할 수 없을 것이다. ② 또한 우리 실정법이 공·사법의 구별을 인정하고 있는데, 상기 예는 어디까지나 사법관계(국고관계)가 아닌 권력관계·관리관계 등 공법상의 법률관계인 만큼, 사법상의 법률관계를 대상으로 하는 민사소송으로 다루기에도 적합치 못하다는 이유 때문에 항고소송에 대립되는 당사자소송을 민사소송 아닌 행정소송의 한 유형으로서 인정할 필요가 있는 것이다.

그러나 우리의 소송실무에 있어서는 종전부터 이를 일반 민사소송으로 다루고 있는바, 그 이유는 ① 공법과 사법 또는 공권과 사권의 구별기준이 애매하며, ② 소송절차상으로도 공법상의 당사자소송과 민사소송 간에 차이가 거의 없어 민사소송에 대한 특수성이 희박하다는 점 등을 들 수 있다.

3. 대상

공법상의 당사자소송의 대상은『공법상의 법률관계(권리의무관계) 그 자체』이다(처분의 위법성은 직접 소송의 대상은 아니며 단지 그 선결문제가 될 뿐이다). 그러나 무엇을 기준으로 공법관계와 사법관계를 구별할 것인지에 대해서는 ① 소송물을 기준으로 한다는 견해(판례도 이 견해를 취하고 있다)와 ② 소송물의 발생원인이 되는 법률관계를 기준으로 한다는 통설의 견해로 나누어진다. 즉, 당사자소송 중에서 공무원의 지위확인소송은 행정사건이고 소유권확인이나 부당이득반환청구사건은 민사사건이라는 것이 소송물을 기준으로 하는 견해이며, 동일한 소유권확인소송이라도 그 소송물의 발생원인이 되는 법률관계를 기준으로 하여 행정처분의 무효등을 원인으로 할 때에는 행정사건이지만 매매계약의 무효를 원인으로 할 때에는 민사사건이라는 것이 법률관계를 기준으로 하는 견해이다. 예컨대, 판례의 견해에 의하면 과세처분의 무효임을 이유로 제기한 과오납금반화청구소송은 그 소송물이 민법상의 부당이득반환청구권인 사권(私權)이므로 민사사건으로 보겠지만, 통설의 견해에 의하면 그 권리의 발생원인이 되는 법률관계는 사법관계가 아니라 세법상의 과세처분이라는 공법관계이기 때문에 당사자소송으로 보아야 할 것이다.

4. 성질

당사자소송은 행정청의 처분 등이 있고 사후에 이에 불복하는 항고쟁송이 아니라, 분쟁에 관하여 처음으로 다투는 시심적 쟁송에 해당한다.

Ⅱ. 종류

1. 실질적 당사자소송

행정소송법이 말하는 공법상의 법률관계에 관한 소송은 실질적 당사자소송을 의미하며, 이는 처분을 원인으로 하는가의 여부에 따라 다음의 2종류로 구분된다.

(1) 처분 등을 원인으로 하는 법률관계에 관한 소송

예컨대, ① 과세처분 등의 무효 또는 취소를 원인으로 하는 공법상의 부당이득반환청구소송, ② 공무원의 직무상 불법행위 또는 영조물설치・관리의 하자를 원인으로 하는 손해배상청구소송, ③ 공무원 면직처분의 무효를 원인으로 하는 공무원보수・연금청구소송, ④ 토지수용 등 적법한 공권력 행사를 원인으로 하는 손실보상청구소송 등이 있다.

(2) 기타 공법상의 법률관계에 관한 소송

처분 등을 원인으로 하지 아니하고도 발생할 수 있는 공법상의 법률관계에 관한 소송으로서, ① 공법상 계약에 관한 소송, ② 공법상 금전지급청구소송(후술하는 형식적 당사자소송에 의한 경우를 제외한 공법상 손실보상청구소송, 공법상 사무관리비용지급청구소송, 파면 등 행정처분이 없이 공무원보수·연금의 지급을 받지 못한 경우의 그 청구소송 등), ③ 공법상 결과제거청구소송(토지수용이 취소되었음에도 계속 점유하는 토지에 대한 반환청구), ④ 공무원 등 공법상의 신분·지위 등의 확인소송 등이 있다.

2. 형식적 당사자소송

(1) 의의

토지수용의 재결 내용에는 수용재결과 보상재결의 두 가지가 포함되어 있는바, 대부분의 토지소유자는 보상금에만 불복하여 소송을 제기하기 마련이다. 이 경우 토지수용위원회가 행한 수용처분 자체의 취소를 구하는 항고소송의 형식에 의하지 아니하고 바로 법률관계의 다른 쪽 당사자인 사업시행자를 상대로 보상금의 증액(또는 감액)청구소송만을 제기할 수 있으며, 이를 형식적 당사자소송이라고 한다(토지보상법 제85조 제2항).

(2) 성질

형식적 당사자소송은 형식적으로 보면 법률관계의 당사자인 토지소유자와 사업시행자 간의 당사자소송에 해당되지만, 실질적으로 보면 토지수용위원회의 재결의 위법을 다투는 항고소송으로서의 성질을 함께 가지고 있다(이러한 의미에서 이를 형식적 당사자소송이라고 부른다).

(3) 필요성

토지수용 자체에는 승복하지만 보상금액에만 불복하고자 하는 경우에까지 먼저, ① 토지수용위원회를 피고로 하여 재결내용 전체에 대한 취소소송을 제기하게 한 후, ② 실질적 이해관계자인 사업시행자를 그 소송에 참가케 하고, ③ 재결취소소송의 관련청구소송으로서 별도의 공법상 손실보상청구소송(당사자소송)을 제기하여 이를 병합심리케 하는 복잡하고 우회적인 절차보다는, ① 직접 보상금 증액(감액)만을 소송대상으로 하여, ② 사업시행자를 피고로 하여 제기할 수 있도록 허용하는 것이 권리구제에 훨씬 간편하고 신속하다는 장점이 있기 때문에 2003. 1. 1부터 시행된 토지보상법(제85조)에서 이를 인정하고 있다.

(4) 인정 여부에 관한 학설

토지보상법과 같은 특별한 근거규정이 없더라도 행정소송법을 근거로 하여 이러한 형식적 당사자소송을 인정할 수 있을 것인가에 관하여는 견해가 대립되어 있다.

1) 부정설

재결도 행정행위이므로 공정력을 가지는바, 공정력 있는 처분의 효력은 다투지 않고 이를 원인으로 하는 보상금청구권이라는 법률관계만을 판단하는 것은 공정력에 반한다고 한다.[307)]

2) 긍정설

행정소송법(제3조 제2항)이 말하는『처분 등을 원인으로 하는 법률관계에 관한 소송으로서 그 법률관계의 한쪽 당사자를 피고로 하는 소송』에 이러한 형식적 당사자소송이 포함되며, 이론상으로도 공정력 있는 처분을 그대로 둔 채 형식적 당사자소송을 제기하고 이에 대한 판결이 있으면 이것을 재결처분에 우선시키는 데 문제가 없다는 견해이다.[308)]

3) 결어

생각건대, 행정소송법을 문리적으로만 해석하면 형식적 당사자소송을 인정

---

307) 김남진(Ⅰ), p.846; 김동희(Ⅰ), p.778; 박윤흔(상), p1015; 석종현·송동수(상), p.980.

308) 종전의 김도창 교수의 견해였으나 현재는 입장표명을 유보하고 있음. 동교수(상), p.813.

하고 있다고 볼 수도 있겠으나, 행정행위의 공정력을 인정하는 이상 부정설이 타당하다고 생각된다.

따라서 형식적 당사자소송이 인정되려면 토지보상법과 같은 개별법상의 명시적 근거가 있어야 한다고 생각된다(예, 특허법 제187조 · 제191조, 의장법 제75조, 실용신안법 제35조, 상표법 제86조 등). 또한 전기통신기본법(제40조의2 제5항 · 제6항)도 전기통신사업자와 이용자간에 손해배상에 관하여 협의가 이루어지지 아니할 경우에 통신위원회에 재정신청을 할 수 있고, 통신위원회의 재정중 당사자가 지급하거나 수령하여야 할 금액에 불복이 있는 경우에는 소송으로 그 금액의 증감을 청구할 수 있으며, 이 소송에 있어서는 다른 당사자를 피고로 한다고 규정하고 있어 이 역시 형식적 당사자소송에 해당하는 예로 볼 수 있다.

Ⅲ. 특수성

항고소송에 대한 특수성으로서 다음의 것이 있다.

1. 당사자적격

원고는 공법상의 법률관계에 관하여 권리보호의 이익이 있는 자가 되며(제8조 제2항에 의거 민사소송법이 준용되는 관계로), 피고는 위 법률관계의 한쪽 당사자인 국가 · 공공단체 기타의 권리주체(예, 조세원천징수권자 등)가 된다(제39조. 행정청이 아니라는 점에서 항고소송과 구별된다). 피고가 국가인 경우에는 『국가를당사자로하는소송에관한법률』(제1조)에 의거하여 법무부장관이, 지방자치단체인 경우에는 지방자치법(제92조)에 의거하여 당해 지방자치단체의 장이 각각 이를 대표하며, 소속공무원 또는 변호사를 지정하여 구체적으로 소송을 수행케 한다. 한편, 이해관계 있는 제3자 또는 법률관계의 원인이 되는 처분 등을 행한 행정청도 각각 소송에 참가하는 소송참가제도도 인정되고 있다(제16조 · 제17조 및 제44조).

2. 재판관할

제1심은 항고소송과 같이 피고의 소재지를 관할하는 행정법원이 된다. 다만, 피고가 국가 또는 공공단체인 경우 원활한 심리를 위하여 관계 행정청의 소재지를 피고의 소재지로 본다(제40조). 여기서 행정청은 본래의 의미의 행정청 이외에 관서 또는 관사의 뜻을 아울러 포함하는 것으로 새겨진다.[309)]

3. 제소기간

취소소송의 제소기간에 관한 규정은 준용되지 아니한다. 따라서 당사자소송의 제소기간의 제한은 원칙적으로 없다. 다만, 다른 법령에서 제소기간이 정하여져 있는 때에는 그에 따른 제한을 받게 되며, 이 경우의 제소기간은 불변기간으로 한다(행소41).

4. 행정심판전치주의의 적용 배제

당사자소송은 처분 등에 대한 불복이 아닌 시심적 쟁송이기 때문에 행정심판전치주의가 적용되지 않는다.

5. 관련청구소송의 이송 · 병합

당사자소송에는 관련청구소송(예, 처분 등의 취소 또는 무효확인소송 등)을 병합심리(다른 법원에 계속되어 있는 경우에는 이를 이송받아 병합심리)할 수 있다(제10조 제2항 · 제44조 제2항).

---

309) 김남진(Ⅰ), p.849.

6. 소의 변경

법원은 항고소송을 당사자소송으로 변경하는 것을 허가할 수 있는 것과 마찬가지로, 당사자소송을 항고소송으로 변경함을 허가할 수도 있으며(제21조 및 제42조), 당사자소송의 원인이 되는 처분 등을 행정청이 변경한 때에도 항고소송에서와 마찬가지로 처분변경으로 인한 당사자소송의 소변경이 허용된다(제22조 및 제44조 제1항).

7. 행정심판기록의 제출명령

항고소송에서와 같다(제25조 및 제44조 제1항).

8. 입증책임

행정소송법독자분배설이 적용되는 항고소송과는 달리, 대등한 당사자 간의 관계이므로 민사소송법상의 입증책임분배원칙이 적용된다고 하겠다.[310] 즉, 권리를 주장하는 자는 권리근거규정의 요건사실(권리발생사실)에 대하여 입증책임을 지며, 권리주장의 상대방은 반대규정의 요건사실, 즉 ① 불공정한 법률행위와 같은 권리장애규정의 요건사실, ② 변제 · 공탁같은 권리감각규정의 요건사실, ③ 정지조건의 존재, 기한의 유예와 같은 권리행사저지규정의 요건사실에 대하여 입증책임을 진다.[311]

9. 직권증거조사

원칙적으로 변론주의가 적용되지만, 당사자소송도 항고소송에서와 같은 공익성이 있으므로 직권증거조사주의에 의하여 보충할 수 있도록 하였다(제26조 및 제44조).

---

310) 석종현 · 송동수(상), p.983.
311) 오석락, 입증책임론, 1996, p.89.

10. 판결의 효력

취소판결의 효력 중 기속력(제30조 제1항 및 제44조)·기판력은 인정되지만, 형성력과 대세적 효력, 행정청의 재처분의무 및 간접강제는 성질상 항고소송의 판결에만 고유한 효력이므로 인정될 수 없다.

그러나 당사자소송 중 ① 이행소송의 성격을 띤 것(부당이득반환·손해배상·손실보상·연금지급청구소송 등 대부분이 이에 해당)은 의무이행소송이 인정되지 않는 항고소송과 달리 형성력 대신 집행력이 인정되며, ② 공법상 법률관계의 존부의 확인만을 구하는 확인소송의 성격을 띤 것은 문제의 법률관계의 존부를 공적으로 확인·선언하는 효력밖에 없다(예, 연금지급청구권·공무원신분 등의 존재확인청구소송).

11. 가집행선고

이행소송형태의 당사자소송에 있어서의 인용판결의 효력으로서 집행력이 인정되는바, 집행력을 담보하기 위하여 민사소송에서 널리 인정되는 가집행선고(假執行宣告)제도는 무한한 변제능력이 있는 국가에 대하여는 적용할 필요가 없다는 이유로 행정소송법(제43조)은『국가를 상대로 하는 당사자소송에는 가집행선고를 할 수 없다』고 하고 있다. 그러나 동조는 같은 내용을 규정한『소송촉진등에관한특례법』제6조 단서의 규정이 합리적 이유없이 국가를 우대하여 헌법 제11조 제1항의 평등원칙에 위배된다는 이유로 위헌으로 결정[312]됨에 따라 위헌의 소지가 있다.

312) 헌재결 1989. 1. 25, 88헌가7.

제8절 객관적 소송

Ⅰ. 개설

원래 행정소송은 주관적 소송이라 하여 개인의 권익이 침해된 경우에 이를 구제하기 위하여 인정되는 제도이며, 개인의 권익보호와 전혀 관계없이 오직『행정법규의 적정한 적용』만을 보장하기 위한 소송은 허용되지 않는 것이 원칙이다(소익의 존재).

그럼에도 불구하고 개인의 권익침해 여부와는 관계없이 오직 행정의 적법성 보장이라는 공익만을 위하여 일반국민 · 선거인 또는 행정기관에 대하여 특수한 형태의 행정소송의 제기를 특별히 인정하는 경우가 있다. 이를 보통의 소송인 주관적 소송에 대하여 객관적 소송이라 하는바, 현행제도상 민중소송과 기관소송이 이에 해당한다.

Ⅱ. 민중소송

1. 의의

민중소송(民衆訴訟)이란 "국가 또는 공공단체의 기관이 법률에 위반되는 행위를 한 때에 직접 자기의 법률상 이익과 관계없이 그 시정을 구하기 위하여 제기하는 소송"으로서(행정소송법 제3조 제3호), 선거행정 등에 대한 국민의 감시 및 참정의 수단으로서 기능하고 있다. 이는 개인의 권리구제가 아니라 행정법규의 적정한 집행을 보장하기 위하여 일반인이 소송을 제기할 수 있도록 하는 예외적인 행정소송으로서, 법률이 정한 경우에 법률이 정한 자만이 제기할 수 있는 특수한 소송이다(제45조).

2. 종류

(1) 선거법상의 민중소송

1994. 3. 16 제정된 『공직선거법』에 의하면, 대통령선거 · 국회의원선거의 효력에 이의가 있는 선거인은 대법원에 선거소송을 제기할 수 있으며(제222조 제1항), 지방자치단체의 장 및 지방의회의원 선거의 효력에 관하여 이의가 있는 선거인은 시 · 도 선거관리위원회 또는 중앙선거관리위원회(시 · 도지사 선거의 경우)에 선거소청을 제기한 후 그 결정에 불복할 경우에 고등법원 또는 대법원(시 · 도지사 선거의 경우)에 선거소송을 제기할 수 있으며(제219조 · 제222조 제2항), 국민투표의 효력에 관하여 이의가 있는 투표인은 투표자 10만인 이상의 찬성을 얻어 대법원에 국민투표무효의 소송을 제기할 수 있다(국민투표법 제92조). 즉, 현행법상 인정되고 있는 민중소송으로는 선거소송(선거무효소송 및 당선무효소송)과 국민투표무효소송이 있다.

(2) 지방자치법상의 민중소송

종전의 지방자치법에서는 주민 100인 이상이 조례 또는 지방자치단체의 장의 명령 · 처분이 위헌 · 위법임을 이유로 도지사 · 국무총리에게 소청을 할 수 있고, 그 소청결정에 이의가 있으면 다시 대법원에 제소할 수 있도록 하였으나(구 지방자치법 제153조), 1988. 4. 6의 개정된 지방자치법에서는 이 제도를 폐지하였다.

3. 특수성

(1) 원고적격

법률이 특별히 정한 자가 된다. 즉 선거인 · 후보자 · 정당 또는 투표인(국민투표의 경우)이 된다.

(2) 피고적격

역시 법률에 의하여 중앙선거관리위원회위원장 또는 선거구선거관리위원회 위원장이 된다.

(3) 재판관할

대법원이 되며, 기초자치단체의 장 또는 지방의회의원선거의 경우는 고등법원이 된다.

(4) 제소기간

선거법상의 제소기간은 10일(국민투표는 20일) 등으로 법정되어 있다.

(5) 행정심판전치주의

시심적 쟁송이므로 행정심판전치주의가 적용될 여지가 없다(그러나 종전의 지방자치법에 의한 민중소송은 처분 등에 대한 항고쟁송의 의미를 가지므로 도지사·국무총리에 대한 소청전치주의를 택하였다).

(6) 심리

민중소송의 심리에 관하여는 각 개별법의 규정에 따르되, 규정이 없는 경우에는 ① 처분 등의 취소를 구하는 것이면 그 성질에 반하지 아니하는 한 취소소송의 규정을, ② 처분 등의 무효·부존재 여부나 부작위의 위법확인을 구하는 것이면 그 성질에 반하지 아니하는 한 각각 무효등확인소송 또는 부작위위법확인소송의 규정을, ③ 기타의 경우에는 그 성질에 반하지 아니하는 한 당사자소송에 관한 규정을 각각 준용하도록 하였다(행정소송법 제46조).

(7) 입증책임

민중소송이 항고소송의 성격이면 행정소송법독자분배의 원칙이, 당사자소송의 성격이면 민소법상의 입증책임분배의 원칙이 각각 적용된다고 볼 수도 있다. 그러나 민중소송의 특수성에 비추어 볼 때 각 민중소송 제도의 취지·입증의 난이도·증거에의 접근가능성 등을 종합적으로 고려하여 개별적으로 판단하여 합리적으로 책임을 분배함이 타당하다고 하겠다.

Ⅲ. 기관소송

1. 의의

기관소송(機關訴訟)이란 "국가 또는 공공단체의 기관 상호간의 권한의 존부 또는 그 행사에 관한 다툼이 있을 때에 이에 대하여 제기하는 소송"을 말한다(행정소송법 제3조 제4항). 기관소송은 국가면 국가, 또는 공공단체면 공공단체라는『동일한 행정주체에 소속하는 기관 상호간』의 권한쟁의에 관한 소송만을 의미한다. 따라서 상이한 행정주체간(예, 국가와 지방자치단체 간) 또는 상이한 행정주체에 소속하는 기관 간의 소송은 제외되며, 특히 헌법(제111조 제1항 제4호)과 헌법재판소법(제62조)은 ① 국회·정부·법원 및 중앙선거관리위원회 상호간, ② 국가기관과 지방자치단체 간, ③ 지방자치단체 상호간의 권한쟁의에 관하여는 헌법재판소의 권한쟁의심판의 대상으로 하고 있기 때문에 이에 대한 사항은 법원의 관할대상이 아니다.

2. 필요성

원래 동일한 행정주체 내부의 소속 기관 간의 권한쟁의는 기관 상호간의 협의에 의하며, 협의가 성립되지 않으면 상급기관의 감독권에 의하여 내부적으로 처리함이 원칙이지만, 상급감독기관이 없는 경우 등 특별한 경우에 한하여 제3자인 법원의 공정한 판단에 맡기기 위하여 인정되는 제도이다.

3. 종류

(1) 지방자치법상의 기관소송

① 지방의회의 의결이 법령에 위반하거나 공익을 현저히 해한다고 판단될 때에 지방자치단체의 장이 지방의회에 재의를 요구하고, 재의결된 내용 역시 법령에 위반(공익위반은 제외됨에 유의)된다고 판단될 때에는 재의결일로부터 20일 이내에 대법원에 제소할 수 있으며, 이 경우 재의결의 집행을 정지하게 하는 집행정지결정을 신청할 수 있다(제159조).

② 지방자치단체의 장은 자치사무에 관한 명령·처분에 대하여 감독청(각 업무를 주관하는 중앙행정기관의 장)이 행한 취소 또는 정지에 대하여 이의가 있는 경우에 그 취소 또는 정지처분의 통보를 받은 날로부터 15일 이내에 대법원에 제소할 수 있다(제157조). 그러나 이는 상이한 행정주체에 속하는 기관 간의 쟁송이므로 기관소송에 해당하지 않고 오히려 감독청의 취소·정지처분의 위법성을 다투는 항고소송에 해당한다고 보아야 할 것이다.[313]

(2) 지방교육자치에관한법률상의 기관소송

시·도의회 또는 교육위원회의 의결이 법령에 위반하거나 공익을 현저히 해한다고 판단될 때에는 교육감은 재의를 요구하고, 재의결된 내용 역시 법령에 위반(공익위반은 제외)된다고 판단될 때에는 교육과학기술부장관에게 이를 보고하고 재의결일로부터 20일 이내에 대법원에 제소할 수 있으며, 이 경우 재의결의 집행을 정지하게 하는 집행정지결정을 신청할 수 있다(동법 제31조).

4. 특수성

(1) 원고적격

지방자치단체의 장 또는 교육감이 된다.

---

313) 김남진(Ⅰ), p.854; 석종현·송동수(상), p.990.

(2) 피고적격

지방의회 또는 교육위원회가 된다.

(3) 재판관할

대법원이 제1심이며 최종심이 된다.

(4) 제소기간

각 법률이 재의결일 등으로부터 20일 등으로 하여 분쟁의 신속한 해결을 도모하고 있다.

(5) 심리

상술한 민중소송의 경우와 같다(행정소송법 제46조).

(6) 입증책임

기관소송은 고도의 공익적 요구에 따라 인정되는 객관적 소송이기 때문에 주관적 소송인 항고소송에 관한 입증책임이 그대로 적용될 수는 없다. 그러나 현행 행정소송법은 기관소송에 대하여 그 성질에 반하지 않는 한 ① 취소소송에 관한 규정, ② 무효등확인소송 또는 부작위위법확인소송에 관한 규정, ③ 당사자소송에 관한 규정을 준용한다고(제46조 제1항～제3항) 규정하고 있기 때문에, 그 입증책임의 문제는 제기되는 기관소송의 성질에 따라 종합적으로 판단하여 적용하여야 할 것이다.

참고문헌

■ 국내 단행본

김남진(I)　김남진, 행정법 I, 법문사, 2000

김남진(기)　김남진, 행정법의 기본원리, 법문사, 1994

김도창(상)　김도창, 일반행정법론(상), 청운사, 1993

김동희(I)　김동희, 행정법 I, 박영사, 2008

김성수(I)　김성수, 행정법 I, 법문사, 1998

김철용(I)　김철용, 행정법 I, 박영사, 2009

류지태 · 박종수(신) 류지태 · 박종수, 행정법신론, 박영사, 2009

박균성(상)　박균성, 행정법론(상), 박영사, 2009

박균성(상)　박균성, 행정법강의, 박영사, 2008.

박균성(구)　박균성, 행정구제법, 박영사, 2000

박윤흔(상)　박윤흔, 최신행정법강의(상), 박영사, 2000

변재옥(I)　변재옥, 행정법강의 I, 박영사, 1991

서원우(상)　서원우, 현대행정법론(상), 박영사, 1983

석종현 · 송동수(상)　석종현 · 송동수(상), 일반행정법(상), 삼영사, 2009

윤세창(상)　윤세창, 행정법(상), 박영사, 1985

이상규(상)　이상규, 신행정법론(상), 법문사, 1994

조연홍(상)　조연홍, 한국행정법원론(상), 형설출판사, 2000

홍정선(상)　홍정선, 행정법원론(상), 박영사, 2009

홍준형(구)　홍준형, 행정구제법, 한울아카데미, 1997

■ 독일

Achterberg, Allgemeines Verwaltungsrecht, 2. Aufl. 1986

Battis, Allgemeines Verwaltungsrecht, 1985

Erichsen/Martens(Hrsg.), Allgemeines Verwaltungsrecht, 9. Aufl. 1992

Forsthoff, Lehrbuch des Verwaltungsrechts, 10. Aufl. 1973

Huber, Allgemeines Verwaltungsrecht, 1992

Jellinek, Verwaltungsrecht, 3. Aufl. 1966

Martens, Die Praxis des Verwaltungsverfahrens, 1985

Maurer, Allgemeines Verwaltungsrecht, 11. Aufl. 1997

Mayer, Deutsches Verwaltungsrecht, 3. Aufl. 1924

Nüßgens / Boujong, Eigentum, Sozialbindung, Enteignung, 1987

Schmalz/Hofmann, Allgemeines Verwaltungsrecht, Teil 1, 5. Aufl. 1991

Wittern, Grundriß des Verwaltungsrechts, 17. Aufl. 1990

■ 영 · 미

W. Gellhorn / C. Byse / P. L. Strauss, Administrative Law, Cases and Comments, 1995

B. Schwaltz, Administrative Law, 1991

W. Wade / C. Forsyth, Administrative Law, 1994

J. Beatson / M. H. Matthews, Administrative Law, 1993.

■ 일본

原田尙彦, 行政法要論, 學陽書房, 2000

藤田宙靖, 行政法Ⅰ · Ⅱ, 青林書院, 2000

鹽野宏, 行政法Ⅰ · Ⅱ, 有斐閣, 2000

법령약어

공년(公年) ······ 공무원연금법
국공(國公) ······ 국가공무원법
국기(國基) ······ 국세기본법
국배(國賠) ······ 국가배상법
국재(國財) ······ 국유재산법
국징(國徵) ······ 국세징수법
도교(道交) ······ 도로교통법
민소(民訴) ······ 민사소송법
법조(法組) ······ 법원조직법
보조금(補助金) ······ 보조금의예산및관리에관한법률
식품(食品) ······ 식품위생법
정조(政組) ······ 정부조직법
주등(住登) ······ 주민등록법
지세(地稅) ······ 지방세법
지자(地自) ······ 지방자치법
지재(地財) ······ 지방재정법
행대(行代) ······ 행정대집행법
행소(行訴) ······ 행정소송법
행심(行審) ······ 행정심판법
형소(刑訴) ······ 형사소송법

저자약력

유 상 현

서울대학교 문리과대학, 동 행정대학원 졸업

경희대학교 대학원 법학박사(행정법)

제14회 행정고시 합격(1973)

법제처 법제관, 행정심판국장, 행정법제국장 역임

미국 콜롬비아대학교 법과대학원(Law School) 및 일본 독협대학(獨協大學) 법학부 객원연구원

영국 캐임브리지대학교 방문교수

사법시험 · 행정고시 · 외무고시 · 지방고시 행정법 출재위원

7급 국가 및 지방공무원 공채시험 행정법 출제위원

국무총리행정심판위원회 및 부산 · 울산광역시 · 경상남도 행정심판위원회 위원

서울특별시 입법고문

영산대학교 법무대학원장, 법경대학 교수

주요논저

행정법총론(공저), 형설출판사

조례의 법적 한계에 관한 연구

제3자의 원고적격

항고소송의 대상인 행정처분

행정부에서 보는 행정규칙론

설 계 경

한국외국어대학교 졸업(법학석사, 법학박사)

한국외국어대학교, 서울산업대학교, 용인대학교 등 행정법 강사

종로행정고시학원 등 행정법 강사

서울 성동구청 승진시험 대비 행정법 특강교수

한국법제발전연구소 수석연구원

한국외국어대학교 대우교수

영산대학교 법과대학 교수(행정법, 환경법)

주요논저

행정법학(상) 공저, 법률출판사

행정법학(하) 공저, 법률출판사

행정법강의, 법률출판사

무효등확인소송의 소의 이익

경찰작용의 하자와 국가배상제도에 관한연구

국가배상법 제6조의 배상책임자

경찰조사와 구제문제

환경행정소송의 원고적격에 관한 소고

행정법총론

2012년 2월 21일　1판 1쇄 인쇄
2012년 2월 28일　1판 1쇄 발행

저　　자　유 상 현 · 설 계 경
발 행 인　김 용 성
발 행 처　법률출판사
서울시 동대문구 휘경동 187-20 오스카빌딩 4층
☎ 02)962-9154　　　　팩스 02)962-9156

등록번호　제1-1982호
ISBN 978-89-5821-200-3　　93360

정가 38,000원

※ 본 교재는 2011년도 영산대학교 교내연구비 지원에 의하여 출판되었음.